PRINCIPES

DE

DROIT CIVIL.

Bruxelles. — Typ. Bruylant-Christophe et Cie, rue Blaes, 33.

PRINCIPES

DE

DROIT CIVIL

PAR

F. LAURENT,

PROFESSEUR A L'UNIVERSITÉ DE GAND.

TOME PREMIER.

BRUXELLES.
BRUYLANT-CHRISTOPHE & COMP.,
33, RUE BLAES.

PARIS.
A. DURAND & PEDONE LAURIEL
9, RUE CUJAS.

1869

AVANT-PROPOS.

Les *Principes de droit civil* que je publie sont le fruit d'un enseignement de plus de trente ans. Si je me suis décidé à les livrer à la publicité, alors qu'il y a déjà tant de bons ouvrages sur notre code, c'est qu'il m'a semblé que les meilleurs traités laissaient à désirer sous le rapport de la rigueur des principes, et une longue expérience m'a appris que cette rigueur est une chose essentielle, quand il s'agit de développer l'esprit juridique. J'ai essayé de combler la lacune. Si je n'ai pas réussi, j'aurai du moins préparé la voie à ceux qui me suivront et qui feront mieux que moi.

Je prie ceux qui jugeront mon travail, de se placer au point de vue que j'ai choisi. A première vue, le lecteur s'effrayera peut-être de voir qu'une grande partie de ce volume est consacrée au titre préliminaire du code civil. Si

je me suis arrêté longuement sur les statuts et sur la rétroactivité, c'est parce que ces matières sont les plus difficiles
de notre droit privé, et la difficulté vient précisément de
ce qu'il n'y a pas de principes certains, ni dans la doctrine ni dans la jurisprudence. J'ai posé des principes, et,
pour les établir, j'ai dû entrer dans de grands développements. Dans les matières, au contraire, où il n'y a pas
de principes en cause, je serai très-bref.

Mon ambition serait que mes *Principes* servissent de
guide non-seulement aux élèves qui suivent mon cours,
mais aussi aux jeunes avocats et aux jeunes magistrats.
C'est pour que ce livre leur soit utile que j'ai tenu grand
compte de la jurisprudence, approuvant et critiquant, cela
va sans dire, avec pleine liberté. En droit, il n'y a pas
d'autorité devant laquelle on doive plier. J'ai un profond
respect pour nos bons auteurs et pour les décisions des
cours, mais je ne me soumets qu'à la raison.

Gand, le 1er mars 1869.

F. LAURENT.

INTRODUCTION.

§ 1er. — LA CODIFICATION.

I

1. Notre code civil porte le titre de *Code Napoléon*; la postérité reconnaissante lui a conservé ce titre, que les contemporains lui donnèrent alors que l'empereur était au faîte de la gloire. Nous pouvons reconnaître aujourd'hui sans flatterie que c'est au premier consul que nous devons le bienfait d'une législation qui, pour la clarté et la précision de la forme, est un vrai chef-d'œuvre. Le travail de la codification avait été tenté avant lui et il avait échoué. Dès son avénement au pouvoir, le premier consul songea à remplir le vœu manifesté par toutes les assemblées nationales, et il réussit. Nous ne dirons pas avec Portalis, que « c'est le plus grand bien que les hommes puissent donner et recevoir (1). » Napoléon aussi aimait

_____

(1) Portalis, Exposé des motifs de la loi du 30 ventôse an XII (Locré, *Législation civile*, t. Ier, p. 200, n° 2).

à célébrer son code comme s'il avait réalisé toutes les aspirations de 89. Non, il y a un plus grand bien qu'un code complet de lois civiles : c'est la liberté, et l'histoire impartiale dira qu'au moment où le premier consul dota la France d'une législation civile, il lui enleva la liberté.

Il y a une autre réserve à faire contre le titre de *Code Napoléon* que la loi du 16 septembre 1807 donna au *code civil des Français*. Ce n'est pas Napoléon qui le premier conçut le projet de codification, c'est une idée de 89 ; c'est donc à la Révolution avant tout qu'appartient la gloire que la postérité a concentrée sur la tête de celui qui se disait le représentant de la Révolution, de celui qu'on exalte aujourd'hui comme son héritier. Il le fut à certains égards. La Révolution voulait établir l'unité tout ensemble et la liberté. Napoléon n'accepta l'héritage de 89 que pour partie ; il répudia la liberté et s'empara de l'unité, qu'il eut soin d'organiser à son profit. Notre admiration n'est pas due à celui qui donna l'unité à la France, au prix de la liberté ; nous glorifions les hommes de 89 qui inscrivirent sur leur drapeau les mots sacrés de liberté, d'égalité, de fraternité. A eux aussi, les initiateurs, revient l'honneur de ce que fit l'héritier, parfois indigne, de la Révolution.

Portalis avoue que le code est une idée de la Révolution. Heureuse époque que celle où les hommes démolissaient les abus du passé et s'élançaient pleins de foi et d'espérance vers un meilleur avenir ! « A travers tous les plans, dit Portalis, qui furent présentés pour améliorer les choses et les hommes, l'idée d'une législation uniforme fut une de celles qui occupèrent d'abord plus particulièrement nos assemblées délibérantes (1). » Il y a lieu de s'étonner que cette idée date de 89. On se demande comment il se fait que des princes qui peuvent passer pour les précurseurs de Napoléon à plus juste titre que les hommes de la Révolution, ne conçurent et ne réalisèrent pas le projet d'une législation uniforme. Le roi qui disait : *L'Etat*

_____

(1) Portalis, Exposé des motifs de la loi du 30 ventôse an XII (Locré, t. Ier, p. 199, n° 1).

c'est moi, avait certes au plus haut degré l'ambition de l'unité. Il écrivait aussi au bas de ses lois : *Tel est notre bon plaisir*. Tout-puissants et ayant la passion de l'unité, pourquoi les rois de France ne remplacèrent-ils pas les mille lois différentes qui régissaient la nation par un code unique, le même pour tous? C'eût été une force pour la vieille monarchie, en même temps qu'un bienfait pour les peuples.

2. Commines raconte que « Louis XI désirait fort qu'en son royaume on usât d'une coutume, d'un poids, d'une mesure, que toutes les coutumes fussent mises en français, en un beau livre, pour éviter la cautèle et la pillerie des avocats, qui est si grande en ce royaume que nulle autre n'est semblable. » Le code Napoléon est la réalisation de ce vœu. Pourquoi fallut-il une révolution gigantesque pour accomplir une œuvre qui paraît si simple et si naturelle? L'ancien régime, malgré le pouvoir absolu des rois, était un régime de diversité. Il n'y avait d'unité que dans la personne du monarque. Les diverses provinces avaient été jadis des Etats indépendants, ayant leurs institutions particulières, leurs coutumes et leurs lois. A mesure qu'ils étaient réunis au domaine de la couronne, ils stipulaient le maintien de leur droit; à défaut de liberté politique, les peuples étaient attachés à leurs coutumes traditionnelles, comme à des priviléges; les parlements, gardiens naturels de ce droit local, repoussaient toute innovation comme une violation des capitulations sous la foi desquelles s'était faite la réunion. A ce culte superstitieux des vieux usages se joignait une autre superstition moins légitime, celle des légistes qui, dit Portalis, s'opposent à tout changement, parce qu'une législation nouvelle vient contrarier ce qu'ils ont laborieusement appris ou pratiqué pendant toute leur vie. De fait, les provinces étaient encore en 89 autant d'Etats distincts, séparés par des douanes, ayant une vie à part, et par suite aussi un droit différent.

Il n'y avait pas plus d'unité dans les hommes que dans le territoire. La nation était divisée par ordres, et chaque ordre formait comme un peuple divers ayant ses privi-

léges et son droit particulier. Si l'on avait fait un code
civil sous l'ancien régime, il aurait fallu, à bien des
égards, un code distinct pour la noblesse; les nobles
avaient une manière particulière de succéder, comme ils
avaient une manière particulière d'exister dans l'Etat ;
l'inégalité qui régnait entre les personnes rejaillissait sur
les biens : quoique la féodalité politique eût cessé d'exister
depuis des siècles, les droits et les charges qui en découlaient étaient comme implantés dans le sol, et il ne fallut
rien moins qu'un tremblement de terre pour les déra-
ciner.

Les priviléges dont jouissait l'Eglise catholique oppo-
saient un autre obstacle au législateur. Sous l'ancien
régime, le catholicisme était religion de l'Etat, et par suite
ses dogmes passaient en quelque sorte pour des lois fondamentales. De là la confusion de l'ordre civil et de l'ordre
religieux. Il en résultait une unité apparente, mais cette
unité était, en réalité, la domination d'un culte particulier.
Le législateur était lié, enchaîné par les lois de l'Eglise
catholique. De là l'intolérance civile de la monarchie française, de là l'horrible législation sur les protestants, des
milliers de Français n'ayant pas d'état civil, n'ayant pas
de naissance légale, pas de mariage, pas de décès, à moins
de mentir à leur conscience, en faisant profession extérieure d'une religion qui n'était pas la leur. Ces chaînes ne
pouvaient être brisées que par la sécularisation de la
législation. Mais comment songer à séculariser les lois,
aussi longtemps que l'Eglise était unie à l'Etat, et que
l'union du trône et de l'autel était considérée comme le
fondement de la monarchie? Il fallut encore une tempête
qui emporta la royauté avec l'Eglise, son alliée.

3. Il y avait donc sur un même territoire des Etats
divers et des classes diverses. Dès lors le droit ne pouvait
être un. Le droit est l'expression de la société : quand la
diversité règne dans les esprits, elle règne aussi dans les
lois. Des circonstances historiques contribuèrent à parta-
ger la France en une multitude prodigieuse de petites
sociétés, ayant chacune son droit différent. On sait le rôle
considérable que joue dans l'histoire de la codification la

division de l'ancienne France en pays de droit écrit et en pays de droit coutumier. Dans les premiers on suivait le droit romain; dans les autres, les coutumes d'origine germanique. Les travaux de Savigny sur l'histoire du droit romain au moyen âge ne laissent aucun doute sur l'origine de cette division célèbre. Si le droit romain dominait au midi de la Gaule, c'est que les idées et les mœurs romaines y avaient jeté de profondes racines, tandis que dans les provinces du nord la civilisation latine avait péri sous les coups des Barbares et fait place à l'élément germanique.

Les pays de droit écrit étaient la Guienne, le Languedoc, la Provence, le Dauphiné, le Lyonnais, le Beaujolais, le Forez et l'Auvergne (1). C'est dans des lettres patentes de saint Louis de 1250, que l'on trouve les premières traces de cet état de choses; il y est dit de plusieurs provinces du midi : « Cette terre se régit depuis mémoire d'homme et se régit encore par le droit écrit (2). » Le roi donne sa sanction à cette division légale de la France, en disant que sa volonté est que l'on continue à observer le droit romain dans ces pays. Louis IX ne dit pas quel était ce droit écrit. Lors de la chute de l'empire, le droit romain était le droit des Gaules. Il se maintint comme coutume dans les provinces du midi. C'était le droit de Rome, tel qu'il existait avant Justinien, c'est-à-dire le code théodosien et les écrits des jurisconsultes. Le Digeste ne pénétra dans les Gaules que vers le xie siècle. C'est par l'influence de l'École de Bologne que les compilations de Justinien se répandirent en France, et remplacèrent le droit antérieur dans la pratique judiciaire.

Bien que les lois romaines fussent suivies dans les pays de droit écrit, il ne faut pas croire que l'on y observât le droit de Rome dans toute sa rigueur. Il s'y maintint à titre de coutume plutôt qu'à titre de loi, et la coutume subit nécessairement l'influence des mœurs et des idées.

(1) Berriat-Saint-Prix (*Histoire du droit romain,* p. 219 et suiv.) donne l'indication exacte des pays de droit écrit par provinces et départements.
(2) « Terra illa regi consuevit et adhuc regitur jure scripto. » (Laferrière, *Histoire du droit français,* t. IV, p. 356-358.)

Le christianisme et l'invasion des Barbares inaugurèrent une ère nouvelle; la civilisation changeant, le droit ne pouvait rester le même. Il en résulta que la rigueur romaine fut modifiée par l'équité germanique. C'est le droit romain, ainsi altéré, nous dirions volontiers ainsi corrigé, qui passa dans notre code. Ceux qui le préparèrent et ceux qui le discutèrent, puisèrent leur science dans les ouvrages de Pothier et de Domat, l'un et l'autre appartenant aux pays de droit coutumier, l'un et l'autre subordonnant toujours la logique sévère du droit aux tempéraments de la justice éternelle. Si notre législation civile est inférieure au droit de Rome comme œuvre de science, elle l'emporte par l'esprit d'équité qui y règne : c'est l'héritage de nos ancêtres, les Germains.

4. Les coutumes régnaient dans la plus grande partie de la France. Il est de la nature du droit coutumier de varier d'une province à l'autre, d'une ville à l'autre. On comptait environ soixante coutumes générales, ainsi appelées parce qu'elles étaient observées dans une province entière, et trois cents coutumes locales, qui n'étaient obligatoires que dans une ville, un bourg ou un village. Les anciennes coutumes différaient grandement de ce que nous appelons aujourd'hui droit coutumier. Depuis que le droit est codifié, les coutumes forment un droit non écrit : on entend par là un droit qui n'émane pas du législateur, qui n'est pas publié, ni authentiquement constaté. Nos anciennes coutumes, au contraire, formaient un *droit écrit*. Si l'on donnait ce nom par excellence aux lois romaines, c'est que pendant des siècles les coutumes n'existèrent que dans la tradition. L'incertitude est de l'essence du droit coutumier. On s'en plaignit en France dès le XIIIᵉ siècle. Pierre de Fontaines dit que son pays était presque sans coutumes, et qu'à peine on trouvait quelques usages assurés. C'était une source de procès et de difficultés pour les juges. Pour remédier à ce mal, et il est grand, des légistes se mirent à recueillir les coutumes de leur province ou de leur ville. On connaît les coutumes du *Beauvoisis*, par de Beaumanoir, chef-d'œuvre de précision et de clarté (1). Ces recueils ne remédièrent qu'imparfaitement au mal qui résultait de l'incertitude du droit, parce qu'ils n'avaient pas de caractère authentique. Les états généraux assemblés à Tours demandèrent une rédaction officielle des coutumes. Charles VII fit droit au vœu de la nation ; il ordonna, par lettres patentes du 28 juin 1453, de mettre toutes les coutumes par écrit et de les soumettre ensuite à l'approbation du parlement. Le roi déclare « qu'il veut abréger les procès et litiges entre ses sujets et les décharger des dépenses qu'occasionnaient les procès, en mettant certaineté dans les jugements, tant que faire se pourra. »

La rédaction des coutumes changea la nature du droit coutumier. De droit non écrit, il devint un droit écrit. Les coutumes rédigées et approuvées étaient autant de codes locaux : il était défendu aux avocats de proposer et aux juges d'admettre d'autres coutumes que celles qui avaient été rédigées officiellement de l'avis des Etats et sous l'autorité du roi. Il est si vrai que l'on assimilait les coutumes aux lois, que les jugements qui les violaient étaient soumis à cassation, et que, quand il s'agissait de les réformer, il fallait recourir à l'autorité du roi (2). La codification des coutumes eut encore un autre résultat, également important : c'est que le droit romain modifia le droit coutumier. Ce furent des légistes élevés dans le culte du droit romain qui rédigèrent les coutumes : il était naturel qu'ils fissent prévaloir les idées romaines qui, à leurs yeux, se confondaient avec la raison, avec la justice éternelle. Il y a des coutumes qui ne firent que formuler les principes du droit romain : telles sont celles du Berry ; d'autres déclarent que le droit de Rome est le droit commun, ou y renvoient pour les matières qu'elles ne traitent pas (3). De là plusieurs jurisconsultes, même des pays coutumiers, soutinrent que le droit romain formait le droit commun de la France. C'est évidemment une erreur :

(1) On trouve une énumération complète de ces recueils de coutumes, dans Warnkönig (*Französische Staats- und Rechtsgeschichte*, t. II, p. 60 et suiv.).
(2) Merlin, *Répertoire*, au mot *Coutume*, § 2.
(3) Berriat-Saint-Prix, *Histoire du droit romain*, p. 222 et suiv.

Guy Coquille la releva vivement; il traita de docteurs ultramontains ceux qui témoignaient une admiration si grande pour le droit de Rome; il dit que les lois romaines n'avaient qu'une autorité de raison en France, mais que par cela même la raison pouvait et devait les soumettre à son examen et à sa critique (1).

5. Outre les coutumes et le droit romain, il y avait les ordonnances et les édits des rois. C'étaient les lois proprement dites. Elles occupent une place très-secondaire dans l'ancien droit. Au premier abord, cela étonne, quand on se rappelle que les rois avaient la plénitude du pouvoir législatif. Mais la royauté ne sentait pas le besoin d'intervenir dans les matières de droit privé : le droit romain dans les provinces du midi, les coutumes dans les autres, satisfaisaient aux nécessités de la pratique; les rois auraient dû introduire l'unité dans ce chaos, mais nous avons dit les obstacles qui les auraient arrêtés, s'ils avaient conçu le hardi projet d'une législation uniforme. Sous Louis XIV, on codifia certaines matières. L'une de ses ordonnances porte le titre de *Code civil*, c'est celle qui traite de la procédure : elle comprend les actes de l'état civil; cette partie de l'ordonnance est la source du titre que le code Napoléon contient sur la même matière. Sous Louis XV, le chancelier d'Aguesseau continua ces travaux législatifs. Les auteurs du code Napoléon ont mis à profit les ordonnances de 1731 sur les donations, de 1735 sur les testaments, de 1747 sur les substitutions. Il y avait de plus des lois locales, sous le nom d'*arrêts de règlement;* les parlements s'étaient arrogé le pouvoir de porter de véritables lois, en statuant par voie de décision générale et réglementaire; ils envoyaient ces arrêts aux tribunaux de leur ressort, lesquels étaient tenus de les appliquer. Il est vrai que les arrêts de règlement étaient rendus *sous le bon plaisir du roi*, qui pouvait toujours les casser (2).

(1) Guy Coquille, *Commentaire sur la coutume du Nivernais* (Œuvres, t. II, p. 1-4).
(2) Nous empruntons ces notions à Pardessus, *Essai historique sur l'organisation judiciaire*, p. 195 et suiv.

Tout était confusion dans l'ancien régime : les parlements faisaient des lois et ils entravaient le pouvoir législatif du roi. L'enregistrement des ordonnances joue un grand rôle dans l'histoire du droit : comme on s'en fait généralement une fausse idée, nous en dirons un mot. Dans le principe, l'enregistrement était un moyen de donner de la publicité aux lois : on les envoyait aux autorités judiciaires et administratives, qui les transcrivaient sur leurs registres, à la suite des arrêts (1). Comme le dit une ordonnance du 17 décembre 1392, cela se faisait « pour en avoir mémoire au temps à venir. » Toutefois la force obligatoire des lois ne tenait pas à cette formalité. Mais les parlements profitèrent de l'enregistrement pour faire des *remontrances* au roi, et en attendant que le roi eût statué, ils n'enregistraient pas. D'ordinaire il suffisait d'une *lettre de jussion*, pour faire céder les cours. Quand elles s'obstinaient, le roi brisait leur résistance, en venant présider lui-même : c'est ce qu'on appelait un *lit de justice*. A la rigueur, on les exilait. Tel était l'état légal. C'est donc une erreur de croire que l'enregistrement fût nécessaire pour que la loi existât ou pour qu'elle fût obligatoire. Le parlement n'eut jamais une part légale au pouvoir législatif. Quand la royauté était faible, le parlement usurpait une partie de la puissance royale; quand un Louis XIV occupait le trône, le parlement n'opposait pas la moindre résistance à la volonté arbitraire du prince. Sous la minorité de Louis XV, le régent lui permit de faire des remontrances avant l'enregistrement; mais elles devaient être adressées au roi dans un certain délai, faute de quoi les lois étaient réputées enregistrées. Que si, après avoir reçu les remontrances, le roi ordonnait que la loi fût enregistrée, l'enregistrement devait être pur et simple; sinon il était réputé fait (2). Tel fut l'état légal jusqu'à la Révolution, qui détruisit les parlements et remplaça la garantie illusoire de l'enregistrement par l'intervention régulière de la nation.

(1) « Registrata inter arresta. »
(2) Déclaration du 15 septembre 1715; lettres patentes du 26 avril 1718.

6. Nous avons dit que la position privilégiée de la religion catholique ajoutait à la confusion de l'ancien droit. L'Eglise avait un droit à elle, parce qu'elle avait exercé jadis la souveraineté, et par suite une grande partie de la juridiction. Dans les derniers siècles de la monarchie, elle était bien déchue; toutefois le droit canonique faisait encore partie de la législation française, à cause de l'union intime qui existait entre le trône et l'autel. Dès son origine, le droit canonique, à la différence du droit barbare et du droit féodal, fut le même pour toute la chrétienté. L'Eglise étant une comme la foi, le droit aussi devait participer de cette unité de fer. C'était l'unité poussée jusqu'à la destruction de toute individualité. Il en résultait que l'Etat était intolérant parce que l'Eglise l'était. Les protestants ne jouissaient d'aucune liberté, pas même de l'état civil. Il va sans dire que dans toutes les matières où la législation laïque touchait à un dogme, elle devait s'accommoder au droit de l'Eglise. Le catholicisme n'admettant pas le divorce, la législation civile le repoussait également. Ici il faut néanmoins faire une réserve en faveur de l'Eglise. La faculté illimitée de divorcer avilit le mariage et en fait un concubinage revêtu de la sanction légale. Il faut au contraire proclamer avec la religion catholique que les époux s'unissent dans un esprit de perpétuité, et organiser le divorce, si on veut l'admettre, de manière qu'il soit une rare exception. C'est un titre de gloire pour l'Eglise d'avoir répandu dans les esprits cette idée de perpétuité du lien conjugal : par là elle a fondé la moralité dans les familles, et gardons-nous de l'oublier, la moralité est une condition d'existence pour les sociétés.

II

7. Tels étaient les éléments du droit français en 89. Nous laissons de côté le droit canonique, dont l'influence avait singulièrement baissé et qui allait être emporté avec l'Eglise par la tempête révolutionnaire. Restaient le droit romain, les coutumes et les ordonnances. Le droit romain n'était plus ce droit rigoureux que Leibniz compare aux sciences mathématiques ; il variait, comme les coutumes, d'une province à l'autre. Quant au droit coutumier, il était divers et variable de son essence. Bien que les coutumes eussent toutes la même origine, elles variaient considérablement. Il y a des traits qui leur sont communs, mais, même dans les points où elles paraissent s'accorder, il règne une diversité infinie. Une des matières dans lesquelles le droit coutumier s'écarte le plus du droit romain, c'est le régime qui règle les relations pécuniaires des époux. A Rome, le régime dotal formait le droit commun, tandis que, dans les pays de droit coutumier, c'était la communauté des biens. Cependant il y avait des coutumes qui prohibaient la communauté. Ici l'on permettait au mari de donner à la femme une portion de ses biens, et la femme avait la faculté de disposer en faveur de son mari ; là on défendait aux conjoints de se donner une portion de leur fortune, soit par donation mutuelle ou autrement. Le droit des personnes variait comme le droit des biens. C'était une maxime de nos coutumes que *droit de puissance paternelle n'a lieu.* Toutefois il y en avait qui accordaient au père le droit de puissance paternelle. Dans les détails, la variété était infinie (1).

Les ordonnances concernant le droit civil sont peu nombreuses. Chose remarquable, celle de 1735 s'accommoda à la division de la France en pays de droit écrit et

_____

(1) On peut en voir des exemples dans Froland, *Mémoires concernant la nature et la qualité des statuts,* t. Ier, p. 4, no 4.

en pays de droit coutumier : elle prescrivit des formes différentes pour les testaments, suivant qu'ils seraient faits dans le midi de la France ou dans le nord. Tant la diversité était enracinée dans les mœurs ! Il y a plus. Merlin dit qu'il y avait, en fait de lois, une singularité bien choquante : c'est que tel édit était observé dans telle partie du royaume et rejeté dans telle autre : ici on observait la loi dans son entier, là on n'en adoptait que certaines dispositions (1). Il est donc vrai, comme le dit Portalis, que la diversité du droit formait, dans un même Etat, cent Etats différents : « La loi, partout opposée à elle-même, divisait les citoyens au lieu de les unir (2). »

8. La Révolution eut, dès les premiers jours de 89, l'ambition de remplacer ce droit divers par une loi commune, la même pour tous. Dans la célèbre nuit du 4 août, les ordres avaient renoncé à leurs priviléges, pour se confondre dans une même patrie. L'unité nationale demandait un droit national. En attendant que les assemblées législatives pussent se livrer à ce long travail, elles voulurent mettre le droit privé en harmonie avec le nouvel ordre de choses. La liberté et l'égalité étaient le fondement de la constitution politique : comment la dépendance des classes, comment l'oppression féodale pouvaient-elles continuer à régner dans les relations individuelles ? Un des premiers actes de la Révolution fut de proclamer la liberté des personnes et des terres. La féodalité fut abolie jusque dans ses derniers vestiges : pour la première fois depuis que le monde existe, les hommes furent libres et égaux. C'était une révolution plus radicale encore que celle qui se faisait dans l'ordre politique. L'ancien droit était aristocratique comme l'ancien régime. Il fallait le démocratiser. On commença par abolir les priviléges qui tendaient à concentrer les grandes fortunes sur quelques têtes. Cela ne suffisait point : il fallait les morceler à l'infini. C'est dans cet esprit que la Convention nationale

_____

(1) Merlin, *Répertoire,* au mot *Autorités.*
(2) Portalis, second Exposé des motifs du titre préliminaire (Locré, *Législation civile,* t. Ier, p. 299, no 1).

organisa le droit de succession. La passion de l'égalité et de la liberté fit parfois dépasser au législateur révolutionnaire les bornes d'une légitime innovation. Non content d'assurer aux enfants naturels les droits que la nature leur donne, il les mit sur la même ligne que les enfants légitimes, comme s'il voulait honorer le concubinage. Que dis-je? la Convention accorda des récompenses aux filles-mères! L'Assemblée législative eut raison d'établir le divorce; mais en le permettant pour simple incompatibilité d'humeur ou de caractère, elle livrait le mariage et par suite la moralité des familles à tous les caprices de la passion.

Dans l'ordre religieux, les excès aussi ne firent pas défaut. Nous pouvons applaudir sans réserve aux décrets qui établirent la liberté religieuse. Portalis dit très-bien « qu'il faut souffrir tout ce que la Providence souffre, et que la loi, sans s'enquérir des croyances des citoyens, ne doit voir que des Français, comme la nature ne voit que des hommes (1). » Dans ce nouvel ordre d'idées, la législation civile doit être sécularisée, c'est-à-dire que les institutions civiles ne doivent plus être mêlées avec les institutions religieuses. L'Assemblée législative appliqua ce principe au mariage, et l'application en doit devenir générale.

9. Nous ne faisons qu'indiquer les principales innovations que la législation révolutionnaire introduisit dans le domaine du droit privé. Elles augmentèrent la confusion qui régnait dans le droit civil. Les lois partielles que rendirent les assemblées législatives ne pouvaient établir l'harmonie entre la législation privée et la législation politique : il en résulta un véritable chaos. Il n'y avait qu'un moyen de remédier au mal, c'était de codifier le droit. Déjà dans le décret du 21 août 1790, l'Assemblée constituante déclara qu'il serait formé un code général de lois simples et claires. La constitution de 1791 porte « qu'il sera fait un code des lois civiles communes à tout le

----

(1) Portalis, Exposé général du système du code civil, fait dans la séance du Corps législatif du 3 frimaire an x (Locré, t. Ier, p. 190, n° 7).

royaume. » Il y a une disposition analogue dans la constitution de 93 (article 85).

La Convention avait une plus grande ambition; elle forma le dessein gigantesque de codifier toutes les parties du droit. Ce travail immense n'effrayait pas des hommes que rien n'effrayait ; ils avaient hâte d'effacer de la législation « l'empreinte dégoûtante de royalisme qui l'infectait ; » ce sont les expressions de Couthon, qui fit un rapport sur la codification générale. On y lit : « Quelque vaste que vous paraisse l'ouvrage dont je vous ai annoncé le plan, comptez que cet esprit révolutionnaire qui précipite les événements vers le bonheur du peuple, en marquera promptement le terme (1). » La Convention approuva le plan et les mesures d'exécution que la commission avait prises. On se mit à l'œuvre.

10. La passion révolutionnaire ne doutait de rien. Elle éprouva plus d'une déception. La codification générale n'aboutit pas. Il en fut de même des projets de code civil qui furent successivement rédigés. Le 9 août 1793, le représentant Cambacérès présenta, au nom de la commission de législation, un projet de code civil qui était presque entièrement son ouvrage. Chose remarquable! ce projet s'écartait en bien des points du droit romain, pour se rapprocher des maximes du droit coutumier. Il n'admettait plus de puissance paternelle : surveillance et protection, voilà les droits des parents : nourrir, élever, établir leurs enfants, voilà leurs devoirs. Le législateur ne laissait pas une entière liberté dans l'éducation des enfants, et il n'avait pas tort, quant au principe du moins; il ordonna de leur apprendre un métier ou l'agriculture, afin de leur inspirer dès l'enfance l'amour de l'égalité et le goût du travail. Il y a encore d'autres traces de l'esprit révolutionnaire dans le projet de Cambacérès. Il consacrait le divorce, il abolissait l'incapacité des enfants naturels : les hommes étant égaux devant la nature, disait le rapporteur, doivent aussi l'être devant la loi. On ne voulait pas plus de la puissance maritale que de la puissance

---

(1) *Moniteur* du 13 prairial an II.

paternelle : la femme et le mari avaient un droit égal dans l'administration de la communauté (1).

Un trait caractéristique de ce premier projet de code civil, c'est son excessif laconisme. Sur le domicile, il n'y a qu'un article, et un seul sur les actes de l'état civil. Cambacérès dit très-bien que ce serait se livrer à un espoir chimérique que de concevoir le projet d'un code qui préviendrait tous les cas. Le législateur doit donc se borner à poser des principes généraux. Mais aussi il faut que ces principes soient complets, car ils doivent guider le juge tout ensemble et l'enchaîner. Le laconisme favorise l'arbitraire, et il embarrasse le magistrat qui, dans le silence de la loi, devient législateur. Il y a donc deux écueils à éviter; une trop grande prolixité qui noie les principes dans les détails, et une concision excessive qui laisse le juge sans direction et sans frein.

11. Le projet de 93 ne satisfit pas la Convention, elle crut y voir trop de traces de l'ancien droit civil; elle voulait plus d'innovations, plus d'idées grandes en harmonie avec la grandeur de la république. Dans le désir d'avoir un code de lois conçu d'après des idées toutes nouvelles, la Convention décréta qu'il serait établi une commission de philosophes chargée de cette mission. Le décret, porté pendant la fièvre révolutionnaire, ne reçut pas d'exécution. C'était une idée très-fausse que de vouloir un code tout nouveau. Le droit est un des éléments essentiels qui constituent la vie d'un peuple : on ne le peut pas changer d'un jour à l'autre, pas plus que la langue ou la religion. C'est dire que les lois doivent avoir leur racine dans le passé, qu'elles doivent tenir compte de la tradition. Ecoutons l'un des auteurs du code civil : « On raisonne trop souvent comme si le genre humain finissait et commençait à chaque instant, sans aucune sorte de communication entre une génération et celle qui la remplace. Les générations, en se succédant, se mêlent, s'entrelacent et se confondent. Un législateur isolerait ses institutions de

(1) Voyez le rapport de Cambacérès et la discussion des premiers articles dans le *Moniteur*, 23, 24, 26 août, 1er et 5 septembre 1793.

tout ce qui peut les naturaliser sur la terre, s'il n'observait
avec soin les rapports naturels qui lient toujours, plus ou
moins, le présent au passé et l'avenir au présent et qui
font qu'un peuple ne cesse jamais, jusqu'à un certain point,
de se ressembler à lui-même (1). » C'est en ce sens que
Portalis dit que les codes se font avec le temps, mais qu'à
proprement parler, on ne les fait pas (2).

12. Les législateurs révolutionnaires avaient d'autres
idées. Leur mission était d'innover, ils ne pouvaient
pas avoir pour la tradition ce respect qui commande de
ménager même les erreurs et les préjugés. Ils voulaient
tout détruire et tout reconstruire à neuf. C'était une œuvre
impossible; voilà pourquoi tous les essais de codification
échouèrent. Cambacérès présenta un nouveau projet le
23 fructidor an II. Pour la forme et pour le fond, le code
de 94 ressemblait à celui de 93; il contenait des principes
généraux en 297 articles. Le comité de législation, disait
le rapporteur, s'est attaché à réduire le code à des axiomes
que l'intelligence puisse suivre sans peine dans leurs conséquences, et dont l'application laisse subsister peu de
questions. Le législateur ne s'apercevait pas qu'à force de
laconisme il ferait naître des difficultés, et que par là il
favoriserait l'esprit de chicane, bien que son but fût,
comme le disait Cambacérès, « de faire tomber d'un seul
coup toutes les têtes de cette hydre (3). »

La discussion du projet de 93 nous révèle les sentiments de cette époque. Rien de plus caractéristique que
le mépris des législateurs révolutionnaires pour le droit
romain. « Le code civil de Rome, dit Barère, tant vanté par
ceux qui n'ont pas été condamnés à le lire ou à l'étudier,
était un volume énorme, corrompu par le chancelier pervers
d'un empereur imbécile. » Barère n'avait pas meilleure
opinion du droit coutumier : « Nos lois civiles, nos coutumes, étaient, comme toutes celles des peuples de l'Europe,
un mélange bizarre de lois barbares et disparates. » La

---

(1) Portalis, Discours préliminaire du projet de code civil (Locré, t. Ier,
p. 163, no 34).
(2) Portalis, Discours préliminaire (Locré, t. Ier, p. 160, no 18).
(3) Rapport de Cambacérès, dans le *Moniteur* du 18 frimaire an III.

Révolution va dépasser ces œuvres informes : « Il n'appartenait qu'aux fondateurs de la république d'effectuer le rêve des philosophes et de faire des lois simples, démocratiques et intelligibles à tous les citoyens (1). » Nous citerons une de ces innovations. Le projet portait que « les époux ont et exercent un droit égal pour l'administration de leurs biens ». Merlin et tous les légistes combattirent cette égalité qui aboutissait nécessairement à l'anarchie. Les révolutionnaires les plus fameux prirent la parole pour défendre le projet, Danton, Couthon, Camille Desmoulins. Ce dernier dit « qu'il ne fallait pas conserver plus longtemps la puissance maritale, création des gouvernements despotiques, qu'il importait de faire aimer la Révolution par les femmes, et qu'on atteindrait ce but en les faisant jouir de leurs droits (2). » Un code composé dans cet esprit n'eût eu qu'une existence passagère. Sans doute, les lois civiles doivent être en harmonie avec l'ordre politique, mais elles doivent avant tout être l'expression de la justice éternelle et non des passions d'un moment.

13. La Convention avait à peine discuté quelques articles du projet de 94, qu'elle se sépara pour faire place au Directoire créé par la constitution de l'an III. Cambacérès présenta un troisième projet de code civil au Conseil des *Cinq-Cents*. Par la forme et par les idées, il sert de transition entre l'époque révolutionnaire et l'époque du consulat. Le projet contenait 1104 articles. Il établissait une différence entre les droits des enfants naturels et ceux des enfants légitimes ; il reconnaissait au mari le pouvoir exclusif sur les biens de la communauté. Les Conseils ne discutèrent pas le projet. Ils se laissèrent entraîner par l'esprit de réaction qui devait aboutir à la chute de la constitution républicaine. Pour la sauver, le Directoire eut recours à des coups d'Etat, puis lui-même fut renversé par la force armée. Les coups d'Etat ne sauvent pas la liberté, ils la ruinent. Bonaparte, premier consul, fraya la voie à

(1) *Moniteur* du 22 fructidor an II.
(2) *Moniteur* du 26 août 1793.

Napoléon empereur. La France y gagna l'ordre et une gloire militaire sans pareille, mais elle y perdit ce qu'il y a de plus précieux au monde, la liberté.

III

14. Le premier consul croyait qu'il dédommagerait la France de la liberté qu'il lui enlevait, en lui donnant des lois civiles. Dans l'acte même qui établit le gouvernement consulaire, il annonça la publication prochaine d'un code de lois civiles (1). En effet, les commissions chargées de rédiger une nouvelle constitution présentèrent aussi un projet de code. Fait à la hâte, pour donner quelque satisfaction à l'opinion publique, ce quatrième projet ne comprenait qu'un exposé de principes généraux. Le travail de codification ne commença sérieusement que le 24 thermidor an VIII. Un arrêté de ce jour nomma une commission composée de Tronchet, président du tribunal de cassation ; Bigot-Préameneu, commissaire du gouvernement (procureur général) près ce tribunal ; Portalis, commissaire près le conseil des prises, et Maleville, membre du tribunal de cassation, qui devait remplir les fonctions de secrétaire rédacteur. L'arrêté des consuls portait que l'on remettrait à la commission les trois projets rédigés par ordre de la Convention, et celui que la section de législation venait de formuler ; le nouveau projet devait être terminé dans la dernière décade de brumaire an IX. En communiquant cet arrêté aux membres de la commission, le ministre de la justice leur annonça que le premier consul désirait que leur ouvrage fût fait le plus promptement possible. « Nous nous empressâmes de remplir ce vœu, dit Maleville. L'ordre des titres fut bientôt convenu, les matières partagées ; à force de travail, nous parvînmes à faire un projet

_____

(1) Loi du 19 brumaire an VIII, art. 9.

de code civil en quatre mois (1). » Tronchet, le président
de la commission, était un jurisconsulte profond de l'école
coutumière; Bigot-Préameneu et Maleville étaient des
praticiens; le membre le plus distingué était Portalis. Déjà
avant la révolution, en 1770, il avait publié un mémoire
où il soutenait la validité du mariage des protestants. Vol-
taire applaudit à ce travail, qu'il appela un véritable traité
de philosophie, de législation et de morale politique. Portalis était un jurisconsulte philosophe : on lui doit les plus
beaux rapports qui aient été faits sur le code civil.

Le gouvernement fit imprimer le projet de la commission; il l'adressa à la cour de cassation et aux cours
d'appel, pour qu'elles proposassent leurs observations; il
appela tous les citoyens à en faire autant. On publia les
observations des tribunaux : ils furent presque unanimes
dans leurs éloges. La magistrature applaudit à un projet
qui allait porter l'unité et la clarté au milieu de la diversité infinie de la jurisprudence. Elle applaudit surtout aux
sages principes qui avaient guidé la commission : respect
pour le droit ancien, dans tout ce qui est compatible avec
les mœurs nouvelles.

15. La discussion au sein du conseil d'Etat commença
le 28 messidor an IX. D'après la constitution de l'an VIII,
le conseil d'Etat était chargé de rédiger les projets de loi
et les règlements d'administration publique. Il se parta-
geait à cet effet en cinq sections : de législation, de l'intérieur, des finances, de la guerre et de la marine. Le
projet de code civil, divisé en lois spéciales, comprenant
chacune un titre, fut envoyé à la section de législation.
Après discussion, le projet de loi était soumis à l'assemblée générale du conseil d'Etat, présidée par un des consuls. Une nouvelle discussion s'ouvrait. Quand un projet
était définitivement arrêté, le premier consul nommait au
sein du conseil d'Etat des *orateurs du gouvernement*, chargés d'en exposer les motifs devant le Corps législatif, et de
le défendre au besoin.

(1) Maleville, *Analyse raisonnée de la discussion du code civil*, t. Ier,
p. X.

Le pouvoir législatif était réparti entre le gouvernement, le Tribunat, le Corps législatif et le Sénat conservateur. Le gouvernement, confié à trois consuls, magistrats temporaires et électifs, proposait les lois ; il avait seul le droit d'initiative. Le Tribunat était une assemblée délibérante de cent membres ; il discutait les lois et émettait un vœu d'adoption ou de rejet. Ce vœu était transmis au Corps législatif qui adoptait ou rejetait les projets de loi, après avoir entendu les orateurs du gouvernement et du Tribunat, mais sans délibération. Dans les dix jours qui suivaient l'adoption d'un décret, le Tribunat pouvait former un recours, pour cause d'inconstitutionnalité, devant le Sénat, lequel avait le pouvoir d'annuler la loi, si elle était inconstitutionnelle.

Cette organisation du pouvoir législatif imitait celle des tribunaux. La conception était peu heureuse. Les juges entendent les avocats, ils entendent le ministère public, puis ils délibèrent et ils discutent, et le jugement donne les motifs de leur décision. Sous la constitution de l'an VIII, les tribuns discutaient, mais ils ne votaient point ; ils n'avaient pas même le droit de proposer des amendements ; le Corps législatif votait sans avoir délibéré, et naturellement sans motiver son vote. C'était transformer les assemblées législatives en machines à voter. Il en résulte un grand embarras pour l'interprète, car il lui est impossible de savoir pour quels motifs le Corps législatif a adopté un projet de loi, les législateurs étant condamnés au mutisme. Le Tribunat surtout avait une très-fausse position. Ne pouvant amender les projets qui lui étaient soumis, il se trouvait dans la nécessité d'émettre un vœu d'adoption, bien qu'il désapprouvât le projet dans plusieurs de ses dispositions, ou un vœu de rejet, tout en approuvant presque toutes les propositions du gouvernement. Composé de débris de la Révolution, il était naturel qu'il prît le dernier parti.

16. Le Corps législatif, sur la proposition du Tribunat, rejeta le premier projet de loi qui comprenait le titre préliminaire. Et déjà les tribuns avaient manifesté l'intention de demander le rejet du deuxième projet, parce qu'il rétablissait indirectement le droit d'aubaine que l'Assemblée constituante avait déclaré aboli à jamais. Alors le premier consul retira les projets de code civil. En annonçant cette résolution au Corps législatif, il déclara « que c'était avec peine qu'il se trouvait obligé de remettre à une autre époque les lois attendues avec tant d'intérêt par la nation, mais qu'il s'était convaincu que le temps n'était pas venu où l'on porterait dans ces discussions le calme et l'unité d'intention qu'elles demandaient (1). » Bonaparte traita les tribuns de *rois détrônés*; il n'y avait pas de paix possible entre lui et des hommes qui se considéraient comme les représentants du peuple, tandis que le premier consul entendait être le seul organe de la puissance nationale. Il brisa l'opposition du Tribunat par un nouveau coup d'Etat sous forme de sénatus-consulte. Le Sénat réduisit le Tribunat à cinquante membres; les opposants furent éliminés (2). C'était rendre toute résistance impossible. Pour prévenir jusqu'à l'apparence d'une opposition, le gouvernement décida que les projets de loi arrêtés par le conseil d'Etat seraient communiqués officieusement au Tribunat. Quand la commission chargée de cet examen préparatoire proposait des modifications, la section correspondante du conseil d'Etat en délibérait, et si elle n'était pas d'accord, des conférences s'établissaient entre les conseillers d'Etat et les tribuns. C'est seulement après ces conférences que les projets de loi étaient arrêtés définitivement et transmis au Corps législatif.

17. Le 22 fructidor an x, le travail de codification fut repris; la discussion continua pendant les ans xi et xii. A vrai dire, il n'y eut plus de discussion. Le Tribunat n'était plus qu'une commission de législation; sur le rapport qui lui était fait, il émettait invariablement un vœu d'adoption. Et le Corps législatif, après avoir entendu pour la forme les discours des orateurs du gouvernement et du Tribunat, votait tout aussi régulièrement l'adoption des projets de loi qui lui étaient adressés. Il n'y eut de dis-

(1) Message du 12 nivôse an x (Locré, *Législation civile*, t. Ier, p. 51).
(2) Sénatus-consulte du 16 thermidor an x.

cussion, à partir du sénatus-consulte de l'an x, que dans le sein du conseil d'Etat. Les divers titres du code furent présentés et adoptés sous la forme de lois particulières. Quand toutes les parties eurent été votées, le gouvernement les réunit en un seul corps sous le titre de *Code civil des Français*. Tel fut l'objet de la loi du 30 ventôse an XII. La réunion des lois adoptées séparément n'empêche pas que chacune ne soit obligatoire à partir de sa publication.

18. Le *Code civil des Français* subit une révision, après l'établissement de l'Empire. Par suite du changement dans l'ordre politique, il parut convenable de modifier la rédaction. Le titre primitif fut remplacé par celui de *Code Napoléon*; les expressions qui se rapportaient à la forme du gouvernement républicain firent place à des expressions monarchiques : au lieu de *République, premier consul, gouvernement* ou *nation*, on mit *Empire, empereur, Etat*. On ne changea presque rien au fond. Bigot-Préameneu dit dans l'exposé des motifs de la loi du 3 septembre 1807 : « Le code Napoléon est une espèce d'arche sainte pour laquelle nous donnerons aux peuples voisins l'exemple d'un respect religieux. » Il y eut toutefois quelques modifications. Le code civil prohibait les substitutions. Napoléon trouva bon de les rétablir en faveur de la nouvelle noblesse qu'il créa; on rappela cette exception dans l'édition de 1807. Dans le texte primitif, on avait maintenu le calendrier républicain décrété en 1793. Un sénatus-consulte ayant rétabli le calendrier grégorien, on s'y conforma dans l'édition nouvelle.

Le code Napoléon devint la loi de l'immense empire dont Napoléon était le chef; il fut introduit dans la plupart des petits Etats d'Allemagne, ainsi que dans le grand-duché de Varsovie. Après la chute de la domination française, les Allemands répudièrent, avec trop de hâte peut-être, un code qui semblait leur avoir été imposé, et qui en réalité était l'expression des coutumes germaniques. Il fut maintenu dans les provinces rhénanes et dans le royaume des Pays-Bas. Il régit encore aujourd'hui la Belgique, et comme il n'a pas été revisé, c'est toujours l'édition de 1807 qui est l'édition officielle (1). Il a cependant été modifié en Belgique dans quelques parties. Le plus important de ces changements concerne le régime hypothécaire.

§ 2. — SOURCES DU CODE NAPOLÉON.

I

19. Quand le code civil fut discuté, on reprocha aux auteurs du code de s'être bornés à formuler les principes du droit romain et de nos anciennes coutumes. Le reproche était, à certains égards, un éloge. Portalis répondit que jamais un peuple ne s'était livré à la périlleuse entreprise de se séparer subitement de tout ce qui l'avait civilisé et de refaire en quelque sorte son existence. Il cita la loi des Douze Tables, les codes de Justinien, les ordonnances de Louis XIV, le code de Frédéric (2). Le législateur de l'an x n'avait plus pour le passé ce mépris, disons mieux, cette haine que les législateurs révolutionnaires témoignaient à tout ce qui rappelait le vieux régime. Quand on compare le langage de Portalis à celui de Barère, on voit que la France était entrée dans une ère nouvelle : « Le droit écrit, dit-il, qui se compose des lois romaines, a civilisé l'Europe. La découverte que nos aïeux firent de la compilation de Justinien fut pour eux une sorte de révélation... La plupart des auteurs qui censurent le droit romain avec autant d'amertume que de légèreté, blasphèment ce qu'ils ignorent. On en sera convaincu si dans les collections qui nous ont transmis ce droit, on sait distinguer les lois qui ont mérité d'être appelées la *raison écrite*, d'avec celles qui ne tenaient qu'à des institutions

---

(1) Le texte de 1807 a été réimprimé à Bruxelles, par les soins de M. Delebecque, avocat général à la cour de cassation.
(2) Portalis, Exposé général du système du code civil (Locré, t. Ier, p. 189, nº 6).

particulières, étrangères à notre situation et à nos usages. » Portalis avoue que parmi les coutumes il y en a qui portent l'empreinte de notre première barbarie; mais il en est aussi, ajoute-t-il, qui font honneur à la sagesse de nos pères, qui ont formé le caractère national et qui sont dignes des meilleurs temps (1).

20. Est-ce à dire que le code civil soit la copie de l'ancien droit? Les auteurs du code n'étaient pas des esprits rétrogrades. Nous recommandons aux partisans aveugles du passé les sages paroles que nous allons transcrire : « Il faut changer, quand la plus funeste de toutes les innovations serait, pour ainsi dire, de ne pas innover. On ne doit pas céder à des préventions aveugles. Tout ce qui est ancien a été nouveau. L'essentiel est d'imprimer aux institutions nouvelles le caractère de permanence et de stabilité qui puisse leur garantir le droit de devenir anciennes. » C'est en parlant des lois révolutionnaires que Portalis arbore hardiment le drapeau du progrès. La Révolution innova dans le domaine du droit civil, comme dans l'ordre politique, et elle dépassa parfois toutes les bornes. Portalis lui reproche de s'être laissé égarer par la haine du passé, et l'ardeur impatiente de tout régénérer. On croyait refaire la société, dit-il, et on ne travaillait qu'à la dissoudre (2). Il y a du vrai dans ce reproche; nous l'avons reconnu ici même. Mais, de leur côté, les législateurs de l'an x ne se laissèrent-ils pas aller à l'esprit de réaction qui répudiait la Révolution avec autant d'aveuglement que la Révolution en avait mis à maudire le passé? Portalis a raison de dire que nous avons trop aimé, dans les temps modernes, les changements et les réformes; mais quand il ajoute que les siècles de philosophie et de lumière ne sont que trop souvent le théâtre des excès (3), il est injuste pour le xviiie siècle, il est injuste pour la Révolution.

(1) Portalis, Discours préliminaire, nos 30 et 31 (Locré, tome Ier, page 162).
(2) Portalis, Exposé des motifs de la loi du 30 ventôse an xii, no 2 (Locré, t. Ier, p. 199).
(3) Portalis, Discours préliminaire, no 34 (Locré, t. Ier, p. 163).

Il faut dire plus. Si l'ardeur immodérée d'innovation égara les législateurs révolutionnaires, l'esprit de réaction exerça aussi une fâcheuse influence sur le code Napoléon. L'opposition que le premier consul rencontra dans le Tribunat ne fut pas toujours mesquine et tracassière, comme on le prétend (1). Si Napoléon avait écouté les tribuns, il aurait maintenu l'abolition du droit d'aubaine prononcée par l'Assemblée constituante : la postérité a donné raison au Tribunat. Si l'empereur n'avait pas brisé la seule assemblée où l'opinion publique pouvait se faire entendre, son code se serait fait plus difficilement, sans doute, mais aussi il eût été plus en harmonie avec les sentiments et les idées de la société nouvelle. Un corps composé de légistes et d'administrateurs est dominé presque fatalement par la tradition. Cela explique comment des Tronchet, des Treilhard se prononcèrent pour l'affreuse conception de la mort civile. Ici encore les tribuns avaient raison contre le gouvernement consulaire. Au lieu de leur imposer silence, le premier consul eût bien fait de les écouter. S'il y avait moins de science dans le Tribunat que dans le conseil d'Etat, par contre l'esprit de liberté l'animait de son souffle puissant; c'est une inspiration que les légistes et les praticiens auraient tort de dédaigner.

21. Les auteurs du code avaient une autre difficulté à vaincre. Ils voulaient donner à la France une législation uniforme. Mais comment établir l'unité et l'harmonie entre deux droits aussi différents que les lois romaines et les coutumes? Portalis répond : « Nous avons fait, s'il est permis de s'exprimer ainsi, une transaction entre le droit écrit et les coutumes, toutes les fois qu'il nous a été possible de concilier leurs dispositions, ou de les modifier les unes par les autres, sans rompre l'unité de système et sans choquer l'esprit général (2). » Nous comprenons la transaction et la conciliation, quand des intérêts con-

(1) Locré, *Législation civile*, Prolégomènes, chapitre VI (tome Ier, page 50).
(2) Portalis, Discours préliminaire, n° 31 (Locré, t. Ier, p. 163).

traires sont en conflit; la tâche du gouvernement est presque toujours de transiger et de concilier. Mais transige-t-on sur des principes? concilie-t-on la vérité et l'erreur, la justice et l'injustice? Si les codes ne sont pas éternels, ils se font du moins dans un esprit de perpétuité; dès lors ils doivent être l'expression du droit absolu, autant que l'homme peut aspirer à l'absolu. Transiger, en cette matière, est un moyen sûr de s'égarer. L'ordre de succession consacré par le code nous offrira la preuve de ce que nous disons. C'est un mélange de droit romain, de droit coutumier et de droit révolutionnaire, sans principes certains, et conduisant aux résultats les plus injustes.

22. Heureusement que la transaction s'est trouvée le plus souvent impossible. La conciliation ne pouvant se faire entre le droit romain et les coutumes, il fallait choisir, et les auteurs du code, élevés dans les pays de droit coutumier, donnèrent la préférence aux coutumes. Notre droit des personnes n'a plus rien de commun avec le droit romain. Le mariage, la puissance maritale, la puissance paternelle ont changé de caractère. Il n'y a presque aucun rapport entre les principes du droit romain sur la filiation et ceux du code Napoléon. Notre tutelle repose sur de tout autres bases. La communauté légale, régime de droit commun des époux, était inconnue des jurisconsultes de Rome. Notre système hypothécaire s'est écarté entièrement des maximes romaines. La saisine vient des coutumes; les formes et les conditions des donations et testaments sont puisées dans les ordonnances. En apparence, la théorie des obligations et de la propriété est encore aujourd'hui ce qu'elle était chez les Romains. En réalité, quand on entre dans les détails, on trouve, à chaque pas, des modifications, et il y en a qui sont fondamentales. C'est, en définitive, l'élément coutumier, c'est-à-dire germanique, qui domine dans le code Napoléon.

23. Cela devait être, et il est heureux que cela soit. Le droit est un élément de la vie des peuples, il se modifie donc avec la vie. Nos sentiments, nos idées, notre civilisation ne sont plus ce qu'ils étaient à Rome; nous ne sommes plus des Romains, comment notre droit serait-il encore celui d'un peuple dont nous différons sous tant de rapports? Sans doute, la civilisation romaine est un des éléments de la civilisation moderne, et le droit y joue le grand rôle; mais ce n'est pas l'élément dominant. Si les Germains ont pris la place du peuple-roi, c'est que la Providence les destinait à présider à une nouvelle ère de l'humanité. Il est donc naturel qu'ils y aient la première place. Nous nous en félicitons. Non pas que nous entendions déprécier le droit romain et les jurisconsultes de Rome; nous les aimons et nous les admirons. Mais nos prédilections sont pour l'esprit germanique qui règne dans nos vieilles coutumes. Que l'on nous permette, pour les justifier, de citer ce que nous avons écrit ailleurs sur les différences qui séparent le droit romain et le droit coutumier (1).

24. « Les Romains, peuple de juristes, ont la gloire d'avoir porté la science du droit à la perfection, mais ils ont payé cher cette gloire : s'ils possèdent toutes les qualités du jurisconsulte, ils en ont aussi outré les défauts. C'est une race formaliste, dure, impérieuse, sans cœur, toute de calcul. Les Germains manquent de l'esprit juridique, ils n'ont pas le génie de l'unité qui caractérise la ville éternelle, mais aussi ils n'ont pas les vices que nous reprochons aux Romains. Chez eux, c'est le sentiment qui domine, tout est spontanéité, intimité : race poétique, ils ignorent les subtilités du légiste, ils préfèrent l'équité à la lettre de la loi. Chez les Romains règne le droit strict : le préteur corrige cet absolutisme, mais en respectant la rigueur du droit. La notion d'un droit absolu, règle de fer, est inconnue aux Germains; leur droit se confond avec l'équité. Le droit romain est dur comme le peuple-roi; de là l'idée de puissance, c'est-à-dire de despotisme, sur laquelle repose la famille romaine; la personnalité est méconnue ou elle est absorbée au profit de l'État : un sec formalisme remplace la vie véritable. Le

(1) Voyez le tome VII de mes *Études sur l'histoire de l'humanité* (**La Féodalité et l'Église**, p. 125 et suiv. de la 2e édition).

droit germanique est empreint du caractère de la race
allemande : il protége et concilie là où le droit romain
commande et prohibe ; il respecte la personnalité dans
tout homme, il ignore la superstition des formules ; la vie
vivante remplace la vie factice. Rome est supérieure dans
le domaine de la science, mais nous préférons l'infériorité
des Germains, parce que l'esprit qui les anime est plus
humain, plus grand, plus élevé. C'est en définitive cet
esprit qui l'a emporté chez les peuples modernes, chez
ceux-là mêmes qui professent une espèce de culte pour le
droit romain.

« Les jurisconsultes de Rome rattachent tout le droit
aux personnes, aux choses et aux actions. La famille
repose sur l'idée de puissance, c'est-à-dire sur un despotisme absolu, illimité. Elle se concentre dans son chef et
qu'est-ce que le père de famille ? C'est, dit Ulpien, celui
qui a le *domaine* dans sa maison. Ce *domaine* absorbe tout
droit, toute personnalité : femme, enfants, esclaves, tous
sont soumis, au même degré, à l'empire du père de
famille. La famille germanique a aussi un chef : c'est lui
qui la représente, mais il n'est plus un maître, il n'est
qu'un protecteur. La *puissance* se change en tutelle ; le
droit du père de famille, c'est la *mainbournie*, la *garde*.
Quel est le vrai principe ? L'expérience des siècles a
décidé : les peuples modernes ont rejeté la doctrine romaine et ils ont consacré dans leurs codes les idées des
Barbares.

« Chez les Romains, la puissance paternelle est un
droit du père, un droit qui ne lui impose aucune obligation ; elle n'est pas établie dans l'intérêt des enfants, mais
dans l'intérêt du père de famille. Elle est perpétuelle, les
enfants sont toujours en minorité, lors même qu'ils ont
atteint l'âge où la nature les appelle à la liberté et à l'indépendance ; ils n'ont aucune personnalité, ce sont des
instruments de travail qui acquièrent pour leur maître.
Les Germains ignorent cette puissance. Il est vrai que le
père a un droit sur ses enfants, mais c'est un droit de
protection, c'est un devoir autant qu'un droit ; établi en
faveur du protégé, il cesse quand l'enfant n'a plus besoin

d'appui; il ne détruit pas sa personnalité, car l'enfant peut acquérir, et il acquiert pour lui. Les principes du droit germanique ont passé dans les coutumes. « Droit de puis-« sance paternelle n'a lieu, » dit une maxime de notre droit coutumier, et tel est aujourd'hui le droit commun de l'Europe.

« Il en est de même de la puissance maritale. Les jurisconsultes romains définissent le mariage une communauté de toute la vie. Le fait était loin de répondre à cette belle définition. L'idée de puissance détruit la personnalité de la femme; et comment pourrait-il y avoir vie commune là où la femme disparaît dans la souveraineté absolue du chef? Quant au droit qui régit le patrimoine des époux, il semble avoir pour objet de les séparer, au lieu de les unir : tout ce que la femme n'apporte pas en dot reste sa propriété exclusive; il n'y a pas d'intérêts communs. La femme germaine est aussi sous puissance, mais il n'y a aucun rapport entre cette puissance et celle du droit romain : c'est une tutelle établie dans l'intérêt du protégé. La femme, tout en ayant un tuteur qui la défend et la représente, conserve sa personnalité. Il est si vrai que le droit du mari n'est qu'un pouvoir de protection, qu'il peut en être privé lorsqu'il en abuse. La puissance maritale n'empêche pas qu'il n'y ait vie commune entre les époux : la femme est l'associée du mari, elle partage avec lui le droit d'éducation; elle a donc une part à la puissance paternelle. La mère survivante a la tutelle de ses enfants. La communauté de vie s'étend aux biens : les Germains sentaient d'instinct que la vie commune resterait un mot vide de sens, si elle n'embrassait aussi les intérêts. Nos coutumes, que l'on accuse de barbarie, sont plus équitables pour la femme que le législateur moderne. « Nul homme n'est si droit héritier au mort comme « est la femme épouse. » C'est une loi féodale qui prononce ces belles paroles, cri du cœur et expression de la justice. Notre code place la femme après les collatéraux du douzième degré ! »

Nous ne poursuivons pas cette comparaison des lois romaines et des coutumes dans la partie du droit qui

concerne les biens ; il faudrait entrer dans trop de détails.
Ils trouveront leur place dans la suite de cet ouvrage.
A chaque pas, nous constaterons que le législateur moderne
donne la préférence à l'équité sur la rigueur du droit.
D'où nous vient cet esprit d'équité? C'est le sentiment
dominant des races germaniques. Il en résulte que, comme
science, le droit moderne est moins parfait que celui de
Rome ; mais il est supérieur, comme législation. La vie
ne se conduit pas par la logique, et le droit est l'expression de la vie. Notre code est meilleur par cela seul
qu'il s'inspire du sentiment germanique plus que du droit
strict de Rome. Les anciens jurisconsultes donnaient au
droit romain le beau nom de *raison écrite ;* mais tout en
l'exaltant, ils s'en écartaient dès qu'il était en collision
avec l'équité naturelle. Cela se voit à chaque page de
Pothier. Tel est aussi l'esprit du code civil : c'est ce caractère qui lui assure une incontestable supériorité sur
la législation romaine.

§ 3. — LE CODE CIVIL ET LE DROIT ANTÉRIEUR.

25. La loi du 30 ventôse an XII porte, article 7 :
« A compter du jour où le code civil sera exécutoire, les
lois romaines, les ordonnances, les coutumes générales ou
locales, les statuts, les règlements cesseront d'avoir force
de loi générale ou particulière dans les matières qui sont
l'objet desdites lois composant le présent code. » Il ne
faut pas confondre cette abrogation avec la formule ordinaire qui termine nos lois, et qui se trouve aussi à la fin
de notre constitution, article 138 : « A compter du jour
où la constitution sera exécutoire, toutes les lois, décrets,
arrêtés, règlements et autres actes qui y sont contraires
sont abrogés. » Une pareille abrogation n'est autre chose
que le principe de l'abrogation tacite : quand une loi
nouvelle est contraire à une loi ancienne, celle-ci se
trouve naturellement abrogée ; parce que, entre deux manifestations de la volonté souveraine qui sont incompa-

tibles, c'est la dernière qui doit l'emporter. Mais il n'y a d'abrogées, en vertu de ce principe, que les dispositions de la loi ancienne qui ne peuvent pas se concilier avec la loi nouvelle ; quant à celles qui sont conciliables avec les nouvelles dispositions, elles conservent leur force obligatoire. Si l'on avait appliqué le principe de l'abrogation tacite au droit ancien, dans ses rapports avec le code Napoléon, on aurait maintenu tout le droit antérieur, en tant qu'il n'est pas contraire au droit nouveau. La loi de ventôse va beaucoup plus loin. Il suffit qu'une matière fasse l'objet du code civil, pour que tout l'ancien droit concernant cette matière soit abrogé. Ce qui aboutit à peu près à l'abrogation totale du droit antérieur à 89. En effet, toutes les matières de droit privé sont traitées dans le code Napoléon ; nous ne connaissons qu'une seule lacune : il n'y est pas parlé des droits d'emphytéose et de superficie. L'ancien droit restait donc en vigueur dans ces matières. Sous le royaume des Pays-Bas, la lacune a été comblée par une loi spéciale.

26. Avant d'examiner la portée de la loi de ventôse, il nous faut voir pour quelle raison le législateur français a admis un principe spécial pour l'abrogation du droit ancien. Au conseil d'État, le consul Cambacérès fit une objection contre la disposition de l'article 7. Le code civil ne contient pas la solution de toutes les questions qui peuvent se présenter. Dès lors il faut laisser aux tribunaux le droit de puiser leurs décisions dans les lois romaines et dans les coutumes. Cette critique tendait à laisser aux lois anciennes leur autorité quant aux questions qui ne se trouveraient pas décidées par le nouveau code. C'était, en d'autres termes, revenir au principe général de l'abrogation tacite. Bigot-Préameneu soutint qu'il fallait un principe spécial. Quel a été le but de la codification ? quel a été le vœu des assemblées nationales, quand elles demandèrent la rédaction d'un code de lois uniformes pour toute la France ? C'est de mettre fin à la diversité qui régnait dans l'ancien droit. Or, qu'arriverait-il si l'on maintenait les lois romaines, en tant qu'elles ne seraient pas contraires au code ? C'est que dans les pays de droit écrit, on continuerait à suivre le droit romain comme droit obligatoire, même dans les matières réglées par le code. De même dans les pays de droit coutumier, on resterait attaché aux anciennes coutumes, en tant qu'elles ne seraient pas contraires à une disposition du code. Il en résulterait que le but de la codification ne serait pas atteint. On verrait la cour de cassation annuler des jugements rendus dans les pays de droit écrit, comme violant une loi romaine, tandis que les mêmes décisions, rendues dans un pays de droit coutumier, seraient maintenues. En définitive, le code civil n'aurait fait qu'augmenter l'incertitude du droit, au lieu d'y mettre un terme. Il faut donc abroger l'ancien droit d'une manière absolue. Cela n'empêchera pas, dit Bigot-Préameneu, que le droit romain ne conserve l'autorité de raison écrite : « renfermé dans ces limites, il n'en sera que plus utile, en ce que, dans l'usage, on pourra n'employer que les maximes d'équité qu'il renferme, sans être forcé de se servir des subtilités et des erreurs qui s'y mêlent quelquefois. » Cambacérès n'insista pas : il suffisait, dit-il, que les juges eussent la faculté de prendre les lois anciennes pour guides (1).

27. L'article 7 de la loi de ventôse donne lieu à une difficulté. Que faut-il entendre par ces mots : *qui sont l'objet des lois composant le présent code?* Il est certain que, quand une matière est réglée d'une manière complète par le code Napoléon, tout le droit ancien est abrogé, sans que l'on doive entrer dans la question de savoir si le droit ancien est ou n'est pas compatible avec le droit nouveau. La cour de Colmar l'a jugé ainsi (2), et cela ne peut pas faire le moindre doute. Mais faut-il que le code contienne un système complet sur une matière pour que le droit ancien soit abrogé? On le prétend (3). Cela est en opposition avec le texte de la loi de ventôse et avec la discussion que nous venons de rapporter. Il suffit qu'une matière

(1) Locré, *Législation civile*, Prolégomènes, chap. VI (t. Ier, p. 61, 64 et 65).
(2) Arrêt du 7 juin 1808 (Dalloz, *Répertoire*, au mot *Mariage*).
(3) Dalloz, *Répertoire*, au mot *Lois*, n° 550.

soit traitée dans le code, bien que d'une manière incomplète, pour que l'on doive dire qu'elle fait l'*objet* du code, et, par suite, le droit ancien se trouvera abrogé. Nous n'avons qu'un article sur l'action paulienne (1167). Cela n'empêche pas que le droit romain ne soit abrogé ; bien entendu, comme on l'a dit au conseil d'Etat, que le droit romain servira à interpréter les principes qui ont été puisés dans les lois romaines.

On objecte que la loi de ventôse, ainsi interprétée, entraînerait l'abrogation de lois qui sont d'une nécessité absolue. Telle est la législation sur la contrainte par corps. Le code contient tout un titre sur cette matière ; cependant personne n'a jamais prétendu qu'il a abrogé la loi du 15 germinal an VI. Non, le code n'abroge pas cette loi, mais c'est par une toute autre raison que celle qu'on allègue. La loi de ventôse n'abroge pas les lois dites intermédiaires, celles qui furent portées à partir de 89 ; elle énumère les parties de l'ancien droit qui sont abrogées : ce sont les *lois romaines*, les *ordonnances*, les *coutumes* générales ou locales, les *statuts*, les *règlements*. Il n'est pas question des lois nouvelles. Et il y a de cela une excellente raison. C'est la diversité de l'ancien droit, à laquelle le législateur de l'an XII voulait mettre fin ; il devait donc se borner à abroger le droit antérieur à 89. Quant aux lois intermédiaires, elles forment un droit général ; il n'était pas nécessaire de les abroger en masse : les principes ordinaires sur l'abrogation suffisaient. De là suit que ces lois ne sont abrogées que si elles sont contraires à une disposition du code. La cour de Bruxelles a donc bien jugé en décidant que les lois intermédiaires doivent servir à déterminer le sens de l'article 900 du code Napoléon, quant aux clauses qui concernent la liberté des mariages (1).

28. Le droit romain est abrogé. Est-ce à dire que l'étude du droit romain soit inutile ? Si l'on se plaçait exclusivement au point de vue de l'utilité pratique, il fau-

---

(1) Arrêt du 16 mai 1809 (Dalloz, *Répertoire*, aux mots *Dispositions entre-vifs*).

drait dire que l'étude du droit romain n'est plus nécessaire : nous avons un code, nous avons des auteurs et la
jurisprudence qui l'interprètent. Cela suffit aux besoins de
la vie réelle. Mais si l'on raisonnait ainsi en toutes choses,
que deviendrait la science, que deviendrait le développement intellectuel? Déjà l'on demande : A quoi bon le grec?
Bientôt on demandera : A quoi bon le latin? Il faut être
logique, et dire aussi : A quoi bon l'étude de l'antiquité?
à quoi sert toute étude qui ne procure aucun avantage
immédiat? Les utilitaires oublient que le but de la science
et de l'étude n'est pas de s'approprier certaines connaissances nécessaires ou utiles pour l'exercice d'une profession ou d'une fonction publique. Il y a un but bien plus
élevé, c'est le développement intellectuel, condition et fondement du développement moral. L'étude, quel qu'en soit
l'objet, n'est qu'un moyen d'atteindre ce but. Donc toute
étude est utile, et la plus utile est celle qui développe le
mieux les forces de l'intelligence. A ce titre il n'y a pas
d'étude plus nécessaire au jurisconsulte que le droit romain.
Les défauts mêmes qu'on lui reproche en font un instrument
admirable pour l'éducation juridique. On dit que c'est un
droit qui sacrifie tout à la logique, on se plaint de ses subtilités. Mais c'est précisément cette rigueur de raisonnement qui constitue le sens juridique, c'est à cette rigueur
qu'il faut former les jeunes intelligences. Quant à ce qu'on
appelle les subtilités du droit romain, elles ne sont autre
chose que des conséquences rigoureuses qui découlent des
principes. Après tout, les ouvrages des jurisconsultes
romains sont les chefs-d'œuvre du droit, comme les écrits
de Platon et de Demosthène resteront toujours les chefs-
d'œuvre de la philosophie et de l'art oratoire. Et qui
oserait prononcer ce blasphème, que les chefs-d'œuvre de
l'esprit humain sont inutiles parce qu'ils ne sont pas cotés
à la Bourse? A l'appui de ce que nous venons de dire,
nous citerons ces belles paroles de Portalis : « Une législation civile vient d'être donnée à la France ; mais n'allez
pas croire que vous puissiez abandonner comme inutile
tout ce qu'elle ne renferme pas... Les philosophes de
Rome sont encore les instituteurs du genre humain...

Rome avait soumis l'Europe par ses armes; elle l'a civilisée par ses lois (1). »

29. Les rapports du code Napoléon avec le droit antérieur donnent encore lieu à une question de la plus haute gravité. On sait les reproches exagérés, injustes que Savigny, l'illustre professeur de Berlin, adresse à l'œuvre du législateur français. Nous n'entrons pas dans ce débat, il est terminé : les faits ont donné tort au chef de l'école historique. Le travail de codification continua malgré ses vives attaques; une partie de l'Allemagne même maintint les codes français, la Belgique les conserva et elle s'en applaudit. Il y a cependant une critique de Savigny qui mérite que l'on s'y arrête. Les codes, dit-il, fixent le droit à l'état où il se trouve au moment où on le codifie, ils l'immobilisent, et le privent ainsi des améliorations successives qu'amènent naturellement les progrès de la science (2). S'il était vrai que les codes arrêtassent le progrès du droit, il faudrait se hâter de les répudier. Mais il n'en est rien. Le progrès s'accomplit toujours; seulement il ne se fait plus, comme jadis, par le travail des jurisconsultes, il se fait par les assemblées législatives. En Belgique et en France, on revise les codes, ou l'on y apporte les modifications dont la science ou la pratique ont montré la nécessité. Ici nous touchons à la grave question que la codification soulève. Une chose est vraie, c'est qu'elle change complétement la position des jurisconsultes. Il importe de le constater, car il en résulte une conséquence très-importante pour l'interprétation du code civil.

A Rome, les jurisconsultes étaient les organes du droit populaire, pour nous servir des expressions de Savigny (3). Le droit se formait, se développait dans la conscience nationale; mais ce n'était pas le législateur qui interprétait et qui formulait ce travail latent, c'étaient les jurisconsultes. Par cela même, ils participaient à la création

---

(1) Portalis, Discours prononcé à l'Académie de législation (*Moniteur* du 1er frimaire an XII).
(2) Savigny, *Traité de droit romain*, traduit par Guenoux (t. Ier, p. 45).
(3) Savigny, *Traité de droit romain*, t. Ier, p. 81 et suiv.

du droit. Leur rôle ne se bornait pas à l'expliquer et à en faire l'application aux cas nouveaux qui se présentaient ; ils innovaient, ils créaient. Il y avait très-peu de lois ; les jurisconsultes n'étaient donc pas enchaînés par des textes ; ils jouissaient d'une liberté presque illimitée. Cela est si vrai qu'ils ne se croyaient pas liés par les principes qu'eux-mêmes enseignaient. Savigny en cite un exemple remarquable. C'était une maxime généralement reçue que dans les matières exceptionnelles, on ne peut pas raisonner par voie d'analogie ; nous disons encore aujourd'hui que les exceptions sont de stricte, de rigoureuse interprétation, et qu'on ne peut pas les étendre d'un cas à un autre, quand même il y aurait identité de motifs. Cela n'empêche pas les jurisconsultes romains d'étendre les exceptions, ou ce qu'ils appellent *droit singulier*. C'est qu'ils étaient en quelque sorte législateurs ; à ce titre, ils pouvaient créer des exceptions (1).

Sous l'ancien régime, les jurisconsultes français avaient aussi des allures très-libres. Dans les pays de droit écrit, le droit romain était un droit traditionnel plutôt qu'un droit législatif. Dans les pays coutumiers, il n'avait généralement qu'une autorité de raison ; dès lors la raison le pouvait discuter, et au besoin s'en écarter. C'est ce que Pothier fait à chaque instant, au nom de l'équité. Nos anciens légistes modifiaient donc le droit traditionnel : c'est dire qu'ils aidaient à développer le droit, ils le créaient. La position des interprètes modernes est bien différente. Ils ont devant eux un code qui lie tous les citoyens, qui lie même le pouvoir judiciaire : le magistrat et le juris-consulte sont enchaînés par les textes. Peuvent-ils encore, au nom de l'équité, corriger une loi qui leur paraît trop rigoureuse ? Non certes. Peuvent-ils, par voie de raison-nement, étendre des exceptions ? Pas davantage, car en procédant ainsi, ils se feraient législateurs ; or, le législa-teur a parlé, et lui seul peut modifier les lois, lui seul peut créer le droit.

La mission des interprètes, sous nos codes, est donc

---

(1) **Savigny**, *Traité de droit romain*, t. Ier, p. 290 et suiv.

plus modeste qu'elle ne l'était jadis. Ils ne se rendent pas toujours compte de cette profonde révolution. Quand ils voient les jurisconsultes romains manier librement les principes, sans autre guide, sans autre lien que la raison ou la conscience générale, ils sont tentés d'imiter leur exemple. Ils sont encore tentés de faire ce que faisait Pothier. C'est un écueil contre lequel nous devons nous tenir en garde. Nous n'avons pas le droit d'innover; il ne nous est pas permis de corriger, de perfectionner nos codes. Est-ce à dire que notre position soit amoindrie? est-ce à dire que le droit codifié soit condamné à l'immobilité? Non; l'interprète peut et doit signaler les lacunes, les imperfections, les défauts de la législation qu'il est appelé à expliquer. Et ces travaux préparent le progrès que le législateur a pour mission de réaliser.

§ 4. — BIBLIOGRAPHIE.

I. L'ANCIEN DROIT.

30. Il y a une lacune dans l'enseignement du droit en Belgique et en France; nous n'avons pas de cours d'histoire du droit français. Nous n'insisterons pas sur l'utilité, sur la nécessité de l'étude historique du droit. Le législateur ne crée pas le droit, il se borne à le formuler. Et où le puise-t-il? Dans la conscience nationale telle que la tradition la réfléchit. Le droit est une des faces de la vie des peuples, et une des plus importantes. Pourrait-on comprendre l'humanité moderne, si l'on ignorait d'où elle procède et par quelles voies elle est arrivée à l'état où nous la voyons? Il est tout aussi impossible de comprendre nos codes quand on ignore d'où ils viennent, et comment le droit a pris la forme qui nous régit pour le moment. Le droit actuel procède du passé, il faut donc étudier le passé. Nous indiquerons quelques ouvrages de choix, qui pourront servir de guide aux jeunes avocats :

> LAFERRIÈRE. *Histoire du droit français.* 7 vol. Nous re-
> grettons que la mort de l'auteur l'ait empêché d'achever
> ce beau livre.
>
> WARNKÖNIG. *Französische Staats- und Rechtsgeschichte.*
> 2 vol., 1846, 1848. Le premier volume comprend l'his-
> toire du droit public; le second, l'histoire du droit privé.

31. Les deux grandes sources du droit ancien sont le droit romain et les coutumes. Nous ne pourrions citer, même en nous restreignant à un choix, les nombreux ouvrages de droit romain qui ont paru de nos jours, et encore moins les vieux auteurs. Nous nous bornerons à recommander un livre excellent d'un de nos collègues :

> NAMUR. *Cours d'Institutes et d'histoire du droit romain.*
> 1864, 1 vol. Une seconde édition va paraître.

Il est inutile de citer Pothier et Domat; tout le monde connaît ces noms. Nous ne ferons qu'une remarque, et elle a de l'importance pour l'interprétation du code civil. Ceux qui ont concouru à sa rédaction ont puisé leur connaissance du droit romain, non dans les sources, non dans les grands interprètes du xvie siècle, Cujas et Doneau, mais exclusivement dans les écrits de Pothier et de Domat. Pour l'interprétation du code, il importe donc moins de connaître la vraie doctrine des jurisconsultes romains que de savoir comment Domat et Pothier l'ont entendue.

32. Les coutumes forment la partie la plus importante et la plus difficile de l'ancien droit, considéré comme source du code. Nous citerons d'abord quelques ouvrages élémentaires :

> GUY COQUILLE. *L'Institution au droit français.* Paris,
> 1642, 1 vol. in-8°; et dans les Œuvres de COQUILLE, un
> de ces esprits clairs et nets qui font honneur à la science
> française.
>
> ARGOU. *L'Institution au droit français*, édition de *Bou-
> cher-d'Argis*, 1762, 1771, 1787, 2 vol. in-12.

LOYSEL. *Institutes coutumières*, avec les notes de LAURIÈRE, 1783, 2 vol. in-12. Nouvelle édition de DUPIN et de LA-BOULAYE. Paris, 1846, 2 vol. in-12.

Pour l'ancien droit belgique, nous avons un ouvrage qui est un chef-d'œuvre :

DEFACQZ, conseiller (aujourd'hui président) à la cour de cassation. *Ancien droit belgique.* 1er vol., 1846. Nous joignons nos instances à celles des amis de l'auteur pour l'engager à publier le second volume.

Les textes des anciennes coutumes sont recueillis dans plusieurs collections; la plus complète est celle de :

BOURDOT DE RICHEBOURG. *Nouveau coutumier ou corps des coutumes générales et particulières de France.* 8 vol. in-folio.

Les commentaires de plusieurs coutumes ont une grande importance pour l'étude de l'histoire, et même pour l'interprétation du code civil. C'est la coutume de Paris que les auteurs du code ont surtout consultée. Le plus illustre des jurisconsultes français l'a commentée, Charles Dumoulin, à qui l'on donna le nom glorieux d'oracle du droit coutumier. Ce commentaire se trouve dans l'ouvrage suivant :

CAROLI MOLINÆI *Opera quæ exstant omnia.* 5 volumes in-folio.

Il y a un autre commentaire de la coutume de Paris qui mérite d'être consulté :

CLAUDE DE FERRIÈRE. *Loys et compilation de tous les commentateurs sur la coutume de Paris.* Nouvelle édition 1714, 4 vol. in-folio. C'est par modestie que l'auteur appelle son ouvrage une compilation : il contient des études originales.

La modestie, la naïveté, le sérieux et la profondeur font le charme de nos vieux légistes. Inspirons-nous de leur science et de leurs belles qualités. Nous ne pouvons

citer que les meilleurs : nous commencerons par quelques
monuments du moyen âge, dont nous recommandons la
lecture à nos jeunes docteurs ;

> *Assises de Jérusalem*, publiées par M. BEUGNOT, au nom
> de l'Académie des Inscriptions. 2 vol. in-folio, 1841-
> 1846.
>
> BEAUMANOIR. *Coutumes du Beauvoisis*, publiées par BEU-
> GNOT. 2 vol. in-8°, 1842. Voyez sur BEAUMANOIR une
> belle étude de LABOULAYE (insérée dans une compilation
> belge, la *Revue des Revues de droit*, t. III, p. 260 et
> suiv.).

Parmi les commentateurs plus modernes, nous citerons :

> GUY COQUILLE. *Œuvres, contenant l'institution au droit
> français et le commentaire de la coutume du Nivernais.*
> 2 vol. in-folio.
>
> D'ARGENTRÉ. *Commentarii in patrias Britonum leges.*
> 1 vol. in-folio, 1821.
>
> BOUHIER, le président. *Œuvres de jurisprudence.* 2 vol.
> in-folio, contenant le Commentaire sur la coutume du
> duché de Bourgogne.

Le nom du chancelier d'Aguesseau est connu de tout le
monde, mais peu le lisent. Nous le recommandons aux
jeunes avocats :

> *Œuvres* de M. le chancelier D'AGUESSEAU. 13 vol. in-4°.

II. DROIT MODERNE.

33. Le droit révolutionnaire mériterait une étude spéciale et détaillée. Nous datons de 89 ; on l'oublie trop
facilement. On aime à reprocher aux législateurs révolutionnaires leurs exagérations, comme si la mission
terrible des révolutions n'était pas l'excès en toutes

choses. Il y a un petit livre qui peut servir de guide dans cette matière :

LAFERRIÈRE. *Histoire des principes, des institutions et des lois de la Révolution française.* 1850, 1 vol. in-12.

34. Les travaux préparatoires du code sont tantôt trop estimés, tantôt dépréciés. Napoléon déjà disait que les discussions du conseil d'Etat devaient être vagues, parce que tous les membres n'étaient pas jurisconsultes. Tronchet, qui y prit une part active, se sert d'une expression plus dure, il parle de *divagations* (1); et il faut avouer qu'il a parfois raison. Toutefois ce serait une criante injustice que de généraliser ces reproches. On admire le code civil, et comment un corps de lois qui, à bien des égards, est un chef-d'œuvre, serait-il l'œuvre d'hommes qui divaguaient? Après tout, quel que soit le mérite des travaux préparatoires, il est de toute nécessité d'en faire une étude sérieuse. Ils ont été publiés dans deux recueils :

FENET. *Recueil complet des Travaux préparatoires du code civil.* 15 vol. in-8°, Paris, 1827 et 1828.

LOCRÉ. *Législation civile, criminelle et commerciale de la France.* 31 vol. in-8°. Les seize premiers volumes se rapportent au code civil. C'est cet ouvrage que nous citons, parce qu'il est plus répandu en Belgique où il a été réimprimé; il est moins complet que celui de Fenet, parce qu'il ne comprend pas les observations des tribunaux.

35. Les ouvrages sur le code comprennent ou tout le droit français ou l'un ou l'autre titre. Nous citerons ces derniers en traitant la matière qu'ils concernent. Parmi les traités généraux, il faut distinguer d'abord les Encyclopédies ou Répertoires. Il y en a deux qui sont dans les mains de tout le monde :

MERLIN. *Répertoire universel et raisonné de jurisprudence.* 4e édit., in-4°, 18 vol. Paris, 1827-1830; et

(1) Locré, *Législation civile*, Prolégomènes, chap. VI (t. Ier, p. 48-49).

5ᵉ édition, publiée à Bruxelles, par l'auteur, in-8°, 36 vol.
Il y faut joindre le *Recueil alphabétique des questions
de droit*, 4ᵉ édit., 8 vol in-4° ; et 5ᵉ édit., 16 vol. in-8°.

Les Encyclopédies ont d'ordinaire peu de valeur scientifique : mais les Recueils de Merlin forment exception ;
ils conserveront toujours une grande autorité, parce que
l'auteur est un des grands jurisconsultes de France.

> DALLOZ. *Répertoire méthodique et alphabétique de légis-
> lation, de doctrine et de jurisprudence*. Nouvelle édi-
> tion, 48 vol. in-4°.

Pour la doctrine, c'est une compilation, faite parfois
avec beaucoup de légèreté. Si nous y renvoyons souvent,
c'est afin d'éviter les trop longues citations d'auteurs et
d'arrêts.

36. Les traités sur le code sont ou élémentaires ou
plus ou moins approfondis. Nous ne citons que les meilleurs :

> ZACHARIÆ. *Cours de droit civil français*, traduit par
> AUBRY et RAU ; ouvrage excellent, auquel les notes des
> traducteurs donnent un nouveau prix.
>
> MOURLON. *Répétitions sur le code civil*. 3 vol. in-8°.

Tout le monde connaît les ouvrages de Toullier et de
Duranton. Celui de Toullier a été continué par M. Duvergier et par M. Troplong. De plus, M. Duvergier en a
donné une nouvelle édition avec des notes. Marcadé est
dans les mains de tous les élèves : c'est un auteur très-
inégal, très-tranchant et très-prétentieux. L'ouvrage de
M. Demolombe est en cours de publication : 25 volumes
déjà ont paru, ils ont été réimprimés en Belgique, en
12 volumes ; le dernier commence la matière des obligations.

Nous n'avons rien dit des Recueils de jurisprudence :
tout le monde les connaît, Sirey et Dalloz. Le Recueil de
jurisprudence de Belgique porte le titre de *Pasicrisie*.

TITRE PRÉLIMINAIRE.

PRINCIPES GÉNÉRAUX SUR LES LOIS.

~~~~~~

CHAPITRE PREMIER.

DE LA SANCTION, DE LA PROMULGATION ET DE LA PUBLICATION DE LA LOI.

——

§ 1er. *Définition.*

1. Le titre préliminaire traite de la *publication*, des *effets* et de *l'application des lois en général*. Quand ce titre fut soumis aux délibérations du Tribunat, la commission chargée de l'examiner critiqua la classification admise par les auteurs du code. Des principes généraux sur les lois, dit le rapporteur, ne concernent pas seulement le code civil, mais aussi tous les autres codes ; ces règles devraient donc faire l'objet d'une loi spéciale (1). La remarque est juste. Elle avait déjà été produite au conseil d'Etat par Roederer. Si néanmoins le titre fut maintenu, c'est que le défaut qu'on lui reprochait avait peu d'importance. Nous dirons avec Tronchet qu'il n'y a pas grand inconvénient à placer en tête du code civil quelques dis-

---

(1) Rapport fait au Tribunat par Andrieux, dans la séance du 12 frimaire an x (Locré, t. 1er, p. 238).

positions relatives aux lois en général, puisque ce code est comme le péristyle de la législation française (1).

2. Le code ne définit pas la loi. C'est un point de doctrine que le législateur abandonne à l'école. On peut dire avec Portalis que « la loi est une déclaration solennelle de la volonté du souverain sur un objet d'intérêt commun. » Il faut ajouter « et de régime intérieur, » afin de distinguer la loi du traité. D'après la constitution belge, les traités se font par le roi; mais il y en a qui doivent recevoir l'assentiment des Chambres, ce sont les traités de commerce et ceux qui grèvent l'Etat ou qui lient des citoyens (2). L'assentiment donné par les Chambres n'est pas une loi; c'est le consentement de la nation, exprimé par ses représentants; car les traités sont des conventions qui, comme les contrats des particuliers, se font par concours de consentement, tandis que la loi commande au nom de la souveraineté nationale.

3. Il ne faut pas confondre la *loi* avec le *droit*. Portalis dit que « le droit est la raison universelle, la suprême raison, fondée sur la nature même des choses. » Cela est trop vague; la définition pourrait s'appliquer à la philosophie aussi bien qu'au droit. L'objet du droit est identique avec celui de la loi, c'est d'établir des règles obligatoires pour les individus et les nations. On dit que les règles juridiques sont obligatoires, en ce sens qu'elles sont susceptibles d'une exécution forcée. En cela elles diffèrent des règles morales qui excluent la contrainte. Les devoirs que la morale prescrit n'ont aucun effet en droit; ils n'ont d'autre sanction que la conscience.

4. Le droit est antérieur à la loi; il est fondé sur la nature de l'homme et des sociétés civiles. Il faut nier que l'homme soit un être spirituel, pour nier l'existence d'un droit indépendant de la loi. Opposons aux matérialistes et aux positivistes ces belles paroles de Montesquieu : « Dire qu'il n'y a rien de juste ni d'injuste que ce qu'ordonnent ou défendent les lois positives, c'est dire qu'avant

---

(1) Séance du conseil d'Etat du 6 thermidor an IX (Locré, t. Ier, p. 225).
(2) Constitution belge, art 68.

qu'on eût tracé de cercle tous les rayons n'étaient pas égaux. » Il faut nier Dieu pour nier qu'il y ait un droit gravé dans nos consciences par Celui qui vit en nous et par qui nous vivons. Que si l'on nie Dieu et l'âme, l'homme n'est plus qu'une brute, la loi n'est plus qu'une chaîne pour le contenir et le dompter. Nous admirons ceux qui, après avoir dégradé l'homme jusqu'à en faire un animal ou une plante, prennent la peine de s'occuper de la destinée d'un être qui ne vit un instant que pour retomber dans le néant d'où il est sorti.

5. Il y a un droit éternel, expression de la justice absolue. Ce droit se révèle à la conscience humaine, à mesure que l'homme approche de la perfection divine. Le droit est progressif comme toutes les manifestations de l'esprit humain. Il tend sans cesse à réaliser la vérité absolue. C'est un devoir pour le législateur de suivre les progrès qui s'accomplissent dans la conscience générale. C'est un devoir pour le jurisconsulte de préparer ces progrès. Non pas qu'il puisse mettre ses conceptions à la place de celles du législateur : sa mission est d'interpréter la loi et non de la faire. Quand l'interprète substitue sa pensée à celle de la loi, il viole la loi. Mais il peut et il doit en signaler les défauts, afin que la loi devienne l'expression du droit éternel, autant que l'imperfection humaine peut ambitionner d'atteindre à la perfection.

§ 2. *De la sanction et de la promulgation.*

6. Le code ne parle pas de la *sanction*. Sous l'empire de la constitution de l'an VIII, il n'y avait pas de sanction. Le gouvernement proposait la loi, le Tribunat la discutait, le Corps législatif la votait, le Sénat conservateur l'annulait, si elle était inconstitutionnelle. La loi existait donc et elle était parfaite par le vote du Corps législatif, s'il n'y avait pas de recours pour cause d'inconstitutionnalité, ou si le recours était rejeté. D'après notre constitution, le roi sanctionne les lois. (art. 69). La loi n'existe donc que lorsqu'elle est sanctionnée. Quand même le roi proposerait une loi et que les Chambres l'adopteraient sans changement, il faudrait encore la sanction pour que la loi fût parfaite. La sanction est un élément essentiel de l'existence de la loi.

7. Une loi du 28 février 1845 prescrit la forme dans laquelle le roi doit donner sa sanction. L'art. 1er porte : « La sanction se fera de la manière suivante : Léopold, roi des Belges, à tous présents et à venir, Salut. Les Chambres ont adopté et nous sanctionnons ce qui suit : » Cette formule est placée en tête des lois, lors de leur publication par la voie du *Moniteur*. La sanction est donc rendue publique. Cette publicitié est requise pour donner une date certaine à la loi. La loi existe dès qu'elle est sanctionnée, elle a donc date à partir de la sanction. Décidé ainsi par un avis du conseil d'Etat, du 5 pluviôse an VIII (1). Mais il importe aux citoyens que la sanction soit rendue publique, afin qu'ils sachent si la loi existe. C'est la raison pour laquelle la loi de 1845 a ordonné que la sanction se fasse en même temps que la promulgation.

8. L'article de notre constitution qui donne au roi le droit de *sanction*, dit aussi que le roi *promulgue* les lois, et l'art. 129 porte « qu'aucune loi n'est obligatoire qu'après avoir été *publiée* dans la forme déterminée par la loi. » Il résulte de là que la *sanction*, la *promulgation* et la *publication* de la loi sont des actes différents, en vertu de notre droit constitutionnel. La constitution ne définit pas la *promulgation*. Aux termes de la loi du 28 février 1845, la *promulgation* consiste dans la formule suivante placée à la fin des lois, lors de leur insertion au *Moniteur* : « Promulguons la présente loi, ordonnons qu'elle soit revêtue du sceau de l'Etat et publiée par la voie du *Moniteur*. » La loi de 1845 répète le mot *promulguer,* sans le définir. De là un certain vague qui confond des actes très-distincts, la *promulgation* et la *publication*. Dans le langage vulgaire, ces deux termes ont le même sens, et le *Dictionnaire de l'Académie* consacre en quelque sorte cette

(1) Locré, t. Ier, p. 321 ; Dalloz, au mot *Loi*, n° 124 t. XXX, p. 72).

confusion d'idées. On y lit que *promulguer* veut dire
« *publier* une loi avec les formes requises pour la rendre
exécutoire. » Si la *promulgation* était la *publication*, la loi
serait plus qu'*exécutoire*, elle serait *obligatoire*. L'Académie
paraît croire que le mot *exécutoire* veut dire *obligatoire*, car elle donne cet exemple : « On ne peut prétendre
cause d'ignorance d'une loi qui a été *promulguée*. » On le
peut, au contraire, aussi longtemps qu'elle n'a pas été
publiée. Il faut donc préciser le sens que le mot *promulgation* a en droit : c'est un sens technique, différent du sens
vulgaire.

9. Le mot *promulguer* vient du latin *promulgare*, qui
signifie publier, rendre public. En droit romain, on ne
distinguait pas la promulgation de la publication ; c'était
un seul et même acte qui rendait la loi obligatoire (1).
Il en était de même, selon Merlin, dans l'ancien droit
français (2). La distinction de la promulgation et de la
publication date de la Révolution, c'est-à-dire du régime
constitutionnel. Un décret du 9 novembre 1789 règle les
formes dans lesquelles la *promulgation* doit se faire, et
détermine le mode de *publication* des lois. D'après ce
décret, la *promulgation* était un acte solennel, par lequel
le roi attestait au corps social l'existence de la loi, ordonnait aux tribunaux et aux corps administratifs de la publier et de l'exécuter. Afin de donner un caractère authentique à cette solennité, le roi signait la loi, les ministres
contre-signaient et de plus le sceau de l'Etat y était apposé.
La promulgation était suivie de la *publication*, mode
prescrit par le législateur pour faire parvenir la loi à la
connaissance de tous les citoyens.

10. La distinction était nouvelle, et elle eut de la
peine à pénétrer dans le langage juridique. Une loi du
14 frimaire an II décréta, art. 149, « que dans chaque
lieu la *promulgation* de la loi serait faite, dans les vingt-
quatre heures de la réception, par une publication à son
de trompe ou de tambour, et que la loi deviendrait *obliga-*

(1) Voet, *ad Pandectas,* lib. I, tit. III, nᵒˢ 9 et 10.
(2) Merlin, *Répertoire,* au mot *Loi,* § 4, n° 1.

I.   4

toire à compter de la proclamation. » Cette loi revenait au
régime romain : *promulguer*, *publier*, *proclamer*, consti-
tuaient un seul et même acte, ayant pour objet de rendre
la loi *obligatoire*. La constitution de l'an III rétablit la
distinction ; mais, chose singulière, dans les articles
mêmes qui la consacraient, le législateur confondait les
termes : l'art. 128 appelle *publier* ce que l'art. 129 appelle
promulguer (1). Cela explique comment la distinction tout
ensemble et la confusion se maintinrent sous l'empire de
la constitution de l'an VIII et du code civil.

11. La constitution de l'an VIII portait, comme la constitution belge, que le chef de l'État *promulgue* les lois.
Un sénatus-consulte du 28 floréal an XII régla les formes
de la promulgation et de la publication. Le titre préliminaire du code civil consacre la même distinction. Cependant les rédacteurs du code confondent à chaque instant
la *promulgation* et la *publication*. Boulay, orateur du gouvernement, dit que les trois mots : *promulguer*, *publier* et
proclamer ont le même sens. C'est, à la lettre, la confusion
de l'an II (2). Un esprit plus judicieux, Portalis, commence
par définir clairement la promulgation : « C'est le moyen,
dit-il, de constater l'*existence de la loi* auprès du peuple,
c'est l'*édition solennelle* de la loi. » Après cela, il ajoute
que la promulgation *lie le peuple à l'observation de la loi*,
qu'elle la rend *obligatoire*. Enfin, il revient à la termino-
logie du code, et déclare que les lois sont *exécutoires* en
vertu de la *promulgation*. Portalis attache évidemment le
même sens à la publication et à la promulgation, et il
identifie la force *exécutoire* et la force *obligatoire* de
la loi (3).

12. Il ne faut donc pas s'étonner s'il reste quelque in-

---

(1) Constitution du 5 fructidor an III, art. 128 : « Le Directoire exécutif
fait sceller et *publier* les lois dans les deux jours après leur réception ». Et
l'art. 129 dit : « Il fait sceller et *promulguer* les lois qui sont précédées
d'un décret d'urgence ».
(2) Discours de Boulay dans la séance du Corps législatif du 24 frimaire
an X (Locré, t. Ier, p. 277).
(3) Discours de Portalis, orateur du gouvernement, dans la séance du
Corps législatif du 23 frimaire an X (Locré, t. Ier, p. 256); second exposé
des motifs du 4 ventôse an XI (Locré, t. Ier, p. 301).

certitude dans la doctrine des auteurs. Duranton confond la *promulgation* et la *publication* (1). Merlin pose les vrais principes : « La promulgation, dit-il, est l'acte par lequel le chef de l'Etat atteste au corps social l'existence de la loi et en ordonne l'exécution (2). » Il est inutile d'insister sur ce point, puisque la distinction est consacrée par le texte de notre constitution. Elle l'est aussi implicitement par l'art. 1er du code civil, aux termes duquel les lois sont *exécutoires* en vertu de la promulgation. Que signifie le mot *exécutoire?* La loi promulguée est exécutoire en ce sens qu'elle peut être exécutée. Tant que la promulgation n'est pas faite, l'exécution de la loi est impossible, puisqu'elle n'a point le caractère extérieur, authentique qui seul la rend susceptible d'exécution. Il est vrai que la loi existe dès qu'elle est sanctionnée, mais il ne suffit pas qu'elle existe, il faut aussi que cette existence soit certaine, incontestable : tel est le but et l'effet de la promulgation. En ce sens, la loi devient *exécutoire*.

13. Le mot *exécutoire* présente encore un autre sens, c'est que la loi promulguée a tous les caractères requis pour pouvoir être exécutée. Il ne faut plus d'autre formalité. Il n'en était pas de même sous l'ancien régime. Portalis dit que la loi n'était exécutoire, dans le ressort des divers parlements, qu'après avoir été vérifiée et enregistrée. La vérification était un examen, une discussion de la loi nouvelle. L'enregistrement était la transcription sur les registres de la loi vérifiée (3). Ainsi l'enregistrement tenait lieu de promulgation. Mais les parlements s'étaient arrogé le droit de refuser l'enregistrement, et bien que cette prétention n'eût jamais été reconnue d'une manière absolue (4), il en résultait que de fait il ne suffisait pas de la volonté royale pour rendre la loi exécutoire ; il fallait de plus le concours des parlements, et ce concours, les parlements le refusaient quand la royauté était faible.

(1) Duranton, Titre préliminaire, n° 45.
(2) Merlin, au mot *Loi*, § 5, n° 6² (t. XVIII, p. 412).
(3) Portalis, second exposé de motifs (Locré, t. Ier, p. 300). — Comparez le rapport fait au Tribunat par Grenier (Locré, t. Ier, p. 311).
(4) Voyez plus haut, Introduction, n° 5.

Le régime constitutionnel établi par l'Assemblée nationale mit fin à cette confusion de pouvoirs. Aujourd'hui la loi est exécutoire en vertu de la promulgation qu'en fait le roi.

14. Sous l'ancien régime, il arrivait que les parlements refusaient d'enregistrer une loi. Le roi pourrait-il aussi ne pas promulguer une loi? Non, évidemment. Le roi est libre de ne pas sanctionner la loi, comme les Chambres sont libres de ne pas l'adopter. C'est comme prenant part au pouvoir législatif que le roi sanctionne les lois; c'est comme chef du pouvoir exécutif qu'il les promulgue. En effet, la loi existe par la sanction; dès lors l'œuvre du pouvoir législatif est consommée, et la mission du pouvoir exécutif commence. La promulgation est un acte forcé, comme tout ce qui concerne l'exécution des lois. Le roi peut ne pas sanctionner la loi; mais dès qu'il a donné sa sanction, il la doit promulguer.

15. La promulgation a un second effet, c'est que le chef du pouvoir exécutif ordonne aux autorités judiciaires et administratives d'exécuter la loi. Cela est dit en termes exprès dans les formules de promulgation usitées depuis la Révolution. Le décret du 9 novembre 1789 porte : « Mandons et ordonnons à tous les tribunaux, corps administratifs et municipalités, que les présentes ils fassent transcrire sur leurs registres, et exécuter comme loi du royaume. » Cette formule se trouvait aussi dans la loi belge du 19 septembre 1831; elle n'est pas reproduite dans celle du 28 février 1845. Le ministre de la justice, M. d'Anethan, dit avec raison, dans la discussion de cette dernière loi, que le devoir d'exécuter la loi ne concerne pas seulement les autorités judiciaires et administratives, mais aussi les citoyens. Faut-il que cet ordre soit donné dans l'acte de promulgation? Non, car la loi doit être exécutée par cela seul qu'elle existe, pourvu qu'elle ait été promulguée et publiée; il est donc inutile d'ordonner une exécution qui est de droit (1). Cela est très-juste. Seule-

_____

(1) Séance du 17 janvier 1845 (*Annales parlementaires*, 1844-1845, p. 517 et suiv.).

ment il faut remarquer que si l'ordre d'exécuter la loi est inutile sous notre régime constitutionnel, il n'en était pas de même en 89, alors que le législateur se trouvait en présence d'autorités judiciaires qui réclamaient comme une prérogative le pouvoir d'enregistrer les lois, et qui refusaient de les appliquer, tant que l'enregistrement n'était pas fait.

§ 3. De la publication des lois.

16. La constitution belge (art. 129) porte que les lois ne sont obligatoires qu'après avoir été publiées dans la forme légale. Qu'est-ce que la publication? Merlin répond que « c'est le mode qui doit être employé pour faire parvenir la loi à la connaissance de tous les citoyens (1). » Tel est en effet le sens vulgaire du mot *publier*, qui signifie rendre public. Le législateur a pris longtemps la publication en ce sens, et il s'est ingénié à trouver un mode de publicité qui fît connaître la loi à tous ceux qu'elle oblige. Mais il a fini par s'apercevoir que tous ces moyens étaient inefficaces, et il s'est contenté d'une présomption de publicité. C'est le système du code civil et de la loi belge du 28 février 1845. Dans cet ordre d'idées, on ne peut plus dire que la publication a pour but et pour effet de porter la loi à la connaissance de tous les citoyens. L'on doit dire avec Portalis que « la publication a moins pour objet de faire connaître la loi que de fixer une époque où elle sera censée connue (2). » Il faut donc distinguer la publication légale de la publication de fait. La publication légale fixe le moment où la loi est censée connue, et par suite obligatoire. La publication de fait consiste dans la *publicité* qui est donnée à la loi.

17. Sans doute, il serait à désirer que la publication légale fût aussi une publicité de fait. En effet, la publication légale rend la loi obligatoire, et il importe que la loi

(1) Merlin, *Répertoire*, au mot *Loi*, § 4, n° 1.
(2) Séance du conseil d'Etat du 4 fructidor an ix (Locré, t. Ier, p. 233).

soit connue des citoyens avant qu'elle les oblige. Ce serait une absurdité tout ensemble et une tyrannie que d'imposer aux citoyens des règles, des défenses ou des commandements qu'ils ignorent. C'est pour empêcher cet abus de pouvoir que la constitution belge a prescrit la publication comme une garantie politique. Mais est-il possible de faire connaître la loi à tous les citoyens? Il faudrait pour cela la notifier à chaque individu. Cela est physiquement impossible, dit Portalis (1). On doit donc se contenter d'une notification qui s'adresse à tous à la fois. Dès lors on entre nécessairement dans la voie des présomptions, car une notification collective ne peut pas porter la loi à la connaissance de tous ceux qu'elle oblige.

18. La loi du 9 novembre 1789 ordonnait d'adresser les lois à tous les tribunaux, corps administratifs et municipalités ; puis elle ajoutait : « La transcription sur les registres, lecture, publication et affiches seront faites sans délai, aussitôt que les lois seront parvenues aux tribunaux, corps administratifs et municipalités ; et elles seront mises à exécution dans le ressort de chaque tribunal, du jour où ces formalités y auront été remplies ». On voit que le législateur accumule tous les moyens pour rendre la loi publique, lecture, affiches et publication, à son de trompe, sans doute. Mais qui ne voit que ce système était défectueux, et comme publicité de fait, et comme publication légale? La lecture à l'audience ne s'adresse qu'à quelques rares auditeurs ; les affiches supposent que tous les citoyens savent lire, et après un siècle écoulé depuis la Révolution, la supposition n'est encore qu'un désir. La publication à son de trompe n'attire d'ordinaire que les enfants. Ce mode de publicité présentait encore plus d'inconvénients, comme système de publication légale. Les lois devenaient obligatoires à la suite de lectures et d'affiches, alors que rien ne garantissait l'accomplissement de ces formalités. Si les lectures n'étaient point faites, ni les affiches apposées, les lois n'obligeaient pas les citoyens : leur

(1) Discours de Portalis, orateur du gouvernement, dans la séance du Corps législatif du 23 frimaire an x (Locré, t. Ier, p. 256 et suiv.).

force obligatoire dépendait donc du bon ou du mauvais vouloir des juges et des administrateurs. « Et il ne faut pas, dit Portalis, que la loi soit abandonnée au caprice des hommes. Image de l'ordre éternel, elle doit pour ainsi dire se suffire à elle-même (1). »

19. Les auteurs du code civil, et à leur suite le législateur belge, ont remplacé la publicité de fait par une présomption de publicité. Après un délai de dix jours écoulés depuis la promulgation, la loi est réputée connue. Pour que la présomption donne une date certaine à la publication, c'est-à-dire pour que tous les citoyens sachent d'une manière précise et facile quel jour la loi est obligatoire, il faut un point de départ fixe et que tous puissent facilement connaître. Ce jour est celui de l'insertion des lois au *Moniteur*, journal officiel. « Les lois, dit l'article 2 de la loi du 28 février 1845, immédiatement après leur promulgation, seront insérées au *Moniteur*. » Le dixième jour après celui de leur insertion au *Moniteur*, les lois sont obligatoires.

20. Le système belge a l'avantage de faire connaître sans difficulté, sans calcul, le jour où les lois deviennent obligatoires. Le *Moniteur* paraît tous les jours, de sorte que la date de l'insertion est certaine. C'est pour ce motif que la loi de 1845 a remplacé le *Bulletin officiel* par le *Moniteur*. Le *Bulletin* ne paraît pas tous les jours, ni à jour fixe ; il n'offre donc pas la certitude de date que présente un journal. Impossible de contester la date de l'insertion au *Moniteur*, puisqu'on ne peut pas antidater un journal qui paraît tous les jours. Le système belge a encore un autre avantage que n'a pas le code Napoléon. D'après ce code, les lois deviennent obligatoires dans chaque département, le jour où la promulgation en peut être connue ; ce jour varie pour les divers départements. La loi belge a établi un délai fixe de dix jours pour tout le royaume. Cela est plus conforme à la nature de la loi : puisqu'elle oblige également tous les citoyens, ne faut-il pas qu'elle les oblige tous au même moment? Le

---

(1) Portalis, second Exposé de motifs (Locré, t. Ier, p. 302).

code Napoléon avait de plus l'inconvénient de compliquer les calculs : il fallait consulter le tableau des distances qui existent entre Paris et le chef-lieu de chaque département. Un délai unique n'exige aucun calcul.

On ne compte pas le jour de l'insertion : les lois sont obligatoires le dixième jour *après* celui de la *publication;* on entend ici par *publication* l'insertion au *Moniteur*. Le terme est inexact; il revient à dire que la publication légale existe le dixième jour après celui de la publication de fait. Le dixième jour ne doit pas être écoulé, puisque, d'après le texte, les lois sont déjà obligatoires le dixième jour.

21. Un délai uniforme présente un danger, c'est qu'il doit être assez long pour que la présomption de publicité ne soit pas contraire à la réalité des choses. Il résulte de là, disait Napoléon au conseil d'Etat, que l'exécution des lois pourrait être retardée, surtout dans les départements où il importe quelquefois le plus qu'elles soient promptement exécutées, c'est-à-dire à Paris. Portalis répondit que dans les cas où il serait essentiel qu'une loi nouvelle fût exécutée sans délai à Paris et dans les départements environnants, on pourrait le déclarer (1). C'est ce que dit notre loi du 28 février 1845. Il dépend du législateur de fixer un délai plus court.

22. Le système qui fonde la publication sur une présomption fut d'abord combattu au Tribunat. On ne contestait pas l'impossibilité de donner une connaissance personnelle de la loi à tous les citoyens; mais les tribuns voulaient que l'on cherchât des moyens de leur donner cette connaissance (2). On pourrait faire le même reproche à la loi belge : il faut connaître le jour de l'insertion au *Moniteur*, pour savoir quand la loi devient obligatoire; et qui lit le *Moniteur* ? Portalis a déjà répondu à ces critiques, qu'il y a une publicité de fait outre la publication légale (3). Sous notre régime constitutionnel, cela est plus

---

(1) Séance du conseil d'Etat du 4 thermidor an IX (Locré, t. Ier, p. 220 et suiv.)
(2) Discours du tribun Andrieux, au Corps législatif (Locré, t. Ier, p. 246).
(3) Portalis au conseil d'Etat (Locré, t. Ier, p. 220).

vrai encore que sous l'empire de la constitution de l'an VIII.
La publicité est l'âme de notre régime ; elle accompagne la
loi depuis sa naissance jusqu'au moment où elle devient
obligatoire. Dès qu'un projet de loi est présenté aux
Chambres, les journaux le reproduisent. La discussion est
publique, les journaux en rendent compte. Quand la loi
est insérée au *Moniteur*, les journaux l'annoncent à leurs
lecteurs, et pour peu qu'elle les intéresse, ils la publient.
Cela suppose que les journaux ont des lecteurs qui s'occupent des affaires publiques. Il faut pour cela un certain degré de culture intellectuelle, et il faut le suffrage
universel. Répandons l'instruction et l'éducation à flots,
afin de préparer la classe la plus nombreuse à l'exercice
des droits politiques, qui ne pourront pas leur être refusés
le jour où elles seront capables d'en jouir. C'est seulement
alors que le vœu du Tribunat sera rempli, et que l'on
pourra dire que les citoyens sont liés par des lois qu'ils
ont pu et dû connaître.

23. Quel est l'effet de la publication? Notre constitution dit que les lois ne sont *obligatoires* qu'après avoir été
publiées dans la forme légale. Les lois sont *exécutoires* en
vertu de la promulgation, elles ne deviennent *obligatoires*
que par la publication. Une loi non publiée dans la forme
déterminée par les lois, au moment où elle est portée,
n'oblige pas les citoyens. La cour de cassation a décidé,
par application de ce principe, que les lois françaises ne
peuvent être exécutées dans un pays réuni où elles n'ont
pas été publiées (1). Mais il suit aussi de notre principe
que les lois obligent les citoyens, dès qu'elles sont publiées,
quand même de fait ils ne les connaîtraient point. « C'est
la même chose, dit Portalis, de connaître réellement une
loi, ou d'avoir pu ou dû la connaître (2). » Dès que la loi est

---

(1) Arrêt du 14 germinal an VII (Dalloz, *Répertoire*, t. XXX, p. 72, note 4).
Comparez arrêt de la cour de cassation de Belgique du 26 novembre 1835
(*Recueil des arrêts des cours de Belgique*, 1836, 1re partie, p. 209), qui
décide que l'arrêt du conseil du 25 février 1765 n'est pas obligatoire en
Belgique, parce qu'il n'y a pas été publié.
(2) Discours de Portalis, orateur du gouvernement, au Corps législatif
(Locré, t. Ier, p. 257).

publiée, elle est présumée connue ; par suite, elle oblige les citoyens. Ils ne peuvent se soustraire aux obligations qu'elle impose, en soutenant qu'ils ignorent l'existence de la loi ; la présomption qu'ils la connaissent est absolue et n'admet pas de preuve contraire. Cela résulte de l'essence même de la publication. La loi est obligatoire dès qu'elle est publiée. Or, si les citoyens pouvaient alléguer l'ignorance de la loi, on ne pourrait plus dire que les lois sont obligatoires par cela seul qu'elles sont légalement publiées ; il faudrait dire qu'elles n'obligent les citoyens que quand ils la connaissent, ce qui aboutirait à cette conséquence que les lois, bien qu'obligatoires, n'obligeraient pas.

24. En ce sens on peut dire avec Portalis que l'ignorance du droit n'excuse point. Mais cette règle n'est pas absolue, elle ne signifie pas que l'on ne peut jamais invoquer l'erreur de droit. Pour déterminer le vrai sens de la présomption que la loi publiée est réputée connue, il faut se pénétrer des motifs sur lesquels elle est fondée. Les lois, par leur essence, obligent tous les citoyens ; il n'y aurait pas de société possible si les lois n'avaient pas une force obligatoire indépendante de l'ignorance, du caprice ou du mauvais vouloir de ceux qu'elles obligent. Cela implique que notre présomption est fondée sur un intérêt social. Dès qu'il y a un intérêt social en cause, les citoyens ne peuvent pas prétexter l'ignorance de la loi. Mais si la loi est une loi d'intérêt privé, s'il s'agit de rapports entre particuliers, on ne peut plus dire qu'ils sont censés connaître la loi, et que l'ignorance du droit ne les excuse point. C'est ainsi que la maxime est appliquée par la jurisprudence. La cour de cassation a décidé que l'ignorance de la loi ne peut faire exempter un citoyen des peines prononcées pour contravention au service de la garde nationale (1). Mais en matière de contrats, on admet que les parties peuvent invoquer l'erreur de droit aussi bien que l'erreur de fait.

(1) Arrêt du 12 mai 1832 (Dalloz, *Répertoire*, t. XXX, p. 73, au mot *Lois*, n° 130).

25. La doctrine que nous venons d'exposer sur l'effet de la publication est consacrée implicitement par l'art. 1er du code civil. Il ne prononce pas le mot de *publication ;* il porte que les lois *seront exécutées* dans chaque partie de l'empire, du moment où la promulgation en pourra être connue; puis il dit quand la promulgation sera *réputée* connue. Les lois *seront exécutées ;* cela signifie qu'elles doivent l'être, car le législateur s'exprime en termes impératifs; elles sont donc *obligatoires.* A partir de quel moment? Non du moment où elles sont connues, mais du moment où elles *pourront être connues*, où elles seront *réputées connues.* Les lois sont donc obligatoires en vertu d'une présomption légale, présomption qui par son essence n'admet point la preuve contraire.

26. Mais si les lois n'obligent les citoyens qu'après avoir été publiées, ne peuvent-ils pas s'en prévaloir dès qu'elles existent, c'est-à-dire dès qu'elles sont promulguées? Merlin, et Dalloz à sa suite, agitent longuement la question, en entrant dans une foule de distinctions. Il nous semble qu'elle se réduit à des termes très-simples. La loi promulguée existe, à la vérité; elle est *exécutoire*, dit le code civil, mais cela ne veut pas dire qu'elle puisse être exécutée, lorsque tel est le bon plaisir d'un particulier; cela signifie que l'existence de la loi est authentique, qu'elle a tous les caractères requis pour pouvoir être exécutée. Est-ce à dire que les citoyens puissent, dès ce moment, le faire, s'ils y trouvent un intérêt? Il est certain que l'on ne peut pas exiger d'eux qu'ils l'exécutent; car les lois promulguées ne sont pas encore *obligatoires.* Si donc on leur permettait d'invoquer la loi promulguée, en tant qu'elle leur donne un droit ou qu'elle leur procure un avantage, on aboutirait à cette conséquence absurde, qu'une loi serait exécutée en partie, selon les convenances des particuliers. Ils se garderaient bien de l'exécuter dans celles de ses dispositions qui leur imposent des obligations, et ils en réclameraient néanmoins les bénéfices. Comprend-on qu'une loi soit loi pour une partie, et ne soit pas loi pour une autre partie? La loi est un acte indivisible, elle est loi pour le tout; toutes ses dispositions doivent avoir la même autorité. A vrai dire, la loi promulguée, mais non publiée, n'a pas encore d'autorité; dès lors elle ne peut pas recevoir d'exécution, ni partielle ni totale. La doctrine contraire est en opposition avec l'essence même de la loi. La loi s'adresse à tous; il est impossible qu'elle régisse les uns et qu'elle ne régisse pas les autres; tant qu'elle ne régit pas tous les citoyens, elle n'en régit aucun. Or, dans la doctrine que nous combattons, la loi serait une loi pour ceux qui, par intérêt ou par caprice, voudraient s'en prévaloir; et elle ne serait pas une loi pour les autres. Cela est inadmissible.

27. Si nous insistons sur une question dont la solution ne saurait être douteuse, c'est qu'au conseil d'Etat l'opinion contraire a été soutenue : « La promulgation, disaient Portalis et Cambacérès, rendant la loi authentique, et lui donnant toute sa vertu, et lui donnant tous ses caractères indépendamment de sa publication, il serait injuste de priver de la faculté d'en faire usage ceux qui la connaissent, quoique seulement par la publicité de fait. » « Aussi, ajoutait le ministre de la justice, les tribunaux admettent-ils les actes dans lesquels les parties déclarent qu'elles stipulent d'après une loi promulguée et non encore publiée (1). » Si l'on s'en tenait à ces paroles, on croirait qu'il s'agit d'une doctrine certaine, incontestable, et que la jurisprudence est d'accord avec les auteurs. Ceci prouve combien il est dangereux de se prévaloir des discussions du conseil d'Etat. Loin d'être certaine, l'opinion émise par les membres du Conseil est erronée. Merlin et Dalloz l'avouent. Après avoir discuté tous les cas qui peuvent se présenter, ils ne trouvent qu'une seule hypothèse où la doctrine des auteurs du code puisse recevoir son application, c'est quand il s'agit de lois qui sont purement d'intérêt privé; telles sont les lois qui régissent les contrats. Il est de principe que le législateur, tout en formulant des règles en cette matière, laisse pleine liberté aux parties

(1) Séance du conseil d'Etat du 4 thermidor an IX (Locré, t. Ier, p. 222 et suiv.).

contractantes; elles peuvent donc s'approprier les dispositions d'une loi nouvelle avant qu'elle soit publiée. Est-ce
à dire que la loi ait quelque autorité en ce cas? Non
certes; c'est la convention qui forme la loi des parties.
Cela est si vrai que les contractants pourraient transcrire
dans leurs conventions une loi non promulguée; que dis-
je? même un projet de loi non encore sanctionné, non
encore voté, et ces conventions seraient parfaitement
valables, mais elles ne le seraient pas en vertu d'une loi
qui n'existe pas, elles le seraient par le concours de consentement (1).

28. La jurisprudence est conforme à notre doctrine.
Sous la loi du 28 août 1792, qui émancipe de plein droit les
enfants de vingt et un ans, on prétendit qu'un père, con-
naissant cette loi avant sa publicité légale, avait pu, en
s'y référant d'une manière formelle, disposer en faveur de
son fils. La cour de cassation décida, en sens contraire,
que le seul consentement du père et du fils ne suffisait
point pour l'émancipation avant la publicité légale d'une
loi qui concerne l'état des personnes (2). Il y a quelques
arrêts qui paraissent consacrer l'opinion émise au conseil
d'Etat, mais en présence des principes, ils sont sans valeur et sans autorité (3).

29. On voit que la distinction entre la promulgation et
la publication n'est pas une distinction de mots; elle est
fondée en raison, et elle a des conséquences juridiques.
Avant que la loi oblige les citoyens, il faut qu'elle ait un
caractère authentique; c'est le but et l'effet de la promulgation. Mais il ne suffit pas que l'existence de la loi soit
certaine pour qu'elle exerce son autorité, il faut que les
citoyens puissent savoir qu'elle existe. Il faut donc qu'un
certain délai s'écoule depuis la promulgation, pendant
lequel les citoyens puissent apprendre que la loi existe:
c'est le but et l'effet de la publication. Avant la publication,

(1) Merlin, *Répertoire*, au mot *Loi*, § 5, n° 10, et Dalloz, *Répertoire*, au mot *Lois*, n° 173.
(2) Arrêt du 7 mars 1811 (Dalloz, t. XXX, p. 93, note 1).
(3) Dalloz, *Répertoire*, au mot *Lois*, n° 174.

la loi existe, mais pour les citoyens, la loi non publiée est comme si elle n'existait point. Dans l'intervalle qui sépare la promulgation de la publication, la loi n'a qu'une existence théorique, elle n'existe réellement pour les citoyens qu'à partir de sa publication.

CHAPITRE II.

DE L'AUTORITÉ DE LA LOI.

SECTION Ire. — Devoirs des tribunaux et des citoyens.

30. Les tribunaux ont pour mission d'appliquer la loi. Peuvent-ils se refuser à l'appliquer pour une raison quelconque? Nous supposons que la loi a été rendue dans les formes prescrites par la constitution; votée par les deux Chambres, elle a été sanctionnée par le roi et publiée légalement. Sans doute, le juge a le droit d'examiner si l'acte dont on lui demande l'application est une loi. Mais dès que les formes constitutionnelles ont été observées, il y a loi et le juge est tenu de l'appliquer. La loi est l'expression de la souveraineté nationale; comme telle, elle oblige les tribunaux aussi bien que les particuliers. Quand on dit que le juge est enchaîné par la loi, cela veut dire qu'il n'a pas le droit de la soumettre à un contrôle, qu'il ne lui est pas permis d'examiner si elle est en harmonie avec les principes du juste et de l'injuste que Dieu a gravés dans notre conscience. Certes le législateur doit veiller à ce que les lois qu'il porte ne violent pas la justice éternelle. S'il faisait une loi injuste, elle manquerait d'autorité morale; mais cela ne dispenserait pas le juge de devoir l'appliquer. Si le juge pouvait juger la loi, s'il pouvait refuser d'en faire l'application, la loi ne serait plus ce qu'elle doit être, une règle obligatoire pour la société tout entière; il n'y aurait plus de loi.

Il est inutile d'insister sur un principe qui est élémentaire dans notre droit public moderne. La cour de cassation l'a formulé énergiquement dans un arrêt du 25 mai 1814 (1). « Il n'appartient pas aux tribunaux, dit-elle, de juger la loi; ils doivent l'appliquer telle qu'elle est, sans qu'il leur soit jamais permis de la modifier ou de la restreindre par aucune considération, quelque puissante qu'elle soit. » Merlin, qui rapporte les termes de cet arrêt, n'hésite pas à en faire l'application aux lois qui sont d'une injustice évidente, aux lois rétroactives qui enlèvent aux citoyens un droit qui est dans leur domaine. « Le législateur qui se permet de rétroagir, dit le grand jurisconsulte, viole sans doute l'une des premières règles de l'ordre social; mais il n'y a au-dessus de lui aucune puissance qui puisse réprimer cette infraction; il faut qu'on lui obéisse jusqu'à ce que, mieux éclairé, il rentre de lui-même dans le cercle de la justice (2). »

31. Le juge ne peut juger la loi. Mais est-il aussi forcé de l'appliquer quand elle est inconstitutionnelle? Cette question appartient au droit public plutôt qu'au droit civil. Nous n'en dirons qu'un mot. Notre constitution prévoit le cas où des arrêtés royaux seraient contraires à la loi; elle fait un devoir aux tribunaux d'examiner la légalité des règlements que l'on invoque devant eux, et de ne les appliquer que s'ils sont conformes à la loi (art. 107). Mais la constitution ne donne pas au juge le droit d'examiner la constitutionnalité des lois; cela suffit pour décider la question. Il est vrai que le législateur est lié par la constitution; il n'y peut pas déroger, et, en théorie, on pourrait dire que la loi qui viole la constitution est frappée de nullité, de même que l'arrêté royal qui viole une loi.

---

(1) Dalloz, *Répertoire*, au mot *Effets de commerce*, n° 237, 1°.
(2) Merlin, *Répertoire*, au mot *Effet rétroactif*, sect. II, n° 1.

Mais la constitution ne consacre pas cette théorie. Dès que la loi est portée dans les formes constitutionnelles, elle oblige les tribunaux, aussi bien que le gouvernement et les citoyens; il faudrait une disposition formelle dans la constitution pour autoriser le juge à ne pas l'appliquer, en se fondant sur ce qu'elle est inconstitutionnelle. Par cela seul que la constitution n'accorde pas ce pouvoir aux tribunaux, elle le leur refuse. Elle a craint sans doute d'ébranler le respect dû aux lois, en permettant de les attaquer par le motif ou le prétexte qu'elles sont inconstitutionnelles (1).

32. Si le pouvoir judiciaire ainsi que le pouvoir exécutif sont liés par la loi, alors même que la loi serait inconstitutionnelle, à plus forte raison les citoyens doivent-ils obéissance à la loi, quelque injuste, quelque inique qu'on la suppose. Comment les particuliers auraient-ils un droit qui est refusé aux grands pouvoirs appelés à concourir à l'exécution des lois? Le droit de résistance à la loi ne se conçoit point (2). Obéir à la loi est un devoir pour le citoyen; résister à la loi est donc la violation d'un devoir; c'est un crime; et nous n'en connaissons pas de plus grand, car il ruine les fondements de la société. L'autorité dont jouit la loi est la base de l'ordre social. Si les citoyens pouvaient s'opposer à l'exécution de la loi, par quelque motif que ce soit, il n'y aurait plus de lois, car une loi dont la force obligatoire peut être attaquée, une loi à laquelle on peut désobéir, n'est plus une loi, et là où les lois n'ont plus d'empire, l'anarchie règne, le corps social est dissous, il doit nécessairement mourir.

33. Nos lecteurs s'étonneront de ce que nous insistons sur un principe aussi élémentaire et aussi nécessaire au maintien de l'ordre public. C'est que le principe a été contesté, c'est que des hommes qui, par la nature même de leur ministère, devraient donner l'exemple de l'obéis-

(1) La question a été jugée en ce sens, en France, par la cour de cassation. Arrêt du 11 mai 1833 (Dalloz, *Répertoire*, au mot *Lois*, n° 527, t. XXX, p. 206).
(2) Dalloz (*Répertoire*, au mot *Loi*, n° 527) qualifie la doctrine contraire de monstrueuse, et dit qu'une pareille hérésie ne se conçoit pas.

sance à la loi, ont donné l'exemple de la désobéissance, de la révolte, et cette coupable conduite a reçu l'approbation de la fraction de la Chambre qui représente le parti catholique. C'est le parti qui s'appelle conservateur, le parti qui a la prétention d'être le seul élément de stabilité dans nos sociétés agitées par des révolutions incessantes, c'est le parti catholique qui a prêché la résistance à la loi. Voilà pourquoi nous devons nous arrêter à une question qui, en réalité, n'en est pas une, et qui ne devrait pas même être soulevée dans un pays régi par une constitution et des institutions que l'étranger lui envie.

Une loi du 19 décembre 1864 changea le mode de collation des bourses fondées pour l'instruction. La collation se trouvait dans les mains des ministres du culte catholique ; la loi l'attribue aux autorités provinciales. Ce n'est pas sans de graves raisons que le législateur se décida à consacrer cette innovation. Des abus scandaleux, des malversations odieuses faisaient un devoir au législateur de sauvegarder le patrimoine des pauvres. Cependant à peine la loi fut-elle portée, que les évêques, en corps, déclarèrent qu'ils refusaient leur concours à l'exécution de la loi ; la plupart des administrateurs et collateurs de bourses suivirent l'exemple que l'épiscopat leur donnait. C'était un mot d'ordre. Le clergé ajoutait au scandale d'une mauvaise gestion un scandale plus funeste encore, celui de la désobéissance à la loi.

Au début de la session de 1865, il y eut une discussion au sein de la Chambre des représentants sur la conduite du clergé (1). Le ministre des affaires étrangères la qualifia d'anarchique ; M. Bara, ministre de la justice, dit que c'était une anarchie anticonstitutionnelle. A ces vifs reproches, les chefs du parti catholique répondirent en accusant les ministres d'irrévérence : ils avaient, dit le comte de Theux, attaqué avec une violence extrême l'épiscopat, ils avaient proféré des menaces. M. Nothomb s'indigna de ce que M. Rogier avait traité de révolte

(1) *Annales parlementaires*, Chambre des représentants, session de 1865 à 1866, p. 23 et suiv.

scandaleuse la résistance des évêques. Le débat acquit plus d'importance, quand deux représentants, appartenant à l'université catholique, prirent la défense du clergé. Nous allons écouter M. Thonissen et M. Delcour. Pour la première fois peut-être depuis qu'il y a des écoles de droit, des professeurs qui enseignent le droit proclament la légitimité de la résistance à la loi. Hâtons-nous d'ajouter qu'ils le firent au nom des plus nobles sentiments.

« Le droit, dit M. Thonissen, est antérieur et supérieur à la loi; le juste et l'injuste existent indépendamment des conventions humaines. L'iniquité est toujours l'iniquité, quand même elle obtient l'assentiment de tout un peuple. » Rien n'est plus vrai, et l'on ne peut pas mieux dire. Mais la question est de savoir si les citoyens sont juges de l'iniquité réelle ou prétendue de la loi. M. Thonissen avoue que le respect des lois est chose utile, nécessaire, et que ce respect doit surtout exister dans les pays libres, où la loi est censée l'expression de la volonté nationale. Mais il rend chaque individu juge du respect qu'il doit à la loi. « La conscience humaine, dit-il, ne perd jamais ses droits. C'est l'éternel honneur de l'homme d'avoir toujours dans sa conscience un asile inviolable où la force ne peut pas pénétrer, et où toutes les iniquités trouvent leur juge, aussi bien celles des peuples que celles des rois. » Que la conscience ne soit pas liée par une loi qui viole la justice éternelle, cela est incontestable. Mais le citoyen peut-il, en invoquant sa conscience, désobéir à la loi? M. Thonissen répond que l'omnipotence de la loi serait un despotisme revêtu de formes populaires, et il ne veut d'aucun despotisme. Reste à savoir si la révolte est permise contre une loi que la conscience déclare injuste. Non, dit l'orateur; les catholiques n'auront pas recours à la révolte, ils se borneront à refuser leur concours volontaire à la loi.

La distinction entre le refus de concours et la révolte est d'un vague effrayant. Comment saisir la limite exacte, et qui nous garantira qu'elle ne sera pas dépassée, quand de fortes passions sont en jeu? M. Delcour essaya de préciser davantage ce point essentiel. « Il y a deux espèces de résistance, dit-il, la résistance active et la résistance passive. Qu'est-ce que la résistance active? C'est la force opposée à la force ; c'est le gouvernement de la force substitué au gouvernement du droit. Nous ne voulons pas de cette résistance-là. Il y a une autre résistance, la résistance passive. La loi est injuste, ma conscience ne me permet pas de concourir à son exécution. Voilà la résistance que le clergé a pratiquée et que nous maintiendrons (1). »

Est-il bien vrai que la résistance du clergé était purement passive? Est-il vrai qu'il y a une résistance sans révolte? Le ministre de la justice le nia, et les faits lui donnaient raison. Quand une loi ne peut pas être exécutée par suite du refus de concours, il est évident qu'il y a résistance active. Or, les administrateurs des anciennes fondations refusèrent de restituer les papiers, les archives, et les évêques refusèrent de convoquer les bureaux administratifs des séminaires. Cette résistance rendait l'exécution de la loi impossible : dès lors le refus de concours devenait une révolte contre la loi. A vrai dire, toute résistance à la loi est une révolte. La révolte peut être plus ou moins violente, mais il y a violence par le fait seul qu'un particulier déclare qu'il ne concourra pas à l'exécution de la loi, et la violence devient une révolte quand la résistance est opposée par des hommes chargés d'un ministère à raison duquel ils sont tenus de concourir à l'exécution de la loi.

Est-ce à dire que le ministre de la justice se faisait le défenseur du despotisme légal? M. Bara reconnaissait que la majorité pouvait se tromper. Allons plus loin, elle peut être oppressive, tyrannique. Mais qui sera juge de la tyrannie, de l'oppression? Si l'on répond : la conscience individuelle, la société sera en proie à l'anarchie. La loi, votée par la majorité, est par cela même l'expression de la volonté nationale, et la volonté de tous doit l'emporter

---

(1) Telle est aussi la doctrine des évêques de Belgique. Voyez leur *Mémoire justificatif* du 21 mars 1866, dans le *Journal historique et littéraire*, t. XXXIII, p. 18 et suiv.

sur la volonté individuelle, sinon il n'y a plus de société, car la société n'est pas autre chose que la prédominance de la volonté générale sur la volonté particulière. Il peut arriver, sans doute, que la majorité se trompe ; la majorité des Chambres est faillible aussi bien que la majorité de la nation. Où est le remède? Dans la révolte? Il y a des révoltes légitimes ; les Belges ne peuvent pas nier la légitimité de la résistance, même active, violente, car ils doivent leur indépendance à une révolution. Mais les révolutions ne sont légitimes que lorsqu'elles sont nécessaires; et elles ne le sont que là où il n'y a pas d'institutions libres : comme l'a très-bien dit le ministre des affaires étrangères, M. Rogier, le jeu régulier du gouvernement représentatif suffit pour corriger les iniquités des lois quand il s'en commet. Le parti catholique accusait la loi sur les fondations de bourses, de rétroagir, de porter atteinte à la propriété. Il y a eu, dans le cours de la révolution française, de ces lois réellement spoliatrices. Eh bien, la Convention nationale qui les porta se hâta de les abroger, quand le despotisme révolutionnaire cessa de peser sur elle.

On craint la tyrannie des majorités. On ne s'aperçoit pas que la résistance à la loi que l'on prêche conduit fatalement au despotisme. Pourquoi le régime parlementaire a-t-il succombé, en France, sous un coup d'État? Parce que les révolutions, en faisant sans cesse appel à la force, ont détruit le sentiment du droit. Pourquoi, en Angleterre, le despotisme est-il impossible? Parce que le respect que les Anglais portent à la loi est un vrai culte : cependant ces vieilles traditions que l'on respecte ne sont pas toujours en harmonie avec la justice. Les iniquités légales n'ont pas manqué en Angleterre; elles disparaissent, non par la force, mais par l'action régulière des institutions constitutionnelles. Tant que les Anglais n'ont pas été libres, ils ont fait des révolutions pour conquérir la liberté; depuis qu'ils en jouissent, ils ne font plus de révolutions, et personne ne songe à un coup d'État. Que la destinée des peuples qui nous avoisinent nous serve de leçon! Prêchons l'obéissance à la loi, afin de répandre le culte du droit et de rendre le despotisme à tout jamais impossible!

Le débat fut porté devant les tribunaux; et les tribunaux, sans exception aucune, condamnèrent la résistance à la loi. Nous rendrons compte de leurs décisions en traitant de la non-rétroactivité de la loi.

SECTION II. — Des actes conformes à la loi.

34. C'est un principe très-élémentaire que les actes conformes à la loi sont valables. Il faut dire plus : le législateur leur doit sa sanction, c'est-à-dire l'appui de la puissance publique, pour assurer l'exécution forcée des obligations qui en découlent et par suite des droits qui en résultent. De là une conséquence très-importante sur laquelle nous reviendrons plus loin. Puisque les actes conformes à la loi sont placés sous la protection du législateur, puisqu'il est tenu d'en assurer l'exécution, il est certain qu'il ne peut pas les modifier, ni les altérer en quoi que ce soit, bien moins encore les annuler en portant des dispositions nouvelles sur la validité de ces actes. Par cela seul que les citoyens se sont conformés à la loi, ils doivent être assurés que leurs actes produiront les effets que la loi leur attribue au moment où ils les accomplissent. C'est précisément pour leur donner cette assurance, cette sécurité, que le législateur porte des lois. Que deviendraient les lois et l'autorité dont elles doivent jouir, si elles pouvaient modifier demain ce qui se fait aujourd'hui?

35. Ce principe doit cependant se combiner avec un autre principe, tout aussi essentiel. La mission du législateur est de veiller sans cesse aux intérêts généraux de la société. Il a donc le pouvoir de les régler comme il l'entend. C'est plus qu'un droit pour lui, c'est un devoir. Il doit le remplir, quand même il froisserait des intérêts particuliers, car il est de l'essence de la société que l'intérêt individuel cède devant l'intérêt social. Il résulte de là que le législateur peut et doit corriger les lois; il est le grand agent du progrès. Or, le progrès deviendrait impossible, si le législateur devait s'arrêter devant l'intérêt des individus. Mais si le législateur peut et doit innover, il ne lui est pas permis de porter atteinte aux droits des citoyens : ici il doit s'arrêter. Vainement invoquerait-il l'intérêt général ; le plus grand intérêt que les hommes réunis en société puissent avoir, c'est que leurs droits soient respectés. De là découle la doctrine de la non-rétroactivité de la loi, que nous exposerons plus loin.

SECTION III. — Des actes contraires à la loi.

§ 1er. *Principes généraux.*

36. Les actes contraires à la loi sont-ils nuls? Au premier abord, on pourrait croire que le législateur doit frapper de nullité tout acte qui viole ses prescriptions. L'autorité de la loi n'est-elle pas la base de l'ordre social? et que deviendra cette autorité, si les citoyens peuvent la méconnaître impunément? Quand donc un particulier se permet de désobéir au législateur, en faisant le contraire de ce qu'il a prescrit, ne faut-il pas que cet acte soit annulé, afin de sauvegarder le respect qui est dû à la loi? Maintenir un acte qui brave en quelque sorte le législateur, n'est-ce pas mettre les individus au-dessus de la loi, c'est-à-dire au-dessus de la souveraineté nationale? Dans cet ordre d'idées, la nullité des actes contraires à la loi paraît être la sanction naturelle, nécessaire de la volonté générale.

Toutefois ce principe n'a jamais été admis d'une manière absolue. Il est vrai que l'autorité de la loi ne serait qu'un vain mot, si les citoyens pouvaient la violer impunément. Mais cela suppose que le législateur a commandé ou défendu une chose, dans l'intérêt général. Or, il arrive souvent que la loi statue dans un intérêt purement privé, sans vouloir rien prescrire ni prohiber. Il arrive encore que, tout en disposant dans un intérêt social, le législateur ne veuille pas attacher la peine de nullité à l'inobservation de ses dispositions. C'est dire qu'il n'y a pas de principe absolu en cette matière; il faut, avant tout, voir quelle est la volonté du législateur.

37. Quand le législateur fait des lois sur les contrats, il n'entend pas imposer aux parties contractantes les règles qu'il trace sur les conditions et les effets des conventions. Le principe est, au contraire, qu'il leur laisse pleine et entière liberté. Cette liberté est de l'essence des contrats. Ils se font dans un intérêt individuel; et qui est le meilleur juge de cet intérêt? Le législateur ne peut avoir la prétention de connaître mieux que les parties intéressées ce que leur intérêt exige. De plus, il lui serait impossible de prévoir les mille circonstances où les invidivus sont placés, et l'immense variété des relations civiles qui dans chaque cas particulier demandent une clause différente. La liberté est donc de l'essence des conventions. Dès lors quel est l'objet des lois que le législateur porte sur cette matière? Il n'entend ni commander, ni défendre; il se borne à tracer des règles générales pour l'utilité des parties contractantes; il prévoit, il présume ce qu'elles voudront, d'après la nature des divers contrats. Si les parties veulent ce que le législateur a présumé qu'elles voulaient, elles n'ont pas besoin d'écrire dans leurs actes toutes les obligations, tous les droits qui en découlent naturellement, elles n'ont qu'à s'en référer à la loi où tout cela se trouve écrit. Que si leurs intentions ne concordent pas avec celles que le législateur a supposées, elles peuvent déroger à la loi; le législateur le leur permet, et ces dérogations seront parfaitement valables.

Le code établit ce principe pour le contrat le plus important; aux termes de l'art. 1387, « la loi ne régit l'association conjugale, quant aux biens, qu'à défaut de conventions spéciales, que les époux peuvent faire comme ils le jugent à propos. » Ce que la loi dit du contrat de mariage s'applique à tous les contrats. Il résulte de là qu'il ne peut pas être question d'annuler les conventions qui violent la loi. Il n'y a pas de violation de la loi, puisque le législateur lui-même permet de déroger aux règles qu'il établit. Déroger aux lois sur les contrats, c'est répondre à la volonté du législateur, bien loin de la contrarier. Dès lors, ces dérogations sont parfaitement valables.

38. On trouve cependant dans les lois sur les contrats des dispositions auxquelles les parties ne peuvent pas déroger. Tel est l'art. 1674, qui porte que le vendeur ne peut pas renoncer d'avance à la faculté de demander la rescision pour cause de lésion; il a le droit d'agir en rescision, quand même il y aurait expressément renoncé. La renonciation est donc frappée de nullité. Est-ce une exception au principe que nous venons d'exposer? On pourrait le croire, et on l'a dit (1). La rescision pour cause de lésion n'est-elle pas établie dans l'intérêt du vendeur? Il devrait donc avoir le droit d'y renoncer; cependant la loi déclare sa renonciation nulle. La raison en est que la renonciation est viciée par la même cause qui vicie la vente; dès lors le législateur ne pouvait pas l'admettre. Il y a d'ailleurs un intérêt général en cause; c'est par un motif d'équité, d'humanité, que la loi vient au secours du vendeur, et lui permet de rescinder un contrat que l'acheteur lui a imposé, en abusant de sa malheureuse position. Or, dès que l'intérêt n'est pas purement individuel, le principe qui permet aux parties de déroger à la loi ne peut plus recevoir son application.

39. Les parties contractantes peuvent-elles déroger aux lois qui sont d'intérêt général? La négative découle de l'essence même de ces lois. Libre aux individus de déroger à des lois qui ne concernent que leur intérêt privé, et qui ne font que prévoir ce que les contractants veulent. Mais quand il y a un intérêt général en cause, le législateur ne s'en rapporte plus à la volonté des individus. Sans doute, il a toujours leur intérêt en vue, puisque c'est la somme des intérêts particuliers qui forme l'intérêt général; mais il se peut, et cela arrive souvent, que l'intérêt social est en opposition avec l'intérêt de telle ou telle personne. Lequel doit céder dans ce conflit? Evidemment l'intérêt privé. Lors donc que le législateur dispose dans

(1) Valette sur Proudhon, *Traité sur l'état des personnes*, t. Ier, p. 8, note.

l'intérêt de la société, il impose la volonté générale aux volontés particulières, ce qui implique que les individus ne peuvent pas déroger à la loi, car en y dérogeant ils mettraient leurs convenances au-dessus des convenances de la généralité. Que s'ils se permettent de violer une loi d'intérêt général, alors la considération de l'autorité de la loi reprend toute sa force. Si les volontés particulières doivent plier devant la volonté générale, les actes par lesquels un individu s'est mis en opposition contre la volonté de tous ne peuvent être maintenus sans compromettre l'existence même de la société. Il faut, pour sauver l'autorité de la loi, que ces actes soient frappés de nullité.

40. Reste à savoir quelles lois sont d'intérêt général. La question n'est pas aussi facile qu'on le croit au premier abord. En effet, l'intérêt général est inséparable de l'intérêt privé. Ce serait une singulière façon de pourvoir à l'intérêt de la société que de heurter et de blesser l'intérêt des individus. L'intérêt social et l'intérêt individuel s'enlaçant, s'enchevêtrant, il est souvent difficile de les distinguer. Ce n'est pas tout. Il y a des matières qui sont évidemment d'intérêt général. Est-ce à dire que le législateur entend prescrire, sous peine de nullité, les moindres formalités qui s'y rapportent? Le législateur lui-même a manifesté une intention contraire. Certes le mariage est d'intérêt général ; mais de là ne suit pas que toutes les formalités que la loi prescrit en cette matière aient une importance assez grande pour que le législateur frappe de nullité la moindre inobservation de la loi. Aussi s'est-il gardé d'annuler le mariage dans tous les cas où une formalité quelconque n'aurait pas été observée : il n'a prononcé la nullité que pour des causes graves. Il ne suffit donc pas qu'une matière soit d'intérêt général pour que, par cela seul, toutes les dispositions qui la concernent soient prescrites sous peine de nullité. Cela complique la difficulté : quand l'acte restera-t-il valable, malgré l'inobservation de la loi? quand doit-il être annulé?

41. Il y a un principe sur lequel tout le monde est

d'accord, c'est que les nullités ne peuvent être établies que par la loi, et que la loi seule a le droit de les prononcer (1). Le juge ne peut pas annuler, de sa propre autorité, un acte que le législateur n'a pas voulu annuler. En effet, les tribunaux ont seulement pour mission d'appliquer la loi, ils ne peuvent pas la faire; or, c'est faire la loi que de prononcer une nullité. Au législateur et à lui seul il appartient de voir quelle sanction il veut donner à ses dispositions : cette question ne peut être décidée que par le pouvoir législatif, lequel est appelé à concilier les divers intérêts, en donnant la préférence à l'intérêt le plus considérable. C'est en ce sens qu'il faut entendre le singulier adage de l'ancien droit, que *les nullités sont odieuses.* Si on le prenait à la lettre, il impliquerait un reproche contre le législateur; car il suppose qu'il y a des nullités inutiles, des nullités qui ne servent qu'à l'esprit de chicane (2). La nullité que la loi prononce est une sanction de la volonté du législateur, et si les lois n'étaient pas sanctionnées, elles manqueraient d'autorité. Rien donc de plus légitime que les nullités. Mais elles produisent aussi de graves inconvénients, elles jettent le trouble dans les relations civiles, en détruisant ce que les parties intéressées ont fait, ce qui réagit le plus souvent contre les tiers. C'est précisément pour cette raison que le législateur seul peut établir des nullités.

42. Quand il s'agit de prononcer la nullité d'un acte contraire à la loi, le législateur doit peser le mal qui résulte de l'inobservation de la loi, et le mal qui produit l'annulation. S'il maintient l'acte, bien que la loi ait été violée, il compromet son autorité; les lois impuissantes ne sont plus respectées, et sans le respect de la loi, il n'y a pas de société. Mais aussi, si le législateur annulait tout acte qui contiendrait la moindre irrégularité, il dépasserait le but; c'est dans l'intérêt de la société qu'il annule; or, l'intérêt de la société ne demande pas ce luxe de nullités, car à force d'assurer l'autorité de la loi, on la ren-

---

(1) Merlin, *Questions de droit,* au mot *Mariage,* § 3, n° 1.
(2) Solon, *Traité des nullités,* p. IV.

drait réellement odieuse, puisque les citoyens se verraient
à chaque instant troublés dans leurs possessions ; et ce
trouble peut être un mal plus grand que l'inobservation
de la loi. Toutes les dispositions des lois n'ont pas la
même importance. Il y en a dont le législateur ne peut
pas souffrir la violation, parce qu'il y a un intérêt capital
en cause. Par contre, il y en a qui prescrivent des formalités, utiles sans doute, mais d'un intérêt secondaire. Le
législateur annulera-t-il les actes de l'état civil, pour
inobservation de la moindre formalité, un prénom qui
manque, une profession qui est mal indiquée (code civil,
art. 34)? Il s'est bien gardé de le faire, car en annulant
les actes irréguliers, il aurait compromis l'état des citoyens,
en leur enlevant la preuve ordinaire des faits qui le constituent. Dans d'autres matières, au contraire, le législateur exige avec rigueur l'observation exacte des formes
qu'il prescrit. L'art. 1001 prononce la nullité des testaments, dès que l'une des formalités établies par la loi n'a
pas été observée; la raison en est que ces formalités ont
pour but de garantir la libre expression de la volonté du
testateur, elles sont donc essentielles.

43. La nullité est un moyen extrême, auquel le législateur ne recourt qu'en cas de nécessité. Il y a une sanction qui ne présente pas les mêmes inconvénients, c'est
l'amende ou l'emprisonnement. La loi s'est contentée de
cette sanction, pour assurer la régularité des actes de
l'état civil (code civil, art. 50). En faut-il conclure que
« lorsque la loi prononce une amende, il n'y a pas lieu à
annuler l'acte irrégulier (1)? » Il en est ainsi pour les
irrégularités que les officiers de l'état civil commettent
dans la rédaction des actes. Cependant ce n'est pas une
règle absolue, pas même en matière d'état civil. L'art. 156
punit d'une amende et d'un emprisonnement l'officier de
l'état civil qui procède à la célébration du mariage d'enfants mineurs, sans que le consentement des parents soit
énoncé dans l'acte de mariage; ce qui n'empêche pas le
mariage d'être nul, si le consentement n'a pas été donné.

(1) Perrin, *Traité des nullités*, p. 193 et suiv.

En matière d'inscriptions hypothécaires, la nullité concourt également avec l'amende. (Loi du 16 décembre 1851, art. 85 et 132.)

44. Puisque les nullités ne peuvent être prononcées que par la loi, puisque c'est au législateur à voir quelle sanction il veut établir pour assurer l'observation de ses dispositions, s'il veut se contenter d'une peine pécuniaire ou s'il veut cumuler la nullité et l'amende, il en faut conclure que c'est au législateur à déclarer ce qu'il veut, et de manière qu'il n'y ait aucun doute sur sa volonté. Mais le législateur ne le fait pas toujours. Les auteurs du code ne l'ont fait que dans deux matières, le mariage et les testaments. Il y a un chapitre spécial sur les demandes en nullité de mariage, et il est de principe que le mariage ne peut être annulé que lorsque la loi prononce la nullité. Le code civil établit certaines causes qui portent obstacle à ce que le mariage soit célébré ; mais, si malgré les empêchements légaux, l'officier de l'état civil a procédé à la célébration du mariage, le code ne permet pas de l'attaquer. A raison de l'importance du mariage, le législateur a pris soin de décider quelles sont les conditions dont l'inobservation entraîne la nullité, quelles sont celles qui forment seulement un empêchement prohibitif. Parmi les nombreuses formalités que le code prescrit, il n'y a que celles qui tiennent à la publicité qui peuvent donner lieu à l'annulation du mariage. La loi n'a pas voulu prononcer la nullité d'un acte aussi important pour l'inobservation de formalités non essentielles. On a omis, dans l'acte du mariage, d'indiquer le domicile de l'un des témoins, ou même du père et de la mère des futurs époux : est-ce une raison pour annuler le mariage ? L'annulation produirait un mal infiniment plus considérable que le maintien du mariage, quoiqu'il soit entaché d'une légère irrégularité. Si la loi se montre plus rigoureuse en matière de testament, c'est parce que l'inobservation des formes fait naître un doute sur la véritable volonté du testateur, et dès qu'il y a doute, le testament ne peut pas valoir.

45. Les auteurs du code civil n'ont pas fait pour les

autres matières ce qu'ils ont cru devoir faire pour les mariages et les testaments. Dans le silence de la loi, que feront les juges? La doctrine et la jurisprudence admettent comme principe que la nullité peut être prononcée en vertu de la volonté tacite du législateur. En théorie, la volonté tacite doit avoir la même force que la volonté expresse. C'est toujours la volonté du législateur qui fait la loi : qu'importe comment elle s'exprime? Il n'y a pas, à vrai dire, silence de la loi, car si la volonté du législateur ne se manifestait d'aucune façon, ce serait le juge qui prononcerait la nullité; or, nous avons dit qu'il n'en a pas le droit. Mais si la théorie des nullités tacites ou virtuelles doit être admise, il n'en est pas moins vrai qu'elle est vague et par conséquent dangereuse. Comment savoir que la volonté du législateur est d'annuler l'acte qui est contraire à la loi? Répondre, comme le fait un de nos meilleurs auteurs, que le juge doit prononcer la nullité quand elle est une conséquence des principes généraux de droit, c'est ne rien dire, car la difficulté subsiste (1). Qu'est-ce que ces principes généraux de droit invoqués par Zachariæ? Il ne le dit pas. Avouons-le ; il y a lacune dans le code civil : c'est le législateur qui aurait dû examiner, dans chaque cas, si l'inobservation de la loi doit ou ne doit pas entraîner la nullité. Les auteurs du code ont négligé de le faire. Il en résulte que le juge doit se livrer au travail qui incombe au pouvoir qui fait la loi. Il doit voir ce qu'aurait décidé le législateur s'il avait prévu la difficulté? En réalité, il n'applique pas ce que le législateur a voulu, mais ce qu'il aurait voulu. N'est-ce pas faire l'office de législateur? Le juge sort de sa sphère parce qu'il y est forcé. A moins de laisser les lois sans sanction, il doit souvent prononcer la nullité; c'est le seul moyen de réparer l'oubli ou la négligence du législateur. La difficulté est grande : il s'agit de deviner en quelque sorte ce que le législateur a voulu. Il faut chercher la solution dans la nature des différentes lois. Cela est

_____

(1) Zachariæ, *Cours de droit civil français,* traduit par Aubry et Rau, t. Ier, § 37.

logique. C'est à raison de l'importance d'une disposition
législative, qu'elle doit avoir pour sanction la nullité. Or,
il y a des lois qui par leur objet même ont une telle importance, que le législateur ne peut pas permettre qu'elles
soient impunément violées : on peut dire que la nullité est
écrite dans ces lois sans que le législateur ait besoin de
l'écrire. Quant aux lois qui n'ont pas cette importance,
elles peuvent rester sans sanction ; il n'en résultera pas
un mal considérable : entre deux maux, le juge choisira le
moindre. Tel est le principe ; nous allons essayer de
l'appliquer.

§ 2. Des lois d'ordre public et de bonnes mœurs.

Nº I. DES LOIS QUI INTÉRESSENT L'ORDRE PUBLIC.

46. L'art. 6 du code dit que « l'on ne peut déroger,
par des conventions particulières, aux lois qui intéressent
l'ordre public et les bonnes mœurs. » Que faut-il entendre
par lois intéressant l'ordre public et les bonnes mœurs?
Le législateur ne donne pas de réponse à cette question.
Nous lisons, non sans surprise, dans un bon auteur, que
si la loi s'est abstenue de tracer des règles à ce sujet, c'est
parce que ces choses se sentent plus qu'on ne les définit (1).
Cette maxime ne devrait pas figurer dans un livre destiné
aux élèves, ni dans aucun livre de droit. Il n'y a rien, il
ne doit rien rester de vague dans la jurisprudence. La
précision des idées et la netteté du langage, voilà tout le
droit. Notre science est une suite de principes logiques
fondés sur la raison ; elle ne doit pas renvoyer au sentiment. Sans doute, la difficulté est grande parfois de préciser les principes. Mais il ne faut jamais reculer devant
la tâche. Quand le législateur ne définit pas, il laisse ce
soin à la doctrine ; elle ne peut pas s'en dispenser ; elle ne
le peut surtout pas quand elle s'adresse à la jeunesse :
ce serait l'habituer à se contenter de mots, ou ce qui
revient au même, de demi-idées.

---

(1) Mourlon, *Répétitions sur le code Napoléon*, t. Iᵉʳ, p. 62.

47. Que signifient les mots *ordre public,* pris dans le sens grammatical? *Ordre,* d'après le *Dictionnaire de l'Académie,* veut dire « arrangement, disposition des choses mises en leur rang, à leur place. » Les lois ne s'occupent pas des choses, ni de leur classement, mais des personnes. Cette signification spéciale est indiquée par le mot *public,* qui, selon l'*Académie,* marque : « qui appartient à tout un peuple; » en ce sens, *public* est synonyme de *social. Ordre public* veut donc dire l'arrangement des personnes dans la société. En effet, les personnes ont chacune leur rang dans la société; ce rang concerne ou les relations politiques ou les relations privées. C'est la constitution qui détermine la place des personnes, au point de vue social, les droits qui en résultent ainsi que les obligations. Le code civil règle le rang des personnes d'après leur âge, leur sexe, leur capacité, leur nationalité, leur état. De là la classification des individus en étrangers et indigènes, en mineurs et majeurs, en hommes et femmes, en mariés et célibataires, en capables et incapables, en interdits ou placés sous conseil. L'on voit que le classement des personnes établit une certaine position sociale, que nous appelons *état,* et l'état a pour conséquence ou la capacité ou l'incapacité. Nous arrivons ainsi à cette définition que par *lois qui intéressent l'ordre public,* le code entend les lois qui fixent l'état des personnes, et la capacité ou l'incapacité qui y est attachée (1).

48. Tel est le sens grammatical de ces mots un peu vagues; ils ont aussi un sens technique en droit français, sens qui leur donne une portée plus grande. « Les lois qui regardent l'*ordre public,* dit Domat (2), sont celles qu'on appelle les lois de l'Etat, qui règlent la manière dont les princes souverains sont appelés au gouvernement, celles qui règlent les distinctions et les fonctions des charges publiques, celles qui regardent la police des villes et les autres règlements publics. » En ce sens, *ordre public* serait synonyme d'*intérêt public,* et l'art. 6 signifierait que les

---

(1) Mauguin, Dissertation sur l'article 6 du code civil, insérée dans Sirey, t. IX, 2ᵉ partie, p. 345 et suiv.
(2) Domat, *Traité des lois,* chap. XI, nº 40.

particuliers peuvent bien déroger aux lois d'intérêt privé, mais qu'ils ne peuvent pas déroger aux lois d'intérêt public. Ce principe a été proclamé par les jurisconsultes romains (1), et il résulte de la nature même des lois. Nous avons déjà dit que lorsque le législateur établit des règles sur des matières qui sont purement d'intérêt privé, il n'entend pas les imposer aux parties intéressés ; qu'il prévoit seulement ce qu'elles voudront, et que par cela même il leur permet d'avoir une volonté contraire. Il n'en est plus de même quand le législateur parle au nom de l'intérêt général. Ici il commande ou il défend, et toujours dans l'intérêt de la société ; or, la société ne serait plus possible si, à raison de leur intérêt particulier, les citoyens pouvaient se mettre au-dessus de l'intérêt social, en dérogeant aux lois qui le concernent. C'est donc un principe d'une éternelle vérité que l'on ne peut pas permettre aux citoyens de déroger aux lois d'intérêt public. Reste à voir si c'est ainsi que les auteurs du code ont entendu le principe formulé dans l'art. 6.

49. Le projet portait : « lois qui intéressent le public. » Boulay proposa la rédaction actuelle, *ordre public ;* elle fut adoptée sans discussion (2). Les jurisconsultes romains, auxquels le principe est emprunté, disent que les particuliers ne peuvent pas déroger au *droit public.* C'est aussi en ce sens que Portalis explique l'art. 6. Le Tribunat avait objecté que les mots *jus publicum* ne signifiaient pas ce que nous appelons *droit public*, mais bien les lois écrites et solennellement publiées, par opposition aux simples usages et aux coutumes qui ne s'établissent pas avec la même solennité. Portalis avoue que les lois romaines présentent quelquefois ce sens. Mais quand il s'agit de savoir si les particuliers peuvent déroger aux lois, les jurisconsultes distinguent. On lit dans le Digeste « qu'il est permis de traiter contre la teneur d'une loi qui ne touche qu'à l'utilité privée des hommes (3). » Par opposition à ces lois

---

(1) « Privatorum pactio juri publico non derogat. » L. 45, D., *de reg. juris* (L, 17). Comparez Voet, *ad Pandect.*, lib. I, tit. IV, pars 2, n° 18.
(2) Locré, *Législation civile*, t. Iᵉʳ, p. 219, 224.
(3) L. 31, D., *de pactis* (II, 14).

d'intérêt privé, ils enseignent que les particuliers ne peuvent déroger par leurs conventions à ce qui est de *droit
public*; ils entendent par là ce qui intéresse plus directement la société que les citoyens. C'est la maxime de tous
les temps, ajoute Portalis. Le code civil entend donc par
ordre public ce que les jurisconsultes romains qualifiaient
de *droit public*, et ils comprenaient par là *l'intérêt public*,
dans sa plus large acception. Dans son dernier exposé
des motifs, Portalis s'exprime en ces termes : « Ce n'est
que pour maintenir l'ordre public qu'il y a des gouvernements et des lois. » C'est dire que les conventions des
particuliers sont subordonnées à l'intérêt social.

50. Le code ne dit pas quel sera le sort des conventions particulières qui dérogent à l'ordre public. Mais il
ne peut y avoir de doute sur la volonté du législateur de
les frapper de nullité. Portalis le dit dans son discours au
Corps législatif comme une chose qui va de soi : « On
annule, dit-il, les conventions contraires au droit public;
on n'annule pas celles qui sont contraires à des lois qui
ne touchent qu'au droit privé ou à des intérêts particuliers (1). » Comment le législateur donnerait-il sa sanction
à des conventions par lesquelles des particuliers voudraient
subordonner l'intérêt général à l'intérêt privé, c'est-à-dire
la société à l'individu? Il n'y a qu'un moyen de sauvegarder l'intérêt social, c'est de frapper de nullité des actes
qui, s'ils étaient maintenus, compromettraient l'existence
même de la société, puisque les individus se croiraient
autorisés à sacrifier l'intérêt de tous à leurs convenances
particulières.

51. L'application de l'article 6, en ce qui concerne l'ordre
public, ne souffre aucune difficulté. Toutes les lois qui se
rattachent au droit public étant d'ordre public, les particuliers n'y peuvent déroger, sous peine de nullité. Telles
sont les lois qui établissent les impôts. La loi frappe la
propriété foncière d'une contribution, et elle l'exige du
propriétaire. Si, dans un bail, les parties mettent l'impôt

---

(1) Portalis, Discours prononcé au Corps législatif le 23 frimaire an X
(Locré, t. Ier, p. 263).

foncier à charge du preneur, cette convention peut-elle déroger à la loi? En ce qui concerne les droits de l'Etat, elle est nulle; le fisc pourra exiger du propriétaire le payement de la contribution que la loi lui impose, sauf aux parties contractantes à régler leurs intérêts comme elles l'entendent.

Telles sont encore les lois qui règlent l'ordre des juridictions. Les parties intéressées ne peuvent pas porter leurs procès directement en appel; elles ne peuvent pas donner aux tribunaux de commerce compétence en matière civile, ni étendre la juridiction exceptionnelle des juges de paix (1). Il y a cependant un cas où elles peuvent déroger à la compétence. L'article 111 du code civil permet aux parties contractantes de modifier la compétence en matière d'actions personnelles. Régulièrement ces actions doivent être portées devant le tribunal du domicile du défendeur; mais les parties peuvent stipuler que si un procès s'élève sur leurs conventions, il sera soumis à un autre tribunal. Est-ce une exception au principe de l'article 6? Non, c'est plutôt une application de ce principe. En effet, il implique que l'on peut déroger aux lois d'intérêt privé; or, la loi qui oblige le demandeur de suivre la juridiction du défendeur a uniquement en vue l'intérêt de celui-ci, il est maître de renoncer à un droit qui n'a été établi qu'en sa faveur (2).

52. Les lois qui règlent l'état des personnes et déterminent leur capacité ou leur incapacité, étant d'ordre public, toute convention qui y déroge est frappée de nullité. Nous trouvons une application de ce principe dans l'article 1388 : « Les époux ne peuvent déroger ni aux droits résultant de la puissance maritale sur la personne de la femme et des enfants, ni aux droits conférés au survivant des époux par les titres de la Puissance paternelle et de la Minorité. » Les conventions qui y dérogeraient seraient nulles, bien que la loi ne prononce pas la nul-

_____

(1) Arrêt de la cour de cassation du 14 février 1866 (Dalloz, _Recueil périodique_, 1866, 1, p. 447).
(2) Merlin, au mot _Loi_, § 8.

lité. Cela résulte de la nature même des lois qui règlent l'état des personnes et leur capacité. Sans doute, c'est dans l'intérêt des individus que le législateur fixe leur état, et qu'il les déclare capables ou incapables. Mais pour faire ce classement des personnes, il prend en considération l'intérêt de tous, l'intérêt de la société. Quand il s'agit de fixer l'étendue de la puissance paternelle, est-ce l'intérêt de tel père ou de tel enfant que le législateur considère? Non, certes; c'est d'après les mœurs, d'après l'état social, d'après les sentiments généraux de la nation qu'il confère la puissance paternelle et qu'il en fixe les caractères et les limites. Dès lors, l'individu ne peut pas opposer ses convenances au vœu de la loi; et s'il essayait de le faire, ses actes seraient nuls.

La jurisprudence offre des applications de ce principe. Nous en rapporterons quelques-unes, pour la singularité des faits plutôt que pour la difficulté de la matière. Deux époux trouvèrent bon de faire annuler leur mariage par un compromis, et, chose plus singulière encore, il se trouva des magistrats qui rendirent une ordonnance d'*exequatur* sur ce prétendu jugement arbitral. La cour de cassation la cassa *pour excès de pouvoir le plus caractérisé :* ce sont les termes de l'arrêt (1).

Une convention entre le père et le fils peut-elle émanciper celui-ci? La puissance paternelle est d'ordre public; l'acte qui y met fin est donc aussi d'ordre public. La loi soumet l'émancipation à des solennités; il ne dépend pas des citoyens de s'en affranchir. Ainsi jugé par la cour de cassation (2).

Un mari majeur céda à sa femme l'administration de ses biens et déclara que cette cession était équivalente à une interdiction judiciaire. La cour de cassation annula cette étrange convention, comme dérogeant à une loi qui intéresse l'ordre public (3). En effet, la majorité donne à celui qui a atteint l'âge légal l'exercice de tous ses droits.

(1) Arrêt du 6 pluviôse an XI (Dalloz, *Répertoire*, au mot *Arbitre*, n° 304)
(2) Arrêt du 7 mars 1816 (Merlin, au mot *Loi*, § 5, n° 10).
(3) Arrêt du 7 septembre 1808 (Dalloz, *Répertoire*, au mot *Interdiction*, n° 31).

Il n'a pas le pouvoir d'abdiquer sa capacité, il ne peut la perdre que par un jugement.

53. Les lois qui concernent les biens ne sont pas des lois d'ordre public, en ce sens qu'elles sont étrangères au classement des personnes. Elles peuvent cependant être portées dans un intérêt général; alors elles rentrent dans la signification large des termes employés par l'art. 6 du code, comme étant d'intérêt public. Nous en avons un exemple dans l'art. 815 du code : « Personne ne peut être tenu de rester dans l'indivision, et le partage peut toujours être provoqué nonobstant conventions contraires. » La convention qui interdirait le partage serait donc nulle. Pourquoi? Parce que c'est dans l'intérêt public que le législateur prohibe l'indivision forcée. Dès lors, il faut appliquer le principe tel que Portalis l'a formulé : « On annule les conventions contraires au droit public, et on entend par droit public celui qui intéresse plus directement la société que les particuliers. » Telles ne sont pas, en général, les lois concernant les biens. Les biens forment l'objet des conventions, et les parties jouissent, en principe, de la plus grande liberté dans leurs contrats; la règle est qu'elles peuvent déroger aux lois qui les concernent; la défense d'y déroger forme l'exception. Il faut donc un intérêt général bien évident pour que l'on puisse admettre qu'il limite la liberté des parties contractantes, et qu'il entraîne la nullité des conventions qui y dérogent.

N° 2. LOIS QUI INTÉRESSENT LES BONNES MŒURS.

54. Dans son discours au Corps législatif, le tribun Faure dit que les *bonnes mœurs* sont une dépendance de *l'ordre public*. Il eût donc suffi de parler des lois qui intéressent *l'ordre public*; si l'on y a ajouté les *bonnes mœurs*, c'est pour donner à la rédaction toute la clarté possible. Tout ce qui concerne les bonnes mœurs intéresse l'ordre public; mais tout ce qui intéresse l'ordre public ne concerne pas les bonnes mœurs (1).

---

(1) Locré, *Législation civile*, t. 1er, p. 319.

Ces explications répondent à celles que Portalis donne sur l'ordre public : ce sont toutes les lois qui concernent l'intérêt général. Mais cela n'est pas encore une définition. Ouvrons le *Dictionnaire de l'Académie;* nous y lisons que les mœurs sont « les habitudes naturelles ou acquises, poru le bien ou pour le mal, dans tout ce qui regarde la conduite de la vie. » Les lois qui intéressent les bonnes mœurs seraient donc celles qui ont pour objet de faire acquérir des habitudes pour le bien, et d'empêcher les hommes de contracter des habitudes pour le mal. Quelles sont ces lois? La législation n'est pas un cours de morale; elle ne s'occupe des mœurs que pour réprimer les actions qui troublent l'ordre social, c'est-à-dire les délits. Il est évident que les lois pénales intéressent les bonnes mœurs, dans le sens de l'article 6; et par suite toute convention ayant pour objet un délit est frappée de nullité. Nous disons que cela est évident; en effet, conçoit-on que le législateur donne sa sanction à des contrats par lesquels les parties s'obligeraient à commettre un délit?

55. Merlin donne comme exemple la convention par laquelle le père, la mère ou le tuteur d'un enfant mineur s'obligerait, moyennant la promesse d'une somme d'argent, de le prostituer : en effet, le code pénal punit ce fait de peines correctionnelles. La convention serait donc nulle. Merlin demande s'il en serait de même de la convention par laquelle une personne majeure se prostituerait moyennant une promesse d'argent. Il répond que non, parce que la loi pénale ne punit pas ce fait; l'article 6 du code est donc inapplicable. Est-ce à dire qu'une pareille convention serait valable? Elle ne pourrait pas être attaquée en vertu de l'article 6 du code civil, mais elle serait nulle d'après les articles 1131 et 1133. Le premier porte que l'obligation sur une *cause illicite* ne peut avoir aucun effet; le second dit que la cause est *illicite* quand elle est contraire aux *bonnes mœurs* ou à *l'ordre public.* Il n'est donc pas nécessaire qu'il y ait une *loi* concernant les bonnes mœurs, pour annuler une convention immorale ; il suffit qu'elle soit contraire aux bonnes mœurs pour qu'elle n'ait aucun effet.

56. Les articles 1131 et 1133 étendent la portée du principe posé par l'article 6, mais ils augmentent aussi la difficulté de l'interprétation. Toute loi pénale rentre dans l'article 6. Mais le code pénal ne prévoit pas toutes les actions immorales. Naît donc la question de savoir comment le juge peut connaître si une convention est contraire aux bonnes mœurs. La cour de Turin a décidé qu'on doit réputer contraire aux bonnes mœurs ce que l'opinion publique répute illicite pour tous ou même pour certaines classes de personnes (1). La définition est très-vague et même fausse : il n'y a pas de distinction à faire entre les diverses classes de la société, quand il s'agit de mœurs ; la morale doit être la même pour tous les hommes. Mais où chercher cette morale qui servira de règle au juge ? Est-ce la morale religieuse ? Tel sera certes le sentiment du juge, s'il est catholique. Si la société entière était catholique, la difficulté serait levée, il n'y aurait qu'une morale religieuse. Est-il nécessaire d'ajouter qu'il y a plusieurs religions et qu'elles ne s'accordent pas toujours sur la morale ? Trouverons-nous plus de certitude dans la morale philosophique ? Les philosophes sont divisés aussi bien que les religions. Est-ce à dire que le juge est sans règle en cette matière ? Non ; on exagère, quand on se plaint de l'incertitude de la morale (2) ; il faudrait dire que la morale est progressive ; elle change donc, mais en s'épurant, en se perfectionnant. Et quel est l'organe de ce progrès incessant ? La conscience humaine. Il y a, à chaque époque de la vie de l'humanité, une doctrine sur la morale que la conscience générale accepte, sauf des dissidences individuelles qui ne comptent pas. En ce sens, on peut dire qu'il y a toujours une morale publique ; les conventions contraires à cette morale seront, par cela même, contraires aux bonnes mœurs, et, comme telles, frappées de nullité.

57. Quand des conventions sont contraires à une loi qui intéresse les bonnes mœurs, il va sans dire qu'elles sont

(1) Arrêt du 30 mai 1811 (Dalloz, *Répertoire,* au mot *Culte,* nº 114).
(2) Mauguin, dans Sirey, IX, 2, p. 348 et suiv.

nulles. L'article 6, comme nous l'avons dit pour l'ordre public, les frappe implicitement de nullité. Quant aux conventions contraires aux bonnes mœurs, dans le sens des articles 1131 et 1133, le code est on ne peut pas plus formel ; il déclare qu'elles ne peuvent avoir aucun effet. C'est plus que la nullité ; car ce qui est nul peut néanmoins produire un effet juridique, tandis que la loi ne reconnaît aucun effet aux conventions immorales ; ces conventions n'existent pas à ses yeux. Le code déroge à ces principes, en matière de donations et de testaments ; il répute non écrites les conditions contraires aux bonnes mœurs qui s'y trouvent, il les efface et maintient néanmoins les dispositions faites sous ces conditions. Ce n'est pas ici le lieu d'entrer dans plus de détails sur ces points.

§ 3. *Des lois prohibitives et impératives.*

58. Nous arrivons à la question la plus difficile dans cette difficile matière. L'article 6 du code pose un principe d'une grande élasticité ; tel que les orateurs du gouvernement et du Tribunat l'ont interprété, il comprend toutes les lois d'intérêt général. Mais la difficulté est de savoir quelles sont, dans le domaine du droit privé, les lois qui concernent l'intérêt de la société. Il y a des lois qui par leur nature indiquent qu'elles sont d'intérêt social : telles sont les lois qui règlent l'état des personnes et la capacité ou l'incapacité qui y est attachée : telles sont encore les lois qui intéressent les bonnes mœurs. Il y a d'autres lois qui sont de droit public, pour nous servir du langage de Portalis, parce que les motifs qui les ont fait porter sont puisés dans l'intérêt de la société : nous avons cité comme exemple l'article 815 qui interdit l'indivision forcée. Mais ces diverses catégories de lois n'épuisent pas la question des nullités. Il y en a qui sont étrangères à l'état des personnes et aux bonnes mœurs, et l'on ne sait si elles sont d'intérêt général ; ou, si l'intérêt général est en cause, on ne peut pas préciser la limite où il s'arrête. Si l'on déroge à ces lois, par des conventions particulières, ces conventions seront-elles nulles ?

59. Un de nos grands jurisconsultes a cru trouver, dans la forme que le législateur donne à sa pensée, une marque de sa volonté : Toute loi prohibitive, dit Merlin, implique la nullité des actes qui y sont contraires, sans que la loi ait besoin de la prononcer. Il se fonde sur une constitution des empereurs Théodose et Valentinien : « Nous voulons, disent-ils, que tout pacte, toute convention, tout contrat passé entre ceux à qui la loi défend de le faire, soient regardés comme non avenus ; en sorte qu'il suffise au législateur d'avoir défendu ce qu'il ne veut pas qu'on fasse, et que tout le reste s'ensuive de l'intention de la loi, comme s'il était expressément ordonné ; c'est-à-dire que tout ce qui est fait contre la défense de la loi soit non-seulement inutile, mais encore considéré comme non fait, quoique le législateur se soit borné à le défendre et n'ait pas déclaré qu'il le défendait à peine de nullité. Et s'il se fait ou s'il arrive quelque chose, soit en conséquence, soit à l'occasion de ce qui a été fait au mépris de la défense de la loi, nous voulons qu'on le regarde pareillement comme nul et de nul effet. D'après cette règle, par laquelle nous anéantissons tout ce qui est contraire aux lois prohibitives, il est certain que l'on ne doit ni admettre une stipulation de cette nature, ni donner un mandat de cette espèce, ni avoir égard au serment qui tendrait à couvrir la nullité de l'un ou de l'autre (1). »

60. Il va sans dire que cette constitution n'a plus de force obligatoire depuis la publication du code. Pour que nous puissions admettre le principe qu'elle pose, il faut que le législateur français l'ait consacré, sinon en termes formels, du moins implicitement. Ce qui donne déjà quelque autorité à la loi romaine, c'est que la commission chargée de rédiger un projet de code civil avait formulé le même principe dans le livre préliminaire qui devait servir de péristyle à l'édifice de la législation nouvelle (2). On lit

---

(1) L. 5, C., *de legg.* (I, 14).
(2) On le trouve dans Lerminier, *Introduction à l'histoire du droit*, chap. XX.

dans le titre IV, article 6 : « Les lois prohibitives emportent peine de nullité, quoique cette peine n'y soit pas formellement exprimée. » Le livre préliminaire fut retranché ; on ne conserva que les six articles qui forment le titre préliminaire. Cela n'empêche pas que les maximes que les auteurs du code y avaient admises n'aient une valeur scientifique ; presque toutes ces règles sont reçues par la doctrine et par la jurisprudence. Il faut voir si elles sont fondées en raison, et si elles trouvent quelque appui dans nos textes. Eh bien, nous croyons que le principe emprunté au droit romain par les auteurs du code a pour lui la raison tout ensemble et la volonté du législateur.

Quand le législateur prohibe un acte, il faut qu'il ait des raisons majeures pour le faire ; car, en général, il respecte la liberté des citoyens. Les dispositions prohibitives limitent cette liberté, elles l'enlèvent, pour mieux dire, quant aux actes qu'elles défendent aux citoyens de faire. Malgré cette défense, des particuliers font ce qu'ils n'ont pas le droit de faire : dès lors leurs actes ne peuvent pas avoir de valeur. C'est le cas de dire, avec les jurisconsultes romains, que les individus ne peuvent pas s'élever contre la volonté du législateur ; s'ils le pouvaient impunément, que deviendrait l'autorité de la loi ? Quoi ! la nation souveraine, par l'organe du pouvoir législatif, déclare qu'il est défendu aux citoyens de faire telle convention ; il se trouve des citoyens qui méprisent la défense et prétendent mettre leur volonté au-dessus de la volonté générale : ils violent audacieusement la loi, en faisant ce qu'elle leur défend de faire. Puis le législateur viendrait donner sa sanction à ces mêmes actes qui ont insulté à son autorité ! Car ne pas les annuler, c'est les maintenir, c'est les approuver, c'est leur accorder l'appui de la puissance publique. Le législateur ferait mieux de ne pas porter de lois prohibitives, si, dans sa pensée, il était permis de les violer. Il ne faut point favoriser la violation de la loi, car le respect des lois est la base de l'ordre social.

61. Quand y a-t-il disposition prohibitive impliquant nullité ? Il n'est pas nécessaire que le législateur se serve des mots défendre, prohiber, interdire ; le plus souvent il se borne à dire que telle personne *ne peut pas* faire tel acte, ou que telle chose *ne peut se faire.* Cela suffit pour marquer sa volonté d'annuler ce qui se ferait contrairement à ses dispositions. C'est ce que dit un de nos grands juris-consultes, Charles Dumoulin : « Le mot *ne peut* ôte toute puissance de droit et de fait ; il en résulte une nécessité précise de se conformer à la loi, et une impossibilité abso-lue de faire ce qu'elle défend (1). » Dire qu'un acte est im-possible, légalement parlant, c'est déclarer énergiquement que si cet acte était fait, il serait nul. Conçoit-on que le législateur proclame que telle convention est impossible, et que néanmoins il la maintienne ?

Reste à prouver que telle est la doctrine du code civil. Nous avons un texte remarquable qui l'établit bien claire-ment. L'article 215 dit que « la femme *ne peut* ester en jugement sans l'autorisation de son mari. » L'article 217 dit de même que « la femme *ne peut* donner, aliéner, hypothéquer, acquérir à titre gratuit ou onéreux sans le concours du mari dans l'acte, ou son consentement par écrit. » Si la femme fait ce que la loi la déclare incapable de faire, quel sera le sort de l'acte ? Le code ne prononce pas la nullité dans les articles 215 et 217 ; mais elle y est virtuellement. En effet, il s'agit de lois d'ordre public, l'in-capacité juridique de la femme mariée étant une consé-quence de la puissance maritale. Il y a donc lieu d'appli-quer le principe de l'article 6, qui défend de déroger aux lois qui intéressent l'ordre public ; défense qui, nous l'avons démontré, entraîne la nullité des conventions déro-gatoires. Le texte même du code le prouve dans notre espèce. En effet, après avoir dit ce que la femme *ne peut* faire, le code ajoute, dans l'article 225 : *La nullité fondée sur le défaut d'autorisation* ne peut être opposée que par la femme, par le mari ou par leurs héritiers. » Qu'on le re-marque bien ! La loi ne prononce pas la nullité, et tel n'est pas le but de l'article 225 ; car il ne commence pas par dire que les actes juridiques faits par la femme mariée sont nuls ; il suppose, au contraire, cette nullité, et décide seu-

(1) Dumoulin, sur la loi 1, D., *de verborum obligationibus*, n° 2.

lement la question de savoir si la nullité est absolue ou relative, question qui, dans l'ancien droit, avait fait naître d'innombrables procès. Donc la combinaison des articles 215, 217 et 225 prouve que la prohibition indiquée par les mots *ne peut* emporte nullité, sans que la loi ait besoin de le dire (1).

Le principe que nous venons d'établir fut contesté au conseil d'Etat, lors de la discussion de l'article 1388. Cet article porte que les époux ne peuvent déroger aux droits résultant de la puissance maritale sur la personne de la femme et des enfants. Bérenger et Bigot-Préameneu prétendirent que la locution *ne peut* n'était pas par elle-même prohibitive ; dans leur pensée, il eût fallu ajouter une clause irritante pour que les conventions contraires à l'art. 1388 fussent nulles. Mais les amendements qu'ils proposèrent furent rejetés. Preuve que, dans l'esprit du législateur, les mots *ne peuvent* ont l'effet d'une disposition prohibitive ; or, dans l'article 1388, la prohibition emporte certainement nullité, puisqu'il ne fait qu'appliquer le principe de l'article 6, lequel, de l'aveu de tout le monde, implique nullité.

62. On voit, par ces exemples, pourquoi les clauses prohibitives emportent nullité : c'est que la prohibition implique qu'il y a un intérêt général en cause. Cela est évident quand il s'agit de l'état et de la capacité des personnes, et il est tout aussi évident que les conventions contraires à l'ordre public ne peuvent pas être maintenues, l'intérêt de la société devant l'emporter sur l'intérêt des particuliers. Nous allons parcourir les dispositions du code qui contiennent une clause prohibitive, et partout nous trouverons que la nullité en doit être la conséquence, sauf les exceptions, que nous aurons soin d'expliquer.

Nous avons déjà mentionné l'article 6, qui pose un principe général. Le principe reçoit son application dans tous les cas où il s'agit de l'état et de la capacité des personnes. Nous venons de le dire pour les articles 215, 217, 1388. Les articles 344 et 346, qui règlent les conditions de

---

(1) Merlin, *Questions de droit,* au mot *Nullité,* § 1, n° 6.

l'adoption, se rapportent aussi au mariage et à la puissance paternelle, matières qui sont essentiellement d'ordre public ; d'où suit que la dérogation à ces dispositions prohibitives serait frappée de nullité. La tutelle et les garanties que la loi établit en faveur des mineurs sont également d'ordre public ; de là les dispositions prohibitives des articles 463, 464 et 935. Il en est de même de la minorité et de l'incapacité qui y est attachée ; les dispositions prohibitives des articles 903 et 904 sont par cela même sanctionnées par la nullité. On peut encore rattacher à l'ordre public l'article 1097, puisqu'il a pour objet d'empêcher que l'un des époux n'abuse de l'influence qu'il a sur son conjoint.

Le principe de l'article 6 comprend aussi les lois qui intéressent les bonnes mœurs. Quand l'article 335 dit que la reconnaissance *ne pourra* avoir lieu au profit des enfants nés d'un commerce adultérin ou incestueux, il fait une prohibition dans l'intérêt de la moralité publique, en sacrifiant l'intérêt des enfants à celui de la société. Toute convention contraire serait nulle, le législateur ne pouvant pas favoriser l'immoralité. C'est encore dans l'intérêt des bonnes mœurs que la loi prohibe les pactes successoires (art. 1600, 791, 1389) ; il n'y a pas de doute que ces pactes ne soient frappés de nullité, bien que le code ne la prononce pas. Le principe de l'article 6 suffit pour le décider ainsi.

63. Nous avons dit que l'article 6, dans l'esprit des auteurs du code, embrasse aussi les lois de l'ordre politique, et généralement toutes les lois qui sont d'intérêt général. L'article 5 contient une disposition prohibitive sous forme de défense : « *Il est défendu* aux juges de prononcer, par voie de disposition générale et réglementaire, sur les causes qui leur sont soumises. » L'infraction à cette défense constitue un délit (code pénal, art. 237). Il va donc sans dire que les dispositions réglementaires prises par un tribunal seraient nulles. Cela a été décidé ainsi par un grand nombre d'arrêts de la cour de cassation (1).

L'intérêt général suffit pour entraîner la nullité ; seule-

(1) Merlin, *Répertoire*, au mot *Cour royale*, § 2.

ment, dans le domaine du droit privé, il est difficile parfois de préciser ce qui est d'intérêt général ; la forme prohibitive dont le législateur se sert vient en aide à l'interprète, car il doit supposer que c'est pour des motifs graves et, partant, dans un intérêt général que la loi établit une prohibition. Ouvrons le code, nous trouvons une disposition prohibitive dans le contrat le plus favorable. « Les époux, dit l'article 1390, *ne pourront plus stipuler* d'une manière générale que leur association sera réglée par l'une des coutumes qui sont abrogées par le présent code. » La prohibition emporte nullité, parce que le législateur a voulu assurer l'unité de la législation, ce qui est certes un intérêt général.

L'intérêt des tiers est aussi un intérêt général ; il explique, en partie, la disposition de l'article 1395, aux termes duquel « les conventions matrimoniales *ne peuvent* recevoir aucun changement après la célébration du mariage. » Il y a encore une autre raison de cette disposition qui tient également à l'intérêt général ; le législateur a voulu assurer la liberté des parties contractantes, que le mariage altère plus ou moins. A ce double point de vue, la nullité est la sanction nécessaire de la prohibition. On peut encore rapporter à l'intérêt des tiers la disposition de l'article 1981 qui porte que « la rente viagère *ne peut* être stipulée insaisissable que lorsqu'elle a été constituée à titre gratuit. » Le texte ne prononce pas la nullité ; il est néanmoins hors de doute que la clause qui déclarerait insaisissable une rente constituée à titre onéreux serait nulle et n'empêcherait pas les créanciers de la saisir. Tel est encore l'article 2214. Quand la loi établit des garanties au profit des incapables, elle dispose dans un intérêt général, car elle protège ceux qui ne peuvent pas se protéger eux-mêmes. Il en est ainsi de la disposition de l'article 2126 : la nullité n'est pas douteuse, quoiqu'elle ne soit pas écrite dans la loi. C'est encore un intérêt général qui explique l'article 2205 ; il justifie la nullité qui y est impliquée.

64. Enfin, il y a des dispositions prohibitives qui résultent des conditions établies par la loi pour la validité d'un acte juridique. Il va sans dire que les parties contractantes n'y peuvent pas déroger, malgré la liberté dont elles jouissent; car cette liberté ne va pas jusqu'à vouloir qu'un acte soit valable quand il ne réunit pas les conditions prescrites pour sa validité. Aux termes de l'article 128, les envoyés en possession provisoire *ne pourront* aliéner les biens de l'absent. S'ils les aliénaient, l'aliénation serait évidemment nulle, car pour aliéner il faut être propriétaire, et les envoyés ne sont qu'administrateurs. De même l'article 2045 dit que le tuteur *ne peut* transiger pour le mineur; il n'est qu'administrateur, il ne peut donc faire aucun acte de disposition. Il y a d'ailleurs des garanties prescrites au profit du mineur en matière de transaction, ce qui serait un nouveau motif de nullité, si le tuteur ne se conformait pas à la loi.

L'article 1035 dit que les testaments *ne pourront* être révoqués que par un testament postérieur ou par un acte devant notaires. Tout étant solennel en cette matière, la solennité devient une condition de validité de la révocation. Aux termes de l'article 1076, les partages d'ascendant faits entre vifs *ne pourront* avoir pour objet que les biens présents. La prohibition implique nullité, parce que la donation ne peut comprendre que les biens présents; l'article 943 prononce expressément la nullité quand elle comprend des biens à venir; or, le partage entre vifs est une donation. « On *ne peut*, dit l'article 1119, s'engager ni stipuler en son propre nom que pour soi-même. » La nullité résulte des principes les plus élémentaires de droit, bien que le code ne la prononce pas : celui qui, en son propre nom, promet le fait d'un tiers ne s'oblige pas, dès lors il n'y a aucun lien d'obligation : celui qui, en son nom, stipule pour autrui n'acquiert aucun droit, parce qu'il n'a aucun intérêt appréciable à ce que la stipulation soit exécutée, et sans intérêt il n'y a pas d'action.

L'article 1422 met des limites au pouvoir du mari, comme chef de la communauté. Ces limites résultent de la notion même de communauté et des droits qui en résultent pour la femme associée; dès lors la prohibition emporte nullité, parce que les principes s'opposent à ce que le mari, copropriétaire, puisse disposer à titre gratuit et dépouiller la femme de sa copropriété.

Quand l'article 2012 dit que le cautionnement *ne peut* existe que sur une obligation valable, il exprime une idée juridique très-simple, c'est qu'il ne saurait y avoir d'obligation accessoire sans obligation principale. L'art. 2127 porte que l'hypothèque conventionnelle *ne peut* être consentie que par un acte notarié, pour marquer que la forme est requise comme élément substantiel de l'acte, le consentement étant censé ne pas exister, s'il n'est pas donné dans la forme authentique. Aux termes de l'article 2128, les contrats passés à l'étranger *ne peuvent* donner d'hypothèque sur des biens de France : le législateur l'a décidé ainsi par une fausse notion de l'hypothèque et de la souveraineté ; toujours est-il que les mots *ne peut* indiquent l'absence d'une condition essentielle pour la validité du fait juridique. Il en est de même dans les cas prévus par les articles 2213 et 2214.

Au titre de la Prescription, nous trouvons la même locution dans plusieurs articles, et emportant toujours peine de nullité, en vertu des principes que nous venons de poser. « On *ne peut* d'avance renoncer à la prescription, » dit l'article 2220 ; il n'ajoute pas que la renonciation est nulle; on ne peut néanmoins douter de la nullité, parce que la prescription est d'ordre public, dans le sens de l'article 6. « Celui qui ne peut aliéner, *ne peut* renoncer à la prescription acquise (2222) ; » c'est une condition qui dérive de la renonciation. « Les juges *ne peuvent* pas d'office suppléer le moyen résultant de la renonciation (2223) : » encore une conséquence de la nature de la prescription. « On *ne peut* prescrire le domaine des choses qui ne sont pas dans le commerce (2226); » toujours par application des principes élémentaires de droit ; la prescription étant un moyen d'acquérir, suppose évidemment que la chose est dans le commerce.

65. La doctrine de Merlin a été vivement attaquée par Toullier (1), et elle est aujourd'hui presque abandonnée (2). Il est vrai qu'elle n'est pas toujours consacrée par le légis-

(1) Toullier, *le Droit civil français*, t. VII, n°ˢ 491 et suiv.
(2) Zachariæ, *Cours de droit civil*, t. Iᵉʳ, § 36.

lateur, en ce sens que la forme prohibitive n'est pas la seule qui emporte nullité. Il y a des articles rédigés dans la forme impérative qui sont sanctionnés par la même peine, sans que le législateur la prononce, ce qui semble prouver que la rédaction de la loi ne nous apprend pas par elle-même quand un acte est nul. Ainsi l'article 1325 est conçu dans une forme prohibitive et la nullité est évidente. Mais il y a aussi nullité dans le cas de l'article 1326, qui est impératif. On voit que dans une seule et même matière, celle des actes sous seing privé, le législateur se sert indifféremment de la forme impérative et de la forme prohibitive. Il en est de même dans les articles 1394 et 1395; le premier, quoique seulement impératif, implique la nullité, aussi bien que le second qui est prohibitif. Mais qu'importe, si les dispositions impératives sont au fond prohibitives? et n'en est-il pas ainsi des articles 1326 et 1394? Dire que « toutes conventions matrimoniales seront rédigées, avant le mariage, par acte devant notaire, » c'est dire qu'elles ne peuvent pas être rédigées après le mariage, ni par acte sous seing privé. Cela confirme la doctrine de Merlin, nous semble-t-il, au lieu de l'affaiblir.

66. Parfois le législateur, après avoir dit que telle chose *ne peut* se faire, ajoute la clause irritante de la nullité. N'est-ce pas dire que, par elle seule, la forme prohibitive ne suffit point pour que l'acte prohibé soit nul? Il y a des cas où le législateur avait une raison particulière pour ajouter la nullité à la prohibition. L'article 943 dit que « la donation entre-vifs *ne pourra* comprendre que les biens présents du donateur. » Voilà la prohibition; puis vient la clause irritante : « Si elle comprend des biens à venir, elle sera nulle à cet égard. » Le législateur prononce la peine de nullité, pour marquer qu'à la différence de l'ordonnance de 1731, la donation reste valable pour les biens présents, et pour prévenir les controverses sur le point de savoir si la disposition peut être divisée ou non. Dans l'article 896, la loi ne se borne pas à dire que « les substitutions sont prohibées, » ce qui devrait suffire pour entraîner la nullité, dans une matière qui est évidemment d'intérêt général ; elle ajoute que la disposition sera nulle même à l'égard du premier donataire. La cour de cassation a répondu à l'objection par son arrêt du 18 janvier 1808. Il eût été inutile, dit-elle, d'ajouter la nullité ; si le législateur avait seulement voulu annuler la substitution proprement dite, la prohibition aurait suffi ; mais voulant annuler même la libéralité faite au grevé, il devait naturellement le dire (1).

Merlin avoue qu'il y a des cas où la nullité prononcée après la prohibition est inutile : tels sont les articles 1596, 1597 et 2063. Mais de ce que parfois le législateur ajoute une clause surérogatoire, peut-on inférer que sans clause irritante la prohibition n'emporte pas nullité ? N'est-il pas de principe que les dispositions surérogatoires ne dérogent pas au droit commun ? Il y a une objection plus forte contre la doctrine de Merlin, c'est que le code contient des dispositions prohibitives qui n'emportent pas nullité. Nous ne citerons pas les articles 228, 295 et 298 qui établissent des empêchements au mariage, que l'on appelle prohibitifs pour marquer qu'ils ne donnent pas lieu à une action en nullité ; car on sait qu'en fait de mariage, le législateur a pris soin d'indiquer lui-même les cas où la nullité existe. Il y a d'autres dispositions prohibitives, non en foule, comme le dit Zachariæ, mais il y en a auxquelles les parties peuvent déroger sans que leurs actes soient nuls. Le jurisconsulte allemand cite les articles 675, 677-679. Est-ce bien sérieusement que l'on invoque ces dispositions contre la doctrine de Merlin ? Les mots *ne peut* s'y trouvent à la vérité : mais certes quand l'article 675 dit que l'un des voisins *ne peut* pratiquer dans le mur mitoyen aucune fenêtre, il n'entend pas établir une prohibition absolue, car il a soin d'ajouter : « sans son consentement ». Ainsi le texte même de la loi prouve qu'elle n'est pas prohibitive. Les mots « sans le consentement » ne sont pas reproduits dans les articles 677-679, mais ils y sont si évidemment sous-entendus, qu'il était inutile de les ajouter. Il s'agit, dans toutes ces dispositions, d'intérêts

(1) Merlin, *Questions de droit,* au mot *Nullité,* § 1, n° 6.

privés que les voisins règlent comme ils l'entendent. Nous en disons autant des articles 1749 et 1860 que Merlin cite comme dispositions prohibitives, ce qui est vrai, en tant que les parties contractantes n'y ont pas dérogé, et elles le peuvent sans aucun doute. Toutefois, ici est le côté faible de la doctrine de Merlin. La forme prohibitive indique d'ordinaire qu'il y a un intérêt général, à raison duquel le législateur défend une chose. Mais il y a aussi des dispositions prohibitives qui sont de pur intérêt privé; dès lors la forme prohibitive n'est plus décisive.

Faut-il conclure de là que le principe posé par Merlin n'a aucune valeur? Le texte du code, la doctrine des auteurs et la jurisprudence attestent que la prohibition emporte presque toujours nullité : les exceptions sont rares et s'expliquent facilement. On peut donc maintenir le principe, en ce sens du moins que la forme prohibitive marque en général l'intention d'annuler ce qui est contraire à la prohibition : prohiber c'est annuler, sauf dans les cas où il n'y a en cause que des intérêts purement privés. Les exceptions rendent le principe d'une application plus difficile, mais elles ne le détruisent pas.

67. Que faut-il dire des lois impératives? Il y en a qui équivalent à une prohibition : alors il faut appliquer le principe de Merlin. Nous en avons donné des exemples qui sont évidents. Mais la chose n'est pas toujours aussi claire. Toute loi, au fond, est impérative, puisque la loi est l'expression de la volonté générale. Est-ce à dire que la volonté générale domine sur les volontés particulières à ce point que tout ce qui y est contraire soit nul? Non certes; le code même nous fournit la preuve que telle n'est pas l'intention du législateur. Il n'y a qu'une seule matière, celle des testaments, où toutes les formalités sont prescrites sous peine de nullité (art. 1001). En matière de mariage, la loi commande, elle prohibe; elle parle au nom de l'intérêt social, et néanmoins elle n'annule pas toujours. C'est que le législateur peut avoir de bonnes raisons pour commander, et il peut aussi en avoir de bonnes pour ne pas annuler ce qui a été fait contre ses ordres. Placé entre deux maux, il choisit le moindre;

or, il est possible qu'il y ait moins de mal à maintenir un acte qui viole la loi qu'à l'annuler. C'est au législateur à peser les inconvénients et à décider.

Mais si le législateur ne l'a pas fait, que fera le juge? Ne prononcera-t-il la nullité que quand la loi impérative contient une clause irritante? Le code civil ne pose pas ce principe; il contient, au contraire, des dispositions qui prouvent que telle n'a pas été la pensée de ses auteurs. Il y a des articles impératifs qui emportent évidemment nullité, sans que le texte la prononce : nous avons déjà cité les articles 1325 et 1394. Par contre, il y en a d'autres qui, de l'aveu de tout le monde, n'ont pas cette sanction. Telles sont les nombreuses formalités que le code prescrit pour la rédaction des actes de l'état civil. Ainsi, tantôt il y a nullité, tantôt il n'y en a pas. Pourquoi admet-on que les actes de l'état civil restent valables quoiqu'ils soient irréguliers? Parce qu'on suppose que telle est la volonté du législateur. C'est dire que l'interprète, dans le silence de la loi, est obligé de faire les distinctions que le législateur aurait dû faire. De là la doctrine, aujourd'hui universellement reçue, des formalités essentielles et accidentelles

68. On entend par formes substantielles ou essentielles « celles qui constituent essentiellement la substance d'un acte; sans ces formes, l'acte que l'on a voulu faire n'a pas reçu l'existence qu'elles seules pouvaient lui donner. » C'est la définition de Merlin (1). Que de pareilles formalités impliquent la clause irritante, que le législateur n'ait pas besoin de l'ajouter, cela va sans dire. Mais si les formalités sont accidentelles, étrangères, pour ainsi dire, à la substance de l'acte, elles n'emportent pas nullité d'elles-mêmes; il faut, en ce cas, une clause irritante pour que le juge la puisse prononcer (2). C'est un excellent esprit, Daniels, substitut du procureur général près la cour de cassation, qui présenta le premier ce système en 1807. Il s'agissait des formalités prescrites par l'article 2148 pour

(1) Merlin, *Questions de droit*, au mot *Mariage*, § 3, n° 1.
(2) Merlin, *Répertoire*, au mot *Nullité*, § 1, n° 5.

les inscriptions hypothécaires. Daniels posait comme principe que ces formalités étaient substantielles, puisqu'elles organisaient la publicité, un des éléments essentiels de notre régime hypothécaire ; il en conclut qu'elles devaient, de leur nature, être observées sous peine de nullité. Mais il ajouta cette réserve, qu'il fallait faire exception dans les cas où aucun intérêt ne serait blessé par l'inobservation de la loi : il donna comme exemple l'omission des prénoms, ou de la profession (1). La cour de cassation consacra cette doctrine par un arrêt célèbre du 22 avril 1807. Elle part du principe que les formalités qui tiennent à la substance des actes sont de rigueur, et doivent, même dans le silence de la loi, être observées à peine de nullité. Ce principe, dit la cour, vrai en toute matière, reçoit plus particulièrement son application aux formalités de l'inscription hypothécaire, puisque leur stricte observation intéresse l'ordre public. La cour appliqua ce principe à la date du titre. Dans un autre arrêt, du 1er octobre 1810, la cour décida qu'il y avait, dans l'inscription hypothécaire, des formalités non substantielles qui n'étaient qu'un accessoire purement accidentel : que telle était la désignation de la profession du créancier ; que l'inobservation d'une formalité pareille n'entraînait pas nullité (2).

Cette doctrine passa dans la jurisprudence ; elle est admise aujourd'hui par tous les auteurs. On peut dire que c'est une nécessité. Il est impossible de mettre toutes les formalités sur la même ligne ; il est donc impossible que toutes entraînent la nullité. Il est tout aussi impossible de laisser sans sanction un principe aussi important que celui de la publicité des hypothèques. Toutefois la distinction consacrée par la cour de cassation est loin de lever toutes les difficultés. Comment savoir avec quelque certitude si telle formalité est substantielle ou accidentelle ? La cour elle-même varia dans l'application du principe. Notre loi hypothécaire mit fin à ces incertitudes fâcheuses, en posant comme principe que l'omission d'une formalité

---

(1) Merlin, *Répertoire*, au mot *Inscription hypothécaire*, § 5, n° 3.
(2) Merlin, *Répertoire*, au mot *Hypothèque*, sect. II, § 2, art. 10, n° 3 ; et au mot *Inscription hypothécaire*, § 5, n° 8.

dans l'inscription ne donnerait lieu à nullité que lorsqu'il en résulterait un préjudice pour les tiers. (Loi du 16 décembre 1851, art. 85.) C'est ce que le législateur devrait toujours faire ; car à lui seul il appartient d'établir des nullités. Quand il ne le fait pas, il y a nécessairement doute et incertitude sur sa pensée.

§ 4. *Effet de la nullité.*

69. Lorsque le législateur déclare un acte nul, cet acte est-il nul en vertu de la loi, ou est-il seulement annulable, c'est-à-dire faut-il que la nullité soit demandée au juge et prononcée par lui? C'est un vieil adage du droit français, que « nullités de plein droit n'ont lieu en France. » On a toujours entendu cette maxime en ce sens qu'il faut s'adresser à la justice pour obtenir l'annulation de l'acte déclaré nul. Cela est fondé en raison. Les nullités, quand même elles sont établies dans un intérêt général, concernent, dans l'application, l'intérêt privé. Il faut donc laisser à l'intérêt privé le soin de poursuivre l'annulation. Le législateur n'a aucune raison d'intervenir directement en cette matière ; son intervention pourrait, au contraire, compromettre l'intérêt des particuliers. En effet, il se peut que l'acte, quoique nul, leur soit avantageux ; le législateur, en annulant un acte que les parties voudraient maintenir, leur causerait un préjudice, sans aucun avantage pour la société. Il suffit que la loi prononce la nullité pour que l'intérêt social soit sauvegardé.

70. Il n'y a qu'une exception à cette règle dans notre législation civile, c'est celle qui se trouve dans l'article 692 du code de procédure. Dans le code civil, il n'y en a pas. On rencontre cependant parfois une expression qui semble indiquer l'intention du législateur d'annuler lui-même l'acte. L'article 502 dit que les actes passés par l'interdit, postérieurement à l'interdiction, sont nuls *de droit*. Mais cela ne veut pas dire que la nullité ne doive pas être

(1) Perrin, *Traité des nullités*, p. 132 et suiv.

demandée ; l'article 1304 prouve le contraire, et la chose n'a jamais fait de doute. Ce que la loi veut dire, c'est que le juge *doit* prononcer la nullité des actes passés par l'interdit, par cela seul qu'ils ont été faits postérieurement à l'interdiction, et sans qu'il puisse admettre la preuve que l'interdit se trouvait dans un intervalle lucide. Il y a une autre expression qui paraît au premier abord en opposition avec le principe que nous venons de formuler. Une loi française, celle du 21 mars 1831, porte, article 28 : « Toute délibération d'un conseil municipal sur des objets étrangers à ses attributions est *nulle de plein droit.* » L'intention du législateur d'annuler semble évidente. Cependant il ajoute immédiatement après : « Le préfet, en conseil de préfecture, déclarera la nullité. » Si le préfet doit la déclarer, c'est qu'elle n'existe pas par la seule disposition de la loi. La formule *de plein droit* n'est donc qu'une manière énergique de prononcer la nullité ; elle peut néanmoins induire en erreur (1), et mieux vaut ne pas l'employer dans la rédaction des lois, où tout est de rigueur.

71. La doctrine admet qu'il y a des cas où un acte est *nul*, en ce sens que la nullité ne doit pas et qu'elle ne peut pas même être demandée. Il y a des conditions requises pour qu'un acte juridique existe ; si l'une de ces conditions fait défaut, l'acte n'a pas d'existence aux yeux de la loi ; par suite, il ne produit aucun effet : c'est le néant, et on ne conçoit certes pas qu'il faille ou que l'on puisse demander la nullité du néant. La langue française n'a pas de mot spécial pour distinguer ces actes des actes annulables ; elle les appelle aussi *nuls* (art. 1601). Ce mot a donc deux significations : d'ordinaire il indique un acte annulable, et parfois un acte qui n'a pas d'existence juridique. Il y a des auteurs qui appellent ce dernier *non existant* ou *inexistant* ; le terme est plus expressif, mais il n'est pas français. Nous ne faisons qu'indiquer la distinction : ce n'est pas ici le lieu de la développer (2).

---

(1) Voyez les titres *du Mariage, de l'Adoption* et *des Obligations.*
(2) Dans le langage du code, elle signifie ce qui se fait sans l'intervention du juge (1290, 1184, 2e alinéa).

72. La nullité devant être prononcée par le juge, il importe de savoir qui a le droit de la demander. On pourrait croire que, lorsque le législateur établit la nullité, il doit tenir à ce qu'elle soit prononcée. En effet, à quoi servirait la sanction, si la peine de nullité n'était pas appliquée? Partant de là, on pourrait dire que toute partie intéressée doit avoir le droit de provoquer l'annulation de l'acte : ce serait une garantie que l'acte nul sera réellement annulé. Ce principe est en effet enseigné (1). Mais en y réfléchissant, on voit que le principe repose sur une fausse base. Il suppose que la nullité est établie dans un intérêt public, de sorte que le législateur est intéressé à ce que l'annulation se fasse. Il est certain que dans ce cas la nullité étant d'ordre public, toute partie intéressée peut s'en prévaloir. Mais il y a aussi des nullités que le législateur établit dans un intérêt privé. La société n'étant plus intéressée à ce qu'il y ait annulation, il n'y a pas de raison de mettre tous les intérêts en mouvement. Il faut, au contraire, limiter le droit à ceux dans l'intérêt de qui la loi a prononcé la nullité. Elle peut être établie au profit de l'une des parties seulement : telles sont les nullités résultant des vices du consentement (art. 1117) et de l'incapacité des parties contractantes (art. 1125). Ces nullités sont relatives par leur nature même. Il y a d'autres nullités qui sont introduites dans l'intérêt des deux parties contractantes : telle est la nullité du payement, quand le débiteur n'est pas propriétaire de la chose qu'il paye (art. 1238) ; on les appelle absolues pour marquer qu'à la différence des nullités relatives, elles peuvent être invoquées par toutes les parties intéressées. Ces principes résultent de la nature même des diverses nullités. Mais l'application n'en est pas toujours facile. A quel caractère reconnaît-on les nullités absolues et les nullités relatives? Il faut voir les motifs pour lesquels le législateur les a établies. Est-ce un motif d'intérêt général, alors il n'y a plus de doute. Est-ce dans l'intérêt des parties, il faut voir si le législateur a eu en vue l'avantage de l'une des parties ou l'avan-

---

(1) Solon, *Traité des nullités*, chap. IX, p. 108.

tage de toutes les parties contractantes. Nous renvoyons les applications aux diverses matières dans lesquelles la difficulté se présente.

---*※*---

CHAPITRE III.

DE L'EFFET DES LOIS QUANT AUX PERSONNES ET QUANT AUX BIENS.

---

§ 1er. *Principes généraux.*

73. La loi s'adresse-t-elle à tous les habitants du territoire sur lequel s'étend la souveraineté de la nation dont le législateur est l'organe? La loi doit-elle recevoir son application aux étrangers aussi bien qu'aux indigènes? Quand la loi de l'étranger est en conflit avec celle du pays où il réside, laquelle faut-il appliquer? Doit-on tenir compte de la nature des biens, meubles ou immeubles? Les mêmes questions se présentent quand un Français réside à l'étranger : s'il y fait des actes juridiques, par quelle loi seront-ils régis? par la loi française ou par la loi étrangère? Le code ne donne qu'une réponse incomplète à ces questions. De là des difficultés inextricables. L'interprète devient législateur, ce qui conduit à autant de théories qu'il y a de jurisconsultes. C'est pour cela que nous commençons par l'exposé des principes généraux, tels qu'ils sont formulés dans nos textes.

74. Il va sans dire que la loi est faite pour les indigènes. Elle les régit dans toutes leurs relations juridiques. Mais continue-t-elle à les régir quand ils vont résider à l'étranger? Nous supposons qu'ils conservent leur nationalité, qu'ils restent Français. L'article 3 du code civil répond que « les lois concernant l'état et la capacité des personnes régissent les Français, même résidant en pays étranger. » On appelle ces lois *personnelles*, parce qu'elles sont attachées à la personne ; le Français ne peut s'y soustraire en quittant sa patrie. S'il est mineur d'après le code, il restera mineur à l'étranger et partant incapable. Quel est le fondement de la personnalité des lois qui règlent l'état des personnes et leur capacité? Portalis, dans le second exposé des motifs du titre préliminaire, ne donne qu'une raison : « Un Français, dit-il, ne peut faire fraude aux lois de son pays pour aller contracter mariage en pays étranger, sans le consentement de ses père et mère, avant l'âge de vingt-cinq ans. Nous citons cet exemple entre mille autres pareils pour donner une idée de l'étendue et de la force des lois personnelles. » Portalis ajoute que les peuples ont aujourd'hui plus de rapports entre eux qu'ils n'en avaient autrefois. Il en conclut qu'il est plus important qu'il ne l'a jamais été de fixer la maxime que, dans tout ce qui regarde l'état et la capacité de la personne, le Français, quelque part qu'il soit, continue d'être régi par la loi française (1).

Il y a une raison plus profonde de la personnalité de ces lois. Elles sont attachées à la qualité de Français. Portalis en fait la remarque : « Il suffit d'être Français pour être régi par la loi française dans tout ce qui regarde l'état de la personne. » La personnalité tient donc à la nationalité, c'est une question de race. Nos ancêtres, les Barbares, étaient régis, en toutes choses, par la loi de leur tribu ; ils l'emportaient avec eux partout où ils allaient. Aujourd'hui il n'y a plus que certaines lois qui soient personnelles, en ce sens qu'elles accompagnent la personne et ne la quittent pas aussi longtemps qu'elle conserve la nationalité d'où elles dérivent. En effet, les lois dites personnelles découlent de la nationalité. Ce sont les mille éléments physiques, intellectuels, moraux, politiques, constitutifs de la nationalité, qui déterminent aussi l'état

_____

(1) Portalis, Exposé des motifs, fait dans la séance du Corps législatif du 4 ventôse an XI (Locré, t. Ier, p. 304).

des personnes et leur capacité ou leur incapacité. Pourquoi, dans les pays du midi, le mariage est-il permis à douze ans, tandis que l'époque où l'on peut se marier est reculée à mesure que l'on approche du nord? Question de climat ; or, le climat joue un grand rôle dans la formation des nationalités et dans les caractères qui les distinguent. Même question et même réponse pour l'âge de la majorité, sauf qu'ici les mœurs politiques exercent autant d'influence que les causes physiques. Puisque les lois personnelles sont l'expression de la nationalité, il est naturel qu'elles suivent le Français à l'étranger ; elles font partie de son individualité, elles sont entrées en quelque sorte dans son sang : comment pourrait-il s'en affranchir (1)? Il ne le peut qu'en changeant de nationalité, mais alors elle se soumet à une nouvelle loi personnelle.

75. En quel sens les lois personnelles suivent-elles la personne à l'étranger? Portalis suppose qu'un Français contracte mariage en pays étranger ; les lois qui régissent le mariage sont des lois personnelles ; donc le Français y reste soumis, n'importe où il se marie. Il se marie, âgé de vingt et un ans, en Angleterre ; les lois anglaises permettent le mariage à cet âge sans le consentement des parents, tandis que le code ne le permet qu'à vingt-cinq ans. Le Français ne pourra se marier en Angleterre, avant l'âge de vingt-cinq ans, sans le consentement de ses père et mère. S'il se mariait avant cet âge, sans avoir obtenu le consentement de ses ascendants, son mariage n'aurait aucune valeur en France. Voilà une première conséquence de la personnalité des lois, qui est évidente. Mais on demande si les magistrats anglais peuvent célébrer le mariage d'un Français qui est incapable de se marier d'après les lois françaises? Il est certain que le législateur français ne peut pas commander ni défendre aux magistrats étrangers. Les lois personnelles, pas plus que les autres lois, n'ont de force coactive en dehors du territoire sur lequel

---

(1) La cour de Bruxelles a jugé, et avec raison, que l'on ne peut pas renoncer à son statut personnel : une pareille renonciation serait évidemment nulle, en vertu de l'art. 6 du code civil. (Arrêt du 29 juillet 1865, dans la *Pasicrisie*, 1866, 2, 57).

s'étend la souveraineté du législateur. A la rigueur donc, les magistrats anglais pourraient ne tenir aucun compte des lois françaises qui règlent l'état et la capacité des Français. A la rigueur, les lois anglaises pourraient permettre le mariage des Français âgés de vingt et un ans, sans le consentement de leurs père et mère. Tel est le droit strict qui découle de la souveraineté absolue de chaque nation, dans les limites de son territoire. Cependant, de fait, le principe des lois personnelles est admis dans la plupart des Etats. Ils ne le font pas, parce qu'ils y sont forcés; ils le font, disent les auteurs, par condescendance, par courtoisie (1). Ne serait-il pas plus vrai de dire qu'ils le font par nécessité, parce qu'ils y sont intéressés? S'ils veulent qu'à l'étranger on respecte les lois personnelles qui régissent leur nation, il faut qu'ils témoignent le même respect aux lois personnelles des autres Etats; car l'égalité règne entre nations : ce que l'une n'accorde pas, l'autre le refusera. Toutes étant intéressées à ce que le principe des lois personnelles soit admis, ce principe devient une règle de leurs relations; ce qui n'était que *courtoisie* ou *nécessité*, finit par être *un droit*.

76. Le code civil, en disant que les lois personnelles régissent les Français même résidant en pays étranger, entend-il limiter à ces lois l'empire que le législateur exerce sur les Français qui résident à l'étranger? Non, car le même article 3 porte que les immeubles, même possédés par des étrangers, sont régis par la loi française. Ce principe s'applique sans aucun doute aux Français qui habitent un pays étranger, et qui possèdent des immeubles en France. Le Français reste donc soumis aux lois de son pays pour tous ses droits immobiliers, quand ses immeubles y sont situés. Là ne s'arrête pas l'empire des lois françaises sur les Français qui résident à l'étranger. L'article 999 dit qu'un Français qui se trouvera en pays étranger pourra faire ses dispositions testamentaires par acte sous signature privée, ainsi qu'il est prescrit en l'ar-

---

(1) Fœlix, *Traité du droit international privé*, p. 18 et suiv. ; Valette sur Proudhon, *Traité sur l'état des personnes*, t. Ier, p. 79.

ticle 970, donc d'après les lois françaises. Et ce que le
code dit du testament sous signature privée, s'applique,
analogie, à tous les actes sous seing privé. La loi ne dit
rien du fond des dispositions. Nous dirons plus loin que la
doctrine étend au fond ce que l'article 999 dit de la forme,
c'est-à-dire que les conventions que des Français font à
l'étranger sont régies par la loi française. Le principe des
lois personnelles est donc plus étendu qu'on ne le croit
d'ordinaire ; on peut dire qu'*il embrasse toutes les relations
juridiques des Français, en tant qu'elles sont de droit privé.*

77. Est-ce aussi la loi française qui régit les étrangers
résidant en France ? L'article 3 les soumet à la loi française pour deux espèces de lois. D'abord les lois de police
et de sûreté obligent les étrangers aussi bien que les Français. Portalis a très-bien expliqué les motifs sur lesquels
ce principe est fondé. Chaque Etat a le droit et le devoir
de veiller à sa conservation. Or, comment un Etat pourrait-il se conserver et se maintenir, s'il y avait dans son
sein des hommes qui pussent impunément enfreindre sa
police et troubler sa tranquillité ? L'étranger ne peut pas se
plaindre de ce qu'on lui applique les lois pénales ; dès qu'il
met le pied sur le sol français, il est protégé par ces lois,
et dans sa personne et dans ses biens : il doit donc les respecter à son tour (1). Il ne peut pas prétendre que les
délits qu'il commet en France doivent être punis par la
loi de son pays. La personnalité des lois germaniques
allait jusque-là, mais c'était placer l'individu au-dessus de
l'Etat ; quand il s'agit de sa sûreté et de sa tranquillité,
c'est à chaque Etat à prescrire les mesures qu'il juge
nécessaire pour sa conservation ; le droit de l'Etat, en cette
matière, domine nécessairement celui des individus. Il n'a
pas à s'enquérir à quelle nation appartiennent ceux qui
troublent sa tranquillité et qui compromettent sa sûreté
par des actes illicites ; car la nationalité n'a rien de commun avec les délits : dès que l'ordre public est lésé, il faut
que la loi pénale reçoive son application, sans qu'il y ait à
distinguer entre l'étranger et l'indigène.

(1) Portalis, second Exposé des motifs du titre préliminaire (Locré,
t. Iᵉʳ, p. 304 et suiv.).

78. L'article 3 dit encore que les étrangers, résidant ou non en France, sont régis par la loi française, en ce qui concerne les immeubles qu'ils y possèdent. On appelle *réelles* les lois qui régissent les immeubles. Le code pose le principe que les lois réelles reçoivent leur application à tous ceux qui possèdent des immeubles situés en France, qu'ils soient étrangers ou Français. Pourquoi la loi de la situation des biens l'emporte-t-elle sur la loi de la personne? Portalis invoque la souveraineté. Le souverain, dit-il, a le *domaine éminent*, ce qui veut dire, non que chaque Etat a un droit de propriété sur tous les biens de son territoire, mais que la puissance publique a le droit de régler la disposition des biens par des lois civiles, de lever sur ces biens des impôts proportionnés aux besoins publics, et de disposer de ces mêmes biens pour cause d'utilité publique. Dès qu'il y a un intérêt général en cause, on conçoit que la loi étende son empire sur toutes les parties du territoire. Il est plus difficile de comprendre pourquoi la loi du lieu où les biens sont situés en doit régler nécessairement la disposition, alors qu'il n'y a que des intérêts privés en jeu. Portalis insiste sur l'indivisibilité de la puissance souveraine. Il est de l'essence de la souveraineté d'être indivisible; elle doit s'étendre sur tout le territoire, comme elle s'étend sur toutes les personnes qui l'habitent. La souveraineté ne serait plus entière, elle serait divisée, si une partie du territoire était soumise à des lois étrangères. Puisque l'ensemble des immeubles forme le territoire public d'un peuple, il faut qu'ils soient régis exclusivement par les lois de ce peuple, alors même qu'une partie des immeubles seraient possédés par des étrangers. En un mot, la réalité des lois est une émanation de la souveraineté; les particuliers qui possèdent des immeubles ne peuvent pas opposer au législateur leur qualité d'étranger, et demander que leurs biens soient soumis à leur loi personnelle; car tous ces biens réunis forment le territoire de l'Etat, et relativement aux nations étrangères, ce territoire doit être un seul tout régi par le souverain ou l'Etat.

Nous exposons les raisons du principe formulé par

l'article 3, telles que Portalis les a expliquées, sans entendre les approuver. Plus loin, nous y reviendrons. Pour le moment, nous recueillons les textes avec leurs motifs. Il y a donc des *lois réelles*, comme il y a des *lois personnelles;* elles ont un caractère tout différent. Celles qui régissent la personne sont toujours les mêmes, elles ne changent pas selon que la personne habite tel pays ou tel autre, elles la suivent depuis sa naissance jusqu'à sa mort, partout où elle réside. Tandis que les lois réelles varient selon les lieux où les biens sont situés; celui qui possède des biens dans trois ou quatre pays différents sera soumis, quant à ces biens, à trois ou quatre lois différentes, contraires. Cette opposition entre les lois réelles et la loi personnelle est la source des difficultés parfois inextricables que présente cette matière. Un Français est régi par la loi française pour son état et sa capacité : il est régi par la loi belge, par la loi anglaise, par la loi espagnole pour les biens qu'il possède en Belgique, en Angleterre, en Espagne. Mais la personne a un lien intime avec les biens : quand dans un fait juridique la personne et les biens sont en cause, quelle loi appliquera-t-on? la loi personnelle ou la loi réelle? Avant de répondre à cette question, il nous faut compléter l'exposé des principes posés par le code sur les étrangers.

79. L'article 3 parle des lois auxquelles les étrangers sont soumis; il ne dit rien des droits dont ils jouissent. Ces deux questions sont connexes et néanmoins très-distinctes. L'article 11 pose le principe que l'étranger jouit en France des mêmes droits civils que ceux qui sont ou seront accordés aux Français par les traités de la nation à laquelle cet étranger appartient. Prise à la lettre, cette disposition signifie qu'en l'absence de traités, l'étranger ne jouit pas des droits civils en France. Nous dirons plus loin qu'il y a une interprétation plus favorable : toujours est-il que, dans le système du code, il y a des droits civils dont l'étranger n'a pas la jouissance.

Nous disons qu'il y a un lien entre le principe qui régit les droits civils dont l'étranger jouit et le principe de la loi personnelle ou réelle qui régit les droits qu'il exerce.

En effet, avant de s'enquérir de la loi qui règle l'exercice d'un droit, il faut voir si le droit existe. S'il y a des droits dont l'étranger est exclu, il est inutile de rechercher par quelle loi ces droits sont réglés, si c'est par la loi française ou par la loi étrangère; disons mieux, la question ne peut pas même être agitée. Ainsi, supposons que l'étranger n'ait pas d'hypothèque légale en France, à quoi bon, en ce cas, examiner si la loi qui établit l'hypothèque est une loi réelle ou une loi personnelle? Si, comme dans les temps primitifs, l'étranger était sans droit, la question de la réalité ou de la personnalité des lois n'aurait pas même pu naître (1).

Tel est lien qui unit les deux principes; mais il y a aussi des différences considérables. L'article 11 ne concerne que les droits civils, c'est-à-dire les droits que le législateur a établis pour les Français, à l'exclusion des étrangers; il ne s'applique pas aux droits naturels, tels que le droit de contracter. L'article 3, au contraire, est général; il s'applique à toute espèce de droits. S'agit-il de droits naturels, l'étranger en jouit toujours; reste à savoir si ces droits sont régis par la loi française ou par la loi étrangère : c'est l'objet de l'article 3. Quant aux droits civils, l'article 3 n'est applicable que si l'étranger en a la jouissance. Il ne jouissait pas du droit de disposer et de recevoir à titre gratuit sous l'empire du code; dès lors la question de la réalité ou de la personnalité des lois qui régissent les donations, les testaments et les successions ne pouvait pas se présenter. Des lois postérieures au code ont accordé le droit héréditaire à l'étranger; dès lors il faut examiner par quelle loi l'exercice de ce droit est réglé.

80. Il y a encore un principe en cette matière qui est commun aux étrangers et aux Français. C'est un vieil adage que les formes d'un acte sont déterminées par les lois du pays où l'acte est passé. Le livre préliminaire rédigé par les auteurs du code civil l'avait admis (2), et il

(1) Demangeat, dans la *Revue pratique du droit français*, t. Ier, p. 54.
(2) Titre IV, art. 6 : « La forme des actes est réglée par les lois du lieu dans lequel ils sont faits ou passés. »

était aussi consacré par le projet de code soumis au Corps législatif. Dans son exposé des motifs du titre préliminaire, Portalis le justifie par une raison de nécessité : « De nos jours, dit-il, les hommes ne sont pas toujours dans le même lieu. Les communications commerciales et industrielles entre les peuples sont multipliées et rapides : il nous a paru nécessaire de rassurer le commerce, en lui garantissant la validité des actes dans lesquels on s'était conformé aux formes reçues dans les pays où ces actes pouvaient avoir été faits ou passés (1). » Il y a nécessité de se contenter de ces formes, non-seulement parce qu'elles varient d'un pays à l'autre, mais aussi parce qu'il serait le plus souvent impossible au Français de suivre les formes de la loi française à l'étranger, comme il serait impossible de suivre en France les formes prescrites par la loi étrangère. Le législateur français a séparé la juridiction volontaire de la juridiction contentieuse, en attribuant aux notaires la rédaction de la plupart des actes qui, dans l'ancien droit, étaient de la compétence des tribunaux. En Allemagne, au contraire, la confusion des deux juridictions subsiste généralement. Ainsi les testaments se font, en justice, d'après le droit prussien, et, par-devant notaire, d'après le droit français. Vainement un Prussien voudrait-il tester en France devant un tribunal ; le juge se déclarerait incompétent ; il a donc fallu permettre au Prussien de faire son testament par-devant notaire (2). Il en est de même du Français à l'étranger. Ce que la nécessité commande, est aussi conforme à la raison. Les formes dans lesquelles les actes doivent être reçus sont celles que nous appelons *instrumentaires ;* elles ont pour objet de garantir la libre expression de la volonté des parties qui passent l'acte. Or, c'est au législateur de chaque pays à régler les formes qui lui paraissent les plus propres à atteindre ce but ; cela dépend de l'état social et politique : ici le législateur a confiance dans le

(1) Portalis, Exposé des motifs, séance du 3 frimaire an x (Locré, t. Ier, p. 235, n° 4).
(2) Savigny, *Traité de droit romain,* traduit par Guenoux, t. VIII, p. 345.

témoignage des hommes, là il s'en défie ; ici la loi prescrit telles conditions pour être témoin, là telles autres. Quand les formes légales ont été observées, il est à présumer que l'acte sera la libre expression de la volonté des parties : dès lors il doit valoir partout.

Pourquoi ce principe, formulé dans le projet, n'a-t-il pas été admis dans le code? Le Tribunat fit des objections, très-peu fondées, il faut le dire. Cette maxime n'a jamais été contestée, disait-il; mais la rédaction pourrait être meilleure. Le texte du projet ne faisait que reproduire l'adage latin : *locus regit actum*. Cette règle comporte des exceptions ; pour mieux dire, il y a des formes auxquelles elle ne s'applique pas. Validera-t-elle, demandait le Tribunat, le mariage qu'un mineur irait contracter, sans le consentement de son père, dans les pays italiques régis par le concile de Trente? Non, certes, répondait Portalis, et par une raison très-simple, c'est que le consentement n'est pas une forme, mais une condition du mariage : il n'y a que la forme dans laquelle le consentement se donne qui soit régie par la loi du pays où le mariage est célébré; quant aux conditions requises pour la validité du mariage, telles que le consentement, elles tiennent à l'état des personnes, elles sont donc régies par la loi personnelle. La réponse était décisive. Néanmoins dans le dernier projet soumis au Corps législatif, l'article fut retranché. Est-ce à dire que l'adage ne soit pas reçu en droit français? Le Tribunat lui-même avouait que c'était une maxime incontestée ; et le code l'a consacrée dans plusieurs dispositions (art. 47, 170, 999) (1).

81. Nous venons de résumer les principes établis par le code civil sur les lois qui régissent les étrangers. Ils sont loin d'être complets. Quelle est la loi qui régit l'état de l'étranger et sa capacité? est-ce la loi française ou la loi étrangère? Le code ne le dit pas. Quelle est la loi qui régit les biens meubles que l'étranger possède en France? Le code ne donne pas de réponse directe à cette question. De là une grande diversité d'opinions, et

---

(1) Merlin, *Répertoire,* au mot *Loi,* § 6, nos 7 et 8.

parmi les auteurs, et dans la jurisprudence. Ce n'est pas
seulement le silence du code qui a donné lieu à des
controverses interminables. L'incertitude est tout aussi
grande quand il s'agit d'appliquer les principes posés par
l'article 3. Ce sont des principes traditionnels ; le code les
a empruntés à l'ancien droit. On appelait autrefois *statuts
personnels et réels* ce que l'on appelle aujourd'hui *lois personnelles et réelles*. La distinction est née de la diversité
infinie des coutumes. Beaumanoir dit dans le *Prologue*
des anciens usages de Beauvoisis : « Les coutumes sont si
diverses, que l'on ne pourrait pas trouver, au royaume de
France, deux châtellenies qui de tout cas usassent d'une
même coutume. » Il en était de même dans tous les
pays régis par le droit coutumier. En Allemagne, la
diversité dépassait tout ce que l'on peut imaginer. A Bres-
lau, il y avait cinq lois différentes sur le droit de succession ; souvent le droit variait d'une maison à l'autre : chose
prodigieuse ! telle maison, placée sur la limite de deux
juridictions, était régie par deux lois différentes (1).
Ces coutumes locales régissaient des voisins, des conci-
toyens ; quelle loi fallait-il appliquer à leurs relations :
le statut qui régissait la personne à raison de sa naissance ou de son domicile, ou le statut qui régissait les
biens à raison de leur situation ? La réponse à cette question ne fut pas toujours la même aux diverses époques du
droit. Au dix-huitième siècle, la distinction des statuts
personnels et réels avait reçu tout son développement.
Est-ce à dire qu'il y avait une doctrine arrêtée, certaine ?

D'Aguesseau, l'illustre chancelier, formula la distinction des statuts en ces termes : « Le véritable principe,
en cette matière, est qu'il faut distinguer si le statut a
directement les biens pour objet, ou leur application à
certaines personnes, ou leur conservation dans les familles, en sorte que ce ne soit pas l'intérêt de la personne
dont on examine les droits ou les dispositions, mais l'intérêt d'un autre dont il s'agit d'assurer la propriété ou les
droits réels, qui ait donné lieu de faire la loi ; ou si, au

(1) Savigny, *Traité de droit romain*, t. VIII, p. 23, note *c*.

contraire, toute l'attention de la loi s'est portée vers la personne pour décider, en général, de son habileté ou de sa capacité générale et absolue, comme lorsqu'il s'agit de mineurs ou de majeurs, de père ou de fils légitime ou illégitime, d'habile ou inhabile à contracter pour des causes personnelles. Dans le premier cas, le statut est réel ; dans le second, il est personnel (1). »

Le principe paraît clair et simple. Cependant dans l'ancien droit les jurisconsultes ne s'accordaient que sur un point, la difficulté, disons mieux, l'impossibilité contre laquelle ils se heurtaient quand ils voulaient l'appliquer. Voet dit que les controverses sur la réalité et la personnalité des statuts sont presque insolubles (2). Le président Bouhier, esprit très-net, déclare « qu'il n'y a pas de questions plus intriguées et plus épineuses (3). » L'embarras de Froland, qui a écrit d'excellents mémoires sur la matière, est presque comique. « J'avouerai de bonne foi, dit-il, que je m'y suis trompé fort souvent, malgré toutes mes attentions. On s'imagine être fort habile et avoir découvert le mystère, quand on sait que le statut *réel* est celui qui regarde le fond, que le statut *personnel* est celui qui regarde la personne, et cependant avec toutes ces définitions on est encore à l'alphabet et l'on sait très-peu de chose, parce que tout le point de la difficulté consiste à découvrir et à distinguer nettement quand le statut regarde uniquement le fond ou la personne. J'ai vu bien des fois nos plus excellents génies fort embarrassés à faire ce discernement (4). »

Froland n'exagère point. La science du droit ne compte pas de nom plus grand que celui de Charles Dumoulin. On le célébrait comme l'oracle du droit coutumier ; lui, le premier, avait posé un principe juridique qui servait à

---

(1) D'Aguesseau, 54ᵉ plaidoyer (Œuvres, t. IV, édition in-4º, p. 639 et suiv., 660).

(2) « Intricatissimæ ac prope inexplicabiles controversiæ » (Voet, *ad Pandect.*, lib. I, tit. IV, pars II, nº 1).

(3) Bouhier, Observations sur la coutume du duché de Bourgogne, chapitre XXIII (Œuvres, t. Iᵉʳ, p. 654).

(4) *Mémoires concernant la nature et la qualité des statuts,* par Froland, t. Iᵉʳ, p. 13 et suiv.

distinguer les statuts personnels et réels, en insistant sur l'objet principal qu'ils avaient en vue : eh bien, telle est l'insurmontable difficulté de cette matière, qu'on l'accusait de s'être trompé dans l'application. Un jurisconsulte dont l'autorité est grande lui fit une rude guerre ; là où Dumoulin voyait un statut personnel, d'Argentré apercevait un statut réel. Il va sans dire que la jurisprudence était divisée aussi bien que la doctrine (1).

82. Le code a mis fin, en bien des matières, aux controverses et aux incertitudes de l'ancien droit. Il s'est borné, quant aux statuts, à reproduire la théorie traditionnelle : il n'y a que cette différence que les questions qui s'agitaient autrefois entre les diverses coutumes, entre habitants d'un même pays, ne se présentent plus, depuis l'abrogation des coutumes, qu'entre Français et étrangers. Mais les relations internationales, en prenant tous les jours plus d'extension, multiplient les difficultés. Le code ayant maintenu l'ancienne doctrine, ce sont les anciens principes que l'on invoque pour les résoudre. Un arrêt de la cour de cassation du 27 février 1817 reproduit textuellement la distinction enseignée par d'Aguesseau, et Merlin a suivi pas à pas les principes posés par nos anciens jurisconsultes et formulés au dix-huitième siècle par Bouhier, Boullenois et Froland (2). Un auteur moderne, qui a écrit un traité sur les statuts, lui en fait de vifs reproches. « Il me semble voir, dit Mailher de Chassat, d'habiles maîtres dans l'art de l'escrime commencer par se bander les yeux, se livrer ensuite les plus rudes assauts, et, aidés d'une certaine industrie résultant de l'habitude et de l'instinct, se rencontrer quelquefois (3). »

Soyons plus respectueux pour nos maîtres et avouons que ce n'est pas à eux qu'il faut s'en prendre si les plus grands n'aboutissent qu'à l'incertitude. Il est certain que Merlin s'est trompé, car sur plusieurs questions il a changé d'avis, considérant un seul et même statut tantôt comme

---

(1) Froland, *Mémoires*, t. Ier, p. 82 et suiv., 26 et suiv.
(2) Merlin, *Répertoire*, au mot *Testament*, sect. I, § 5, art. 1er, et au mot *Majorité*, § 5.
(3) Mailher de Chassat, *Traité des statuts*, p. 33.

personnel, tantôt comme réel. Mais à qui la faute? On lit dans un Recueil qui s'attache à résumer les doctrines dominantes, en s'appuyant sur la jurisprudence : « Une théorie absolue nous paraît *impossible* en ce point. Les auteurs qui en ont fait l'essai n'ont pu s'entendre, quand il s'est agi de considérer séparément et de qualifier chaque statut particulier (1). » Cet aveu d'impuissance est caractéristique. Il n'y a pas de matière, quelque épineuse qu'elle soit, qui n'ait des principes certains. Comment se fait-il qu'après un travail séculaire, la science déclare qu'il lui est impossible d'arriver à une théorie certaine sur les statuts? Un ancien, et un des meilleurs, s'étonne de l'incertitude qui régnait dans la doctrine. « Il est bien étrange, dit Bouhier, que dans un siècle aussi éclairé que le nôtre, les bons esprits ne puissent démêler la vérité de l'erreur (2) ! » Nous croyons qu'il n'y a qu'une réponse à faire à ces perplexités, c'est qu'il doit y avoir un vice dans les principes que l'on considère comme vrais. S'ils l'étaient réellement, concevrait-on que des jurisconsultes éminents, tels que Dumoulin et Merlin, se soient trompés en les appliquant? Ces défaillances singulières autorisent au moins le doute. Nous commencerons par exposer les opinions contraires qui se sont fait jour dans la doctrine et dans la jurisprudence. Après cela, nous exposerons nos objections et nos scrupules sur les principes traditionnels consacrés par le code civil.

§ 2. *Des lois personnelles.*

83. L'article 3 du code porte que les lois concernant l'état et la capacité des personnes régissent les Français même résidant en pays étranger. On demande s'il en est de même des lois qui règlent l'état et la capacité des étrangers dans le pays auquel ils appartiennent; suivent-elles aussi l'étranger en France? Merlin répond sans hésiter que l'étranger a son statut personnel, comme le Français

(1) Dalloz, *Répertoire,* au mot *Lois,* n° 387.
(2) Bouhier, Observations sur la coutume de Bourgogne, chap. XXX, nos 14 et 15.

a le sien, et que l'on doit admettre pour l'étranger le même principe que pour le Français, à titre de réciprocité, dit-il. Ne vaudrait-il pas mieux dire par raison d'analogie? Là où il y a même raison de décider, la décision doit être la même. Or, il y a identité absolue entre la position de l'étranger en France et la position du Français à l'étranger. Une chose toutefois est singulière : c'est que le législateur décide par quelle loi le Français sera régi à l'étranger, ce qu'il ne lui appartient pas de faire d'une manière absolue, tandis qu'il ne dit rien de la loi qui régira l'étranger en France, ce qu'il avait le droit de faire et ce qu'il aurait dû faire, ne fût-ce que pour se concilier la faveur des nations étrangères, en leur donnant l'exemple de cette courtoisie internationale sur laquelle repose la théorie des statuts personnels. Les travaux préparatoires du code nous apprendront comment on est arrivé à la rédaction actuelle de l'article 3.

Le livre préliminaire, rédigé par la commission, semblait rejeter le statut personnel pour l'étranger résidant en France. Il portait : « La loi oblige indistinctement ceux qui habitent le territoire; l'étranger y est soumis pour les biens qu'il y possède, et pour sa personne pendant sa résidence. » Venait ensuite un article qui établissait le statut personnel pour le Français résidant en pays étranger (1). Au conseil d'Etat, Tronchet critiqua cette rédaction; il dit que l'étranger n'est pas soumis aux lois civiles qui règlent l'état des personnes. Néanmoins on se borna à retrancher le mot *indistinctement*. Dans son premier exposé des motifs du titre préliminaire, Portalis paraissait maintenir le principe qui soumettait l'étranger en tout à la loi française. « La loi, dit-il, oblige tous ceux qui vivent sous son empire. Habiter le territoire, c'est se soumettre à la souveraineté. » N'était-ce pas déclarer que toutes les lois françaises formaient un statut réel pour l'étranger? Plus tard, le Tribunat proposa la rédaction qui a passé dans l'article 3 : la disposition qui

(1) Livre préliminaire, tit. IV, art. 4 et 5 (Lerminier, *Introduction à l'histoire du droit*, chap. XX).

avait soulevé l'objection de Tronchet fut retranchée (1).

84. Faut-il conclure de là que le législateur a entendu mettre l'étranger sur la même ligne que le Français en ce qui concerne le statut personnel? Les auteurs et la jurisprudence sont divisés. L'opinion la plus suivie, et qui est certainement la plus juridique, applique à l'étranger le principe de l'article 3 (2). Toutefois le silence du code laisse subsister quelque doute. On s'en est prévalu pour soutenir que la doctrine, n'étant pas liée par un texte, avait une certaine latitude en cette matière. M. Valette a proposé un système intermédiaire entre le statut personnel et le statut réel. Il admet comme règle générale que l'étranger est régi par la loi personnelle de son pays; mais il y fait deux exceptions; la première détruit pour ainsi dire son principe : la loi étrangère cesserait d'être applicable aussi souvent que le Français qui traite avec l'étranger y aurait un intérêt. Ainsi l'étranger, mineur d'après sa loi personnelle, sera majeur d'après la loi française, s'il a vingt et un ans : on lui appliquera le code civil et on le considérera comme majeur. M. Valette dit qu'il n'y aurait plus de sécurité pour les Français qui contractent avec un étranger, si celui-ci, âgé de plus de vingt et un ans, pouvait se faire restituer contre ses engagements, en alléguant qu'il est mineur d'après la loi de son pays. Il y a des arrêts en ce sens (3).

Cette opinion a trouvé faveur en France (4). Nous doutons qu'elle soit bien accueillie à l'étranger. Le silence du code civil ne peut pas avoir pour conséquence de changer la nature des principes, en leur donnant une plus grande élasticité. Il y a deux principes en présence, entre lesquels il faut choisir : c'est ou la loi personnelle de l'étranger, qui régit son état et sa capacité, ou c'est la loi française; mais on ne conçoit pas que ce soit tantôt l'une, tantôt l'autre. Dans le silence du code, le juge ne jouit pas d'une entière

(1) Locré, t. Ier, p. 228; Fœlix, *Traité du droit international privé*, p. 44.
(2) Voyez les auteurs et les arrêts cités par Fœlix, p. 45. Il y faut ajouter Marcadé, sur l'article 3, n° 5, p. 44.
(3) Valette sur Proudhon, *Traité sur l'état des personnes*, t. Ier, p. 85 et suiv.
(4) Elle est suivie par Demolombe, *Cours de code Napoléon*, t. Ier, p. 113, n° 98, et par Dalloz, *Répertoire*, au mot *Lois*, n° 385.

liberté, il est lié par les règles de droit. Or, il y a une règle élémentaire qui lui commande d'appliquer les dispositions de la loi par voie d'analogie, alors qu'il y a même raison de décider. Dans l'espèce, il y a plus qu'analogie, il y a identité. Il y a des lois personnelles par leur nature, et la nature des lois ne change point selon que c'est un Français ou un Anglais qui est en cause. Sans doute, le législateur pourrait sanctionner le système de M. Valette; sa mission est de veiller à l'intérêt des citoyens, et en cas de conflit, il peut se décider pour l'intérêt français. Mais la mission du juge est tout autre : il n'est pas appelé à peser et à concilier des intérêts divers, il doit appliquer aux intérêts qui sont en collision une règle invariable. Il ne lui est pas permis de plier le droit selon les intérêts : ce sont, au contraire, les intérêts qui doivent plier sous le droit. La doctrine de l'intérêt français bouleverse les pouvoirs, en transformant le juge en législateur. Il faut maintenir chaque pouvoir dans les limites de ses attributions : à l'un il appartient de régler les intérêts, à l'autre de décider selon le droit.

85. M. Valette admet une seconde exception à la loi personnelle. Si l'état que l'étranger a en vertu des lois de son pays, est contraire à l'ordre public tel qu'il est réglé par la loi française, c'est la loi française qui prévaudra. L'exception est juridique, mais elle nous semble mal formulée. Il faut s'entendre sur le sens de l'expression *ordre public;* elle s'applique d'ordinaire aux lois qui concernent l'état et la capacité des personnes. Prise dans ce sens, l'exception détruirait la règle, car elle aboutirait à dire que les lois françaises doivent recevoir leur application à l'étranger dès qu'elles sont en opposition avec la loi personnelle de l'étranger : ne serait-ce pas nier le statut personnel? Il faut restreindre l'exception et la limiter aux lois qui découlent du droit public ou qui intéressent les bonnes mœurs. Telles sont les lois pénales qui considèrent la polygamie comme un délit; il est évident que le législateur ne peut pas permettre à l'étranger de commettre un délit, sous le prétexte que ce délit est pour lui l'exercice d'un droit, d'après les lois de son pays. Telles sont encore les lois politiques qui concernent l'état des personnes. La liberté est le principe fondamental de notre ordre social. Donc le législateur ne peut pas permettre à un étranger d'y porter atteinte, en invoquant son statut personnel. Cette exception que reçoit le statut personnel résulte du texte même du code qui établit le principe des lois personnelles : l'article 3 soumet, en effet, l'étranger aux lois de police et de sûreté (1).

86. Merlin demande si le Français qui a perdu sa nationalité par l'une des causes déterminées par les articles 17, 19 et 21 reste soumis aux lois françaises concernant l'état et la capacité des personnes? Il répond : Non. L'article 3 ne parle que des Français; il ne s'applique donc pas à ceux qui abdiquent leur patrie et deviennent étrangers (2). La solution est évidente. Quel sera le statut personnel du Français devenu étranger? Si le Français qui perd sa qualité de Français acquiert une nationalité étrangère, il n'y a pas de doute; il sera régi, quant à son état et sa capacité, par les lois de sa nouvelle patrie. Mais il arrive parfois que celui qui perd sa nationalité n'acquiert pas de nationalité nouvelle : on peut, légalement parlant, être sans patrie, étranger partout. Le Français qui accepte des fonctions publiques à l'étranger perd sa qualité de Français, et il n'acquiert pas toujours la qualité d'indigène là où il exerce ces fonctions. S'il s'établit en Belgique sans esprit de retour, il cessera d'être Français et il ne sera pas Belge. Quel sera son statut personnel? Puisqu'il n'a pas de nationalité, il ne peut pas invoquer le bénéfice des lois personnelles qui sont attachées à la nationalité. Il sera donc régi en tout par les lois du pays où il réside. En effet, la loi étend son empire sur tous ceux qui habitent le territoire. Ce principe reçoit exception pour les étrangers qui ont un statut personnel; quant à ceux qui n'en ont pas, ils restent soumis à la loi

(1) La cour de Paris a décidé que, la recherche de la paternité étant interdite par le code Napoléon, l'étranger ne peut pas, en vertu de son statut personnel, rechercher son père. (Arrêt du 2 août 1866, dans Dalloz, *Recueil*, 1867, 2, 41.) La recherche étant prohibée pour des causes de moralité, nous croyons que l'arrêt a fait une juste application des principes.
(2) Merlin, *Répertoire*, au mot *Loi*, § 6, n° 4.

du pays où ils sont établis, pour leur état comme pour toutes leurs relations juridiques.

L'article 19 donne lieu à un singulier conflit; il porte que la femme française qui épouse un étranger suit la condition de son mari. Elle devient étrangère, cela est certain. Est-ce à dire qu'elle acquiert la nationalité de son mari? Cette question ne peut pas être décidée par la loi française; ce n'est pas à elle à accorder une nationalité étrangère. Or, il se trouve qu'une Française qui épouse un Anglais ne devient pas Anglaise. Quel sera son statut personnel? M. Demangeat répond que les tribunaux français doivent la considérer comme Anglaise conformément à l'article 19; que, par suite, son état et sa capacité seront régis par la loi anglaise (1). Cela n'est pas admissible. Le code peut bien faire perdre sa nationalité à une femme française qui épouse un Anglais, mais il ne peut pas lui donner la qualité d'Anglaise. Vainement dit-on que toute personne doit avoir un statut; oui, toute personne qui a une nationalité; non, celles qui n'en ont point. Il faut appliquer le principe que nous venons de poser : la femme qui épouse un Anglais, étant étrangère partout, n'aura pas de statut personnel : son état sera régi par la loi du pays qu'elle habite.

Le conflit de nationalités donne parfois lieu à des questions plus singulières. D'après l'article 10, l'enfant né d'un Français en Angleterre est Français, tandis que, d'après les lois anglaises, ce même enfant est Anglais. Quel sera son statut personnel? Il a deux patries, il aura donc deux statuts. Cela est absurde, car il est de principe que l'on ne peut avoir plus d'une patrie. Voici cependant un cas où légalement une personne en a deux. Si la question de son statut se présente devant un tribunal anglais, on lui appliquera certainement la loi anglaise; si elle se présente devant un tribunal français, on lui appliquera l'article 3 du code civil, et par conséquent la loi française. Voilà un conflit que les lois ne peuvent pas lever, les tribunaux encore moins; il ne pourrait être vidé que par un traité.

(1) Demangeat, dans la *Revue pratique de droit français*, t. Iᵉʳ, p. 52.

Il peut se présenter un cas plus étrange. Un Français, ayant des enfants, se fait naturaliser en Espagne; il devient Espagnol, tandis que ses enfants restent Français; donc son statut personnel sera la loi espagnole, et celui de ses enfants la loi française. Mais par quelle loi sera régie la puissance paternelle? M. Demolombe veut que ce soit par la loi française, en vertu de l'article 3 (1). Mais cet article ne décide pas la question; il donne un statut aux enfants, il ne dit pas qu'en cas de conflit de ce statut avec le statut du père, le statut français l'emportera. On pourrait dire que la puissance paternelle est plutôt un devoir qu'un droit, que le véritable droit est celui des enfants à être élevés, que par suite le statut des enfants doit être suivi. Mais on répondrait que cela est vrai d'après le droit français, que cela n'est pas vrai d'après le droit romain. Et même d'après la législation française il y a des droits attachés à la puissance paternelle : le père les exercera-t-il d'après la loi française, quand il Espagnol? Le conflit, encore une fois, ne peut être vidé que par des traités.

87. Il y a un principe qui ressort de ce que nous venons de dire, c'est que le statut personnel dépend de la nationalité. De grands jurisconsultes, Merlin, Savigny, partent, au contraire, du principe que c'est la loi du domicile qui règle l'état des personnes. Cette doctrine est en opposition avec l'article 3 du code, et avec les motifs sur lesquels il est fondé. La loi parle des Français, c'est l'état des Français qui est réglé par la loi française; le statut personnel des Français est donc déterminé par leur nationalité : la perdent-ils, ils cessent par cela même d'être soumis à la loi française, quant à leur état et leur capacité; mais aussi ils y restent soumis, tant qu'ils conservent leur nationalité. Quand même ils transportent leur domicile à l'étranger, ils ne cessent pas d'être Français; et comme tels ils sont nécessairement régis par la loi française, pour leur état et leur capacité. Si Merlin suppose toujours que le statut dépend du domicile, c'est qu'il a été élevé sous l'empire de l'ancien droit français; à cette époque, la ques-

(1) Demolombe, *Cours de code Napoléon*, t. Ier, p. 123, n° 104.

tion des statuts s'agitait entre nationaux, partant le domicile était décisif. Si Savigny pose comme principe que le domicile détermine le statut, c'est qu'en Prusse il y a des lois différentes dans les diverses provinces : c'est donc un état analogue à celui de l'ancienne France. Mais quand le débat existe entre personnes de nations diverses, le domicile est indifférent, c'est la nationalité qui décide, car le statut personnel est une dépendance de la nationalité.

Les textes donnent lieu à quelques objections. On a invoqué l'article 13, qui semble assimiler l'étranger domicilié en France au Français pour la jouissance de tous les droits civils; n'est-ce pas dire que son état aussi est régi par la loi française? et l'étranger lui-même n'a-t-il pas manifesté la volonté d'être gouverné par la loi française, en demandant l'autorisation d'établir son domicile en France (1)? Non, l'article 13 est étranger à la question des statuts. Il donne à l'étranger un moyen d'acquérir la jouissance des droits civils en France : tel est son unique but. De ce que l'étranger domicilié jouit des droits civils, on ne peut pas conclure que l'exercice de tous ses droits, naturels ou civils, soit réglé par la loi française. Cette question est décidée par l'article 3, et sa solution dépend de la distinction des statuts personnels et réels. Quant à la volonté de l'étranger, elle est impuissante; aussi longtemps qu'il conserve sa nationalité, il ne peut se soustraire aux conséquences qu'elle entraîne; il n'a qu'un moyen de se dégager de ce lien, c'est d'abdiquer sa patrie.

On insiste, et l'on prétend que l'article 3 que nous invoquons décide la question contre notre opinion. Il parle du Français *résidant* à l'étranger ; il suppose donc que le Français est régi par la loi française, tant qu'il n'y a qu'une simple *résidence* : ce qui implique que s'il y acquiert un domicile, il cessera d'être soumis à la loi française. Est-ce bien là le sens du mot *résidant?* Il y a une raison bien simple pour laquelle le code civil parle du Français résidant en pays étranger : c'est qu'en général le Français,

---

(1) Demangeat, *du Statut personnel* (*Revue pratique de droit français,* t. Ier, p. 66).

alors même qu'il va s'établir ailleurs, conserve son domicile en France; la loi devait donc dire *résidant*. Il est vrai que le Français peut acquérir un domicile à l'étranger, mais il conserve néanmoins sa nationalité, et par suite sa loi nationale. Il est vrai encore que si le Français domicilié à l'étranger y contracte, si par exemple il s'y marie, ses conventions matrimoniales seront régies par la loi étrangère, de même que l'étranger domicilié en France qui s'y marie, est marié sous le régime de la communauté légale, tel qu'il est organisé par la loi française; mais cela n'a rien de commun avec le statut personnel : c'est une question d'intention, comme nous le prouverons en son lieu. Tandis que le statut personnel ne dépend nullement de la volonté des individus; ce n'est qu'indirectement qu'il est en leur pouvoir de changer de statut, en changeant de nationalité. Le domicile ne détermine le statut que quand une personne n'a plus de nationalité, qu'elle est étrangère partout : mais alors il n'est plus question de statut personnel.

88. Maintenant nous abordons les difficultés auxquelles donne lieu la distinction des statuts. Les lois qui règlent la famille sont par essence des lois personnelles. C'est donc la loi étrangère qui décidera si telles personnes sont entre elles dans des rapports de père ou de fils, légitime ou naturel; si telles autres sont époux, majeurs ou mineurs. Ce n'est pas seulement l'état qui est régi par la loi étrangère, c'est aussi la capacité; l'article 3 est formel: d'ailleurs l'état et la capacité sont inséparables. Il en est de même des droits et des obligations qui résultent de l'état; car l'état n'est rien sans les droits et les obligations qui en découlent. Cela ne fait pas de doute quand la question du statut se débat entre étrangers. Lorsqu'il y a un Français et un étranger en cause, la doctrine de l'intérêt français est invoquée pour modifier ou neutraliser les effets du statut. Nous avons repoussé cette doctrine en principe, nous repoussons aussi les applications qu'on en fait.

On demande si un étranger peut exiger des aliments d'un parent français; on suppose qu'il y aurait droit selon la loi française, mais non d'après la loi de son pays. Il n'y a pas de doute dans cette hypothèse ; l'étranger étant régi par son statut personnel, il ne peut pas réclamer des droits que ce statut ne lui donne pas. Mais que faut-il décider si le statut étranger lui donne droit aux aliments, et que la loi française le lui refuse? On décide que la loi française sera appliquée, parce que le prétendu débiteur est Français : or, celui-ci peut invoquer son statut personnel d'après lequel il ne doit pas d'aliments à son parent étranger (1). Il y a conflit entre les deux statuts; lequel doit l'emporter? A notre avis, c'est le statut qui accorde un droit à l'étranger : ce statut peut-il devenir inefficace parce que le droit est exercé en France? Alors on déroge au statut personnel, et on y déroge dans un intérêt français : or, la question des statuts n'est pas une question où s'agitent des intérêts opposés, c'est une question où des droits sont en cause ; et tout droit doit pouvoir être exercé, sinon ce n'est plus un droit. Vainement le Français dira-t-il que la loi française ne reconnaît pas le droit de l'étranger ; elle le reconnaît par cela seul qu'elle reconnaît le statut étranger ; puisqu'elle admet que l'étranger jouit d'un état à raison duquel il a un droit, elle doit aussi admettre ce droit. Il reste néanmoins quelque doute, à cause du statut personnel du débiteur. C'est encore un de ces conflits qui ne peuvent être vidés définitivement que par un traité.

89. Les lois qui concernent le mariage forment certainement un statut personnel, car elles règlent l'état des époux et cet état produit l'incapacité de la femme mariée. De là suit que la capacité requise pour contracter mariage est régie par le statut de l'étranger. La cour de Paris a fait l'application de ce principe à un cas mémorable. Un Espagnol, capucin et diacre, s'était marié avec une Française, après avoir obtenu l'autorisation de fixer son domicile en France, mais en ayant soin de cacher son état. Sa femme demanda la nullité du mariage en vertu de la loi espagnole; le tribunal de première instance rejeta la demande, mais la cour l'admit. Il ne peut y avoir de ma-

(1) Dalloz, *Répertoire*, au mot *Lois*, n° 392.

riage, dit-elle, qu'entre personnes capables de se marier;
or, cette capacité, comme tout ce qui intéresse l'état, se
règle par le statut personnel qui affecte la personne et la
suit, en quelque lieu qu'elle aille. Busqueta, capucin et
diacre, était, à ce double titre, incapable de contracter mariage ; la fuite d'un apostat sur un sol étranger pour se
soustraire aux peines que lui attiraient ses déportements,
ne peut pas lui donner une capacité que les lois de son
pays lui refusent; le décret qu'il a surpris n'a point effacé
l'incapacité inhérente à sa personne, effet inévitable de la
loi de son pays. On ne pourrait valider le mariage sans
aboutir à une conséquence monstrueuse, c'est que son
union, nulle en Espagne, serait valable en France, bien
que l'état qui le rend inhabile à se marier soit ineffaçable (1).

Il y a un arrêt en sens contraire. La cour de Caen a
jugé qu'un étranger peut valablement contracter mariage
en France, alors même qu'il serait frappé d'incapacité par
les lois de son pays, s'il est capable d'après les lois françaises (2). Nous ne pouvons tenir aucun compte de cet
arrêt, puisqu'il nie le statut personnel de l'étranger. Dès
qu'on admet qu'il y a un statut personnel, il est évident
qu'il faut y comprendre les lois qui régissent le mariage.
Nous avons cependant quelque doute sur l'application que
la cour de Paris a faite du principe de l'article 3 au moine
espagnol. Le moine est considéré comme mort civilement.
Or, la mort civile qui frappe un homme vivant, par suite
d'un vœu religieux, est contraire à la loi française qui ne
connaît plus de vœu ni d'ordres monastiques. N'est-ce pas
là une de ces règles de droit public qui font exception au
statut personnel de l'étranger? La loi espagnole peut-elle
recevoir son application en France, alors qu'elle contredit
un principe de liberté naturelle consacré par le législateur
français? Nous n'hésiterions pas à le décider ainsi d'après le
droit public belge. En effet, l'article 13 de notre constitution porte que la mort civile est abolie, et qu'elle ne peut

(1) Arrêt de la cour de Paris du 13 juin 1814 (Dalloz, *Répertoire,* au mot
Lois, n° 408).
(2) Arrêt du 16 mai 1846 (*Recueil* de Dalloz, 1847, 2, 33).

être rétablie. Cet article est placé sous le titre qui traite des Belges et de leurs droits; c'est donc un de ces principes fondamentaux qui constituent et caractérisent notre état politique. C'est dire que la loi constitutionnelle doit l'emporter sur le statut étranger, lequel établit une espèce de servitude religieuse. Si la cour de Paris ne s'est pas préoccupée de ces considérations, c'est qu'elle paraît elle-même avoir subi l'empire des préjugés nés du catholicisme : il y a, en effet, une passion religieuse dans la réprobation dont elle frappe l'*apostat* espagnol. Nous n'entendons pas excuser ses déportements, lesquels, du reste, sont étrangers à la question de droit : quant à l'apostasie, elle ne peut plus être une flétrissure là où la liberté de penser est inscrite dans la constitution; cette liberté doit être maintenue en faveur de l'étranger aussi bien que de l'indigène, car elle a autant d'importance que l'abolition de l'esclavage, la servitude de la pensée étant le pire des esclavages.

90. Il est certain que le statut personnel qui règle la capacité de se marier, reçoit exception quand il consacre un état qui est un délit d'après les lois françaises. Telle est la polygamie. Le statut personnel est annulé ici par cette règle fondamentale que proclame l'article 3, que les lois de police et de sûreté obligent tous ceux qui habitent le territoire. Toutefois le statut personnel qui permet la polygamie reprendrait son empire dans les cas où l'ordre public ne serait pas lésé par son application. Un mariage polygamique est contracté à l'étranger; il est valable d'après le statut personnel des époux; des enfants naissent de cette union, seront-ils considérés en France comme des enfants naturels, adultérins? Nous n'hésitons pas à répondre non; il n'y a plus de délit en cause, puisque le mariage a été célébré à l'étranger; il s'agit uniquement de constater l'état des enfants nés d'un mariage légal; or, cette appréciation doit se faire d'après la loi étrangère, et elle peut se faire sans préjudice aucun pour notre ordre public. En effet, le juge qui applique le statut personnel ne donne pas par là son approbation au mariage polygamique, il n'est pas plus appelé à approuver qu'à désapprouver : il applique une loi étrangère.

Le législateur français est allé plus loin. On lit dans une circulaire ministérielle du 10 mai 1824 que les étrangers qui se marient en France sont soumis, comme les sujets du roi, à la nécessité d'obtenir des dispenses, dans les cas déterminés par le code, quand même la loi de leur pays ne leur imposerait pas cette obligation. La circulaire se fonde sur ce que le mariage est régi, quant à la forme, par la loi du pays où il est célébré (1). C'est faire une fausse application de l'adage *locus regit actum*, car les dispenses concernent les conditions intrinsèques requises pour la validité du mariage, et non la forme de la célébration. Une autre circulaire, du 29 avril 1832, invoque *l'ordre public* et *les bonnes mœurs* pour soumettre les étrangers aux lois qui exigent une dispense d'âge (2). Nous ne pouvons admettre cette doctrine, que nous allons retrouver dans bien des arrêts; car elle tend à nier le statut personnel de l'étranger. Qu'entend-on, en effet, par lois personnelles? Ce sont celles qui règlent l'état et la capacité des personnes; or, ces lois sont, de leur essence, *d'ordre public* (3). Si donc on déclare toutes les lois d'ordre public applicables aux étrangers, on les soumet par cela même aux lois françaises pour ce qui concerne leur état et leur capacité, c'est-à-dire que l'on nie leur statut personnel.

91. La capacité de la femme mariée est-elle un statut personnel? Si elle est étrangère, et si elle contracte en France, sera-t-elle régie par la loi de son pays ou par la loi française? Au premier abord, on est étonné de voir la question controversée, et plus étonné encore que Merlin ait soutenu d'abord le pour, puis le contre. Si une femme française contractait à l'étranger, ne faudrait-il pas lui appliquer les articles 215 et 217 qui la frappent d'incapacité? La question ne peut pas même être posée en présence de l'article 3. Ne dit-il pas que les lois concernant l'état et la *capacité* des personnes régissent les Français résidant en pays étranger? Or, si la loi qui régit la capacité de la femme française est un statut personnel, il en doit être de

(1) Sirey, *Recueil d'arrêts*, 1829, 2, 285.
(2) Duvergier, *Collection des lois*, 1832, p. 193.
(3) Voyez plus haut, n° 47, p. 83.

même de la loi qui régit la capacité de la femme étrangère, puisqu'il s'agit d'un seul et même principe, établi
par un seul et même article, explicitement pour les Français, implicitement pour les étrangers.

Cependant dans l'ancien droit la question était très-
controversée. Merlin commença par se prononcer pour la
personnalité du statut, en appliquant le principe tel que
d'Aguesseau l'avait formulé. L'incapacité de la femme
mariée signifie qu'elle ne peut faire aucun acte juridique
sans l'autorisation de son mari. Pourquoi le législateur
exige-t-il cette autorisation? Est-ce pour conserver les
biens dans les familles? est-ce pour assurer la propriété
ou des droits réels? Non, certes. La loi déclare la femme
incapable à raison de la dépendance dans laquelle elle est
placée; l'incapacité est une suite de la puissance maritale.
Ne serait-il pas absurde que la femme fût dépendante dans
un pays, indépendante dans un autre? que la femme fût
soumise à la puissance de son mari pour tels immeubles
et qu'elle n'y fût pas soumise pour tels autres? qu'elle lui
dût plus ou moins de respect, selon qu'elle passerait telle
frontière ou telle autre (1)?

Voilà des raisons décisives pour maintenir toujours
la personnalité du statut, qui déclare la femme mariée
incapable. Pourquoi donc Merlin a-t-il changé d'avis?
Parce que le statut cède devant les lois qui sont d'ordre
public et de bonnes mœurs. Or, telle est la loi qui soumet la femme à la puissance maritale. Coquille nous le
dit : « L'interdiction de contracter durant le mariage a
son respect à ce qu'une femme mariée, par bienséance,
ne doit avoir communication avec d'autres sans le scû
et le congé de son mari, pour éviter la suspicion (2). »
Nous avons répondu d'avance à l'objection tirée de l'*ordre
public*. Quant aux *bonnes mœurs*, si elles étaient réellement intéressées à l'incapacité de la femme mariée, il
faudrait dire que l'intérêt de la moralité l'emporte sur
le statut personnel. Mais est-il bien vrai que l'incapacité

(1) Merlin, *Répertoire,* au mot *Autorisation maritale.*
(2) Coquille, sur la coutume du Nivernais, chap. XXIII. article 1er;
Merlin, *Répertoire,* au mot *Effet rétroactif,* sect. III, § 2, art. 5, n° 3.

soit établie pour un motif d'honnêteté publique? Coquille ne dit pas cela. C'est à cause du respect qu'elle doit à son mari qu'il ne convient pas qu'elle traite avec des tiers sans son autorisation; c'est donc à raison de la puissance maritale qu'elle est déclarée incapable, d'où suit que l'incapacité est d'*ordre public*, mais elle n'intéresse pas directement les *bonnes mœurs*. Ce qui le prouve encore, c'est que le code civil permet de déroger à l'incapacité de la femme mariée (223, 1536) : si les bonnes mœurs y étaient intéressées, cette dérogation ne se concevrait pas. Il s'agit donc uniquement d'une de ces lois qui règlent l'état des personnes et l'incapacité qui en résulte. Ces lois, bien qu'étant d'ordre public, forment un statut personnel.

Il y a des arrêts contraires à notre opinion. Une femme française épouse un Espagnol, elle devient Espagnole : dès lors, son état et sa capacité sont régis par la loi d'Espagne : rentrée en France, elle reste soumise au statut espagnol, qui forme son statut personnel : elle s'y oblige solidairement avec son mari. Cette obligation serait valable d'après la loi française, ainsi que l'hypothèque consentie pour la sûreté du créancier, mais elle est nulle d'après la loi espagnole, qui ne permet pas à la femme de s'obliger solidairement avec son mari. Le tribunal de la Seine annula l'obligation, en se fondant sur le statut personnel de la femme qui l'avait souscrite, mais la cour de Paris infirma le jugement; elle décida qu'il fallait apprécier la capacité de la femme espagnole d'après les lois françaises, parce que, si l'on n'admettait pas ce principe, on serait soumis à autant de lois étrangères qu'il y aurait d'étrangers possessionnés en France, ce qui serait une violation de l'article 3, lequel soumet à la loi française les immeubles possédés par les étrangers. Mais ce même article dit aussi que la capacité est régie par la loi personnelle des étrangers : il faut donc voir lequel des deux statuts est applicable; or, le statut de l'incapacité est essentiellement personnel, il doit donc recevoir son application en France. Il y aura, il est vrai, autant de lois diverses que d'étrangers; mais qu'importe? C'est la conséquence naturelle et nécessaire de la personnalité des statuts. Qu'importe encore que ces lois ne soient pas publiées en France? La cour de Paris, qui invoque ce motif, oublie qu'on applique les statuts personnels, non comme lois françaises, mais comme lois étrangères; il suffit donc qu'elles aient été publiées dans le pays où elles ont été portées. Malgré la faiblesse de ces raisons, la cour de cassation rejeta le pourvoi fait contre l'arrêt de la cour de Paris : il est vrai qu'il n'y a point de texte qui établit le statut personnel de l'étranger; dès lors, les décisions qui le méconnaissent ne peuvent pas être cassées comme violant la loi (1).

92. La dissolution du mariage par le divorce donne lieu à de vives controverses. On sait que, sous l'influence de la réaction politique et religieuse qui accompagna la Restauration, le divorce fut aboli en France par une loi du 16 mai 1816. Le divorce a été maintenu en Belgique, il existe dans tous les pays protestants. De là des conflits de droits divers, aussi difficiles qu'importants. On demande d'abord si des étrangers, dont le statut personnel admet le divorce, peuvent divorcer en France? Les auteurs français ne discutent pas même la question, sans doute parce que la négative, à leur avis, est évidente. Merlin est le seul qui en touche un mot. Il suppose qu'avant l'introduction du divorce en France, deux époux mariés en Pologne fussent venus s'y établir; la loi polonaise permet le divorce, et le déclare compatible avec le dogme catholique. Si l'un des conjoints avait demandé le divorce devant nos tribunaux, dit Merlin, très-certainement les juges n'auraient pas repoussé cette action, sous prétexte que la loi française ne connaissait pas le divorce; ils l'auraient accueillie sur le fondement que le divorce était reconnu par la loi de Pologne (2). En supposant que la demande fût intentée avant l'introduction du divorce, Merlin admet implicitement que si elle était formée depuis la loi de 1816 qui abolit le divorce, les tribunaux ne la recevraient plus. Cependant nous ne voyons pas qu'il y ait là un obstacle absolu. Avant la Révolution, le divorce était

---

(1) Arrêt du 7 juillet 1833 (Dalloz, au mot *Contrat de mariage,* n° 3914).
(2) Merlin, *Répertoire,* au mot *Divorce,* sect. IV, § 10.

aussi prohibé par le droit canonique, qui était alors la loi de l'Etat. Qu'importe que la prohibition soit sanctionnée par une loi civile? La loi de 1816 défend le divorce entre Français; mais elle ne peut pas empêcher que des époux étrangers ne le demandent dans leur pays : s'ils peuvent divorcer à l'étranger, pourquoi ne le pourraient-ils pas en France? Est-ce parce que le divorce est considéré par le législateur français comme une chose immorale? Il n'est pas plus immoral après 1816 qu'il ne l'était avant 89. Comment, d'ailleurs, pourrait-on flétrir le divorce comme immoral, alors qu'il existe dans la plus grande partie de l'Europe, alors que des nations catholiques l'admettent, alors que de l'Ecriture sainte des Juifs le consacre?

Les juifs avaient, avant la Révolution, le privilége de se gouverner d'après leurs usages. Ils étaient donc des étrangers, mais des étrangers privilégiés. Eh bien, les tribunaux français prononçaient le divorce des époux juifs, lorsqu'ils le demandaient et qu'il était contesté. Bien plus, à Rome ils divorçaient sans que le pape ni l'inquisition songeassent à y mettre obstacle. M. Troplong a rappelé ces faits remarquables dans un réquisitoire qu'il prononça devant la cour de Nancy, en 1826, comme avocat général. Le savant magistrat n'hésitait pas à déclarer que, sous le régime actuel, les tribunaux devaient faire pour tous les étrangers ce que jadis ils faisaient pour les juifs (1).

Cette doctrine nous paraît incontestable. Toutefois nous ne voyons pas que jusqu'ici elle ait été reçue par les tribunaux français, ni même soutenue en justice (2). C'est un de ces conflits de lois contraires qui ne peuvent être vidés que par un traité. Et il importe qu'il le soit, car c'est un droit pour les époux étrangers que de divorcer. Et tout droit doit être sauvegardé quand il n'est pas en

(1) Voyez le passage du réquisitoire de M. Troplong dans un réquisitoire du procureur général Dupin (Dalloz, *Receuil périodique*, 1860, 1, p. 59).

(2) L'arrêt de la cour de cassation du 28 février 1860 la repousse dans un de ses considérants : « Il n'est pas permis aux tribunaux d'ordonner ou de sanctionner des divorces que les officiers de l'état civil ne pourraient prononcer » (Dalloz, 1860, 1, p. 65). La cour était présidée par M. Troplong.

opposition avec un principe de droit public. Or, l'impossibilité de divorcer en France peut rendre le divorce impossible. Comment recueillir à l'étranger les témoignages qui attestent les faits sur lesquels repose la demande? Le droit peut donc devenir inefficace, il peut périr. Et un droit qui périt accuse une mauvaise organisation des sociétés humaines. Il est nécessaire que des traités décident les conflits de lois contraires, qui trop souvent aboutissent à un déni de justice.

93. Les époux divorcés à l'étranger peuvent-ils contracter un nouveau mariage en France? Il est arrivé que des tribunaux de première instance ont admis le mariage, en se fondant sur le statut personnel de l'étranger qui l'autorise; mais les cours d'appel l'ont toujours rejeté. Parmi les raisons qu'elles invoquent, il y en a d'une grande faiblesse. Quand c'est un Français qui veut contracter mariage avec une étrangère divorcée, la cour de Paris dit que l'étrangère invoquerait vainement son statut personnel qui lui permet de se remarier; que le Français, de son côté, est lié par la loi française, et que celle-ci lui défend de se marier avec une femme divorcée. C'est très-mal poser la question, nous semble-t-il. L'étrangère divorcée est frappée d'une incapacité, si on veut lui appliquer la loi française qui abolit le divorce, mais où est l'incapacité du Français? Nous la cherchons vainement. En réalité, les deux parties sont capables, l'étrangère en vertu de son statut personnel, le Français en vertu de la loi française (1).

La cour de Paris a donné une autre raison qui en apparence est plus plausible : le mariage, dit-elle, est d'ordre public, il est la garantie de la pureté des mœurs et la base sur laquelle repose la famille et la société tout entière; de là elle conclut que les lois qui en règlent les conditions sont obligatoires pour tous en France; la loi de 1816 ayant aboli le divorce, les tribunaux français ne peuvent plus le considérer comme une cause de dissolution du mariage; d'où suit que le premier mariage rompu à l'étran-

---

(1) C'est l'opinion de M. Demolombe, *Cours de code Napoléon*, t. Ier, p. 118, n° 101. — Arrêt de la cour de Paris du 30 août 1824 (Dalloz, au mot *Lois*, n° 395).

ger par une sentence de divorce, doit être considéré en France comme existant encore, ce qui engendre un empêchement dirimant à ce qu'il en soit contracté un second (1). Nous ne craignons pas de le dire, cette raison ne nous paraît pas plus juridique que l'autre. Sans doute le mariage est d'ordre public, mais toutes les lois qui concernent l'état et la capacité des personnes ne sont-elles pas aussi d'ordre public? Donc, dans le système de la cour de Paris, toutes ces lois seraient obligatoires pour les étrangers! C'est nier le statut personnel de l'étranger. Mais si on le nie pour l'étranger, comment l'admettre pour le Français? Car dans les pays étrangers, on fera le même raisonnement contre le Français; on lui dira qu'il est soumis à la loi étrangère en tout ce qui concerne son état et sa capacité, parce que cela est d'ordre public. Que deviendra alors l'article 3 du code qui consacre le statut personnel du Français?

Il est vrai que le statut personnel reçoit une exception, il cède devant les principes de droit public. On pourrait donner cette couleur au système de la cour de Paris, et dire que l'abolition du divorce a été prononcée pour des motifs de moralité publique, ce qui est certes un intérêt social; que cet intérêt doit avoir la même force qu'un principe constitutionnel ou une loi pénale; qu'à ce titre, l'étranger est soumis à la loi qui abolit le divorce. Nous comprenons que les passions religieuses raisonnent ainsi (2); mais ce raisonnement nous surprend dans la bouche d'un jurisconsulte. Il est admis par tout le monde que les époux français, divorcés avant la loi de 1816, peuvent se remarier en France : Merlin a établi ce point de droit avec la dernière évidence (3). Eh bien, cela tranche la question. Si le mariage d'un divorcé produisait un de ces scandales énormes, comme le serait un mariage polygamique, évidemment le législateur aurait dû défendre

(1) Arrêts de la cour de Paris du 28 mars 1843 (Dalloz, au mot *Lois*, n° 395), et du 4 juillet 1859 (Dalloz. *Recueil périodique*, 1859, 2, 153).
(2) Cela est dit dans un jugement du tribunal de la Seine, confirmé par la cour de Paris (Dalloz, *Recueil périodique*, 1859, 2, 153).
(2) Merlin, *Questions de droit*, au mot *Divorce*, § 12.

aux époux divorcés avant la loi de 1816 de se remarier en France. Il ne l'a point fait. Si les époux français divorcés peuvent contracter un nouveau mariage, sans que l'ordre social soit troublé, pourquoi les époux étrangers ne le pourraient-ils pas? Y a-t-il un plus grand trouble quand c'est un étranger divorcé qui veut se marier que lorsque c'est un Français?

A vrai dire, il n'y a ni trouble ni scandale. En admettant le divorce comme une cause de dissolution du mariage, les tribunaux français n'approuvent pas le divorce, ils ne font que constater un fait : c'est que le mariage de l'étranger qui veut se remarier a été dissous à l'étranger, et que d'après son statut personnel il est libre de se remarier. Peuvent-ils ne pas tenir compte de ce fait? Ils y sont forcés, comme Merlin l'a très-bien remarqué. Une femme belge, divorcée, vend un immeuble en France. Elle vient ensuite demander la nullité de la vente, en disant, avec la cour de Paris, que son divorce n'est pas reconnu en France, que partant son mariage subsiste, qu'elle est donc incapable d'aliéner. Merlin demande où serait l'avocat qui oserait prostituer son organe à la défense d'une pareille cause? où serait le juge qui oserait accueillir une pareille demande? Force serait donc aux tribunaux de reconnaître le divorce de la femme venderesse. Que s'il faut la reconnaître pour légalement divorcée, à l'effet de contracter en France et d'aliéner les biens qu'elle y possède, comment ne pas la reconnaître pour divorcée quand elle veut se remarier ? L'ordre public est-il troublé en France, quand les tribunaux français constatent un fait qui s'est passé à l'étranger, en vertu des lois étrangères (1) ?

Cette doctrine a été consacrée par un arrêt de la cour de cassation rendu sur les conclusions conformes de Dupin. La cour d'Orléans s'est rangée à l'avis de la cour suprême (2).

94. Deux époux étrangers peuvent-ils divorcer en Bel-

(1) Merlin, *Questions de droit*, au mot *Divorce*, § 13.
(2) Arrêt de la cour de cassation du 28 février 1860 (Dalloz, *Recueil périodique*, 1860, 1, 57-60); arrêt de la cour d'Orléans du 19 avril 1865 (*ibid.*, 1860, 2, 82).

gique, quand leur statut personnel le leur défend? La question s'est présentée devant la cour de Paris, sous l'empire du code civil, et elle a très-bien jugé que le divorce ne pouvait être admis. En effet, les époux sont régis par leur statut personnel; si ce statut prohibe le divorce, ils ne peuvent pas plus divorcer en Belgique que dans leur pays (1). Il en serait de même quoique la femme fût belge et que son mari étranger demandât le divorce. La cour d'Orléans l'a décidé ainsi dans la célèbre affaire Mac-Mahon (2). « La femme, porte l'arrêt, suit la condition de son mari; le mariage forme pour eux un état unique et indivisible tel, qu'ils n'ont plus qu'une même patrie, un même domicile, un même droit; cet état, qui constitue le pacte ou le lien matrimonial, est donc nécessairement réglé par les lois qui régissent la condition du mari. » Donc c'est la loi de la patrie du mari qui décide la question.

La cour de Paris a jugé, dans la même affaire, en sens opposé et Merlin approuve cette décision. Il faut distinguer, dit-il, la capacité de se marier et le lien matrimonial. La capacité est évidemment réglée par le statut personnel, parce qu'elle tient à l'état des personnes. Mais une fois la capacité reconnue, le mariage devient un contrat ordinaire, qui se parfait par le concours du consentement des futurs époux, et dont les effets sont réglés par la loi du pays où il se passe. Qu'un Français fasse une vente en Belgique, où il a son domicile, sa capacité sera réglée par la loi française; mais la loi du domicile statuera sur les effets de la vente, sur sa rescision pour cause de lésion; ce qui est vrai de la vente doit l'être du mariage. Contracté en France, il est régi, quant à ses effets, par la loi française; c'est elle qui décidera s'il y a lieu à divorce ou non (3).

A notre avis, toute cette argumentation porte à faux, et nous nous étonnons que Merlin n'ait pas vu l'erreur, car l'erreur est évidente. Oui, les contrats sont censés

(1) Comparez les auteurs et les arrêts cités par Demolombe, *Cours de code Napoléon*, t. Ier, p. 118 et suiv., no 101.
(2) Arrêt du 11 août 1817 (Dalloz, au mot *Mariage*, no 507).
(3) Voyez les réquisitoires de Merlin et les arrêts intervenus dans l'affaire Mac-Mahon, dans le *Répertoire* de Merlin, au mot *Divorce*, sect. IV, § 10.

faits sous l'empire de la loi qui régit le lieu où ils se passent; mais pourquoi? Parce que les effets des conventions dépendent exclusivement de la volonté des parties contractantes, et il est naturel de supposer qu'elles s'en rapportent à la loi du pays où elles sont domiciliées. En est-il de même du mariage? C'est un contrat sans doute, mais seulement en ce sens qu'il exige le consentement des parties ; du reste, les effets ne dépendent en rien de leur volonté. Cela est vrai surtout de la dissolution du mariage. Vainement voudraient-elles contracter une union indissoluble; si leur loi personnelle admet le divorce, leur union pourra être rompue. Tout aussi vainement voudraient-elles contracter une union dissoluble, quand leur loi personnelle prohibe le divorce. Le mariage est d'ordre public, non-seulement pour la capacité des parties, mais aussi pour les effets qu'il produit; dès lors c'est la loi personnelle qui décide la question du divorce, et non la loi du domicile; car c'est une question d'état, et l'état est réglé par la loi nationale et non par la loi du domicile.

Merlin insiste et dit que les étrangers domiciliés en France qui s'y marient sont régis par le code civil; ils seront mariés sous le régime de la communauté légale, telle que le code l'organise, et non par la loi de leur pays. Voilà bien un effet du mariage, et il dépend de la loi du domicile (1); il en doit être de même de tous les effets. Ce raisonnement tient toujours à la même confusion d'idées. Pourquoi la loi du domicile règle-t-elle les conventions matrimoniales? Parce que telle est la volonté tacite des futurs époux, mais il dépend d'eux de manifester une volonté contraire, puisqu'il ne s'agit que de rapports d'intérêt privé. Est-ce que la dissolution du mariage par le divorce dépend aussi de leur volonté? est-ce aussi une question d'intérêt privé?

95. La puissance paternelle forme-t-elle un statut personnel? Il est certain qu'elle est d'ordre public dans le sens de l'article 6 du code : car le législateur ne permet pas

---

(1) Jugé en ce sens par arrêt de la cour de Bruxelles du 12 avril 1854 (*Pasicrisie*, 1855, 2, 254).

d'y déroger, pas même dans le contrat le plus favorable, le contrat de mariage (1388), ce qui implique qu'elle concerne l'état des personnes; et comment en douter puisqu'elle s'exerce sur des enfants mineurs? Tel a été le premier sentiment de Merlin, et il l'exprime sans hésitation aucune : « La puissance paternelle, dit-il, est un *état* proprement dit, une *condition* véritable; ainsi l'on ne peut douter que la loi qui l'admet ou la rejette ne soit un statut personnel, et ne s'étende par conséquent hors de son territoire (1). » Une conséquence évidente de ce principe est que la puissance du père sur ses enfants reste fixée, telle qu'elle l'est par sa loi personnelle, quand même il changerait de domicile et s'établirait dans un pays où les principes qui régissent la puissance paternelle sont différents. Merlin professait cette opinion sous l'ancien droit; il changea d'avis plus tard. Il suppose qu'un enfant naisse sous une loi qui n'admet pas la puissance paternelle; pendant sa minorité, son père va demeurer dans un pays de droit écrit, où la puissance paternelle retient les enfants dans ses liens jusqu'à ce qu'ils soient émancipés par un acte exprès et solennel. L'enfant pourrait-il prétendre qu'il n'est pas soumis à la puissance de son père, étant né dans un pays gouverné par une loi différente? Très-certainement les magistrats lui diraient : « Les lois qui intéressent l'ordre public et les bonnes mœurs obligent tous ceux qui habitent le territoire qu'elles régissent, et elles les obligent dès le moment où ils y mettent le pied. Or, telle est, suivant les notions que nous ont transmises nos ancêtres, la loi qui soumet l'enfant à la puissance paternelle. Que nous importe donc que vous ayez vécu précédemment sous une loi plus relâchée? Nous ne devons pas souffrir qu'en vivant ici dans une indépendance qui offenserait des usages sacrés pour nous, vous donniez à nos enfants des exemples funestes (2). »

Merlin raisonne toujours dans l'hypothèse que la puissance paternelle est régie par le domicile du père. A vrai

(1) Merlin, *Répertoire,* au mot *Puissance paternelle,* sect. VII, n° 1.
(2) Merlin, *Répertoire,* au mot *Effet rétroactif,* sect. III, § 2, art. 8, n° 2.

dire, la puissance que le père a sur ses enfants, de même que toute loi personnelle, est une question de nationalité, de race, et non une question d'habitation. C'est précisément en cette matière que l'opposition des diverses nationalités éclate avec évidence. Les Romains ne reconnaissent aucun droit, aucune individualité à l'enfant ; il appartient à son père comme une chose ; la puissance paternelle est un droit de domaine ; établie en faveur du père, elle ne cesse que quand le père y met fin. Tel n'est pas le sentiment des peuples germains ; ils respectent l'individualité de l'homme jusque dans son berceau ; sans doute l'enfant est incapable : c'est une raison pour lui donner un protecteur, mais non un maître. En ce sens nos coutumes disaient : *puissance paternelle n'a lieu*. Elles n'entendaient pas laisser l'enfant sans protection ; elles ne voulaient pas que le père le traitât comme sa chose. Est-ce que des lois pareilles ne tiennent pas aux entrailles de l'homme, à son sang? Son sang change-t-il, quand il change de résidence? La loi qui est entrée dans son sang dès sa conception ne peut pas changer davantage (1).

Merlin invoque l'ordre public et les bonnes mœurs. Laissons de côté les bonnes mœurs, elles ne sont pas en cause : les Germains qui rejetaient la puissance romaine tenaient aux bonnes mœurs bien plus que les sujets de l'empire : ils étaient d'avis, et ils n'avaient pas tort, que le vrai moyen de développer la moralité de l'enfant est de fortifier son individualité. Si les Romains donnaient au père un pouvoir absolu, perpétuel sur ses enfants, c'était moins dans l'intérêt des bonnes mœurs que dans l'intérêt du père ; c'était, si l'on veut, une conséquence de leurs idées sur la puissance. Est-ce qu'un droit établi au profit du père est une de ces lois de droit public qui dominent le statut personnel? C'est, au contraire, le statut de la personne qui doit l'emporter, en cette matière plus qu'en toute

---

(1) Jugé en ce sens par arrêt de la cour de Bruxelles du 29 juillet 1865 (*Pasicrisie*, 1866, 2, p. 57). Un Espagnol, marié en Belgique, conserve la plénitude de la puissance paternelle après la mort de sa femme : il n'y a pas lieu à tutelle, ni à subrogée tutelle, d'après le droit espagnol. Ce droit forme un statut personnel, qui doit recevoir son application en Belgique.

autre, puisqu'elle tient essentiellement au génie divers
des diverses nations. Un Germain ne devient pas un
Romain par cela seul qu'il s'établit sur une terre romaine :
pourquoi donc voudrait-on qu'il fût régi par la loi romaine, dans ses relations les plus intimes?

Si l'on s'attache au domicile pour régler la puissance
paternelle, le père aura ou n'aura pas ses enfants sous sa
puissance, suivant qu'il ira habiter une terre romaine ou
un pays de droit coutumier. Cela est-il logique? y a-t-il
une raison pour expliquer, pour justifier cette anomalie?
Il est vrai que si le père change de nationalité, on aboutit
à des conséquences également absurdes. Le père pourra
avoir des enfants de nationalité diverse; sur les uns il
aura la puissance, sur les autres il ne l'aura pas. Nous
avons déjà signalé ces conflits : ils ne peuvent disparaître
que par des traités et par la lente influence des relations
internationales, qui finira par établir un droit uniforme
parmi les nations, au moins pour les grands principes.

96. La loi qui accorde au père l'usufruit des biens de
ses enfants est-elle personnelle ou réelle? Dans l'ancien
droit, Dumoulin regardait le statut comme réel; la jurisprudence s'était prononcée en ce sens. Bouhier soutenait
la personnalité (1), et nous croyons que son opinion doit
encore être suivie. Ce n'est pas qu'il n'y ait quelque doute
au point de vue des principes traditionnels sur la division
des statuts. Il est certain qu'à s'en tenir à l'article 3, il faudrait dire que l'usufruit légal n'est pas un statut personnel, car il ne concerne pas l'état et la capacité des personnes : il n'est pas d'ordre public, puisqu'on peut y
déroger par des conventions particulières (code civil, 387).
Mais peut-on dire, d'un autre côté, que la loi qui accorde
au père la jouissance des biens de ses enfants, a principalement en vue les biens? Non, certes, car c'est à raison
de la puissance paternelle qu'elle donne l'usufruit au père,
c'est une récompense, un bénéfice qu'elle y attache. Voilà
des considérations toutes personnelles. Il y a un motif qui

_____

(1) Bouhier, *Observations sur la coutume du duché de Bourgogne,*
chap. XXIV, nᵒˢ 37 et suiv.

nous paraît déterminant. L'usufruit légal du père ne se conçoit pas sans la puissance paternelle : c'est un droit accessoire, et de quoi dépend-il? D'une puissance qui constitue un *état;* or, peut-il y avoir une autre loi pour l'accessoire que pour le principal? Le texte de l'article 3 n'est pas décisif. Quand un statut est personnel, les conséquences qui en découlent le sont aussi ; or, la puissance paternelle est essentiellement un statut personnel : donc l'usufruit qui y est attaché comme une dépendance doit avoir la même nature.

Merlin est d'un avis contraire ; son opinion mérite que l'on s'y arrête, car elle est consacrée par la tradition. Reste à savoir si l'esprit du droit moderne est encore celui de l'ancien droit. Merlin part de ce principe que tout statut est réel, c'est-à-dire que toute loi est renfermée dans les bornes de son territoire ; cela est vrai des lois qui règlent l'état des personnes, comme de celles qui concernent les biens. Pourquoi donc donne-t-on un effet, une étendue plus grande aux lois personnelles? Parce qu'il y aurait des inconvénients à scinder l'état des personnes, à les considérer comme capables ou incapables suivant qu'elles habitent tel ou tel pays : capables d'après leur loi personnelle ou incapables, elles doivent l'être partout. Ne serait-il pas ridicule de voir le même homme flétri dans son domicile comme un prodigue et honoré ailleurs comme un bon père de famille? C'est pour éviter ces anomalies qui auraient troublé l'ordre public et dérangé le commerce, que l'on a donné aux statuts personnels un empire précaire hors de leur territoire. Ces raisons s'appliquent-elles à l'usufruit légal du père? Non, évidemment. Que l'on nous dise quel inconvénient il y a à restreindre cette jouissance au territoire des lois qui l'accordent! Quoi! parce qu'un père jouira des biens que ses enfants ont dans une province, et qu'il ne jouira pas de ceux qu'il a dans une autre, l'ordre public serait troublé, le commerce serait dérangé (1)!

Non, sans doute. Mais est-il vrai de dire que le statut

---

(1) Merlin, *Répertoire,* au mot *Puissance paternelle,* sect. VII, n° 1.

personnel n'est qu'une exception? qu'il n'a qu'un empire précaire hors de son territoire et qu'il faut l'y renfermer, à moins que l'ordre public ou l'intérêt du commerce n'exigent qu'il dépasse ces limites? Le statut personnel a des racines bien plus profondes; il les plonge dans ce qu'il y a de plus intime, de moins précaire, l'individualité humaine : expression de la race à laquelle une personne appartient, il la suit partout, sans qu'elle puisse s'en affranchir. Il faut, nous semble-t-il, faire le raisonnement de Merlin en sens opposé : le statut personnel doit prévaloir partout, sauf quand il y a un intérêt majeur qui s'y oppose. Nous sommes donc en droit de demander à notre tour : Où est l'intérêt si grand qui empêche qu'un père n'ait partout les mêmes droits? Est-ce que l'ordre public sera troublé, est-ce que le commerce sera dérangé, si le père perçoit les fruits des biens de ses enfants? Il serait ridicule, on l'avoue, qu'un homme fût considéré comme père dans son pays, et qu'il ne le fût plus dès qu'il aurait passé la frontière. Pour le coup Pascal aurait raison de se moquer des lois que font les hommes. Ne lui laissons pas ce prétexte, et maintenons l'unité du droit qui appartient à la personne, partout où elle réside. Tel est le vrai esprit des lois personnelles.

Il faut dire plus. La réalité du statut qui établit l'usufruit légal conduit à des conséquences que le droit, que le bon sens ne peuvent pas accepter. Notre code donne l'usufruit à la mère aussi bien qu'au père, parce que la mère a la puissance paternelle aussi bien que le père. Si c'est un statut réel, il faut en conclure que les biens situés en France sont frappés de l'usufruit légal au profit de la mère étrangère. Cependant il se peut que cette mère n'ait point la puissance paternelle. Elle aurait donc un droit attaché à une puissance sans avoir cette puissance ! L'accessoire existerait sans le droit principal dont il est une dépendance! Merlin a reculé devant cette énormité. Il fait une exception à la réalité du statut, et n'accorde l'usufruit qu'à celui qui, d'après sa loi personnelle, jouit de la puissance paternelle. Mais qui l'autorise à faire cette exception? N'est-ce pas échapper à une absurdité pour échouer contre une autre? Conçoit-on qu'un statut soit tout ensemble personnel et réel, c'est-à-dire qu'une seule et même loi ait principalement en vue les personnes, et qu'elle ait aussi principalement en vue les biens? La nécessité où Merlin s'est trouvé d'admettre une exception ne serait-elle pas la preuve la plus certaine que le principe d'où il part est faux? Il faut maintenir la doctrine du président Bouhier : la puissance paternelle et l'usufruit légal sont deux droits qui ne peuvent pas être séparés l'un de l'autre, sauf dans les cas où la loi permet de déroger à la jouissance qu'elle accorde au père.

La jurisprudence est divisée sur cette question difficile : il y a des arrêts pour la personnalité de l'usufruit légal, il y en a pour la réalité, il y en a pour l'opinion de Merlin (1).

97. La loi qui règle la majorité forme-t-elle un statut personnel? Cette question était très-controversée dans l'ancien droit, ce qui prouve combien la doctrine des statuts est incertaine et arbitraire; car s'il y a une loi qui a principalement en vue l'état des personnes et leur capacité, c'est bien celle qui déclare les hommes majeurs ou mineurs, et par suite capables ou incapables. N'est-ce pas là le statut personnel par excellence? La difficulté fut décidée en ce sens dans les provinces belgiques par l'autorité souveraine. On lit dans le *Recueil d'arrêts du grand conseil de Malines*, de Cuvelier : « La minorité des personnes dure diversement par les coutumes : dans quelques pays, elle s'étend jusqu'à vingt ou vingt et un ans; en d'autres, jusqu'à vingt-cinq ans; à raison de quoi a été douté si l'on devait regarder le lieu de la situation de la chose aliénée, ou de la naissance de l'aliénateur, ou du lieu où il était domicilié. Messieurs du conseil d'Artois ont consulté à cet égard messieurs du conseil privé (de Bruxelles), et il a été décidé que l'on suivrait la coutume de la naissance (2). »

Merlin, qui rapporte ce décret, commença par enseigner

---

(1) Demolombe, *Cours de code Napoléon*, t. Ier, no 188, p. 100 et suiv.
(2) Décret du 4 février 1621, rapporté par Merlin, *Répertoire*, au mot *Majorité*, § 4.

la même opinion. Un enfant naît, dit-il ; dès ce moment, la coutume du domicile qu'ont ses père et mère (dans notre opinion, la nationalité de ses parents), imprime en lui une note indélébile, car elle détermine sa nationalité, et par suite sa loi personnelle ; elle fixe son état, elle règle l'âge auquel il sera majeur. Qu'importe que le père change de domicile ? Cela n'influe pas sur la nationalité, ni, par suite, sur la loi personnelle de l'enfant ou, comme dit Merlin, ce changement ne peut effacer la note que la loi de la naissance imprime dans l'enfant. Quoi ! un père ne peut aliéner les biens de son fils, et il pourrait, par une translation de domicile, changer son état et le rendre mineur de majeur qu'il était ! Quelle bizarrerie résulterait d'un système pareil ! La même personne serait aujourd'hui mineure et demain majeure, selon qu'elle habiterait tel pays ou tel autre. Conçoit-on une pareille versatilité dans une chose qui, de sa nature, doit être permanente ? Ces raisons paraissaient décisives à Merlin. Il faut donc décider, sans hésiter, que l'étranger âgé de vingt et un ans, mais né dans un pays où la majorité ne s'acquiert qu'à vingt-cinq ans accomplis, ne peut pas, pour aliéner ou hypothéquer ses immeubles en France, se prévaloir de la loi française qui déclare les Français majeurs à cet âge. Mineur par la loi de sa naissance, il sera considéré, en France, comme mineur.

Après avoir rapporté le décret du conseil privé de Bruxelles, Merlin ajoute : « L'opinion que ce décret n'avait pas peu contribué à me faire adopter il y a plus de quarante ans, me paraît aujourd'hui une grande erreur. » Merlin ne nous dit pas les raisons qui le firent changer d'avis. C'est sans doute pour être conséquent à l'opinion qu'il émit sur la capacité de la femme mariée, et touché des inconvénients qui résultent du statut personnel, inconvénients que lui-même avait signalés dès le principe, et qui étaient bien plus grands dans l'ancien droit, où la majorité variait d'une coutume à l'autre, qu'ils ne le sont aujourd'hui que le conflit n'existe plus qu'entre des lois nationales. Les inconvénients sont réels. Si je suis obligé de recourir à la loi de la naissance, que d'entraves il y

aura au commerce, et quel trouble dans l'ordre civil!
Merlin en donne un exemple saisissant. Je trouve à Valenciennes un jeune homme âgé de quinze ans ; je contracte
avec lui de bonne foi, parce qu'il est domicilié en cette
ville et que je viens d'y voir mourir son père ; cependant
on découvre ensuite que ce jeune homme est né à Mons et
que le droit municipal de cette dernière ville annule le
contrat qu'il a fait avec moi. Le statut de Valenciennes,
qui permet à un enfant de quinze ans de vivre et de contracter sans tuteur, est donc un piége dont il faut se défier,
et qui est fait pour tromper ceux qui s'y fient.

Que répondait Merlin à ces considérations de fait que
l'on invoquait contre le statut personnel? Il disait que les
raisons tirées des vrais principes doivent sans contredit
l'emporter sur des inconvénients qui ne se rencontrent pas
toujours, et cela d'autant plus que c'est à celui qui contracte avec un mineur à s'informer de son état et de sa
capacité. Rien de plus juste : le juge ne se décide pas
d'après les inconvénients ou les avantages que présente
une loi, il juge d'après les principes du droit dont il est
l'organe. Or, les principes ne laissent aucun doute, même
au point de vue de la doctrine traditionnelle des statuts.
Merlin lui-même les formule, à cette occasion, avec sa
netteté habituelle. La loi qui donne à une personne un
certain état et une certaine condition est personnelle. Il
en est de même de la loi qui permet à un homme capable
par état, ou défend à un homme incapable par état,
quelque acte que ce soit de la vie civile, comme de contracter, d'aliéner; car les permissions ou les défenses
qu'elle contient ne sont, pour ainsi dire, que les corol-
laires de l'état de la personne. La conséquence qui résulte
de ces principes est évidente : le statut de la majorité
pleine et entière est personnel, et s'étend aux biens situés
hors de son territoire. Sur la personnalité de la loi, il ne
peut pas y avoir de doute; et que serait une loi personnelle si elle n'étendait pas ses effets aux biens, quel que
soit le pays où ils se trouvent? N'est-ce pas précisément à
raison de l'administration et de la disposition des biens que
les lois établissent la majorité ou maintiennent la minorité?

Cependant il y a des arrêts dans le sens de la réalité du statut qui fixe l'âge de la majorité et la capacité qui en résulte. La cour de Paris a jugé que l'étranger qui est mineur d'après les lois de son pays, bien qu'il soit âgé de plus de vingt et un ans, ne peut pas invoquer sa minorité devant des tribunaux français, pour faire annuler les obligations qu'il aurait souscrites, en France, au profit de créanciers français (1). Même décision de la cour de Bruxelles. Un Français, né à Paris, vint s'établir en Belgique; il y fut émancipé, il y contracta mariage; il y fixa son domicile; à l'âge de vingt-trois ans, il souscrivit un cautionnement au profit d'un habitant du pays. L'engagement était nul d'après le statut personnel de l'étranger et valable d'après la coutume de Bruxelles; il fut validé en vertu de la loi du domicile (2). Ce sont les inconvénients signalés par Merlin qui entraînèrent les cours de Bruxelles et de Paris. Ces mêmes inconvénients ont donné lieu à la doctrine de l'intérêt français. M. Demolombe l'a adoptée, mais les conséquences mêmes qu'il en déduit prouvent, nous semble-t-il, qu'elle est inadmissible.

M. Demolombe admet le statut personnel de l'étranger, mais il reconnaît au juge le droit de l'appliquer ou de ne pas l'appliquer, en annulant ou en maintenant les actes juridiques faits par l'étranger, selon que l'intérêt du Français avec lequel il a contracté, le demandera. Toutefois, il ajoute une restriction, c'est que le Français n'ait pas agi avec légèreté, avec imprudence. Quand peut-on dire qu'il a agi légèrement? Nouvelle distinction, entre les obligations contractées pour fourniture d'aliments, loyers de maison, et les ventes d'immeubles, ou emprunts; pour les premières, le juge n'admettra pas le statut personnel, tandis qu'il l'admettra plus facilement pour les autres (3). Qui ne voit que c'est transformer le juge en

_____

(1) Arrêt du 17 juin 1834 (Dalloz, *Répertoire*, au mot *Effets de commerce*, n° 877).

(2) Arrêt du 8 août 1814 (Dalloz, au mot *Lois*, n° 401).

(3) Demolombe, *Cours de code Napoléon*, t. Ier, n° 102, p. 101 et 102. Un arrêt de la cour de Bruxelles, du 25 février 1830, a admis ce système pour les obligations contractées par une femme étrangère (*Jurisprudence du* XIXe *siècle*, 1830, III, p. 100). La cour de cassation de France a consacré

législateur? Si la majorité forme un statut personnel, c'est une loi, et le juge peut-il modifier une loi selon les circonstances de la cause? Peut-il aujourd'hui déclarer un étranger majeur, en validant les obligations qu'il a contractées pour aliments, et demain le déclarer mineur, en annulant les ventes qu'il aurait consenties? N'est-ce pas un principe élémentaire, en cette matière, que l'état des personnes ne se divise pas? On conçoit, à la rigueur, que l'étranger, mineur d'après la loi de son pays, soit majeur en France : les lois le pourraient décider ainsi. Mais conçoit-on que, sous une seule et même loi, l'étranger soit tantôt majeur, tantôt mineur, selon l'intérêt du Français avec lequel il contracte? Vainement invoque-t-on l'intérêt français; c'est à ceux qui contractent à veiller à leurs intérêts; quand le législateur déclare une personne incapable, il lui permet de demander la nullité des actes qu'elle fait, alors même que celui avec lequel elle traite aurait ignoré son incapacité : il en est ainsi du mineur, de l'interdit; la loi ne fait d'exception qu'en cas de dol (art. 1307, 1310). Telle est aussi la seule exception que l'on puisse admettre au statut personnel : si l'étranger avait employé des manœuvres frauduleuses pour se faire passer comme majeur, le juge appliquerait par analogie les articles 1307 et 1310 : sa décision aurait une base juridique, tandis que le système de l'intérêt conduit au plus grand arbitraire (1).

98. L'état de l'interdit donne lieu à une difficulté particulière. Son état et l'incapacité qui le frappe résultent d'un jugement; or, les jugements rendus par les tribunaux étrangers n'ont d'effet en France que lorsqu'ils ont été rendus exécutoires par un tribunal français. Faut-il appliquer ce principe aux jugements qui prononcent l'interdiction d'un étranger? Les auteurs s'accordent à dire que les articles 2126 du code civil et 546 du code de procédure ne sont pas applicables à l'interdiction, parce que le motif

la même doctrine pour les mineurs, par arrêt du 16 janvier 1861 (Dalloz, *Recueil périodique*, 1861, 1, 193).
(1) C'est l'avis de M. Demangeat, *Du statut personnel* (*Revue pratique de droit français*, t. Ier, p. 56).

pour lequel les jugements étrangers ne sont pas exécutoires en France ne concernent pas l'état des personnes. Ce que le législateur a voulu défendre, c'est l'exécution forcée sur la personne et les biens du débiteur. Quant à l'état, peu importe qu'il résulte d'une loi ou d'un jugement; dès qu'il est légalement établi dans le pays auquel la personne appartient, il forme un statut personnel et il suit la personne partout où elle réside (1).

Il y a des arrêts contraires. La cour de Paris a décidé que l'interdiction prononcée à l'étranger par un acte extrajudiciaire, non homologué par les tribunaux français, ne rend pas l'interdit incapable d'administrer les biens qu'il a en France, ni d'agir en justice (2). Cette décision ne peut pas se justifier au point de vue des principes. Mais il faut avouer que l'opinion, généralement reçue, a un inconvénient. Comment les Français peuvent-ils connaître les actes judiciaires ou extrajudiciaires qui prononcent l'interdiction d'une personne à l'étranger? Ils seront donc liés par des actes qu'ils ignorent et qu'ils ne peuvent pas connaître! L'inconvénient est réel, mais il ne peut l'emporter sur les principes. Seulement il montre la nécessité de traités qui règlent la matière des statuts.

L'inconvénient que nous signalons n'existe pas seulement pour les actes judiciaires ou extrajudiciaires. On a objecté plus d'une fois, contre le statut personnel, que les lois étrangères sont inconnues en France, et que néanmoins on les applique aux Français qui les ignorent, en vertu du statut personnel des étrangers avec lesquels ils traitent. N'est-ce pas violer le principe fondamental que les lois non publiées ne sont pas obligatoires? On peut répondre que ce n'est pas comme loi française que les tribunaux appliquent le statut personnel de l'étranger, mais comme loi étrangère, qu'il suffit donc qu'elle ait été publiée à l'étranger. Mais cette réponse, juste d'après la subtilité

(1) Merlin, au mot *Majorité*, § 5, et au mot *Question d'état;* Demangeat, dans la *Revue pratique de droit français*, t. Iᵉʳ, p. 53. Ainsi décidé par la cour de Liége, par arrêt du 10 avril 1867 (*Pasicrisie,* 1867, II, 236), pour les jugements qui prononcent la séparation de corps.
(2) Arrêt du 18 septembre 1833 (Dalloz, au mot *Droits civils*, n° 465).

du droit, n'empêche pas que, de fait, les lois étrangères ne soient inconnues en France. Il n'y a qu'un moyen de remédier à cet inconvénient, c'est de consigner les principes du droit civil international dans des traités. Les traités prescriraient également la publicité des actes judiciaires ou extrajudiciaires qui concernent l'état des personnes. Cela est nécessaire, non-seulement pour les particuliers, mais aussi pour les juges : ils ignorent souvent les lois étrangères, ou ils n'en ont qu'une connaissance incomplète : les traités publiés leur serviraient de lois.

§ 3. *Statuts réels.*

Nº 1. DES FORMES INSTRUMENTAIRES.

99. Les formes instrumentaires sont un statut réel, en ce sens que c'est la loi du lieu où les actes sont passés qui doit être observée; on n'a égard ni à la nationalité des parties, ni à la situation des biens. Ce principe s'applique sans difficulté aux actes authentiques. L'article 47 nous en donne un exemple. Les actes de l'état civil sont des actes authentiques. Dans quelle forme doivent-ils être rédigés, s'ils sont reçus en pays étranger? Selon les formes usitées dans ledit pays, répond l'article, c'est-à-dire que les actes ainsi rédigés feront foi. L'article 999 contient une disposition analogue pour les testaments authentiques ; ils sont valables quand ils sont faits d'après les formes prescrites par la loi du pays où l'acte est passé.

L'application du principe aux actes et aux contrats solennels donne lieu à une difficulté très-sérieuse. Tels sont les donations, les contrats de mariage, les hypothèques. Tels sont les testaments. Nous parlerons d'abord des contrats solennels; quant aux testaments, ils sont régis par une disposition spéciale (art. 999). On sait qu'il y a une grande différence entre les formes des actes solennels et les formes prescrites pour les actes non solennels. L'écrit dressé pour constater une vente ne sert qu'à la preuve : il n'est pas nécessaire pour la validité de la vente, bien moins encore pour son existence ; tandis que dans la donation, la forme est une condition requise pour que le contrat existe ; si les formes n'ont pas été observées, il n'y a pas de donation (art. 1339) : la solennité est donc de l'essence de l'acte juridique, en ce sens que l'acte n'a aucune existence aux yeux de la loi, s'il n'a pas été rédigé dans les formes qu'elle établit. Ce que le code civil dit des donations, il faut le dire du contrat de mariage et de l'hypothèque : la forme authentique est requise non-seulement pour la validité de ces contrats, mais pour leur existence.

Supposons qu'une donation soit faite par un Français en pays étranger, et que, dans ledit pays, la loi permette de faire les donations sous seing privé ; l'acte sera-t-il valable, si ces formes ont été observées? La question est controversée, et il y a quelque doute. Il a été décidé par la cour de Paris, que des contrats de mariage, renfermant des donations, étaient valables, bien que rédigés sous seing privé, parce que la loi du lieu où ils avaient été faits admettait cette forme (1). En apparence la cour a fait une juste application du principe *locus regit actum.* Les actes avaient été passés à Munich et à Londres. Ceux qui en Allemagne ou en Angleterre font des conventions matrimoniales, s'adressent naturellement aux praticiens du pays qu'ils habitent, et ceux-ci peuvent-ils observer d'autres formes que celles des lois que seules ils connaissent? Dès lors ne faut-il pas appliquer l'adage que nous venons de citer et qui est reçu partout? Telle est, en effet, l'opinion généralement suivie (2).

Il nous est impossible de l'admettre. On prétend qu'il ne s'agit que d'une forme extrinsèque, et non d'une forme intrinsèque, concernant le fond. Ici, nous semble-t-il, est l'erreur. Quand les parties rédigent un acte de vente, il est évident que la forme de l'acte n'a rien de commun

_____

(1) Arrêts du 11 mai 1816 et du 22 novembre 1828 (Sirey, 1817, II, 10; 1829, II, 77).

(2) Demolombe, *Cours de code Napoléon*, t. Ier, n° 105.

avec le fond, avec le contrat. Mais en est-il de même de
la donation? Non, certes, puisque, d'après les termes formels de l'article 1339, le vice de forme entraîne non-
seulement la nullité de l'écrit, mais encore la nullité, il y
a plus, la non-existence de la donation. Le vice, à vrai
dire, n'est pas dans la forme, il est dans le consentement,
ce qui concerne évidemment le fond; en effet, dans les
contrats solennels, le consentement n'existe que quand il
est exprimé dans les formes voulues par la loi; quand ces
formes n'ont pas été observées, il n'y a pas de consentement et, partant, pas de contrat. Nous en concluons qu'un
contrat solennel, pour lequel la loi française prescrit l'authenticité, ne peut pas être reçu à l'étranger sous seing
privé. Est-ce violer la maxime : *locus regit actum*? Du
tout, car pour juger de la validité de l'acte authentique
reçu à l'étranger, on appliquera la loi du lieu où l'acte a
été passé, et non la loi française. L'authenticité est de l'essence de l'acte; la forme de l'authenticité est une condition
extrinsèque.

Puisque nous avons contre nous la jurisprudence et la
doctrine, on nous permettra d'invoquer l'autorité d'un de
nos anciens, du président Bouhier, qui a fait une étude si
approfondie des statuts. La coutume de Bourgogne permettait l'usage des testaments olographes, mais sous la
condition d'y faire mettre une suscription signée d'un
notaire et de deux témoins. Supposons, dit Bouhier, qu'un
Bourguignon se trouve à Paris et qu'il veuille faire un testament olographe. Suffira-t-il qu'il observe la coutume de
Paris qui n'exige aucune suscription? Il répond que la
suscription est absolument nécessaire. La raison en est
que c'est une forme intrinsèque, exigée pour assurer la
date des testaments. Est-ce à dire que la suscription,
rédigée à Paris, doive se faire par un notaire et deux témoins, comme le veut la coutume de Bourgogne? Non, ici
la loi du lieu reprend son empire. Tout ce que la coutume
veut, c'est qu'il y ait une suscription authentique : dans le
duché de Bourgogne, on suivra la coutume du lieu; ailleurs, la loi locale; à Paris, par exemple, deux notaires
pourront recevoir l'acte de suscription, sans témoins; le

but de la coutume de Bourgogne sera parfaitement rempli (1).

En définitive, dans les contrats solennels, la forme tenant au consentement, est régie par la loi personnelle. Si cette loi exige l'authenticité, il faut qu'à l'étranger on fasse un acte authentique, alors même que la loi du lieu où l'acte se passe admettrait l'écrit sous seing privé; mais quant aux formes dans lesquelles un acte doit être reçu pour qu'il soit authentique, on appliquera l'adage *locus regit actum*. Quand la loi personnelle n'exige pas l'authenticité, on se contentera d'un acte sous seing privé. Si donc un Anglais faisait une donation, il pourrait la faire sous seing privé; les tribunaux français admettraient la validité de cette donation, pourvu que l'on eût observé les formes prescrites pour les écrits sous seing privé par la loi du lieu où l'acte est passé.

Notre opinion est consacrée par la loi hypothécaire belge. Elle admet, contrairement au code Napoléon, que les contrats passés à l'étranger établissent une hypothèque sur les immeubles situés en Belgique; mais ces contrats peuvent-ils être reçus sous seing privé dans les pays qui admettraient cette forme? Non; l'article 77 exige qu'ils soient reçus dans la forme authentique prescrite par la loi du lieu où l'hypothèque est constituée. Pourquoi? Parce que l'hypothèque est un contrat solennel. Il en est de même de l'hypothèque légale de la femme mariée. La loi du 16 décembre 1851 accorde cette hypothèque à la femme étrangère aussi bien qu'à la femme belge. Mais quelle loi suivra-t-on pour les conditions de forme? La loi belge, pour la condition de l'authenticité du contrat de mariage, contrat solennel; la loi étrangère, pour les formes de l'acte authentique (article 2 additionnel).

100. Le testament est un acte solennel; mais à la différence des donations et des hypothèques, il peut être fait sous seing privé ou par acte authentique. Dans quelle forme le Français pourra-t-il tester à l'étranger? L'ar-

---

(1) Bouhier, *Observations sur la coutume de Bourgogne*, chap. XXVIII, nos 15-17 (Œuvres, t. Ier, p. 767).

ticle 999 répond qu'il pourra tester par acte authentique, avec les formes usitées dans le lieu où l'acte est passé. C'est l'application de l'adage *locus regit actum* (1). Il pourra aussi tester par acte sous seing privé, dit l'article 999, mais alors il doit suivre les formes prescrites par le code. Ici la loi déroge à l'adage ; elle s'en réfère au statut personnel et non au statut réel. Cela est si vrai que le testament olographe fait par le Français en pays étranger serait valable, quand même les lois de ce pays n'admettraient pas cette forme de tester. La raison pour laquelle la loi déroge à l'adage est très-simple : le lieu où le testateur écrit le testament olographe est indifférent ; car il est l'œuvre du testateur seul ; celui-ci ne doit pas même indiquer le lieu où il l'écrit. Dès lors on conçoit que la loi du lieu ne soit pas prise en considération.

On demande si un étranger peut tester en France, dans la forme olographe, en observant les formes prescrites par l'article 970. La question divisait déjà les anciens auteurs, et elle est toujours controversée. Pour ne pas la compliquer, nous laisserons de côté l'ancien droit ; les principes et nos textes suffisent pour la décider. Il faut, avant tout, distinguer les divers cas qui peuvent se présenter. Supposons d'abord que le statut personnel de l'étranger défende le testament olographe. Une Hollandaise avait fait un testament olographe en France. On l'attaqua, en se fondant sur le code des Pays-Bas, qui porte (art. 992) : « Un Néerlandais *en pays étranger* ne pourra faire son testament que par acte authentique et en observant les formes usitées dans le pays où l'acte sera passé. Néanmoins il pourra aussi disposer par acte de sa main de la manière prescrite par l'article 982. » Cet article permet le testament olographe, mais seulement pour les dispositions concernant l'exécution testamentaire, les funérailles, les legs d'habits, de linge de corps, de parures ou de certains meubles. La cour d'Orléans valida le testament, par applica-

---

(1) Par application de l'article 999, la cour de Rouen a décidé que le testament fait en Angleterre par un Français, en présence de quatre témoins. est valable. Le pourvoi en cassation a été rejeté par arrêt du 6 février 1843 (Dalloz, 1841, 2, 40 ; 1843, 1, 208).

tion de la maxime *locus regit actum* (1) : l'arrêt fut rendu contre les conclusions du ministère public. Nous croyons qu'il a fait une fausse application de l'adage. Avant de décider dans quelle forme le testament olographe doit être rédigé, il faut voir si le testateur peut faire un testament olographe. Quand son statut personnel le lui défend, l'authenticité devient une condition essentielle pour la validité du testament, en ce sens qu'il n'est pas permis au testateur de manifester sa volonté dans une autre forme. De là suit que la forme authentique est, en ce cas, une condition intrinsèque, comme elle l'est pour les contrats dits *solennels*. A notre avis, la donation ne peut pas se faire, à l'étranger, par un acte sous seing privé. Il en faut dire autant du testament, d'après la législation hollandaise. Ceci n'est pas une violation de la maxime *locus regit actum;* l'adage ne s'applique qu'aux formes *instrumentaires.*

La question est tout autre quand le statut personnel n'exige pas l'authenticité pour la validité des dispositions testamentaires. Il en est ainsi de la loi anglaise : elle n'admet pas notre testament olographe, mais elle ne prescrit pas l'authenticité comme condition de validité, ainsi que le fait le code hollandais. Dès lors nous rentrons dans la maxime qui déclare valables, quant à leur forme, les actes faits d'après les lois du pays où ils sont passés. Un Anglais peut donc tester en France dans la forme olographe. La cour de Paris l'a décidé ainsi (2).

A plus forte raison, l'étranger peut-il faire un testament olographe en France, si son statut personnel admet cette manière de tester, mais en prescrivant des formes qui diffèrent de celles qu'établit le code Napoléon. Naît alors la question de savoir si l'étranger doit suivre les formes de la loi française. La difficulté est celle-ci : l'adage *locus regit actum* accorde-t-il une simple faculté, ou impose-t-il une obligation? En principe, il est tout ensemble facultatif et obligatoire, en ce sens que l'étranger peut

(1) Arrêt du 3 août 1859 (Dalloz, 1859, 2, 159).
(2) Arrêt du 25 août 1847 (Dalloz, 1847, 2, 273).

suivre la loi du lieu où il teste, mais il le doit aussi. Merlin dit qu'il n'a pas le choix entre les formes de son pays et celles du lieu où il se trouve. Cela est évident pour le testament authentique : et ne faut-il pas en dire autant du testament olographe, puisque c'est aussi un acte solennel, en ce sens que les formalités de l'article 970 doivent être observées sous peine de nullité (art. 1001)? Il est vrai qu'il n'intervient pas d'officier public dans le testament olographe, mais il y a une autre considération, qui nous semble décisive : le testament doit faire foi dans tous les pays où le testateur a des biens ; les lois de ces divers pays étant différentes, il n'est pas possible que le testateur remplisse des formes opposées ; il a donc fallu se fixer à une seule ; celle du lieu où l'acte se fait a paru la plus convenable ; c'est à celle-là par conséquent qu'il faut s'en tenir, de préférence à toute autre (1).

En principe, cette doctrine est incontestable. Mais ne faut-il pas admettre une exception, par argument de l'article 999? Si, d'après le statut personnel de l'étranger, le testament olographe peut et doit se faire par le testateur seul, pourquoi ne lui permettrait-on pas de tester en France d'après les lois de son pays, comme le code permet au Français de tester à l'étranger, dans la forme olographe prescrite par la loi française? Il y a même motif de décider, donc il doit y avoir même décision. Cela suppose que le statut personnel n'est pas contraire ; s'il ordonnait l'intervention d'un officier public, comme le faisait la coutume de Bourgogne, l'acte ne serait plus un simple écrit sous seing privé, il participerait du caractère authentique, et par suite la loi du lieu reprendrait son autorité.

101. Le principe que la loi du lieu détermine les formalités de l'acte s'applique-t-il aux écrits sous seing privé? Cette question a deux faces. On demande d'abord si l'écrit est valable quand il a été fait selon les formes usitées

<hr>

(1) Merlin, *Répertoire*, au mot *Testament*, sect. II, § 4, art. 2. La cour de cassation a jugé qu'un testament olographe fait par un étranger en France est nul, s'il ne réunit pas toutes les conditions de forme prescrites par le code Napoléon (Arrêt du 9 mars 1853, dans Dalloz, 1853, 1, 217).

dans le pays où il a été rédigé. Un étranger fait en France un acte sous seing privé dans les formes prescrites par les articles 1325 et 1326 : cet écrit est-il valable, en supposant que le statut personnel ou le statut réel prescrivent d'autres formes ? Il faut répondre affirmativement. L'adage est général, il s'applique aux actes sous seing privé comme aux actes authentiques. Cependant il y a un motif de douter. L'adage est fondé surtout sur la nécessité, c'est-à-dire sur l'impossibilité dans laquelle est l'étranger de suivre d'autres formes que celles du lieu où il se trouve, un officier public devant intervenir dans l'acte, et cet officier étant obligé d'exécuter les lois de son pays. Or, dans les actes sous seing privé, il n'intervient pas d'officier public ; à la rigueur, ils pourraient donc se faire d'après le statut personnel ou d'après le statut réel. Malgré cette raison de douter, il faut donner la préférence au statut local, parce qu'il y a toujours un motif déterminant pour l'apliquer. Ceux qui rédigent un écrit sous seing privé à l'étranger ne connaissent d'habitude d'autres formes que celles du lieu où ils résident ; le plus souvent, ce ne sont pas même les parties contractantes qui les dressent, ce sont des agents d'affaires, ou des notaires, ou des avocats, lesquels suivent le formulaire traditionnel, local. En ce sens il y a, sinon nécessité absolue, du moins grande utilité à appliquer l'adage *locus regit actum*.

Autre est la question de savoir si les parties intéressées doivent nécessairement se conformer à la loi du lieu où elles dressent l'acte sous seing privé : ne peuvent-elles pas suivre la loi du pays auquel elles appartiennent? Le code a décidé la difficulté pour le testament olographe, en permettant au Français de tester en cette forme, à l'étranger, d'après la loi française. Nous croyons qu'il faut appliquer l'article 999 par analogie aux écrits constatant des conventions unilatérales ou bilatérales. Il y a plus qu'analogie, il y a un argument *à fortiori*. En effet, le testament est un acte solennel ; les formes y sont substantielles ; si le législateur permet aux Français de tester d'après la loi française quand ils se trouvent en pays étranger, à plus forte raison doit-il leur permettre de suivre la loi française quand il s'agit simplement de se procurer une preuve littérale de leurs contrats.

L'étranger pourrait-il aussi se prévaloir de la disposition de l'article 999? Cela est plus douteux, puisque le code Napoléon n'est pas sa loi personnelle. Nous croyons cependant qu'il pourrait, en France, faire des actes sous seing privé dans la forme de son statut personnel : en effet, le lieu est chose indifférente dans ces actes; ils sont censés rédigés dans le pays auquel l'étranger appartient; dès lors ils doivent être valables, s'ils sont rédigés d'après la loi de ce pays. La question devient plus difficile, si un étranger passait un acte, à l'étranger, dans les formes de la loi française : on suppose naturellement que l'acte est destiné à être produit en France. Il y a un arrêt de la cour de cassation pour l'affirmative. Un étranger donne à New-York une procuration sous seing privé à l'effet d'hypothéquer des biens situés en France : la procuration est valable d'après la loi française, tandis qu'elle est nulle d'après la loi américaine, laquelle exige un acte authentique. La cour a déclaré l'hypothèque valable (1). Ici il y a un doute. On ne peut plus invoquer l'article 999, puisque celui-ci applique le statut personnel; on déroge donc à la loi du lieu, par la seule raison que l'acte est destiné à être produit en France. Ne faudrait-il pas, pour cela, ou une loi ou un traité?

102. Outre les formes instrumentaires, il y a des formalités que les auteurs appellent *habilitantes*, ce sont celles qui rendent capables de faire certains actes les personnes qui en sont incapables par état. Telle est l'autorisation maritale, nécessaire pour qu'une femme puisse contracter ou ester en justice : telles sont encore l'autorisation du conseil de famille et l'homologation du tribunal, requises pour que le tuteur puisse aliéner les immeubles de son pupille. Ces formalités dépendent-elles de la loi du lieu? Il est évident que non; c'est même improprement que l'on qualifie l'autorisation de *forme*; c'est une condition prescrite pour la validité des actes qui concernent les

---

(1) Arrêt du 5 juillet 1827 (Dalloz, au mot *Lois*, n° 430).

incapables. Dès lors il ne s'agit plus de formes auxquelles s'applique l'adage *locus regit actum* : l'autorisation du mari a pour objet, non d'assurer la libre expression du consentement de la femme, mais de couvrir son incapacité : c'est donc une conséquence du statut personnel. La femme française qui contracte à l'étranger devra être autorisée d'après la loi française; le défaut d'autorisation rendrait le contrat nul (1).

Il y a d'autres formalités qui tiennent au statut réel. Notre loi hypothécaire veut que les actes translatifs de droits réels immobiliers soient transcrits. Si le propriétaire d'immeubles situés en Belgique les vend à l'étranger, dans un pays où la transcription n'est point requise, l'acheteur, Belge ou étranger, doit-il néanmoins transcrire l'acte de vente, conformément à la loi du 16 décembre 1851? L'affirmative ne souffre aucun doute. D'après la doctrine traditionnelle des statuts, il est certain que la transcription forme un statut réel, et qu'elle n'a rien de commun avec la loi du lieu où l'acte se passe. On n'a pas même besoin d'invoquer le principe des statuts pour le décider ainsi. La transcription est prescrite dans l'intérêt des tiers, donc dans un intérêt général. Or, les lois qui sont faites dans un intérêt général obligent nécessairement tous ceux qui possèdent des biens dans le pays pour lequel elles sont faites, les étrangers comme les indigènes : c'est comme propriétaires que les acheteurs doivent transcrire, ce n'est pas comme Belges : cela décide la question.

103. Il y a des formalités que les auteurs appellent *intrinsèques* ou *viscérales* : ce sont celles qui constituent l'essence de l'acte, qui lui donnent l'être et sans lesquelles il ne peut pas exister. Tel est le consentement des parties. C'est improprement que l'on donne le nom de *formalité* au consentement; il ne doit pas se manifester par écrit, ni même par paroles; dès lors il n'y a rien qui ressemble à une formalité. Le consentement est requis pour la validité et même pour l'existence des conventions; sans con-

---

(1) Merlin, *Répertoire,* au mot *Loi,* § 6, n° 7; Dalloz, au mot *Lois,* n°s 427 et 440.

sentement, il n'y a point de contrat. Il en est de même de toutes les formalités que l'on appelle *intrinsèques* : ainsi en matière de vente, la *chose* et le *prix* sont requises pour qu'il y ait vente. On demande quelle est la loi qui régit ces conditions essentielles des conventions?

On répond d'habitude que ces formalités dépendent de la loi du lieu où le contrat se fait; on invoque la règle que tout ce qui est d'usage dans les pays où l'on contracte est censé tacitement convenu par les parties. Le code civil semble sanctionner cette doctrine en disant, dans l'article 1159 : « Ce qui est ambigu s'interprète par ce qui est d'usage dans le pays où le contrat est passé. » Nous croyons que le principe doit être formulé autrement. Pourquoi le législateur veut-il que l'on consulte les usages du pays où le contrat se fait, pour l'interpréter? Parce qu'il suppose que les parties connaissent ces usages et qu'elles s'y sont référées. La supposition est une vérité évidente, quand les parties appartiennent au pays où elles contractent; elles doivent connaître alors les lois et les usages sous l'empire desquels elles vivent. Il en est encore de même pour les étrangers qui y sont domiciliés, c'est-à-dire qui y ont leur principal établissement. Cela suppose, en effet, une résidence plus ou moins longue, et par suite la connaissance des lois et des usages. L'étranger domicilié en France connaîtra mieux les lois françaises que les lois de son pays. Il y a, d'après le code Napoléon, une espèce de présomption légale pour le décider ainsi : c'est que l'étranger domicilié jouit en France de tous les droits civils : ayant la jouissance des droits conférés par les lois françaises, on peut et on doit supposer qu'il les connaît, qu'il s'y est soumis pour tout ce qui concerne les relations d'intérêt privé. Mais peut-on en dire autant de l'étranger simplement résidant ou passager? Non, certes; on ne peut pas lui supposer l'intention de suivre des lois qu'il ignore. D'après cela, il faudrait dire que c'est le statut personnel qui, en principe, règle les conditions requises pour la validité ou pour l'existence des conventions, à moins que le domicile ne coïncide pas avec la nationalité; en ce cas, ce serait la loi du domicile.

104. C'est d'après les mêmes principes, nous semble-t-il, qu'il faut décider la question de savoir quelle est la loi qui règle les effets des contrats. Les contractants, dit-on, sont censés se soumettre aux lois du pays où ils traitent. On applique ce principe aux étrangers et aux indigènes. Qu'importe, dit Merlin, que les parties soient des étrangers, la nécessité oblige de s'en tenir à la loi du pays où elles contractent : en effet, quelle loi suivrait-on si les contractants appartenaient à des pays différents? Il a été jugé, en ce sens, qu'il faut apprécier d'après les lois françaises un contrat de société passé en France, bien que ce contrat ait reçu son exécution en pays étranger. Il a été décidé encore que c'est la loi du pays où se forme le contrat de prêt, et non celle du pays où le prêteur est domicilié, qui détermine le taux de l'intérêt (1).

Nous n'admettons ces décisions qu'avec des réserves. Les effets des contrats dépendent, avant tout, de l'intention des parties contractantes; quelle loi sont-elles censées suivre? Evidemment la loi qu'elles connaissent. Si donc le contrat intervenait entre deux étrangers non domiciliés en France, ce ne serait pas la loi française, mais la loi étrangère qu'il faudrait consulter pour apprécier l'intention des contractants : ignorant la loi du pays où ils se trouvent, ils ne peuvent pas avoir la volonté de s'y rapporter. Si les parties appartiennent à des pays différents, on peut dire avec Merlin qu'il n'y aurait pas plus de raison pour consulter l'une que pour consulter l'autre, qu'il y a donc nécessité de s'en tenir à la loi du lieu où l'acte se passe (2).

La question reçoit encore une autre solution. N'est-ce pas la loi du lieu où le contrat doit être exécuté qui en règle les effets? Une loi romaine semble le décider ainsi : le jurisconsulte Julien dit que chacun est censé avoir con-

_____

(1) Voyez les arrêts dans Dalloz, au mot *Lois*, n° 441. Un arrêt de la cour de cassation du 23 février 1864 (Dalloz, *Recueil périodique*, 1864, 1, 168) décide d'une manière absolue que les contrats sont régis par la loi du lieu où ils sont passés, quant à la forme, aux conditions fondamentales et au mode de preuve.

(2) Merlin, *Répertoire*, au mot *Loi*, § 6, n° 2.

tracté là où il s'est obligé de payer (1). La cour de Bruxelles a invoqué cette loi pour juger qu'un contrat fait en Angleterre devait être interprété d'après les lois belges, parce qu'il devait être exécuté en Belgique : l'acte avait été passé en Angleterre, entre un Anglais et un Belge. On lit dans les motifs de l'arrêt, que le principe établi par la loi romaine a toujours été suivi en Belgique, et qu'il est conforme à la raison et à l'équité (2). Un grand jurisconsulte s'est prononcé en faveur de cette opinion. Savigny demande quel est le vrai siége de l'obligation : est-ce le lieu où elle prend naissance, ou le lieu où elle s'accomplit? Il répond que le lieu où une obligation se forme est un fait accidentel, passager, étranger à l'essence de l'obligation. Qu'est-ce qui fait l'essence de l'obligation? Tant qu'elle n'est pas accomplie, elle est incertaine et elle dépend du libre arbitre du débiteur; c'est son accomplissement qui la rend certaine, c'est donc sur l'exécution que doit se porter l'attention des parties contractantes : partant, c'est le lieu où l'obligation sera exécutée qui déterminera la loi d'après laquelle les parties ont entendu contracter (3).

Ce n'est qu'en hésitant que nous osons combattre une doctrine qui a pour elle l'autorité d'un si grand nom. Il nous semble que Savigny pose la question d'une manière trop abstraite, en demandant quel est le siége de l'obligation. A vrai dire, l'obligation n'a pas de siége, puisque c'est un lien de droit. Quels effets doit produire ce lien? Les effets sont déterminés par la volonté des parties contractantes, puisque c'est leur volonté qui fait leur loi. Tout dépend donc de la volonté des parties : si elles ont manifesté leur intention, tout est dit. Si elles ne l'ont pas exprimée, il faut voir quelle est leur intention probable; or, il est certes probable que les parties ont voulu régler les effets de leurs conventions par la loi sous l'empire de laquelle elles vivent. Cette probabilité devient une certitude quand les deux parties appartiennent à la même nation; le créan-

(1) L. 21, D., *de obligat. et action.* (XLIV, 7).
(2) Arrêt du 24 février 1849 (*Pasicrisie*, 1849, II, 107).
(3) Savigny, *Traité de droit romain*, traduit par Guenoux, t. VIII, § 370, p. 205 et suiv.

cier et le débiteur sont Français, l'obligation doit s'exécuter en Angleterre; quelle est la loi que les parties connaissent? C'est la loi française, c'est à celle-là qu'ils s'en rapportent, et non à la loi anglaise que le plus souvent elles ignorent. Nous supposons qu'elles sont domiciliées en France; si toutes deux avaient leur domicile en Angleterre, alors ce serait la loi anglaise qui réglerait les effets de l'obligation, non parce que le contrat doit s'exécuter en Angleterre, mais parce que, établies en Angleterre, elles sont censées connaître la loi anglaise mieux que la loi française.

Mais que faut-il décider si l'une des parties est anglaise et l'autre française? On suppose que le contrat doit s'exécuter en France, bien qu'il ait été fait en Angleterre. L'intention est plus difficile à saisir, puisqu'elle peut être différente chez les deux parties. On ne peut pas dire que c'est la loi anglaise plutôt que la loi française, puisque la position des deux parties est égale; il n'y a pas plus de raison de se prononcer pour le débiteur que pour le créancier. Il reste à choisir entre le lieu où le contrat s'est formé et celui où il doit s'exécuter. Dans le doute, nous déciderions que les parties ont eu en vue la loi du lieu où elles contractent. Comme l'intention est douteuse, il faut voir où est le siége de l'obligation; or, c'est là où elle s'est formée qu'elle a acquis la certitude dont parle Savigny; du moment que le consentement est intervenu, il n'y a plus rien d'incertain. En droit français, cela est si vrai, que la propriété se transfère par le seul concours de volontés. C'est le lieu où tout se consomme, qui doit aussi déterminer le droit d'après lequel se règlent les effets du contrat.

Toutefois il reste un doute; ce doute ne peut pas être levé par la science, puisque la question est et restera controversée; il ne peut pas même l'être par les lois, car les lois du lieu où le contrat se fait et celles du lieu où il s'exécute pourraient être contraires. Il n'y a qu'un moyen de décider la difficulté et de prévenir les procès, c'est de faire des traités qui règlent les principes du droit international privé.

N° 2. LOIS DE POLICE.

105. Les lois de police et de sûreté sont des lois réelles, car, aux termes de l'article 3 du code, elles obligent tous ceux qui habitent le territoire. Il ne saurait y avoir le moindre doute sur le principe; il découle du droit et du devoir qu'ont les nations de se conserver. Mais l'application a donné lieu à des difficultés. Que faut-il entendre par lois de police et de sûreté? Il est certain que le mot *lois* doit être pris dans sa plus large acception, et qu'il comprend non-seulement les actes du pouvoir législatif, mais aussi les règlements communaux; ces règlements ont force de loi pour les habitants de la commune, on peut donc les assimiler aux lois. Il est certain encore que par lois de police et de sûreté, le législateur a voulu désigner toutes les lois qui ont pour but de maintenir l'ordre social. De là suit qu'il ne faut pas limiter le principe aux lois pénales : il y a une police préventive qui tend à empêcher les délits, elle tient certainement à l'ordre public. La jurisprudence française a donné une plus grande extension au principe de l'article 3 ; nous allons rapporter les décisions, en y ajoutant nos réserves.

106. La loi du 26 germinal an XI interdit toute demande en nullité des divorces prononcés avant la publication du code civil. On sait que le divorce fut introduit en France par la législation révolutionnaire; les lois qui l'organisèrent avaient un caractère politique, notamment celles qui admettaient le divorce pour cause d'émigration ou d'absence; elles le permettaient sur la seule preuve de l'absence ou de l'émigration, sans autre formalité, sans autre épreuve. Le code civil restreignit la faculté de divorcer dans des limites bien plus étroites. Dans la crainte que les lois révolutionnaires ne donnassent lieu à des procès sans fin, le législateur crut devoir prohiber toute demande en nullité des divorces prononcés antérieurement. Merlin explique très-bien le caractère politique de la loi du 26 germinal. « Le législateur, dit-il, a dû considérer que l'esprit de parti s'attachait toujours à ces affaires; qu'elles

fournissaient toujours matière à des déclamations viru-
lentes contre les lois de 1792 et de l'an III, et plus encore
contre la Révolution, sans laquelle sans doute ces lois
n'auraient jamais existé, mais sans laquelle aussi nous
gémirions encore sous le joug de la féodalité et de toutes
les horreurs qu'elle traînait à sa suite. » La loi de l'an XI
ayant pour but de proscrire des actions qui tendaient à
perpétuer des agitations et des souvenirs qu'il importait
d'éteindre, on doit la considérer comme une loi de police
générale, qui assujettit à son empire tous ceux qui habitent le territoire. La cour de cassation accueillit ce système
dans la fameuse affaire Mac-Mahon (1).

N'est-ce pas dépasser les limites de l'article 3? Peut-on
dire qu'une loi relative au divorce concerne la police et la
sûreté? La question du divorce n'est-elle pas, avant tout, du
domaine des lois personnelles? N'était-ce donc pas la loi
étrangère qu'il fallait appliquer, puisque les parties en
cause étaient des étrangers? Que le législateur veille à ce
que des Français ne viennent pas attaquer les lois révolutionnaires et la Révolution elle-même, devant des tribunaux français, on le conçoit. Mais la sûreté de la France,
sa tranquillité eussent-elles été compromises, si un étranger avait demandé la nullité d'un divorce? La question est
au moins douteuse.

107. Il y a d'autres décisions qui nous paraissent déci-
dément contraires aux principes (2). Un étranger demande
la séparation de corps contre son conjoint étranger. Le
tribunal se déclare incompétent, mais il autorise la femme
à quitter le domicile conjugal, afin de pourvoir à la sûreté
personnelle de l'époux le plus faible. On maintient le mariage, et par suite la puissance maritale, et on brise cette
même puissance. N'eût-il pas été plus logique et plus
humain de se déclarer compétent et de prononcer la séparation de corps? La qualité d'étranger peut-elle aboutir à
un déni de justice? En vertu de quelle loi le tribunal auto-

(1) Arrêt du 22 mars 1806, et le réquisitoire de Merlin, dans son *Répertoire*, au mot *Divorce*, sect. IV, § 10.
(2) Ces décisions sont rapportées par Demolombe, *Cours de code Napoléon*, t. Ier, no 70.

rise-t-il la femme à quitter son mari? est-ce en vertu de l'article 3? Mais ce même article 3 ne consacre-t-il pas la puissance du mari, en reconnaissant implicitement le statut personnel de l'étranger? Le tribunal refuse de prononcer la séparation de corps entre des époux étrangers, et en même temps il la prononce de fait, en permettant à la femme de vivre séparément!

Il a encore été jugé par la cour de Paris, que le mari étranger pouvait être forcé de fournir des aliments à sa femme dans l'intérêt de l'ordre public. Pourquoi, au lieu d'invoquer l'ordre public, la cour n'a-t-elle pas invoqué le mariage et les obligations qui en naissent? Toujours parce que les tribunaux français se déclarent incompétents entre étrangers. Mais ils n'osent pas pousser cette doctrine jusqu'au bout, parce qu'il en résulterait une injustice criante: ils font donc indirectement, au nom de l'ordre public, ce qu'ils ne croient pas pouvoir faire directement. Nous reviendrons sur cette question de compétence. Pour le moment, il suffit de remarquer que l'article 3 ne justifie pas la décision que nous critiquons. La sûreté de la France n'est pas en cause ni sa tranquillité, parce qu'un mari étranger ne fournit pas d'aliments à sa femme : il s'agit d'intérêts purement privés. Mais ces intérêts n'en sont pas moins sacrés, et ils doivent trouver protection dans la justice humaine.

N° 3. LOIS CONCERNANT LES IMMEUBLES.

108. « Les immeubles, dit l'article 3, même ceux possédés par des étrangers, sont régis par la loi française. » C'est le statut réel par excellence. Faut-il l'appliquer aux successions? Quand un étranger est appelé à recueillir, à titre d'hérédité, des immeubles situés en France, la succession est-elle réglée par la loi française? Il y a une question préliminaire à décider. Avant de rechercher par quelle loi le droit de l'étranger est régi, il faut voir s'il a un droit. Le code civil ne le lui reconnaissait qu'à titre de réciprocité (art. 726, 912). En principe donc, l'étranger ne jouissait pas du droit héréditaire; mais des lois postérieures au code le lui ont accordé, la loi du 14 juillet 1819, en France, et la loi du 27 avril 1865, en Belgique. Reste à voir si le droit héréditaire de l'étranger est régi par le statut réel ou par le statut personnel.

Les jurisconsultes français se sont toujours prononcés pour l'application du statut réel. « En fait de succession, dit Boullenois, c'est la loi de la situation des biens qu'il faut suivre pour déterminer ceux qui doivent succéder, à quels biens et pour quelles portions (1). » Merlin, après avoir rapporté l'article 3, dit qu'il en résulte *sans difficulté*, que les immeubles que l'étranger possède en France seront régis, dans sa succession *ab intestat*, non par la loi de son pays, mais par la loi française, et qu'il ne peut en disposer, comme les Français, à titre gratuit, au préjudice de ses enfants ou de ses ascendants, que jusqu'à concurrence de la quotité déterminée par les articles 913 et 915 du code civil (2). Cette opinion est partagée par tous les auteurs français, et elle est consacrée par la jurisprudence. Il a été jugé par la cour de cassation que la transmission des biens par voie de succession est exclusivement régie par le droit civil de chaque peuple, suivant la situation des biens. Il a été jugé par la même cour que la disposition du testament d'un étranger, quoique excédant la quotité disponible d'après les lois de son pays, est valable en France, relativement aux immeubles qui y sont situés, si la libéralité n'excède pas le disponible fixé par la loi française (3).

L'opinion consacrée par la doctrine et par la jurisprudence se fonde sur la distinction des statuts. Qu'est-ce que la loi sur les successions a en vue? dit M. Demolombe.

(1) Boullenois, *Traité de la personnalité et de la réalité des lois*, t. II, p. 383.
(2) Merlin, *Répertoire*, au mot *Loi*, § 6, n° 2.
(3) Arrêt du 24 juin 1839 (Dalloz, au mot *Traité*, n° 156); arrêt du 19 avril 1841 (Dalloz, au mot *Lois*, n° 417); arrêt du 4 mars 1858 (Dalloz, *Recueil périodique*, 1857, 1, 102). Par application de ce principe, la cour de cassation a décidé que les tribunaux français étaient seuls compétents pour connaître d'une action en réduction de libéralités faites par un étranger, quand les libéralités ont pour objet des immeubles situés en France. (Arrêt du 22 mars 1865, dans Dalloz, 1865, 1, 167).

Le but immédiat, essentiel du législateur, ce sont les biens et leur transmission; donc le statut est réel. Il en est de même des lois qui règlent la réserve et le disponible : elles ont pour objet de déterminer à qui les biens seront transmis, au donataire, au légataire ou au légitimaire; la réserve n'est qu'une partie de la succession *ab intestat*, elle est donc de même nature. On pourrait croire que la défense de disposer au delà de la quotité fixée par la loi, produit une incapacité, que par suite le statut est personnel. A vrai dire, le père n'est pas incapable, du moins l'incapacité dont la loi le frappe n'est pas le but, c'est le moyen; le but c'est la transmission des biens aux réservataires, le moyen c'est la prohibition de disposer. S'il y avait incapacité, la disposition excessive serait nulle, tandis qu'elle est valable, si au décès il n'y a pas de légitimaires (1).

109. L'opinion traditionnelle a trouvé un rude adversaire. Savigny, l'illustre professeur de Berlin, dit qu'il est impossible d'appliquer à la succession la loi du statut réel. Ce statut suppose qu'il s'agit d'immeubles déterminés, situés dans tel ou tel pays; tandis que la succession est, comme on dit, une universalité de droit; elle comprend des immeubles et des meubles, des droits et des dettes; elle n'a pas de situation locale : où placera-t-on le siége des créances et celui des obligations? Quoiqu'il y ait des immeubles, il peut y avoir plus de passif que d'actif; où sera le siége d'une pareille hérédité? La succession est la transmission qui se fait en vertu de la loi ou de la volonté du défunt, de son patrimoine à d'autres personnes : c'est, à vrai dire, une extension de la puissance de l'homme au delà du terme où elle devrait s'arrêter, au delà de la vie. N'est-ce pas là un rapport essentiellement personnel? ne dit-on pas que l'héritier continue la personne du défunt? Dès lors la loi qui règle les successions forme un statut personnel. Sur quel principe la loi se fonde-t-elle pour transmettre les biens du défunt à tels ou tels de ses pa-

(1) Demolombe, *Cours de code Napoléon*, t. Ier, n° 80; Marcadé, *Cours de droit civil français*, t. Ier, p. 51.

rents? Sur sa volonté présumée. Voilà encore un élément de personnalité : car qu'y a-t-il de plus personnel que la volonté? Reste à savoir si la volonté peut varier suivant la nature et la situation des biens. Avons-nous une volonté différente pour les meubles et pour les immeubles? avons-nous telle volonté pour les immeubles situés en France, et une autre volonté pour les immeubles situés ailleurs? Non, certes; eh bien, la volonté étant unique, la loi qui en découle doit aussi être unique, c'est la loi qui régit la personne (1).

Cette opinion a pour elle les noms les plus célèbres dans la science du droit chez nos voisins d'Allemagne; elle tend à dominer dans toutes les écoles, chez les germanistes comme chez les romanistes. Mittermaier est d'accord avec Savigny. La jurisprudence l'a consacrée (2). Mais elle n'a pas trouvé faveur en France : nous ne connaissons que deux auteurs d'origine allemande, Zachariæ et M. Arntz, qui l'aient adoptée (3). Au point de vue de notre droit positif, elle est inadmissible. Il est vrai que l'article 3 parle des immeubles et non d'une universalité de droit, telle que l'hérédité; mais les anciens auteurs en faisaient autant, et néanmoins ils n'hésitaient pas à appliquer le statut réel à la succession, et ce sont bien les principes traditionnels que les auteurs du code ont entendu consacrer. Cela décide la question.

Mais si, d'après nos textes, la loi qui régit la succession est un statut réel, il est certain que, d'après les vrais principes, le statut est personnel. Nous avons en droit français un adage qui exprime avec une singulière énergie l'identité de l'héritier et du défunt : « Le mort saisit le vif et son hoir le plus proche. » Il est si vrai que l'héritier s'identifie avec le défunt, qu'il continue même la possession que le défunt a commencée. La succession est donc un prolongement de la personne du défunt : peut-on concevoir un

(1) Savigny, *Traité de droit romain*, traduit par Guenoux, t. VIII, §§ 375 et 376.
(2) Fœlix, *Traité du droit international privé*, p. 82.
(3) Zachariæ, *Cours de droit civil français*, t. Ier, § 31, no 4; Arntz, *Cours de droit civil français*, t. Ier, no 72.

droit plus personnel? On objecte qu'il n'est pas exact que les lois relatives aux successions *ab intestat* soient l'expression de la volonté présumée du défunt; quand on voit un collatéral du douzième degré concourir avec le père ou la mère du défunt, peut-on dire que le législateur a eu en vue l'affection du défunt pour ses parents? Il est vrai que le système du code conduit à des conséquences qui sont en opposition avec la volonté présumée du défunt. Cela n'empêche pas que le législateur ne se guide, en général, sur l'affection, sur les liens plus ou moins proches de la parenté, pour déférer les successions; or, dès que la volonté de l'homme joue le grand rôle dans la transmission de ses biens, le statut devrait être personnel.

On insiste, et l'on dit que si la volonté de l'homme est prise en considération dans la succession *ab intestat*, il n'en est certes pas ainsi quand le défunt a disposé de ses biens par donation ou testament et qu'il laisse des héritiers réservataires. Dans ce cas, loin de respecter la volonté du défunt, le législateur la brise. Rien de plus vrai, mais pourquoi? C'est précisément à raison des liens intimes qui existent entre les réservataires et le défunt. Y a-t-il quelque chose de plus personnel que le devoir, que le respect? Eh bien, le législateur rappelle au devoir le père qui le méconnaît, il rappelle au respect l'enfant qui le foule aux pieds. Et l'on veut que la loi qui sanctionne ce devoir et ce respect soit une loi réelle, qu'elle se préoccupe exclusivement des biens et de leur transmission!

Enfin, l'on prétend que la loi qui règle la succession est essentiellement politique, et que, comme telle, elle doit régir tous les habitants du territoire et tous les immeubles qui y sont situés (1). Nous ne nions pas le caractère politique des lois de succession; aristocratiques sous l'ancien régime, elles tendaient à perpétuer l'aristocratie, en concentrant sur une seule tête la fortune immobilière des familles. Depuis la révolution de 89, elles sont devenues démocratiques, et elles ont fait pénétrer les principes de liberté et d'égalité dans toutes les couches de la société.

_____

(1) Valette sur Proudhon, *Traité sur l'état des personnes*, t. Ier, p. 98.

Cela est incontestable, mais qu'est-ce que cela prouve?
Que le législateur français veuille démocratiser la France,
rien de plus naturel et de plus légitime; mais peut-il avoir
la même prétention pour les étrangers? A leur égard, la
personnalité reprend son empire, et le législateur doit la
respecter, s'il veut que l'on respecte à l'étranger la personnalité du Français. Ajoutons que s'il y avait dans le
statut personnel de l'étranger un principe hostile au droit
public de France, ce serait le cas d'appliquer l'exception
admise par tout le monde; le statut personnel cède devant
un intérêt social. Nous reviendrons sur ce point.

110. Ainsi la loi qui règle les successions, réelle d'après
la doctrine traditionnelle des statuts, est personnelle
d'après les vrais principes. Voilà déjà un grave préjugé
contre la théorie des statuts. Nos doutes augmentent à
chaque nouveau statut réel que nous rencontrons. L'article 907 dit que le mineur ne peut disposer au profit de
son tuteur, quoiqu'il soit parvenu à l'âge de seize ans;
même devenu majeur, il ne peut disposer au profit de
celui qui a été son tuteur, aussi longtemps que le compte
de tutelle n'a pas été rendu. Statut réel, dit la doctrine,
parce qu'il a principalement les biens pour objet : ce n'est
pas une incapacité que le législateur veut créer, il n'a donc
pas en vue l'état du mineur, mais la conservation de ses
biens (1). Cela est très-juste, si l'on s'en tient à la théorie
traditionnelle; mais la conséquence témoigne contre le
principe. Quoi! le législateur veut conserver les biens du
mineur, et il lui permet d'en disposer au profit de qui il
veut! Le tuteur seul est excepté, encore ne l'est-il qu'aussi
longtemps que la tutelle dure; devenu majeur, le pupille
peut disposer au profit de son tuteur, pourvu que celui-ci
ait rendu ses comptes. Cela nous révèle l'esprit et le but
de la loi. Le mineur n'est pas libre quand il dispose au
profit de son tuteur; dès lors, il y a une condition de capacité qui lui manque; il est incapable à raison de son état
et de la puissance tutélaire. Ne sont-ce pas là les caractères d'une loi personnelle? L'incapacité dérivant de l'état

(1) Dalloz, *Répertoire*, au mot *Lois*, n° 411.

du mineur ne le doit-elle pas suivre partout? Le législateur protégerait un incapable pour les biens qu'il a en France, et il ne le protégerait pas pour les biens qu'il a en Angleterre! Que si la loi étrangère permettait au mineur de disposer au profit de son tuteur, pourquoi la loi française le lui défendrait-elle? A l'appui de cette opinion, on peut encore invoquer le texte même du code Napoléon. Le chapitre II est intitulé : *De la capacité de disposer ou de recevoir*. C'est donc une condition de capacité qui est établie par l'article 907; dès lors le statut est personnel.

111. Aux termes de l'article 908, l'enfant naturel ne peut rien recevoir, par donation entre vifs ou par testament, au delà de ce qui lui est accordé au titre des Successions. Voilà encore un statut réel, d'après la plupart des auteurs. Il ne frappe pas l'enfant naturel d'une véritable incapacité, dit-on. En effet, dès qu'il n'est plus en concours avec des parents légitimes, son père peut lui donner tous ses biens. Quel est donc le but du législateur? C'est de confirmer la loi sur les successions : il craint que le père ne soit trop porté à dépouiller ses parents légitimes au profit de ses enfants naturels : donc il veut conserver les biens dans la famille légitime. Cette question est douteuse, même au point de vue des principes traditionnels sur les statuts. On peut dire : Non, le but de la loi n'est pas de conserver les biens aux parents légitimes, car dès que ceux-ci ne sont pas réservataires, le défunt peut tout donner, sauf à l'enfant naturel; il y a donc ici une véritable incapacité, partant un statut personnel (1). Si l'on scrute les motifs de la loi, la chose, nous semble-t-il, sera évidente. L'enfant naturel est en concours avec des parents légitimes, pourquoi la loi limite-t-elle la portion de biens qu'il peut recueillir? Pour honorer la parenté légitime, et par suite le mariage ; pour réprouver le concubinage et écarter les enfants auxquels il donne le jour. C'est donc bien un motif d'état qui a déterminé le législateur. Voilà pourquoi, quand il n'y a point de parents légitimes, l'enfant

_____

(1) Marcadé expose très-bien les motifs pour et contre la réalité du statut (*Cours élémentaire de droit civil*, t. Ier, p. 52).

naturel peut tout recevoir ; c'est qu'alors l'intérêt du mariage est hors de cause ; il n'y a plus le scandale qu'il y aurait si des parents naturels étaient préférés à des parents légitimes. Ainsi, que la loi déclare l'enfant naturel capable de recevoir ou incapable, c'est toujours l'honneur dû au mariage qui dicte ses dispositions. Et l'on veut que cette loi soit réelle, qu'elle n'ait en vue que les biens !

112. Il y a des lois et des coutumes qui défendent à la femme de s'obliger pour son mari. La cour de cassation a vu dans cette prohibition un statut réel : et elle a raison en ce sens que la loi veut empêcher que la femme ne se dépouille elle et ses enfants dans l'intérêt de son mari; elle a donc pour but la conservation de ses biens. Mais l'arrêt même qui le décide ainsi nous donne un motif de douter, au point de vue des vrais principes. Il ajoute que ce statut a le caractère d'une convention tacite, sous la foi de laquelle le mariage a été contracté (1). Si c'est une convention, ne faut-il pas, avant tout, consulter l'intention des parties contractantes? Et cette intention peut-elle dépendre de la situation des biens? Les époux ont-ils une autre intention pour les biens situés en France que pour les biens situés en Angleterre ? Si c'est une convention, les effets qu'elle doit produire se règlent non d'après la loi du lieu où les biens sont situés, mais d'après le statut personnel, ou d'après le statut du domicile, si le domicile diffère de la nationalité. La personnalité du statut est certaine, si l'on considère les motifs qui ont fait établir la prohibition. Sans doute, la loi veut empêcher que la femme ne se dépouille elle et ses enfants : est-ce à dire qu'elle ait principalement en vue les biens de la femme? Si tel avait été le but du législateur, il aurait dû la déclarer absolument incapable, mais alors aussi la personnalité du statut eût été incontestable. Si la loi défend à la femme de s'obliger pour son mari, tout en lui permettant de s'obliger pour des tiers, c'est qu'elle suppose que la femme n'est pas libre, quand il s'agit de son mari, de refuser son consentement. C'est donc un élément essentiel de la capacité, le

(1) Arrêt du 25 mars 1840 (Dalloz, au mot *Lois*, n° 411).

consentement qui manque ou qui est altéré : n'est-ce pas là un statut essentiellement personnel?

113. La prohibition faite aux époux de s'avantager mutuellement, en certains cas, est un statut réel. En effet, elle a principalement pour but d'empêcher les époux de se dépouiller l'un l'autre, et par suite elle tend à conserver les biens de chacun d'eux à leurs héritiers. Les anciens parlements l'ont décidé ainsi, et l'on peut voir dans Boullenois les témoignages de nos plus grands jurisconsultes qui partagent cette opinion : Dumoulin et d'Argentré, en désaccord sur tout, sont ici du même avis (1). Au point de vue de la doctrine traditionnelle, la question n'en est donc pas une (2). Mais si on laisse là la tradition pour consulter la raison, des doutes sérieux s'élèvent contre la réalité de ce statut. La loi a pour but, dit-on, de conserver les biens aux époux ; et cependant elle leur permet de les donner à qui ils veulent! Il y a donc là une prohibition qui ressemble singulièrement à une incapacité. N'est-elle pas fondée sur des considérations tirées du mariage? Le législateur n'a-t-il pas craint l'influence excessive d'un conjoint sur l'autre? N'en résulte-t-il pas une violence morale, une espèce de vice du consentement? Et tout ce qui tient au consentement n'est-il pas personnel par essence?

Merlin avoue que les motifs de la loi sont personnels : elle veut assurer, dit-il, entre les époux l'union et la concorde. N'est-ce pas une raison pour déclarer le statut personnel? Non, répond-il; pour discerner si un statut est réel ou personnel, il ne faut pas s'arrêter aux motifs qui ont pu arrêter le législateur, il ne faut considérer que l'objet sur lequel porte la loi. Or, quel est l'objet d'une loi qui défend les avantages entre époux? Les jurisconsultes romains nous le disent, c'est d'empêcher les époux de se

(1) Boullenois, *Traité de la personnalité et de la réalité des statuts*, t. II, p. 100 et suiv.
(2) Ainsi jugé par arrêt de la cour de cassation du 4 mars 1857 (Dalloz, *Recueil périodique*, 1857, 1, 102). Le même arrêt décide que la loi sarde qui défend aux époux de stipuler une autre communauté que celle d'acquêts, est un statut réel. Au point de vue de la doctrine traditionnelle, la décision est irréprochable. Mais d'après l'intention des parties? d'après la raison ?

dépouiller mutuellement de leurs biens : c'est donc sur les biens que porte le statut, partant il est réel (1). Merlin raisonne logiquement : mais la logique ne témoigne-t-elle pas ici contre la doctrine? Quoi! il faut faire abstraction des motifs pour lesquels le législateur a établi la prohibition! N'est-ce pas là une façon mécanique d'interpréter les lois? Les motifs, c'est l'esprit de la loi, c'est son âme; il faut donc laisser l'âme de côté et s'en tenir au corps! Le législateur craint que le consentement des époux ne soit altéré par l'influence abusive que l'un exerce sur l'autre : mais il borne sa crainte et sa sollicitude aux immeubles situés en France; si les époux disposent de biens situés dans un pays où la loi leur permet de se dépouiller l'un l'autre, la loi française approuve : le consentement est vicié en France, il est libre en Angleterre! Il nous paraît impossible de scinder ainsi et de déchirer la volonté de l'homme.

114. La cour de Liége a jugé que le statut qui défend au mari d'aliéner les immeubles de la femme sans son consentement est réel (2). C'est toujours la même raison; la loi a pour objet principal de conserver les immeubles de la femme. Sans doute; mais quel est le principe de la prohibition? N'est-ce pas la volonté même des parties contractantes? Il est certain que les droits du mari sur les biens de la femme dépendent des conventions matrimoniales des époux, expresses quand ils règlent eux-mêmes leurs intérêts, tacites quand ils s'en rapportent à la loi qui forme le droit commun. Or, les conventions ne résultent-elles pas de la volonté des parties? et qu'est-ce qu'il y a de plus personnel que la volonté? Les époux ne veulent pas que le mari aliène les immeubles de la femme situés en France; mais si les immeubles sont situés en Allemagne, leur volonté est autre! La volonté se divise-t-elle; change-t-elle d'après la situation des biens? Le droit français dit que les conventions matrimoniales sont irrévocables : n'est-ce pas dire que la volonté des époux est fixée telle

---

(1) Merlin, *Questions de droit*, au mot *Avantages entre époux*, § 2.
(2) Arrêt du 31 juillet 1811 (Dalloz, au mot *Lois*, n° 413)

qu'elle est exprimée lors du contrat? Et l'on veut cependant qu'elle change d'un pays à l'autre, et qu'elle change sans qu'ils en aient conscience ! car ils ne connaissent pas même ces législations locales selon lesquelles on leur fait vouloir le contraire de ce qu'ils ont réellement voulu!

115. Quelle loi règle l'aliénabilité ou l'inaliénabilité de la dot? Presque tous les auteurs se prononcent pour la réalité du statut; et cette opinion a été consacrée par de nombreux arrêts de la cour de cassation. Il a été jugé que le statut qui a pour objet la conservation d'une certaine espèce de biens dans les familles est essentiellement réel. D'où suit qu'une femme étrangère, mariée sous le régime dotal, ne peut aliéner ses immeubles dotaux situés en France que dans les cas où la loi française le permet par exception (1). Cette opinion est fondée sur la doctrine traditionnelle des statuts. Pour qu'un statut soit personnel, dit la cour de Lyon, il faut qu'il règle directement, et abstraction faite des biens, la capacité ou l'incapacité générale et absolue des personnes de contracter : quand une loi reconnaît la personne capable d'aliéner ses biens et lui défend seulement d'aliéner certains biens, ce dernier statut est réel, car il n'a que ces biens pour objet. Telle est la loi qui déclare les biens dotaux inaliénables : la femme mariée sous le régime dotal n'est pas frappée d'une incapacité générale et absolue, elle reste au contraire capable d'aliéner ses biens paraphernaux : il n'y a que certains biens qu'il lui est défendu d'aliéner, les immeubles dotaux; la loi qui établit l'inaliénabilité du fonds dotal est donc réelle. Il y a une autre raison pour le décider ainsi; les lois romaines nous la disent : il importe à la société que les femmes conservent leur dot, car la société est intéressée à ce que, veuves, elles puissent se remarier (2).

Nous n'entendons pas critiquer une opinion qui a pour elle la doctrine des auteurs et la jurisprudence des arrêts.

---

(1) Voyez les auteurs et les arrêts cités dans Dalloz, au mot *Lois*, nos 412 et 413 ; Merlin, *Questions de droit*, au mot *Régime dotal*, § 1er, no 2.

(2) Arrêt de la cour de Lyon du 25 janvier 1823, confirmé par la cour de cassation (Dalloz, au mot *Lois*, no 388).

Seulement il nous semble que la décision témoigne contre le principe sur lequel elle s'appuie. Elle conduit, en effet, à violer l'intention des parties contractantes, laquelle fait leur loi. D'après le droit français, il est certain que l'inaliénabilité du fonds dotal n'est pas imposée aux époux : ils sont libres de déclarer que les immeubles dotaux sont aliénables. Tout dépend donc de leur volonté ; cette volonté peut être expresse ou tacite. Il suffit que les époux se marient sous l'empire d'une loi qui déclare les biens dotaux aliénables, pour qu'ils puissent les aliéner, s'ils n'ont pas fait de conventions contraires. Supposons que d'après leurs conventions tacites, faites à l'étranger, les biens dotaux soient aliénables : on défendra néanmoins à ces époux d'aliéner les fonds dotaux situés en France ! Et pourquoi? Parce que, en vertu du mécanisme juridique qui règle cette matière, le statut est réel. Est-ce que la loi réelle peut jamais l'emporter sur la volonté des parties dans une matière où tout dépend de leur volonté? Vainement invoque-t-on l'intérêt général ; s'il y avait un intérêt général en cause, la loi ne permettrait pas aux époux d'y déroger. La vérité est qu'il y a conflit d'intérêts : l'intérêt social demande que les biens restent dans le commerce ; l'intérêt de la femme et des enfants demande que les biens soient mis à l'abri des dissipations du mari, ce qui est aussi un intérêt général : dans ce conflit, la loi s'en est rapportée aux époux. Dès lors leur volonté fait loi : s'ils veulent garantir la femme contre sa faiblesse et contre les obsessions, les violences du mari, il faut que leur volonté soit respectée, de même qu'elle doit l'être s'ils déclarent que les biens dotaux pourront être aliénés. Or, est-ce respecter la volonté des époux que de décider que, malgré eux, les immeubles dotaux seront aliénables ou inaliénables (1)?

116. La loi qui accorde une hypothèque aux mineurs sur les biens du tuteur, et aux femmes mariées sur les biens du mari, est-elle réelle ou personnelle? C'est

---

(1) C'est l'opinion de Demangeat, *Du statut personnel* (*Revue pratique de droit français*, t. Ier, p. 59 et suiv.).

une question très-controversée (1). Il y a un point préliminaire à décider. Est-ce que l'hypothèque légale est
un de ces droits civils que la loi ne donne qu'aux Français,
qu'elle refuse, par cela même, aux étrangers? Si l'hypothèque légale est un droit civil, dans le sens strict du
mot, il est inutile de discuter la personnalité ou la réalité
de la loi qui l'établit ; puisque, dans ce cas, l'étranger ne
pourra jamais l'exercer sur les biens situés en France.
C'est seulement s'il jouit de ce droit, que l'on peut demander s'il est régi par la loi française ou par la loi étrangère.
Nous n'entrons pas dans ce débat préliminaire, la question ayant été décidée en faveur des étrangers par notre
loi hypothécaire du 16 décembre 1851 (art. 2 additionnel).

Les mineurs étrangers et les femmes étrangères peuvent donc avoir une hypothèque légale sur les biens du
tuteur et du mari situés en Belgique : notre loi semble
même dire que cette hypothèque leur appartient toujours,
puisqu'elle dit : « Le mineur étranger *aura* hypothèque
légale ; la femme étrangère *aura* hypothèque légale, » et
la loi ajoute : quand même la tutelle aurait été déférée en
pays étranger, et quand même la femme aurait été mariée
en pays étranger. Mais le texte n'a pas le sens absolu qu'il
paraît avoir. Le but du législateur n'a pas été de décider
que le statut de l'hypothèque légale est réel, il a voulu trancher la controverse qui existait sur la question de savoir si
l'hypothèque légale était un droit civil : il décide que c'est
un droit naturel. Reste à savoir par quelle loi ce droit est
régi. Le législateur belge n'a pas entendu préjuger cette
question. Ce qui le prouve, c'est que la commission du
Sénat s'est demandé si le mineur étranger aurait une
hypothèque légale en Belgique, quand d'après les lois de
son pays il n'a point cette garantie : et le rapport décide
la question contre le mineur. Nous ne disons pas que
l'opinion de la commission fait loi. Toujours est-il que la
question reste entière, malgré les termes impératifs de
l'article 2 additionnel.

---

(1) Voyez les sources, dans Dalloz, au mot *Priviléges et hypothèques*,
n°ˢ 868 et suiv.

Nous croyons, avec la commission du Sénat, que le statut de l'hypothèque légale est personnel, en ce sens que c'est la loi étrangère qui décide à quelle garantie le mineur et la femme mariée ont droit. Il ne faut pas perdre de vue que l'hypothèque n'est qu'un accessoire de la créance principale. D'où naît cette créance? De la tutelle et du mariage, ainsi de deux faits qui constituent un état d'où dérive une incapacité. La créance principale tient donc à un statut personnel : n'en doit-il pas être de même de la garantie qui l'assure? Les motifs pour lesquels la loi accorde une hypothèque aux mineurs et aux femmes mariées conduisent à la même conclusion. C'est à des incapables que la loi donne cette garantie; c'est parce que le mineur et la femme mariée ne peuvent pas veiller eux-mêmes à leurs intérêts que le législateur intervient et stipule pour eux, en faisant ce qu'ils auraient fait s'ils en avaient la capacité. Une garantie donnée à un incapable, à raison de son incapacité, n'est-elle pas une dépendance du statut personnel, et ne participe-t-elle pas de la nature de ce statut? L'hypothèque légale n'est-elle pas personnelle en ce sens qu'elle est censée stipulée par le créancier?

Il y a encore une autre considération qui vient à l'appui de cette opinion. La tutelle s'ouvre à l'étranger, le mineur est étranger; quelles seront les garanties dont il jouira pour sa personne et pour ses biens? C'est évidemment la loi personnelle qui décide cette question; et elle la décide d'après les mœurs, la tradition, l'état social, tous éléments nationaux, personnels. Ici il y a un collége pupillaire, là ce sont les tribunaux qui interviennent, ailleurs c'est le conseil de famille et il y a des sûretés réelles. Le mineur peut-il cumuler toutes ces garanties? Pour celles qui dérivent de certaines institutions, telles que le conseil de famille ou le collége pupillaire, cela serait impossible; les garanties réelles, à la rigueur, pourraient exister et concourir avec d'autres mesures de prévoyance. Toujours est-il qu'il y aurait là un mélange de systèmes contraires, ce qui serait peu juridique.

En disant que le statut de l'hypothèque légale est personnel, nous n'entendons pas dire que l'hypothèque sera organisée et exercée conformément à la loi étrangère. Notre loi hypothécaire dit le contraire : elle veut que les hypothèques légales des étrangers soient spécialisées et rendues publiques, d'après les prescriptions de la législation belge. A plus forte raison en est-il ainsi de l'exercice de l'action hypothécaire. C'est que la spécialité et la publicité des hypothèques sont établies dans l'intérêt des tiers, donc dans un intérêt général; dès lors les étrangers doivent remplir ces formalités aussi bien que les indigènes. Quant au mode d'exercer le droit hypothécaire, il tient au droit public comme toute la procédure ; c'est dire qu'il est essentiellement d'intérêt général, et par conséquent obligatoire pour tous ceux qui habitent le territoire.

N° 4. LOIS CONCERNANT LES MEUBLES.

117. C'était une maxime de nos coutumes que « meubles suivent le corps ou la personne. » De là l'opinion commune dans l'ancien droit que les lois qui régissent les meubles forment un statut personnel (1). La commission chargée de rédiger un projet de code civil formula ce principe dans le *Livre préliminaire* (titre IV, art. 5) : « Le mobilier du citoyen français résidant à l'étranger est réglé par la loi française comme sa personne. » On sait que ces principes généraux sur les lois furent retranchés ; ils attestent néanmoins que les auteurs du code étaient dans l'ordre d'idées qui régnait dans la doctrine et dans la jurisprudence avant 89. Mais l'article 3 gardant le silence sur les meubles, les jurisconsultes se sont divisés. Il y en a qui admettent la réalité du statut qui régit les meubles, par la même raison pour laquelle le code déclare que la loi française régit les immeubles appartenant aux étrangers. Les meubles ne sont-ils pas, comme les immeubles, soumis au souverain du pays où ils se trouvent ?

(1) Bouhier, *Observations sur la coutume du duché de Bourgogne*, chap. XXV, n°s 2 et suiv.

Qu'importe qu'ils ne fassent pas partie du sol? Cela n'empêche pas qu'ils ne soient sous la main de la puissance publique là où ils se trouvent. On dit qu'ils sont ambulatoires et que par suite ils sont réputés n'avoir point de situation. Pure fiction que cet adage! La vérité est que les meubles ont toujours une situation, quoiqu'elle puisse ne pas être permanente. Mais de ce qu'ils changent de place, peut-on conclure qu'ils n'ont pas de place? Si la souveraineté, comme on le dit, est de son essence entière, indivisible, ne doit-elle pas s'étendre sur les meubles aussi bien que sur les immeubles? Vainement le législateur aurait-il dit, comme le faisaient les auteurs du code, que les meubles du citoyen français sont régis par la loi française ; en réalité, le pouvoir du législateur s'arrête à la frontière, il n'a aucun moyen de donner une sanction à la personnalité du statut concernant les meubles : et conçoit-on qu'il porte des lois dont il lui est impossible d'assurer l'exécution (1)?

La conséquence la plus importante de cette première opinion, c'est que la succession mobilière de l'étranger est régie par la loi française pour les meubles qu'il possède en France, aussi bien que pour les immeubles. Il y a des arrêts en ce sens. On convient que dans l'ancien droit les meubles étaient régis par le statut du domicile du défunt : cela se conçoit, dit-on, de coutume à coutume, sous l'empire de la même souveraineté; mais cette fiction ne saurait s'étendre à des Etats soumis à une souveraineté différente. Un arrêt de la cour de Rouen a décidé, en conséquence, que des biens, meubles comme immeubles, qui se trouvaient en Russie, étaient tous valablement acquis à la personne envoyée en possession de ces biens, en vertu des lois et des jugements russes (2). Et la cour de Riom a jugé que la succession mobilière d'un étranger devait être régie par la loi française pour les meubles qui se trouvaient en France (3).

118. Merlin convient que l'article 3 du code ne peut

(1) C'est l'opinion de Marcadé, t. Iᵉʳ, p. 80, nᵒ 6.
(2) Arrêt du 25 mai 1813 (Dalloz, au mot *Droits civils*, nᵒ 445).
(3) Arrêt du 7 avril 1835 (Dalloz, au mot *Droits civils*, nᵒ 86, 2ᵒ).

pas être invoqué en faveur du statut personnel. En effet, de ce que la loi dit que les immeubles, même ceux possédés par des étrangers, sont régis par la loi française, peut-on inférer que leurs meubles sont régis par la loi étrangère? Il faudrait en inférer aussi que la loi française ne régit pas les meubles possédés en France par des Français : ce qui est absurde. Le silence du code ne peut donc pas être invoqué pour la personnalité du statut mobilier. A s'en tenir à la rigueur du droit civil, continue Merlin, il faudrait dire que la fiction de droit qui répute les meubles situés dans le domicile de la personne à qui ils appartiennent, ne reçoit pas d'application à l'étranger, car le droit civil de chaque Etat est limité à cet Etat même; peut-on étendre à un autre Etat une fiction qui est l'ouvrage de la loi et qui n'existerait pas sans elle? Mais est-ce le cas d'observer le droit civil dans toute sa rigueur? Si les Etats se prêtent, par courtoisie, à appliquer les lois étrangères qui règlent l'état et la capacité des personnes, pourquoi n'agiraient-ils pas de même quand il faut régler la transmission de leur mobilier? Le silence du code peut être invoqué pour l'étranger aussi bien que contre lui. Si ce silence implique que les meubles appartenant au Français sont régis par la loi française, pourquoi n'admettrait-on pas le même principe pour les meubles possédés par l'étranger, c'est-à-dire la loi personnelle pour l'un comme pour l'autre (1)?

119. Cette seconde opinion est en harmonie avec la tradition; et elle est aussi dans l'esprit du droit français. On sait le peu de prix que l'ancien droit attachait aux meubles : *vilis mobilium possessio.* Qu'importait au législateur que ces choses viles fussent régies par une loi étrangère, quand elles appartenaient à un étranger? La puissance souveraine n'y était pas intéressée; elle s'étendait sur les immeubles, cela lui suffisait ; car ce sont les immeubles qui constituent le territoire et non les meubles; or, la souveraineté est essentiellement territoriale. Les choses sont bien changées depuis le développement prodi-

(1) Merlin, *Répertoire,* au mot *Loi,* § 6, n° 3.

gieux que l'industrie a pris dans les temps modernes ; la richesse mobilière tend à l'emporter sur la richesse immobilière, parce qu'elle n'a pas de limites. On conçoit dès lors qu'il se soit aussi fait une révolution dans les idées des jurisconsultes ; ils subissent l'influence de l'esprit nouveau. De là une troisième opinion sur la nature des lois qui régissent les meubles. On tient compte de la courtoisie invoquée par Merlin ; mais si l'on est disposé à se montrer courtois pour l'étranger, c'est à condition que l'étranger se montre aussi courtois envers nous. Permet-il à la loi française de régir le mobilier qui appartient au Français résidant à l'étranger, on témoignera la même bienveillance pour la loi étrangère, et on lui permettra de suivre le mobilier comme la personne de l'étranger en France. Les codes de Prusse et d'Autriche admettent le statut personnel de l'étranger pour son mobilier ; nous l'admettrons par réciprocité pour le mobilier que les Prussiens et les Autrichiens possèdent en France. Mais le code bavarois applique le statut réel aux meubles qu'un étranger possède en Bavière ; on appliquera en France le statut français au mobilier qu'un Bavarois y possède, si un intérêt français s'y trouve engagé (1). C'est dire qu'un seul et même statut sera tantôt réel, tantôt personnel, suivant que les Français auront intérêt à le regarder comme réel ou comme personnel. Cela est inadmissible. Vainement invoque-t-on le silence du code. Il est vrai qu'il n'y a point de texte qui puisse être violé. Mais quand la loi est muette, le juge n'est-il pas lié par les principes ? Le code même n'admet-il pas la distinction des statuts pour l'étranger aussi bien que pour l'indigène ?

120. Si l'on pouvait faire abstraction de la tradition, il faudrait rejeter la distinction des meubles et des immeubles. Elle n'a pas de fondement rationnel. La considération de la valeur n'est pas un motif juridique ; et si on l'invoquait, la balance serait pour le moins égale entre la

---

(1) C'est l'opinion de Demolombe, *Cours de code Napoléon,* t. Ier, p. 110, n° 95.

richesse mobilière et la richesse immobilière. On dit que les meubles servent à l'usage de la personne ; cela est vrai de quelques effets mobiliers, mais cela n'est certes pas vrai pour les actions et les obligations créées par le commerce et l'industrie ; elles servent à la personne au même titre que les immeubles, c'est-à-dire comme instrument de développement intellectuel et moral. Etant de même nature, et ayant la même destination, pourquoi les meubles suivraient-ils une autre loi que les immeubles? Est-ce parce qu'ils ne font pas partie du territoire? La notion de la souveraineté qui l'attache au territoire était juste dans les vieux temps, alors que les possesseurs du sol étaient souverains, et qu'il n'y avait point de richesses mobilières. En présence des merveilles de l'industrie, peut-on dire encore que la souveraineté ne se soucie point des biens mobiliers? Non, certes. Toute richesse intéresse le législateur, parce que plus une nation est riche, plus elle est civilisée ; non que la richesse soit le but de la civilisation : Dieu nous garde d'un pareil matérialisme qui nous conduirait tout droit à la barbarie ! mais la richesse est l'instrument de la culture intellectuelle et morale, dès lors elle doit être soumise à l'action de la loi, qu'elle consiste en meubles ou en immeubles.

Savigny nous apprend que cette opinion prévaut parmi les jurisconsultes allemands, quelque divisés qu'ils soient, du reste, selon qu'ils appartiennent à l'école des germanistes ou à celle des romanistes ; et la jurisprudence entre aussi dans cette voie (1). Il est impossible d'admettre cette doctrine en droit français, car la distinction des meubles et des immeubles est écrite à chaque page de nos codes, et le texte même de l'article 3 en fait l'application à la matière des statuts, puisqu'il ne répute statut réel que celui qui régit les immeubles. Restons donc fidèles à notre tradition juridique, jusqu'à ce que le législateur trouve bon de la modifier. C'est à ce point de vue qu'il faut se placer pour décider si le statut qui régit les meubles est

---

(1) Savigny, *Traité de droit romain*, t. VIII, p. 117 (de la traduction française).

personnel ou réel. L'intérêt de la question se concentre sur la succession mobilière. Merlin ne fait aucune difficulté d'appliquer le statut personnel, soit à la succession *ab intestat* des biens meubles qui se trouvent sur le territoire français, soit à la réserve et à la quotité disponible. C'était l'ancienne doctrine; c'était celle des auteurs du code; dès lors le silence du code est très-significatif. Si l'argument tiré du silence de la loi n'a aucune valeur quand il est en opposition avec les principes, il ne peut pas être rejeté quand il s'appuie sur une tradition séculaire (1). Il est vrai qu'il en résultera une singulière anomalie : c'est que la succession de l'étranger sera régie par la loi française pour les immeubles qu'il possède en France, tandis que ses biens mobiliers seront transmis d'après la loi étrangère. Mais l'anomalie est dans le système du code, elle est inhérente au statut réel, puisque dans son application au droit d'hérédité, il conduit à autant de successions diverses qu'il y a d'immeubles situés dans des pays divers. Dans notre opinion, le statut personnel devrait régir toute l'hérédité; nous maintenons le principe traditionnel du statut mobilier, comme un premier pas fait dans la vraie doctrine.

121. Les auteurs qui admettent le statut personnel pour régler la succession mobilière conviennent que lorsque les meubles ne forment pas une universalité, ils sont soumis au statut réel. Merlin demande quelle loi il faut suivre pour la saisie des meubles appartenant à un étranger en France. Il répond, sans hésiter : La loi française. Le juge du lieu où se trouvent les meubles étant seul compétent pour connaître de la saisie, c'est par la loi française qu'il doit juger si la saisie est bien ou mal faite. La raison ne nous paraît pas décisive; en effet, la per-

---

(1) Jugé en ce sens par un arrêt du 13 mars 1850 de la cour de Paris (Dalloz, *Recueil périodique*, 1852, 2, p. 79). La cour en a tiré cette conséquence qu'il n'appartient pas aux tribunaux français de connaître d'une demande en partage d'une pareille succession. Ceci est au moins douteux. La cour de cassation a encore décidé que l'action en réduction des donations mobilières ne peut pas être portée devant les tribunaux français. (Arrêt du 22 mars 1865, dans Dalloz, 1865, 1, 127). Comparez, dans le même sens, un arrêt de la cour de Paris du 6 janvier 1862 (Dalloz, 1862, 2, 73).

sonnalité ou la réalité d'un statut ne dépendent pas de la compétence du juge. Il faut néanmoins adopter la décision de Merlin, par un motif péremptoire : la saisie est une question de procédure, et la procédure est de droit public. C'est dire que la puissance souveraine est en cause, et quand la souveraineté est engagée, on ne tient plus compte de la différence de nationalité. Ce sont des officiers publics qui saisissent. Que peuvent-ils saisir? Ce que la loi au nom de laquelle ils agissent leur permet de saisir. Dans quelle forme procèdent-ils? D'après la forme prescrite par la loi qui autorise la saisie.

La loi française, continue Merlin, qui déclare qu'en fait de meubles possession vaut titre, s'applique aux meubles qu'un étranger possède en France. Car il s'agit de revendiquer, c'est-à-dire d'exercer une action judiciaire : or, le juge ne peut admettre l'action que si la loi française l'autorise. Il y a une autre raison qui est plus décisive. Le principe qu'en fait de meubles possession vaut titre, est fondé sur l'intérêt du commerce; ce qui est un intérêt vital pour l'Etat. Dès lors un étranger ne peut pas être admis à se prévaloir de son statut personnel ; ce serait sacrifier l'intérêt de la société aux convenances d'un étranger, ce qui est absurde.

Enfin, dit Merlin, la succession mobilière en déshérence appartient à l'Etat où les meubles se trouvent, et non à l'Etat auquel appartient le défunt. Ici il y a un motif de douter : l'Etat ne succède-t-il pas comme héritier? ou du moins comme successeur irrégulier? Dès lors il semblerait qu'il peut invoquer le statut personnel aussi bien que tout autre successeur. Il est vrai que l'Etat est successeur, mais ce n'est pas au même titre que les parents du défunt; il n'a aucune qualité pour succéder. Si la loi lui attribue les successions en déshérence, c'est par application du principe que les biens vacants et sans maître appartiennent au domaine public, et ce principe est d'ordre public, puisqu'il a pour but d'empêcher les voies de fait. Cela décide la question en faveur du statut réel (1).

---

(1) Merlin, *Répertoire*, au mot *Loi*, § 6, n° 3.

§ 4. *Critique de la doctrine des statuts.*

122. La doctrine des statuts personnels et réels est-elle fondée en raison? On la considère comme un axiome, cependant on n'a cessé de se disputer, dans l'ancien droit et dans le nouveau, sur l'application des principes traditionnels : on peut dire que dans cette matière il y a autant de controverses que de questions. Cela ne doit-il pas faire naître quelque doute sur la vérité de ces principes? Oublions pour un moment la tradition, et examinons la nature des lois. Portalis disait au Corps législatif, le 28 frimaire an x : « Tout aboutit à la personne. » En ce sens, toutes les lois sont personnelles. Y aurait-il des lois, s'il n'y avait point de personnes? Ce n'est pas assez dire. Qu'est-ce que les lois? Sont-elles un fait arbitraire? la création du législateur? Non, elles sont l'expression de nos sentiments et de nos idées, c'est-à-dire de ce qu'il y a de plus intime dans notre être. En ce sens, toutes les lois sont personnelles, et on peut dire de tous les statuts ce que les anciens jurisconsultes disaient de ceux qui régissent l'état des personnes et leur capacité : les uns comparaient les statuts personnels à l'ombre qui suit le corps (1), les autres les représentaient comme la moelle de nos os (2). C'était marquer avec énergie qu'il y a des statuts qui font partie de notre être, de notre sang, qui ne sauraient être détachés de notre personnalité, parce qu'ils s'identifient avec elle. Cela n'est-il pas vrai, dans une certaine mesure, de toutes les lois?

123. Il est vrai que les lois concernent aussi les biens, même les plus personnelles, celles qui règlent la nationalité ou l'état civil. En effet, les lois sont relatives aux droits et aux obligations; or, les droits et les obligations aboutissent directement ou indirectement à nous procurer les objets du monde physique qui nous sont nécessaires pour notre développement intellectuel et mo-

(1) Boullenois, *Traité de la réalité et de la personnalité des statuts*, t. Ier, p. 173.
(2) Van der Meulen, *Decisiones brabant.*, p. 109.

ral. Est-ce à dire qu'il y ait des lois qui ont principalement les biens en vue ? On le prétend : un auteur moderne va jusqu'à dire que dans les lois réelles les personnes sont considérées comme moyens (1). Voilà une idée que nous ne saurions admettre, et cependant M. Demolombe a raison au point de vue de la théorie traditionnelle. Quoi! la personnalité serait un moyen ? L'homme peut-il jamais devenir la dépendance, l'accessoire d'une chose ? Qu'est-ce donc que ces biens qui sont si précieux, que ce qu'il y a de plus précieux, notre individualité, y soit subordonné ? Nous venons de répondre à la question. Oui, sans doute, l'homme ne peut pas vivre sans les objets du monde physique ; il ne peut développer ni son âme ni son intelligence, s'il n'a à sa disposition les instruments nécessaires : les biens sont cet instrument. Faut-il demander si c'est notre âme qui est l'élément essentiel de notre être, ou si ce sont les objets du monde physique dont elle se sert comme d'un instrument ? Qu'est-ce qui est le moyen ? qu'est-ce qui est le but ? Tous ceux qui sont persuadés qu'ils ont une âme, répondront : Les biens sont le moyen ; c'est l'homme dans ce qu'il a de plus noble, de plus essentiel qui est le but. Si telle est la nature de l'homme, telles doivent aussi être les lois, puisque les lois sont l'expression de notre nature. Dès lors le législateur peut-il jamais traiter l'homme comme un moyen ? et les biens, qui sont le vrai moyen, peuvent-ils jamais devenir l'objet principal de ses dispositions ? Pourquoi, en définitive, les lois s'occupent-elles des biens ? « Pour l'utilité commune des personnes, » répondent les auteurs du code, dans le livre préliminaire (titre Ier, article 7). Donc la loi a toujours l'homme en vue, et partant toute loi est en principe personnelle.

124. Examinons les plus réelles des lois, nous y découvrirons un autre principe, et un principe dominant, celui de la personnalité. Le code divise les biens en meubles et en immeubles : rien de plus réel, en apparence, que ces définitions ; aussi la réalité des lois qui les

---

(1) Demolombe, *Cours de code Napoléon*, t. Ier, n° 76, p. 92.

consacrent est-elle un des rares points sur lesquels tout le monde est d'accord. Cependant ouvrons notre code, et nous y lirons que la volonté de l'homme peut immobiliser des choses mobilières, en les incorporant au sol, en leur donnant une destination agricole ou industrielle, ou en les attachant à un fonds à perpétuelle demeure. Voilà donc la volonté de l'homme qui change la nature des choses, en transformant des meubles en immeubles : et la volonté n'est-elle pas ce qu'il y a de plus personnel dans notre être? Dès lors, la personnalité ne joue-t-elle pas un rôle dans les plus réelles des lois? Ce n'est pas tout. L'homme ne peut pas mobiliser les immeubles, puisque la nature des choses s'y oppose; mais il peut à sa volonté régir les immeubles par les principes qui régissent les meubles, et réciproquement, à moins qu'il n'y ait un intérêt social en cause, et nous dirons à l'instant que c'est cet intérêt seul qui imprime aux lois un caractère de réalité. Notre code dit que les rentes sont meubles, même les rentes foncières (art. 529, 530); à ce titre, elles entrent dans la communauté légale; mais il dépend des époux de les en exclure, de les réaliser, de les immobiliser en quelque sorte. Les immeubles n'entrent pas en communauté; cependant les époux peuvent les y faire entrer, les mobiliser en un certain sens. Ainsi la volonté humaine, si elle ne peut pas changer la nature des choses, peut changer les lois qui les régissent. Tant il est vrai que la personnalité de l'homme domine dans le droit.

125. Tous les auteurs rangent parmi les lois réelles celles qui règlent la transmission de la propriété. D'après le droit romain, la propriété se transfère par la tradition de la chose; il en est de même d'après le droit prussien, tandis que le code Napoléon pose le principe que le seul concours de consentement suffit, sans qu'il y ait tradition. De là suit, dit Savigny, que lorsqu'un Français vend à un Français son mobilier qui se trouve à Berlin, la propriété des meubles vendus ne sera transmise que par la tradition. Que si un Berlinois vend à un de ses compatriotes son mobilier qui se trouve à Paris, la propriété en sera transmise par le seul concours de volontés des parties contractantes (1). La conséquence est certaine. Est-ce à dire que ces lois soient essentiellement réelles? Notre code part du principe que la volonté de l'homme doit avoir la même force et le même effet que les actes extérieurs, matériels que l'on appelle la tradition. Tel est certainement le vrai principe. Dès lors, la transmission de la propriété devient une question de volonté. N'est-ce pas dire que la personnalité humaine y joue le rôle principal? Pourquoi, à considérer les choses au point de vue rationnel, deux Français ne pourraient-ils pas transmettre et acquérir, par leur volonté, la propriété de meubles qui se trouvent à Berlin? Est-ce que l'ordre social en Prusse serait troublé, si l'acheteur devenait propriétaire sans tradition? Il est certain que si des Prussiens vendent et achètent des meubles qui se trouvent à Paris, ils peuvent convenir que la propriété ne sera transmise que par la tradition. Preuve que tout dépend de la volonté des parties. Partant, la loi qui règle la transmission de la propriété n'est pas réelle, elle est personnelle.

On nous objectera que l'usucapion est réglée par la loi du pays où les biens sont situés, que cela est admis par tout le monde, que c'est donc là une loi réelle par essence. Il est certain que la volonté des parties ne peut pas faire qu'il y ait ou qu'il n'y ait pas usucapion; il est tout aussi certain que l'usucapion est régie par la loi du pays où elle s'accomplit. Mais faut-il, pour le décider ainsi, recourir à la théorie traditionnelle des statuts? La vraie raison, comme nous allons le dire, c'est que toute prescription est d'intérêt public, et dès qu'une loi est établie dans un intérêt social, elle domine la nationalité des parties intéressées.

126. Nous touchons ici à l'élément de vérité que renferme la doctrine des statuts. Un adversaire décidé de la réalité des statuts dit qu'elle dérive du régime féodal; il l'appelle une disposition brutale, inintelligente, absurde (2). Cela est exagéré et faux. Il y aurait de quoi désespérer de

(1) Savigny, *Traité de droit romain*, traduit par Guenoux, t. VIII, p. 182.
(2) Mailher de Chassat, *Traité des statuts*, p. 26.

la raison et de la science, si l'on devait croire que les plus grands jurisconsultes se sont trompés fondamentalement sur une matière qui les a tant occupés. Non, l'erreur absolue est une chimère aussi bien que la vérité absolue. Pour mieux dire, nous avançons sans cesse dans la voie de la vérité, mais c'est à condition de répudier les erreurs qui s'y mêlent et qui les altèrent. La réalité des statuts repose sur la souveraineté; et qui oserait nier que la puissance souveraine étend son empire sur les personnes et les choses? Qui oserait nier que cet empire est indivisible, comme la souveraineté d'où il découle? Voilà des vérités évidentes. Toutefois il importe de les préciser.

La souveraineté est une, indivisible; elle s'étend sur toutes les personnes qui habitent le territoire, sur toutes les choses qui s'y trouvent. Cela veut-il dire qu'elle est absolue, exclusive, en ce sens que jamais une loi étrangère ne peut exercer un empire quelconque sur les personnes ou sur les choses qui lui sont soumises? Non; ceux-là mêmes qui invoquent l'indivisibilité de la puissance souveraine pour y appuyer la réalité des statuts, admettent qu'il y a des statuts personnels. Or, ces statuts sont une dérogation à la souveraineté. Poussez à bout le principe d'une autorité souveraine, indivisible, vous aboutirez à la négation de tout statut personnel. Si la souveraineté est absolue, si elle ne comporte pas d'exception, la loi, qui en est l'organe, doit régler l'état et la capacité de tous ceux qui habitent le territoire, des étrangers comme des indigènes; car si les étrangers sont régis par la loi de leur pays, il en résultera qu'un certain nombre d'habitants ne seront pas soumis à la loi du pays où ils résident, qu'ils seront exempts de sa souveraineté; partant cette souveraineté ne sera pas entière, elle sera divisée.

Il n'y a personne qui songe à soutenir une pareille doctrine; tous les auteurs, ceux-là mêmes qui sont les plus hostiles à l'action des lois étrangères, admettent des statuts personnels. Qu'ils les restreignent dans les limites les plus étroites, peu importe. Il suffit d'un seul statut personnel pour que la souveraineté ne soit plus absolue. Il y a donc, de l'aveu de tous, des personnes qui, pour leur état et leur capacité, ne sont pas soumises à la loi ni par conséquent à la souveraineté du pays où ils résident. Cela n'empêche pas la puissance souveraine d'être une et indivisible. Pourquoi? Parce qu'elle étend son empire un et indivisible sur les citoyens; or, c'est pour les citoyens avant tout que les lois sont faites.

La souveraineté reste donc entière, quoiqu'il y ait des personnes qui en sont exemptes, pour ce qui concerne leurs rapports d'état personnel. S'il en est ainsi pour les personnes, pourquoi n'en serait-il pas de même pour les choses? Est-ce que par hasard les choses auraient plus de prix aux yeux du législateur que les personnes? Non, certes, la souveraineté s'adresse directement aux hommes, elle ne s'occupe des choses qu'en tant qu'elles intéressent les hommes. La personne est le principal, les biens sont l'accessoire. Eh bien, si la loi étrangère régit les étrangers, quant à leur personne, sans que la souveraineté en souffre, pourquoi ne régirait-elle pas aussi leurs biens? Déjà on l'admet pour leurs biens mobiliers, quoique les meubles soient sous la main et la puissance du législateur aussi bien que les immeubles. La souveraineté serait brisée, quand une valeur immobilière de mille francs est régie par la loi étrangère, et elle n'est pas brisée, quand cette même loi régit une valeur mobilière de cent mille francs !

Logiquement, il faut admettre un seul et même principe pour les meubles et pour les immeubles, pour les personnes et pour les biens. Dès que l'on admet que les étrangers sont régis quant à leur personne par la loi étrangère, il faut aussi admettre que leurs biens sont régis par cette même loi, parce que les biens sont l'accessoire de la personne, les meubles aussi bien que les immeubles, les uns et les autres servant à l'homme de moyens pour son perfectionnement. Peut-il y avoir une autre loi pour l'accessoire que pour le principal? La souveraineté, certes, n'en sera pas diminuée; elle l'est moins, en tout cas, pour les biens que pour les personnes, car elle doit tenir à son empire sur les âmes beaucoup plus qu'à son action sur les corps. Disons mieux : la souveraineté n'est pas plus alté-

rée dans un cas que dans l'autre. Elle conserve l'autorité qu'elle doit avoir sur les personnes et sur les choses
pour remplir sa mission. C'est ce qu'il nous reste à
prouver.

127. La puissance souveraine agit dans l'intérêt général : c'est un caractère de la loi, expression de la souveraineté. Est-ce à dire que toute loi ait pour objet direct
un intérêt social? Non, et alors même qu'une loi est portée
dans l'intérêt de la société, il n'est pas de son essence
qu'elle régisse toutes les personnes et toutes les choses
qui se trouvent sur le territoire. Il y a des lois qui ne sont
pas même obligatoires pour les citoyens, en ce sens qu'ils
peuvent y déroger par des conventions particulières. Il y
en a d'autres qui obligent les citoyens et n'obligent pas les
étrangers : telles sont les lois qui imposent aux citoyens le
service militaire. Telles sont encore les lois qui règlent
l'état des personnes et leur capacité; elles sont faites pour
les membres de l'Etat et non pour les étrangers, bien
qu'elles soient d'ordre public. Que faut-il donc pour qu'une
loi étende son empire sur les étrangers? Il faut que l'Etat
y ait un intérêt, et cet intérêt ne peut être qu'un intérêt
de conservation; se conserver est plus qu'un intérêt, c'est
un droit et un devoir pour la société. Or, le droit de la
société l'emporte sur les droits et, à plus forte raison, sur
les intérêts des individus. La société a-t-elle un intérêt de
conservation à ce qu'une loi soit appliquée à tous les habitants du territoire, alors il est évident que les étrangers
y sont soumis aussi bien que les citoyens.

128. Nous avons déjà dit que les lois pénales et de
police obligent tous les habitants du territoire; cela est
vrai alors même qu'une loi pénale serait en opposition
avec le droit de l'étranger. Sa loi personnelle, sa religion
lui permettent la polygamie; il ne pourra pas invoquer la
liberté religieuse, ni la loi de son pays pour se soustraire
à l'action de la loi française qui punit la polygamie comme
un crime : le droit de l'Etat domine le droit de l'individu.

129. Il en est de même des lois qui régissent les biens.
Le législateur révolutionnaire a aboli les droits féodaux,
dernier débris d'un régime qui était en opposition avec les

sentiments et les idées des nouvelles générations. Ce régime reposait sur la dépendance des terres, laquelle engendrait la dépendance des personnes : il fit place au régime de l'égalité et de la liberté. Le code consacre les principes proclamés par la révolution. Il est évident que les étrangers sont liés par ces principes aussi bien que les Français; car ils tiennent au droit public et à l'essence même de notre organisation sociale. Les étrangers ne pourraient donc pas exercer de droits féodaux en France. Aux termes de l'article 686 de notre code, les propriétaires peuvent établir telles servitudes qu'ils veulent; mais la loi y met cette restriction : pourvu qu'elles n'aient rien de contraire à l'ordre public. L'article 638 nous explique ce qu'il faut entendre par *ordre public* en cette matière : « La servitude n'établit aucune prééminence d'un héritage sur l'autre. » Si donc, sous le nom de servitude, un étranger voulait établir une prééminence d'un fonds sur l'autre, c'est-à-dire exercer un droit féodal sur des biens situés en France, on repousserait cette prétention comme contraire à l'*ordre public*.

130. Le droit de succession, sous l'ancien régime, était essentiellement aristocratique; de là les droits d'aînesse et de masculinité, de là les substitutions. Savigny enseigne que les successions recueillies par les étrangers sont régies par le statut personnel des héritiers, mais il admet une exception pour le droit d'aînesse et pour les substitutions fidéicommissaires (1). On peut dire, en effet, que ces institutions tiennent au droit politique, lequel organise le droit privé, en harmonie avec l'esprit aristocratique qui domine dans la société. Peut-on permettre à des étrangers de maintenir en France, dans les relations d'intérêt privé, le principe aristocratique que le législateur a banni de l'ordre politique et de l'ordre civil? N'en résulterait-il pas une espèce d'anarchie dans la société, puisque deux principes contraires, hostiles, se trouveraient en présence et en conflit? Il y a cependant un motif de douter, qui nous fait incliner en faveur de l'étranger. Quand le législateur

---

(1) Savigny, *Traité de droit romain*, t. VIII, p. 302 et suiv.

établit l'égalité comme base de l'ordre politique et civil, il a en vue les citoyens français, il n'entend certes pas imposer ces principes aux étrangers qui se trouvent sur son territoire. Sans doute, il ne leur permettrait pas des actes qui blesseraient ouvertement l'égalité et troubleraient l'ordre social ; il ne souffrirait pas qu'un étranger eût des esclaves en France, parce qu'un principe essentiel de la société française serait blessé. Mais peut-on dire que l'égalité serait compromise, si un étranger recueillait en France une valeur mobilière ou immobilière à titre de droit d'aînesse ou de substitution ? Il ne s'agit en définitive que d'intérêts privés et d'intérêts exceptionnels, qui resteraient sans influence sur la société française, et n'y auraient même aucun retentissement.

131. Nous avons décidé le contraire pour la mort civile, et on pourrait nous objecter que ces décisions sont contradictoires. La question est difficile et douteuse. Merlin enseigne sans hésiter que le religieux étranger constitué, par la loi de son pays, en état de mort civile, ne pourrait recueillir en France une succession qui y serait ouverte à son profit, et il cite deux arrêts de la cour de cassation qui l'ont jugé ainsi (1). Savigny dit que la mort civile ne serait pas, en général, une cause d'incapacité dans un pays qui ne l'admet pas ; mais il fait une exception pour les moines étrangers, parce qu'ils se sont soumis volontairement à cet état que l'on appelle la mort civile (2). Cette distinction ne nous paraît pas admissible. Supposons que la mort civile soit contraire aux principes du droit public d'un pays : il en est ainsi en Belgique (constitution belge, art. 13). Pourquoi le législateur proscrit-il la mort civile, à titre de peine ? Parce que cette institution barbare viole la personnalité humaine ; c'est une espèce d'esclavage légal, en ce sens que celui qui est mort civilement cesse d'être une personne, de même que l'esclave. Souffririons-nous l'esclavage sous le prétexte qu'il est volontaire ? On ne doit pas davantage admettre

---

(1) Merlin, *Répertoire*, au mot *Loi*, § 6, nº 6.
(2) Savigny, *Traité de droit romain*, t. VIII, p. 39 et 160, note.

un état de mort civile volontaire. Nous ne le reconnaissons pas chez le citoyen, fût-il moine. Dès lors nous ne
pouvons pas le reconnaître chez l'étranger, car il s'agit du
principe le plus fondamental de notre ordre politique :
peut-il y avoir liberté là où il n'y a pas de personnalité?

132. Nous revenons aux lois qui régissent les biens.
Il y en a dont l'application aux étrangers ne peut donner lieu au moindre doute. Telles sont les lois qui établissent des impôts sur les valeurs mobilières ou immobilières ; les lois mêmes qui les créent, le décident ainsi, et
quand les lois seraient muettes, la décision devrait être la
même. L'Etat pourrait-il remplir sa mission, pourrait-il
exister sans lever de contributions sur les biens? Il y a
donc ici un de ces intérêts de conservation qui constituent
un droit pour la société, droit qui domine les droits des
individus. Cette domination est la plus légitime de toutes,
puisque l'Etat qui l'exerce n'en use que pour protéger les
droits individuels ; et comme il donne aux étrangers la
même protection qu'aux indigènes, il est juste que tous
soient soumis aux mêmes charges réelles. Cela est vrai
des charges communales aussi bien que de celles qui sont
établies au profit de l'Etat, parce que la raison de décider
est la même. Quand une loi astreint les habitants à des
prestations en nature pour l'entretien des chemins vici-
naux, les étrangers y sont tenus comme les citoyens :
les lois d'impôt sont des lois réelles par excellence (1).

133. Il va sans dire que les lois qui règlent la procédure sont applicables aux étrangers, car elles sont de
droit public. C'est pour la même raison, à notre avis, que
les lois sur la prescription sont des lois réelles auxquelles
les étrangers sont soumis comme les citoyens. Quand il
s'agit de l'usucapion, l'intérêt public est évident ; la loi
sacrifie le droit du propriétaire au droit du possesseur,
parce que le droit du possesseur se confond avec le droit
de la société, qui demande la sûreté et la stabilité des propriétés. Quant à l'usucapion des meubles, elle s'accomplit

___

(1) Dalloz, *Répertoire*, au mot *Lois*, n° 409, cite les lois, les auteurs et
la jurisprudence.

instantanément, par application du principe qu'en fait de meubles possession vaut titre. C'est l'intérêt du commerce qui a fait établir ce principe, par conséquent un intérêt social. D'où suit que l'étranger y est soumis comme l'indigène. Il en est de même de la prescription extinctive (1). La prescription met fin aux procès : voilà un intérêt social qui domine tous les intérêts individuels.

134. Nous avons donc des lois réelles, en ce sens qu'elles régissent les étrangers aussi bien que les indigènes. Pourquoi? Parce qu'il y a un intérêt social qui l'exige. Quand la société n'a aucun intérêt à régir la personne et les biens de l'étranger, la loi est personnelle, c'est-à-dire que chacun est régi par les lois de son pays. La règle générale est-elle que la loi est personnelle ou réelle? C'est demander si la société doit dominer en toutes choses sur l'individu, en vertu de sa puissance souveraine. La doctrine moderne n'admet plus cette domination absolue, illimitée de la souveraineté et du législateur qui en est l'organe. A côté de la souveraineté des nations, nous reconnaissons la souveraineté des individus : l'une ne doit pas absorber ni détruire l'autre, sinon l'on aboutit au socialisme, qui tue toute énergie individuelle, et par suite le principe de vie, ou à l'individualisme, qui dissout le lien social, conduit à l'anarchie et par suite à la mort. Il faut concilier les deux principes : le droit de l'individu et le droit de la société; l'un est aussi sacré que l'autre. Mais sur quelle base se fera la conciliation? Est-ce la société qui est le but, ou est-ce l'individu? La croyance moderne est que c'est l'individu; la société est le moyen. Donc, en règle générale, le droit de l'individu doit prévaloir. Il ne cède que devant un droit supérieur, le droit qu'a la société de se conserver.

Appliquons ces principes à la question des statuts. Les lois sont l'expression de notre individualité, elles sont donc personnelles de leur nature, dès lors elles doivent suivre la personne partout et dans toutes ses relations d'intérêt

---

(1) Savigny, *Traité de droit romain*, t. VIII, p. 269 et suiv. La doctrine et la jurisprudence française sont conformes (Dalloz, au mot *Lois*, nos 421, 444).

privé. Le législateur n'a pas d'intérêt à imposer ses prescriptions à l'étranger ; dès lors il est sans droit ; c'est la loi personnelle de l'étranger qui doit recevoir son application. En définitive, les lois sont faites pour les hommes, et non les hommes pour les lois. De quel droit donc le législateur soumettrait-il les étrangers à des lois qu'ils ignorent, à des lois qui ne sont pas faites par eux ni pour eux, à des lois qui peuvent être en opposition avec leurs sentiments et leurs idées ? Nos principes de liberté s'opposent à une pareille extension de la puissance souveraine. La souveraineté ne doit intervenir que quand il y a un intérêt social à sauvegarder. Alors l'individu doit plier, parce que c'est à cette condition qu'il y a une société, et sans société l'individu ne pourrait ni se développer, ni même exister. Il y a donc des lois réelles. Mais la réalité est l'exception, la personnalité est la règle ; car la règle est que tout se rapporte à l'individu et à son perfectionnement.

135. En nous plaçant à ce point de vue, nous pourrons apprécier la doctrine des statuts, et rendre justice aux deux principes qui se combattent et semblent s'exclure l'un l'autre. Le principe de la personnalité remonte aux peuples barbares qui détruisirent l'empire romain et qui ouvrirent une nouvelle ère de la civilisation. On sait que leurs lois étaient personnelles, et on entendait par là que le droit qui régissait chaque homme était déterminé par la tribu à laquelle il appartenait, c'est-à-dire par la race, et non par le pays ou l'Etat dont il faisait partie. Dans un seul et même empire, le Franc Salien était régi par la loi salique, le Franc Ripuaire par la loi ripuaire, le Bourguignon par la loi des Bourguignons, le Visigoth par la loi des Visigoths, le Longobard par la loi des Longobards. Et chaque homme était régi par la loi de sa race, non-seulement pour sa personne et ses biens, mais pour toutes ses relations juridiques, même pour les crimes qu'il commettait. C'était la négation de l'Etat et de sa souveraineté dans le domaine du droit ; pour mieux dire, les Barbares ne niaient pas l'Etat, ils l'ignoraient, ils ne connaissaient que l'individualité humaine. C'est ce sentiment énergique de personnalité qui caractérise les nations germaniques; c'est grâce à ce sentiment qu'ils régénérèrent l'humanité, en lui communiquant l'esprit de liberté individuelle qui fait sa vie. Mais sa personnalité était excessive, car elle absorbait tout; elle méconnaissait un élément également important, celui de l'Etat, de la souveraineté et de la loi générale qui en est l'expression.

Les lois restèrent personnelles aussi longtemps que les races diverses ne furent pas fondues dans une nationalité nouvelle. C'est au début de l'ère féodale que la fusion s'opéra; quand on ne pouvait plus distinguer un Franc Salien d'un Franc Ripuaire, il était impossible de leur appliquer un droit différent. Le droit cessa de varier d'après les races, parce qu'il n'y avait plus de races distinctes. Sous le régime féodal, la personnalité fit place à la territorialité, c'est-à-dire à la réalité de la loi. La notion de l'Etat commença à se développer au sein des petites sociétés féodales qui s'établirent sur les ruines de l'empire carlovingien. Chose singulière ! la personnalité fit place en tout à la réalité. On dirait deux esprits contraires, hostiles, se succédant l'un à l'autre chez les mêmes peuples. Car c'est le génie des races germaniques qui régna pendant la féodalité, comme il avait régné à l'époque des Barbares. Comment donc de personnelles qu'elles étaient, les lois devinrent-elles réelles?

C'était encore le fier esprit du Barbare qui inspirait le seigneur féodal : chaque baron était roi dans sa baronnie, comme après la conquête chaque propriétaire était indépendant dans son alleu. Seulement tous ces petits souverains étaient unis par un lien de dépendance, réelle tout ensemble et personnelle. Nulle terre sans seigneur, et tout seigneur avait un suzerain. Les Germains transportèrent à ces souverainetés locales leur idée de personnalité, en ce sens que chaque vassalité était une personne distincte, comme jadis chaque propriétaire d'alleu. Mais la nécessité de s'unir s'était fait sentir : les hommes ne peuvent pas coexister dans une absolue indépendance; l'absence de tout lien social serait la dissolution de l'humanité. Des rapports s'établirent donc entre les possesseurs du sol; et comme ils n'avaient aucune notion de l'Etat, ni d'une loi générale embrassant tous les hommes, ils formèrent des sociétés aussi étroites que leurs idées. De là les baronnies, les vassalités qui couvrirent l'Europe féodale. De là, plus tard, les coutumes diverses qui régissaient les provinces, les villes et les communes rurales.

C'était un axiome de notre ancien droit que les coutumes sont réelles. On entendait par là qu'elles étaient souveraines, mais leur empire était limité au territoire où elles avaient pris naissance (1). Poussé à bout, le principe de la réalité des coutumes aurait exclu l'idée de personnalité; toutes les coutumes étant également souveraines, chacune excluait toute influence d'une souveraineté étrangère. L'indépendance du Germain s'était transformée en souveraineté, et celle-ci était tout aussi exclusive, tout aussi absorbante que l'autre. On peut dire aussi que c'était le premier germe de l'Etat, mais plus son action était restreinte, plus il y tenait, moins il voulait souffrir une action quelconque d'un autre Etat. C'était tomber de l'excès de la personnalité dans l'excès de la réalité. La nature humaine nous explique ces excès contraires. Quand un principe nouveau se fait jour, il veut tout envahir, parce que dans son étroitesse l'homme y voit la vérité absolue, et il faut cette domination exclusive pour qu'il jette racine dans les âmes. Voilà pourquoi la *réalité* des lois régna si longtemps dans le droit. Expression de la souveraineté, elle était jalouse du moindre empiétement d'une coutume étrangère. Il fallait cet empire exclusif à l'idée de l'Etat pour y habituer les hommes de race germanique : en écartant toute influence d'une souveraineté autre que la leur, les hommes du moyen âge obéissaient encore au farouche amour de l'indépendance qui animait leurs ancêtres. Les jurisconsultes des pays coutumiers expriment avec une énergie singulière cette opposition des coutumes qui allait jusqu'à l'hostilité.

« Les diverses provinces, dit le président Bouhier, formaient jadis des Etats divers, régis par différents princes;

_____

(1) Merlin, *Répertoire*, au mot *Statut*.

presque toujours en guerre les uns avec les autres, il y
avait peu de liaison entre les Etats voisins, et moins
encore entre ceux qui étaient plus éloignés. Cela rendait
chacun de ces peuples jaloux de ses propres lois, en sorte
qu'ils n'avaient garde d'admettre l'extension d'un statut
dans les limites d'un autre. Chacun voulait demeurer
maître absolu chez soi ; et c'est la source de l'axiome vulgaire de notre droit français que *toutes coutumes sont
réelles* (1). » Il en résulta que les *lois* étaient *ennemies*
aussi bien que les peuples. C'est l'expression de Boullenois (2), et elle caractérise admirablement la lutte des lois
réelles contre l'envahissement de la personnalité : c'était
un *ennemi* qu'elles repoussaient.

136. Les deux principes de la personnalité et de la
réalité étaient faux l'un et l'autre, tout en renfermant
chacun un élément de vérité. Ils étaient faux. En effet,
les lois personnelles des Barbares ne tenaient aucun
compte de l'Etat et de ses droits, elles ne connaissaient
que l'individu ; tandis que les lois réelles de la féodalité
faisaient de l'homme l'accessoire du sol, et l'assujettissaient
à la souveraineté qui y était attachée. A force d'exalter
la personne, les Barbares détruisaient la société générale,
sans laquelle l'individu ne peut pas vivre. Et à force de
réagir contre toute loi étrangère, la féodalité méconnaissait la personnalité humaine, dont la loi est l'expression.
Il fallait arriver à une conception nouvelle qui accordât
une place aux deux principes, à chacun celle qui lui est
due. Ce travail se fait depuis des siècles dans le domaine
de la science. Dès que le droit devint une science, il
réclama la personnalité de certaines lois. On s'est moqué
de la distinction que les premiers glossateurs imaginèrent
pour distinguer les lois personnelles des lois réelles : elles
étaient personnelles, disaient-ils, quand le législateur commençait par parler de la personne, réelles quand il commençait par parler de la chose. Il en est de ce ridicule

(1) Bouhier, *Observations sur la coutume du duché de Bourgogne*,
chap. XXIII, n° 38.
(2) Boullenois, *Traité de la réalité et de la personnalité des statuts*, Pré-
face, p. II.

comme de bien d'autres que l'on reproche aux glossateurs : ils s'adressent à l'esprit humain et à son imperfection plutôt qu'aux esprits intrépides qui les premiers frayèrent la voie dans une science nouvelle. Il faut leur savoir gré de ce qu'ils revendiquèrent les droits de la personnalité contre la domination exclusive des lois réelles. La lutte devait durer des siècles, elle n'est pas encore à sa fin.

Un de nos grands jurisconsultes, Charles Dumoulin, joue un rôle considérable dans cette lutte séculaire. Au seizième siècle, on était encore en pleine *réalité*, bien que les provinces et les villes régies par des coutumes diverses eussent cessé d'être ennemies, puisque depuis longtemps elles faisaient partie d'un même Etat et étaient soumises à un seul prince. C'est que rien n'est plus tenace que l'esprit traditionnel du droit. Dumoulin ne songeait pas à nier la réalité des coutumes, il l'admettait comme règle générale (1); mais il réclama une petite place pour la personnalité. Il y avait plusieurs choses sur lesquelles les coutumes variaient beaucoup : comme sur l'âge de la majorité, sur le droit de tester. En s'en tenant à la réalité des coutumes, on aboutissait à des conséquences que le bon sens repoussait. Quoi! le même homme sera majeur dans une coutume, et mineur sous une autre! Ici il aura la capacité de tester, là il ne l'aura pas! Quand les parties disposent de leurs biens, leur volonté sera-t-elle arrêtée par la diversité des statuts? Si les époux stipulent la communauté, la société de biens qu'ils forment ne s'étendra-t-elle pas hors des limites de la coutume sous laquelle ils vivent? On voulait bien admettre que les conventions expresses devaient régir tous les biens des époux, quel que fût le lieu de leur situation; mais on soutenait avec chaleur qu'en l'absence de conventions, c'était le statut réel qui devait l'emporter. Dumoulin répondit aux réalistes qu'ils se faisaient une fausse idée des coutumes qui réglaient la communauté entre époux : il dit que les coutumes ne faisaient que présumer l'intention des parties, que la commu-

---

(1) Ch. Dumoulin, *in Alexandri consil.*, 16, lib. I : « Teneas indistincte, quod statuta vel consuetudines, tanquam reales, non extenduntur ultra sua territoria. »

nauté était par conséquent une société tacite, fondée sur
la volonté des époux ; et pourquoi la volonté tacite
n'aurait-elle pas le même effet que la volonté expresse (1)?
Cependant la doctrine de Dumoulin eut de la peine à pénétrer dans les esprits. De grands jurisconsultes, tels que
d'Argentré, firent les plus grands efforts pour maintenir
la réalité des statuts concernant la communauté. Cette
opinion si peu rationnelle, si peu juridique, trouva encore
des partisans au dix-huitième siècle. Le président Bouhier
se crut obligé de la combattre (2). Tant est lent le progrès
qui se fait dans notre science du droit !

137. Le judicieux Coquille se moque de la règle bro-
cardique, qui, dit-il, est communément aux cerveaux des
praticiens, que toutes coutumes sont réelles (3). Notre
savant Stockmans se plaint aussi quelque part de
l'entêtement des jurisconsultes flamands sur ce point : il
serait plus aisé, dit-il, d'enlever à Hercule sa massue que
de les faire départir de l'axiome que toutes les coutumes
sont réelles (4). Heureusement que les besoins des peuples,
leurs relations croissantes, entraînèrent les praticiens.
A vrai dire, dans l'intérieur des divers Etats, la lutte hostile des coutumes n'avait plus de raison d'être. On conçoit que les lois soient ennemies, quand les hommes sont
divisés en Etats ennemis. Mais au dernier siècle, les provinces et les villes ne formaient plus qu'un seul Etat ;
dès lors il n'y avait plus de motif à la réalité des coutumes. Le président Bouhier en fait la remarque. Pour
quoi s'obstiner, dit-il, à l'observation rigoureuse de
l'ancienne maxime qui réputait les coutumes réelles, alors
que le principe de la personnalité rend toutes choses
égales entre les différentes coutumes?

L'égalité eut plus de peine à s'établir dans les relations
des nations entre elles. Elle s'y introduisit sous l'empire
de la nécessité. Pour engager les peuples et surtout les

---

(1) Dumoulin, *Consil.*, LIII (Œuvres, t. II, p. 964 et suiv.).
(2) Bouhier, *Observations sur la coutume de Bourgogne,* chap. XXVI,
n°s 3 et suiv.
(3) Coquille, *Institutes au droit coutumier*, p. 39, édit. de 1666.
(4) Stockmans, *Decisiones*, L, n° 1.

praticiens à se départir de leur jalousie nationale, Dumoulin, Coquille, Bouhier firent appel à l'utilité que tous retireraient du principe de la personnalité, s'il était admis partout (1). Certainement tous désiraient que les lois qui leur étaient si chères suivissent la personne même à l'étranger. Eh bien, le moyen d'engager les peuples étrangers à admettre le statut personnel en faveur des personnes et des biens qui se trouvaient sur leur territoire, c'était d'accorder la même faveur aux étrangers qui invoquaient leur statut personnel. C'est cette considération d'utilité qui engagea les peuples voisins à souffrir l'extension des statuts étrangers chez eux : de là est née une espèce de droit des gens et de bienséance, en vertu duquel on reconnaît partout l'autorité du statut personnel.

138. Dumoulin dit quelque part que les lieux ne doivent pas dominer sur les personnes, que ce sont plutôt les personnes qui doivent dominer sur les lieux et les choses, comme étant de plus grande considération et dignité (2). Ce principe, si on l'avait appliqué dans ses dernières conséquences, aurait conduit à une règle toute contraire à celle que l'on suivait dans l'ancien droit : au lieu de réputer toute loi réelle, on aurait dû réputer toute loi personnelle, sauf à admettre la réalité dans le cas où il y a un intérêt social en cause. Dumoulin ne songeait pas à donner cette application à la maxime que nous venons de citer. Il admettait, au contraire, la réalité comme règle, d'où l'on concluait encore, au dix-huitième siècle, que, le statut personnel étant l'exception, il fallait, dans le doute, se prononcer pour le statut réel. Le président Bouhier fut le premier qui renversa la règle, et dit que les statuts étaient en principe personnels. Il importe d'entendre les raisons qu'il donne, elles sont considérables et nous conduisent à un nouvel ordre de choses, que Dumoulin déjà pressentait, mais que l'avenir seulement réalisera.

Quand il y a conflit entre la loi qui régit la personne

---

(1) Voyez les témoignages dans Bouhier, *Observations sur la coutume de Bourgogne*, chap. XXIII, n°s 62 et 63.
(2) Dumoulin, *Consil.*, XVI, n° 2 (Op., t. II, p. 854).

et la loi qui régit la chose, laquelle doit l'emporter? C'est demander si les personnes sont faites pour les choses ou les choses pour les personnes. En réponse à cette question, Bouhier cite ces paroles d'un jurisconsulte de son temps : « La personne, comme plus noble, doit l'emporter sur les biens qui ne sont faits que pour elle. » Par la même raison, il faut dire que les lois sont faites principalement pour les personnes; elles sont donc présumées personnelles; d'où suit qu'en cas de doute, le statut doit être réputé personnel plutôt que réel. Bouhier invoque encore une autre considération à l'appui de cette opinion qui parut étrange aux praticiens. Quand y a-t-il doute sur la personnalité ou la réalité d'un statut? Ce n'est pas quand il est exorbitant du droit commun; en ce cas, tout le monde admet la réalité. C'est donc quand la disposition est conforme au droit commun. Et qu'est-ce que ce droit commun? C'est ou le droit naturel, qui est la loi primordiale de toutes les nations, ou le droit romain, qui est presque toujours fondé sur l'équité, à ce point qu'on l'a appelé la raison écrite. Ne devons-nous pas nous rapprocher autant que possible d'un droit qui a son principe dans la raison et dans l'équité? Il faut donc l'appliquer partout, en considérant les différentes lois des provinces comme une seule et même coutume. Et ce qui est vrai des provinces, ne le serait-il pas des nations? N'y a-t-il pas un droit qui leur est commun, en tant qu'il se fonde sur l'équité naturelle, qui est la même partout (1)?

139. L'opinion de Bouhier ne trouva pas faveur; elle heurtait les préjugés traditionnels, séculaires des praticiens. Boullenois la combattit (2), et la tradition l'emporta sur la raison. N'y a-t-il pas dans l'appel fait par le président Bouhier à un droit commun, universel, un écho de la philosophie du dix-huitième siècle, philosophie essentiellement humaine, cosmopolite? Il se faisait une réaction violente dans les esprits contre le passé, et surtout

(1) Bouhier, *Observations sur la coutume de Bourgogne*, chap. XXXVI, n°s 1 et suiv. (t. Ier, p. 819 et suiv.).
(2) Boullenois, *Traité de la personnalité et de la réalité des statuts*, t. Ier, p. 107 et suiv.

contre la féodalité. Sous l'influence de cet esprit nouveau, la France révolutionnaire abolit le régime féodal jusque dans ses derniers vestiges. Une conséquence logique de cette tendance doit être de répudier l'idée de réalité dans les lois, pour y faire dominer le principe de personnalité. Les détails dans lesquels nous sommes entré prouvent que telle est en effet la tendance à laquelle les jurisconsultes français obéissent.

Il n'en est pas de même dans les pays où l'esprit féodal s'est maintenu. Par une étrange contradiction, l'élément de l'individualité, et par conséquent de la personnalité, domine dans les sentiments et les idées de la race anglo-saxonne, tandis que la réalité féodale règne toujours dans ses lois. C'est que la propriété est encore féodale, ainsi que les règles qui régissent sa transmission. Il en résulte que les droits sur les immeubles sont régis exclusivement par la loi de leur situation; la capacité personnelle n'influe en rien sur l'aliénation des immeubles. Il y a plus, le droit anglais repousse même toute action du droit étranger sur les meubles. Il a été jugé que le père, Français ou Belge, ne peut invoquer en Angleterre, ni sur les immeubles ni sur les meubles, le droit d'usufruit que le code civil attache à la puissance paternelle (1). On dit qu'il n'y a point de jurisconsultes qui obéissent plus à la tradition et qui écoutent moins la raison que les jurisconsultes anglais. L'exemple que nous venons de citer en est une preuve frappante. Y a-t-il un motif rationnel ou politique pour refuser au père français ou belge le droit de jouir des biens que son enfant possède en Angleterre? La souveraineté de l'Etat est-elle intéressée dans ce débat? Nous cherchons vainement un motif rationnel qui justifie cet esprit exclusif, il n'y en a pas d'autre que la puissance de la tradition féodale.

140. Depuis le dix-huitième siècle, l'humanité s'inspire de sentiments plus larges et d'idées plus élevées. L'Assemblée constituante abolit le droit d'aubaine, en invoquant la fraternité des peuples. Vainement les auteurs du code

---

(1) Fœlix, *Traité de droit international privé*, p. 68 et 70, note 4.

le rétablirent-ils : en France et en Belgique, le législateur a déserté la tradition impériale pour revenir au généreux esprit qui animait les hommes de 89. Ce mouvement doit aboutir à un droit universel, tel que Bouhier le réclamait au dernier siècle, fondé sur la raison et sur l'équité, droit qui régira les rapports d'intérêt privé des nations, comme dès maintenant il y a un droit général qui règle leurs relations politiques. Cette tendance se manifeste avec éclat dans la science allemande. L'Allemagne est plus cosmopolite encore que la France ; elle pense, avec le poëte latin, que rien de ce qui est humain ne doit rester étranger à l'homme. C'est sous cette inspiration que Savigny a écrit le mot qui est appelé à renouveler la science du droit international privé. Ceux de nos vieux jurisconsultes qui sont les plus favorables au statut personnel invoquent l'utilité des peuples, ou ils font appel à la courtoisie qui doit régner entre les nations comme entre les individus. L'utilité n'est pas un principe ; que de fois n'a-t-on pas fait valoir l'intérêt pour pallier et pour excuser les plus grandes iniquités! La courtoisie ne suffit pas davantage. Il s'agit de principes de droit, et le droit n'est pas une affaire de courtoisie. Nous ne demandons pas que l'on respecte la loi de la personne au nom de l'indulgence ou de je ne sais quelle faveur : nous demandons justice au nom de la nature humaine qui nous dit que tous les peuples sont frères, aussi bien que les individus ; il y a donc entre eux une *communauté de droit*. C'est le mot de Savigny (1). La communauté de droit qui relie tous les membres du genre humain, assure l'empire de la personnalité dans le domaine des lois, bien mieux que la courtoisie, que les peuples pourraient parfois oublier ; bien mieux surtout que l'intérêt, qui trop souvent les a égarés.

Comment organiser cette communauté de droit? comment la faire sortir du domaine de la théorie pour la réaliser dans la pratique? Depuis longtemps, répond Savigny, les jurisconsultes demandent que l'on règle par des traités les principes qui doivent régir les rapports du droit inter-

(1) Savigny, *Traité de droit romain*, t. VIII, p. 30 et suiv.

national privé. Déjà le vieux Huber disait, dans son traité
du *Conflit des lois* : « La question appartient plutôt au
droit des gens qu'au droit civil, parce qu'il est évident que
les rapports respectifs des diverses nations entre elles
rentrent dans le domaine du droit des gens. » Plus loin,
Huber ajoute : « La décision de ces questions doit être
cherchée, non dans le simple droit civil, mais dans la con-
venance réciproque et le consentement des nations. » Il
faut dire plus : les lois sont impuissantes à vider le conflit. Le législateur peut bien admettre l'application du
statut personnel quand il s'agit de la personne et des biens
de l'étranger ; mais il ne peut pas donner à ses propres
lois une action quelconque hors du territoire sur lequel
s'étend son autorité. Il faut pour cela le consentement des
divers peuples, il faut donc des traités. Ajoutons que des
traités ne seront possibles que lorsque le droit commun,
universel, dont parle le président Bouhier, aura pénétré
partout et brisé les barrières que lui opposent la tradition
et les préjugés. Tant qu'il y aura des nations qui répu-
dieront le divorce comme une chose immorale, peut-on
espérer que le divorce sera respecté là où il est flétri ?
C'est à la science à préparer les traités qui réaliseront
l'empire de la justice universelle entre les peuples, au
moins dans le domaine des intérêts privés.

CHAPITRE IV.

DE L'EFFET DES LOIS QUANT AU TEMPS QU'ELLES RÉGISSENT.

SECTION I. — Le principe de la non-rétroactivité.

§ 1er. *Quand le législateur peut ou ne peut pas régir le passé.*

141. L'article 2 du code civil porte : « La loi ne dispose que pour l'avenir ; elle n'a point d'effet rétroactif. » Ce principe s'adresse-t-il au législateur ? signifie-t-il que le pouvoir législatif ne peut jamais régir le passé ? On répond d'ordinaire que l'article 2 ne lie pas le législateur [1]. Cela est vrai en ce sens que l'article 2 est une loi et non une disposition constitutionnelle ; or, le législateur peut toujours déroger à une loi, il peut donc faire une loi rétroactive, quoique le code dise que la loi ne dispose que pour l'avenir. Le principe de la non-rétroactivité n'est donc pas un principe constitutionnel. Il faut dire plus : il serait contraire à l'essence du pouvoir législatif qu'il fût lié par cette règle que la loi ne dispose que pour l'avenir. En effet, il y a bien des cas où la loi doit régir le passé, soit dans un intérêt social, soit dans l'intérêt des citoyens. Dès lors le législateur ne doit pas être enchaîné par un principe absolu qui entraverait sa liberté d'action au préjudice de la société et des individus.

Il y a cependant une constitution qui a fait de la non-rétroactivité des lois un principe constitutionnel, c'est

---

(1) Merlin, *Répertoire*, au mot *Effet rétroactif*, sect. II, n° 2.

celle de l'an III. Elle plaçait cette maxime parmi les droits
de l'homme, droits que l'Assemblée nationale avait déclarés sacrés, inaliénables, imprescriptibles : « Aucune loi,
disait l'article 14, ni criminelle ni civile, ne peut avoir
d'effet rétroactif. » Chose remarquable! la constitution de
l'an III est l'œuvre de la Convention; or, aucune assemblée
n'avait abusé autant qu'elle de son omnipotence pour régir
le passé au gré des passions politiques qui l'agitaient.
Pour mettre la société à l'abri de ces excès, la Convention voulut empêcher le législateur de faire des lois qui
rétroagissent. C'était tomber d'un excès dans un autre.
En 1848, un membre de l'Assemblée constituante de
France demanda que la nouvelle constitution proclamât
le principe de la non-rétroactivité des lois, à l'exemple de
celle de l'an III. On répondit que la rétroactivité pouvait
être juste et nécessaire; que dès lors il ne fallait pas empêcher le législateur de faire ce que la justice et l'intérêt
général exigeaient. La proposition n'eut pas de suite.

142. Si le principe de la non-rétroactivité ne lie pas le
législateur à titre de règle constitutionnelle, il s'adresse
cependant à lui comme conseil, comme un précepte de
droit naturel que le pouvoir législatif doit observer. En
effet, il y a des cas où la justice éternelle défend au législateur de régir le passé; bien que la constitution ne le lui
défende pas, il ne doit pas le faire, parce que, en le faisant, il enlèverait à la loi l'autorité morale sans laquelle
elle n'est plus que tyrannie. C'est bien ainsi que l'entendaient les auteurs du code. Le Tribunat objecta d'abord
que la disposition de l'article 2 était inutile, parce que
c'était un simple conseil pour le législateur, conseil dont
il pouvait s'écarter. Portalis répondit que la règle était
principalement pour les juges. Mais, ajouta-t-il, « quand
elle serait pour le législateur, quel danger y aurait-il de
lui voir consacrer une maxime à laquelle il est déjà lié
par sa conscience, et à laquelle il se lierait encore par ses
propres lois (1)? » Ce n'est pas une règle inutile, dit

(1) Discours de Portalis, orateur du gouvernement, dans la séance du
Corps législatif du 23 frimaire an X (Locré, t. Ier, p. 261).

Berlier; c'est un précepte pour le législateur et pour le juge (1). Le Tribunat finit par se ranger à cet avis; en présentant son vœu d'adoption, le tribun Faure déclara que l'article 2 était un précepte pour les législateurs tout ensemble et une obligation pour les tribunaux (2).

Il est si vrai que, dans la pensée des auteurs du code, le principe de la non-rétroactivité s'adresse au législateur pour le moins autant qu'au juge, que les raisons données par Portalis concernent pour ainsi dire exclusivement le pouvoir législatif. « Les lois, dit-il, n'existent que quand on les promulgue, et elles ne peuvent avoir d'effet que quand elles existent. » Cela est de toute évidence; mais une fois qu'elles existent, ne peuvent-elles pas régir le passé, en ce sens qu'elles règlent des actes qui ont pris naissance sous la loi ancienne? Telle est la vraie difficulté que présente la question de la non-rétroactivité. Comment Portalis y répond-il? « La liberté civile, dit-il, consiste dans le droit de faire ce que la loi ne prohibe point; on regarde comme permis tout ce qui n'est pas défendu. Que deviendrait donc la liberté civile, si le citoyen pouvait craindre qu'après coup il serait exposé au danger d'être recherché dans ses actions, ou troublé dans ses droits acquis, par une loi postérieure? » Ce motif encore est à l'adresse du législateur. Portalis ajoute que le pouvoir de la loi ne peut s'étendre sur des choses qui ne sont plus. Non, certes. Cependant on conçoit que le législateur veuille défaire ce qui a été fait. Pour le juge, au contraire, cela ne se conçoit pas, car les choses qui ne sont plus n'appartiennent pas à son domaine. Donc, ce motif aussi ne concerne que le pouvoir législatif.

Ainsi le principe de la non-rétroactivité, bien que n'étant pas une règle obligatoire pour le législateur, est un précepte que moralement il est tenu d'observer. Mais comme ce n'est qu'un conseil, il peut aussi n'en pas tenir compte. Il y a un exemple fameux de cet excès de pouvoir : la loi du 17 nivôse an II fait remonter jusqu'au 14 juillet

(1) Berlier, Discours au Corps législatif, séance du 24 frimaire an x (Locré, t. Ier, p. 292).
(2) Locré, *Législation civile*, t. Ier, p. 317.

1789 l'égalité absolue des partages entre cosuccessibles.
La Convention elle-même reconnut l'erreur dans laquelle
l'avait entraînée la passion de l'égalité; un décret du
5 floréal an III suspendit la loi de nivôse, et un décret du
9 fructidor suivant la déclara non avenue. Tant qu'elle
resta en vigueur, les tribunaux durent l'appliquer, quelque
inique qu'elle fût. Cela fut reconnu lors de la discussion
du code : les juges, dit le tribun Faure, ne pourraient se
dispenser d'ordonner l'exécution d'une loi rétroactive, et
les citoyens ne pourraient se dispenser d'y obéir (1). Vainement dirait-on qu'une pareille loi viole la justice; les
tribunaux n'ont pas le droit de juger la loi, ils ont le
devoir de l'appliquer (2).

143. Les termes dans lesquels le tribun Faure s'exprime semblent donner au législateur un pouvoir absolu
de faire rétroagir la loi : il n'y a au-dessus de lui, dit
Merlin, aucune puissance qui puisse réprimer cet abus de
pouvoir. Cela veut-il dire que le législateur est omnipo-
tent? Dans notre régime constitutionnel, il faut distinguer
entre le pouvoir législatif et le pouvoir constituant. Le
législateur est lié par la constitution; on ne peut donc pas
dire, comme les Anglais le disent de leur parlement, qu'il
peut tout faire, sauf un homme d'une femme. Il ne peut
pas changer la constitution, il ne peut y déroger; d'où
suit qu'il ne peut porter une loi rétroactive qui enlève un
droit garanti par la constitution. Mais ce que le pouvoir
législatif ne peut pas, le pouvoir constituant le peut. La
constitution n'est pas immuable; elle peut être abrogée,
modifiée par le pouvoir constituant. Le pouvoir constituant
est absolu, en ce sens que les pouvoirs établis par la constitution lui doivent obéissance; non-seulement le pouvoir
exécutif, non-seulement le pouvoir judiciaire, mais le
législateur lui-même lui est subordonné et doit lui obéir.
Une constitution nouvelle peut donc enlever aux citoyens
des droits que leur garantissait la constitution ancienne.
Notre constitution proclame la liberté d'enseignement;

---

(1) Discours de Faure dans la séance du Corps législatif du 14 ventôse
an XI (Locré, t. Ier, p. 317).
(2) Merlin, *Répertoire*, au mot *Effet rétroactif*, sect. II, n° 1.

l'exercice de cette liberté touche à des intérêts privés; de
nombreux établissements, produisant des revenus considérables, appartiennent à des particuliers qui les ont fondés. Néanmoins le pouvoir constituant pourrait supprimer la liberté d'enseignement et fermer toutes les écoles
libres.

144. Est-ce à dire que la souveraineté soit une puissance absolue, qu'elle ne doive respecter aucun droit?
Non, en face de la société souveraine, il y a une autre
souveraineté, celle des individus; ils ont leurs droits qu'ils
tiennent de Dieu, droits naturels que la société ne peut
pas leur enlever puisqu'elle ne les leur a pas donnés; quand
elles les consacre dans une constitution, elle ne fait que
les déclarer. Mais quels sont ces droits individuels? Ont-
ils un caractère absolu? Sont-ils toujours et partout les
mêmes? Non certes, ils varient d'après les temps et les
lieux. Ils ne sont absolus qu'en un sens, c'est que l'homme
doit avoir certaines facultés pour remplir la mission qu'il
a en ce monde; ces facultés augmentent avec son développement intellectuel et moral : le nombre, l'étendue de ses
droits va donc en croissant. En ce sens, les droits de
l'homme n'ont rien d'absolu. Une constitutien nouvelle peut
en déclarer de nouveaux; elle peut aussi revenir sur ceux
qui ont déjà été déclarés. Si le pouvoir constituant trouvait que la liberté illimitée d'enseignement est un mal, il
pourrait certainement la modifier en la soumettant à des
garanties.

Il y a un écueil à ce pouvoir que nous reconnaissons à
une constitution nouvelle de modifier, de supprimer même
des droits reconnus à l'homme par une constitution antérieure. Le pouvoir constituant ne pourrait-il pas abuser
de sa puissance souveraine pour dépouiller les hommes
d'un de ces droits naturels sans lesquels le perfectionnement intellectuel et moral devient impossible? Certes, le
pouvoir constituant excéderait les limites de son action,
s'il enlevait aux citoyens un droit qui leur appartient à
raison même des progrès qu'ils ont réalisés; il usurperait
sur une souveraineté qui est aussi sacrée que la sienne.
Telle est, à notre avis, la propriété. Si le pouvoir consti-

tuant l'abolissait pour établir la communauté de biens, il violerait un droit naturel des individus. En faut-il conclure que le législateur, que le gouvernement, que les tribunaux, que les citoyens ne lui devraient aucune obéissance? Si les juges et les particuliers doivent obéir à une loi qui leur enlève un droit, à plus forte raison doivent-ils obéir à la constitution qui oblige même le législateur. La garantie contre ces excès n'est pas dans la résistance individuelle, mais dans l'action légale de la souveraineté du peuple et, au besoin, dans le droit de révolution, si l'exercice régulier de la souveraineté nationale était entravé par la force.

145. Le pouvoir législatif n'a point l'étendue de puissance qui appartient au pouvoir constituant. Quand la constitution a déclaré les droits dont jouissent les citoyens, le législateur les doit respecter. Si ces droits sont absolus, illimités, il ne peut pas les limiter, les modifier. En ce sens, la loi ne peut pas rétroagir. Sous l'empire de notre constitution, qui proclame la liberté illimitée d'enseignement, le législateur ne pourrait pas ordonner la suppression d'une école libre. S'il se permettait cet excès de pouvoir, les citoyens devraient-ils obéissance à la loi? Nous avons déjà répondu qu'ils doivent obéir à une loi rétroactive; mais la question que nous venons de poser est plus délicate : ce n'est plus le simple précepte de la non-rétroactivité qui est violé; c'est la constitution. Néanmoins nous persistons dans notre décision. Ce n'est pas aux particuliers à juger si une loi est inconstitutionnelle ou non ; en face de la loi, ils n'ont plus de droit, ils n'ont que le devoir d'obéir. Il y a plus, les tribunaux eux-mêmes ne peuvent pas refuser d'appliquer une loi par la raison qu'elle serait inconstitutionnelle. La constitution belge leur donne le droit, elle leur impose même le devoir de n'appliquer les arrêtés royaux qu'autant qu'ils sont conformes aux lois (art. 107). Mais elle ne leur permet pas de juger les lois (1). Un pareil pouvoir est en opposition avec la subordination dans laquelle, sous notre régime, le pouvoir judi-

_____

(1) Voyez plus haut, n° 31.

ciaire se trouve à l'égard du pouvoir législatif. La garantie contre des lois inconstitutionnelles n'est pas dans l'intervention des tribunaux, elle est dans l'exercice régulier de la souveraineté nationale et, à la limite extrême, dans le droit de révolution.

146. Le législateur doit respecter tous les droits garantis par la constitution. Parmi ces droits, se trouve la liberté d'enseignement. Nous venons de dire que la loi ne pourrait pas supprimer une école libre; ce serait violer la liberté d'enseigner. Mais faut-il aussi que le législateur s'abstienne d'organiser des écoles publiques, aux frais de l'Etat, parce qu'elles nuiraient aux établissements libres et compromettraient de fait la liberté d'enseigner? Les évêques de Belgique ont soulevé cette prétention. On abuse tant du reproche de rétroactivité, qu'il importe de mettre les principes dans leur vrai jour.

En 1848, le ministère libéral présenta une loi sur l'instruction moyenne. Le projet fut adopté à une grande majorité par la Chambre des représentants. Alors les évêques adressèrent une pétition au Sénat. On y lit que « la loi donne au gouvernement le droit de créer un nombre *indéfini* de colléges; que par là il lèse les *droits acquis* des catholiques qui, en vertu de la liberté d'enseignement, ont fondé à leurs frais un grand nombre de maisons d'éducation, dignes de la confiance (1). » Ce reproche de rétroactivité, au préjudice de *droits acquis*, ne nous paraît pas sérieux. La constitution accorde des droits aux citoyens; c'est à eux à les exercer à leurs risques et périls. En vertu de la liberté d'enseignement, le premier venu peut fonder une école; mais la constitution lui assure-t-elle aussi la prospérité de son établissement? le met-elle à l'abri de la concurrence? Soutenir l'affirmative, serait chose ridicule. Nous prévoyons l'objection. Que les individus se fassent concurrence, on l'admet; mais on dénie ce droit à l'Etat. Non, l'Etat ne fait pas concurrence aux écoles libres. Son droit est plus élevé, sa mission plus grande. Il remplit un devoir en répandant l'instruction à flots. Par cela même

_____

(1) *Journal historique et littéraire*, t. XVII, p. 74-76.

que l'Etat use d'un droit et remplit un devoir en créant des établissements d'instruction et en les multipliant, il ne peut pas léser des *droits acquis;* pas plus que les particuliers qui fondent une école ne lèsent les *droits acquis* de ceux qui ont établi des écoles avant eux. Tous usent d'un droit, et celui qui use d'un droit ne lèse personne.

147. Il y a un autre droit garanti par la constitution, qui touche de plus près au principe de la non-rétroactivité. L'article 11 porte : « Nul ne peut être privé de sa propriété que pour cause d'utilité publique, dans les cas et de la manière établis par la loi, et moyennant une juste et préalable indemnité. » Cette disposition lie le pouvoir législatif; il ne peut donc pas enlever à un citoyen sa propriété; si une loi dépouillait un particulier de ses biens, elle violerait l'article 11 de la constitution. Une loi ne peut donc pas régir le passé en ce sens qu'elle prive un propriétaire d'un droit qui est dans son domaine. Il suit de là que le principe de la non-rétroactivité est un principe constitutionnel, en tant qu'il garantit la propriété contre les entreprises du législateur.

Mais quel est le droit garanti par la constitution? On répond d'ordinaire que c'est la propriété. Cela est trop vague et cela n'est pas conforme au texte de l'article 11. La constitution ne fait pas de la propriété, en général, un droit constitutionnel; elle dit seulement que personne ne peut être privé de sa propriété. Pour bien comprendre la portée de cette règle, il la faut mettre en rapport avec les articles 544 et 545 du code civil. L'article 544 définit la propriété « le droit de jouir et disposer des choses de la manière la plus absolue »; mais il ajoute cette importante restriction : « pourvu qu'on n'en fasse pas un usage prohibé par les lois et par les règlements. » Ce qui permet au législateur de régler l'usage de la propriété. Vient ensuite l'article 545 qui consacre une conséquence du droit de propriété, en disposant que « nul ne peut être contraint de céder sa propriété, si ce n'est pour cause d'utilité publique, et moyennant une juste et préalable indemnité. » Qu'ont fait les auteurs de la constitution belge? Ils ont transporté l'article 545 dans la constitution, ils n'ont pas consacré en termes généraux l'inviolabilité de la propriété ; l'article 544 du code subsiste ; partant le législateur conserve le droit de régler l'usage de la propriété. Donc une loi peut réglementer la propriété, même en régissant le passé, sans que l'on puisse dire qu'elle viole l'article 11 de la constitution : elle ne violerait la constitution que si, en régissant le passé, elle dépouillait les citoyens d'un bien qui est dans leur domaine.

148. La loi du 17 nivôse an II porte, article 1er : « Les donations entre vifs faites depuis et compris le 14 juillet 1789 sont nulles. » Une pareille disposition serait contraire à l'article 11 de notre constitution ; en effet, la donation confère au donataire la propriété irrévocable des biens donnés. Donc, ces biens étaient dans le domaine des donataires, quand la loi du 17 nivôse est venue les en dépouiller. Le législateur belge ne pourrait plus faire ce qu'a fait la Convention, sans violer la constitution ; il ne peut donc pas porter une loi rétroactive qui enlève aux propriétaires un droit quelconque qui est dans leur domaine. A ce point de vue, la non-rétroactivité est devenue un principe constitutionnel.

La loi du 17 nivôse établit l'égalité de partage, et elle fait rétroagir cette égalité au 14 juillet 1789 ; elle annule même les partages déjà faits depuis ce jour. Une pareille rétroactivité serait aujourd'hui inconstitutionnelle ; car le partage attribue définitivement aux copartageants la propriété des biens qui en font l'objet ; dès lors ils ne peuvent plus en être privés, aux termes de l'article 11. En ce sens, la constitution défend au législateur de faire des lois rétroactives.

149. Mais le législateur peut régler l'usage et l'exercice du droit de propriété. Ici il jouit d'une entière liberté d'action ; il n'est plus entravé par une règle constitutionnelle, il n'a d'autre guide que l'intérêt général que lui seul a mission d'apprécier. Il peut même régir le passé, si un intérêt social l'exige ; les citoyens ne peuvent pas lui opposer la constitution, dès qu'on ne les prive pas d'un bien qui est dans leur domaine. Il se peut que leur intérêt soit lésé par une loi qui vient leur enlever un mode d'user de

leur propriété qui était consacré par une loi ancienne ;
mais l'intérêt particulier doit plier devant l'intérêt général (1).

150. Un décret du 7 mars 1793 abolit la faculté de
disposer de ses biens, soit à cause de mort, soit entre vifs,
soit par donation contractuelle, en ligne directe. La Convention voulait assurer à tous les enfants un droit égal sur
les biens de leurs ascendants. Nous ne disons pas qu'elle a
bien fait ; les lois qui restreignent dans des limites trop
étroites le pouvoir du propriétaire de disposer de ses biens,
nuisent à la société, puisqu'elles diminuent le mobile qui
excite les hommes à augmenter leurs biens; elles sont donc
une entrave au développement de la richesse, et la richesse est pour les nations une condition de développement intellectuel et moral. Mais le droit du législateur est
incontestable, car il ne fait que régler l'usage de la propriété. Il pourrait même abolir le droit de tester d'une
manière absolue. Merlin le reconnaît et n'en fait aucun
doute. Le droit de tester est une faculté que les citoyens
tiennent de la loi; si elle peut l'accorder, elle peut aussi
la retirer (2).

Ces principes ont été reconnus, en Belgique, dans un
rapport remarquable fait au Sénat par M. Gheldolf. Le
rapporteur dit très-bien que la propriété est une dériva-
tion de la liberté individuelle; mais la liberté des individus
périt avec eux, en même temps que leur droit à l'égard de
la société : l'individu mort n'a plus la propriété de ses
biens, ni la faculté d'en disposer ou de les transmettre.
C'est dire que le droit de tester a son principe dans la loi;
il est une création de l'autorité sociale. Comme le dit
Montesquieu, « les testaments sont plutôt des actes du
droit politique que du droit civil, du droit public plutôt

---

(1) La cour de cassation a décidé, par de nombreux arrêts, que nul ne
peut acquérir, par une possession quelconque, le droit d'user de sa chose
de manière à compromettre la santé publique. En conséquence, elle a jugé
qu'un règlement municipal peut prescrire que des fosses d'aisance soient
établies dans les maisons déjà bâties, aussi bien que dans celles qui seront
bâties à l'avenir. (Arrêt du 15 juillet 1864, dans Dalloz, *Recueil périodique*,
1865, 1, 113 et la note.)

(2) Merlin, *Répertoire*, au mot *Effet rétroactif*, sect. III, § 2, art. 2.

que du droit privé (1). » Les droits que la société crée, elle peut aussi les abolir.

Ces mêmes principes reçoivent leur application aux successions *ab intestat*. Le législateur peut les régler comme il veut, cela va sans dire. Il pourrait donc abolir les successions collatérales ou les restreindre. Il pourrait même abolir toute succession *ab intestat*, sans violer la constitution ; ce ne serait pas priver le propriétaire de ses biens, puisqu'il les conserverait jusqu'à sa mort, et à sa mort, ses droits cessent, comme le dit le rapport au Sénat. Ce serait, à notre avis, une très-mauvaise loi, mais elle ne violerait pas le principe constitutionnel de la non-rétroactivité.

Par la même raison, le législateur peut modifier les lois qui régissent les contrats, et appliquer ses dispositions au passé, pourvu qu'il n'enlève pas aux parties contractantes un bien qui est dans leur domaine. En agissant ainsi, il lésera le plus souvent des intérêts privés ; mais c'est son droit de faire prévaloir l'intérêt de la société sur l'intérêt des individus. Les particuliers lésés ne peuvent pas se plaindre de cette rétroactivité, car elle ne viole pas la constitution. Il est possible que le législateur ait mal apprécié l'intérêt général ; mais lui seul en est l'organe et le juge.

§ 2. *Quand le juge peut et quand il ne peut pas appliquer les lois au passé.*

151. Le principe de la non-rétroactivité s'adresse principalement au juge, dit Portalis. Cela veut-il dire que le juge ne puisse jamais appliquer une loi au passé? A s'en tenir aux termes du code civil, on pourrait croire que l'article 2 pose une règle absolue : « la loi n'a point d'effet rétroactif. » Mais le texte n'est pas aussi absolu qu'il en a l'air. D'abord il ne lie pas le législateur, sauf dans les

(1) Rapport de M. Gheldolf sur le projet de loi relatif aux fondations en faveur de l'enseignement public ou au profit des boursiers (Sénat, *Documents parlementaires*, 1864, session extraordinaire, p. 7).

limites de l'article 11 de la constitution. Si le législateur peut faire une loi qui régit le passé, cela prouve que la non-rétroactivité n'est pas de l'essence de la loi. Dès lors rien n'empêche que le juge n'applique les lois au passé.

Nous disons que la non-rétroactivité n'est pas de l'essence de la loi. Au point de vue du droit positif, la loi ne peut pas rétroagir, en ce sens qu'elle ne peut pas enlever aux citoyens un bien qui est dans leur domaine ; à plus forte raison, quand une loi ne rétroagit pas expressément, le juge ne peut-il pas l'appliquer de manière à priver un citoyen d'un droit quelconque dont il a la propriété. Mais s'il s'agit d'une loi qui règle l'exercice de la propriété, et si cette loi ne dit point qu'elle s'applique seulement à l'avenir, rien n'empêche que le juge ne l'applique de manière à régir le passé. En agissant ainsi, le juge ne fera qu'interpréter la volonté du législateur. La loi peut rétroagir si le législateur le veut ; sa volonté peut être expresse, elle peut aussi être tacite. Or, le juge a certes le droit, pour mieux dire, il a le devoir de scruter l'intention du législateur, puisqu'il lui doit obéir. Dès lors la règle de l'article 2 n'est plus un obstacle à ce que le juge applique la loi au passé ; il ne fait que suivre la volonté du législateur. Mais comment connaître cette volonté quand le législateur ne l'a pas exprimée? La question est d'une grande difficulté. Il s'agit de formuler un principe qui serve de guide au juge, qui lui apprenne quand il peut et doit appliquer la loi au passé et quand il ne le doit pas.

152. Le principe de la non-rétroactivité a-t-il pour le juge le même sens, la même portée que pour le législateur? C'est-à-dire, le juge peut-il appliquer la loi au passé dans le cas où le législateur aurait pu régir le passé? Les auteurs qui ont écrit sur la matière semblent le croire, bien qu'ils ne posent pas la question en ces termes. Et cela paraît assez logique. L'article 2, qui formule le principe, s'adresse au juge tout ensemble et au législateur : comment une seule et même règle aurait-elle un sens différent, suivant que la loi l'applique ou le tribunal? Il y a du vrai dans cette opinion, mais l'assimilation qu'elle fait du pouvoir législatif et du pouvoir judiciaire nous paraît trop absolue.

Le législateur est l'organe des intérêts généraux de la société ; il peut régir le passé comme le présent, au nom de ces intérêts. Est-ce que le juge a le même pouvoir ? La doctrine de l'intérêt général tend à prévaloir parmi les jurisconsultes qui ont traité de la non-rétroactivité des lois. Dans une dissertation qui a été remarquée, Blondeau (1) dit que toute loi nouvelle rencontre en naissant des attentes formées sous l'empire de la loi ancienne. Ces attentes méritent des égards et ne peuvent être trompées sans produire quelque mal. D'autre part, il y a aussi un mal à laisser subsister la loi ancienne, dans ses effets les plus éloignés. Si le législateur l'a abrogée ou modifiée, n'est-ce pas parce qu'elle était mauvaise ou défectueuse ? On est donc en présence de deux maux : c'est l'*utilité sociale* qui décidera si le mal de détruire des espérances formées sous la loi ancienne est moindre que celui de conserver encore à cette loi son préjudiciable empire. Qui pèsera ces inconvénients et qui décidera ? C'est le législateur qui devrait décider les questions d'utilité sociale, puisque telle est sa mission. Mais s'il ne l'a pas fait, le juge le fera.

C'est en ces termes que M. Duvergier pose le principe qui doit guider le juge : « Lorsqu'il est certain que l'*intérêt général* exige que la règle nouvellement introduite soit immédiatement appliquée, lorsqu'il est démontré qu'il vaut mieux pour la société souffrir la perturbation, conséquence inévitable d'un changement brusque dans la législation, que d'attendre plus ou moins longtemps les effets salutaires qui doivent résulter d'une loi nouvelle, le principe de la non-rétroactivité doit céder ; en d'autres termes, il est présumable que le législateur a voulu rétroagir (2). » Un recueil qui reproduit avec fidélité les opinions régnan-

(1) Blondeau, *Essai sur ce qu'on appelle effet rétroactif des lois* (*Thémis belgique*, t. VII, p. 348 et suiv.).
(2) Duvergier, *de l'Effet rétroactif des lois.* Cette dissertation se trouve dans un recueil belge intitulé la *Revue des Revues de droit*, t. VIII, p. 14 et suiv.

tes, le *Répertoire* de Dalloz, formule cette doctrine comme une règle absolue. « Les lois régissent le passé, dit-il, quand l'*intérêt général* exige qu'elles soient immédiatement appliquées, *parce qu'il n'y a point de droit acquis contre la plus grande félicité de l'Etat* (1). »

153. Le principe ainsi formulé nous paraît trop absolu. Il y a une distinction à faire, et elle est capitale. Quand le législateur se trouve en face d'un simple *intérêt*, invoqué par des particuliers, il peut forcer cet intérêt individuel à plier devant l'intérêt général, sauf à voir si le juge a le même pouvoir que la loi. Mais quand le législateur est en face d'un *droit* appartenant à un particulier, alors il doit le respecter ; à plus forte raison, le juge ne peut-il pas, au nom de l'*intérêt général*, détruire ni modifier les *droits* des citoyens.

Supposons d'abord que l'intérêt général soit en conflit avec l'intérêt particulier, sans que les individus aient un droit à opposer à l'Etat ; alors il est de toute évidence que l'intérêt général doit dominer. En ce sens, nous posons comme règle que la loi régit le passé lorsqu'elle a pour objet un *intérêt général* et qu'elle ne trouve en face d'elle que des *intérêts individuels*. Cette maxime est fondée sur l'essence de la société civile. Les hommes, par cela même qu'ils entrent dans une société, doivent faire le sacrifice de leurs intérêts privés au profit de l'intérêt général ; sinon, il n'y aurait pas de société possible : la société n'est autre chose que la prédominance des intérêts généraux sur les intérêts individuels. Nous allons donner des applications de cette première règle pour en mieux préciser la portée.

154. « Toutes les lois politiques rétroagissent, dit Pardessus, car elles substituent à des institutions existantes des institutions nouvelles auxquelles sont soumis les hommes nés sous l'empire des anciennes (2). » Pourquoi les lois politiques régissent-elles nécessairement le passé ? Parce qu'elles sont, par essence, des lois d'intérêt général,

(1) Dalloz, *Répertoire*, au mot *Loi*, n° 192.
(2) Pardessus, Discours prononcé dans la discussion de la loi du 18 juillet 1828 sur la presse périodique (*Moniteur* du 14 juin 1828, p. 852).

et que les citoyens n'ont pas de droit qu'ils puissent invoquer contre ces lois. Il est vrai qu'il y a des droits appelés politiques, mais ces droits ne sont pas dans le domaine des individus qui les exercent; la société les donne, la société peut les enlever. Qui songerait à reprocher au législateur de rétroagir quand il restreint le droit de suffrage ? Nous supposons, ce qui va sans dire, que les droits politiques ne sont pas consacrés par la constitution; s'il s'agit de droits constitutionnels, il est évident que la loi ne peut ni les abolir, ni les modifier; mais le pouvoir constituant le pourrait, comme nous l'avons dit plus haut. Cela prouve que les droits politiques sont toujours dans la main de la société. En cette matière, le pouvoir social régit le passé aussi bien que le présent. La non-rétroactivité ne se conçoit même pas : comprendrait-on que dans un même État, tel citoyen fût électeur en vertu d'une loi ancienne, tandis que tel autre ne le serait pas en vertu de la loi nouvelle, quoique tous les deux remplissent les mêmes conditions d'âge et de fortune? La question est un non-sens.

155. Cependant, chose singulière, c'est surtout en matière de lois politiques que l'on entend invoquer le principe de la non-rétroactivité, c'est surtout à des lois politiques que l'on prodigue le reproche qu'elles rétroagissent. Nous avons déjà cité un exemple singulier de ces vaines imputations; nous allons en citer d'autres tout aussi curieux. Les principes sont d'une telle évidence que, si nous n'avions affaire qu'à des jurisconsultes, il ne vaudrait pas la peine de s'y arrêter. Mais notre ouvrage s'adresse aussi aux hommes politiques. Il importe donc de donner aux principes que nous énonçons une autorité irréfragable.

Nous avons rapporté les paroles de Pardessus, excellent esprit et profond jurisconsulte. Il parle avec une espèce de dédain de cet *éternel et insignifiant reproche de rétroactivité* que les partis politiques adressent aux lois qui les blessent. Il faut, en effet, l'aveuglement de la passion pour invoquer le principe de la non-rétroactivité en matière politique. Il peut y avoir et il y a presque toujours des *intérêts* lésés par une loi nouvelle; mais ces *intérêts* ne constituent pas un *droit;* par suite, ni le législateur, ni le juge n'en doivent tenir aucun compte. Non pas que le législateur doive froisser légèrement les intérêts individuels ; il a le droit de les sacrifier à l'intérêt général, mais il doit user de son droit avec prudence ; il ne peut pas toujours faire ce qu'il a le droit de faire, sinon il finirait par unir contre lui tous les intérêts froissés ; ce serait une source incessante de malaise et de trouble. Mais ces réserves mêmes impliquent qu'il n'y a pas de *droit* en cause ; et là où il n'y a pas de *droit*, peut-il être question de non-rétroactivité ?

156. La doctrine est unanime à enseigner que les lois politiques régissent nécessairement le passé (1), et la jurisprudence est d'accord avec les auteurs. Une commune établit un octroi, ou elle étend les limites dans lesquelles l'impôt sera perçu. Les habitants qui comptaient être exempts de cette contribution seront lésés par l'application du nouveau règlement ; la lésion sera surtout évidente quand un territoire nouveau, en dehors de l'octroi, y est soumis ; les propriétaires qui avaient eu soin d'y déposer leurs marchandises, en se conformant à l'ancien règlement, se plaignent. Il est certain qu'ils sont trompés dans leur attente ; ils éprouvent un préjudice auquel ils ne s'attendaient point. Cependant ces plaintes n'ont jamais été accueillies par les tribunaux ; ils ont invariablement décidé, comme le dit un arrêt de la cour de cassation, que les lois de police, qui ont pour objet essentiel l'intérêt général, dérogent par leur nature à toutes possessions et usages qui y seraient contraires ; que ces possessions et usages ne forment pas un *droit ;* que le préjudice qui peut résulter pour les individus de la loi nouvelle n'empêche pas le législateur d'agir dans l'intérêt public (2). C'est la consécration expresse de la doctrine que nous venons de formuler.

157. La même décision serait applicable à une question qui s'est présentée à Gand. Une loi du 18 mars 1828

---

(1) Mailher de Chassat, *Commentaire approfondi du code civil*, t. Ier, p. 135 et suiv. ; Duvergier sur Toullier, t. Ier, p. 53 ; Dalloz, *Répertoire*, au mot *Loi*, no 192.

(2) Arrêt du 2 juin 1836 (Dalloz, au mot *Commune*, no 1787) ; arrêt du 9 décembre 1836 (Dalloz, au mot *Loi*, no 192, note) ; arrêt du 15 avril 1863 (Dalloz, *Recueil périodique*, 1863, 1, 400).

exempte de la contribution foncière pendant huit ans les nouvelles maisons, dans le but d'encourager les constructions. Le conseil communal, par un règlement du 27 avril 1868, imposa de 11 pour cent sur le revenu cadastral les propriétés déclarées exemptes par la loi de 1828. De là des plaintes, des accusations de rétroactivité. « Quoi! disent les entrepreneurs, une loi nous encourage à construire, en nous promettant l'exemption de la contribution foncière pendant huit ans; c'est sur la foi de cette promesse solennelle que nous avons bâti des maisons, et maintenant la commune vient démentir cet engagement, elle nous oblige à payer un impôt dont une loi nous avait exemptés! Nous avons contracté avec nos locataires, sous l'empire de la loi de 1828; le prix du bail a été fixé en vue de l'exemption qu'elle accorde. Le règlement communal modifie ces conventions à notre préjudice; donc il lèse nos droits et par conséquent il rétroagit. » Admettons que le règlement communal cause un préjudice aux entrepreneurs; est-ce à dire qu'il porte atteinte à leurs *droits?* Les citoyens n'ont pas de *droit* en matière d'impôt; ils n'ont que des *obligations*, en ce sens que le législateur règle les contributions comme il l'entend; il accorde aujourd'hui une exemption, il la retire demain; il est dans son droit, car il parle au nom de l'intérêt général, et les contribuables n'ayant aucun droit à lui opposer, l'intérêt général l'emporte sur l'intérêt individuel. Le législateur aurait pu abroger la loi de 1828, en se fondant sur l'intérêt général que cette loi avait mal apprécié. Dire qu'il ne le pourrait pas sans rétroagir, c'est dire que le pouvoir législatif ne peut pas corriger ses erreurs, qu'il ne peut pas soumettre à un impôt ceux qu'il a eu tort d'exempter. Cela est contraire à l'essence même du pouvoir, qui a pour mission de veiller aux intérêts généraux de la société. Or, ce que le législateur peut faire, la commune le peut aussi, dans les limites de son territoire et de ses intérêts. Si les propriétaires n'ont pas de droit à opposer à l'Etat, ils n'en peuvent pas avoir à l'égard de la commune; ou prétendrait-on que le droit change de nature selon qu'on l'invoque contre la commune ou contre l'Etat?

158. On a agité une autre question qui devrait se décider d'après les mêmes principes. L'Etat et, à son défaut, les communes pourraient-ils établir une assurance obligatoire pour tous les habitants, soit du royaume, soit d'une ville? Entre autres objections, on a dit que ce serait porter atteinte aux droits des compagnies d'assurance qui se sont formées sous l'empire de la législation actuelle. Nous croyons qu'à la rigueur l'Etat et les communes pourraient établir un impôt nouveau, sans tenir compte des intérêts qu'ils léseraient. Les particuliers n'ont pas de droit à opposer, en cette matière, à la société. Ce n'est pas à dire que la société doive, sans grande nécessité, bouleverser des intérêts considérables. Mais ceci est une question de prudence politique et non de droit.

159. La loi du 19 décembre 1864 a enlevé aux collateurs des anciennes fondations le droit de conférer les bourses, pour l'attribuer à des administrations nouvelles. De là de vives plaintes, et des reproches violents de rétroactivité, de spoliation : les journaux catholiques ont été jusqu'à traiter les Chambres et le roi de voleurs (1). Cependant les rapporteurs de la loi à la Chambre des représentants et au Sénat, M. Bara et M. Gheldolf, avaient répondu d'avance à ces vaines imputations. Les lois politiques rétroagissent toujours, disaient-ils avec tous les jurisconsultes, et la loi sur les fondations est une loi politique. On parle de droits violés : qui donc a un droit en matière de fondation? La société seule. Quant aux donateurs, ils tiennent leur droit de la loi : c'est le législateur qui autorise les fondations, c'est lui qui les soumet à telles conditions qu'il lui plaît d'établir; il peut les modifier, les supprimer même, comme organe de l'intérêt social au nom duquel il les autorise. Nous demandons qui aurait un droit à lui opposer? Seraient-ce les fondateurs ou leurs héritiers? Le droit du propriétaire est viager, il s'éteint avec lui; toutes les dispositions qu'il fait pour le temps où il ne sera plus, ne sont valables que par l'autorité du législateur;

(1) Le reproche fait à la loi sur les bourses, de violer le droit de propriété, est reproduit dans le *Mémoire justificatif* des évêques de Belgique du 21 mars 1866 (*Journal historique et littéraire*, t. XXXIII, p. 19).

quand il lui permet de fonder des bourses, il se réserve le droit de régler ces fondations selon les exigences variables de l'état social. Les collateurs auraient-ils le droit de se plaindre de cette rétroactivité? Leur mission est une charge qu'ils tiennent de l'Etat, et de l'Etat seul. La société qui les a investis d'une fonction sociale peut aussi la leur enlever.

Nous n'insistons pas, parce que la question n'en est pas une. Ceux qui désireraient de plus longs développements peuvent consulter les excellents rapports de M. Bara (1) et de M. Gheldolf (2). Sous l'inspiration de l'épiscopat, plusieurs administrateurs déclarèrent qu'ils ne pouvaient prendre aucune part, ni directe ni indirecte, à l'exécution d'une loi qu'ils considéraient comme attentatoire au droit de propriété et aux principes les plus sacrés de justice. Ces prétentions furent repoussées par les tribunaux. La cour de Bruxelles décida, par arrêt du 7 août 1866, « que tout citoyen doit obéissance à la loi, qu'il n'appartient à personne de s'y soustraire et d'en contester la force obligatoire au point de vue de ses opinions personnelles qui peuvent y être contraires (3). »

160. Si les lois politiques régissent le passé, c'est que l'intérêt de la société le demande, et l'intérêt social l'emporte sur l'intérêt individuel. Est-ce à dire que la loi doive toujours rétroagir, quand il y a un intérêt général en cause? Les citoyens ne peuvent-ils jamais invoquer leur *droit* contre *la plus grande félicité de l'Etat?* On le dit, en appliquant aux relations de droit privé la fameuse maxime que le salut de l'Etat est la loi suprême. Cette maxime est fausse, même dans l'ordre politique. L'Etat a pour mission de sauvegarder, de garantir les droits des citoyens : comment donc pourrait-il les sacrifier à un prétendu salut public? Le vrai salut public n'exige-t-il pas que les droits des citoyens ne puissent jamais être violés? Si l'Etat peut,

(1) Rapport sur le projet de loi fait par M. Bara à la Chambre des représentants (*Documents parlementaires*, 1863, p. 499 et suiv.).
(2) Rapport fait au Sénat, par M. Gheldolf, le 7 septembre 1864 (*Documents parlementaires*, 1864, p. VII et suiv.).
(3) *Pasicrisie*, Recueil général de jurisprudence des cours de Belgique, 1866, p. 309.

au nom du salut public, enlever aux citoyens leurs biens, leur liberté, leur vie, que deviendra la société? Singulier salut public que celui qui détruit les droits de tous! La maxime que le salut du peuple est la loi suprême est très-vraie, tant qu'il n'y a que des *intérêts* en présence; dans ce conflit, il est évident que l'intérêt général doit dominer sur les intérêts particuliers; mais la maxime est de toute fausseté quand, au nom de l'intérêt général, l'Etat veut anéantir les *droits* des individus. Bien loin d'y pouvoir porter atteinte, il a le devoir de les faire respecter : il n'a pas d'autre raison d'être.

161. La doctrine du salut public permettrait au législateur de rétroagir toujours, même en violant les droits des individus. Il y a une doctrine toute contraire qui refuse d'une manière absolue au législateur le pouvoir de régir le passé, et à plus forte raison au juge. Benjamin Constant repousse la rétroactivité en matière de lois politiques comme en matière de droits privés : « La rétroactivité, dit-il, est le plus grand attentat que la loi puisse commettre : elle est le déchirement du pacte social, elle est l'annulation des conditions en vertu desquelles la société a le droit d'exiger l'obéissance de l'individu; car elle lui ravit les garanties qu'elle lui assurait en échange de cette obéissance qui est un sacrifice. *La rétroactivité ôte à la loi son caractère; la loi qui rétroagit n'est pas une loi* (1). » Cela est vrai quand la loi, en régissant le passé, viole un *droit* individuel; nous venons de le dire. Mais cela n'est pas vrai quand le législateur n'a qu'à régler des *intérêts* : comment violerait-il un droit là où il n'y en a pas? Non-seulement il peut rétroagir en sacrifiant des intérêts particuliers, mais parfois il le doit. Il le doit, parce que sa mission est de veiller à l'intérêt général. S'il n'y a plus de société quand la loi peut dépouiller les citoyens de leurs droits, il est vrai aussi qu'il n'y aurait plus de société possible, si elle devait s'arrêter devant les intérêts particuliers.

---

(1) Discours de Benjamin Constant, dans la discussion de la loi sur la presse (*Moniteur* du 1er juin 1828, p. 755).

162. La distinction que nous faisons entre les *intérêts* et les *droits* ne résout pas encore toutes les difficultés que soulève le principe de la non-rétroactivité. Nous admettons avec Benjamin Constant que la société ne peut jamais, au nom de son intérêt, violer les droits des citoyens. Mais la société aussi n'a-t-elle pas son droit? Et si le droit de la société est en conflit avec le droit des individus, n'est-ce pas ce dernier qui doit céder? Quand le droit de l'individu est absolu, c'est-à-dire quand il s'agit d'un de ces droits sans lesquels son existence ne se conçoit pas, il n'y a pas de doute; la société ne peut porter atteinte à ces droits, pas même au nom du droit qu'elle a de se conserver; car elle se conserve en respectant les droits sans lesquels les individus ne pourraient exister, tandis qu'elle ruinerait les bases de tout ordre social en les violant. Mais quels sont ces droits absolus dont l'individu ne peut être dépouillé? Nous écartons les droits politiques, puisque l'individu ne peut pas les invoquer contre l'Etat, de qui il les tient. Restent les droits privés qui concernent directement ou indirectement la propriété. La question se réduit donc à savoir si la propriété est un droit absolu auquel le législateur ne puisse toucher. Nous avons d'avance répondu à la question. Le *droit* de propriété ne peut être enlevé aux citoyens; c'est un droit absolu, garanti comme tel par la constitution. Mais la loi peut régler l'usage, l'exercice de la propriété. Donc, quand le *droit* de propriété est en cause, il ne peut y avoir de loi rétroactive; mais la rétroactivité devient possible, quand il s'agit seulement de l'usage et de l'exercice du droit. Le législateur peut, au nom de l'intérêt général, régir le passé, car il n'est plus en face d'un *droit*, mais d'un *intérêt* plus ou moins grand.

163. Le pouvoir du législateur détermine, en général, celui du juge. Quand le législateur ne peut pas rétroagir, à plus forte raison le juge ne le peut-il pas. Il ne peut donc jamais appliquer la loi de manière à enlever à un citoyen un droit qui est dans son domaine. C'est là ce que la doctrine appelle un *droit acquis*. Ici l'assimilation entre le juge et le législateur est absolue. Mais que faut-il dire, quand il s'agit de droits qui ne forment pas une propriété? Le pouvoir du juge est-il aussi le même que celui du législateur ? C'est, à notre avis, la grande difficulté en cette matière. Les auteurs ne traitent pas la question, mais tous partent de cette supposition que le principe de la non-rétroactivité signifie pour le juge ce qu'il signifie pour le législateur ; d'où suit que, lorsque le législateur peut rétroagir, le juge peut par cela même appliquer la loi au passé. Nous n'admettons le principe qu'avec des restrictions.

164. Il est certain qu'en général le principe de la non-rétroactivité est un, le même pour le juge et pour le législateur. Quand la loi rétroagit formellement, ou quand elle déclare qu'elle n'entend pas régir le passé, alors il n'y a plus de question. La difficulté ne se présente pour le juge que lorsque le législateur n'a pas exprimé sa volonté. Ce qui arrive très-souvent dans le passage d'une législation ancienne à une législation nouvelle ; le législateur ne décide pas les questions de rétroactivité, que l'on appelle aussi questions transitoires, parce que, par leur nature même, elles ne durent que pendant un certain temps. Que fera le juge ? Dans le silence de la loi, le juge doit consulter l'intention du législateur, car sa mission consiste à appliquer ce que veut le pouvoir législatif. Il faut donc qu'il s'enquière si le législateur a voulu ou non régir le passé. S'il s'agit d'un droit qui est dans le domaine des individus, la question est décidée par la constitution ; le juge ne peut pas même supposer que le pouvoir législatif veuille porter atteinte au droit de propriété. Mais si ce droit n'est pas en cause ? Le législateur agit comme organe des intérêts généraux ; le juge doit donc voir s'il y a un intérêt général qui ait pu engager le législateur à régir le passé ; il doit croire que le législateur aurait rétroagi, s'il avait prévu la difficulté ; en ce cas, il doit aussi appliquer la loi au passé ; en le faisant, il obéit à la volonté tacite du législateur.

La difficulté n'est pas encore résolue. Comment le juge s'assurera-t-il qu'il y a un intérêt général qui commande la rétroactivité ? Il y a des lois qui sont essentiellement d'intérêt général, et qui, par leur nature, régissent le passé, sans que le législateur ait besoin de le dire. Telles sont les lois politiques, nous avons dit la raison pour laquelle elles rétroagissent toujours. Il en est de même, en matière de droit privé, des lois d'ordre public, c'est-à-dire de celles qui règlent l'état des personnes, et la capacité ou l'incapacité qui en résulte. Elles concernent, il est vrai, les individus et leurs droits les plus importants; mais ces droits, de même que les droits politiques, sont réglés par des raisons d'intérêt général; ils sont par cela même subordonnés au pouvoir de la loi : elle les accorde, elle les retire, elle les modifie selon les exigences de l'état physique, intellectuel, moral, politique. En ce qui concerne leur état, les individus n'ont donc pas de *droit* à opposer au législateur; ils n'ont qu'un *intérêt* plus ou moins grand à faire valoir; mais leur intérêt est dominé par l'intérêt général. Peu importe que la loi nouvelle cause un préjudice : c'est un *intérêt* qui est lésé, ce n'est pas un *droit*. Dès lors le législateur peut régir le passé, et dans l'intérêt social, il le doit. Cela décide la question pour le juge : toute loi d'état personnel rétroagit nécessairement; le juge doit l'appliquer au passé.

165. Il n'en est pas de même des lois qui concernent les biens, lois que nous appelons patrimoniales. Le législateur a surtout en vue l'intérêt des individus; cela est si vrai qu'il leur laisse une liberté entière de contracter, même en dérogeant aux lois qu'il porte; ces lois n'ont en vue que l'intérêt particulier, et qui est meilleur juge de ces intérêts que les intéressés? Il n'y a donc pas, en général, d'intérêt social qui commande au législateur de régir le passé, en matière de droits patrimoniaux. Il faut plutôt poser le principe contraire : le législateur ne doit pas régir le passé, parce que le passé comme le présent et l'avenir sont abandonnés au libre jeu des intérêts individuels. Cependant cette règle n'est pas absolue. L'intérêt public se lie aux intérêts privés, même en matière de droits patrimoniaux, et quelquefois il les domine. En ce cas, le législateur peut rétroagir; le juge peut donc aussi appliquer la loi au passé, en se fondant sur la volonté tacite du législateur qui aurait rétroagi s'il avait prévu la difficulté.

166. Mais ici naît la question de savoir si le juge peut
tout ce que peut le législateur. Quand il y a un intérêt
général qui commande évidemment au législateur de rétroagir, il n'y a pas de doute : le juge appliquera la loi au
passé. Mais le législateur a une action bien plus étendue
que le juge; il n'est lié que par la constitution; dès qu'il
ne viole pas le droit de propriété, en enlevant aux citoyens
un droit qui est dans leur domaine, il a le pouvoir de
régir le passé. La position du juge n'est pas la même; sa
mission se borne à appliquer la loi et, quand elle est
muette, à suivre la volonté présumée du législateur. Or,
il ne peut pas lui supposer la volonté de rétroagir là où il
n'y a pas un intérêt général qui lui permette de sacrifier
les intérêts particuliers. Il ne suffit donc pas que la loi
soit d'un intérêt social, il faut encore que cet intérêt social
demande la rétroactivité pour que le juge la puisse faire
rétroagir.

Il y a une autre différence entre le pouvoir législatif et
le pouvoir judiciaire; le premier a un droit d'initiative que
l'autre n'a point; le juge doit se borner à appliquer la loi,
il ne peut pas la faire. Cela est élémentaire, mais cela a
une grande importance en matière de rétroactivité. Alors
même que le législateur trouve que l'intérêt de la société
exige qu'une loi nouvelle rétroagisse, il prescrit parfois
des mesures transitoires qui sont nécessaires pour que la
législation nouvelle s'introduise sans trop de froissement.
Dans tous les cas où cette nécessité existe, le juge ne peut
pas appliquer la loi nouvelle au passé, car il ne le pourrait qu'en prescrivant des règles qui servent de transition,
c'est-à-dire qu'il ferait la loi, tandis qu'il doit se borner à
l'appliquer. Il suit de là que le juge ne peut faire rétroagir
la loi, quand elle ne rétroagit pas expressément, que dans
les cas où la rétroactivité peut avoir lieu sans qu'il y ait
de mesures transitoires à prendre, dans les cas où la législation nouvelle peut immédiatement et de plein droit remplacer l'ancienne.

167. Avant de passer à l'application de ces principes,
nous devons remarquer que les questions de non-rétroactivité ne se présentent que lorsqu'il s'agit d'une loi nou-

velle qui prend la place d'une loi ancienne. Or, toute loi
portée par le pouvoir législatif n'est pas une loi nouvelle.
Il y a d'abord les lois interprétatives qui ne sont que la
loi ancienne expliquée, rendue plus claire. C'est mal s'exprimer de dire que ces lois rétroagissent; car la loi ancienne n'est pas remplacée par la loi nouvelle, elle sub
siste, c'est cette loi que le juge applique, dans le sens
qu'elle doit avoir, qu'elle a toujours eu, selon l'interprétation donnée par le législateur lui-même. C'est ce que nous
prouverons plus loin, en traitant de l'interprétation des
lois.

168. La doctrine et la jurisprudence assimilent aux lois
interprétatives celles qui ne font que formuler des principes admis dans l'ancien droit (1). Nous admettons aussi que
ces lois régissent le passé, mais il ne nous paraît pas juridique de les appeler des lois interprétatives. Il ne peut pas
y avoir de loi interprétative là où il n'y a point de loi à
interpréter, là où il n'est pas intervenu de jugements
contradictoires sur le sens d'une loi, là où il n'y a pas une
obscurité, une incertitude judiciairement constatées qui
rendent nécessaire l'intervention du législateur. On suppose que le juge applique une disposition du code civil
à un fait qui s'est passé avant sa publication; mais cette
disposition n'est pas nouvelle, la règle qu'elle formule était
suivie dans l'ancien droit. Peut-on dire que le juge donne,
en ce cas, un effet rétroactif au code? Non, certes, car il
applique réellement le droit ancien.

Ce principe a déjà été formulé par Domat : « Quoique
les lois arbitraires, dit-il, n'aient leur effet que pour l'avenir, si ce qu'elles ordonnent se trouve conforme au droit
naturel ou à quelque loi arbitraire qui soit en usage, elles
ont à l'égard du passé l'effet que peuvent leur donner leur
conformité et leur rapport au droit naturel et aux anciennes
règles, et elles servent aussi à les interpréter. » Plus loin,
Domat ajoute que les lois doivent servir de règle au passé
quand elles ne font que rétablir une règle ancienne ou

---

(1) Merlin, *Répertoire,* au mot *Bénéfice d'inventaire,* n° 25; Dalloz,
Répertoire, au mot *Loi,* n° 190.

une règle de l'équité naturelle, ou qu'elles résolvent des questions pour lesquelles il n'y avait aucune loi ni aucune coutume (1). L'application de ce principe ne souffre aucun doute, quand il est constant que la loi nouvelle reproduit le droit ancien. C'est ainsi que la cour de cassation a cassé un arrêt de la cour de Paris qui avait refusé d'appliquer l'article 2280 du code civil à une revendication de marchandises volées en 1798; elle s'est fondée sur ce que cet article « n'était que la répétition des anciens principes constamment suivis en matière de revendication de la chose volée ou perdue (2). » La question est plus délicate quand il n'y a point de principes certains dans l'ancien droit; ne faut-il pas dire, en ce cas, que la loi est nouvelle et que partant elle ne doit pas rétroagir? La cour de cassation a décidé que les dispositions du code civil avaient l'effet de lois interprétatives en matière d'équité, et nous croyons qu'elle a bien jugé. Il est vrai que la loi est nouvelle, en ce sens qu'elle a formulé pour la première fois une règle d'équité, mais cette règle n'est évidemment pas nouvelle, puisque l'équité et les règles qui en découlent sont aussi anciennes que la conscience humaine.

SECTION II. — Des droits d'état personnel.

§ 1er. *Principe.*

169. Deux arrêts de la cour de cassation, du 6 juin 1810 et du 12 juin 1815, ont posé le principe qui régit les lois d'état personnel en ces termes : « Les lois qui règlent l'état des personnes saisissent l'individu au moment même de leur émission, et le rendent dès ce moment capable ou incapable, selon leur détermination ; en cela, ces lois n'ont aucun effet rétroactif, parce que l'état civil des personnes étant subordonné à l'intérêt public, il est au pouvoir du législateur de le changer ou de le modifier selon les besoins

(1) Domat, *Traité des lois*, chap. XII, n° 2 ; et Livre préliminaire, tit. Ier, sect. I, n° 14.
(2) Merlin, *Répertoire*, au mot *Effet rétroactif*, sect. III, § 14.

de la société (1). » Merlin dit que ce principe pèche par sa trop grande généralité ; nous croyons que le principe est d'une vérité absolue, en ce sens que jamais un droit d'état personnel ne peut être invoqué par les citoyens comme étant dans leur domaine ; les droits de cette nature ne sont jamais ce que l'on appelle des droits acquis.

L'état des personnes étant essentiellement d'intérêt public, est par cela même dans le domaine du législateur (2) ; dès lors il est impossible qu'il soit dans le domaine des individus, partant il ne saurait être un droit acquis. Un droit acquis ne suppose-t-il pas, comme dit Meyer, le célèbre jurisconsulte hollandais, que ce droit est devenu la propriété de celui qui l'exerce (3)? et le premier droit du propriétaire n'est-il pas de disposer de la chose qui lui appartient, d'en user et abuser, de la transmettre par acte entre vifs ou par testament? Or, conçoit-on que l'on dispose de l'état de majorité, de l'état de femme mariée, qu'on le vende, qu'on le lègue? Il y a incompatibilité radicale entre la notion du *droit acquis* et l'état des personnes.

170. Ceci est élémentaire. Certes, Merlin, en critiquant le principe posé par la cour de cassation, n'a point songé à dire que l'état des personnes soit dans le commerce. Mais lorsqu'une personne jouit d'une capacité légale en vertu de l'état que la loi lui reconnaît, elle peut faire les actes juridiques pour lesquels elle est capable. Ces actes peuvent concerner sa personne ou ses biens. Quand ensuite le législateur trouve bon de changer son état, est-ce à dire qu'il veuille porter atteinte aux actes faits en vertu de la loi ancienne? En ce qui concerne les actes relatifs aux biens, la question peut à peine être posée, car ces actes engendrent des droits acquis que la loi nouvelle doit respecter. Qu'importe qu'ils aient été faits en vertu d'une capacité qui a cessé d'exister? Ils n'en ont pas moins été faits en vertu de la loi et conformément à la loi ; donc le législateur leur doit sa sanction, il les doit maintenir, loin

(1) Merlin, *Répertoire*, au mot *Effet rétroactif*, sect. III, § 2.
(2) Voyez plus haut, p. 226, n° 153.
(3) Meyer, *Principes sur les questions transitoires* (édition de Pinto, 1858), p. 15.

de pouvoir les annuler. Il en est de même des actes qui sont relatifs aux personnes. D'après la rigueur des principes, ces actes ne produisent pas de droits acquis; ils doivent néanmoins être maintenus, parce que le législateur doit valider tout ce qui se fait conformément à ses prescriptions. Telle est la vraie raison pour laquelle une loi qui modifie l'état des personnes ne peut pas être appliquée aux actes passés sous l'empire de la loi ancienne : ce n'est pas parce que la loi nouvelle ne peut pas rétroagir, c'est parce que tout acte légal est valide et doit rester valide.

Ces principes s'appliquent au juge comme au législateur. D'abord il est certain que le juge doit appliquer les lois d'état personnel au passé, car ces lois régissent le passé par leur essence. Il est tout aussi certain que le juge ne peut pas invalider les actes légalement faits sous l'empire de la loi ancienne. Le législateur lui-même est tenu de les respecter. Mais ne pourrait-il pas les annuler, s'il y avait un intérêt social assez grave pour l'emporter sur les actes faits en conformité de la loi? Le législateur le pourrait, puisqu'il n'est pas en présence d'un droit acquis, mais seulement d'un intérêt social. En général, l'intérêt de la société demande que les actes conformes à la loi restent valables, car en les invalidant le législateur ruinerait sa propre autorité. Il peut cependant y avoir des exceptions. Il y a alors deux intérêts sociaux en conflit. C'est au législateur de décider lequel doit prévaloir. Dans le silence de la loi, on reste sous l'empire du principe. C'est dire que le juge doit toujours respecter les actes légaux : il ne peut pas invoquer la volonté présumée du législateur, car les exceptions ne se présument pas. Ce serait faire la loi, et sa mission se borne à l'appliquer.

§ 2. *Application.*

Nº 1. NATURALISATION.

171. La constitution de l'an III porte, article 10 : « L'étranger devient citoyen français, lorsque, après avoir atteint l'âge de vingt et un ans accomplis et avoir déclaré l'intention de se fixer en France, il y a résidé pendant *sept années* consécutives, pourvu qu'il y paye une contribution directe, et qu'en outre il y possède une propriété foncière ou un établissement d'agriculture ou de commerce, ou qu'il y ait épousé une Française. » Vint ensuite la constitution de l'an VIII, qui déclara « que l'étranger devient citoyen français, lorsque, après avoir atteint l'âge de vingt et un ans accomplis et avoir déclaré l'intention de se fixer en France, il y a résidé pendant *dix* années consécutives. » Les étrangers établis en France, lorsque la constitution de l'an VIII fut publiée, ont-ils été régis par la loi nouvelle ou par celle de l'an III? Nous supposons qu'ils y avaient résidé pendant sept années, mais ils n'avaient pas encore acquis une propriété immobilière, ni formé un établissement de commerce ou d'agriculture, ni épousé une Française. Ils restaient donc étrangers, partant ils devaient remplir les conditions prescrites par la constitution de l'an VIII pour devenir Français, c'est-à-dire résider encore en France pendant trois ans. La constitution nouvelle régit le passé aussi bien que l'avenir, parce que c'est une loi politique; elle concerne l'état politique, à ce titre encore elle rétroagit nécessairement (1).

172. Tous les auteurs sont d'accord sur ce point (2). Mais si l'étranger avait accompli toutes les conditions prescrites par la loi ancienne au moment où la loi nouvelle est publiée, il serait devenu Français. Sur ce point encore il n'y a pas de doute. Est-ce à dire que l'état d'étranger naturalisé soit un *droit acquis*? On le prétend; l'étranger, dit-on, a contracté expressément avec le pays qui l'a adopté (3). Non, il n'y a pas de contrat, il y a un droit politique que la loi confère sous certaines conditions; si l'étranger a rempli ces conditions, il s'est conformé à la loi; donc le législateur doit reconnaître son droit comme il reconnaît et sanctionne tout ce qui se fait en vertu de la loi. En faut-il conclure que ce droit est un droit acquis qui ne puisse pas être enlevé à l'étranger naturalisé? Le

(1) Voyez plus haut, p. 226, nos 154 et suiv.
(2) Merlin, *Répertoire*, au mot *Effet rétroactif*, sect. III, § 2.
(3) Dalloz, *Répertoire*, au mot *Loi*, no 210.

législateur pourait le lui enlever, le juge ne le peut pas. Nous disons que le législateur le pourrait. Supposons qu'une loi ait donné au chef de l'Etat le pouvoir de naturaliser les étrangers, et qu'il ait abusé de cette prérogative. Une loi nouvelle ne pourrait-elle pas assujettir tous ces naturalisés à une nouvelle condition, celle, par exemple, de demander au pouvoir législatif la confirmation de leur naturalisation? Si l'état d'étranger naturalisé était un droit acquis qui fût dans le domaine de celui qui l'a obtenu, le législateur ne pourrait pas l'en dépouiller; mais l'état politique n'est pas plus une propriété que l'état civil. Dès lors le législateur peut le modifier, mais le juge ne le peut pas, parce que le juge doit maintenir tout ce qui a été fait conformément à la loi, et il ne peut pas supposer une volonté contraire au législateur (1).

N° 2. MARIAGE.

173. La loi du 20 décembre 1792 permet le mariage, à treize ans pour les filles, à quinze ans pour les garçons. Le code civil demande un âge plus avancé, quinze ans et dix-huit ans. Ceux qui, lors de la publication du code, avaient l'âge prescrit par la loi de 1792, ont-ils été régis par la loi nouvelle ou par la loi ancienne? Tout le monde est d'accord. C'est la loi nouvelle qui recevra son application, même au passé, parce que c'est une loi qui règle l'état des personnes, et ces lois rétroagissent nécessairement. C'est la loi qui règle les conditions du mariage dans l'intérêt de la société; les citoyens n'ont aucun droit à lui opposer; le législateur peut leur accorder la faculté de se marier, il peut la leur refuser.

Mais les mariages contractés sous l'empire de la loi ancienne seront-ils aussi régis par la loi nouvelle? Non, ils sont maintenus. Est-ce parce que l'état d'époux est un droit acquis résultant d'un contrat? On le dit (2), et il est vrai qu'il y a un contrat. Mais ce contrat concerne l'état

---

(1) Voyez plus haut, p. 234 et suiv., nᵒˢ 164-166.
(2) Merlin, *Répertoire*, au mot *Effet rétroactif*, sect. III, § 1, art. 3 et sect. III, § 2, art. 5, nᵒ 1; Dalloz, *Répertoire*, au mot *Loi*, nᵒ 217.

des personnes, et il est impossible que l'état des personnes soit un droit acquis. Quoi ! dira-t-on, le législateur pourrait donc défaire les unions contractées sous l'ancienne loi ! S'il y avait un intérêt social à les défaire, il le pourrait ; mais précisément, en cette matière, l'intérêt de la société commande de maintenir ce qui a été fait, parce qu'en annulant les mariages, le législateur jetterait le trouble dans toutes les relations civiles. Ceci n'est donc pas une exception au principe que les lois d'état personnel régissent toujours le passé ; c'est une application d'un autre principe qui veut que le législateur maintienne les actes faits légalement. Ce n'est pas le droit de l'individu qui décide, c'est le droit de la société.

174. Une loi permet aux époux de prouver leur mariage par la possession d'état ou par témoins. Le code n'admet plus cette preuve. Les époux mariés sous l'empire du droit ancien devront-ils prouver leur mariage par l'acte de célébration, comme l'exige la loi nouvelle ? Un arrêt de la cour de cassation du 21 mai 1810 décide que les époux peuvent prouver leur union d'après le droit qui était en vigueur lors de la célébration. Tous les auteurs approuvent cette décision et elle ne peut faire l'objet d'un doute (1). Est-ce une exception au principe que les lois d'état personnel rétroagissent ? Non, car il ne s'agit pas de savoir si l'état d'époux est un droit acquis. La question est celle-ci : comment se prouvent les faits juridiques consommés sous l'empire d'une loi ancienne, alors que les formes ont été modifiées par une loi nouvelle ? Il suffit de poser la question pour la résoudre. La preuve des faits se détermine nécessairement par la loi du jour où ils s'accomplissent ; car c'est à ce moment que les parties doivent savoir ce qu'elles ont à faire pour se procurer une preuve. Si la loi leur dit que la preuve testimoniale est admissible, elles n'ont qu'à veiller à ce qu'il y ait des témoins de ce qu'elles font. S'il y a des témoins, elles se sont conformées à la loi ; la loi, de son côté, doit sanctionner ce qu'elles

(1) Merlin, *Questions de droit,* au mot *Mariage,* § 8; *Répertoire,* au mot *Effet rétroactif,* sect. III, § 2, art. 5, n° 2.

ont fait. Il y a encore une autre raison de le décider ainsi. Les preuves varient d'après le temps et les lieux : c'est une question d'état social. Quelle est donc la preuve qui doit être admise pour établir un fait juridique? Celle qui était prescrite au temps et au lieu où le fait s'est passé, parce que c'est cette preuve qui est présumée la meilleure à raison de l'état social de l'époque.

175. La capacité ou l'incapacité de la femme est déterminée par la loi nouvelle, et non par la loi du jour où elle s'est mariée. Ici la question redevient une question d'état, c'est-à-dire d'ordre public. C'est dans un intérêt social que la loi déclare les femmes capables ou incapables; cet intérêt domine et l'emporte sur l'intérêt de la femme, car elle n'a point de droit à opposer au législateur. Capable sous l'ancienne loi, elle devient incapable sous la loi nouvelle; le législateur peut lui enlever une capacité qu'il lui a donnée. Incapable sous la loi ancienne, elle devient capable si le législateur trouve bon de lui rendre un droit dont il avait eu tort de la dépouiller. Tout cela est d'ordre public, il ne peut donc pas être question de droit acquis.

Dans les pays de droit écrit, la femme pouvait contracter et ester en justice sans autorisation maritale; le code déclare la femme mariée incapable. La femme qui s'est mariée sous l'ancien droit et qui était capable de contracter et d'ester en jugement, est devenue incapable à partir de la publication du titre sur le mariage, parce que l'incapacité juridique dont le code la frappe est d'ordre public. « La femme mariée, dit Coquille, par bienséance, ne doit avoir communication d'affaires avec autrui, sans le sçu et sans le congé de son mari, pour éviter la suspicion. » C'est parce que l'incapacité de la femme est d'ordre public, que la loi défend aux futurs époux d'y déroger par une autorisation générale que le contrat de mariage donnerait à la femme (code civil, art. 223, 1388). Par cela seul que l'incapacité de la femme est d'ordre public, la loi nouvelle régit le passé aussi bien que l'avenir. Il est vrai que dans le rapport fait au Tribunat sur le titre du mariage, on lit que les dispositions du projet concernent les mariages *futurs.* C'est une erreur, et une erreur ne peut pas être invoquée contre les vrais principes, parce qu'elle se trouve dans un rapport ou un discours officiel (1).

La doctrine est unanime sur ce point, ainsi que la jurisprudence. Il a été décidé par la cour de cassation que la femme, capable, sous l'ancien droit, d'ester en justice, a besoin, depuis la publication du code, de l'autorisation de son mari, quand même il ne s'agirait que de continuer devant la cour suprême un procès commencé valablement sans autorisation. Il a encore été décidé que la femme, bien qu'elle eût été capable, sous l'ancien droit, d'aliéner ses paraphernaux et de s'obliger sur ces biens, est devenue incapable, sous l'empire du code civil. Tous les auteurs approuvent ces décisions (2).

176. Mais quel sera le sort des actes juridiques que la femme a faits sous l'ancien droit? Le code civil les annule-t-il? Non, sans doute aucun. Est-ce une exception au principe que les lois d'état personnel rétroagissent nécessairement? Non. La question est de savoir si des actes faits en vertu de la loi doivent être validés. Ils sont placés sous l'autorité de la loi, par cela même qu'ils sont conformes à la loi. De plus, étant relatifs aux biens, ils ont engendré des droits acquis. Ce n'est donc pas l'état des personnes qui est en cause, ce sont des droits patrimoniaux, et à ceux-ci s'applique le principe que la loi ne dispose que pour l'avenir.

177. Par application des mêmes principes, la femme qui était incapable sous l'empire de la loi ancienne, devient capable, si la loi nouvelle lui reconnaît une capacité que lui refusait la législation antérieure. D'après plusieurs coutumes, la femme ne pouvait tester sans l'autorisation de son mari. Le code rend à la femme une faculté que le droit coutumier avait eu tort de lui enlever. Il en résulte que la femme mariée sous l'ancien droit, et incapable de tester lors de la publication du code, est devenue capable.

(1) Merlin, *Répertoire*, au mot *Effet rétroactif*, sect. III, § 2, art. 5, n° 3; Dalloz, *Répertoire*, au mot *Lois*, n° 218.
(2) Dalloz, *Répertoire*, au mot *Lois*, n° 218, cite les arrêts et les auteurs.

Les auteurs sont unanimes (1). On voit par cet exemple combien il importe que l'état des personnes et leur capacité restent dans le domaine du législateur. Il peut se tromper, il peut dépouiller les citoyens d'une faculté qui doit leur appartenir; si l'on appliquait en ce cas la règle que la loi ne dispose que pour l'avenir, le législateur ne pourrait pas corriger les erreurs qu'il a commises. Dans l'espèce, nos coutumes avaient évidemment tort de défendre à la femme mariée de tester sans autorisation maritale, car le testament n'a d'effet qu'à la mort, et à ce moment la puissance du mari cesse.

178. La cour de cassation a jugé, à plusieurs reprises, que la femme a cessé, depuis la publication du code civil, d'être soumise au sénatus-consulte velléien qui régissait les pays de droit écrit, et en vertu duquel la femme ne pouvait cautionner son mari ni tout autre (2). Cette question a été controversée; elle ne l'est plus et ne peut pas l'être, puisque c'est une question d'état qui doit être décidée par la loi nouvelle. Vainement objecterait-on l'intérêt de la femme : l'intérêt particulier cède devant l'intérêt général, et les lois qui régissent l'état des personnes sont d'ordre public.

179. Il y a d'autres décisions qui paraissent en contradiction avec notre principe. La doctrine et la jurisprudence admettent que, pour savoir si la femme mariée avant le code civil peut aliéner ses biens dotaux, il faut consulter l'ancien droit, le droit qui était en vigueur lors du contrat de mariage. De même il a été décidé que la femme, incapable d'aliéner ses immeubles, avant le code, en vertu des conventions matrimoniales, est restée incapable. La contradiction n'est qu'apparente. Dans ces deux cas, il ne s'agit pas de l'état de la femme, ni de la capacité ou de l'incapacité qui en résulte; il s'agit de savoir si les conventions qu'elle a faites antérieurement au code sont régies par l'ancien droit ou par le nouveau. Ceci est une question de droit patrimonial et non d'état personnel.

---

(1) Voyez les témoignages dans Dalloz, *Répertoire*, au mot *Lois*, n° 219.
(2) Voyez les arrêts cités dans Dalloz, *Répertoire*, au mot *Lois*, n° 219.

Nous y reviendrons en traitant des droits patrimoniaux.

180. Le divorce, qui rompt le mariage, est d'ordre public, car c'est par des considérations morales ou religieuses que le.législateur se décide à l'admettre ou à le repousser. Il ne peut pas être question d'un droit des personnes mariées à l'indissolubilité ou à la dissolubilité de leur union, car si elle est indissoluble ou dissoluble, c'est que le législateur l'a décidé ainsi par des raisons indépendantes de la volonté des époux, et ce que le législateur a fait, il le peut défaire, quand c'est au nom de l'intérêt général qu'il parle. Jusqu'à la Révolution, le mariage était indissoluble en vertu du droit canonique qui, en ce point, avait force de loi. Une loi du 20 décembre 1792 introduisit le divorce; elle déclara que les époux mariés sous l'ancien droit jouiraient de la faculté de divorcer. Au point de vue du législateur révolutionnaire, la faculté du divorce, comme le dit le préambule de la loi, résulte de la liberté individuelle, laquelle ne permet pas un engagement indissoluble. Donner aux époux le droit de divorcer, c'était donc leur rendre une faculté que l'ancienne législation avait eu tort de leur enlever. Par application de ce principe, la cour de Turin a décidé qu'une femme pouvait demander le divorce en vertu du code civil, bien que la cause, la condamnation du mari à une peine infamante, fût antérieure au code.

Le législateur de 1792 et la cour de Turin ont fait une juste application des principes, puisque les lois sur le divorce rétroagissent nécessairement, comme étant d'ordre public. Il ne faut.donc pas dire, comme on l'a fait, qu'elles rétroagissent, par la raison qu'elles sont faites dans l'intérêt des époux et pour leur plus grand bonheur (1). En matière d'état, le législateur rétroagit, alors même qu'il léserait des intérêts privés. Il est évident que le législateur révolutionnaire blessa les consciences catholiques en admettant le divorce. Par contre la loi qui l'abolit en France, après la Restauration, blessa la conscience de tous ceux qui n'étaient point catholiques. Les uns pas plus que les

_____
(1) Dalloz, _Répertoire_, au mot _Lois_, n° 221.

autres ne pouvaient se plaindre qu'on leur enlevait un droit. Le législateur est placé au-dessus des croyances religieuses ou philosophiques ; il n'est pas tenu de les respecter quand elles sont en opposition avec l'intérêt de la société.

181. On demande si, en s'appuyant sur l'intérêt général, il pourrait annuler les divorces prononcés et exécutés. Le législateur de 1792 l'a fait pour les séparations de corps ; il a permis aux époux séparés de corps par jugement exécuté ou en dernier ressort de faire prononcer leur divorce. Une loi qui abolirait le divorce pourrait-elle autoriser les époux divorcés à changer le divorce en séparation de corps ? Ce serait naturellement pour donner satisfaction aux scrupules religieux de celui des époux dont les croyances repoussent le divorce. Nous croyons qu'il y a lieu d'appliquer le principe que le législateur doit respecter les actes faits en vertu de la loi, quand même il ne les approuverait pas. Le divorce rompt définitivement le mariage, et ce serait une chose peu morale de forcer l'un des époux divorcés à rentrer dans les liens du mariage. On conçoit que la loi de 1792 ait permis à des époux séparés de corps de demander le divorce ; elle rompait un lien déjà relâché. Mais on ne conçoit pas que des époux qui ont cessé de l'être, le redeviennent malgré eux.

Nº III. MINORITÉ.

182. La minorité, la majorité, la puissance paternelle, la tutelle, l'interdiction, déterminent l'état des personnes, la capacité ou l'incapacité qui en résulte : elles sont donc d'ordre public et, comme telles, elles rétroagissent nécessairement. Il n'y a pas à se préoccuper, comme Merlin lui-même le fait parfois (1), si la loi nouvelle améliore la condition d'un incapable, ou si elle rend plus mauvaise la condition de celui qu'elle frappe d'incapacité. Ce n'est pas parce qu'elle améliore la condition des personnes, que la

_____

(1) Merlin, *Répertoire*, au mot *Effet rétroactif*, sect. III, § 2, art. 8, nº 1.

loi nouvelle doit recevoir son application au passé; c'est parce que l'état des personnes ne constitue pas un droit pour celui qui en jouit; la loi le donne, par des raisons d'intérêt général; qu'importe qu'au point de vue d'intérêts privés, elle rende la condition des personnes plus ou moins avantageuse? L'intérêt privé n'est pas écouté, quand l'intérê général parle.

183. Le code fixe la majorité à vingt et un ans. Par le seul effet de la loi nouvelle, ceux qui, en vertu du droit ancien, étaient encore mineurs sont devenus majeurs. La cour de Nîmes a fait une très-juste application de ce principe à un legs qui ne devait être délivré qu'à la majorité du légataire. D'après le droit ancien, sous l'empire duquel le testateur avait disposé, la majorité était fixée à vingt-cinq ans : le code la fixe à vingt et un ans. Le légataire a pu demander la délivrance de son legs dès qu'il avait atteint cet âge (1).

184. Le mineur normand devenait majeur à vingt ans; la loi du 20 septembre 1792 fixa la majorité à vingt et un ans. Il est évident d'abord que le mineur qui n'avait pas atteint l'âge de vingt ans n'est devenu majeur qu'à vingt et un ans, conformément au code civil. Mais celui qui avait vingt ans lors de la publication du code, est-il redevenu mineur? La question a paru un instant douteuse; pour la décider, on s'est prévalu de l'intérêt bien entendu du majeur de vingt ans : on lui a dit qu'il avait tort de se plaindre qu'on rendait sa condition plus mauvaise, qu'en réalité on l'améliorait, puisque le législateur, en reculant l'époque de la majorité, reconnaissait par cela même que ceux qui n'étaient âgés que de vingt ans n'avaient pas la capacité nécessaire pour gouverner leur personne et leurs biens. Ce motif peut avoir influé sur la décision du législateur, et il reçoit son application à la plupart des mineurs; mais il y en a certes qui pourraient dire que de fait ils sont capables, que par conséquent la loi lèse leur intérêt en les déclarant incapables. Mais encore une fois, qu'importe le préjudice? La question est

_____

(1) Arrêt du 19 frimaire an XI (Dalloz, au mot *Lois*, n° 239).

de savoir si l'état de majeur est un droit qui appartient à ceux qui ont atteint la majorité, en ce sens qu'il ne peut plus leur être enlevé. C'est le législateur qui le leur donne par des raisons politiques, sociales, économiques ; ce que le législateur donne, il peut l'enlever. Il n'y a que des intérêts en cause : or, quand l'intérêt privé est en collision avec l'intérêt général, c'est celui-ci qui l'emporte.

La doctrine et la jurisprudence sont unanimes (1). Il est certain que le législateur pourrait décider le contraire. Mais quand il garde le silence, le juge doit-il admettre que la loi a voulu ou qu'elle n'a pas voulu rétroagir? M. Delisle répond qu'on admettra difficilement que le législateur ait voulu remettre en tutelle des personnes majeures d'après l'ancienne loi (2). Nous croyons plutôt que le juge doit croire que la loi a voulu régir le passé, puisque telle est la règle générale pour toutes les lois d'ordre public. Il faudrait une manifestation expresse de la volonté du législateur, pour que l'on pût admettre qu'il a voulu consacrer une exception.

185. Le code recule l'âge auquel le mineur peut être émancipé de la tutelle. On demande si le mineur émancipé lors de la publication de la loi nouvelle, retombe en tutelle. Si l'émancipation a eu lieu par un fait du mineur ou du tuteur, il faut appliquer le principe que la loi respecte les actes faits en vertu de ses dispositions; peu importe que le code maintienne ou non ce mode d'émancipation. Si, au contraire, l'émancipation était l'effet de la loi, le législateur peut modifier l'état qu'il a créé, et le juge, dans le silence de la loi, doit l'appliquer en ce sens. Ainsi, dans les pays de droit écrit, les mineurs devenaient *sui juris*, par cela seul qu'ils avaient atteint leur douzième ou leur quatorzième année. Le code n'émancipe plus les mineurs de plein droit. Il en résulte que les mineurs des pays de droit écrit sont retombés en tutelle. La jurisprudence, après avoir hésité un instant, s'est fixée en ce sens. Mais quelle est la vraie raison de décider? On dit que le

(1) Voyez les auteurs et les arrêts cités par Dalloz, au mot *Lois*, n° 239.
(2) Delisle, *Principes de l'interprétation des lois.*

mineur est remis sous tutelle pour son propre avantage.
« L'abus qu'il a fait de sa capacité, dit Chabot, a prouvé
qu'il en fallait reculer le terme, dans son propre intérêt (1). »
Dalloz abonde en ce sens. Mais ne peut-on pas répondre
avec la cour d'Aix que la loi nouvelle cause un préjudice
aux mineurs déjà émancipés? Ils jouissaient de leurs
biens, ils avaient le droit de faire certains actes avec l'assistance d'un curateur : la loi nouvelle altère leur état. Il
est certain qu'elle a porté préjudice à certains mineurs.
Ce n'est donc pas le préjudice ni l'avantage que l'on doit
invoquer pour décider que la loi doit régir le passé.
Merlin nous dit la vraie raison de décider, l'ordre public,
contre lequel les mineurs n'ont qu'un intérêt particulier à
invoquer. Si la décision est différente lorsque le mineur
s'est marié, ou a été émancipé par son père ou sa mère,
c'est que dans ce cas il y a un acte fait en vertu de la loi
ancienne, que le législateur respecte. L'état de mineur
émancipé ne forme pas plus un droit dans une hypothèse
que dans l'autre; mais dans la dernière, il y a un motif
pour le législateur de ne pas régir le passé, motif qui
n'existe pas dans la première (2).

186. Il va sans dire que les actes faits par le majeur
qui redevient mineur, ou par le mineur émancipé qui
retombe en tutelle, restent valables. Nous en avons déjà
dit la raison (3) : il s'agit, non d'une question d'état, mais
de droits patrimoniaux.

187. Dans l'ancien droit, la mère n'avait pas la puissance paternelle; le code rend à la mère une puissance
de protection que la nature elle-même lui donne aussi
bien qu'au père. Lors de la publication du code, il y avait
donc des enfants mineurs sous tutelle, la mère veuve
n'ayant pas la puissance paternelle. La cour d'Agen a
très-bien décidé que la mère a pris de plein droit l'exercice de la puissance que la loi lui défère, que par suite la

(1) Chabot, *Questions transitoires,* au mot *Autorisation maritale,* § 1er (t. Ier, p. 39).
(2) Merlin, *Répertoire,* sect. III, § 2, art. 7, n° 2. Voyez la jurisprudence, dans Dalloz, au mot *Loi,* n° 240.
(3) Voyez plus haut, n° 170, p. 239.

tutelle déférée sous la loi ancienne cesse immédiatement. Question d'ordre public, dit la cour. La loi nouvelle doit régir le passé, parce qu'elle rend à la mère une autorité que le législateur avait eu tort de lui enlever. Concevrait-on que sous l'empire d'un code qui donne à la mère le droit, pour mieux dire le devoir de protection, il y ait des mères étrangères en quelque sorte à leurs enfants (1)?

188. Dans les pays de droit écrit, le père conservait la puissance paternelle sur ses enfants majeurs jusqu'à leur émancipation, et il avait sur leurs biens un droit d'usufruit qui ne s'éteignait qu'avec sa puissance. Le code a affranchi les majeurs de l'autorité paternelle, et par suite il a fait cesser l'usufruit légal du père. Il ne saurait y avoir un doute sur ce point : l'usufruit est un effet de la puissance paternelle, l'effet ne peut subsister alors que la cause cesse. Vainement dit-on que l'usufruit était dans le domaine du père, et que la loi ne peut pas lui enlever un droit acquis. On répond que le père n'est pas usufruitier au même titre qu'il est propriétaire. Sa jouissance est un avantage que la loi attache à l'exercice de la puissance paternelle, il ne peut donc exister qu'aussi longtemps que la puissance dure ; or, c'est au législateur à régler, même pour le passé, la durée de la puissance paternelle, puisqu'elle est d'ordre public. La jurisprudence et la doctrine sont d'accord pour le décider ainsi (2).

189. L'usufruit légal du père donne lieu à une autre question sur laquelle il y a quelque doute. Nos anciennes coutumes disaient : « Puissance paternelle n'a lieu; » par suite, le père n'avait aucun droit de jouissance sur les biens de ses enfants mineurs : les fruits étaient perçus à leur profit. Le code a certainement placé sous puissance les enfants qui, lors de sa publication, n'avaient pas atteint l'âge de vingt et un ans. Mais en donnant la puissance aux pères, leur a-t-il aussi donné l'usufruit légal? Il y a des arrêts pour et contre. Le motif de douter est que la loi, en donnant l'usufruit au père, prive l'enfant d'une

---

(1) Voyez la jurisprudence, dans Merlin, au mot *Effet rétroactif*, section III, § 2, art. 8, n° 3.
(2) Voyez les témoignages, dans Dalloz, au mot *Lois*, n° 237.

jouissance qui était certes dans son domaine, puisque c'est l'exercice du droit de propriété. N'est-ce pas porter atteinte à un droit acquis? Nous croyons que le législateur pourrait grever les biens des enfants d'un droit d'usufruit au profit du père, de même qu'il peut établir une hypothèque légale sur les biens du tuteur et du mari ; il ne prive pas de leurs biens ceux qu'il grève d'un droit réel, il ne les exproprie pas, il modifie seulement l'exercice de la propriété. S'il le peut pour les enfants à naître, pourquoi ne le pourrait-il pas pour les enfants déjà nés? Mais la difficulté est de savoir si, dans le silence du code, le juge peut l'appliquer au passé. Cela est douteux. Il ne le pourrait qu'en se fondant sur la volonté tacite du législateur. La question revient donc à ceci : Y a-t-il une raison d'intérêt général qui doive engager le législateur à rétroagir? Si l'usufruit était d'ordre public, la question n'en serait pas une; mais il est certain que la jouissance légale n'est pas d'ordre public, puisque le code permet d'y déroger, et lui-même y déroge (code civil, art. 387, 386). Merlin dit que c'est le salaire donné au père administrateur. Cela n'est pas exact, puisque le père naturel est administrateur et il n'est pas usufruitier. Si c'était un salaire, concevrait-on que le donateur et le testateur en privassent le père? C'est donc un avantage, une faveur toute gratuite. Néanmoins nous croyons que, dans le doute, le juge doit présumer que le législateur a voulu accorder cette faveur à tous ceux qui exercent la puissance paternelle : s'il l'accorde aux uns, pourquoi la refuserait-il aux autres? Il y a plus : s'il la refusait au père sur les biens de ses enfants nés lors de la publication du code, et s'il survenait ensuite des enfants au père, il aurait l'usufruit de leurs biens, tandis qu'il ne l'aurait pas sur les biens de ses autres enfants. Il y aurait là une anomalie qui ne peut pas être dans la pensée du législateur. Telle est aussi l'opinion généralement suivie par les auteurs et par la jurisprudence (1).

(1) Merlin, *Répertoire*, au mot *Effet rétroactif*, sect. III, § 2, art. 8, n° 4; Dalloz, au mot *Lois*, n° 238.

190. Une question plus douteuse encore est celle de la preuve de la paternité. Les preuves ont varié. Est-ce le code civil qu'il faut appliquer aux enfants nés sous l'empire du droit ancien? Quand il s'agit d'enfants légitimes, nous croyons, avec Merlin, que la loi nouvelle ne rétroagit pas. Il n'y a pas de motif d'intérêt général pour qu'elle rétroagisse. Le mode de preuve se détermine, en principe, par la loi ancienne, parce que c'est cette loi que les parties intéressées doivent suivre; et s'ils se sont conformés à la loi, ils doivent aussi jouir de ses bénéfices. On peut appliquer ici par analogie ce que nous avons dit de la preuve du mariage (1).

La question est plus difficile pour les enfants naturels. Si l'enfant a été reconnu par ses père et mère, et s'il demande à faire preuve de cette reconnaissance, c'est encore le droit ancien qu'il faut appliquer, en vertu du principe que nous venons de rappeler. S'il s'agit de la reconnaissance forcée, c'est la loi nouvelle qui doit recevoir son application. Pour la recherche de la paternité, cela n'est pas douteux; le code la prohibe d'une manière absolue (art. 340), par des motifs d'ordre public que nous exposerons plus loin. En est-il de même de la recherche de la maternité? Le code l'admet, mais en la subordonnant à des conditions plus rigoureuses que celles de l'ancien droit. Merlin soutient contre Meyer que l'enfant naturel peut se prévaloir de la loi ancienne. Nous croyons que le jurisconsulte hollandais a raison, bien que nous n'adoptions pas ses motifs de décider que Merlin a réfutés. Merlin applique aux enfants naturels les mêmes principes qu'aux enfants légitimes. Ici, nous semble-t-il, est l'erreur. Le père légitime a obéi à la loi ancienne, en constatant la filiation de ses enfants; tandis que la mère naturelle, on le suppose, n'a pas reconnu son enfant, et elle ne veut pas le reconnaître. On ne peut donc pas dire que la mère ni l'enfant se soient conformés à la loi ancienne, il n'y a rien de fait en vertu de la loi ancienne; pourquoi donc régirait-elle la preuve? Il y a, dit Merlin, le fait de la maternité qui

(1) Voyez plus haut, n° 174, p. 243.

oblige la mère à nourrir son enfant et à l'élever; par suite, l'enfant a une action contre sa mère dès sa naissance ; la loi ne peut pas lui enlever ce droit. Nous répondons qu'elle ne le lui enlève pas; s'il a recherché sa mère, la reconnaissance forcée subsiste, comme elle subsisterait à l'égard du père, quoique le code interdise la recherche de la paternité. Mais peut-on dire que l'enfant a acquis ce droit, alors qu'il n'en a pas usé? Il peut encore l'exercer sous le code, mais en observant la loi nouvelle. Cette loi doit régir le passé, parce qu'elle est d'intérêt public. Elle a voulu garantir la mère contre une recherche appuyée sur de faux témoignages : et elle permettrait une preuve, qu'elle déclare dangereuse, qu'elle repousse, à un enfant naturel, parce qu'il est né avant la publication du code! Par sa nature même, la loi nouvelle doit régir le passé, aussi bien que la loi qui prohibe la recherche de la paternité. Nous devons ajouter que l'opinion de Meyer est restée isolée, les auteurs s'étant tous rangés de l'avis de Merlin. La jurisprudence se prononce aussi en ce sens (1).

191. Dans l'ancien droit, les prodigues étaient interdits et placés sous l'autorité d'un curateur; par suite, ils perdaient la disposition de leurs biens. Le code civil ne permet plus de les interdire ; le tribunal leur nomme un conseil, sans l'assistance duquel il leur est défendu de faire des actes d'aliénation; ils conservent donc l'administration de leurs biens (code civil, art. 513). Lors de la publication de la loi nouvelle, il y avait un grand nombre de prodigues interdits. Quel allait être leur état sous l'empire du code? Un premier point est certain, c'est qu'ils pouvaient demander la mainlevée de l'interdiction, sauf aux parents à provoquer la nomination d'un conseil judiciaire. La loi nouvelle concernant l'état des personnes devait par cela même régir le passé, en ce sens que les prodigues interdits recouvraient leur capacité : il ne peut y avoir d'interdiction pour cause de prodigalité sous un code qui ne l'admet plus.

(1) Merlin, *Répertoire*, au mot *Effet rétroactif*, sect. III, § 2, art. 8, n° 3; et les auteurs cités par Dalloz, au mot *Lois*, n° 232, ainsi que les arrêts.

Sur ce point, tout le monde est d'accord. Nous disons que c'est aux parents à provoquer la nomination d'un conseil judiciaire. Ici commence déjà une divergence d'opinions. Merlin enseigne, et il a été jugé en ce sens, que le tribunal, saisi de la demande en mainlevée de l'interdiction, peut, par le même jugement qui la prononce, défendre au prodigue d'aliéner ses biens sans l'assistance d'un conseil (1). Nous ne comprenons pas que le juge statue sur une question qui ne lui est pas soumise. Le prodigue interdit ne lui demande pas la nomination d'un conseil, il n'en a pas le droit, le ministère public pas davantage ; le tribunal n'est donc saisi que d'une demande en mainlevée, dès lors il ne peut que lever l'interdiction. Il est vrai que l'article 499 du code lui permet, en rejetant la demande en interdiction, de nommer un conseil judiciaire au défendeur ; mais dans ce cas il est saisi d'une demande qui a pour objet d'interdire une personne pour cause de démence ; pouvant la mettre sous tutelle, il est naturel qu'il puisse la placer simplement sous conseil, tandis que si le prodigue interdit lui demande la mainlevée de l'interdiction, il n'est saisi d'aucune action tendante à prendre des mesures en faveur du prodigue.

On a soutenu, et il a aussi été jugé en ce sens, que l'interdiction des prodigues était levée de plein droit par le code ; il y a plus, la cour de cassation a décidé que de plein droit aussi la curatelle était transformée en conseil judiciaire (2). L'arrêt a été rendu contrairement aux conclusions de Merlin ; l'opinion qu'il consacre, bien qu'elle soit approuvée par Meyer (3), jurisconsulte éminent, est inadmissible. Ce qui a trompé la cour, c'est que le législateur aurait pu déclarer que l'interdiction était levée, et que le curateur ferait fonction de conseil judiciaire. Il a fait plus que cela en abolissant les vœux monastiques :

<hr/>

(1) Merlin, *Questions de droit*, au mot *Prodigue*, § 1 (t. XII, p. 149 de l'édition in-8°). Arrêt de Rennes du 14 juin 1819 (Dalloz, au mot *Lois*, n° 241, t. XXX, p. 115).
(2) Arrêts du 20 mai 1806 et du 6 juin 1810 (Dalloz, au mot *Lois*, n° 241). Voyez, dans le même sens, l'arrêt de la cour de Montpellier du 1er juillet 1840 (Dalloz, *Recueil périodique*, 1843, 2, 117).
(3) Meyer, *Principes sur les questions transitoires*, p. 52.

la loi du 13 février 1790 a dissous de plein droit tous les vœux prononcés antérieurement; elle a donc fait revivre des individus qui étaient morts légalement, en vertu d'un acte de leur volonté, et en se conformant au droit public de l'ancien régime. De même, la loi du 8 mai 1816, qui abolit le divorce en France, a décrété que les jugements non exécutés qui avaient prononcé le divorce, seraient restreints aux effets de la séparation. Le droit du législateur est incontestable. Mais le juge a-t-il le même pouvoir? Telle est la vraie difficulté.

Il est très-vrai, comme le dit la cour de cassation, que les lois qui modifient l'état des personnes doivent recevoir leur application du jour où elles sont publiées. C'est en vertu de ce principe que nous avons décidé que le mineur devient majeur et que le majeur redevient mineur, de plein droit, en vertu de la loi nouvelle. Dans ces cas, il n'y a aucun inconvénient à ce que la loi régisse le passé immédiatement. Mais il n'en est plus de même quand il s'agit de lever l'interdiction. Il y a un jugement qui constate la prodigalité, qui prescrit des mesures en faveur du prodigue et de sa famille. Si le juge décidait que l'interdiction a été levée de plein droit par le code, qu'arriverait-il? Que des individus, reconnus incapables par jugement, deviendraient subitement capables; funeste capacité, puisqu'elle les conduirait à leur ruine.

Non, le juge ne peut pas le décider ainsi; il ne le pourrait que si telle était la volonté du législateur, et comment lui supposer une imprévoyance aussi impardonnable? Dira-t-on que, dans notre opinion, le même danger se présente, puisque le tribunal doit prononcer la mainlevée de l'interdiction, si le prodigue la demande? Le danger n'existe qu'en théorie; de fait, les parents, informés de la demande en mainlevée, se hâteront de provoquer la nomination d'un conseil.

La cour de cassation a imaginé un moyen plus énergique de prévenir le danger que nous signalons; mais le juge peut-il transformer l'interdiction en conseil judiciaire? faire d'un *curateur* qui *administre*, un *conseil* qui *assiste?* Le législateur le peut, le juge ne le peut pas; il ne peut que ce que veut le législateur, et ici la volonté ne saurait être tacite, elle doit être expresse; car il ne s'agit pas seulement de modifier un état, il s'agit d'anéantir des jugements ou de les dénaturer. Dans le silence de la loi, le juge ne peut pas décider ce que le législateur aurait dû faire; ce serait faire la loi, tandis que sa mission se borne à l'appliquer. Chabot dit que l'arrêt de la cour de cassation que nous critiquons ne fut rendu qu'après une vive discussion; nous nous rangeons avec lui à l'avis de la minorité (1).

SECTION III. — Des droits patrimoniaux.

§ 1er. *Principe.*

192. En matière de droits patrimoniaux, les auteurs et la jurisprudence suivent comme principe que le législateur et le juge doivent respecter les *droits acquis.* Merlin définit les *droits acquis* ceux qui sont entrés dans notre domaine, qui en font partie, et que ne peut plus nous ôter celui de qui nous les tenons. Il cite comme exemples les droits qui dérivent immédiatement d'un contrat, ceux que nous a conférés un testament dont l'auteur est décédé, ceux qui se trouvent dans une succession ouverte, et dont nous a saisis la loi en vigueur au moment de son ouverture (2). Il résulte de là que le législateur peut régir le passé, dès qu'il n'enlève pas un droit qui est dans le domaine des citoyens; de ce qu'il le peut, on infère qu'il l'a voulu, et par suite le juge aussi peut appliquer la loi au passé sans que l'on puisse lui reprocher de faire rétroagir la loi. Dans cette doctrine, le principe de la non-rétroactivité signifie simplement que le législateur et le juge ne peuvent dépouiller les individus des *droits* que l'on appelle *acquis.*

Nous croyons que cette doctrine restreint dans des limites trop étroites la règle posée par l'article 2 du code,

---

(1) Chabot, *Questions transitoires,* au mot *Prodigue,* § 1 (t. III, p. 3 et s.).
(2) Merlin, *Répertoire,* au mot *Effet rétroactif,* sect. III, § 1, n° 3.

que la loi ne dispose que pour l'avenir. La non-rétroactivité, à notre avis, a une portée plus étendue, même en tant qu'elle s'adresse au législateur; et nous ne croyons pas que le juge puisse faire tout ce que peut le pouvoir législatif.

193. Quand un droit est dans notre domaine, il est certain que le législateur lui-même ne peut pas nous l'enlever. L'inviolabilité de la propriété est garantie par notre constitution; la loi qui priverait un individu d'un bien quelconque faisant partie de son domaine serait inconstitutionnelle, elle violerait l'article 11 de notre pacte fondamental. En ce sens et dans ces limites, la non-rétroactivité est un principe constitutionnel qui lie le pouvoir législatif et, à plus forte raison, le pouvoir judiciaire. L'application du principe en fera comprendre la portée. Elle est sans difficulté quand il n'y a point d'intérêt général en cause. Des époux se sont fait, sous l'ancien droit, une donation mutuelle qu'ils ont stipulée irrévocable. Le code civil déclare essentiellement révocables les libéralités que le mari et la femme se font (article 1097). Cette disposition aura-t-elle pour effet de révoquer les donations antérieures? Il est hors de doute que le juge ne peut pas révoquer des actes irrévocables; or, la donation fait entrer la chose donnée dans le patrimoine du donataire, elle engendre donc un droit acquis (1). Le législateur même doit respecter ces donations; il ne pourrait pas déclarer révocables des actes que les parties contractantes ont faits irrévocables; ce serait enlever aux donataires les biens qui sont dans leur domaine.

194. La question devient plus difficile quand la loi nouvelle est d'intérêt général. Ne faut-il pas dire que ces lois régissent nécessairement le passé, en matière de droits patrimoniaux comme en matière d'état personnel? Non, quand le législateur règle l'état des personnes, il n'est jamais en face d'un droit acquis; les individus ne peuvent lui opposer que leur intérêt; or, l'intérêt social domine

---

(1) Merlin, *Répertoire,* au mot *Effet rétroactif,* sect. 3, § III, art. 3, n° 2.

l'intérêt individuel. Il n'en est pas de même des droits de propriété; dès qu'ils sont entrés dans notre domaine, le pouvoir législatif lui-même ne peut pas nous les enlever, fût-ce au nom de l'intérêt général; il n'y a pas d'intérêt, quelque grand qu'il soit, qui l'emporte sur un droit. Nous avons posé le principe plus haut (1); en voici une application.

La loi du 3 septembre 1807 fixe l'intérêt conventionnel à 5 p. c. en matière civile et à 6 p. c. en matière de commerce, par dérogation au code Napoléon qui permettait aux parties contractantes de stipuler l'intérêt qu'elles voulaient. Quel allait être le sort des contrats passés avant la publication du code? L'intérêt conventionnel forme un droit acquis, puisque le droit est dans le domaine du créancier; dès lors le législateur le doit respecter. C'est ce qu'a fait la loi de 1807; elle porte « qu'il n'est rien innové aux stipulations d'intérêts par contrats ou autres actes faits jusqu'au jour de la publication de la loi. » Est-ce une simple disposition de faveur? Non, l'orateur du gouvernement a déclaré en termes formels que c'est une application du principe de la non-rétroactivité. M. Duvergier conteste, et soutient que le législateur aurait pu réduire l'intérêt stipulé sous l'empire du code au taux fixé par la loi de 1807, sans rétroactivité; car, dit-il, la loi de 1807 a été portée au nom de la morale publique et de l'intérêt général; or, les lois d'ordre public rétroagissent toujours (2). Oui, quand il n'y a que des *intérêts* en cause; non, quand il y a des *droits* acquis. La loi de 1807 est donc conforme aux vrais principes. C'est l'opinion de Merlin (3).

Il est vrai qu'une loi romaine a décidé la question dans un sens contraire. Justinien, en réduisant les intérêts à un taux fixe, statua que les conventions antérieures à la constitution seraient régies par la loi nouvelle (4). C'était une

---

(1) Voyez plus haut, n° 153, p. 226 et n°ˢ 160-162, p. 231 et suiv.
(2) Duvergier, *Du prêt à intérêt*, n°ˢ 309, 310; Dissertation sur la non-rétroactivité des lois.
(3) Merlin, *Répertoire*, au mot *Effet rétroactif*, sect. III, § 3, art. 3, n° 7.
(4) L. 27, pr., C., *de usuris* (IV, 32).

violation du droit de propriété; on ne se l'explique que par les préjugés contre le prêt à intérêt qui dominaient le législateur chrétien. La loi consacrait une véritable expropriation pour cause de religion. Cet excès de pouvoir se conçoit sous le régime d'un César; il est heureusement impossible sous un régime de liberté.

195. Comment peut-on savoir si un droit est *acquis?* Il faut distinguer les droits qui naissent des contrats et ceux qui naissent de l'hérédité *ab intestat* ou testamentaire. En matière de succession, le droit n'est acquis que lors de l'ouverture; jusque-là l'héritier présomptif et le légataire n'ont qu'une espérance, que les uns qualifient d'attente, les autres d'expectative; c'est en tout cas un droit essentiellement révocable, c'est-à-dire que ce n'est pas un droit. D'où suit qu'une loi nouvelle peut enlever ce droit ou le modifier, sans qu'on puisse l'accuser de rétroactivité. Il en serait autrement si l'hérédité était contractuelle; l'héritier institué par contrat de mariage a un droit à l'hérédité qui ne peut plus lui être enlevé par l'instituant. Ce droit est, à la vérité, conditionnel, puisqu'il est subordonné à la survie de l'héritier; mais la condition, comme nous le dirons plus loin, n'empêche pas le droit d'être *acquis.*

196. Les contrats sont irrévocables du moment qu'ils sont formés; les droits contractuels sont donc essentiellement des droits *acquis.* Est-ce à dire qu'ils le soient toujours? que jamais un contrat ne puisse être modifié par une loi nouvelle? Ici reparaît notre distinction entre le législateur et le juge. Le législateur n'est lié que par la constitution, qui lui commande de respecter la propriété. Donc dès qu'il n'enlève pas aux citoyens un droit de propriété, il peut, à la rigueur, régir le passé, par conséquent modifier même les contrats. Mais le législateur ne doit pas faire tout ce qu'il peut, dans les limites de ses pouvoirs constitutionnels. La question est donc de savoir quand il peut légitimement régir le passé, en supposant qu'il ne soit pas en présence d'un droit de propriété.

Il le peut quand l'intérêt général l'exige; car, dès que les individus n'ont pas de droit à lui opposer qui soit dans leur domaine, il n'y a que des intérêts en cause; et l'intérêt social domine dans ce conflit. Mais si l'intérêt de la société ne demande pas que la loi nouvelle régisse le passé, que doit faire le législateur? Il ne doit pas rétroagir, bien qu'il le puisse. Nous rentrons alors dans l'esprit qui a dicté l'article 2 du code civil. Nous avons dit que, dans l'intention des auteurs du code, le principe de la non-rétroactivité s'adressait au législateur comme conseil, comme règle de droit naturel. En effet, le législateur ne doit pas troubler les intérêts particuliers sans cause légitime; en le faisant, il s'aliénerait les esprits qu'il doit, au contraire, chercher à gagner. Quelle raison pourrait-il avoir pour blesser des intérêts privés en rétroagissant, alors que l'intérêt général ne l'exige pas? Dira-t-on que la loi nouvelle est supposée meilleure que l'ancienne, et qu'il importe que les progrès réalisés par la législation pénètrent dans la société? Nous répondrons que le meilleur moyen de répandre les idées nouvelles, c'est de veiller à ce qu'elles ne froissent pas les intérêts des citoyens. Que le législateur se contente de disposer pour l'avenir, sans toucher au passé : le progrès se fera, plus lentement, il est vrai, mais aussi plus sûrement. On dira qu'il en résultera une désharmonie dans l'application des lois, puisqu'un seul et même fait juridique sera régi, tantôt par la loi ancienne, tantôt par la loi nouvelle. N'est-ce pas un mal que ce défaut d'unité? Non, car, ne l'oublions pas, nous sommes en présence de relations contractuelles; or, en cette matière, le législateur laisse aux citoyens la plus grande liberté; il leur permet de déroger à ses dispositions; il ne veut donc pas l'uniformité dans les contrats, et il ne doit pas la vouloir; ce serait imposer une chaîne aux parties contractantes, tandis que la liberté est une condition de vie. Il est vrai qu'il y a, par exception, des lois sur les contrats, auxquelles les parties ne peuvent pas déroger. C'est quand il y a un intérêt général en cause. Alors le législateur peut rétroagir, à moins qu'il ne soit en face d'un droit de propriété.

197. Maintenant que nous savons ce que le législateur peut et ce qu'il doit faire, il nous sera plus facile de décider dans quels cas le juge peut faire rétroagir une loi. Quelle est la mission du juge? Il applique la loi, c'est-à-dire qu'il fait ce que le législateur veut qu'il fasse; il doit donc toujours suivre la volonté du législateur. On suppose que la loi ne rétroagit pas expressément. Le législateur n'ayant pas manifesté sa volonté, comment le juge saura-t-il ce qu'il a voulu? Il examinera d'abord s'il y a un droit acquis, que le pouvoir législatif lui-même doit respecter; il va sans dire que le juge ne peut pas l'enlever, en appliquant la loi au passé. Mais s'il n'y a pas de droit acquis, le juge pourra-t-il appliquer la loi au passé, sans rétroactivité? On répond d'ordinaire qu'il le peut parce que le législateur le peut. Il nous semble que la question est mal posée : le juge n'a pas à examiner ce que le législateur *peut*, mais ce qu'il *veut*, car le législateur ne veut pas tout ce qu'il peut, et c'est la *volonté* du législateur qui fait seule loi pour le juge. La question est donc celle-ci : Quand, dans le silence de la loi, le juge peut-il admettre que le législateur a voulu régir le passé?

Nous avons d'avance répondu à la question. Si la loi nouvelle est d'intérêt général, le juge doit l'appliquer au passé, parce qu'il doit croire que l'intention du législateur est de faire prévaloir l'intérêt général sur l'intérêt individuel. A la vérité, le législateur ne le fait pas toujours, il lui arrive de disposer seulement pour l'avenir, alors que l'intérêt général lui permettrait de régir le passé; il le fait pour ne pas froisser trop d'intérêts; mais c'est là une exception, et les exceptions ne se présument pas; il faut, pour qu'elles existent, que le législateur ait formellement déclaré sa volonté. Le juge ne peut donc pas supposer que le législateur ait sacrifié l'intérêt général à des intérêts privés; dès que la loi est d'intérêt général, il l'appliquera au passé, parce que telle est la volonté tacite du législateur.

Si la loi nouvelle n'est pas d'intérêt général, le juge peut-il l'appliquer au passé, en se fondant sur ce que le législateur aurait *pu* rétroagir, puisque, nous le supposons, il n'y a pas de droit acquis? Nous ne le croyons pas. Le juge, nous le répétons, n'a pas à s'enquérir de ce que

le législateur *peut*, mais de ce qu'il *veut*. Or, quand il n'y a
pas d'intérêt général en cause, le législateur doit se borner à disposer pour l'avenir ; le juge ne peut donc pas
croire qu'il ait voulu régir le passé. Et si le législateur
n'a pas voulu rétroagir, le juge ne le peut certes pas, car
il est lié par l'article 2 du code, qui lui défend d'appliquer
la loi de manière à la faire rétroagir.

Quand la loi nouvelle concerne les contrats, il y a une
raison particulière pour ne pas l'appliquer au passé. Il est
rare que l'intérêt général soit en cause dans des relations
qui sont par essence d'intérêt privé ; il arrivera donc rarement que le législateur veuille modifier des relations contractuelles. S'il ne l'a pas fait expressément, le juge ne
doit admettre la volonté tacite que lorsque l'intérêt général
est évident ; il n'admettra pas facilement qu'il y ait un intérêt social qui commande la rétroactivité. En effet, en
matière de contrats, le législateur n'impose aucune règle
aux parties contractantes, il ne fait que présumer leurs
intentions, et leur permet d'avoir des intentions contraires
à celles qu'il leur suppose. Que si les parties intéressées
peuvent déroger à la loi pour l'avenir, pourquoi le législateur ne leur permettrait-il pas d'y déroger dans le passé,
en ce sens qu'il maintienne les contrats tels que les parties les ont faits, quand même leurs conventions seraient
en opposition avec la loi nouvelle ? Après tout, le législateur peut bien présumer ce que les contractants *voudront*
sous l'empire de la loi nouvelle ; il ne peut pas présumer
ce qu'elles *ont voulu* sous l'empire de la loi ancienne ; pour
mieux dire, les parties sont censées avoir voulu ce que pré-
sumait la loi qui les régissait lorsqu'elles ont contracté ; la
loi nouvelle ne peut donc pas leur faire dire le contraire
de ce qu'elles ont voulu dire. Objectera-t-on que la loi ancienne a mal interprété l'intention des parties contractantes ? En fait de contrats, cela importerait peu ; car si
cela était, les parties auraient bien soin de déroger à la
loi ; si elles n'y ont pas dérogé, c'est une preuve certaine
que leurs intentions sont celles que le législateur leur a
supposées. Et dès que la volonté des parties contractantes
est certaine, elle doit être maintenue, puisque c'est réelle-

ment leur volonté qui fait loi et non celle du législateur.

Nous arrivons à notre conclusion. On lit dans bien des arrêts, et les auteurs répètent que le juge peut, sans violer l'article 2 du code civil, appliquer une loi au passé, parce que le législateur *a pu* rétroagir sans léser un droit acquis. Oui, le législateur le *peut*, mais le juge ne le peut que lorsque le législateur l'a *voulu*. Et quand le législateur n'a pas exprimé sa volonté, le juge ne peut appliquer la loi au passé que lorsqu'il y a un intérêt général qui commande la rétroactivité : cela est vrai en matière patrimoniale comme en matière d'état personnel. Hors de là, le juge ne peut pas appliquer la loi au passé, quand même le législateur aurait pu rétroagir ; car le juge est lié par le principe de la non-rétroactivité, il est lié par l'article 2 du code, il ne peut s'en écarter que lorsque le législateur veut rétroagir ; et le législateur n'est pas censé le vouloir quand il n'y a pas d'intérêt général qui l'exige.

198. Les principes généraux que nous venons de poser présentent quelques difficultés que nous devons examiner avant de passer aux applications. Un droit conditionnel est-il un droit acquis? L'affirmative ne souffre aucun doute, quand il s'agit d'un droit contractuel. Il est vrai que le contrat fait sous condition suspensive n'existe que si la condition s'accomplit ; mais cela n'empêche pas qu'il n'en résulte un droit éventuel pendant que la condition est en suspens : ce droit est dans le domaine du créancier ; il peut le vendre, il le transmet à ses héritiers, la loi lui permet de faire tous les actes conservatoires (code civil, art. 1179, 1180). Il n'en est pas tout à fait ainsi quand le droit conditionnel naît d'un testament. On suppose que le légataire survit au testateur, mais la condition n'est pas accomplie lors de l'ouverture de la succession. Ce droit conditionnel est-il un droit acquis? Le légataire ne le transmet pas à ses héritiers, voilà la raison de douter. Il faut néanmoins décider que le droit est acquis, car il est irrévocable bien qu'éventuel ; il est donc dans le domaine du légataire. Un droit contractuel peut aussi être attaché à la personne du créancier (code civil, art. 1122); il ne laisse pas d'être dans son domaine.

Le législateur n'a pas toujours respecté ce principe. En haine des substitutions, la loi du 14 novembre 1792 annula les conditions encore pendantes sous lesquelles des substitués déjà nés étaient appelés par des testaments dont les auteurs étaient décédés. Après le coup d'Etat du 18 brumaire, on demanda l'abrogation de cette disposition. On répondit aux pétitionnaires, dit Merlin, que la raison civile devait céder à la raison politique; que l'intérêt général de l'Etat, qui doit toujours prédominer dans l'esprit du législateur, devait faire taire tous les intérêts particuliers (1). Mauvais sophismes qui ont conduit la France, de coup d'Etat en coup d'Etat, à la ruine de toute liberté, sous le prétexte du salut public, et qui anéantiraient les droits civils aussi bien que les droits politiques. Oui, l'intérêt général doit dominer sur l'*intérêt* privé, mais non sur les *droits* des citoyens. Or, un droit conditionnel est dans le domaine de celui à qui il appartient; c'est donc une propriété, et les citoyens ne peuvent pas être expropriés par le législateur. Sous l'empire de notre constitution, la disposition rétroactive de la loi de 1792 serait impossible, parce qu'elle serait inconstitutionnelle.

199. Merlin ajoute que les droits *facultatifs* ne sont pas des droits *acquis*. Il entend par là des facultés accordées par la loi; elles ne deviennent des droits que lorsqu'elles ont été exercées et que, par l'exercice qui en a été fait, la chose qui en est l'objet est devenue notre propriété (2). Cela est évident quand les facultés sont un don du législateur; mais quand elles résultent d'un contrat, alors elles prennent le caractère de droits contractuels; peu importe que les parties les aient stipulées ou que la loi les ait établies, car dans les contrats on sous-entend ce qui a été dit par le législateur : la faculté légale devient une faculté conventionnelle. Qu'elle soit exercée ou non sous l'empire de l'ancienne loi, une loi nouvelle n'en peut dépouiller les parties contractantes. Le contrat doit recevoir tous les effets que les parties ont eus en vue, fussent-

(1) Merlin, *Répertoire*, au mot *Effet rétroactif*, sect. III, § 2, n° 4.
(2) Merlin, *Répertoire*, au mot *Effet rétroactif*, sect. III, § 1, n° 3.

ils éventuels, fussent-ils facultatifs. Vainement dirait-on qu'il n'y a pas de droit acquis avant l'exercice de la faculté ; en matière de conventions, le législateur et le juge doivent respecter non-seulement les droits acquis, mais tout ce que les contractants ont voulu.

200. Par application de ce principe, la cour de cassation a décidé que la caution qui s'est obligée sous l'ancien droit, et qui paye sous le code civil, n'est pas subrogée de plein droit aux hypothèques du créancier. Le contrat étant antérieur au code, dit la cour, la cause ne peut être jugée par l'article 2029, qui établit la subrogation légale au profit de la caution ; elle doit l'être par l'ancien droit, lequel n'accordait pas la subrogation de plein droit à la caution. Merlin critique cet arrêt, et il entre à ce sujet dans des considérations très subtiles, que nous allons rapporter pour montrer comment ce grand jurisconsulte s'est laissé égarer par une vraie scolastique. La cour de cassation, dit-il, n'a point considéré que l'ancienne législation donnait à la caution le droit de contraindre le créancier qui la poursuivait à lui céder ses actions en recevant son payement. De là il conclut, avec Proudhon, que la loi nouvelle a pu accorder ce que la caution était déjà en droit d'obtenir, puisqu'elle pouvait forcer le créancier à lui céder ses actions ; il faut dire que, depuis la publication du code, cette cession devient inutile, la subrogation légale en tenant lieu. Merlin trouve cette observation très judicieuse, et veut qu'on l'applique à tous les cas semblables; il arrive ainsi à cette règle qui modifie l'irrévocabilité des contrats : c'est qu'il n'y a pas de rétroactivité dans l'application que l'on fait d'une loi nouvelle à un contrat antérieur, lorsque la loi sous laquelle le contrat a été passé offrait à la partie qui se prévaut de la loi nouvelle un moyen de se procurer d'elle-même ce que celle-ci accorde.

Nous croyons que la cour de cassation a très-bien jugé. Sans doute le législateur aurait pu déclarer que les cautions jouiraient de la subrogation légale, alors même qu'elles s'étaient engagées sous l'ancienne loi, car il n'y a pas de droit acquis en jeu. Mais en le faisant, il aurait dérogé au principe de la non-rétroactivité posé par l'article 2; ce principe appliqué aux contrats signifie que la loi nouvelle ne doit pas plus donner aux parties un droit qu'elles n'avaient pas en vertu de leur contrat, qu'elle ne peut leur enlever un droit qui s'y trouve stipulé, à moins que l'intérêt général ne le demande ; or, dans l'espèce, il ne s'agit que d'intérêts individuels ; dès lors, c'est la volonté seule des parties qui doit décider, c'est-à-dire qu'il faut appliquer la loi du temps où les parties ont traité. Le législateur rétroagirait sans raison, s'il donnait à une partie un droit qu'elle ne tient pas de son contrat. Pourquoi donc admettre qu'il a voulu rétroagir? Car pour le juge il s'agit de savoir ce que le législateur a *voulu*, non ce qu'il a *pu*; et dans le silence de la loi, le juge ne peut pas admettre que le législateur ait voulu altérer, sans raison, la loi des contrats. Les auteurs se sont rangés de l'avis de Merlin, bien qu'avec quelque hésitation, comme l'avoue Dalloz (1).

§ 2. *Application.*

Nº 1. FORMES INSTRUMENTAIRES.

201. La doctrine et la jurisprudence sont d'accord pour décider que les formes instrumentaires des actes sont régies par la loi du jour où ils ont été passés. Cela n'a jamais fait de doute pour les contrats. C'est au moment où les parties contractent qu'elles doivent savoir dans quelles formes il faut rédiger les écrits destinés à constater leurs conventions. Quand elles ont rempli les formalités que la loi prescrit, tout est consommé; elles se sont conformées à la loi, et la loi doit maintenir, sanctionner ce qu'elles ont fait. Il n'y aurait plus de sécurité dans les relations civiles, comme le dit très-bien Meyer, si le législateur pouvait prescrire des formalités nouvelles que les parties ne pouvaient pas connaître quand elles ont fait leurs conventions (2).

202. L'application de ces principes aux formes des

---

(1) Merlin, *Répertoire*, au mot *Effet rétroactif*, sect. III, § 3, art. 3, nº 10. Voyez l'arrêt et les auteurs cités, dans Dalloz, au mot *Lois*, nº 270.

(2) Meyer, *Principes sur les questions transitoires*, p. 11 et suiv.

testaments a souffert quelque difficulté dans les premiers temps qui suivirent la publication du code. Plusieurs cours décidèrent que la loi nouvelle régissait les testaments antérieurs, même quant à la forme. Il y a quelque chose de spécieux dans cette opinion. Le testateur doit manifester sa volonté dans les formes prescrites par la loi, puisque le testament est un acte solennel; or, à quelle époque la volonté du testateur produit-elle ses effets? A sa mort; ce n'est qu'à cette époque qu'elle existe réellement : elle doit donc être exprimée dans les formes voulues par la loi sous l'empire de laquelle le testateur est décédé. Le testateur savait, il devait savoir que le code a prescrit des formes nouvelles; s'il n'a point refait son testament, c'est que sa volonté a changé; dès lors le testament ne doit pas valoir. Ce sont ces considérations qui ont entraîné les cours de Nîmes et de Liége. Depuis lors, la jurisprudence s'est fixée dans un sens contraire, et presque tous les auteurs se sont rangés de cet avis, avec raison, croyons-nous. Sans doute, la volonté du testateur ne devient irrévocable qu'à sa mort; mais il n'est pas exact de dire qu'il manifeste seulement sa volonté à cette époque. La loi veut que les testaments soient datés, pour que l'on sache à quel moment le testateur a exprimé sa volonté. Donc la volonté est manifestée du jour où le testament est écrit. Dès lors il faut appliquer aux testaments ce que nous venons de dire des contrats. Les raisons de décider sont identiques, bien que les contrats soient irrévocables et les testaments révocables : c'est que la révocabilité n'a rien de commun avec les formes de l'acte (1).

203. Merlin demande si le législateur pourrait soumettre les testaments faits sous la loi ancienne, aux formes prescrites par la loi nouvelle. Il croit qu'il le pourrait sans violer le principe de la non-rétroactivité. D'abord il n'enlève à personne un droit acquis; puis, maître de déclarer qu'on ne pourra plus tester à l'avenir, il l'est à plus forte raison de déclarer qu'il ne reconnaîtra plus d'autres

(1) Chabot, *Questions transitoires*, au mot *Testament*, § 1 (t. III, p. 289 et suiv.). Les arrêts et les auteurs sont cités dans Dalloz, au mot *Lois*, n° 314.

testaments que ceux qui seront revêtus des nouvelles formes qu'il prescrit (1). Nous croyons que le législateur, en agissant ainsi, dérogerait sans raison au principe de la non-rétroactivité. Sans doute, il n'enlève pas de droit acquis ; il pourrait donc, sans violer le droit de propriété, régir le passé. Mais a-t-il une raison pour le faire? Telle est la vraie question.

Quel est le but des formes instrumentaires? C'est d'assurer la libre expression de la volonté de celui qui est partie à l'acte. Quand un acte est fait conformément à la loi que la partie intéressée doit observer, cet acte est présumé exprimer la vraie volonté de celui qui l'a fait. C'est le sens de l'adage selon lequel l'acte est valable quand il est reçu d'après la loi du lieu où il est passé. Par la même raison, il faut aussi suivre la loi du temps où il se passe. Pourquoi donc une loi nouvelle viendrait-elle déclarer qu'un acte reçu sous la loi ancienne n'est pas l'expression de la volonté de celui qui y figure? Ne serait-ce pas défaire ce que le législateur lui-même a fait? Le testateur qui verrait son testament annulé ne serait-il pas en droit de dire qu'en testant dans la forme ancienne, il a obéi à la loi, que la loi de son côté doit maintenir ce qu'il a fait? Si le législateur disait avec Merlin qu'il peut abolir la faculté de tester, qu'à plus forte raison il peut imposer de nouvelles formes, même pour le passé, le testateur lui répondrait que c'est mal raisonner, que celui qui peut le plus ne peut pas toujours le moins, parce qu'il y a parfois des motifs pour lui permettre le plus et pour lui défendre le moins. Le législateur peut abolir la faculté de tester, parce qu'il peut régler l'exercice du droit de propriété comme il l'entend, pourvu qu'il n'enlève pas aux citoyens un droit qui est dans leur domaine. Il ne peut pas, sans rétroagir, imposer de nouvelles formes pour la validité des testaments déjà faits, parce que ce serait déroger sans raison au principe de la non-rétroactivité, en annulant des actes faits conformément à la loi (2).

(1) Merlin, *Répertoire*, au mot *Effet rétroactif*, sect. III, § 5, n° 1.
(2) C'est l'opinion de M. Duvergier, dans sa Dissertation sur la non-rétroactivité des lois.

Remarquons encore que, dans l'opinion de Merlin, le juge ne pourrait pas appliquer la loi nouvelle aux testaments antérieurs, bien que le législateur eût pu le faire sans léser un droit acquis. Donc, de l'aveu du grand jurisconsulte, le juge ne peut pas appliquer la loi au passé, alors même que le législateur aurait pu rétroagir, alors même qu'il n'enlèverait aucun droit acquis. C'est une confirmation de notre doctrine que nous sommes heureux de constater.

N° 2. CONDITIONS DE VALIDITÉ DES CONTRATS.

204. Si ces conditions changent, c'est la loi ancienne que le juge doit appliquer; sur ce point, il ne saurait y avoir un doute. En effet, c'est au moment où elles contractent que les parties doivent savoir quelles conditions elles ont à remplir pour que leurs conventions soient valables. Tout ce que nous avons dit des formes instrumentaires reçoit son application aux conditions intrinsèques requises pour la validité des contrats. L'intérêt général même, croyons-nous, ne justifierait pas une dérogation au principe de la non-rétroactivité. Car dès que le contrat est parfait, le droit qu'il produit entre dans notre domaine; le législateur ni le juge ne peuvent nous en dépouiller.

Il a été jugé en ce sens que la renonciation à une succession est régie par la loi du jour où le contrat se fait (1). Le code prohibe les pactes successoires, tandis que l'ancien droit les permettait sous de certaines conditions. Ils sont valables, si ces conditions ont été observées, et ils restent valables sous l'empire du code, bien que la prohibition soit fondée sur la moralité publique. Il y a donc un intérêt social d'une haute gravité, mais l'intérêt général s'arrête devant les droits acquis, le plus grand intérêt de la société étant que les droits conventionnels soient respectés.

(1) Arrêt de la cour de Montpellier du 6 avril 1835 (Dalloz, *Répertoire*, au mot *Succession*, n° 608).

205. La jurisprudence a appliqué ces principes aux conventions matrimoniales (1). Sous l'ancien droit, il y avait des coutumes qui permettaient aux époux de faire leur contrat après la célébration du mariage; le code veut, au contraire, que les conventions matrimoniales soient rédigées avant que le mariage soit célébré (art. 1394). La cour de Bruxelles a décidé que les époux mariés avant la publication du code ont pu valablement faire un contrat de mariage sous l'empire de la loi nouvelle (2). On ne peut pas dire, dans ce cas, qu'il y ait un droit acquis, puisque les époux n'ont pas encore fait de contrat. Le législateur aurait pu leur prescrire d'en faire un dans un délai déterminé, et déclarer qu'à défaut de convention, ils seraient soumis au régime de la communauté légale. Mais ce que le législateur aurait pu faire, le juge ne le peut pas, car il n'est pas en son pouvoir de prescrire des mesures qui servent de transition entre l'ancienne loi et la nouvelle. Il est en présence d'un droit que les époux tiennent de la coutume sous laquelle ils se sont mariés; en vertu de ce droit, ils peuvent faire après leur mariage telles conventions qu'ils veulent et ils les peuvent faire quand ils veulent; le juge doit respecter leur droit, il ne le peut pas limiter quand le législateur n'a pas trouvé bon de le faire : il ferait la loi, tandis que sa mission se borne à l'appliquer.

206. Par la même raison, les époux mariés sous l'empire d'une coutume qui permettait de modifier les conventions matrimoniales après la célébration du mariage, ont conservé ce droit sous l'empire du code, quoique l'article 1395 prohibe tout changement après le mariage. Cela a été décidé ainsi par la cour supérieure de justice de Bruxelles (3). Ici encore il faut distinguer entre le législa-

---

(1) La validité d'une constitution de dot faite sous l'empire du code civil, par un individu interdit pour cause de prodigalité avant le code, doit être appréciée par la loi du temps où le contrat a été formé. (Arrêt de la cour de Montpellier du 1er juillet 1840, dans Dalloz, 1843, 2, 117.)

(2) Arrêt de la cour supérieure de justice de Bruxelles du 30 mars 1820 (Merlin, *Répertoire*, au mot *Effet rétroactif*, sect. III, § 3, art. 1, n° 2).

(3) Arrêts du 17 février et du 11 mai 1818 (Merlin, *Répertoire*, au mot *Effet rétroactif*, sect. III, § 3, art. 1, n° 2); du 21 mars 1828 (*Jurisprudence du* XIXe *siècle*, 1828, 3e partie, p. 125).

teur et le juge. La loi aurait pu, sans léser un droit acquis, disposer que les époux mariés avant le code pourraient modifier leurs conventions matrimoniales dans un délai déterminé, mais que, passé ce délai, elles seraient immuables. Il y a un intérêt général qui commande l'immutabilité des contrats de mariage, c'est l'intérêt des tiers; le législateur aurait pu l'invoquer pour limiter le droit des époux tout en le respectant; mais le juge ne le peut pas. Les époux ont fait des conventions révocables; elles doivent conserver ce caractère; le juge ne pourrait l'altérer sans rétroagir, car il altérerait un droit conventionnel. Il est vrai que les époux n'ont pas déclaré leurs conventions révocables; mais ils n'avaient pas besoin de le faire, la coutume le faisant pour eux. Le juge pourrait moins encore prescrire aux parties un délai dans lequel elles devraient modifier leurs conventions; il n'y a que le pouvoir législatif qui puisse prendre de ces mesures. Dans le silence de la loi nouvelle, les conventions révocables restent telles : ce sont des conventions temporaires, que le juge ne peut pas rendre définitives et immuables.

Nº 3. EFFETS DES CONTRATS.

207. Les effets que produisent les contrats sont inséparables des conventions, ils en forment l'essence, puisque c'est à raison de ces effets que les parties contractent. Il va donc sans dire que tous les effets des contrats sont régis par la loi qui était en vigueur au moment où ils ont été passés. Mais que faut-il entendre par *effets?* Ce qui est vrai des *effets*, l'est-il aussi des *suites* du contrat? Blondeau a établi cette distinction dans une dissertation très-subtile, mais beaucoup trop scolastique (1) : elle se trouve déjà en germe chez Meyer (2), et Merlin lui a donné l'autorité de son nom (3). Ce n'est pas sans raison que MM. Duvergier (4) et Demolombe (5) la critiquent. Le moindre

---

(1) Blondeau dans la *Thémis belgique*, t. VII, p. 360.
(2) Meyer, *Principes sur les questions transitoires*, p. 18.
(3) Merlin, *Répertoire*, au mot *Effet rétroactif*, sect. III, § 3, art. 4.
(4) Duvergier, Dissertation sur l'effet rétroactif des lois.
(5) Demolombe, *Cours de code Napoléon*, t. Ier, nº 57.

reproche qu'on puisse lui faire, c'est d'être inutile pour la décision des questions auxquelles on l'applique ; elle devient même un danger. On dit que les *effets* sont régis par la loi ancienne, et les *suites* par la loi nouvelle. La raison en est que les *effets* dérivent nécessairement du contrat, tandis que les *suites* se produisent à l'occasion du contrat ; les *effets* ont dû entrer dans la considération des parties, tandis qu'elles n'ont pas songé à des *suites* qu'elle ne pouvaient pas prévoir. La distinction est rationnelle, mais nous allons voir qu'elle est dangereuse, même dans les mains d'un jurisconsulte comme Merlin. Cela vient de ce que dans l'application il est très-difficile de distinguer les *effets* des *suites* ; de là il arrive que l'un voit une *suite* là où un autre trouve un *effet* ; et partant l'un applique la loi nouvelle tandis que l'autre croit qu'il faut appliquer la loi ancienne. Nous croyons que mieux vaut laisser là des distinctions oiseuses et s'en tenir au principe qui régit les contrats, et qui suffit pour résoudre les difficultés.

208. La loi du 6 octobre 1791 n'admet pas la tacite réconduction des fonds ruraux. Un bail fait sous l'empire de cette loi expire sous l'empire du code Napoléon, qui permet la réconduction tacite ; le fermier continue sa jouissance. Faut-il appliquer le code ou la loi ancienne? La cour de Rouen a fort bien jugé que la question doit être décidée par la loi nouvelle (1). Mais a-t-on besoin, pour la décider, de recourir à la distinction des *effets* et des *suites?* Le motif de décider est on ne peut pas plus évident : c'est le principe qui régit les contrats et qui dit qu'il faut appliquer la loi du jour où le contrat se fait. Or, la tacite réconduction est un nouveau contrat. Dès lors il est inutile d'examiner si ce nouveau bail est une *suite* ou un *effet* du premier.

209. Le partage d'une société ou d'une communauté, formée sous l'ancienne loi, se fait sous le code civil. Est-ce la loi nouvelle qui réglera l'obligation de garantie? Blondeau et Merlin qui, tout en admettant la distinction des *effets* et des *suites*, sont en désaccord sur presque

(1) Arrêt du 17 mai 1812 (Dalloz, *Répertoire,* au mot *Lois,* n° 285).

toutes les applications, s'accordent ici à dire que le partage est une *suite*, que partant il ne doit pas être réglé
par la loi du jour où la communauté s'est formée. Merlin
convient que l'on doit supposer que ceux qui font une
société ont prévu que le partage devrait un jour s'en
faire; mais, dit-il, il est impossible d'admettre qu'ils
aient à l'avance calqué sur la loi du moment où ils
traitaient les obligations qu'ils seraient dans le cas de
s'imposer lors du partage. Quelles subtilités! La dissolution
des contrats ne tient-elle pas aux contrats? Les droits
et les obligations qui naissent de la dissolution ne sont-ils
pas, par cela même, des droits et des obligations dérivant
du contrat? Dès lors n'est-ce pas la loi du contrat qui les
doit régir? Les parties n'y ont pas pensé, dit Merlin. Eh!
qu'importe qu'elles y aient pensé ou non? Le législateur y
a pensé pour elles. En contractant, les parties savent que
la loi existante à ce moment les régit, sans qu'elles aient
besoin de porter leur pensée sur tout ce que la loi a prévu
pour elles; en s'associant elles savent que la loi réglera
le partage de leur société aussi bien que les droits et les
obligations des associés. Que si l'on veut se prévaloir de
leur pensée, certes on ne dira pas que leur pensée a
embrassé l'éventualité d'une loi nouvelle, et que d'avance,
et sans savoir même s'il y aurait une loi nouvelle, elles
ont voulu soumettre à cette loi le partage de leur société.
Notre conclusion est qu'il faut user des distinctions quand
elles sont nécessaires; mais gardons-nous d'en abuser,
sinon la science du droit ressemblera à la scolastique du
moyen âge.

210. Avant d'aborder les difficultés que présente
l'application du principe de la non-rétroactivité aux contrats, il faut encore poser un principe sur lequel la doctrine est unanime. Quand on dit que les contrats sont régis
en tout par la loi ancienne, on entend par contrats non-
seulement les stipulations expresses que font les parties
contractantes, mais aussi toutes les dispositions que la loi
a formulées, en se fondant sur l'intention probable de ceux
qui contractent, à moins qu'ils n'y aient dérogé par leurs
conventions. C'est, en effet, pour dispenser les contrac-

tants d'entrer dans ces détails et de tout prévoir que le législateur a pris soin de formuler lui-même les principes qui régissent les divers contrats; il permet aux parties intéressées de déroger à ce qu'il a statué, mais si elles n'y dérogent pas, elles s'approprient par cela même les dispositions de la loi. Le code pose ce principe pour les conventions matrimoniales (art. 1387), et il reçoit son application à tous les contrats. De là l'adage que les clauses tacites ont le même effet que les clauses expresses (1).

Nous allons appliquer ces principes aux questions qui se sont présentées dans la pratique.

a) *Contrat de mariage.*

211. Que les conventions matrimoniales soient régies en tout par la loi du jour où le contrat a été reçu, cela ne peut faire un doute. Mais il importe de fixer le moment précis où le contrat est parfait. Si la législation change dans l'intervalle qui sépare l'acte notarié de la célébration du mariage, est-ce la loi nouvelle ou la loi ancienne qu'il faut appliquer? Il a été décidé que c'est la loi qui existait au jour de l'acte (2). A la vérité, le contrat ne produit pas immédiatement ses effets, il ne les produit qu'à partir de la célébration du mariage; jusque-là il peut être modifié par les futurs époux dans les formes et sous les conditions prescrites par la loi. Mais, dans l'espèce, il s'agit de savoir quelle est l'intention des parties contractantes : il faut donc se reporter au moment où elles ont manifesté leur volonté, soit par les clauses expresses du contrat, soit en s'en référant à la loi. Quelle loi? Evidemment celle qui existe lorsque le notaire reçoit l'acte; il est absurde de supposer que les futurs époux aient eu en vue une loi qui n'existait pas et qu'ils ignoraient.

212. Nos anciennes coutumes accordaient à l'époux survivant un droit de survie; ce droit n'existe plus sous

---

(1) Voyez les auteurs cités dans Dalloz, *Répertoire*, au mot *Lois,* n° 253.
(2) Arrêt de la cour de Bastia du 4 mai 1836 (Dalloz, *Répertoire*, au mot *Contrat de mariage,* n° 503).

l'empire du code Napoléon. Si les époux se sont mariés avant la publication du code, sans régler leurs droits de survie par leur contrat de mariage, le survivant aura-t-il les gains de survie, bien que la loi nouvelle ne les reconnaisse plus, à moins qu'ils n'aient été stipulés expressément? La jurisprudence décide la question en faveur de l'époux et avec raison (1). En effet, le gain de survie est un droit conventionnel; il est certain que, si les futurs époux l'avaient stipulé par leur contrat de mariage, la loi ne pourrait le leur enlever; or, s'ils se marient sous une coutume qui leur donne ce droit, ils n'ont pas besoin de le stipuler, la coutume le stipule pour eux. Il y a donc une convention tacite que le législateur doit maintenir. C'est ce qu'ont décidé formellement les décrets des 4 juillet et 30 septembre 1811 (art. 158 et 38) sur l'introduction du code civil dans les départements anséatiques et les provinces illyriennes.

Faut-il appliquer le même principe au douaire que certaines coutumes accordaient aux enfants? La question est douteuse. On peut dire (2) que ce droit est fondé uniquement sur la loi, que c'est donc une éventualité révocable par la loi, que partant elle n'existe plus depuis la loi du 17 nivôse an II. Nous préférons l'opinion contraire. Les futurs époux n'auraient-ils pas pu stipuler ce douaire? En présence d'une coutume qui l'accordait, ne sont-ils pas censés l'avoir stipulé? Leur prévoyance et leur sollicitude n'ont-elles pas dû se porter sur les enfants qui pourraient naître de leur union aussi bien que sur eux-mêmes? S'il y a même motif de décider, la décision doit être identique.

213. La qualité mobilière ou immobilière des biens a une grande influence dans les conventions matrimoniales. Or, la législation a varié sur ce point : tels biens, les rentes, jadis immeubles, sont aujourd'hui meubles; tandis que les maisons, réputées meubles sous certaines coutumes, ont repris leur nature immobilière. Si la commu-

(1) Voyez les arrêts dans Dalloz, au mot *Lois*, n° 256, et au mot *Contrat de mariage*, n°ˢ 516 et suiv. Comparez l'arrêt de la cour de cassation du 14 juillet 1863 (Dalloz, 1863, 1, 411).
(2) C'est l'avis de Dalloz, au mot *Lois*, n° 256.

nauté se dissout sous l'empire du code Napoléon, faut-il appliquer la loi ancienne ou la loi nouvelle? Il est certain que c'est la loi ancienne pour les biens que les futurs époux possédaient en se mariant. La cour de Bruxelles avait d'abord décidé le contraire, mais elle est revenue d'une opinion qui était évidemment erronée (1). Ceux qui se marient sous une coutume qui répute les rentes immeubles, et qui accorde les meubles au survivant, entendent certainement que les rentes qu'ils possèdent leur restent propres; les attribuer au survivant, ce serait dépouiller les héritiers du prédécédé d'un droit qui était dans le domaine de leur auteur. Il faut décider la même chose pour les biens acquis depuis le mariage, mais avant la publication du code, parce qu'il y a même motif de décider. La doctrine et la jurisprudence sont d'accord sur ce point.

Il n'en est pas de même d'une dernière hypothèse : les biens sont acquis sous l'empire du code qui place les maisons parmi les immeubles tandis que la coutume les réputait meubles, et le contrat de mariage porte que la veuve aura la totalité des meubles et la moitié seulement des immeubles de la communauté : lui attribuera-t-on les maisons achetées après la publication du code? Merlin répond que cela ne se conçoit pas. La femme invoquera-t-elle la coutume à titre de loi? Elle est abrogée par le code. L'invoquera-t-elle comme convention tacite? Il ne s'agit pas de l'intention que les futurs époux avaient en se mariant, il s'agit de l'intention qu'a le mari en achetant une maison; or, l'achetant sous le code qui la déclare immeuble, il veut acheter un immeuble; c'est sa volonté qui fait la loi. Duranton abonde dans ce sentiment (2). Cependant la cour de cassation a décidé en sens contraire, et nous croyons qu'elle a bien jugé (3). Non, ce n'est pas la

---

(1) Voyez les arrêts dans Dalloz, au mot *Contrat de mariage*, n° 512. Arrêt de cassation de Bruxelles du 25 juin 1830 (*Jurisprudence du* XIXe *siècle*, 1830, 3° partie, p. 202).

(2) Merlin, *Répertoire*, au mot *Effet rétroactif*, sect. III, § 3, art. 3. n° 1; Duranton, *Cours de droit français*, t. XIV, n° 124.

(3) Arrêt du 27 janvier 1840 (Dalloz, *Répertoire*, au mot *Contrat de mariage*, n° 514). C'est aussi l'avis de Duvergier, dans sa dissertation sur l'effet rétroactif des lois.

volonté de l'acquéreur qui fait la loi, car il a manifesté dans son contrat de mariage une volonté contraire sur laquelle il ne lui est pas permis de revenir. Il savait, en achetant une maison, que ses conventions matrimoniales la déclaraient meuble ; il ne dépend pas de lui de l'immobiliser. Dès lors le code civil ne peut exercer aucune influence sur la décision de la question ; elle est décidée d'avance par le contrat de mariage.

214. Les droits des époux sur leurs biens sont réglés par leurs conventions matrimoniales, expresses ou tacites, c'est-à-dire que la loi nouvelle n'y peut rien changer. D'après certaines coutumes, les conquêts ne pouvaient être aliénés que du consentement des deux époux ; l'article 1421 du code permet au mari de les aliéner sans le concours de la femme. Est-ce la loi nouvelle ou l'ancienne coutume qui décidera du sort des aliénations que le mari fait sous l'empire du code ? La cour de Bruxelles a jugé que c'est la loi en vigueur à l'époque où le mariage a été contracté. Il y a ici un motif de douter ; c'est que le code donne au mari le droit d'aliéner seul les conquêts, parce qu'il est le chef de l'association conjugale ; si le droit d'aliéner dérive de la puissance maritale, n'en faut-il pas conclure qu'il s'agit d'une question d'état, de capacité et d'incapacité ? Dès lors n'est-ce pas la loi nouvelle qu'il faut appliquer ? Nous ne répondrons pas avec Merlin que l'article 1388 défend seulement aux futurs époux de déroger aux droits résultant de la puissance maritale sur *la personne de la femme;* car ce même article prohibe aussi la dérogation aux droits du mari *comme chef.* Toutefois, nous croyons que la cour de Bruxelles a bien jugé, et il y a un arrêt conforme de la cour de Liége (1). C'est une question de régime et non une question d'état. Sous notre ancien droit, la femme était aussi sous puissance maritale, ce qui n'empêchait pas certaines coutumes d'exiger son concours pour l'aliénation des conquêts : preuve qu'il s'agissait des droits de la femme comme associée, ce qui

_____

(1) Dalloz, *Répertoire,* au mot *Lois,* n° 261 ; Merlin, *Répertoire,* au mot *Effet rétroactif,* sect. III, § 3, art. 3, n° 3.

est une question de régime, et le régime doit être maintenu tel qu'il a été contracté.

215. Le code civil déclare inaliénables les immeubles dotaux de la femme, quand elle est mariée sous le régime dotal; tandis que, dans quelques pays de droit écrit, la femme avait le droit de les aliéner et de les hypothéquer. La femme, mariée sous l'empire de l'ancien droit, conserve-t-elle la faculté d'aliéner ses fonds dotaux? Il a été jugé par la cour de cassation que les lois ou usages anciens formaient une clause tacite des conventions matrimoniales; que la femme tenait le droit d'aliéner d'une convention, et que par suite ce droit ne pouvait pas lui être enlevé par une loi nouvelle. La doctrine est d'accord avec la jurisprudence (1). Il y a cependant des motifs de douter. Ne peut-on pas dire que le droit d'aliéner ou de ne pas aliéner est une question de capacité? Non, c'est une question de régime. L'aliénabilité ou l'inaliénabilité des immeubles de la femme dépend des conventions matrimoniales et non de sa capacité ou de son incapacité. Dès lors, il y a un droit conventionnel que la loi nouvelle doit respecter. Le code permet aux époux de déroger au principe de l'inaliénabilité du fonds dotal, ce qui prouve qu'il n'est pas d'ordre public. Puisqu'il ne concerne que les biens de la femme, les conventions qu'elle fait forment la loi pour elle.

216. La question inverse est plus douteuse. D'après la coutume de Normandie, la femme ne pouvait pas aliéner ses propres; le code lui permet de les aliéner avec le consentement du mari (art. 1428). On demande si les femmes mariées sous l'empire de cette coutume pourront aliéner leurs immeubles. La cour de cassation a cassé un arrêt de la cour de Rouen qui avait appliqué le droit nouveau. Merlin approuve cette décision et avec raison, car c'est une question de régime et non d'état. Pourquoi la coutume de Normandie défendait-elle à la femme d'aliéner ses propres? Comme le dit Merlin, et comme la cour de cassation le répète, la coutume voulait prémunir la femme

---

(1) Voyez les arrêts et les auteurs cités dans Dalloz, au mot *Lois*, n° 220.

contre sa faiblesse; sous le code Napoléon, il arrive tous les jours que la femme commune en biens vend ses propres avec le consentement du mari, en cédant à ses instances ou à ses menaces; la coutume normande donnait à la femme le droit de faire annuler les aliénations qu'elle aurait consenties, soit par une tendresse aveugle, soit par une crainte révérencielle. Il s'agit donc de la conservation des biens de la femme et non de son incapacité. Dès lors la question est décidée : les conventions matrimoniales doivent être maintenues.

Au premier abord, on pourrait croire que cette décision est en contradiction avec la jurisprudence et la doctrine qui admettent que la femme, incapable de cautionner sous l'ancien droit, est devenue capable sous le code civil, et que la femme capable d'aliéner ses propres est devenue incapable. La contradiction n'est qu'apparente. En effet, la défense de cautionner était une véritable incapacité qui frappait toutes les femmes : preuve que ce n'était pas une question de régime. Que si la femme, capable d'aliéner, a besoin, sous le code civil, de l'autorisation maritale, c'est que cette autorisation est une suite directe de l'incapacité de la femme; le mari n'intervient pas pour conserver les biens de la femme, il intervient par des motifs d'ordre public : donc c'est une question de capacité et non de régime.

Il y a encore un autre motif de douter. L'inaliénabilité des propres de la femme les met hors du commerce. Cela est contraire à l'intérêt général; et l'intérêt de la société ne doit-il pas l'emporter sur celui de la femme? Il est certain que le législateur aurait pu prohiber toute clause d'inaliénabilité, et par suite déclarer aliénables des biens que les conventions déclaraient inaliénables : il n'aurait enlevé aucun droit acquis à la femme, il aurait seulement modifié des droits conventionnels, ce qu'à la rigueur il a le pouvoir de faire, quand il ne dépouille pas les citoyens d'un bien qui est dans leur domaine. Mais il ne l'a point fait; il permet, au contraire, à la femme de stipuler le régime dotal, et par suite l'inaliénabilité de ses fonds dotaux. Cela décide la question. Si les époux peuvent, sous le code, stipuler que les immeubles de la femme seront inaliénables, les conventions analogues, expresses ou tacites, qu'ils ont faites sous l'ancien droit doivent aussi être maintenues. Si le législateur subordonne l'intérêt général à celui de la femme, pour l'avenir, pourquoi ne le permettrait-il pas pour le passé?

b) *Transmission des droits réels.*

217. Les droits réels se transmettaient dans l'ancien droit par tradition; aujourd'hui la transmission se fait entre les parties par le seul concours de consentement. Dès que le droit est transmis, il est *acquis* dans le sens strict du mot, c'est-à-dire qu'il se trouve dès ce moment dans le domaine de celui qui l'a stipulé; la loi même ne pourrait le lui enlever, car ce serait le dépouiller d'un bien qui forme sa propriété, ce serait l'exproprier, ce qui ne peut se faire, aux termes de notre constitution, que pour cause d'utilité publique, et moyennant une juste et préalable indemnité (art. 11).

218. Le droit est-il aussi acquis à l'égard des tiers? D'après le code civil, la transmission des droits réels immobiliers se fait à l'égard des tiers comme entre les parties, par le seul concours de consentement (art. 1138). Il y a exception pour les donations immobilières qui doivent être transcrites pour avoir effet à l'égard des tiers (art. 939), et pour les hypothèques conventionnelles et judiciaires, lesquelles doivent être inscrites pour que le créancier puisse les opposer aux tiers (art. 2134); quant aux hypothèques légales, la loi en prescrit aussi la publicité, mais elle donne effet aux hypothèques des mineurs et des femmes mariées, alors même que l'inscription n'a pas eu lieu (art. 2135). La loi hypothécaire belge a généralisé le principe de la publicité : les hypothèques légales sont soumises à l'inscription aussi bien que les hypothèques conventionnelles (art. 81); les hypothèques judiciaires sont abolies. Quant aux autres droits réels immobiliers, la loi du 16 décembre 1851 veut que les actes qui constatent la transmission de ces droits soient transcrits pour avoir effet à l'égard des tiers (art. 1ᵉʳ).

La loi nouvelle établissant une publicité plus large que le code civil, la question naît de savoir si les droits réels acquis sous l'empire du code, et que le code dispensait de la publicité, y seront soumis en vertu de la loi du 16 décembre 1851. Pour prévenir tout doute, le législateur a lui-même tranché la difficulté par des dispositions expresses, en ce qui concerne les hypothèques, et implicitement en ce qui concerne les autres droits réels immobiliers. L'article 1ᵉʳ des dispositions transitoires veut que les hypothèques ainsi que les priviléges qui existaient sans inscription avant la publication de la loi nouvelle soient inscrits ; et les articles 9 et 10 soumettent à la spécialisation les hypothèques et les priviléges déjà inscrits.

Ces dispositions transitoires ne violent-elles pas le principe de la non-rétroactivité? Le législateur peut régir le passé, quand il n'enlève pas un droit *acquis*, dans le sens strict du mot. Il aurait enlevé un droit acquis, s'il avait aboli les hypothèques judiciaires résultant de jugements antérieurs à la loi nouvelle; il aurait encore rétroagi s'il avait aboli les hypothèques légales non inscrites. A notre avis, une pareille rétroactivité eût violé l'article 11 de la constitution. Mais le législateur a respecté les droits acquis sous l'empire du code civil : il maintient les hypothèques judiciaires, il force seulement les créanciers de les spécialiser : il maintient les hypothèques et les priviléges qui existaient avant la loi nouvelle sans inscription, mais en obligeant les créanciers de les inscrire. Or, le législateur peut toujours régler l'exercice du droit de propriété, le soumettre à des formalités nouvelles. La doctrine le reconnaît (1), et cela ne peut faire l'objet d'un doute sérieux.

Il est vrai qu'en appliquant le nouveau système de publicité même au passé, le législateur lèse les intérêts des créanciers. Vainement dit-on qu'il dépend d'eux de rem-

(1) Merlin, *Répertoire*, au mot *Effet rétroactif*, sect. III, § 3, art. 3, n° 11.

plir la formalité de l'inscription, et que s'ils ne le font pas,
ils doivent s'en prendre à leur négligence, s'ils éprouvent
un préjudice; ils peuvent répondre que, sous l'empire du
code, leur droit était à l'abri de toute négligence; la loi
altère donc leur droit, elle le diminue, elle le compromet.
Il y a même des créanciers dont le droit peut périr, sans
qu'il y ait aucune négligence à leur reprocher, ce sont les
incapables. Tous éprouvent donc un préjudice plus ou
moins grand, par suite des dispositions rétroactives de
la loi nouvelle. Cependant ils n'ont pas le droit de se
plaindre, car ils n'ont que leur intérêt à opposer au
législateur, et l'intérêt général l'emporte sur l'intérêt
privé. La loi belge a fait ce qu'avait fait la loi française
du 11 brumaire an VII : la publicité qu'elle établit aurait
été incomplète, et n'aurait pas eu les avantages que le
législateur en attend, si les hypothèques légales acquises
sous le code avaient conservé leur effet sans inscription.
Ce que nous disons de l'inscription des hypothèques
légales s'applique à la spécialisation des hypothèques judiciaires (1).

La doctrine consacrée par la loi du 16 décembre 1851
n'est-elle pas en opposition avec les principes universellement admis sur les formes instrumentaires? Nous ensei-
gnons, avec tous les auteurs et avec la jurisprudence, que
la loi ne pourrait, sans rétroagir, établir des formes nouvelles pour la validité des actes reçus sous la loi ancienne.
Ne faut-il pas admettre la même décision pour l'inscription et la spécialisation? Non, car il n'y a pas même raison de décider. Les formalités prescrites pour la publicité
des hypothèques ne sont pas des formes instrumentaires :
elles n'ont pas pour objet d'assurer la libre expression de
la volonté des parties, elles ont pour but de garantir
l'intérêt des tiers. Quand il s'agit de formes instrumentaires, il n'y a pas d'intérêt général en cause ; tandis que
c'est l'intérêt général qui commande la publicité la plus
complète des hypothèques. Les parties qui ont observé

(1) Rapport de la commission de la Chambre sur le projet de loi hypothécaire (*Recueil des documents sur la loi hypothécaire*, publié par Parent,
p. 169).

les formes établies par la loi pour la validité de leurs actes, ont un droit à opposer au législateur, celui qui résulte de l'observation de la loi. Le créancier, au contraire, qui a une hypothèque dispensée d'inscription ou de spécialisation, ne peut pas invoquer un droit; c'est le législateur qui le lui a donné et le législateur peut aussi le modifier.

119. Ce que le législateur peut faire, le juge le pourrait-il, dans le silence de la loi? Nous ne le croyons pas. On n'a qu'à lire les dispositions transitoires de la loi hypothécaire pour se convaincre que le législateur seul peut les prescrire. Il fallait déterminer un délai dans lequel les inscriptions devaient être prises pour conserver le rang des créanciers hypothécaires; il fallait régler par qui se ferait l'inscription, quand l'hypothèque appartient à des incapables. Il est évident que ces mesures de transition ne peuvent être prises que par le pouvoir législatif. Il y avait de plus à examiner si l'intérêt général devait l'emporter sur l'intérêt des incapables, lequel est aussi un intérêt général. Dans ce conflit d'intérêts opposés, le législateur seul peut décider lequel doit être sacrifié. Si donc la loi du 16 décembre 1851 n'avait pas rétroagi expressément, le juge n'aurait pas pu l'appliquer au passé. Cela prouve que le juge ne peut pas faire rétroagir la loi dans tous les cas où le législateur le pourrait.

220. La loi hypothécaire ne dit pas, en termes formels, que les actes translatifs de droits réels immobiliers, faits sous l'empire du code Napoléon, sont dispensés de la formalité de la transcription. Mais il n'est pas douteux que telle n'ait été la volonté du législateur; dans les travaux préparatoires, il a été dit et répété que la loi ne pouvait, sans rétroagir, soumettre à la transcription des actes de transmission auxquels le code donnait effet à l'égard des tiers sans publicité aucune. On a regretté que la loi n'eût pas formulé la volonté du législateur. Nous préférons aussi une déclaration expresse à la volonté tacite; mais dans l'espèce une disposition formelle était inutile. Le législateur ayant prescrit des mesures transitoires qui font rétroagir la publicité quant aux priviléges et hypothèques, et ne prescrivant rien pour les actes translatifs de propriété immobilière passés sous le code, son intention de les dispenser de la transcription est par cela même évidente (1).

Mais est-il vrai, comme on l'a dit dans le rapport et dans la discussion, qu'il y aurait rétroactivité si le législateur avait déclaré que les actes translatifs de droits immobiliers, faits sous le code, devraient être transcrits pour avoir effet à l'égard des tiers (2)? Il y aurait eu rétroactivité, et même violation de l'article 11 de la constitution, si la loi nouvelle avait annulé les actes de propriété faits par les acquéreurs dont les titres n'avaient pas été transcrits. Mais si la loi s'était bornée à dire qu'à l'avenir aucun propriétaire ne pourrait faire un acte de disposition valable à l'égard des tiers, avant d'avoir transcrit, il nous paraît évident qu'il n'y aurait pas eu de rétroactivité. On invoque si souvent, à tort et à travers, le principe de la non-rétroactivité, qu'il importe de mettre le droit du législateur hors de toute controverse.

Nous disons que la loi nouvelle aurait pu appliquer à la transcription des actes translatifs de propriété immobilière la disposition qu'elle a prise pour l'inscription et la spécialisation des hypothèques. Sur quels principes s'est-on fondé pour faire rétroagir la publicité en matière d'hypothèques? Sur la doctrine des auteurs dont l'autorité est la plus grande en cette matière. « Encore que les droits qui résultent des contrats, dit Merlin, soient hors de l'atteinte de la loi postérieure, la loi postérieure n'en peut pas moins, pour l'avenir, en subordonner l'exercice à telles formalités, à telles diligences, à telles conditions qu'il lui plaît, pourvu que ces formalités, ces diligences et ces conditions ne dépendent point d'événements ou de faits étrangers à la volonté des parties auxquelles elle les impose, ou, en d'autres termes, pourvu que ces parties ne puissent imputer qu'à leur propre incurie la perte qu'elles éprouvent par l'inaccomplissement de ces formalités, de ces diligences, de ces con-

(1) Martou, *Les priviléges et hypothèques*, t. Ier, n° 143.
(2) Parent, *Discussions de la loi hypothécaire*, p. 169, 362, 526 et suiv.

ditions. » Merlin cite comme exemple les substitutions fidéicommissaires ; la loi ne pourrait pas priver de son droit le
substitué né ou conçu lors de l'ouverture de la substitution,
puisque ce serait lui enlever un droit qui dès lors est dans
son domaine ; elle ne pourrait pas même priver de son expectative celui dont le droit n'était pas encore ouvert, mais elle
pourrait très-bien l'obliger à transcrire son titre pour lui
donner effet à l'égard des tiers. Merlin ne le dit que pour
le cas d'expectative ; les principes sont les mêmes pour le
cas où le droit est déjà ouvert. Meyer pose le même principe, et il en donne la raison, c'est l'utilité générale (1).

Nous avons une autorité plus grande que celle de ces
éminents jurisconsultes, c'est l'autorité du législateur
belge. Il aurait pu appliquer à la transcription ce qu'il dit
de l'inscription des hypothèques, parce qu'il y a identité
absolue de raison. S'il n'y a pas de droit acquis pour le
créancier hypothécaire, il n'y en a pas davantage pour le
propriétaire, car l'un et l'autre ont un droit réel qui est
dans leur domaine. Si le législateur peut, sans enlever un
droit acquis, soumettre les hypothèques à l'inscription,
quoique la loi ancienne leur donne effet sans publicité, il
peut aussi soumettre les actes translatifs de propriété à la
transcription, bien que le code leur donne effet à l'égard
des tiers sans publicité. Que si l'on admet qu'il y a droit
acquis pour les propriétaires, il faut dire aussi qu'il y a
droit acquis pour les créanciers hypothécaires. Il y a plus.
La position du créancier hypothécaire que l'on oblige à
inscrire son titre, est bien plus désavantageuse que ne le
serait la condition du propriétaire que l'on obligerait de
transcrire le sien ; car l'hypothèque n'a, en général, d'autre effet que celui qu'elle produit à l'égard des tiers : donc
quand la loi subordonne cet effet à une formalité nouvelle,
elle compromet le droit même du créancier. Il n'en est pas
de même d'une loi qui obligerait les propriétaires à transcrire leur titre. Alors même qu'ils ne le transcriraient
pas, ils n'en resteraient pas moins propriétaires, ils n'au-

(1) Merlin, *Répertoire,* au mot *Effet rétroactif,* sect. III, § 3, art. 3,
n° 11.

raient pas moins le droit de jouir, d'user et d'abuser; ils conserveraient même le droit d'aliéner; seulement l'aliénation n'aurait aucun effet à l'égard des tiers, tant qu'ils n'auraient pas fait la transcription. Notre conclusion est que si le législateur peut, sans rétroagir, imposer l'inscription aux créanciers hypothécaires, il peut, à plus forte raison, imposer la transcription aux propriétaires.

c) *Bail.*

221. Dans l'ancien droit, quand le bailleur vendait la chose louée, l'acquéreur pouvait expulser le fermier ou le locataire; le code civil (art. 1743), au contraire, l'oblige d'entretenir le bail, s'il est authentique ou s'il a date certaine. Un bail a été fait avant la publication du code; la chose louée est vendue sous l'empire de la loi nouvelle : faut-il appliquer l'article 1743? La cour de Dijon l'a fait. Elle reconnaît qu'en appliquant le code aux baux antérieurs, elle leur donne un effet qu'ils n'auraient pas eu sous l'ancien droit; mais il n'en résulte pas, dit-elle, que la loi nouvelle rétroagisse; car ce n'est pas le droit du bailleur qui est en cause, c'est celui de l'acheteur; or, celui-ci a acheté sous le code civil qui ne lui permet pas d'expulser le preneur; et, sachant qu'il doit maintenir le bail, il aura payé son prix en conséquence. L'équité comme le droit demandent donc que la loi nouvelle reçoive son application (1).

Merlin critique cet arrêt, et les auteurs se sont rangés de son avis. Il y a une considération qui est décisive. Le bailleur peut stipuler, d'après l'article 1743, que le bail sera rompu en cas de vente; s'il le peut sous le code, il l'a pu aussi sous l'ancien droit, et il l'a fait, alors même que le bail n'aurait pas renfermé de clause expresse à cet égard; il était inutile de le dire, puisque la loi le disait pour lui. Donc le droit d'expulser est un droit conventionnel et, comme tel, il doit être maintenu par le juge, sous

(1) Arrêt du 29 prairial an XIII (Merlin , *Répertoire*, au mot *Effet rétroactif*, sect. III, § 3, art. 3, n° 6).

l'empire du code. Pourquoi l'acquéreur pouvait-il expulser le preneur sous l'ancienne législation? Parce que le preneur n'avait qu'un droit personnel. Le code lui donne un des caractères du droit réel, puisqu'il lui permet d'opposer son bail à un tiers. Conçoit-on qu'un contrat qui, au moment où il est formé, n'engendre qu'un droit personnel, produise un droit réel, en vertu d'une nouvelle loi? La rétroactivité serait évidente.

La considération d'équité qui a entraîné la cour de Dijon, n'est pas mieux fondée. En effet, le bailleur qui vend la chose louée, et celui qui l'achète devaient savoir que l'acheteur n'aurait pas le droit d'expulser le preneur, puisqu'il y avait une clause du bail qui le défendait; dès lors le prix aura été fixé en tenant compte de ce fait. Une chose est certaine, comme le dit Merlin, c'est que l'ancienne loi a dû influer sur la fixation du loyer. Dès lors, il serait injuste de modifier les conventions des parties.

Cependant il est vrai de dire, avec la cour de Dijon, que le législateur aurait pu rétroagir. Le droit d'expulser le fermier est contraire à l'intérêt général; le législateur aurait donc pu l'abolir d'une manière absolue, même pour le passé. Il aurait enlevé au bailleur le droit de vendre, avec faculté pour l'acquéreur de rompre le bail, mais il pouvait lui enlever ce droit, puisqu'il s'agit seulement du mode d'exercer la propriété, et la loi peut toujours régler l'exercice d'un droit dans l'intérêt de la société. Et si le législateur avait interdit d'une manière absolue le droit d'expulser, le juge aussi aurait dû appliquer la loi nouvelle au passé, puisqu'il n'aurait fait qu'exécuter la volonté du législateur. Mais le code ne prohibe pas l'expulsion d'une manière absolue; il permet, au contraire, au bailleur de stipuler que le bail sera rompu par la vente. Dès lors, on ne peut plus dire que la loi nouvelle est d'intérêt général et que, comme telle, elle doit régir le passé. Le législateur permet de subordonner l'intérêt de la société aux convenances des parties; par suite, le juge doit maintenir leurs conventions pour le passé aussi bien que pour l'avenir.

222. Le bail fait par l'usufruitier donne lieu à une

question plus douteuse. D'après l'ancien droit, le bail cessait de plein droit à la mort de l'usufruitier; tandis que le
code civil maintient le contrat, dans les limites d'un bail
d'administration, c'est-à-dire pour une période de neuf
ans (art. 595, 1489). Est-ce la loi nouvelle qu'il faut appliquer, quand l'usufruit a été constitué avant la publication
du code? Si le bail est antérieur au code, il n'y a aucun
doute; le contrat n'a été fait que pour la vie de l'usufruitier; le juge ne peut pas étendre la durée du bail, contre
la volonté des parties contractantes, sans porter atteinte
à un droit conventionnel. Mais que faut-il décider, si le
bail a été fait depuis la publication du code? Ici il y a une
raison de douter. Ne peut-on pas dire qu'un contrat fait
sous l'empire de la loi nouvelle doit être régi par cette loi?
Cependant la cour de Paris a décidé que le code Napoléon ne pouvait être appliqué sans rétroactivité, sans
porter atteinte à des droits acquis (1). Tel est aussi l'avis
de Proudhon (2).

Nous croyons que la cour de Paris a bien jugé. La
question doit être décidée, non par le contrat de bail,
mais par l'acte constitutif de l'usufruit. Il s'agit de savoir
quels baux l'usufruitier peut faire; or, les droits de l'usufruitier sont régis par l'acte qui établit l'usufruit, donc par
la loi qui est en vigueur au moment où l'usufruit est constitué. Est-ce à dire que le législateur n'aurait pas pu
régir le passé, comme semble le croire la cour de Paris?
A la rigueur, il aurait pu modifier les baux faits sous l'ancien droit, car l'intérêt général s'oppose à ce que les fer-
miers soient expulsés avant la fin de leur bail. Il est vrai
que ce serait modifier un droit conventionnel; mais la loi
le peut, quand l'intérêt de la société l'exige. A plus forte
raison le législateur aurait-il pu dire que les baux faits par
l'usufruitier après la publication du code seraient régis
par la loi nouvelle. Il est vrai qu'il aurait encore lésé un
intérêt, et même un droit conventionnel du nu propriétaire;
car celui-ci a, en vertu de l'acte constitutif de l'usufruit,

---

(1) Arrêt du 18 août 1825 (Dalloz, *Répertoire*, au mot *Lois*, n° 264).
(2) Proudhon, *Traité sur l'état des personnes*, t. Ier, p. 73 et suiv. (édition
de 1842).

le droit de rentrer dans la jouissance de sa chose, à la mort de l'usufruitier, alors même qu'elle serait occupée par un fermier. Mais, encore une fois, le législateur le pourrait faire, sans violer l'article 11 de la constitution; il dérogerait au principe de la non-rétroactivité, mais ce principe ne le lie que dans les limites de l'article 11. Quant au juge, il ne le peut pas, car il est lié, lui, par l'article 2 du code civil : il ne peut pas porter atteinte à un droit conventionnel, à moins que la loi ne rétroagisse expressément, car il faut une loi pour que le juge puisse déroger au principe de la non-rétroactivité.

Nº 4. RÉSOLUTION DES CONTRATS.

223. La résolution des contrats est régie par la volonté des parties contractantes, aussi bien que l'effet qu'ils produisent. On peut dire que la résolution est un effet de la convention. Peu importe que l'attention des parties se soit portée sur les causes qui pourront amener la fin de leurs relations; elles n'ont pas besoin de prévoir toutes les éventualités, puisque le législateur a pris ce soin pour elles. Comme le dit l'article 1135 du code civil, « les conventions obligent non-seulement à ce qui est exprimé, mais encore à toutes les suites que l'équité, l'*usage* ou la *loi* donnent à l'obligation d'après sa nature. » La résolution est donc censée stipulée, conformément à la loi, aussi bien que les autres suites des contrats. Ce que nous disons de la résolution s'applique aussi à la révocation. Il n'y a qu'une différence de termes, qui n'exerce aucune influence sur les droits des parties : l'un s'entend plus particulièrement des contrats à titre onéreux, et l'autre des donations, mais les principes qui les régissent sont les mêmes. La loi nouvelle ne disposant que pour l'avenir, ne peut pas régir les causes de résolution des contrats faits sous l'empire de la loi ancienne. Ce principe nous paraît incontestable; cependant il a donné lieu, dans son application, à de nombreuses difficultés.

224. L'article 1978 du code civil porte que le seul défaut de payement des arrérages d'une rente viagère

n'autorise pas le crédirentier à demander le rembourse-
ment du capital. Faut-il appliquer cette disposition aux
contrats faits avant la publication du code, sous une loi
qui autorisait la résolution pour cette cause? La jurisprudence est divisée (1). Nous croyons que la question doit
se décider d'après le principe que nous venons de poser,
et sans distinguer si la résolution a été demandée sous
l'empire de l'ancienne législation, ou si elle l'est sous
le code civil. Il s'agit d'un droit conventionnel; dès lors
le juge ne peut, sans rétroagir, le modifier en vertu
de la loi nouvelle. Les parties peuvent déroger à l'article 1978; elles peuvent convenir que si le débirentier ne
paye pas les arrérages, il devra rembourser le capital. Si
la résolution stipulée sous le code est maintenue, pourquoi
ne maintiendrait-on pas la stipulation faite avant le code?
Le législateur, après avoir déclaré le contrat résoluble, le
déclare ensuite non résoluble, mais il n'entend pas lier les
parties; il prévoit et présume leurs intentions, en leur
permettant d'avoir une volonté contraire. Peut-on dire que
les auteurs du code civil ont prétendu expliquer ce que les
parties ont voulu avant sa publication? Cela n'aurait pas
de sens : le législateur présume ce que les parties contractantes voudront à l'avenir, mais non ce qu'elles ont voulu
dans le passé. Notre opinion est celle de Mailher de
Chassat, et elle tend à prévaloir dans la jurisprudence (2).

225. Le droit ancien prononçait la révocation des donations pour des causes que le code civil n'admet plus.
D'après le code, les donations en faveur du mariage ne
sont pas révocables pour cause d'ingratitude. La femme
mariée avant le code, et qui depuis obtient la séparation
de corps pour sévices et mauvais traitements, peut-elle
demander la révocation des libéralités qu'elle avait faites
à son mari par le contrat de mariage? La cour de cassation lui a reconnu ce droit, et avec raison; car les donations faites sous l'ancien droit étaient des contrats révocables ; le juge ne peut pas en faire des contrats

---

(1) Voyez les arrêts dans Dalloz, *Répertoire*, au mot *Lois*, n° 274.
(2) Mailher de Chassat, *Commentaire approfondi*, t. II, p. 250.

irrévocables, ce serait dénaturer des droits conventionnels. Vainement dirait-on que la femme n'a pas songé à la révocation pour cause d'ingratitude, lorsqu'elle a fait une libéralité à son futur conjoint ; que par suite il n'y a pas de clause tacite de révocation. Non, certes, elle n'y a point songé, mais le législateur y a songé pour elle. Vainement encore dirait-on que le législateur aurait pu déclarer les donations irrévocables, même pour le passé : il aurait pu le faire, en ce sens qu'il n'est pas lié par l'article 2 du code ; mais le juge est lié par cet article ; le juge ne peut donc pas ce que peut le législateur ; il ne peut que ce que veut la loi ; or, il n'y a aucune raison d'intérêt général qui puisse engager le législateur à régir le passé en cette matière ; dès lors, s'il ne l'a pas fait expressément, le juge ne peut pas admettre qu'il l'ait voulu (1).

226. L'article 912 du code civil porte que le débiteur d'une rente constituée en perpétuel peut être contraint au rachat, s'il cesse de remplir ses obligations pendant deux ans. Sous l'ancienne législation, cette cause de résolution n'existait pas. On demande si le débiteur d'une rente constituée avant la publication de la loi nouvelle peut être contraint à en rembourser le capital, lorsque, sous l'empire du code, il cesse pendant deux ans d'en acquitter les arrérages. Cette question fameuse, dit Merlin, est aujourd'hui invariablement résolue dans le sens affirmatif. La cour de Turin commença par adopter la négative. Chabot défendit cette opinion avec beaucoup de force, en se fondant sur le principe que les effets des contrats se règlent par la loi du temps où ils sont passés. Merlin ne conteste pas le principe, mais il prétend qu'il est modifié par cet autre principe, non moins constant, que le législateur peut imposer à celui qui a un droit conventionnel une condition nouvelle qu'il dépend de lui d'accomplir. Telle est la condition établie par l'article 1912 ; si le débiteur ne remplit pas ses obligations pendant deux ans, il ne doit imputer qu'à sa propre incurie la perte qu'il éprouve, puisqu'il dépendait de lui de remplir la condition que la loi

(1) Voyez les arrêts dans Dalloz, *Répertoire*, au mot *Lois*, n°s 297-299.

nouvelle établit pour le maintien de son droit(1). Cette opinion a été consacrée par de nombreux arrêts, et elle est adoptée par la plupart des auteurs (2).

Nous admettons le principe posé par Merlin, en ce sens que le législateur peut imposer une condition nouvelle pour l'exercice d'un droit né d'une convention antérieure; mais il nous semble que le grand jurisconsulte en fait une fausse application (3). Lorsque, dans l'intérêt des tiers, le législateur soumet les hypothèques à la publicité, il peut étendre cette formalité nouvelle au passé, parce qu'il est toujours en son pouvoir de régler et de modifier l'exercice des droits, quand l'intérêt général l'exige. Mais s'agit-il, dans l'article 1912, d'une formalité nouvelle pour le maintien d'un droit? Non, certes. Il s'agit de la résolution d'un contrat. Le code admet une nouvelle cause de résolution. Donc la question est de savoir si les causes de résolution des contrats sont régies par la loi nouvelle ou par la loi ancienne. Cette question n'en est pas une : tout le monde est d'accord pour appliquer la loi du contrat.

Y a-t-il d'autres raisons qui justifient l'opinion généralement suivie? La cour de cassation dit, dans son arrêt du 5 juillet 1812, qu'il est toujours dans la puissance du législateur de modifier pour l'avenir le mode d'exécution des contrats. La cour de Rouen dit aussi que le législateur est toujours le maître d'imposer à la négligence du débiteur telle peine qu'il juge convenable (4). Sans doute le législateur le peut; mais le juge le peut-il quand le législateur n'a pas expressément déclaré qu'il entendait régir le passé? Telle est la véritable difficulté. Eh bien, dans le silence de la loi, le juge ne peut que ce que le législateur est présumé vouloir. Or, nous le demandons, où est la raison qui puisse engager le législateur à introduire une nouvelle cause de résolution dans les contrats faits sous l'empire d'une loi ancienne? Nous n'en connaissons qu'une seule

(1) Merlin, *Répertoire*, au mot *Effet rétroactif*, sect. III, § 3, art. 3, n° 11.
(2) Voyez la jurisprudence dans Dalloz, *Répertoire*, au mot *Lois*, n° 273.
(3) C'est la remarque de Marcadé, *Cours élémentaire de droit civil*, t. Ier, p .43.
(4) Arrêt du 27 février 1829 (Dalloz, au mot *Lois*, n° 295).

qu'il pourrait invoquer, c'est l'intérêt général. Merlin parle des nouveaux besoins de la société; la cour de Bruxelles dit « que l'article 1912 tend à coordonner le tout dans un nouveau système général qu'il établit dans l'intérêt général de l'Etat, en y adaptant les choses particulières qui, sans cela, ne seraient pas en harmonie avec le système général (1). » Tout cela est bien vague. Qu'est-ce que cet *intérêt de l'Etat* et ces *besoins nouveaux de la société?* On le cherche vainement. Il y a une preuve décisive qu'il n'y a aucun intérêt social en cause, c'est que les parties contractantes peuvent déroger à l'article 1912, et déclarer que le contrat ne sera pas résolu par le seul défaut de payement des arrérages pendant deux ans. Puisque les parties peuvent revenir à l'ancien droit, malgré l'article 1912, il est certain que la loi nouvelle n'est pas d'intérêt général. Il s'agit tout simplement d'une clause que le législateur sous-entend dans un contrat, en supposant que telle est l'intention des parties; mais le législateur présume ce que les parties voudront dans l'avenir, et non ce qu'elles ont voulu, et il leur permet de vouloir le contraire de ce qu'il présume. Où donc serait la raison pour déclarer résoluble dans le passé un contrat que les parties ont voulu faire non résoluble et qu'elles peuvent encore faire non résoluble pour l'avenir (2)?

Non, dit M. Duvergier, on ne peut pas invoquer ici la loi du contrat; cette loi règle, à la vérité, les effets ordinaires des conventions, mais non les conséquences qui résultent de l'infraction de l'une des parties. Conçoit-on que le débirentier songe, au moment où il contracte, au cas où il manquerait à ses engagements? Ne serait-ce pas dire qu'il se réserve d'y manquer? Cela est absurde (3). Nous avons répondu d'avance à l'objection. Non, évidemment,

---

(1) Arrêt de la cour supérieure de Bruxelles, du 8 mai 1820, siégeant comme cour de cassation. La jurisprudence des cours de Belgique est toujours dans le même sens. Voyez arrêts de la cour de Bruxelles du 30 octobre 1852 (*Pasicrisie*, 1853, 2, 28), et de la cour de Liége du 9 décembre 1852 (*Pasicrisie* , 1853, 2, 197).

(2) C'est la remarque de Valette sur Proudhon (*Traité sur l'état des personnes*, t. Ier, p. 67).

(3) Duvergier, *Traité du prêt à intérêt*, nᵒ 359.

les parties ne pensent pas, en contractant, qu'elles manqueront à leurs engagements ; cependant elles doivent prévoir que cela pourra arriver, puisque cela arrive tous les jours. Dans cette prévision, ne faut-il pas qu'elles sachent quelles seront les conséquences de l'inaccomplissement de leurs obligations? Souvent elles les écrivent dans leurs contrats : preuve qu'elles y songent. Mais elles n'ont pas besoin de les écrire ; le législateur le fait pour elles, et ces clauses tacites ont le même effet que les clauses expresses. Dès lors il s'agit de droits conventionnels que le législateur doit respecter et qu'il est présumé respecter, puisqu'il n'a aucune raison de les altérer.

N° 5. PREUVE, EXÉCUTION ET PROCÉDURE.

227. Les auteurs s'accordent à enseigner que le mode d'exécution des contrats est réglé, non par la loi qui était en vigueur quand les parties ont contracté, mais par celle qui existe au moment où elles procèdent à l'exécution de leurs conventions (1). Ce principe est fondé en raison. Ce ne sont pas les parties qui exécutent, c'est la puissance publique qui leur prête son appui pour obtenir l'exécution forcée des obligations qui résultent des contrats. Or, dès que l'Etat intervient, c'est à lui à régler les conditions sous lesquelles il veut intervenir, ainsi que les formes de son intervention. Cela est de droit public et non de droit privé. Dès lors les parties n'ont aucun droit à opposer au législateur, quand il modifie le mode d'exécution des contrats. Elles pourraient tout au plus invoquer leur intérêt, mais l'intérêt privé cède devant le droit de l'Etat.

228. Un contrat a été passé en la forme authentique, sous la coutume de Paris, laquelle ne permettait au créancier de le mettre à exécution contre les héritiers du débiteur qu'après l'avoir fait déclarer exécutoire contre eux par un jugement. Le code civil change le mode d'exécution; aux termes de l'article 877, les titres exécutoires contre

---

(1) Merlin, *Répertoire*, au mot *Effet rétroactif*, sect. III, § 10.

le défunt sont pareillement exécutoires contre l'héritier personnellement. Il a été jugé par la cour de Paris que le créancier pouvait se prévaloir de la loi nouvelle (1).

229. L'application du principe souffre quelque difficulté quand il s'agit de la contrainte par corps. Il a été jugé qu'un étranger pouvait être arrêté en vertu de la loi du 10 septembre 1807, pour une dette contractée avant qu'elle fût publiée (2). Il y avait un motif de douter : l'étranger ne pouvait-il pas dire qu'il avait contracté sous l'empire d'une loi qui lui assurait la liberté de sa personne, et qu'il n'aurait pas contracté, s'il avait prévu qu'il engagerait sa liberté? Cela peut être très-vrai, mais cela n'empêche pas le législateur d'introduire un mode d'exécution qu'il croit nécessaire pour garantir les droits des indigènes, et d'appliquer ce nouveau mode au passé. C'est précisément parce que la liberté est en cause, que la loi nouvelle est d'ordre public; dès lors, elle doit régir le passé aussi bien que le présent.

Mais aussi il faut décider que si une loi nouvelle abolit la contrainte par corps, elle profite aux débiteurs qui, en vertu de la loi ancienne, y étaient soumis. Nous sommes étonnés que M. Duvergier soutienne le contraire (3). Sans doute, les parties ont contracté sous la foi d'une loi qui autorisait le créancier à emprisonner son débiteur. Est-ce à dire que le créancier ait un droit à l'emprisonnement que le législateur ne puisse lui enlever? Si le législateur abolit la contrainte par corps, c'est qu'il nie qu'il y ait un droit sur la liberté du débiteur. Et l'on veut que sous une loi qui proclame que le débiteur n'engage pas sa liberté, un créancier puisse incarcérer son débiteur! Autant vaudrait dire que si une loi abolissait l'esclavage, elle laisserait les esclaves dans les fers! Il n'y a pas de droit contre la liberté.

230. Les modes de preuve sont régis par la loi qui

(1) Arrêt de la cour de Paris du 9 vendémiaire an XI (Dalloz, *Répertoire,* au mot *Lois,* n° 362).
(2) Arrêt de la cour de cassation du 22 mars 1809 (Dalloz, au mot *Cautionnement,* n° 557).
(3) Duvergier, Dissertation sur l'effet rétroactif des lois,

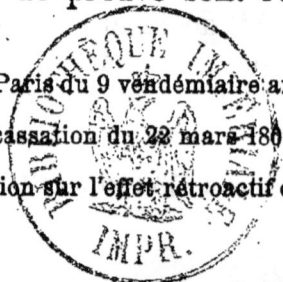

était en vigueur lors du contrat (1). C'est un droit conventionnel, qu'une loi nouvelle ne peut modifier que pour l'avenir. Cela ne fait pas de doute quand le mode de preuve ne concerne que l'intérêt des parties. L'article 1325, qui établit des formalités nouvelles pour la validité des écrits constatant des conventions synallagmatiques, ne peut être appliqué aux contrats faits avant la publication du code civil (2). Nous croyons que le législateur lui-même n'aurait pu déclarer cette disposition applicable aux écrits rédigés sous la loi ancienne; car en privant les parties d'une preuve légale, de la seule preuve qu'elles avaient, il leur enlèverait indirectement les droits qu'elles tenaient de leur contrat, puisqu'elles seraient dans l'impossibilité d'en fournir la preuve.

Mais que faudrait-il décider si le législateur prohibait d'une manière absolue la preuve testimoniale, en se fondant sur le danger des faux témoignages? Pourrait-il, au nom de l'intérêt général, au nom de la moralité publique, interdire la preuve par témoins, même pour le passé? Nous ne le croyons pas; si l'intérêt général domine sur l'intérêt privé, il s'arrête là où il rencontre un droit; or, faute de preuve, le droit peut périr. Donc enlever la preuve, c'est enlever le droit. Cela décide la question.

231. Il ne faut pas confondre les modes de preuve avec les formes établies par une loi nouvelle pour administrer la preuve en justice. Les formes tiennent à la procédure, elles sont de droit public, et partant le législateur les peut toujours modifier. Cela ne veut pas dire que la loi nouvelle puisse annuler les actes faits sous l'empire de la loi ancienne. A la rigueur, sans doute, le législateur le pourrait, puisque en cette matière il n'y a pas de droit acquis, pas de droit de domaine; mais le législateur ne doit pas faire tout ce qu'il peut. C'est le cas d'appliquer le principe que les actes conformes à la loi doivent être maintenus, non-seulement dans l'intérêt des particuliers, mais aussi

_____

(1) Arrêt de la cour de cassation de Belgique du 16 mars 1850 (*Pasicrisie*, 1850, 1, 195).
(2) C'est l'opinion générale. Voyez les auteurs cités dans Dalloz, *Répertoire*, au mot *Lois*, n° 335, et la jurisprudence (*ibid.*, n° 250).

pour sauvegarder l'autorité de la loi. Quant aux actes nouveaux, ils doivent se faire dans les formes que prescrit la loi qui existe lorsqu'ils sont faits. De nombreux arrêts l'ont décidé ainsi ; nous nous bornerons à citer l'arrêt de la cour de cassation du 23 février 1807, rendu sur les conclusions de Daniels. Le code civil règle les formes dans lesquelles doit se faire la preuve de la lésion, lorsque le vendeur attaque une vente de ce chef (art. 1678, 1679). Faut-il que le demandeur les observe, alors que la vente a été faite avant la publication de la loi nouvelle? L'affirmative ne souffre aucun doute (1).

Le code de procédure contient cependant une disposition qui semble contredire le principe formulé par la cour de cassation, « que dans la rédaction des actes on doit toujours suivre les formes prescrites par les lois alors en vigueur. » Aux termes de l'article 1041, tous procès qui seraient commencés depuis le 1er janvier 1807 devaient être instruits conformément aux dispositions du nouveau code ; ce qui signifie bien clairement, dit Merlin, que dans les procès commencés avant cette époque on continuerait de suivre les formes prescrites par les lois anciennes. L'article 1041 est-il l'application d'un principe général en matière de procédure, ou est-ce une exception? Meyer veut que ce soit une règle. La procédure, dit-il, ne peut être un assemblage incohérent d'actes entre lesquels il n'y aurait aucune connexité ; elle doit, au contraire, et sa nature même l'exige, faire dériver les actes subséquents de ceux qui les précèdent, et dont ils ne sont que le développement ; il serait donc absurde d'introduire une nouvelle forme dans des causes déjà pendantes, et de déduire des premiers actes de la cause des conséquences qui ne pouvaient y être contenues, qui même ne pouvaient être prévues (2). Rien de mieux, comme conseil de prudence adressé au législateur, et tel est aussi l'esprit dans lequel a été porté l'article 1041. Il n'en est pas moins vrai que c'est une exception ; en l'absence d'une disposition ex-

---

(1) Merlin, *Répertoire*, au mot *Effet rétroactif*, sect. III, § 7, nos 1 et 2 ; Dalloz, *Répertoire*, au mot *Lois*, nos 335-337.
(2) Meyer, *Principes sur les questions transitoires*, p. 13, 14, 30.

presse, le juge devrait appliquer la loi nouvelle. Vainement invoquerait-on le principe de la non-rétroactivité. Ce principe suppose des droits appartenant aux parties en cause ; et peut-il être question d'un droit qu'auraient les plaideurs de suivre telles formes plutôt que telles autres ? C'est l'opinion de Chabot (1), et elle est partagée par Merlin.

N° 6. PRESCRIPTION.

232. La prescription, quand elle est accomplie, forme un droit acquis, dans le sens strict du mot. Quand il s'agit d'une prescription acquisitive, la chose est entrée dans le domaine de celui qui l'a acquise par la possession ; et une loi nouvelle ne pourrait lui enlever ce droit sans violer la propriété. S'agit-il d'une prescription extinctive, le débiteur est libéré ; une loi nouvelle ne pourrait donner au créancier une action qui est éteinte, sans enlever au défendeur une partie de ses biens. C'est dire que le législateur lui-même ne peut revenir sur une prescription acquise. L'article 691 du code civil consacre une application de ce principe ; il décide que la possession même immémoriale ne suffit plus pour établir des servitudes discontinues ou non apparentes ; mais il a soin d'ajouter que l'on ne peut pas attaquer les servitudes de cette nature déjà acquises par la prescription dans les pays où elles pouvaient s'acquérir de cette manière.

233. Les prescriptions commencées forment-elles un droit acquis que le législateur et le juge doivent respecter ? Tant que la prescription n'est pas acquise, il est évident que le possesseur et le débiteur n'ont pas un droit qui soit dans leur domaine ; le législateur peut donc régler les prescriptions commencées, comme il l'entend, sans léser un droit de propriété. Il faut dire plus. Dans le silence de la loi nouvelle, le juge doit l'appliquer au passé ; le législateur régit le passé, en cette matière, par cela seul qu'il ne limite pas expressément ses dispositions à l'avenir. En effet, la prescription est, par son essence, d'intérêt public. La prescription acquisitive dépouille le propriétaire dans l'intérêt des tiers possesseurs, c'est-à-dire dans un intérêt général. De même, la prescription extinctive dépouille le créancier, toujours dans un intérêt social, afin de mettre fin aux procès. Ceux contre lesquels la prescription court, comme ceux au profit desquels elle court, n'ont donc pas de droit à invoquer contre une loi nouvelle : car ce n'est pas leur droit que le législateur règle, c'est le droit de la société. De là suit que le juge doit appliquer la loi nouvelle aux prescriptions commencées, parce que telle est la volonté du législateur.

Nous appliquons ce principe à l'usucapion aussi bien qu'à la prescription extinctive. M. Duvergier établit une distinction qui, au premier abord, paraît très-juridique. Le possesseur qui a commencé à prescrire, s'il n'a pas un droit acquis, a du moins une de ces expectatives graves devant lesquelles la loi nouvelle s'arrête comme devant un droit complet. Celui en faveur duquel court une prescription extinctive, ne fait rien pour sa libération, et le créancier ne fait rien pour la conservation de son droit. Le législateur n'a donc rien à respecter. Tandis que le possesseur fait des actes énergiques, réitérés, qui démontrent une volonté ferme et persévérante d'acquérir ; il serait injuste qu'une loi nouvelle lui enlevât le fruit de son activité (1). La distinction est plus ingénieuse que solide. Dans l'usucapion proprement dite, ce n'est qu'une pure hypothèse à laquelle la réalité donne le plus souvent un démenti. Le possesseur est de bonne foi, c'est-à-dire qu'il se croit propriétaire. Comment donc peut-on prétendre qu'il fait des efforts pour le devenir? Après tout, c'est moins dans l'intérêt du possesseur, que dans l'intérêt général que la loi organise la prescription; dès lors, il appartient toujours au législateur de modifier les conditions des prescriptions commencées, si l'intérêt de la société l'exige.

234. L'article 2281 du code civil paraît contraire au principe que nous venons de poser et qui est générale-

(1) Duvergier, Dissertation sur l'effet rétroactif des lois.

ment admis. Il veut que les prescriptions commencées avant la publication de la nouvelle loi soient réglées conformément aux lois anciennes. Est-ce une application du principe de la non-rétroactivité? Bigot-Préameneu, l'orateur du gouvernement, le dit dans l'exposé des motifs du titre de la Prescription. « C'est surtout en matière de propriété, dit-il, que l'on doit éviter tout effet rétroactif : le droit éventuel résultant d'une prescription commencée ne peut pas dépendre à la fois de deux lois, de la loi ancienne et du nouveau code. Or, il suffit qu'un droit éventuel soit attaché à la prescription commencée, pour que ce droit doive dépendre de l'ancienne loi, et pour que le nouveau code ne puisse pas régler ce qui lui est antérieur. »

L'orateur du gouvernement ne s'est pas aperçu que le texte même de la loi dont il exposait les motifs contredisait sa doctrine. En effet, l'article 2281 ajoute : « Néanmoins les prescriptions commencées, et pour lesquelles il faudrait encore, suivant les anciennes lois, plus de trente ans à compter de la publication de la loi nouvelle, seront accomplies par le laps de trente ans. » Si la prescription commencée formait un droit acquis, comme le dit Bigot-Préameneu, la loi ancienne devrait être appliquée en tout. Cependant le législateur la modifie; c'est donc qu'il croit qu'il n'y a point de droit acquis en cette matière. L'article 691 est conçu dans le même sens; il maintient les servitudes *déjà acquises* par la prescription, quand elles sont discontinues ou non apparentes; il proscrit par cela même toute possession commencée; il ne regarde donc pas une pareille possession comme un droit acquis.

Qu'est-ce donc que la disposition de l'article 2281? Elle n'a pas pour objet de maintenir des droits acquis; le texte même du code le prouve. C'est une de ces mesures que le législateur prescrit pour ménager la transition d'un ancien ordre de choses à un nouveau. Question de prudence législative. Mais gardons-nous de transformer une disposition transitoire en une règle de droit. L'article 2281, loin d'être un principe, est une exception aux vrais principes. Il a donné lieu à bien des difficultés, que nous examinerons au titre de la Prescription.

Nº 7. HÉRÉDITÉ.

235. Les successions non ouvertes ne donnent aucun droit à l'héritier ni au légataire. C'est une simple espérance que la volonté de l'homme peut anéantir d'un instant à l'autre; à plus forte raison le législateur le peut-il. Comme il est en présence, non d'un droit, mais d'une expectative révocable, il peut régler la transmission des biens par voie d'hérédité comme il l'entend, en ne consultant que l'intérêt social, qui est seul en cause. Cela est élémentaire. Il faut toutefois faire une exception pour la succession établie par contrat, que nous appelons institution contractuelle. Elle dérive d'un contrat; il faut donc appliquer la loi qui régit les contrats. L'institution contractuelle est irrévocable, en ce sens que la qualité d'héritier accordée au donataire ne peut pas être révoquée par le donateur. Dès lors une loi nouvelle ne pourrait pas la lui enlever. Il est vrai que son droit ne s'ouvre qu'à la mort de l'instituant; il est donc conditionnel. Peu importe, car les droits conditionnels sont dans le domaine de celui à qui ils appartiennent aussi bien que les droits purs et simples. Il a été jugé, par application de ce principe, que l'institution contractuelle faite sous l'empire d'une coutume par une personne décédée après la publication du code, doit être régie, en ce qui concerne les dispositions irrévocables, par la loi de l'époque du contrat, et quant aux biens qui n'étaient pas irrévocablement acquis à l'institué, par la loi du décès (1).

236. Puisque le droit de l'héritier s'ouvre lors du décès, c'est à ce moment qu'il doit être capable de recueillir l'hérédité. S'il l'est, une loi nouvelle ne peut plus lui enlever son droit, car la succession est entrée dans son patrimoine; le législateur lui-même ne pourrait l'en dépouiller. Le principe est élémentaire; cependant dans son application il a donné lieu à quelques difficultés. Dans l'ancien droit belgique, le legs fait à un enfant à naître

_____

(1) Arrêt de la cour de cassation du 12 juillet 1842 (Dalloz, _Répertoire_, au mot _Lois_, nº 304).

était valable, lors même qu'il ne naissait ou qu'il n'était conçu qu'après la mort du testateur. L'article 906 du code civil, au contraire, déclare incapables de recevoir ceux qui ne sont ni nés ni conçus lors de l'ouverture de l'hérédité. Peut-on appliquer sans rétroactivité la loi nouvelle quand le testateur est décédé avant la publication du code et que le légataire n'est conçu que depuis? La cour supérieure de Bruxelles a décidé qu'il fallait juger la question d'après le droit ancien; appliquer l'article 906, dit-elle, ce serait manifestement le faire rétroagir (1). Au premier abord, cela paraît évident. Cependant Merlin a raison de critiquer cet arrêt. Pour que le droit entre dans le patrimoine du légataire, il faut qu'il existe. Peut-il s'agir d'un droit acquis en faveur d'un non-être? Enlève-t-on un droit à celui qui ne peut recueillir aucun droit, puisqu'il n'existe point? C'est ce que Meyer établit fort bien. Il ne saurait y avoir de rétroactivité au préjudice du légataire, puisque au moment où le droit s'est ouvert il n'y avait pas de légataire (2).

237. C'est aussi la loi qui existe lors du décès qui régit les droits des héritiers *ab intestat*. Celui qui était incapable, d'après le droit ancien, peut recueillir l'hérédité, si lors de l'ouverture une loi nouvelle le déclare capable. Les coutumes excluaient les filles au profit des mâles. Ce privilége fut aboli par les lois portées pendant la Révolution. Il en résulte que les filles exclues par la loi ancienne ont pu recueillir les hérédités ouvertes sous la loi du 17 nivôse an II. Elles exerçaient ce droit quand même elles avaient renoncé à la succession de leurs père et mère, car cette renonciation était surérogatoire : ce n'est pas en vertu de leur renonciation qu'elles étaient exclues, c'est en vertu de la coutume (3).

Par contre, celui qui était capable de succéder sous l'ancien droit ne peut pas recueillir l'hérédité, si, lors de l'ouverture, la loi nouvelle le déclare incapable. La ques-

---

(1) Arrêt du 27 novembre 1819 (Merlin, *Répertoire*, au mot *Effet rétroactif*, sect. III, § 5, n° 6).
(2) Meyer, *Principes sur les questions transitoires*, p. 17.
(3) Voyez les arrêts cités dans Dalloz, *Répertoire*, au mot *Lois*, n° 323.

tion s'est présentée à plusieurs reprises devant la cour de Bruxelles. Elle fut d'abord décidée en sens contraire dans l'espèce suivante. La coutume d'Ypres, conforme sur ce point à la plupart des coutumes de Flandre, établissait la successibilité réciproque des enfants naturels, tant en ligne directe que collatérale, entre eux et leurs parents du côté maternel. Ce droit de successibilité est aboli par le code civil; l'enfant naturel ne succède plus qu'à ses père et mère qui l'ont reconnu. Les enfants naturels, nés sous l'empire des anciennes coutumes, ont-ils un droit acquis à l'hérédité de leurs parents maternels? La cour de Bruxelles l'a cru; il lui semblait que la législation nouvelle, faite en vue d'améliorer la condition des enfants naturels, n'ôtait rien à ceux dont le titre existait antérieurement. Non, certes, s'il y avait titre. Mais la loi qui appelle tels parents à l'hérédité ne leur donne aucun droit, tant que la succession n'est pas ouverte à leur profit; jusque-là la loi peut changer l'ordre de succession sans rétroagir. Mais, dit la cour de Bruxelles, la coutume locale doit avoir au moins autant d'effet que la légitimation par lettres du prince. La comparaison cloche. En effet, la légitimation assure un état définitif à l'enfant naturel, il cesse d'être naturel pour devenir légitime. Tandis que la coutume qui lui donne un droit de successibilité ne lui confère aucun état; il reste naturel et soumis, comme tel, à toutes les variations de la législation. La question s'étant présentée de nouveau devant la cour, fut décidée d'après les vrais principes. La capacité de succéder est réglée par la loi qui est en vigueur lors de l'ouverture de la succession; dès lors l'enfant naturel ne peut plus succéder à ses parents maternels, sous l'empire du code civil, quand même, sous l'ancien droit, il aurait recueilli des hérédités (1).

238. La succession testamentaire donne lieu à une autre difficulté. Il faut que le testateur soit capable lorsqu'il teste, et c'est la loi qui existe à ce moment qui

---

(1) Voyez les arrêts dans Merlin, *Répertoire*, au mot *Effet rétroactif*, sect. III, § 6, n° 1.

détermine sa capacité ou son incapacité. Mais on doit combiner ce principe avec celui qui régit la succession testamentaire comme la succession *ab intestat*, c'est-à-dire qu'elle ne donne de droit qu'à la mort du testateur. Dans les pays de droit écrit, une fille âgée de douze ans pouvait faire un testament. Le code civil (art. 903) déclare que le mineur âgé de moins de seize ans ne pourra aucunement disposer. Est-ce la loi nouvelle qui doit recevoir son application aux testaments faits sous l'ancien droit? Non, si la testatrice est morte avant la publication du code. Le testament est régi, en ce cas, par l'ancienne loi; il y a droit acquis en faveur du légataire; le législateur lui-même ne pourrait pas le lui enlever. Mais que faut-il décider si la testatrice est décédée sous l'empire du code? Elle est dès lors frappée d'incapacité par la loi nouvelle. Est-ce faire rétroagir l'article 903? Non, car il n'y a pas de droit acquis au légataire avant l'ouverture de l'hérédité (1).

Par application des mêmes principes, il faut décider que la loi qui déclare capable de tester un individu qui en était incapable sous l'ancien droit, ne valide pas le testament qu'il avait fait dans l'état d'incapacité. Meyer enseigne le contraire, mais son opinion est restée isolée (2). Le testament était nul; c'est-à-dire que le testateur n'a pas eu le droit de vouloir ce qu'il a fait. Peut-on dire que par cela seul qu'il acquiert ce droit, il est censé confirmer son testament? Non, car on peut aussi lui supposer la volonté contraire et dire qu'il savait que son testament était nul, et qu'il ne veut lui donner aucun effet. C'est dire que s'il veut profiter de la capacité que lui reconnaît la loi nouvelle, il doit faire un nouveau testament.

239. La plupart des coutumes donnaient à l'héritier pur et simple, en ligne collatérale, le droit d'exclure l'héritier bénéficiaire; le code ne reconnaît plus cette espèce de privilège. Une succession est ouverte sous la coutume de Paris, et acceptée sous bénéfice d'inventaire avant la publication du code civil : l'héritier bénéficiaire

(1) Merlin, *Répertoire*, au mot *Effet rétroactif*, sect. III, § 1, n° 2.
(2) Meyer, *Principes sur les questions transitoires*; Merlin, *ibid.*, sect. III, § 5, n° 3.

pourra-t-il être exclu par un parent qui vient accepter la succession purement et simplement? Il y a quelque doute. On peut dire qu'au moment où l'héritier pur et simple veut exclure l'héritier bénéficiaire, la loi ne reconnaît plus ce droit d'exclusion, qu'il n'a pas un droit acquis en vertu de l'ancienne loi, puisqu'il ne l'a pas exercé. L'opinion contraire a été consacrée par un arrêt de la cour de Paris qui, dit Merlin, repose sur des raisons sans réplique. La difficulté est de savoir si l'héritier qui accepte purement et simplement sous l'empire du code était appelé à la succession dès son ouverture. Or, sous l'ancien droit, les auteurs enseignaient comme une doctrine incontestée que le parent qui se porte héritier pur et simple exclut le bénéficiaire, en ce sens qu'il est censé avoir été héritier dès l'instant de la mort du défunt et avoir été par lui, dès cet instant, saisi de la succession. Lebrun compare l'héritier bénéficiaire à un parent qui se serait mis en possession de l'hérédité et qui serait ensuite exclu par un parent plus proche. C'est proclamer énergiquement que l'héritier qui accepte purement et simplement est appelé à succéder dès l'ouverture de la succession. Cela décide la question. Peu importe le moment où il accepte, ce n'est pas lors de l'acceptation que son droit vient à naître; il remonte à la mort du défunt (1).

240. Les aînés avaient, dans certaines coutumes, un privilége que les pères mêmes ne pouvaient leur enlever. Une loi portée pendant la Révolution appliqua aux successions le principe d'égalité qui faisait la base du nouvel ordre de choses. La loi du 28 mars 1790 a-t-elle enlevé aux aînés le préciput que leur assignaient les coutumes? Elle n'aurait pu le faire, sans violer le droit de propriété, pour les successions ouvertes sous l'empire de l'ancienne loi, bien qu'il y eût un intérêt social en cause; mais l'intérêt de la société, quelque grave qu'il soit, s'arrête devant les droits des individus. Quant aux successions ouvertes depuis la publication de la loi nouvelle, il est certain que

(1) Arrêt de la cour de Paris du 15 mai 1811 (Dalloz, *Répertoire*, au mot *Lois*, n° 330). C'est l'opinion de Merlin, *Répertoire*, au mot *Effet rétroactif*, sect. III, § 6, n° 4.

les aînés n'y pourraient plus réclamer le préciput coutumier. Vainement auraient-ils dit que c'était une expectative certaine et immuable; on leur eût répondu qu'un droit de succession non ouvert n'est pas un droit; que le législateur qui leur a accordé le préciput peut aussi le leur enlever (1).

241. Il en est de même du droit de dévolution. D'après plusieurs coutumes belgiques, les enfants d'un premier lit, dont le père se remariait, avaient le privilége de prendre hors part, dans sa succession, tous les biens dont il s'était trouvé saisi au moment du décès de leur mère. C'est ce qu'on appelait droit de dévolution. Ce droit fut aboli par la loi du 8 avril 1791. Les enfants dont le père s'était remarié sous l'empire de la loi ancienne, ont-ils conservé ce privilége? Il y a ici un motif de douter qui n'existe pas pour le droit d'aînesse; c'est que les biens du père étaient dévolus aux enfants du premier lit par le fait de son second mariage; dès cet instant, il ne pouvait plus ni les aliéner, ni les hypothéquer. Cependant il faut décider que la loi nouvelle a enlevé le droit de dévolution, même pour le passé; en effet, quoique les biens fussent dévolus aux enfants du premier lit, l'époux remarié n'en était pas exproprié avant sa mort : c'était un droit de succession qui ne s'ouvrait qu'au décès du père. La coutume du Limbourg le dit dans des termes qui méritent d'être rapportés : « Un des enfants venant à mourir avant le survivant, est réputé une fleur sans fruit, et comme s'il n'avait oncques été; » en conséquence, les dispositions qu'il a pu faire des biens dévolus « viennent à s'évanouir, *pour n'avoir attendu l'échéance.* » La coutume ajoute que « le survivant, venant à survivre à tous ses enfants, est maître de son bien, comme s'il n'avait oncques été entaché au droit de dévolution. » Cela prouve que le droit n'était pas une succession anticipée, mais une simple expectative, qui ne s'ouvrait qu'au décès de l'époux remarié, en faveur des enfants qui existaient à ce moment. La loi pouvait donc abolir le droit de succession, comme elle peut abolir tout

_____
(1) Merlin, *Répertoire,* au mot *Effet rétroactif,* sect. III, § 2, n° 4.

droit héréditaire non ouvert. Cela a été décidé ainsi par la Convention nationale : consultée sur la question que nous venons d'examiner, elle décréta, le 18 vendémiaire an II, que la loi de 1791 devait s'appliquer aux biens qui, lors de sa publication, étaient frappés de dévolution dans la main de l'époux survivant avec enfants (1).

242. Le droit de demander la séparation de patrimoines est aussi régi par la loi qui existe lors de l'ouverture de la succession. C'est cette loi qui détermine quelles personnes peuvent demander ce bénéfice et quels en sont les effets. Le principe est incontestable, mais dans son application il a donné lieu à une singulière question. Le titre des Successions, qui règle la séparation des patrimoines, a été promulgué le 9 floréal an XI. Vint ensuite le titre des Priviléges et Hypothèques, promulgué le 8 germinal an XII, dont l'article 2111 porte que les créanciers qui demandent la séparation de patrimoines conservent, à l'égard des créanciers des héritiers, leur privilége sur les immeubles de la succession par les inscriptions faites sur chacun de ces biens, dans les six mois à compter de l'ouverture de la succession. Une hérédité s'ouvre après la publication du titre des Successions, mais avant celle du titre des Hypothèques. Première question : L'article 2111 s'applique-t-il à cette succession? Si la demande en séparation était déjà intentée lorsque la loi nouvelle a été publiée, elle a été régie par la loi ancienne; donc l'article 2111 n'est pas applicable. Mais si la demande est faite après la publication de la loi nouvelle, l'article 2111 doit recevoir son application. Les cours de Toulouse et de Bordeaux ont jugé en sens contraire, en se fondant sur le principe que les lois ne disposent que pour l'avenir (2). Nous croyons qu'il n'y a pas rétroactivité, à appliquer l'article 2111 aux successions ouvertes sous l'ancien droit. La formalité de l'inscription que cet article prescrit est établie dans l'intérêt des tiers, ainsi dans l'intérêt général; le législateur peut donc assujettir les créanciers qui deman-

(1) Merlin, *Questions de droit*, au mot *Dévolution coutumière*, § 2.
(2) Dalloz, *Répertoire*, au mot *Lois*, n° 328, et au mot *Succession*, n° 1416.

I.

dent la séparation à remplir cette formalité. Notre loi hypothécaire a soumis à la publicité les hypothèques légales acquises avant sa publication ; à plus forte raison le législateur peut-il imposer aux créanciers l'obligation de rendre publique la demande en séparation faite sous l'empire de la loi nouvelle. Il ne leur enlève aucun droit, il règle seulement l'exercice de leur droit, et comme il le fait dans l'intérêt général, il peut régir le passé, et il est présumé le vouloir, précisément parce qu'il y a un intérêt général en cause.

Il y aurait eu droit acquis si, avant la publication du titre des Hypothèques, l'héritier avait aliéné les immeubles de la succession, quand même les créanciers auraient pris plus tard inscription en vertu de l'article 2111. C'est ce qu'a très-bien jugé la cour de Caen (1). Avant la publication du titre des Hypothèques, la séparation des patrimoines était régie par les articles 878, 880 du code civil, pour les hérédités ouvertes depuis la publication du titre des Successions. Or, sous cette législation, la séparation de patrimoines n'était pas un privilége ; c'était un droit que les créanciers tenaient de leur créance, un droit qui se conservait sans inscription, mais qui s'éteignait par l'aliénation de l'immeuble, s'il n'avait pas été exercé auparavant. Dès cet instant, l'acquéreur était à l'abri de leur action, il avait un droit acquis à leur opposer. Vainement les créanciers auraient-ils pris inscription après la publication de l'article 2111 ; cet article ne pouvait pas enlever un droit acquis.

243. L'application du principe de la non-rétroactivité au rapport et à la réduction a donné lieu à des difficultés sérieuses. Une donation entre vifs est faite à un successible sous une loi qui le dispense de la rapporter à la succession du donateur. Est-il obligé d'en faire le rapport, si la succession s'ouvre sous une loi qui n'admet le donataire à succéder qu'en rapportant ce qui lui a été donné par le défunt sans clause de préciput? Les auteurs sont divisés sur cette question, et il y a des arrêts en sens divers.

(1) Arrêt du 2 décembre 1826 (Dalloz, au mot *Lois*, n° 328).

Chabot la décide par le principe de l'irrévocabilité des donations. La donation entre vifs, dit-il, est irrévocable : elle doit donc être régie dans tous ses effets par la loi qui était en vigueur lors du contrat. Or, le rapport concerne les effets de la donation; n'est-ce pas un de ses effets d'être, ou non, rapportable? C'est là son exécution; son exécution doit être conforme à la volonté du donateur, et le donateur a voulu faire une donation irrévocable, puisque la loi sous l'empire de laquelle il a donné n'assujettissait pas sa libéralité au rapport (1).

Nous croyons que la question ne doit pas être décidée par le principe de l'irrévocabilité des donations. Ce principe ne concerne que les relations du donateur et du donataire; il signifie que la libéralité ne doit dépendre en rien de la volonté de celui qui donne, car donner et retenir ne vaut, dit un vieil adage. Mais l'irrévocabilité des donations n'empêche pas qu'elles ne soient résolubles, quand elles sont sujettes à rapport. Or, qui détermine quelles donations sont sujettes au rapport? La loi concourt ici avec le donateur. C'est le législateur qui décide si l'héritier doit le rapport; mais le donateur l'en peut dispenser, dans les limites du disponible. Reste à savoir quelle est la loi qui règle le rapport? C'est évidemment celle qui existe lors du décès, puisque c'est à ce moment que naît l'obligation du rapport. Quant à la volonté du donateur, elle doit se manifester dans l'acte de donation, puisque tout est irrévocable à son égard dès que la donation est parfaite.

Si c'est la loi existante lors de l'ouverture de la succession qui décide quelles donations sont rapportables, en faut-il conclure avec Merlin que c'est cette loi qu'il faut toujours appliquer? La succession s'ouvrant sous son empire, dit-il, elle en est maîtresse absolue, elle peut y admettre qui il lui plaît; elle peut donc dire au donataire : « Conservez votre donation, vous en avez le droit; mais si vous

_____

(1) Chabot, *Questions transitoires*, au mot *Rapport à succession*, § 1 (t. III. p. 29); Mailher de Chassat (*Commentaire*, t. Ier, p. 338 et suiv.) et Demolombe (*Cours de code civil*, t. Ier, n° 51) se ,sont rangés de cet avis. Il y a des arrêts en ce sens (Dalloz, *Répertoire*, au mot *Lois*, n° 295).

la conservez, vous ne succéderez pas (1). » Cela nous paraît trop absolu. Sans doute, comme le dit la cour de Bruxelles, c'est la loi en vigueur à l'époque où s'ouvre une succession qui détermine les rapports à y faire, et le successible doit se soumettre aux conditions qu'elle lui impose, s'il veut être héritier. Mais est-ce la volonté seule du législateur qui règle les rapports? Nous venons de rappeler que la volonté de l'homme y joue aussi un rôle : le donateur ne peut-il pas dispenser le donataire du rapport? Il ne suffit donc pas que la loi l'oblige à rapporter les libéralités qu'il a reçues, il faut voir encore s'il n'en a pas été dispensé par le donateur.

Certes, si le donateur avait dispensé le donataire du rapport, la loi nouvelle, tout en soumettant la libéralité au rapport, respecterait cette dispense ; nous supposons naturellement qu'elle maintient le droit de dispenser le donataire de l'obligation du rapport. Il faut donc voir si une donation faite sous l'empire d'une loi qui ne la déclare pas rapportable n'est pas, par cela même, dispensée du rapport en vertu de la volonté du donateur. N'est-il pas de principe que l'on sous-entend dans les conventions les dispositions de la loi qui y sont relatives? Quand la loi stipule pour les parties contractantes, celles-ci n'ont pas besoin de le faire. Lors donc qu'une donation est faite sous une loi qui n'oblige pas le donataire au rapport, le donateur n'a pas besoin d'écrire la dispense du rapport dans l'acte, elle se trouve écrite dans la loi. En définitive, la question est de savoir si le donateur a voulu faire une donation non rapportable ; et telle est, nous semble-t-il, la volonté de ceux qui donnent sous une loi qui ne soumet pas le donataire au rapport. Or, si le donateur a voulu faire une donation non rapportable, la loi nouvelle ne peut la déclarer rapportable, sans rétroagir, sans enlever un droit acquis au donataire.

244. La loi accorde à certains parents une réserve, que l'on appelle aussi légitime; elle leur défend par cela

(1) Merlin, *Répertoire*, au mot *Effet rétroactif*, sect. III, § 3, art. 6, n° 2; Grenier (*Donations*, t. II, p. 248) et Toullier (t. IV, n° 454, note 1) sont de cet avis. Il y a des arrêts en ce sens (Dalloz, au mot *Lois*, n° 295).

même de disposer de tous leurs biens. Il y a eu de grandes variations dans la législation sur le nombre des réservataires et sur l'étendue de leurs droits. De là des questions transitoires très-difficiles. Quelle loi faut-il appliquer : celle du décès ou celle de l'époque à laquelle le défunt a disposé de ses biens? Il y a un cas dans lequel il n'y a aucun doute. La loi qui existe lors de l'ouverture de l'hérédité donne une réserve à certains parents ; les biens qui se trouvent dans la succession *ab intestat* ne suffisent pas pour fournir la légitime, le défunt ayant fait des legs qui dépassent le disponible ; il est certain que les légitimaires peuvent demander la réduction des legs. Mais quelle loi faut-il appliquer? Evidemment celle qui est en vigueur lors de l'ouverture de l'hérédité. En effet, les droits des réservataires et des légataires s'ouvrent au même instant, à la mort du défunt ; or, à ce moment, c'est la loi nouvelle qui détermine la quotité disponible et la réserve. Peu importe sous l'empire de quelle loi le testateur a disposé de ses biens ; son testament n'ayant effet qu'à sa mort, il est censé avoir disposé à l'instant où il meurt. On ne peut pas dire qu'il a eu l'intention de disposer conformément à la loi existante lors du testament, car il sait qu'il ne dispose pas actuellement, il sait qu'il ne dispose que pour l'époque de sa mort ; sa volonté ne peut donc être que celle sous l'empire de laquelle son testament s'ouvre. Quant au légataire, il ne peut jamais invoquer de droit contre la loi nouvelle, en s'appuyant sur la loi qui existait lors du testament, car il n'avait aucun droit en vertu de la loi ancienne ; son droit ne s'ouvre que sous la loi nouvelle, c'est donc cette loi qui le régit.

Les auteurs et la jurisprudence sont unanimes. Sous la loi du 4 germinal an VIII, le défunt ne pouvait disposer que d'une part d'enfant, quand il laissait des descendants. Le code civil (art. 913) augmente le disponible. Un père dispose, au profit de l'un de ses enfants, de la quotité disponible, sous l'empire de la loi de germinal ; il meurt après la publication du code. D'après quelle loi faut-il régler la réserve? La cour de Riom a décidé qu'il faut appliquer la loi nouvelle, parce que le testament ne reçoit d'existence qu'à la mort; c'est donc la loi du décès qui détermine les droits du légataire et des réservataires (1). Ce n'est pas à dire que le testateur ne puisse limiter les droits du légataire à la quotité déterminée par la loi sous laquelle il dispose; sa volonté est souveraine, et s'il l'a exprimée, elle recevra son exécution, au cas où le disponible augmenterait. Il en serait autrement si le disponible diminuait: il n'appartient pas au testateur de dépasser le disponible fixé par la loi du décès : libre à lui de donner moins, mais il ne peut pas donner plus. La cour de cassation a jugé qu'en ce qui concerne la quotité disponible, le testament est régi par la loi existante lors du décès du testateur (2).

245. La question est plus difficile quand les légitimaires, ne trouvant pas leur réserve dans la succession, demandent la réduction des donations entre vifs. Il y a controverse et doute. Levasseur applique aux donations le même principe que nous venons d'établir pour les legs; il croit que c'est toujours la loi de l'époque du décès du donateur qui règle les droits des réservataires et par suite le disponible. La quotité disponible, dit-il, ne peut être réglée qu'à ce moment; en effet, elle dépend de la réserve; or, la réserve est un droit d'hérédité, droit qui ne s'ouvre qu'à la mort. Au moment où le défunt a disposé entre vifs, il n'y avait pas de réserve, partant pas de disponible. Ce n'est donc pas la loi de ce jour qui règle la quotité dont le donateur peut disposer; ce n'est qu'au jour du décès que l'on saura qui est héritier réservataire, et quelle est la portion des biens que la loi leur réserve (3). Cette opinion est suivie par les auteurs de la *Jurisprudence du code civil* (4). Il y a aussi quelques arrêts en ce sens (5). Mais l'opinion générale est que pour fixer le disponible et la réserve, il faut consulter la loi qui était en vigueur au moment de la

(1) Voyez la doctrine et la jurisprudence dans Dalloz, au mot *Dispositions entre vifs*, n°s 584-585.
(2) Arrêt du 2 août 1853 (Dalloz, *Recueil périodique*, 1853, 1, 300).
(3) Levasseur, *Traité de la quotité disponible*, n° 193.
(4) *Jurisprudence du code civil*, t. VII, p. 115.
(5) Voyez Dalloz, *Répertoire*, au mot *Dispositions entre vifs*, n°s 595-599.

donation. Toutefois il y a des divergences dans l'application du principe. Nous allons exposer cette doctrine, sauf ensuite à faire nos réserves.

246. Première hypothèse. La loi nouvelle accorde une réserve à des parents qui n'en avaient pas en vertu de la loi qui existait lorsque la donation a été faite. Dans l'ancien droit, les ascendants n'avaient pas de réserve au préjudice des époux de leurs enfants : un fils pouvait tout donner à sa femme, une femme pouvait tout donner à son mari, sans que son père, sa mère ni ses aïeuls pussent faire réduire ces libéralités. Le code civil, au contraire, donne une réserve aux ascendants (art. 915) et ils peuvent la faire valoir contre tout donataire sans exception. D'après nos anciennes coutumes, les enfants naturels n'avaient généralement droit qu'aux aliments sur la succession de leurs père et mère; le code leur donne un droit de succession (art. 757) et par suite une réserve. Les ascendants et les enfants naturels peuvent-ils demander la réduction des donations entre vifs faites sous l'empire de la législation ancienne? La plupart des auteurs et la jurisprudence se prononcent sans hésiter en faveur des donataires. Cette opinion se fonde sur l'irrévocabilité des donations. Appliquer la loi nouvelle aux donations faites sous la garantie de la loi ancienne, ce serait, dit-on, enlever aux donataires un droit de propriété irrévocable qui leur est acquis, qui est dans leur domaine du moment que la donation est parfaite; ce serait donc violer le principe de la non-rétroactivité. Il en serait de même si les libéralités avaient été faites sous forme d'une institution contractuelle. Vainement dirait-on que l'institué n'a qu'un droit de succession et que ce droit s'ouvre seulement à la mort de l'instituant, si l'héritier contractuel lui survit; que ce droit est par conséquent de même nature que le legs, et doit être régi par les mêmes principes. Non, l'institué tient son droit d'un contrat, et ce droit ne peut plus lui être enlevé, pas plus par une loi nouvelle que par la volonté du donateur. Dès que le droit est irrévocable, il doit se régir par la loi du temps où le contrat a été fait; il ne peut être altéré en rien par une loi postérieure. Dans ce système, il faut dire que le législateur lui-même ne pourrait pas donner un effet rétroactif à la loi nouvelle, puisque ce serait enlever aux donataires un bien qui est dans leur domaine ; ce serait les exproprier, non pour cause d'utilité publique, mais dans l'intérêt privé des réservataires (1).

247. Deuxième hypothèse. Les réservataires sont les mêmes, d'après la loi ancienne et d'après la loi nouvelle, mais la quotité de la réserve a augmenté. Il en est ainsi de notre ancien droit et du code civil : l'un et l'autre accordent une légitime aux enfants, mais la légitime ancienne était plus faible que celle que le code établit sous le nom de réserve. Les enfants peuvent-ils réduire les donations faites sous l'empire de nos coutumes, conformément à l'article 913 du code? Non, dit l'opinion générale; car il est de principe que la loi postérieure ne peut dépouiller ceux qui ont un droit irrévocable en vertu d'un contrat; or, tels sont les donataires et les héritiers contractuels. Leur droit est irrévocable, puisqu'ils le tiennent d'une donation irrévocable par son essence. Il est vrai qu'ils doivent s'attendre à la réduction, si le donateur a dépassé le disponible et entamé la réserve. Mais à quelle légitime doivent-ils s'attendre? Naturellement à celle qui est établie, connue au moment où ils contractent. On ne peut, dit Merlin, sans tomber nécessairement dans le vice de rétroactivité, diminuer leurs droits en vertu d'une loi nouvelle. Vainement Levasseur dit-il que le donataire a dû s'attendre à une loi nouvelle qui augmenterait la réserve. Merlin répond avec une espèce de dédain : « Si ce raisonnement était vrai, il n'y aurait jamais de rétroactivité, et ce mot devrait être effacé de toute législation. Plusieurs personnes penseront sans doute qu'un donataire ne pouvait ni ne devait s'attendre à une loi nouvelle, et qu'en général on contracte sur la foi de la loi qui régit le contrat. Or, pour toutes ces personnes, l'opinion contraire paraîtra évidemment fondée en principe. » Les arrêts ne

(1) Merlin, *Répertoire*, au mot *Réserve*, sect. VI, n° 8. — Voyez les auteurs et les arrêts cités dans Dalloz, *Répertoire*, au mot *Dispositions entre vifs*, n°s 600 et suiv.

sont pas moins tranchants : la cour de cassation a décidé, sur le réquisitoire de Merlin, que les cours d'appel, en refusant d'appliquer le code civil aux donations antérieures, avaient fait *la plus juste application* de l'article 2 du code (1).

248. Troisième hypothèse. Chose singulière, après avoir affirmé avec tant de certitude le principe que la loi nouvelle ne peut pas régir les donations antérieures, les auteurs se divisent lorsque la nouvelle loi diminue la réserve ou l'abolit. Il y en a qui restent logiques jusqu'au bout, et qui enseignent que le principe de l'irrévocabilité des donations doit recevoir son application dans tous les cas, quand la réserve diminue aussi bien que lorsqu'elle augmente. Aux termes de l'article 913, la réserve est des deux tiers quand le père meurt laissant deux enfants, et le disponible du tiers. Un père, sous l'empire de cet article, donne la moitié de ses biens. Vient une loi nouvelle qui permet au père de donner cette moitié, en fixant la réserve à la moitié. Cela n'empêchera pas les enfants de réduire les donations faites sous le code, conformément au code, c'est-à-dire au tiers. C'est la loi du contrat qui fixe irrévocablement les droits du donataire ; une loi nouvelle ne peut pas plus les augmenter que les diminuer. Telle est l'opinion de Chabot, suivie par Marcadé et Dalloz (2).

Merlin a reculé devant les conséquences du principe qu'il pose. Il y apporte une exception, quand la loi nouvelle diminue la réserve ou l'abolit. La loi du 17 nivôse an II accordait une réserve aux héritiers collatéraux, le code n'en donne plus en ligne collatérale. Un parent collatéral pourrait-il attaquer les donations faites sous la loi de nivôse, quand la succession s'ouvre après la publication du code ? Non, dit Merlin. La loi de nivôse ne permettait de disposer que d'un dixième, quand le donateur laissait des descendants ; le code augmente le disponible et diminue la réserve. Si le père a disposé sous la loi de nivôse,

(1) Arrêt du 9 juillet 1812 (Merlin, *Répertoire,* au mot *Réserve,* sect. VI, n° 8).
(2) Voyez les témoignages dans Dalloz, *Répertoire,* au mot *Dispositions entre vifs,* n° 637.

est-ce la loi du contrat qu'il faut appliquer, et les réservataires pourront-ils réduire les donations en vertu de cette loi? Non, répond Merlin. C'est la loi du décès qui doit recevoir son application. Merlin donne cette opinion comme certaine, et ne prend pas même la peine de la motiver. Il se borne à citer un jugement du tribunal de Loudun qui l'a décidé ainsi. Le jugement, tout en proclamant le principe de l'irrévocabilité des donations, dit qu'il le faut combiner avec le principe qui régit la légitime. Celle-ci ne peut être demandée qu'après l'ouverture de la succession, le légitimaire n'en est saisi que par la mort; or, les successions sont régies par les lois qui existent à leur ouverture; c'est alors seulement que l'on sait s'il y a lieu à une légitime, et le légitimaire ne peut agir qu'en vertu de la loi qui régit la succession, puisque c'est cette loi qui établit son droit. De là suit qu'il ne peut demander plus que ce que cette loi lui accorde (1).

249. En voyant Merlin, cet esprit si juridique, reculer devant l'application logique du principe d'où il part, que c'est la loi du jour où la donation se fait qui fixe le disponible, des doutes nous sont venus sur le principe lui-même. Si le principe est juste, ne faut-il pas l'appliquer à toutes les hypothèses? Que si les conséquences auxquelles il conduit sont inadmissibles, cela ne prouverait-il pas que le principe est faux? Sans doute les donations sont irrévocables, mais cela n'est vrai, nous l'avons déjà dit, qu'entre le donateur et le donataire; l'irrévocabilité n'empêche pas que les libéralités entre vifs ne doivent être rapportées, et en ce cas, loin d'être irrévocables, elles sont résolues. De même, malgré leur irrévocabilité, elles sont sujettes à réduction; dans ce cas encore, elles sont résolues en tout ou en partie. Merlin avoue, et tout jurisconsulte dira avec lui, que la réduction est une résolution (2). Ce qui veut dire que les donations sont faites sous condition résolutoire. Quelle est cette condition résolutoire

---

(1) Un arrêt de la cour d'Orléans l'avait décidé ainsi; il a été cassé par arrêt du 16 avril 1862 (Dalloz *Recueil périodique*, 1862, 1, 275). La cour se fonde, comme toujours, sur l'irrévocabilité de la donation.

(2) Merlin, *Répertoire*, au mot *Effet rétroactif*, sect. III, § 3, art. 6.

et d'où dérive-t-elle? Il n'y a d'autres conditions résolu-
toires, comme le dit Chabot, que celles qui sont stipulées par
les parties ou établies par la loi. En matière de réduction,
il ne peut pas être question de conditions conventionnelles,
car le disponible et la réserve ne dépendent pas des conventions; les légitimaires viennent, au contraire, résoudre
des contrats que les parties ont voulu faire irrévocables.
Il ne peut donc s'agir que d'une condition résolutoire
légale. C'est en effet la loi qui établit la réserve. Mais
quelle loi? Là est le nœud de la difficulté.

Chabot répond que la condition résolutoire légale est
celle qui est écrite dans la loi existante au moment du
contrat, loi à laquelle les parties se sont nécessairement
soumises (1). Ici est, à notre avis, l'erreur qui a entraîné
la doctrine et la jurisprudence. Non, ce n'est pas la loi du
jour où la donation se fait qui détermine la réserve, et par
suite le disponible, car la réserve est un droit de succession, donc un droit éventuel, incertain, qui pourra exister, qui pourra aussi ne pas exister, tout dépendant de la
loi qui sera en vigueur lors de l'ouverture de l'hérédité : cette loi pourra augmenter la réserve, elle pourra
aussi la diminuer et même l'abolir. Donc au moment où la
donation se fait, le donateur et le donataire ne savent pas
s'il y aura une légitime, ils ignorent quels seront les droits
des légitimaires. Et l'on veut que les parties s'en soient
rapportées à la loi qui existait au moment de la donation!
Puisque la donation pourra être résolue en tout ou en
partie par la réserve, c'est la loi qui fixe la réserve qui
détermine la condition résolutoire à laquelle la donation
est soumise; et cette loi est celle du décès.

Nous disons que les parties ne savent pas même, au
moment où elles font la donation, s'il y aura une réserve.
La loi existante lors de la donation ne leur apprend rien
à cet égard, car ce n'est pas cette loi qui régira la réserve,
si réserve il y a, c'est celle qui existera lors de la mort
du donateur. Supposons que le législateur abolisse toute
réserve, ou, comme cela s'est déjà vu, qu'il déclare que cer-

_____
(1) Chabot, *Questions transitoires*, au mot *Réduction*, t. III, p. 84.

tains parents auxquels la loi accordait une légitime n'en auront plus. Le défunt a disposé de tous ses biens par institution contractuelle. Est-ce que les parents qui avaient une réserve en vertu de la loi en vigueur lors du contrat, viendront réduire cette donation? Pour agir en réduction, il faut avoir une qualité, il faut être légitimaire; or, il n'y a plus de légitimaires. De quel droit donc ces parents réduiraient-ils les donations faites par le défunt? Cependant il faut leur donner ce droit, si l'on part du principe que c'est la loi existante lors de la donation qui établit la condition résolutoire. Merlin admet le principe, mais il recule devant la conséquence, et il y a de quoi : car si l'on applique le principe, il faudra permettre à des parents qui ne sont pas légitimaires d'agir en réduction, c'est-à-dire de demander une légitime! Il y aura donc une légitime sans qu'il y ait des légitimaires! Il y aura une légitime sous une loi qui abolit la légitime! Un principe qui conduit à de pareilles conséquences peut-il être vrai?

Nous avons fait une supposition extrême, mais qui s'est déjà réalisée pour les collatéraux auxquels la loi de nivôse accordait une réserve, tandis que le code civil la leur refuse. Supposons maintenant que la réserve diminue en vertu de la loi nouvelle ; la conséquence sera tout aussi inadmissible, et elle a, en effet, effrayé Merlin. La légitime était de la moitié des biens du donateur au moment de la donation ; lors de l'ouverture de l'hérédité, elle n'est plus que du tiers. Cela s'est fait, bien que dans d'autres proportions. Les légitimaires viendront-ils réduire les donations en vertu de la loi du contrat? Ils prendront donc la moitié pour leur réserve, et cela sous une loi qui ne leur donne que le tiers! De quel droit réduiraient-ils les donations à la moitié? Ils sont légitimaires, il est vrai, mais ils ne sont légitimaires que d'un tiers; au delà de ce tiers, ils ne sont plus légitimaires, ils ne sont qu'héritiers : est-ce que des héritiers non légitimaires peuvent agir en réduction? Marcadé invoque le principe de la non-rétroactivité, pour justifier ce singulier résultat. La donation, dit-il, était seulement valable pour moitié; donc les donataires n'ont droit qu'à la moitié : il faut par conséquent permettre de réduire cette donation pour la moitié; leur laisser les deux tiers en vertu d'une loi nouvelle, c'est faire rétroagir cette loi (1). Nous répondons qu'il ne peut pas être question de rétroactivité, parce qu'il n'y a pas de droit conventionnel qui soit altéré, les droits des donataires et des légitimaires n'étant fixés qu'à la mort du donateur.

Reste la dernière hypothèse : la réserve augmente. Ici l'on prétend qu'il y aurait rétroactivité nécessaire, évidente, si l'on réduisait les donations en vertu d'une loi nouvelle qui diminue le disponible. Les donataires, dit-on, ont un droit irrévocable, que la loi nouvelle ne peut pas leur enlever; dès lors, elle ne peut pas le diminuer, car le diminuer, c'est l'enlever pour partie (2). Est-il bien vrai de dire que le droit des donataires ne peut leur être enlevé par une loi nouvelle? On oublie que la donation ne leur donne qu'un droit résolutoire, quand il y a des réservataires. Or, qui détermine l'étendue de cette condition résolutoire? La loi, et quelle loi? Celle qui existe lors du décès. Lorsque le législateur augmente la réserve et diminue le disponible, il n'enlève aucun droit, car il n'y avait qu'un droit résoluble, et les donataires savaient que leur droit serait résolu en vertu de la loi qui existerait lors du décès. Quand même on supposerait que la loi nouvelle abolît le disponible, en frappant tous les biens de réserve, il n'y aurait pas de rétroactivité; car lorsque la donation est résoluble, le donataire n'a aucun droit, sinon aux fruits, d'après le code civil (art. 928); quant à la propriété, elle dépend de la condition résolutoire, et cette condition est dans la main du législateur.

---

(1) Marcadé, *Cours élémentaire de droit civil*, t. Ier, p. 40.
(2) Jugé en ce sens par la cour de Montpellier, 21 janvier 1851 (Dalloz, 1851, 2, 204).

CHAPITRE V.

DE L'APPLICATION DES LOIS.

§ 1er. *Principes.*

250. Les articles 4 et 5 du code consacrent deux règles sur l'application des lois que l'on pourrait formuler en ces termes : le législateur ne doit pas être juge, et le juge ne doit pas être législateur. Ces règles dérivent du principe de droit public qui sépare le pouvoir législatif du pouvoir judiciaire. Pour bien comprendre les conséquences, il faut étudier le principe d'où elles découlent. Pourquoi celui qui fait les lois ne les applique-t-il pas ? N'est-ce pas celui qui fait la loi qui en pénètre le mieux l'esprit ? On pourrait donc croire, à première vue, que le pouvoir de juger et le pouvoir de faire la loi doivent être réunis dans les mêmes mains. Tel était, en effet, l'idéal des vieux temps. Saint Louis rendant la justice au pied d'un chêne, est l'image et en quelque sorte la consécration de cette antique doctrine. Nos constitutions modernes se sont écartées en ce point, comme en bien d'autres, de la tradition. Montesquieu nous dira la raison du nouvel ordre de choses.

Montesquieu commence par dire en quoi consiste la liberté politique pour les citoyens. C'est cette tranquillité d'esprit qui provient de l'opinion que chacun a de sa sûreté. Pour qu'on ait cette liberté, il faut que le gouvernement soit tel, qu'un citoyen ne puisse pas craindre un autre citoyen. Partant de ce besoin de liberté inné aux hommes, et qui agite surtout les peuples modernes, Montesquieu établit la nécessité de la division des pouvoirs, et notamment du pouvoir législatif et du pouvoir judiciaire :
« Il n'y a point de liberté, dit-il, si la puissance de juger n'est point séparée de la puissance législative. Si elle était jointe à la puissance législative, le pouvoir sur la vie

et la liberté des citoyens serait arbitraire, car le juge serait législateur (1). »

251. On ne peut pas mieux dire. Les peuples auxquels la liberté est chère doivent veiller à ce que les pouvoirs ne soient pas confondus dans une seule main. Mais est-ce seulement dans un intérêt de liberté qu'il convient que le pouvoir de faire la loi soit séparé du pouvoir de l'appliquer? L'antique idéal qui les confondait est un faux idéal, car la nécessité de les séparer résulte de la nature différente de leurs fonctions.

Quelle est la fonction du législateur? Il ne s'occupe jamais d'intérêts purement privés, il les abandonne à la libre activité des individus; sa mission est plus haute, il est appelé à sauvegarder les intérêts généraux de la société. Le conflit des intérêts privés fait naître tous les jours des contestations et des procès. Qui les décidera? Le juge; mais pour les décider, il lui faut des règles : c'est le législateur qui les établit. On voit que les pouvoirs sont différents parce que les fonctions diffèrent. Le magistrat n'a pas à se préoccuper des intérêts généraux de la société; c'est une collision d'intérêts privés qui amène devant lui des plaideurs; il doit mettre fin à leurs débats par sa sentence. En la prononçant, il ne pèse pas les intérêts, il n'examine pas si la cause de l'un est plus en harmonie avec l'intérêt social que la cause de l'autre; il applique une loi invariable, la même pour tous, au procès qui lui est soumis.

Le législateur ayant pour mission de sauvegarder l'intérêt général, doit avoir l'initiative : c'est un caractère essentiel de son pouvoir. C'est à lui à voir si l'intérêt de la société exige qu'il intervienne; il n'attend pas que des parties intéressées réclament son intervention, car ce n'est pas au profit de tel individu qu'il agit, c'est au profit de tous. Le juge, au contraire, n'a point d'initiative; pour juger un procès, il faut qu'il en soit saisi, car les parties peuvent, à la rigueur, se passer de son ministère, en transigeant, en soumettant leur différend à des arbitres. On voit combien les deux ordres de fonctions diffèrent. Le

(1) Montesquieu, *De l'Esprit des lois*, XI, 6.

législateur manquerait à son devoir, il compromettrait le bien de la société et son existence même, s'il ne prenait pas une hardie initiative pour réformer et perfectionner. Tandis que le juge troublerait la paix des familles, s'il s'immisçait, sans y être appelé, dans les contestations qui les divisent.

252. Le législateur agit dans l'intérêt général; quand il parle, tous les intérêts particuliers doivent se taire : le droit même de l'individu cède devant le droit de la société. Il est donc de l'essence de la loi d'obliger tous les citoyens; elle lie même le pouvoir exécutif et le pouvoir judiciaire; ce lien qui enchaîne tout le monde est en même temps une garantie pour tous. Ce n'est ni pour un individu, ni contre lui qu'une loi est portée; elle profite à tous comme elle oblige tout le monde; si elle est absolue, elle est aussi impartiale. Le juge procède tout autrement. Il est en présence d'intérêts qui sont en collision; il donne raison à l'un, tort à l'autre, mais sa décision ne dépasse pas les limites du procès qui lui est soumis; elle ne profite pas à ceux qui n'ont pas été en cause, et elle ne leur nuit pas. Si le jugement avait un effet général comme la loi, il jetterait le trouble dans les intérêts privés, puisqu'il atteindrait ceux qui n'ont pas pu faire valoir leur droit. Il peut arriver que le législateur lèse des intérêts particuliers : mais ce mal n'en est pas un, c'est la condition de la réunion des hommes en société, que chacun doit sacrifier son intérêt individuel à l'intérêt général; mais personne ne doit faire le sacrifice de son intérêt à l'intérêt d'un autre particulier. Voilà pourquoi le jugement ne peut avoir d'effet qu'entre les parties qui sont en cause.

Enfin le législateur agissant dans l'intérêt général, doit avoir le droit de changer, d'abroger les lois qu'il fait; c'est un devoir pour lui dès que l'intérêt de la société l'exige. Le juge ne peut pas revenir sur sa décision. Il y a des recours contre son jugement, dans les cas prévus par la loi; mais ces recours mêmes sont limités, et quand ils sont épuisés, la décision définitive est réputée l'expression de la vérité et, comme telle, irrévocable. Si le juge pouvait revenir sur sa sentence, il n'y aurait plus de paix entre les hommes, puisque leurs contestations n'auraient point de fin. Si le législateur ne pouvait modifier les lois, les corriger et les abolir, la société s'immobiliserait et périrait dans cette immobilité.

Les fonctions du législateur étant si différentes et parfois si opposées, n'est-il pas naturel et logique de les confier à des pouvoirs différents? Ainsi la séparation du pouvoir législatif et du pouvoir judiciaire résulte de leur nature même et de leur essence. Cela justifie d'avance les dispositions du code qui sont une conséquence de ce principe.

§ 2. Conséquences du principe.

Nº I. LE LÉGISLATEUR NE DOIT PAS ÊTRE JUGE.

253. L'article 4 dit que « le juge qui refusera de juger, sous prétexte du silence, de l'obscurité ou de l'insuffisance de la loi, pourra être poursuivi comme coupable de déni de justice. » Pourquoi le juge doit-il nécessairement juger, alors même que la loi est obscure, insuffisante ou muette ? Quand il y a une loi, quelque obscure qu'elle soit, l'obligation que le code impose au juge se conçoit. C'est précisément parce que les lois sont souvent obscures que le ministère du juge est organisé : il est appelé à les interpréter d'après les règles de la science dont il fait l'étude de sa vie. Si la loi est claire, il n'y a point de procès, car, dit Portalis (1), on ne plaide pas contre un texte précis de loi. Il n'y a de litige que lorsqu'il y a un doute au moins apparent. Le devoir du juge est de le terminer en appliquant la loi. Refuser de juger lorsque la loi n'est pas claire et précise, ce serait réellement dénier la justice, et dénier la justice, c'est mettre le désordre dans la société. En effet, quel moyen aura-t-on de vider les contestations des hommes? Abandonnera-t-on les plaideurs à eux-mêmes? Ce serait les livrer à l'empire de leurs passions,

_____
(1) Portalis, Discours prononcé dans la séance du Corps législatif du 23 frimaire an x (Locré, t. Iᵉʳ, p. 262).

c'est-à-dire à la violence, et la société périrait au milieu de l'anarchie. Le juge demandera-t-il au législateur qu'il interprète la loi? Ce serait constituer le législateur juge. Il est vrai qu'il y a des cas où le législateur est appelé à interpréter la loi, c'est quand les tribunaux prononcent des décisions contradictoires, et que l'expérience prouve que l'obscurité de la loi est telle, qu'elle donne lieu à des procès incessants; alors le législateur intervient pour y mettre un terme par une loi interprétative. Mais avant de recourir au législateur, il faut que le juge décide le différend, pour essayer de lever la difficulté par la voie judiciaire.

254. Le juge doit encore juger, quand la loi est insuffisante ou muette. Quand il y a insuffisance, il y a lacune dans la loi, c'est-à-dire qu'il n'y a point de loi, de même que lorsqu'il y a silence de la loi. Pourquoi, en l'absence d'une loi, le juge doit-il juger? A première vue, on pourrait croire que le juge sort du cercle de ses fonctions quand il juge sans qu'il y ait une loi. Son ministère ne consiste-t-il pas à appliquer la loi? Et quand il juge, dans le silence de la loi, n'est-ce pas lui qui fait la loi en même temps qu'il l'applique? Ne serait-il pas plus conforme à la division des pouvoirs que le juge signalât au législateur la lacune qui existe dans la législation, et que l'on portât une loi pour la combler?

Sous l'ancien régime, il arrivait assez souvent, dit Merlin (1), que les cours renvoyaient les parties « à se pourvoir par-devers le roi », afin d'avoir une interprétation de la loi, de laquelle dépendait la décision de la contestation soumise à leur examen. C'est ce qu'on appelle un référé au législateur. Le juge, avant de prononcer sur une question qui lui paraît insoluble, à cause de l'ambiguïté ou de l'insuffisance de la loi, ordonne qu'il en soit référé au pouvoir législatif. La loi du 24 août 1790, titre II, article 12, sembla faire un devoir au juge de référer au législateur, dans le cas où il trouverait le sens

---

(1) Merlin, *Répertoire*, au mot *Référé au législateur*, nos 1-3.

de la loi douteux : elle porte que les tribunaux s'adresseront au Corps législatif toutes les fois qu'ils croiront nécessaire d'interpréter une loi. Nous dirons plus loin, en traitant de l'interprétation, quel était le vrai objet de cette loi. Les tribunaux en abusèrent pour demander, avant de faire droit sur les contestations portées devant eux, l'interprétation des lois dès que le sens leur paraissait douteux. C'était suspendre mal à propos le cours de la justice, et déléguer en quelque sorte l'exercice du pouvoir judiciaire au pouvoir législatif. La cour de cassation cassa plus d'une fois ces référés ; mais il arriva aussi qu'ils furent accueillis par le Corps législatif, qui pendant les troubles de la Révolution concentrait en lui tous les pouvoirs.

255. C'était un grand mal ; l'objet de l'article 4 est de le prévenir. Il y avait un vrai déni de justice à renvoyer les parties devant le Corps législatif. En effet, le législateur pouvait ne pas porter de loi ; que devenait alors la contestation ? Le cours de la justice était interrompu ; et la justice n'est-elle pas le premier devoir de la société ? Que si le législateur portait une loi sur le référé des juges, le mal était plus grand encore, car c'était transformer le Corps législatif en tribunal : la loi était en même temps un jugement, puisqu'elle décidait le procès à l'occasion duquel elle était intervenue. Portalis explique très-bien les abus de ce qu'il appelle la désastreuse législation des rescrits. Des lois intervenues sur des affaires privées sont suspectes de partialité, et toujours elles sont rétroactives et injustes, car elles décident une contestation, non d'après des règles que les parties connaissaient, mais d'après une règle faite pour le procès, règle que les parties ignoraient, et sous laquelle peut-être ils n'auraient pas contracté. Si l'on admettait ces recours au législateur, ils se multiplieraient à l'infini, au grand préjudice de l'autorité et du respect dont les lois doivent jouir. « En effet, dit Portalis, la loi statue sur tous ; elle considère les hommes en masse, jamais comme particuliers ; elle ne doit point se mêler des faits individuels ni des litiges qui divisent les citoyens. S'il en était autrement, il faudrait faire journellement de nouvelles lois ; leur multitude étoufferait

leur dignité et nuirait à leur observation. Le jurisconsulte serait sans fonction, et le législateur, entraîné par les
détails, ne serait bientôt plus que jurisconsulte. Au lieu
de faire les lois dans l'intérêt général de la société, il les
ferait sous l'influence des intérêts particuliers qui viendraient l'assiéger (1). »

256. Tout ce que Portalis dit de l'abus des référés et
des dangers qui en résultent est d'une vérité incontestable. Dès que le juge est saisi d'une contestation, il faut
qu'il la décide. Il ne peut pas renvoyer les parties en leur
disant qu'il n'y a point de loi qui prévoie leur différend. Il
est impossible que les lois décident toutes les difficultés
qui se présentent : si la chose était faisable, on pourrait
se passer du ministère des juges, puisque les parties
n'auraient qu'à ouvrir le code pour y trouver la décision
de leur litige. C'est parce qu'on ne peut pas régler tous les
cas par des lois qu'il y a des tribunaux. Ils doivent terminer le débat par une décision; rien de plus évident. Mais
cette nécessité où se trouve le juge de juger alors qu'il
n'y a pas de loi, a aussi ses dangers. Rœderer les signala
lors de la discussion du titre préliminaire au conseil
d'Etat. On ne veut pas que le juge en réfère au pouvoir
législatif, de crainte de transformer le législateur en juge.
Mais si l'on oblige les tribunaux à juger quand il n'y a pas
de loi, ne transformera-t-on pas le magistrat en législateur? La confusion de pouvoirs que l'on redoutait ne sera
que déplacée (2).

On a fait diverses réponses à l'objection. Le juge,
a-t-on dit, ne sera jamais législateur. En effet, que fait-il
quand la loi est insuffisante? Le livre préliminaire du code
répondait (titre V, art. 11) : « Dans les matières civiles,
le juge, à défaut de loi précise, est un ministre d'équité. »
Cette pensée se retrouve dans les discours des orateurs
du gouvernement et du Tribunat. Quand la loi est obscure,
dit Portalis, il faut en approfondir les dispositions; si
l'on manque de loi, il faut consulter l'usage ou l'équité.

(1) Portalis, Discours préliminaire (Locré, t. Ier, p. 158-159).
(2) Séance du 14 thermidor an IX (Locré, t. Ier, p. 229, no 20).

L'équité est le retour à la loi naturelle, dans le silence, l'opposition ou l'obscurité des lois positives (1). Faure dit également que si la loi se tait, les juges doivent se déterminer par les règles de l'équité, qui consistent dans les maximes de droit naturel, de justice universelle et de raison (2). Quand le juge a recours à l'usage, alors évidemment il ne fait pas la loi, car l'usage est aussi une règle positive, que le juge applique comme il applique la loi. Mais en est-il de même quand il recourt à l'équité ou au droit naturel ? Non certes, car ce droit n'est écrit nulle part. Le juge, dira-t-on, n'en est que l'organe, il ne le crée pas, le droit préexiste au jugement ; s'il n'est pas écrit dans un code, il est gravé dans notre conscience. Cela est vrai, mais ne peut-on pas dire la même chose du législateur? Lui aussi ne crée pas le droit quand il fait la loi, il est l'organe de cette justice universelle qui a son principe en Dieu. Lors donc que le juge décide une contestation dans le silence de la loi, il procède comme procède le législateur, il formule une règle qu'il applique ensuite au litige dont il est saisi : il n'y a que cette différence entre lui et le législateur, c'est que le jugement n'a d'effet qu'entre les parties, tandis que la loi oblige tous les citoyens.

257. Nous aboutissons à cette conclusion que le code, en défendant au juge de référer au législateur, en lui faisant un devoir de juger, quand même il n'y aurait pas de loi, n'évite que l'un des inconvénients qui résultent de l'insuffisance de la législation : si le pouvoir législatif n'est pas constitué juge d'un procès, par contre le juge devient législateur. Il faut dire avec Portalis que des deux maux les auteurs du code ont choisi le moindre. « On a moins à redouter l'arbitraire réglé, timide et circonspect d'un magistrat, qui peut être réformé et qui est soumis à l'action en forfaiture, que l'arbitraire absolu d'un pouvoir indépendant qui n'est jamais responsable. »

Toujours est-il que l'article 4 donne aux tribunaux un grand pouvoir, et en quelque sorte une part dans l'exer-

---

(1) Portalis, Discours préliminaire (Locré, t. Ier, p. 159).
(2) Discours de Faure, du 14 ventôse an XI (Locré, t. Ier, p. 318).

cice de la puissance législative. Aussi souvent que la loi est obscure ou insuffisante, la décision du juge a un caractère législatif, en ce sens que c'est lui qui formule la règle avant de l'appliquer. Il est vrai que cette règle n'a de force que pour le jugement à l'occasion duquel elle est écrite. C'est là le frein salutaire dont parle Portalis. Mais si le juge applique cette même règle dans les nouveaux procès qui sont portés devant lui, si cette règle est admise par les autres tribunaux, n'obtiendra-t-elle pas, par ces décisions répétées, la force d'une coutume, c'est-à-dire la force d'une règle obligatoire? Ainsi, quoique notre droit soit codifié, quoique les anciennes coutumes soient abrogées, il y a encore place pour l'élément coutumier, car de nouvelles coutumes peuvent se former par suite du silence ou de l'insuffisance des lois. Alors même que les décisions des tribunaux ne forment pas une vraie coutume, elles ont néanmoins une grande autorité comme précédents. Nous en avons vu un exemple mémorable dans la matière des statuts. Le code garde le silence sur le statut personnel de l'étranger. Il en résulte que la jurisprudence est en voie de créer toute une doctrine sur le droit civil international.

No II. LE JUGE NE DOIT PAS ÊTRE LÉGISLATEUR.

258. Alors même que le juge crée la règle qu'il applique, il n'exerce pas le vrai pouvoir législatif, car son jugement n'a jamais l'effet d'une loi; la règle qu'il pose n'est qu'un motif de décider, et ce motif n'a aucune force obligatoire, pas même pour les parties, et bien moins encore pour les tiers et pour la société. Le juge ne peut pas prononcer, par voie de disposition générale et réglementaire, sur les causes qui lui sont soumises; l'article 5 le lui défend. Cette défense ne fait que consacrer un caractère essentiel des fonctions judiciaires; le magistrat décide un procès, et sa décision est particulière; elle ne lie que les parties en cause. Cela est si élémentaire et si évident que l'on ne comprend pas que le législateur ait pris la peine de le dire. Pour connaître l'objet et la nécessité de l'article 5, il faut remonter à l'ancien droit.

Les parlements, dit Merlin, étaient en possession immémoriale de faire des *arrêts de règlement* sur toute sorte de matières ; c'est-à-dire que, tout en décidant une contestation qui leur était soumise, ils ordonnaient aux tribunaux placés dans leur ressort de suivre cette décision dans les affaires qui seraient portées devant eux. Ainsi les arrêts de règlement étaient de véritables lois ; ils étaient lus et publiés comme les lois, seulement c'étaient des lois locales, n'ayant de force obligatoire que dans le ressort du parlement qui les rendait. Il faut ajouter que les arrêts de règlement se faisaient « sous le bon plaisir du roi, » en ce sens que leur autorité était subordonnée à la volonté du roi qui, sous l'ancien régime, était seul législateur. C'est ce que le parlement de Paris proclama lui-même dans ses remontrances du 1er juin 1767, au sujet de l'arrêt du conseil qui venait de casser son célèbre arrêt de règlement du 17 mai 1789, concernant les stipulations de propres :

« Le parlement, dit-il, a rendu, sur toutes les parties de la jurisprudence, sans que les rois l'aient désapprouvé, un grand nombre de ces décisions solennelles qui sont toujours faites expressément ou tacitement sous le bon plaisir du roi, jusqu'à ce qu'il y ait statué lui-même par une loi, quoique ces arrêts portent notamment sur les matières de droit coutumier, ainsi que ses registres en offrent des preuves multipliées avant et depuis la réformation des coutumes... L'exercice de sa juridiction en ce genre s'est réellement étendu sur toute sorte de matières (1). »

Il faut ajouter que les arrêts de règlement pouvaient être attaqués, comme les arrêts entre particuliers, par ceux dont ils blessaient les droits. C'est sur la requête d'une partie, que fut cassé l'arrêt de règlement du 17 mai 1762, dont nous venons de parler. Parfois les parlements eux-mêmes les rétractaient, sur l'opposition des parties intéressées. Mais tant qu'ils n'avaient été ni cassés par le conseil

_____
(1) Merlin, *Questions de droit*, au mot *Arrêt de règlement*, § 1.

du roi, ni rétractés par les cours qui les avaient rendus, ils étaient exécutés comme des lois. C'est cet usage traditionnel que l'article 5 a pour objet d'abolir.

259. La défense se trouve déjà dans la loi du 24 août 1790, titre II, article 12. Sous l'ancien régime, les arrêts de règlement se concevaient; ils étaient en harmonie avec le droit public de l'époque, si l'on peut parler de droit public alors que le véritable souverain, la nation, était sans droit. Les pouvoirs étaient confondus; le roi avait la plénitude de la puissance souveraine, mais l'excès même de cette toute-puissance entraîna les parlements à s'emparer d'une partie du pouvoir législatif. Ils s'arrogèrent le pouvoir de refuser l'enregistrement des lois, quand elles leur paraissaient contraires à l'intérêt général ou aux priviléges des provinces. C'était une usurpation; l'usage des arrêts de règlement n'avait pas d'autre titre. Porter des arrêts de règlement, c'était encore usurper le pouvoir législatif. Ces arrêts, dit le tribun Faure (1), étaient tout ensemble des jugements et des lois : des jugements pour la cause sur laquelle ils statuaient, des lois pour les questions semblables ou analogues qui pouvaient se présenter à l'avenir. Du jour où le pouvoir de faire la loi fut séparé du pouvoir d'appliquer la loi, cette confusion devait cesser. Elle est inconstitutionnelle, continue Faure; le pouvoir judiciaire n'a pas plus le droit de faire des lois que le pouvoir législatif n'a le droit de rendre des jugements. Les auteurs du code civil avaient encore une autre raison de proscrire les arrêts de règlement. Ils formaient un droit local; les arrêts rendus par un parlement n'avaient aucune force dans les ressorts des autres parlements. Sous l'ancien régime, cette diversité de droit n'avait rien d'anomal, puisque c'était un caractère du droit de varier à l'infini. Mais le but des auteurs du code fut précisément de mettre fin à cette diversité infinie d'où résultaient des difficultés sans nombre. Dès lors, il fallait défendre aux tribunaux de statuer par voie de disposition générale et réglementaire.

(1) Discours de Faure, en présentant le vœu d'adoption du Tribunat, séance du Corps législatif du 14 ventôse an XI (Locré, t. Ier, p. 318 et suiv.).

260. Sous un régime constitutionnel, les tribunaux ne songent pas même à usurper le pouvoir législatif, pas plus que le corps législatif ne songe à usurper le pouvoir judiciaire. Les décisions que nous allons rapporter ne sont pas des arrêts de règlement proprement dits : ce sont des décisions en forme réglementaire qui dépassent les limites du pouvoir judiciaire (1). Telle est une espèce de règlement fait par le tribunal d'Audenarde, en date du 10 mai 1833. L'arrêté du 30 octobre 1814 permet aux indigents qui veulent se marier de remplacer l'acte de notoriété requis par l'article 70 du code civil, par un extrait du registre des paroisses. Il se présenta quelques difficultés dans l'application de cet arrêté. On demandait si les extraits étaient soumis à l'homologation prescrite par l'article 72 ; puis, ce qu'il fallait entendre par le mot *indigents*. Le tribunal prit une décision motivée sur ces deux questions, et la consigna dans un procès-verbal signé par le président et le greffier. Cette décision fut cassée, dans l'intérêt de la loi, par un arrêt du 5 décembre 1833, comme violant l'article 5 du code. Ce n'était pas un véritable *arrêt de règlement*, puisque le tribunal ne décidait aucune contestation ; il n'était saisi d'aucune demande. Le tribunal n'avait pas moins violé l'article 5, en portant un règlement général qui devait recevoir son application aussi souvent que la difficulté se reproduirait. Le tribunal avait encore violé un autre principe qui régit l'exercice du pouvoir judiciaire, en prenant une décision sans être saisi légalement d'une cause. Il y avait donc un double excès de pouvoir, que la cour de cassation crut devoir réprimer (2).

261. Les tribunaux peuvent-ils délivrer des réversales, c'est-à-dire des attestations constatant que sur telle question de droit, on suit en Belgique telle loi ou telle coutume? La cour de Bruxelles s'est déclarée incompétente,

_____

(1) Les décisions portées sur l'article 5 du code civil sont recueillies dans Dalloz, au mot *Compétence administrative*, nos 71 et suiv.; au mot *Jugement*, nos 159 et suiv., et au mot *Lois*, nos 442 et suiv.
(2) *Bulletin des arrêts de la cour de cassation de Belgique*, 1833-1834, p. 78.

par arrêt du 9 mai 1832, et avec raison. D'après les lois
organiques de l'ordre judiciaire, les tribunaux ne sont
institués que pour juger les contestations particulières
portées devant eux par une demande régulière. Dès lors
ils n'ont aucune qualité pour délivrer des réversales;
l'article 5 du code le leur défend implicitement, en leur
défendant de prononcer par voie de disposition générale
et réglementaire (1).

262. La jurisprudence française contient un grand
nombre d'arrêts par lesquels la cour de cassation a
annulé des jugements ou des délibérations émanés de tribunaux de commerce. Non que la juridiction consulaire
ait la moindre prétention d'imiter les parlements; mais les
commerçants qui l'exercent n'ayant pas fait d'études juridiques, il leur arrive de dépasser les bornes de leur compétence, sans se douter qu'ils commettent un excès de pouvoir. Nous en citerons quelques exemples.

Le tribunal de commerce de Montauban déclara par
un jugement que les courtiers de commerce avaient, con-
curremment avec les commissaires-priseurs, le droit de
procéder aux ventes publiques. Il n'y avait pas de procès
pendant, il n'y avait ni demandeur en cause, ni défendeur.
Le tribunal statua sur le vu de mémoires publiés par des
personnes qui n'étaient pas même nommées, et il statua
par voie de décision générale et réglementaire. C'était
violer non-seulement l'article 5 du code civil, mais le principe élémentaire qui défend au juge d'agir tant qu'il n'est
pas saisi par une action. La cour de cassation cassa le
jugement de Montauban (2).

Le tribunal de commerce de Saint-Martin (île de Ré)
prit une délibération par laquelle il protesta contre la
conduite de l'autorité locale qui ne l'avait pas invité à
assister à l'inauguration du bassin; il transmit cette pro-
testation au maire et au préfet, et la fit insérer dans les
journaux. C'était oublier que les tribunaux n'ont pas le
droit de blâmer les actes de l'autorité administrative;

(1) *Jurisprudence du* XIXe *siècle*, 3e partie, 1832, p. 389.
(2) Arrêt du 13 mai 1829 (Dalloz, *Répertoire*, au mot *Compétence admi-nistrative*, n° 74, 5°).

quand ces actes donnent lieu à un procès, ils ont le droit d'examiner s'ils sont conformes à la loi, mais il ne leur est pas permis de les censurer d'office; ils ne peuvent pas prendre de décision à ce sujet et la consigner sur leurs registres. La cour de cassation cassa cette délibération (1).

Le tribunal de commerce d'Alger prit une délibération par laquelle il établit un corps d'agréés, régla leur nombre, leurs attributions et le tarif de leurs émoluments. C'était violer ouvertement l'article 5 du code Napoléon, en statuant par voie de disposition générale et réglementaire. C'était encore méconnaître le principe qui défend au juge d'intervenir tant qu'il n'est pas saisi d'une contestation. La cour de cassation réprima cet excès de pouvoir en annulant les délibérations du tribunal (2).

263. Il arrive parfois que les tribunaux font une espèce de règlement entre les parties qui sont en cause. Lorsqu'il n'y a pas de règlements provinciaux sur l'usage des eaux non navigables, les tribunaux, dit l'article 645, doivent, en décidant la contestation qui leur est soumise, concilier l'intérêt de l'agriculture avec le respect dû à la propriété. Mais ces règlements judiciaires sur l'usage des eaux diffèrent grandement des règlements administratifs. Ceux-ci ont force de loi et obligent par conséquent tous les riverains, tandis que les règlements faits par le juge n'ont d'effet qu'entre les parties qui ont été en cause. Les règlements administratifs peuvent toujours être modifiés, abrogés. Il n'en est pas de même des règlements judiciaires. Le juge ne peut les faire que par jugement, c'est-à-dire quand il est saisi d'une contestation, et il ne peut jamais réformer son jugement.

N° 3. LE JUGE NE PEUT PAS STATUER POUR L'AVENIR.

264. Les tribunaux sont établis pour juger les contestations qui leur sont soumises. Leurs décisions portent

(1) Arrêt du 17 janvier 1842 (Dalloz, *Répertoire,* au mot *Jugement,* n° 159).
(2) Arrêt du 25 juin 1850 (Dalloz. *Recueil périodique,* 1850, 1, 228). Comparez arrêt du 16 mars 1852 (Dalloz, 1852, 1, 127).

donc nécessairement sur des intérêts nés et actuels. Ils n'ont aucune qualité pour statuer sur des litiges futurs. D'abord parce qu'il est impossible qu'ils soient saisis d'un débat qui n'existe pas encore, et ils ne peuvent agir que lorsqu'ils sont saisis. Ensuite, il est impossible au juge de prévoir les circonstances dans lesquelles se produira le procès, s'il vient à naître; il lui est donc impossible de porter un jugement. Enfin le magistrat ne peut juger sans entendre les parties; et comment les entendrait-il, alors qu'il n'y a ni cause ni parties? En ce sens, le juge ne peut décider pour l'avenir; c'est dire qu'il ne peut pas décider des contestations qui n'existent pas encore. S'il le fait, il dépasse les bornes du pouvoir judiciaire. Le législateur règle l'avenir; il ne lui est pas permis de régir le passé. Le juge règle le passé; il ne lui est pas permis de disposer pour l'avenir.

265. Il y a des cas où cet excès de pouvoir viole l'article 5 du code civil. Un tribunal est saisi d'une contestation entre des commissaires-priseurs et des agents du domaine; il décide que ceux-ci n'ont pas le droit de procéder à la vente d'effets mobiliers. Voilà le litige terminé, et ici s'arrête l'action du juge. Mais le jugement ajoute « qu'à *l'avenir* les commissaires-priseurs demeurent autorisés à procéder à la vente d'effets mobiliers de pareille nature ». Cette disposition n'est plus un jugement, elle ne concerne pas les parties en cause, mais les commissaires-priseurs en général. Elle ne porte pas sur le passé; d'après ses termes mêmes, elle embrasse l'avenir. C'était violer l'article 5 et tous les principes qui régissent la juridiction. Le jugement fut cassé (1).

Un arrêt de la cour de Colmar fait défense à la Compagnie du chemin de fer de Strasbourg à Bâle « de transporter, *à l'avenir*, des marchandises en dehors de la ligne et des stations du chemin de fer, sur les routes collatérales et incidentes, et ce sous peine de dommages-intérêts. » Cette disposition portait exclusivement sur l'avenir;

---

(1) Arrêt du 22 mai 1832 (Dalloz, *Répertoire*, au mot *Compétence administrative*, n° 74, 6°).

la cour n'était saisie d'aucune demande quant au passé. Dès lors la décision n'avait plus de caractère judiciaire ; elle prenait un caractère général qui faisait un devoir à la cour de cassation de l'annuler (1).

266. Quand le juge est saisi d'une demande qui concerne un fait accompli, peut-il, en condamnant le défendeur, étendre sa décision à l'avenir ? La cour de cassation a décidé la question affirmativement dans l'espèce suivante : Un arrêt de la cour de Paris constatait, en fait, que la Compagnie du chemin de fer de l'Est exerçait le commerce de charbon de terre, en vendant sur son parcours les menues-houilles qu'elle achetait aux mines de Sarrebruck. Ces achats et ventes étaient une vraie spéculation que la Compagnie n'avait pas le droit de faire, et qui était préjudiciable aux marchands de houille. En conséquence la cour condamna la Compagnie à des dommages-intérêts, et lui fit défense de continuer ce commerce. Cette dernière décision ne violait-elle pas le principe en vertu duquel le juge ne peut statuer pour l'avenir ? La cour de cassation décida que l'article 5 du code civil n'était pas violé, parce que la défense de continuer un commerce déclaré illicite résultait implicitement de la condamnation aux dommages-intérêts prononcée contre la Compagnie (2). Cela nous paraît un peu subtil et contraire à la rigueur des principes. Sans doute, la Compagnie, condamnée à des dommages-intérêts pour avoir fait un commerce qu'elle n'avait pas le droit de faire, devait s'attendre à de nouvelles condamnations si elle le continuait ; mais appartient-il au juge de décider d'avance, et pour l'avenir, que tel commerce est illicite ? N'est-ce pas décider une contestation qui n'est pas encore née ? N'est-ce pas lier le tribunal qui sera appelé à la vider quand elle naîtra ? Le juge ne peut jamais statuer que sur le passé.

267. Cependant ce point est de jurisprudence. La cour de cassation a décidé que le jugement qui condamne une ville à restituer des droits d'octroi, indûment perçus,

---

(1) Arrêt du 7 juillet 1852 (Dalloz, *Recueil périodique*, 1852, 1, 204).
(2) Arrêt du 5 juillet 1865 (Dalloz, 1865, 1, 348).

peut lui faire défense de percevoir les mêmes droits à l'avenir (1). La cour est allée plus loin. Si le juge peut porter des défenses pour l'avenir, il peut aussi sanctionner ces défenses. C'est ce que fit la cour de Paris; en interdisant à l'une des parties de porter un nom revendiqué par l'autre, elle la condamna à payer 50 francs de dommages-intérêts pour chaque contravention constatée. La cour de cassation approuva cette décision, comme n'étant que la sanction de la défense (2). Cela est logique, mais la logique ne témoigne-t-elle pas ici contre le principe? Décider en 1859 que celui qui, en 1860, prendra tel nom, devra payer 50 francs de dommages-intérêts, n'est-ce pas porter d'avance un jugement pour un fait futur?

Sur ce dernier point, la doctrine est en opposition avec la cour suprême. Les auteurs enseignent qu'en cas de contrefaçon d'une invention brevetée, les tribunaux ne peuvent pas prononcer contre le contrefacteur des dommages-intérêts pour les faits de contrefaçon dont il se rendra coupable dans l'avenir. « Les faits nouveaux, dit M. Blanc, ont besoin d'être constatés et appréciés, et doivent faire l'objet d'une instance nouvelle (3). » La cour de Paris a jugé en ce sens, en infirmant un jugement du tribunal de la Seine qui avait prononcé des dommages-intérêts de 500 francs pour chaque contravention à la défense portée au jugement. Il ne peut y avoir de condamnation, dit l'arrêt, pour une contravention qui n'existe pas encore (4). Même décision de la cour d'Aix : « Les tribunaux, porte l'arrêt, n'étant appelés à statuer que sur des faits accomplis, ne peuvent prononcer des inhibitions et défenses avec sanction pénale fixe et déterminée (5). » Cette doctrine nous paraît incontestable, mais il faut être logique dans ce système, comme la cour de cassation l'est dans le sien. Si le juge ne peut pas ajouter une sanction à

---

(1) Arrêt du 6 mai 1862 (Dalloz, 1862, 1, 482).
(2) Arrêt du 6 juin 1859 (Dalloz, 1859, 1, 248).
(3) Etienne Blanc, *De la contrefaçon*, p. 686; Nouguier. *De la contrefaçon*, n° 1042.
(4) Arrêt du 4 décembre 1841 (Dalloz, *Répertoire*, au mot *Jugement*, n° 159).
(5) Arrêt du 25 février 1847 (Dalloz, *Recueil périodique*, 1847, 2, 85).

ses défenses, il ne peut pas davantage porter de défenses pour l'avenir. Pour que la sanction soit illicite, il faut que la défense le soit. Approuver la défense, et repousser la sanction, c'est admettre le principe et rejeter la conséquence.

✦

CHAPITRE VI.

DE L'INTERPRÉTATION DES LOIS.

268. Le code civil ne pose aucune règle sur l'interprétation des lois. Il y avait dans le livre préliminaire, rédigé par les auteurs du code, un titre sur cette matière. Le législateur a cru devoir l'abandonner à la science. Nous croyons qu'il eût été utile de formuler les principes qui régissent l'interprétation des lois. Ils auraient eu, dans la bouche du législateur, une autorité plus grande que celle que la doctrine et la jurisprudence peuvent leur donner. Il y a dans le code un chapitre sur l'interprétation des conventions (art. 1156, 1164). Certes, il est plus important de fixer le sens des lois que de déterminer le sens des contrats, car les contrats dépendent des lois. Nous allons essayer de combler cette lacune, en prenant appui sur le *Livre préliminaire* qui établit les règles fondamentales avec une admirable précision.

269. « Interpréter une loi, dit l'article 2, c'est en saisir le sens dans son application à un cas particulier. » L'article ajoute qu'il est souvent nécessaire d'interpréter les lois. Il faut dire plus : cela est toujours nécessaire. C'est se faire une fausse idée de l'interprétation que de croire qu'il n'y faut recourir que lorsque les lois sont obscures ou insuffisantes. S'il en était ainsi, on pourrait croire que c'est l'imperfection de la loi qui en rend l'interprétation nécessaire. De là à croire qu'il est possible de rédiger les lois de manière à rendre l'interprétation inutile, il n'y a pas loin. Des philosophes se sont bercés de ces illusions. Ce qui est plus singulier, c'est que des législateurs les aient partagées. Quand Justinien eut achevé sa compilation, il crut que la science du droit était accomplie ; de crainte que quelque téméraire légiste ne vînt gâter son œuvre, sous le prétexte de l'expliquer, il défendit de publier des commentaires sur les trésors de jurisprudence qu'il venait de recueillir. Certes, si l'on pouvait espérer qu'un corps de lois satisfît à tous les besoins de la pratique, on était en droit de nourrir cette espérance, alors que le législateur n'avait fait que transcrire les travaux des plus grands jurisconsultes dont notre science s'honore. On sait que l'expérience des siècles a donné un éclatant démenti aux rêves des philosophes et aux illusions des législateurs. Il suffit de réfléchir un instant à l'essence des lois pour se convaincre que la nécessité de l'interprétation résulte moins de leur obscurité ou de leur insuffisance, que de leur nature.

270. Les lois ne peuvent pas prévoir toutes les difficultés qui se présentent dans les relations des hommes. A la rigueur, on pourrait recueillir les cas sur lesquels il est intervenu une décision judiciaire, et ceux que les auteurs ont examinés. Mais dès le jour même où un pareil recueil aurait paru, il serait incomplet ; en effet la variété des relations juridiques est infinie, comme la vie dont elles sont l'expression. Le législateur se trouvant dans l'impossibilité de porter une décision particulière sur tous les différends qui naissent entre les hommes, que lui reste-t-il à faire ? Il doit procéder, non par voie de décisions particulières, mais par voie de décisions générales. C'est dire qu'il pose des principes que le juge doit ensuite appliquer aux contestations qui sont portées devant lui. C'est cette application d'un principe à un cas donné qui est l'œuvre de l'interprète. Il en résulte que l'interprétation est une nécessité permanente, quels que soient les perfectionnements que l'on apporte à la législation. Les principes, quelque bien formulés qu'on les suppose, resteront toujours des abstractions. Quand il s'agit de donner vie à ce qui est abstrait, les difficultés surgissent en foule. C'est à la science de l'interprète à les résoudre.

271. Il y a deux sortes d'interprétation, dit l'article 2 du titre V du livre préliminaire : celle par voie de doctrine et celle par voie d'autorité. La première se fait par les jurisconsultes, n'importe sous quelle forme, l'enseignement, les écrits, les arrêts ; elle n'a qu'une autorité de raison. La seconde se fait par le législateur ; elle résout les doutes par voie de disposition générale et de commandement ; c'est une loi, elle a donc la même force obligatoire que toute loi. Pourquoi, à côté de l'interprétation doctrinale, y a-t-il une interprétation législative ? La science peut se trouver impuissante à éclaircir les doutes qu'offre le sens d'une loi. Il faut alors que le législateur intervienne pour les dissiper ; sinon, cette loi serait une source intarissable de procès. L'interprétation législative est donc une exception, et une rare exception. En général, la science suffit pour fixer le sens des lois. Et plus elle se perfectionne, moins l'intervention du législateur sera nécessaire. A ce titre, rien n'est plus important que des principes certains sur l'interprétation des lois.

§ 1er. *De l'interprétation doctrinale.*

N° I. INTERPRÉTATION GRAMMATICALE ET INTERPRÉTATION LOGIQUE.

272. On divise l'interprétation qui se fait par voie de doctrine, en interprétation grammaticale et en interprétation logique : la première a pour objet de fixer le sens des mots dont s'est servi le législateur : la seconde fait connaître l'esprit de la loi, les motifs qui ont guidé ses auteurs. Savigny critique cette distinction (1). Il est certain qu'il ne faut pas l'entendre d'une façon matérielle, comme si, pour expliquer telle loi, on avait recours à l'interprétation grammaticale, tandis que, pour appliquer telle autre loi, on aurait recours à l'interprétation logique. Savigny a raison de dire que les deux interprétations concourent et qu'elles

---

(1) Savigny, *Cours de droit romain*, t. Ier, § 33, p. 207 et suiv.

se confondent même. De quoi s'agit-il, en effet? De reconstruire la pensée du législateur, de dire ce qu'il veut dans
tel cas. Comment parvient-on à découvrir la volonté de
celui qui a fait la loi? Elle se trouve écrite dans un texte,
c'est donc, avant tout, ce texte qu'il faut étudier, méditer ;
c'est le texte qui nous révèle l'intention du législateur, puisqu'il en est l'expression. Mais le texte seul ne suffit point:
c'est une formule abstraite qu'il faut vivifier, en le mettant en rapport avec le développement successif du droit:
l'histoire nous révèle le sens et la portée des institutions
juridiques. Puis l'on peut, dans les gouvernements repré-
sentatifs, assister à la formation de la loi; non pas que le
législateur la crée, il ne fait que formuler les règles que
lui fournit la tradition et la conscience. Tel est le procédé
par lequel on arrive à connaître le sens de la loi dans son
application à un cas particulier. Il n'y a donc qu'une interprétation. Si l'on en distingue deux, c'est pour mieux
marquer les voies par lesquelles on peut découvrir la vraie
signification des lois.

273. Nous ne dirons pas comment se fait l'interprétation grammaticale. Tous ceux qui étudient le droit savent
que les mots dont le législateur se sert peuvent avoir deux
significations, le sens vulgaire et le sens technique. Le
premier se détermine par l'usage. Pour la langue française, le Dictionnaire de l'Académie jouit d'une grande
autorité. Quant au sens technique, il se puise tantôt dans
la loi, lorsqu'elle définit certains termes, tantôt dans la
tradition, ce qui nous ramène de nouveau à l'histoire.

Il est inutile d'insister sur ces notions élémentaires. Ce
qu'il importe de déterminer, c'est l'autorité qu'il faut attacher à l'interprétation grammaticale. On suppose que le
sens d'une loi est clairement établi, il ne reste aucun
doute sur la signification littérale du texte : peut-on, dans
ce cas, s'en écarter? La question est capitale. Nous trouvons la réponse dans le *Livre préliminaire* du code :
« Quand une loi est claire, il ne faut point en éluder la
lettre, sous prétexte d'en pénétrer l'esprit. » (Titre V, article 5.) Nous voudrions que cette maxime fût inscrite
dans tous les ouvrages de droit, et qu'elle fût gravée dans

toutes les chaires où l'on enseigne la jurisprudence. Il n'y en a pas qui soit plus évidente tout ensemble et plus importante, il n'y en a pas que les interprètes soient plus disposés à oublier. Que de fois on se prévaut de l'esprit de la loi contre un texte clair et formel! Que de fois on fait violence à la lettre pour faire dire au législateur le contraire de ce qu'il a dit, sous le prétexte qu'il n'a pas voulu dire ce qu'il a dit réellement! On contrarie, en définitive, la volonté du législateur, en ayant l'air de la respecter, et on viole la loi sous couleur de l'interpréter. Il faut revenir à la règle établie par les auteurs mêmes du code. Elle résulte de la nature de la loi.

Quelle est l'œuvre de l'interprète? Savigny nous le dit, c'est de reconstruire la pensée du législateur. Où faut-il chercher cette pensée? Est-ce quelque mystère qu'il s'agit d'éclaircir? Du tout. Le législateur a pris soin de dire ce qu'il veut, il a formulé sa pensée dans un texte. Qu'est-ce donc que la lettre de la loi? C'est l'expression de la pensée du législateur. Quand la loi est claire, nous avons cette pensée nettement déclarée, nous connaissons l'intention du législateur par sa propre bouche, nous avons l'esprit de la loi, établi d'une façon authentique. Qu'est-il besoin de chercher cet esprit ailleurs? et dans quel but le ferait-on? Pour trouver un esprit autre que celui que le texte nous révèle. Mais cet esprit est toujours problématique, plus ou moins douteux : y a-t-il dans les questions controversées une opinion qui ne prenne appui sur les discussions, sur la tradition? On aboutit donc à découvrir un esprit douteux, et néanmoins on met cette volonté incertaine au-dessus de la volonté certaine, écrite dans un texte non douteux! Cela ne s'appelle-t-il pas « éluder la lettre de la loi sous prétexte d'en pénétrer l'esprit? » Et quand l'interprète élude un texte clair, ne cherche-t-il pas à mettre sa pensée au-dessus de la pensée du législateur? Il fait, en réalité, la loi, alors que sa mission se borne à l'interpréter.

On dira que le texte peut ne pas exprimer la vraie pensée du législateur; que si l'on s'en tient servilement au texte, on aboutit à ce que l'on appelle vulgairement l'interprétation judaïque, c'est-à-dire qu'à force de respecter le texte, on viole la pensée du législateur, et n'est-ce pas la pensée qui constitue la volonté, et par suite l'essence de la loi? Rien de plus vrai, quand le texte laisse le moindre doute; alors tout le monde dira avec les jurisconsultes romains que ce n'est pas connaître la loi que d'en savoir les termes, qu'il faut pénétrer au delà de l'écorce pour saisir la vraie volonté du législateur (1). Mais nous supposons, comme l'ont fait les auteurs du code dans le *Livre préliminaire*, que la loi est claire, c'est-à-dire qu'elle ne laisse aucun doute sur son sens littéral. Peut-on admettre, en ce cas, que la lettre ne répond pas à la pensée du législateur? Qu'est-ce que la lettre, sinon la formule de la pensée? Dire que la pensée est autre que celle qui est écrite dans un texte clair et formel, c'est accuser le législateur d'une légèreté que l'on n'est pas en droit de lui imputer; c'est dire, en effet, qu'il s'est servi d'expressions qui ne rendent pas sa pensée. Cela peut-il se supposer dans une matière aussi grave que celle de la confection des lois? Ne doit-on pas croire plutôt que le législateur a pesé ses paroles, et que quand il a parlé clairement, sa volonté aussi est claire? Et quand cette volonté est claire, l'interprète peut-il s'en écarter?

Comment donc se fait-il que les interprètes font si souvent ce qu'il ne leur est pas permis de faire? On parle de servilité; on oublie que l'interprète est réellement l'esclave de la loi, en ce sens qu'il ne peut pas opposer sa volonté à celle du législateur; pour mieux dire, il n'a pas de volonté en présence de la loi, il a seulement le devoir d'obéir. Hâtons-nous d'ajouter que s'il arrive aux interprètes d'éluder la lettre de la loi, sous prétexte d'en pénétrer l'esprit, ce n'est pas qu'ils soient animés d'un esprit de désobéissance. Leur inspiration est excellente; ils veulent faire pénétrer dans les textes anciens l'esprit nouveau et les progrès qui s'accomplissent dans la conscience générale. Mais si l'inspiration est louable, est-ce à dire que l'inter-

---

(1) L. 17, D. I, 3 (*De legg.*). « Scire leges non hoc est, verba earum tenere, sed vim ac potestatem. »

prète y puisse céder? Sa mission est, non de réformer
la loi, mais de l'expliquer ; il doit l'accepter avec ses
défauts, si elle en a, sauf à les signaler à l'attention du
législateur. Nos anciens allaient plus loin, ils avaient à
un bien plus haut degré que nous le sentiment du respect,
et ils reprochaient à l'interprète, comme un crime, de vouloir être plus sage que le législateur. Il ne sera pas inutile de rapporter leurs sévères paroles, elles auront plus
de poids que les nôtres.

« Où en serait-on, s'écrie le président Bouhier, s'il
était permis aux magistrats de préférer, en jugeant, ce
qu'ils s'imaginent être le plus équitable à ce qui est ordonné par le législateur? C'est une sotte sagesse, disait
élégamment le docte d'Argentré, que celle qui veut être
plus sage que la loi. » Le rude légiste du seizième siècle
apostrophe les juges de ce caractère et leur adresse ce
juste reproche : « Pourquoi prétends-tu juger la loi, toi
qui as le devoir de juger selon la loi? » Dans un autre
endroit, parlant des mêmes, il dit d'eux avec indignation :
« Fiers de leur prétendue sagesse, ils insultent aux lois,
ils se forgent une conscience à eux pour échapper à la loi :
qu'ils quittent leur siége si les lois ne leur conviennent
pas, ou, s'ils y restent, qu'ils jugent conformément à la
loi (1) ! »

Le président Favre s'élève avec la même force contre
l'équité que l'interprète veut mettre au-dessus de la loi.
« Rien de plus dangereux, dit-il, et rien de plus funeste !
Que deviendra la loi, si chaque juge peut s'écarter de la
loi sous prétexte d'équité? N'est-ce pas se moquer du législateur que d'éluder ainsi sa volonté, et cette prétendue
équité ne mérite-t-elle pas d'être appelée *cérébrine* (2)? »

D'Aguesseau se rapproche encore davantage de notre
ordre d'idées ; on dirait que les paroles que nous allons
transcrire sont écrites pour le dix-neuvième siècle (3) :
« Dangereux instrument de la puissance du juge, hardie

(1) Bouhier, *Observations sur la coutume de Bourgogne,* chap. II, n° 48.
(2) Le président Favre, dans sa *Jurisprudence papinienne,* tit. I, pr. 2,
illat. 2.
(3) D'Aguesseau, ix° *Mercuriale, sur l'autorité du magistrat* (t. Ier, p. 127
de l'édition in-4°).

à former tous les jours des règles nouvelles, cette équité arbitraire se fait, s'il est permis de parler ainsi, une balance particulière et un poids propre pour chaque cause. *Si elle paraît quelquefois ingénieuse à pénétrer dans l'intention secrète du législateur, c'est moins pour la connaître que pour l'éluder; elle la sonde en ennemi captieux plutôt qu'en ministre fidèle; elle combat la lettre par l'esprit et l'esprit par la lettre, et au milieu de cette contradiction apparente, la vérité échappe, la règle disparaît et le magistrat demeure le maître.* »

Mettons à profit ces paroles sévères de nos maîtres. Nous n'avons plus le respect de l'autorité qui les distingue. La multiplicité des lois qui changent tous les jours se concilie difficilement avec le culte de la loi. Toujours est-il que si l'interprète peut et doit même signaler au législateur les imperfections que l'application des lois découvre, il ne lui est pas permis de les corriger. Il n'est pas appelé à faire la loi. Sa mission est plus humble, mais grande encore; tout en respectant la loi, il prépare les changements futurs, et il contribue ainsi au progrès du droit.

La règle du *Livre préliminaire* que nous venons de commenter, trop longuement peut-être, a été proclamée plus d'une fois par la cour de cassation de France. Elle a dit avec les auteurs du code que lorsqu'une loi est claire, sans obscurité ni équivoque, le juge doit, quelque graves que soient les considérations qu'on peut lui opposer, l'appliquer telle qu'elle est écrite (1). La réforme des lois appartient au législateur et non à l'interprète; les juges ne peuvent pas s'écarter du sens littéral, sous prétexte de rechercher l'esprit de la loi ou de la rendre plus parfaite (2). Les termes de ces arrêts marquent qu'il y a des cas où l'interprète peut et doit recourir à l'esprit de la loi pour expliquer le texte. C'est quand la lettre laisse quelque doute. Cela va presque sans dire, car cela est évident. Il faut aller plus loin. Il se peut que la lettre, quoique claire, n'exprime pas la vraie pensée du législateur. Si cela est

---

(1) Arrêt du 3 janvier 1826 (Dalloz, *Répertoire,* au mot *Dispositions entre vifs,* n° 807).
(2) Arrêt du 7 juillet 1828 (Dalloz, au mot *Exploit,* n° 424, 1°).

prouvé, certes l'esprit devra être préféré au texte. Mais il faut que cela soit prouvé, car certainement il n'est pas probable que le législateur, tout en parlant clairement, dise le contraire de ce qu'il a voulu dire. Si donc cela arrive, ce sera une rare exception. Alors encore la lettre doit céder à l'esprit. Mais l'exception confirme la règle; la règle est donc que la lettre claire s'identifie avec l'esprit de la loi.

274. Nous repoussons donc ce que l'on appelle l'interprétation judaïque, qui sacrifie l'esprit à la lettre. L'interprète doit toujours rechercher l'esprit de la loi. En ce sens, on pourrait dire que toute interprétation est *logique*. Quelque clair que soit le texte, il faut l'animer, le vivifier, en recourant à l'histoire, à la discussion, aux travaux préparatoires; à plus forte raison, cela est-il nécessaire quand la loi est obscure. Portalis dit que les codes se font avec le temps, qu'à proprement parler, on ne les fait pas. Cela est vrai du droit en général. C'est une des faces de la vie; il se développe donc avec la vie du peuple; de même que l'on ne comprendrait pas ou que l'on comprendrait mal l'état politique d'une nation, si l'on ignorait l'origine et le développement de ses institutions, de même il est impossible de connaître le droit moderne si l'on ignore le droit ancien. Notre code est une œuvre traditionnelle, il n'a fait que consacrer, suivant les diverses matières, le droit romain, le droit coutumier ou le droit révolutionnaire. De là la nécessité indispensable des études historiques. Il y a tel principe que le législateur a formulé en une ligne sans entrer dans aucun détail; par exemple, l'action paulienne (art. 1167); il faut, en ce cas, l'interpréter par les sources où on l'a puisé. La question n'est pas toujours aussi facile. Il y a deux écueils à éviter. Il ne faut pas transporter dans le code civil tout ce que les anciens jurisconsultes ont dit, car les auteurs du code, tout en suivant Pothier et Domat, innovent souvent. Il ne faut pas davantage écarter les anciennes doctrines au nom de nos idées modernes, en introduisant dans les textes un esprit qui leur est étranger. C'est cette dernière tentation qui est le plus à redouter, car c'est celle à laquelle nous cédons le plus volontiers ; si l'interprète ne se tient pas en garde contre ce besoin de progrès, il aboutira à se faire législateur en modifiant la loi, en lui faisant au besoin violence. Il doit signaler les lacunes, mais ce n'est pas à lui à les combler ; il doit signaler les défauts, mais ce n'est pas à lui à corriger l'œuvre du législateur.

275. Les discussions du code présentent un caractère tout particulier. Aujourd'hui les Chambres votent la loi et la discutent. Sous la constitution de l'an VIII, le Corps législatif votait les lois sans les discuter. Le Tribunat, qui devait les discuter sans les voter, fut supprimé comme corps délibérant. Dès lors, la discussion se concentra au sein du conseil d'Etat et dans les rapports du Tribunat. Marcadé s'étonne quelque part de ce que les auteurs consultent si peu les travaux préparatoires. C'est un tort sans doute, mais c'est un mal aussi d'y attacher une trop grande importance, en transportant dans le code tout ce qui a été dit par le Tribunat ou au conseil d'Etat. D'abord il faut se rappeler que ni l'un ni l'autre ne faisaient la loi ; c'est le Corps législatif qui la faisait, et il était muet, il ne prenait aucune part au travail préparatoire. On lui communiquait les procès-verbaux, que probablement il ne lisait pas ; il entendait les discours des orateurs du gouvernement et du Tribunat qui exposaient les motifs des projets de loi, puis il votait régulièrement l'adoption. Comment savoir, dans cette manière de procéder, quelles étaient les intentions du législateur ?

La discussion au conseil d'Etat et les observations du Tribunat conservent leur prix, sans doute, parce qu'elles nous font connaître l'histoire de la rédaction. Est-ce à dire que tout ce qui a été dit au conseil d'Etat soit le commentaire authentique du code ? S'il en était ainsi, nous aurions bien souvent des commentaires contradictoires. On n'a qu'à lire les débats sur une question controversée, et l'on entendra chaque parti invoquer la discussion en sa faveur. En effet, les discussions telles que nous les trouvons dans les procès-verbaux sont très-confuses. Comme il n'y avait pas de sténographe pour les recueillir, il sera arrivé ce qui arrive dans les assemblées où les paroles des orateurs sont résumées par des secrétaires ou des journalistes, qui trop souvent ne comprennent pas la discussion. De là ce vague, cette incohérence qui frappent le lecteur, et qui certes ne sont pas faits pour l'éclairer. Rien donc de plus sage que ce que dit Zachariæ : « On ne saurait assimiler à une interprétation authentique les opinions émises au sein du conseil d'Etat, lors même qu'elles auraient été adoptées (1). » On peut voir, dans l'ouvrage de M. Delisle sur l'interprétation des lois, un exemple remarquable de ce que dit le jurisconsulte allemand. Le conseil d'Etat adopta l'article 915, après une explication détaillée que l'un des conseillers donna de cette disposition. Or, il se trouve que l'explication contredit le texte (2). Que faire? On a laissé là l'explication, et l'on s'en est tenu à la lettre claire et formelle de la loi.

Les discours des orateurs du gouvernement offrent encore moins de garantie. Il est vrai qu'ils étaient choisis par le premier consul dans le sein du conseil d'Etat; ils avaient donc assisté à la discussion; mieux que personne ils devaient connaître le véritable esprit des lois dont ils exposaient les motifs. Aussi lira-t-on toujours avec fruit les discours prononcés par des hommes supérieurs, tels que Portalis. Mais ils n'ont d'autorité que celle que leur donne le nom de l'orateur. Leurs discours n'étaient communiqués au conseil d'Etat qu'après avoir été prononcés à la tribune législative. Les orateurs exprimaient donc, non la pensée du conseil, mais leur pensée individuelle (3).

Il en résulte que les *discours* ont moins d'importance que n'en ont les rapports des sections centrales ou des commissions de nos Chambres. Il faut ajouter que les travaux législatifs se faisaient avec une grande rapidité. Cela explique les erreurs que l'on trouve dans les discours des conseillers d'Etat et des tribuns. Entre mille exemples nous en citerons un. L'article 2259 porte que la prescription *court* pendant les trois mois pour faire inventaire.

(1) Zachariæ, *Cours de droit civil*, t. Ier, § 41.
(2) Delisle, *Principes de l'interprétation des lois*, t. II, p. 685-687.
(3) C'est la remarque de Merlin, *Répertoire*, au mot *Testament*, sect. II, § 1, art. 5.

Eh bien, Bigot-Préameneu fait dire au code que la prescription est *suspendue* pendant ce délai; et il donne de
bonnes raisons à l'appui d'une prétendue loi qui dit le contraire (1).

Notre conclusion est qu'il faut toujours consulter les
travaux préparatoires; mais il faut se garder d'y voir une
interprétation authentique du code. On aboutirait à des
hérésies juridiques, si on les prenait au pied de la lettre.
Nous dirons ailleurs que l'article 894, dans sa rédaction
primitive, portait que la donation est un *contrat.* Sur une
observation du premier consul, la rédaction fut changée
et la donation fut qualifiée d'*acte.* En faudra-t-il conclure
que la donation n'est pas un contrat? Ce serait transporter
dans la science du droit une erreur échappée à un homme
de guerre, homme de génie, mais qui ignorait les principes les plus élémentaires du droit.

N° II. RÈGLES D'INTERPRÉTATION.

276. Nous avons dans notre science un certain nombre de règles qui servent à interpréter les lois. On les
appelle tantôt des adages, tantôt des brocards. Il ne faut
pas les dédaigner. On peut les comparer aux proverbes,
qui passent pour exprimer la sagesse des peuples. Nos
brocards sont un élément important de la tradition juridique. Sans doute ils n'ont pas force de loi, puisque le
code ne les consacre point; mais s'ils ne lient pas l'interprète, ils le guident. Seulement il faut en fixer le vrai
sens. Il faut surtout se garder de les appliquer mécaniquement; la jurisprudence est une science rationnelle, les
principes que nous invoquons doivent donc être fondés en
raison, et c'est comme tels qu'il faut en faire l'application.

Il y a un principe très-fécond pour l'interprétation des
lois, c'est l'application par voie d'analogie. Les auteurs du
code l'ont formulé dans le *Livre préliminaire* en ces termes : « On ne doit raisonner d'un cas à un autre, que

_____

(1) Delisle, *Principes de l'interprétation des lois*, t. II, p. 683.

lorsqu'il y a même motif de décider. » (Tit. V, art. 8.) Le principe est emprunté aux jurisconsultes romains, et il a pour lui la raison de l'évidence. On lit dans le Digeste que les lois ne peuvent pas prévoir tous les cas ; c'est à celui qui est appelé à les appliquer à voir si le cas non prévu qui se présente peut être décidé par la loi qui est portée pour un cas analogue. Si réellement les motifs de décider sont les mêmes, la décision aussi doit être la même (1). Le principe de l'interprétation analogique n'a jamais été contesté, mais on peut en abuser, en l'appliquant là où réellement il n'y a pas analogie C'est pour tenir l'interprète en garde contre cet écueil que le *Livre préliminaire* énonce le principe d'une manière restrictive. Le premier soin de l'interprète doit donc être d'examiner si réellement il y a identité de motifs ; c'est seulement quand il est bien constant que les motifs de décider sont les mêmes, que l'on peut raisonner d'un cas à un autre.

277. Mais le peut-on toujours ? Ici commence la vraie difficulté. Quand la loi pose un principe général, l'application analogique ne souffre aucun doute. Mais en est-il de même quand la loi établit une exception ? C'est un de nos vieux brocards que les exceptions sont de stricte, de rigoureuse interprétation, que par suite on ne peut pas les étendre d'un cas à un autre. Le *Livre préliminaire* du code formulait l'adage en ces termes : « Les exceptions qui ne sont point dans la loi ne doivent point être suppléées. » (Tit. V, art. 7.) Nous trouvons la même règle dans un arrêt de la cour de cassation du 13 octobre 1812 ; on y lit « que les exceptions, étant de *droit étroit,* ne peuvent s'appliquer par identité d'un cas à un autre. » Mais que faut-il entendre par exception ? Est-ce toute disposition de la loi qui déroge à un principe général ? C'est bien en ce sens que l'on entend notre brocard. Il y a cependant quelque doute. Le principe vient du droit romain ; or, les jurisconsultes, quand ils disent qu'il ne faut pas étendre les dispositions exceptionnelles, comprennent par là le *droit exorbitant,* c'est-à-dire les lois qui sont établies contre la *raison de*

(1) L. 12, 13, D. I, 3 (*De legg.*).

droit. On conçoit que les lois de cette nature ne doivent pas s'étendre; car elles sont un mal, un mal peut-être nécessaire, mais le mal doit toujours être restreint dans les limites les plus étroites. Il en est autrement des simples exceptions à une règle générale; elles sont tout aussi fondées en raison que la règle même; pourquoi donc ne pourrait-on pas les appliquer par voie d'analogie (1)?

C'est l'opinion de M. Delisle (2), et elle s'appuie sur des monuments de la jurisprudence. Nous en citerons un exemple qui fera comprendre la difficulté de la question. Quand un contrat est résolu, il est censé n'avoir jamais existé, d'où suit que les droits conférés par celui qui était propriétaire sous une condition résolutoire, sont aussi résolus. L'article 1673 déroge à ce principe; dans le cas où une vente est résolue par l'exercice du pacte de rachat, les baux que l'acheteur a faits doivent être maintenus par le vendeur. Cette exception peut-elle être étendue par voie d'analogie? La cour de cassation a admis l'application analogique (3), par la raison que l'article 1673 a pour objet de garantir les intérêts de l'agriculture, en assurant au fermier la jouissance de son bail. Or, la raison est applicable à toutes les hypothèses où il y a lieu à résolution. L'article 1673, loin de consacrer un droit exorbitant, est en harmonie avec l'intérêt général et même avec l'intérêt bien entendu de celui qui demande la résolution. Pourquoi donc ne l'appliquerait-on pas à des cas analogues?

Malgré ces doutes, nous maintenons le brocard. Peu importe que l'exception soit contraire ou conforme à la raison de droit, qu'elle soit exorbitante ou non, elle est de stricte interprétation, par cela seul qu'elle contient une dérogation à une règle générale. Quand le législateur pose un principe, sa volonté est que ce principe reçoive son application à tous les cas qui pourront se présenter : c'est là une obligation qu'il impose à l'interprète. Si ensuite

---

(1) L. 14, D. I, 3 : « Quod *contra rationem juris* receptum est, non est producendum ad consequentias. » — L. 39 (*ib.*) : « Quod non ratione introductum est, sed *errore* primum, deinde consuetudine obtentum est, in aliis similibus non obtinet. »

(2) Delisle, *Principes de l'interprétation des lois*, t. II, p. 380 et suiv.

(3) Arrêt du 16 janvier 1827 (Sirey, 1827, 1, 324).

il trouve bon d'admettre une exception à la règle qu'il a posée, l'interprète est encore lié par la règle, en ce sens que dès qu'il ne se trouve pas dans le cas de l'exception, son devoir est de maintenir la règle. Voilà pourquoi le vieux brocard dit que l'exception confirme la règle dans les cas non exceptés. Qu'arriverait-il si l'interprète étendait l'exception par voie d'analogie? En créant des exceptions nouvelles, il dérogerait à une règle obligatoire, il ferait la loi, alors que sa mission se borne à l'expliquer et à l'appliquer. L'exception est donc, de sa nature, de droit étroit.

Il faut cependant entendre ce principe avec une réserve. Parfois l'exception, tout en dérogeant à une règle, est l'application d'une autre règle de droit. Dans ce cas, la volonté du législateur n'est pas de limiter la disposition exceptionnelle au cas qu'il a spécialement prévu, c'est plutôt un exemple qu'il donne, et par suite l'interprète peut et doit admettre la même décision dans les cas non prévus, mais où il y a même motif de décider. En le faisant, il obéit à la volonté du législateur. Telle est la disposition de l'article 1404, 2e alinéa, comme nous le dirons en exposant les principes du contrat de mariage.

278. Le *Livre préliminaire* contient une autre règle d'interprétation qui se lie à celle dont nous venons de parler. Aux termes de l'article 7, titre V, « il n'est pas permis de distinguer lorsque la loi ne distingue pas. » Cette règle est aussi consacrée par la jurisprudence. On lit dans un arrêt du 24 février 1809 de la cour de cassation : « Là où la loi ne distingue pas, on ne peut créer des distinctions et des exceptions qui en altéreraient le sens et la détourneraient de son objet. La lettre seule de la loi est à consulter lorsqu'elle présente un sens clair et absolu (1). » Cette règle a encore pour objet de circonscrire la sphère d'action de l'interprète, et de l'empêcher d'empiéter sur le domaine du législateur. Quand la loi est générale, quand sa disposition est illimitée, le devoir de l'interprète est de l'appliquer à tous les cas possibles,

---

(1) *Principes de l'interprétation des lois*, par Delisle, t. II, p. 486.

parce que telle est la volonté du législateur. Dès lors il ne peut pas distinguer quand la loi ne distingue point; car la distinction limiterait l'application de la loi à certains cas, alors que la généralité de la loi les comprend tous. L'interprète, en distinguant, modifie donc la loi, il fait œuvre de législateur, ce qui ne lui est jamais permis.

Est-ce à dire que l'interprète ne puisse jamais distinguer quand il est en présence d'une disposition générale? Non, le brocard doit être entendu avec une réserve. Pourquoi l'interprète ne peut-il pas distinguer? Parce que le législateur, en établissant une règle générale, manifeste la volonté qu'on l'applique sans limitation aucune. Mais s'il avait posé une autre règle qui commande de limiter cette disposition générale, alors l'interprète peut et doit distinguer.

L'article 1384 dit que le père, et la mère après le décès du mari, sont responsables du dommage causé par leurs enfants *mineurs*, habitant avec eux. Cette disposition s'applique-t-elle aux mineurs émancipés? La loi est générale, elle ne distingue pas. Est-ce à dire que l'interprète ne puisse pas distinguer? Il le doit, parce qu'il y a une autre règle en vertu de laquelle le mineur émancipé est affranchi de la puissance paternelle, et par suite le père n'a plus le droit ni le devoir de le surveiller. Or, la responsabilité que lui impose l'article 1384 est une conséquence de ce devoir; dès lors le père ne peut plus être responsable quand son enfant est émancipé. Voilà une distinction que l'interprète introduit dans la loi, parce que les principes de droit l'y forcent. Il y a donc des cas où il peut distinguer, et il y a des cas où il ne le peut pas. Cela prouve, comme nous l'avons dit, que les brocards qui établissent des règles d'interprétation ne doivent pas être appliqués mécaniquement.

279. Il en est de même du brocard qui repousse l'argument tiré du silence de la loi; ce que, dans le langage de l'école, on appelle *argument à contrario*. L'article 3 du code dit que : « les *immeubles*, même ceux possédés par des étrangers, sont régis par la loi française. » En argumentant du silence de la loi, on pourrait dire : Le législateur parle des *immeubles,* et il les soumet à la loi française ; il ne parle pas des *meubles,* donc il ne les soumet pas à la loi française : ce qu'il dit des uns, il le nie des autres. « *Qui de uno dicit,* dit le brocard, *de altero negat.* » Une pareille interprétation conduirait à cette conséquence souverainement absurde, que la loi française ne régit pas les meubles possédés en France par des Français. L'argumentation est mauvaise quand elle aboutit à une absurdité, disons mieux, à une impossibilité. Est-ce à dire que l'*argument à contrario* doit toujours être rejeté? Les interprètes l'emploient souvent, et il y a des cas où il est d'une évidence incontestable. L'article 1184, après avoir défini la condition résolutoire tacite, ajoute : « Dans ce cas, le contrat n'est point résolu de plein droit. » On conclut de là que la condition résolutoire expresse opère de plein droit, bien que la loi ne le dise pas d'une manière formelle. Voilà un argument, tiré du silence de la loi, que tout le monde accepte. Nous sommes donc de nouveau en présence d'une règle d'interprétation qui n'a rien d'absolu, qui est tantôt bonne, tantôt mauvaise. Quand est-elle bonne? quand ne l'est-elle pas?

Le silence du législateur, par lui-même, ne prouve rien; car le silence ne parle pas. Qu'est-ce que la loi? Une déclaration de volonté; or, pour que l'on puisse dire que le législateur veut quelque chose, il faut qu'il ait parlé. Quand il se tait, il ne dit ni oui ni non. Son silence peut seulement faire supposer qu'il veut le contraire dans un cas de ce qu'il a dit dans un autre. Mais rien de plus vague, et partant de plus dangereux que cette supposition. On risque, en effet, de faire dire au législateur ce qu'il n'a point voulu, c'est-à-dire que l'interprète se met à la place du législateur. C'est donc avec raison que l'argumentation tirée du silence de la loi jouit de très-peu de faveur. Nous citerons un exemple mémorable dans lequel le législateur lui-même a repoussé une intention qu'on lui avait supposée à tort en se fondant sur son silence. En 529, Justinien défendit au fils de famille de disposer par testament de ceux de ses biens adventices dont le père avait l'usufruit. On en conclut qu'il pouvait disposer des biens adventices dont son père n'avait pas l'usufruit. Justinien repoussa cette interprétation par une constitution de 531. L'erreur à laquelle conduisait l'argumentation *à contrario* était évidente. Avant l'ordonnance de 529, le fils de famille était, en vertu du droit général de l'empire, incapable de tester de ses biens adventices, que le père en eût ou non l'usufruit. Donc l'argument tiré du silence de la loi allait à l'encontre de la volonté du législateur, manifestée par le principe général qu'il avait posé. L'interprète, en se fondant sur le silence de la loi, dérogeait réellement à la loi; il se faisait législateur (1).

La doctrine a donc raison de repousser l'argument dit *à contrario*. Et la jurisprudence est d'accord avec les auteurs (2). On peut même invoquer le texte du code. L'article 1164 dit « que lorsque dans un contrat on a exprimé un cas pour l'explication de l'obligation, on n'est pas censé avoir voulu par là restreindre l'étendue que l'engagement reçoit de droit aux cas non exprimés. » Si dans l'interprétation des contrats, on ne peut pas se prévaloir du silence des parties pour limiter leur volonté ou pour y déroger, on ne peut pas davantage s'autoriser du silence de la loi pour restreindre les principes généraux de droit. Ce vice de l'argumentation *à contrario* nous indique dans quels cas on peut s'en servir sans danger aucun; c'est quand, loin de contrarier les principes généraux, elle les appuie. Dans l'article 3, on ne peut pas conclure du silence de la loi que les meubles appartenant au Français ne sont pas régis par la loi française, mais on peut très-bien invoquer le silence de la loi pour confirmer un principe traditionnel du droit français en vertu duquel les meubles suivent la loi de la personne. Dans le cas de l'article 1184, l'argument *à contrario* ne fait que confirmer un principe qui résulte de l'essence même de la condition résolutoire expresse.

---

(1) Merlin, *Questions de droit*, au mot *Rente foncière*, § 10.
(2) Merlin, *Répertoire*, aux mots *Remploi*, § 9; *Inscription hypothécaire*, § 5, n° 8; *Contrainte par corps*, n° 20.

Nº III. EFFET DE L'INTERPRÉTATION DOCTRINALE.

280. Il va sans dire que l'interprétation doctrinale n'a qu'une autorité de raison. Elle ne lie pas le jurisconsulte, elle le guide et elle l'éclaire. La science du droit est une science rationnelle. Nous plions sous la raison, mais nous ne plions devant aucune autorité. Le devoir du jurisconsulte est, au contraire, de soumettre à l'examen de la raison toute espèce d'autorité, celle des grands noms qui illustrent notre science, comme celle des corps judiciaires les plus haut placés. Est-il nécessaire de dire que toutes les autorités sont faillibles? Les plus célèbres jurisconsultes ont changé d'avis sur des questions controversées; les cours suprêmes ont rendu des arrêts contradictoires; cela suffit pour que la doctrine et la jurisprudence ne soient acceptées qu'après examen.

281. Si nous insistons sur un principe qui est un axiome, c'est que la pratique n'est guère d'accord avec la théorie. On s'affranchit assez volontiers de l'autorité des auteurs, en les opposant les uns aux autres, mais il n'en est pas de même des arrêts. Les avocats les citent avec complaisance, et les écrivains leur témoignent une déférence parfois excessive. Il est donc bon d'opposer à cet engouement la puissance de la raison et de la doctrine.

Hâtons-nous de dire que nous sommes bien loin de dédaigner la jurisprudence des arrêts. On y trouve des trésors de science et de bon sens. La race française est une race latine, et on dirait qu'elle a reçu le génie du droit comme un héritage avec sa langue : logique par excellence, claire et précise, la langue française semble faite pour le droit, car la précision et la clarté sont les caractères distinctifs de notre science. La langue, dit-on, est l'expression du génie national. Si la langue française est une langue juridique, il faut dire que la race française aussi a cet esprit juridique qui distinguait la race latine. Et il en est ainsi. Voilà pourquoi il y a tant d'arrêts remarquables par la lucidité de la pensée et de l'expression. Parmi les arrêts, la première place appartient naturellement à ceux que rend la cour de cassation. Ne décidant que les questions de droit, étrangère aux passions qui agitent les parties, la cour suprême est pour ainsi dire un tribunal de doctrine. Sa mission est de maintenir l'unité dans l'interprétation des lois ; ses arrêts sont des décisions doctrinales ; s'ils n'enchaînent pas les cours et les tribunaux, ils les dominent par l'autorité qui s'y attache.

En ce sens, nous dirons avec Portalis que la jurisprudence est le vrai supplément de la législation, et que l'on ne peut pas plus se passer de l'une que de l'autre. Grande est néanmoins la différence entre l'autorité de la jurisprudence et celle de la loi. La loi commande et elle doit être obéie, alors même que le législateur s'est trompé, tandis que les arrêts ne sont que l'interprétation de la loi, et cette interprétation n'a qu'une autorité de raison, alors même qu'elle est vraie. C'est le jugement qui a force obligatoire pour les parties, ce ne sont pas les motifs sur lesquels il repose ; quant aux tiers, ils ne sont liés en rien par les décisions judiciaires ; le jugement leur est étranger, et les motifs n'ont d'autorité pour personne. Que si l'on suppose que les motifs sont erronés, la décision reste toujours obligatoire entre les parties, et si elle n'est pas réformée, on la considère comme l'expression de la vérité ; quant aux motifs, s'ils sont contraires aux principes, ils n'ont aucune valeur. Est-ce faire injure aux cours et surtout à la cour suprême que de supposer qu'elles se trompent dans l'interprétation qu'elles font de la loi ? Il suffit d'ouvrir un recueil d'arrêts pour se convaincre que la jurisprudence a varié bien des fois, que partant elle a consacré des erreurs. Nous citerons un exemple, entre mille, de ces décisions contradictoires.

Le règlement du Conseil du 28 février 1723 fait défense à ceux qui n'auraient pas été reçus imprimeurs et libraires d'exercer cette profession, sous peine d'une amende de 500 francs. Une loi du 21 octobre 1814 renouvela cette disposition, mais sans y ajouter une sanction pénale. Il faut remarquer que tous les genres de commerce avaient été déclarés libres par la loi du 17 mars 1791. L'ordonnance de 1723 était donc abrogée quand parut la loi de

1814. Que fallait-il décider quant à la sanction de l'amende?
Il y a un principe très-élémentaire et d'une éternelle
vérité, c'est qu'il n'y a point de peine sans loi pénale. Or,
la loi de 1814 ne prononçait pas de peine, et l'ordonnance
de 1723 était abrogée. Cependant deux arrêts de la cour
de cassation, rendus chambres réunies, en 1826 et en 1828,
décidèrent que le règlement de 1723 était toujours en vigueur. Vint la révolution de juillet et, en 1836, un nouvel
arrêt, rendu également chambres réunies, décida que
le règlement du conseil était définitivement abrogé (1).

Sans doute, ces erreurs éclatantes sont une exception.
Mais il faut aller plus loin. Alors même que les arrêts seraient fondés sur les vrais principes, ils n'auraient encore
qu'une autorité de raison, et on ne peut les invoquer
qu'avec une extrême réserve. Les décisions judiciaires ne
sont jamais des interprétations purement doctrinales;
elles sont portées sur des espèces, c'est-à-dire sur un litige
de fait; les circonstances de la cause influent nécessairement sur la décision de la question de droit; les faits changeant, la décision changerait aussi. Or, les faits varient
d'une espèce à l'autre; dès lors, comment se prévaloir,
pour des faits nouveaux, d'une décision rendue pour des
faits différents? Ce n'est pas assez dire. Que d'arrêts ont
été rendus dans lesquels les cours éludent l'application
de la loi, parce qu'elles subissent l'influence impérieuse
des faits de la cause! Ces décisions, rendues en équité
plutôt qu'en droit, n'ont aucune valeur doctrinale. En définitive, il faut dire avec le président de Thou que les
arrêts sont bons pour ceux qui les obtiennent; il faut se
garder de les invoquer comme une autorité décisive.

Telle n'est point la pratique du barreau. Dupin raconte
qu'étant allé plaider devant une cour de province, son adversaire allégua de suite et presque sans prendre haleine,
quatorze arrêts avec leurs espèces, pour démontrer par
induction, disait-il, qu'il n'y avait pas de substitution dans
le testament dont la validité faisait l'objet du procès. Un
autre avocat du barreau de Paris, Me Mermilliod, éprouva

_____

(1) Delisle, *Des principes de l'interprétation des lois*, t. Ier, p. 202 et suiv.

la même déconvenue; c'est toujours Dupin qui parle : il
lui fallut subir la lecture de dix-sept arrêts, dont plusieurs
étaient longuement motivés. Dupin dit très-bien que la
science des arrêts est devenue la science de ceux qui
n'ont pas d'autre science; et la jurisprudence est une
science très-facile à acquérir; il suffit d'une bonne table
de matières. Opposons à l'abus que l'on fait des décisions judiciaires l'autorité de nos anciens. Nous avons
souvent cité le président Bouhier : ses observations sur la
coutume de Bourgogne sont un chef-d'œuvre de lucidité.
Écoutons ce qu'il dit des arrêts; c'est un magistrat qui
parle, intéressé comme tel à ce que l'on respecte les décisions des cours. Eh bien, il se plaint de la déférence trop
aveugle des auteurs pour la jurisprudence. Bouhier dit
que les magistrats sont trop occupés pour approfondir les
matières subtiles du droit. Il est plus convenable, ajoute-
t-il, de ramener la jurisprudence des arrêts aux principes,
que de réduire les principes à la jurisprudence des arrêts.
Les compagnies mêmes qui rendent les arrêts, dit ailleurs
le président, ne cèdent à leur autorité que quand elles
les trouvent conformes aux règles; il n'y a que les petits
génies, les esprits plébéiens, comme dit un écrivain de
Rome, qui se laissent entraîner par les exemples, au lieu
d'écouter la raison (1). Concluons avec le sévère d'Argentré
que les arrêts n'ont aucune valeur, à moins qu'ils ne soient
fondés en droit et en raison (2).

§ 2. *De l'interprétation authentique.*

Nº I. QUAND IL Y A LIEU A L'INTERPRÉTATION AUTHENTIQUE.

282. Le *Livre préliminaire* appelle interprétation *authentique* celle qui se fait par voie d'autorité, c'est-à-dire
sous forme de disposition générale et de commandement.
Il n'y a que le législateur qui ait le pouvoir de disposer

(1) Bouhier, *Observations sur la coutume de Bourgogne*, chap. XXIII,
t. Iᵉʳ, nº 23, p. 655, et nº 21, p. 656; *ibid.*, chap. XXIV, nº 77, p. 681).
(2) D'Argentré, *In consuetudines Britanniæ*, § 76, note 8 : « Valeant
præjudicia, nisi ratione et jure nitantur. »

ainsi ; les juges n'en ont pas le droit. L'interprétation authentique est donc celle qui se fait par la loi. Rien ne semble plus naturel que de s'adresser au législateur pour que celui qui a fait la loi en explique le sens. Qui peut mieux que lui, dit Justinien, connaître l'esprit des lois qu'il a portées, et lever les doutes qu'elles présentent dans leur application (1)? De là l'adage que c'est à celui qui fait la loi à l'interpréter.

Dans notre ancien droit, on suivait ce principe, en théorie du moins. L'ordonnance de 1667 porte (article 7 du titre Ier) que si, dans le jugement des procès, il survient quelque doute ou difficulté sur l'exécution des édits, Sa Majesté défend aux cours de les *interpréter*, mais veut qu'en ce cas elles aient à se retirer par devers elle, pour apprendre ses intentions. En défendant aux cours d'interpréter la loi, l'ordonnance de 1667 n'entendait certes pas leur interdire l'interprétation doctrinale, puisque c'est pour les juges un droit et un devoir d'appliquer les lois, et par conséquent d'en fixer le sens. Mais les tribunaux n'ont pas le pouvoir d'interpréter les lois par voie de disposition générale et réglementaire ; c'est là ce que l'ordonnance de 1667 leur interdit, comme le dit le ministre de la justice dans la discussion du titre préliminaire au conseil d'Etat (2). La défense ne fut guère respectée, elle n'empêcha pas les parlements de rendre des arrêts de règlement ; cela tenait à la confusion des pouvoirs qui existait sous l'ancien régime.

La Révolution sépara les pouvoirs, comme l'avait demandé Montesquieu. En conséquence la loi du 24 août 1790 défendit aux juges de faire des règlements et leur enjoignit de s'adresser au Corps législatif toutes les fois qu'ils croiraient nécessaire, soit d'*interpréter* une loi, soit d'en faire une nouvelle. (Tit. II, art. 12.) Les tribunaux, à cette époque, n'étaient guère tentés de lutter d'autorité avec les toutes-puissantes assemblées qui démolissaient le plus vieux trône de l'Europe ; ils prirent trop à la lettre la défense qui leur était faite d'interpréter les lois ; au moin-

(1) L. 12, C., *de legg.* (I, 14).
(2) Séance du 4 thermidor an IX (Locré, t. Ier, p. 228, no 17).

dre doute qu'elles présentaient, ils en référaient au pouvoir législatif, qui se trouvait ainsi constitué juge tout ensemble et législateur. C'était manquer à leur mission, comme le dit très-bien Tronchet au conseil d'Etat : « Les contestations portent sur le sens différent que chacune des parties prête à la loi ; ce n'est donc pas par une loi nouvelle, mais par l'opinion du juge que la cause doit être décidée (1). »

283. Quand donc y a-t-il lieu pour le législateur à interpréter la loi par voie de disposition générale ? En théorie, on peut répondre que le législateur doit intervenir pour fixer le sens des lois, quand dans l'application qui en est faite, il y a une telle contrariété de décisions qu'elles deviennent une source intarissable de procès. Comment cette incertitude est-elle constatée ? C'est au droit positif à décider la question. Les lois ont varié à cet égard, et la variation est importante, car il en est résulté un changement dans la nature même de l'interprétation authentique. La cour de cassation fut instituée le 1er décembre 1790. Une loi du même jour ordonna (art. 91) que lorsqu'un jugement aurait été cassé deux fois, et qu'un troisième tribunal aurait jugé en dernier ressort de la même manière que les deux premiers, la question devait être soumise au Corps législatif, lequel porterait, en ce cas, un décret déclaratoire auquel le tribunal de cassation était tenu de se conformer dans son jugement. Dans ce système, qui fut maintenu par la constitution de l'an III et par celle de l'an VIII, l'interprétation authentique était obligatoire dès que la contrariété de décisions prévue par la loi se réalisait. La loi du 16 septembre 1807, sans déroger à ce principe, confia au gouvernement l'interprétation par voie d'autorité. Cela était contraire au principe d'après lequel c'est au pouvoir qui fait la loi à l'interpréter. Mais il faut avouer que, sous le régime impérial, les lois étaient l'œuvre du conseil d'Etat, qui les discutait, bien plus que du Corps législatif, qui les adoptait sans discussion aucune. De fait, le principe était donc maintenu, c'était bien le

_____

(1) Locré, *Législation civile*, t. Ier, p. 229, no 18.

corps qui en réalité faisait la loi, qui était aussi appelé à l'interpréter.

Sous un régime constitutionnel, le fait doit être en harmonie avec le droit. La constitution belge porte, article 28, que l'interprétation des lois par voie d'autorité n'appartient qu'au pouvoir législatif. Aux termes de la loi du 4 août 1832, article 23, il y avait lieu à l'interprétation législative quand deux arrêts ou jugements en dernier ressort, rendus dans la même affaire, entre les mêmes parties, attaqués par les mêmes moyens, avaient été annulés par la cour de cassation. Le gouvernement devait, en ce cas, présenter aux Chambres un projet de loi interprétative.

284. Le système de l'interprétation obligatoire présente de graves inconvénients. D'abord il transforme le législateur en juge. En effet, la loi interprétative décide le procès qui a donné lieu à l'intervention du pouvoir législatif, en même temps qu'elle prescrit une règle générale. Quand le législateur est juge, les pouvoirs sont confondus, et la confusion tourne au grand préjudice de la justice. Le cours régulier de la justice est arrêté : un procès pendant ne peut pas recevoir de solution jusqu'à ce que la loi interprétative soit portée. En théorie, rien ne paraît plus simple, plus facile que l'adage qui donne au législateur le pouvoir d'interpréter la loi. En fait, rien n'est plus difficile, plus compliqué. C'est le gouvernement qui présente le projet d'interprétation. Mais le sens donné par un ministre à une loi obscure peut ne pas être le véritable sens; du moins tel peut être l'avis de l'une ou de l'autre Chambre. Et si les deux Chambres étaient en désaccord? L'interprétation législative deviendrait impossible. Et comment se terminerait, en ce cas, le procès qui a rendu l'interprétation nécessaire? Le procès ne pourrait pas se vider. Conçoit-on qu'une contestation portée devant les tribunaux ne reçoive pas de solution, qu'elle s'éternise? C'est un vrai déni de justice. Le cas s'est présenté (1), et le conflit est dans la nature des choses. Quand

(1) Lettre du ministre de la justice, annexée au rapport fait par la commission de la Chambre des représentants sur la loi du 7 juillet 1865 (*Annales parlementaires*, 1864 à 1865, p. 475 et suiv.).

trois corps judiciaires n'ont pu s'entendre sur le sens d'une loi, comment les trois branches du pouvoir législatif s'entendraient-elles?

Ce n'est pas tout. En supposant que le projet d'interprétation aboutisse, il y a grand danger que la prétendue loi interprétative ne soit une loi nouvelle, et non une simple déclaration du sens de la loi ancienne. Le principe que c'est au législateur à interpréter la loi vient du droit romain; or, sous l'empire, c'était le prince qui faisait la loi, c'est-à-dire le conseil du prince. Dans un pareil état de choses, on peut dire que personne n'est plus compétent pour interpréter la loi que celui qui l'a faite. L'esprit du législateur se perpétue par la tradition, et sert à interpréter son œuvre. Il en est tout autrement dans l'organisation actuelle du pouvoir législatif. Les Chambres belges sont appelées à interpréter des lois qui datent de la République, du Consulat, de l'Empire, du royaume des Pays-Bas. Il n'y a plus rien de commun entre le législateur actuel et le législateur d'autrefois. Comment les Chambres de 1868 sauront-elles quel était l'esprit de la Convention, du Directoire, des consuls, de l'empereur? Il leur faudrait, pour interpréter la loi, des connaissances historiques, juridiques, auxquelles la plupart des membres de nos Chambres sont complétement étrangers. Il faut dire plus. Les habitudes d'un pouvoir appelé à faire la loi le prédisposent très-mal à la mission qu'on lui donne de l'interpréter. Habitué à se décider par des considérations d'intérêt général, comment le législateur plierait-il son esprit à s'abstraire de ce mobile, pour rechercher, non ce qui est le plus juste, le plus vrai, le plus utile, mais ce qu'a voulu l'auteur de la loi qui doit être interprétée? On peut hardiment renverser le vieux brocard et dire qu'il n'y a pas de plus mauvais interprète de la loi que le législateur. Que si, entraîné par l'esprit qui le domine, le législateur faisait une loi nouvelle sous couleur d'une loi interprétative, on aboutirait à cette funeste conséquence qu'une loi nouvelle régirait le passé, car les lois interprétatives rétroagissent. Ne serait-ce pas là le comble de l'iniquité?

285. Ces graves considérations engagèrent le gouvernement belge à présenter, en 1844, un nouveau système d'interprétation authentique; le projet fut repris en 1864, et aboutit à la loi du 7 juillet 1865. Lorsque, après une cassation, le deuxième arrêt est attaqué par les mêmes moyens, la cause est portée devant les chambres réunies de la cour de cassation. Si le deuxième arrêt est conforme au premier arrêt de cassation, aucun nouveau pourvoi n'est admis. Si le deuxième arrêt est annulé par les mêmes motifs qui ont fait annuler le premier, la cour à laquelle l'affaire est renvoyée doit se conformer à l'arrêt de la cour de cassation sur le point de droit décidé par cette cour. L'interprétation législative n'est plus obligatoire, elle est facultative.

Cette innovation, empruntée à la loi française de 1837, est considérable. Elle change complétement la théorie traditionnelle de l'interprétation authentique. Dans le système admis depuis 1790, le cours du procès était suspendu, quand il y avait deux ou trois décisions contradictoires dans la même cause, jusqu'à ce que le législateur eût porté une loi interprétative. D'après le nouveau système, l'obscurité de la loi, bien qu'attestée par le conflit de trois corps judiciaires, ne donne plus lieu à l'interprétation authentique. Le conflit est vidé par le pouvoir judiciaire. Régulièrement la loi est interprétée par les tribunaux. En tout cas, le second arrêt de la cour de cassation, rendu chambres réunies, termine le litige. Si le conflit se renouvelait, le pouvoir législatif pourrait, s'il le voulait, porter une loi interprétative, mais il n'y est pas obligé.

Le nouveau système remédie aux inconvénients que présentait l'ancien. Il n'y a plus de suspension dans le cours des procès, bien moins encore un déni de justice. L'interprétation des lois se fait par le juge, que ses études, ses occupations mettent en état de remplir cette mission. Il peut encore y avoir des lois interprétatives, mais elles seront très-rares; le législateur n'a plus besoin d'intervenir, puisque le cours régulier de la justice suffit pour vider le conflit. Il n'interviendra que si les conflits se renouvelaient. On pourrait croire, à première vue, que le système nouveau donne à la cour de cassation une part dans l'interprétation authentique, alors que cette interprétation devrait se faire par le pouvoir législatif. En réalité, cela n'est point. Le second arrêt de cassation termine le procès quant à la question de droit, mais il n'a d'effet qu'entre les parties qui sont en cause. Dans les autres affaires, les tribunaux conservent leur liberté d'action. La cour de cassation n'interprète pas par voie de disposition générale. Dès lors, elle n'empiète pas sur le pouvoir législatif.

Nº II. EFFET DE L'INTERPRÉTATION AUTHENTIQUE.

286. L'interprétation authentique est une loi, elle est donc obligatoire comme toute loi. Mais elle a ceci de particulier qu'elle régit le passé, tandis que les lois, en général, ne disposent que pour l'avenir. L'article 5 de la loi du 7 juillet 1865 porte, en termes formels, que les juges sont tenus de se conformer aux lois interprétatives dans toutes les affaires où le point de droit n'est pas définitivement jugé au moment où ces lois deviennent obligatoires. Cet article ne fait que consacrer une doctrine universellement reçue. La raison pour laquelle les lois interprétatives régissent le passé est très-simple. Ce ne sont pas des lois nouvelles, comme l'ont déjà remarqué les jurisconsultes romains (1) ; elles ne font qu'expliquer la loi ancienne ; c'est donc toujours la même loi qui subsiste, avec le sens qu'y attachait le législateur qui l'a faite. A vrai dire, ce n'est pas la loi interprétative qui régit le passé, c'est la loi telle qu'elle a toujours existé. Dès lors il ne peut pas être question de rétroactivité. Il est évident que, si dans une loi interprétative il se trouvait une disposition nouvelle, on rentrerait dans les principes généraux sur la non-rétroactivité.

(1) L. 21, D., XXVIII, 1.

LIVRE PREMIER.

DES PERSONNES.

———

DES PERSONNES CIVILES.

287. Les personnes sont des êtres capables de droit. Tous les hommes sont aujourd'hui des personnes. On sait qu'il n'en était pas de même chez les anciens ; ils ne reconnaissaient pas la qualité de personne aux esclaves : c'étaient des machines vivantes, disaient les philosophes, et les jurisconsultes les mettaient sur la même ligne que les animaux. L'influence des mœurs germaniques transforma l'esclavage en servage : les serfs étaient des personnes, puisqu'ils avaient certains droits, mais c'étaient des personnes incomplètes. Toujours est-il que la transformation de l'esclavage en servage est la révolution la plus considérable et la plus bienfaisante qui se soit opérée dans la condition des personnes. C'est le premier pas et le plus difficile vers l'égalité. L'Assemblée constituante acheva le travail séculaire qui s'était fait à partir de l'invasion des Barbares. Depuis 89, tous les hommes sont des personnes.

Les jurisconsultes divisent les personnes en *physiques* et *morales*, ou *civiles*. Cette classification est de pure doctrine, elle est étrangère à nos lois : le mot de *personne civile* ou *morale* ne s'y trouve pas. Donc dans le langage de la loi, les hommes seuls sont des personnes. Ce que les auteurs appellent personnes civiles sont des corps politiques, l'Etat, la province, la commune ou des établissements d'utilité publique, tels que les hospices, les bureaux de bienfaisance, les séminaires, les fabriques d'église, certaines congrégations religieuses vouées à la charité. Pourquoi leur donne-t-on le nom de personnes civiles? Parce que ces corps ou ces établissements jouissent de quelques droits appartenant aux hommes, notamment du droit de propriété. Mais l'assimilation est inexacte et elle prête à des erreurs dangereuses. Elle est inexacte, car il n'est pas vrai que les prétendues personnes civiles soient propriétaires au même titre que les hommes. La propriété est un droit absolu qui donne au propriétaire le pouvoir d'user et d'abuser, le pouvoir de disposer d'une façon illimitée. Jamais un droit pareil n'a été reconnu aux personnes morales les mieux caractérisées, pas même à l'Etat et aux communes; pour elles, la propriété est une fonction sociale, une charge qui leur impose des obligations au lieu de leur donner des droits. Il y a donc une différence immense entre l'homme propriétaire et la personne morale propriétaire. C'est sans doute pour cette raison que le législateur ne se sert pas de l'expression de *personne civile*. Les jurisconsultes auraient bien fait d'imiter cette réserve; car en appelant personnes civiles des corps politiques et surtout des établissements d'utilité publique, ils favorisent l'ambition qui est innée aux corporations, ils semblent les mettre sur la même ligne que les hommes, et par suite leur reconnaître les mêmes droits. Voilà le danger que nous signalons. Il y a un moyen bien simple de l'écarter, c'est de s'en tenir au texte des lois. Si nous employons néanmoins le mot de *personne civile*, c'est qu'il est reçu dans le langage juridique; mais tout en nous en servant, nous protestons d'avance contre l'idée qu'il implique.

§ 1er. *Quels sont les corps et les établissements qui jouissent de la personnification civile.*

288. Tout le monde est d'accord que les personnes dites civiles sont des êtres fictifs. Qui a le droit de créer ces fictions? Poser la question, c'est la résoudre; aussi la réponse est-elle unanime : Le législateur seul peut créer des personnes civiles. Le mot *créer* est un mot très-ambitieux qui ne convient nullement à la faiblesse humaine : l'homme ne comprend pas même la création. Ici cependant le mot est à sa place, en un certain sens. A la voix du législateur, un être sort du néant et figure, sur un certain pied d'égalité, à côté des êtres réels créés par Dieu. C'est dire que tout est fictif dans cette conception. Dès lors il faut la toute-puissance humaine pour créer des personnes civiles, comme il faut la toute-puissance divine pour créer des personnes réelles. Mais la puissance de l'homme oserait-elle se comparer à celle de Dieu? Ce n'est qu'improprement qu'il crée quoi que ce soit; on peut le défier de créer un être fictif capable de tous les droits dont jouissent les êtres humains. Ce n'est que dans des limites très-restreintes que l'homme peut imiter Dieu, en donnant à tels corps ou à tels établissements quelques-uns des droits qui appartiennent à l'homme. C'est dans ce sens impropre que la loi fait d'un non-être un être.

Cela suffit déjà pour justifier le principe que le législateur seul peut créer des personnes civiles. Il faut la puissance souveraine de la nation pour appeler à l'existence un être qui avant cette déclaration de volonté n'existe pas. Pourquoi la loi, organe de la souveraineté, confère-t-elle certains droits à des corps ou à des établissements? C'est pour un motif d'utilité publique que l'Etat a un domaine, que les communes sont propriétaires, que les hospices et les bureaux de bienfaisance peuvent posséder. Or, qui est le juge de l'utilité publique? Il n'y en a d'autre que le législateur, dont la mission est précisément de pourvoir aux intérêts généraux de la société. Partant, c'est lui et lui seul qui peut créer ces êtres fictifs auxquels on donne le nom de personnes civiles. Il les établit, il les modifie, il les supprime, selon que le bien de la société l'exige.

Ajoutez-y le danger dont la société serait menacée, si des corporations pouvaient se former ou se perpétuer sans le législateur et malgré lui. Supposons qu'un corps, un établissement, au lieu d'être utiles au public, lui soient nuisibles ; concevrait-on que le législateur fût forcé de les souffrir, de les protéger même, parce que ce corps ou cet établissement se seraient donné le nom de *personnes civiles ?* Notre question n'a pas de sens ; toutefois il n'est pas inutile de la poser, car ce qui pour les légistes est un non-sens, est parfois exalté par les passions ou par l'esprit de parti comme une œuvre recommandable que le législateur a tort de contrarier. Que de fois on a invoqué la liberté de la charité pour légitimer les fondations de bienfaisance ! Nous répondrons, avec Savigny, que la charité même peut devenir funeste, si elle est exercée dans un mauvais esprit. Il faut donc que le législateur intervienne, quelque louable que soit en apparence le but d'un corps ou d'un établissement quelconque (1).

289. Le principe que le législateur seul a le droit de créer des personnes dites *civiles* a pour lui la plus imposante des traditions. Il est proclamé par les jurisconsultes romains comme un axiome (2). Il est reproduit par nos anciens légistes ; nous ne citerons pas ceux qui sont hostiles à l'Eglise, qui voient avec défaveur tout établissement ecclésiastique, et sous l'ancien régime comme sous notre régime nouveau, c'étaient les corporations religieuses qui donnaient lieu aux luttes les plus vives. Nous citerons Domat, dont la piété égale la science ; ses paroles sont considérables, car elles nous révèlent le danger qui peut résulter pour l'Etat de ces êtres fictifs que l'on appelle personnes civiles : « Comme il est de l'ordre et de la police d'un Etat que, non seulement les crimes, mais tout ce qui peut troubler la tranquillité publique ou la mettre en péril, y soit réprimé, et que, par cette raison, toutes

---

(1) Savigny, *Traité de droit romain*, t. II, § 89, p. 274 et suiv.
(2) Namur, *Institutes*, t. Ier, p. 60 et suiv. ; Savigny, *Traité de droit romain*, t. II, § 88, p. 258.

assemblées de plusieurs personnes en un corps y soient illicites à cause du danger de celles qui pourraient avoir pour fin quelque entreprise contre le public, *celles mêmes qui n'ont pour fin que de justes causes* ne peuvent se former sans une expresse approbation du souverain, *sur la cause de l'utilité qui peut s'y trouver*. Ce qui rend nécessaire l'usage des permissions d'établir des corps et communautés ecclésiastiques ou laïques, régulières, séculières et de toute autre sorte : chapitres, universités, colléges, monastères, hôpitaux, corps de métier, confréries, maisons de ville ou d'autres lieux, et toutes autres qui rassemblent diverses personnes pour quelque usage que ce puisse être. Et il n'y a que le souverain qui puisse donner ces permissions et approuver les corps et communautés à qui le droit de s'assembler puisse être accordé (1). »

290. Cette doctrine fut consacrée par plusieurs ordonnances ; nous citerons la dernière, celle de 1749; les abus qu'elle signale nous expliquent la haine qui poursuivait au dernier siècle tout ce qui s'appelle corporation. On donnait jadis le nom de *mainmorte* aux corporations religieuses ou laïques. Etablies pour un bien public, dit Domat, elles devaient durer toujours, et il leur était défendu d'aliéner leurs biens sans de justes causes ; de là le nom de *mainmorte*, pour marquer que les biens qu'elles acquéraient mouraient en quelque sorte entre leurs mains, et ne produisaient plus aucun droit de mutation au profit des seigneurs et du roi (2). Acquérant toujours et ne vendant jamais, les corporations religieuses surtout menaçaient d'absorber tout le sol. L'édit de 1749 nous apprend que les *établissements de gens de mainmorte* trouvaient une grande facilité d'acquérir des fonds, tandis que ces fonds étaient destinés par la nature à la subsistance et à la conservation des familles. Alors même que les corporations acquéraient par vente, il en résultait un grave inconvénient: « les biens qui passaient dans leurs mains cessaient pour toujours d'être dans le commerce, » en sorte, dit le

(1) Domat, *Droit public*, liv. Iᵉʳ, tit. II, sect. II.
(2) Domat, *Des lois civiles dans leur ordre naturel*, Livre préliminaire, tit. II, sect. II, n° 15.

roi, qu'une très-grande partie des fonds de notre royaume se trouve actuellement possédée par ceux dont les biens ne pouvant être diminués par des aliénations, s'augmentent au contraire continuellement par de nouvelles acquisitions.

Les familles dépouillées et le sol mis hors du commerce; telle est l'histoire des corporations. Par ces raisons, le roi déclare qu'il renouvelle, en tant que de besoin, les ordonnances de ses prédécesseurs : il veut « qu'il ne puisse être fait aucun nouvel établissement de chapitres, colléges, séminaires, maisons ou communautés religieuses, *même sous prétexte d'hospices*, congrégations, confréries, hôpitaux ou autres corps et communautés, soit ecclésiastiques, séculières et régulières, soit laïques, de quelque qualité qu'elles soient, dans toute l'étendue de son royaume, si ce n'est en vertu de sa permission expresse (1). »

Les lois cherchèrent vainement à prévenir les abus qu'engendrait la mainmorte ; les corporations religieuses, comme nous le dirons plus loin, les violaient et les éludaient. Il ne restait qu'un moyen, la suppression. C'est ce que fit la Révolution. Parmi les nombreuses lois que porta le législateur révolutionnaire, nous n'en citerons qu'une ; celle du 18 août 1792 porte, article 1er : « Toutes les corporations religieuses et congrégations séculières d'hommes et de femmes, ecclésiastiques ou laïques, même celles uniquement vouées au service des hôpitaux et au soulagement des malades, sont éteintes et supprimées. » Il arriva pendant la révolution ce qui s'était passé sous l'ancien régime, et ce qui se passe sous nos yeux. Les corporations religieuses éludèrent les lois, en se reconstituant sous forme d'associations libres. Il fallait donc dissoudre non-seulement les corporations, mais même les simples associations. C'est ce que fit le décret du 3 messidor an XII : « Aucune *agrégation* ou *association* d'hommes ou de femmes, dit l'article 4, ne pourra se former à l'avenir *sous prétexte* de religion, à moins qu'elle n'ait été formellement autorisée par un décret impérial, sur le vu des statuts et règlements selon lesquels on se proposerait de

_____
(1) L'édit se trouve dans Merlin, *Répertoire*, au mot *Mainmorte*, § 1.

vivre dans cette agrégation ou association. » Il a été jugé, et avec raison, que ce décret n'avait pas pour objet de reconstituer les corporations religieuses, même avec l'autorisation de l'empereur ; le but était au contraire d'empêcher que les lois qui avaient aboli les corporations ne fussent éludées. Pour cela, il n'y avait qu'un moyen, c'était de prohiber même les simples associations. On ne faisait exception que pour certaines communautés charitables qui pouvaient être autorisées comme associations par l'empereur (1).

La législation ne laisse donc aucun doute sur le principe que nous avons posé : les corporations, en tant qu'elles ont la prétention de former des personnes dites *civiles*, sont essentiellement dans la main du législateur ; il les établit, il les supprime ; en dehors de son action et malgré lui, il ne peut s'agir de personnification ni directe ni indirecte. Cette question s'est présentée bien des fois devant les tribunaux de Belgique ; ils l'ont toujours décidée dans le même sens. La jurisprudence est unanime à reconnaître que la loi seule peut créer une personne civile (2).

291. Là n'est pas la vraie difficulté. Il s'agit de savoir si le législateur donne réellement la qualité de *personne* à certains corps ou établissements. Nous avons dit que les lois ne prononcent pas le mot de *personne civile*. Cela est déjà très-caractéristique. Ouvrons le code Napoléon. L'article 2227 dit que « l'*Etat*, les *établissements publics* et les *communes* sont soumis aux mêmes prescriptions que les particuliers et peuvent également les opposer. » Il eût été plus simple de dire : « les *personnes civiles*, » si le législateur reconnaissait des *personnes civiles*. A vrai dire il n'y en a pas. Le premier livre du code traite des *personnes*. Si à côté des personnes réelles il y avait des personnes fictives, dites *civiles* ou *morales*, le législateur aurait dû s'en

---

(1) Arrêt de la cour de cassation de Belgique du 11 mars 1848 (*Pasicrisie*, 1849, 1, p. 7-25).
(2) Arrêts de la cour de Bruxelles du 3 août 1846, du 14 août 1846 et du 28 avril 1859 (*Pasicrisie*, 1846, 2, 162 ; 1847, 2, 157 ; 1858, 2, 281 ; 1859, 2, 204). Arrêts de la cour de Gand du 13 mars 1848 et du 14 juillet 1854 (*Pasicrisie*, 1848, 2, 70 ; 1854, 2, 307).

occuper. Or, précisément dans ce livre premier, il n'est pas dit un mot de ces prétendues personnes. C'est seulement en traitant des choses que le législateur dit que les biens peuvent appartenir à d'autres qu'à des particuliers ; mais il lui arrive de ne pas même les désigner d'une manière plus précise que nous ne venons de le faire. C'est ainsi que l'article 619 porte : « L'usufruit qui n'est pas accordé à des particuliers ne dure que trente ans. » Même expression dans l'article 537 : « Les biens qui n'appartiennent pas à des particuliers sont administrés et ne peuvent être aliénés que dans les formes et suivant les règles qui leur sont particulières. » Dans les articles suivants, le code parle du domaine public, qui appartient à l'Etat ; il définit les biens communaux (art. 538-542) ; quant aux autres établissements qui peuvent posséder, il ne les nomme même pas. En traitant de la capacité de recevoir à titre gratuit, matière si importante pour les personnes dites *civiles,* l'article 910 mentionne les *hospices,* et ajoute l'expression habituelle d'*établissements d'utilité publique.* Il en est de même de l'article 937. Quand le législateur veut comprendre toutes les personnes dites *civiles* dans ses dispositions, il les énumère, en mentionnant l'*Etat,* les *communes* et les *établissements publics* (art. 1712, 2045, 2227, 2121, 2153). Que dit-il de ces corps et de ces établissements? Il leur reconnaît certains droits concernant les biens, mais nulle part il ne les met sur la même ligne que les personnes réelles. Quand donc on pose comme principe que le législateur seul peut accorder la personnification civile, cela ne signifie pas qu'il faille une loi qui dise que tel corps ou tel établissement est une personne civile; les lois ne s'expriment jamais ainsi. Cela veut dire que la loi seule peut donner des droits à d'autres qu'aux personnes réelles, c'est-à-dire à certains corps ou établissements publics ; ce qui est de toute évidence. Mais ces droits que la loi accorde à l'Etat, aux communes et aux établissements d'utilité publique, ne leur donnent pas la qualité de personne. Si la loi les leur reconnaît, c'est que cela est nécessaire pour qu'ils puissent remplir leur destination. C'est ce que le législateur lui-même va nous dire.

292. En tête des personnes dites *civiles*, le code Napoléon nomme toujours l'Etat. Est-ce à dire que l'Etat soit une personne véritable? Au point de vue philosophique et historique, on peut dire que les nations sont des personnes aussi bien que les individus; les unes comme les autres viennent de Dieu. Qui leur a donné le génie qui les distingue? Qui leur a donné la mission qu'elles remplissent dans la vie générale de l'humanité? Celui qui a donné aux individus des facultés spéciales en rapport avec la mission que chacun de nous a aussi dans ce monde. On pourrait donc croire que l'Etat, organe de la nation, est une vraie personne, et que cette personne existe en vertu de la nature et indépendamment d'une déclaration du législateur. Toutefois cela n'est pas. Sans doute, les sociétés humaines ont leur principe dans la nature, mais les hommes vivent en société longtemps avant qu'il y ait un Etat organisé. L'Etat n'existe donc pas comme l'homme existe, il ne naît pas, il est créé. Créé par qui? Par la loi. Dans quel but? Pour diriger les intérêts généraux de la société. A ce titre, il doit avoir certains droits dont jouissent les personnes réelles, les hommes. L'Etat a des dépenses nécessaires à supporter, il doit donc avoir des biens à sa disposition. Il est encore dans l'obligation de conclure des marchés, par suite desquels il devient débiteur ou créancier. En ce sens, il a une certaine personnalité. Toutefois les lois ne lui donnent pas le nom de *personne* : elles le mettent sur la même ligne que les communes et les établissements publics. Il n'a donc d'autres droits que ceux que la loi lui accorde. Voilà la différence radicale entre les véritables personnes et l'Etat, la plus caractérisée des personnes dites *civiles*. L'homme a tous les droits par cela seul qu'il existe; tandis que par sa nature l'Etat n'a aucun droit; il tient ses droits de la loi. Ils sont donc nécessairement limités : ce sont des droits concédés, ce ne sont pas des droits naturels.

293. Après l'Etat, vient la province. Elle est une personne dite *civile*, d'après la législation belge. Elle ne l'a pas toujours été. Sous l'ancien régime, les provinces avaient une personnalité fortement caractérisée : c'étaient des Etats dans l'Etat. L'Assemblée constituante, trouvant de la résistance dans l'esprit provincial, détruisit les provinces et les remplaça par les départements, division du territoire purement administrative. Ils ne figurent jamais dans le code Napoléon : il nomme l'Etat, les communes, il ne nomme pas les départements ; il définit les biens communaux (art. 542), il ne dit rien des biens départementaux, parce que les départements n'avaient pas de biens. La loi fondamentale du royaume des Pays-Bas modifia cet ordre de choses ; elle revint à l'antique tradition des Belges, en plaçant les provinces sur la même ligne que les communes ; les provinces ont en effet dans nos mœurs, dans nos souvenirs, des racines aussi profondes que la vie communale. Cependant, chose remarquable, ni la loi fondamentale ni les lois particulières n'ont reconnu formellement aux provinces la personnalité que la législation française refusait aux départements. Aussi la question n'est-elle pas sans difficulté. La cour de Bruxelles jugea par arrêt du 30 juillet 1861 que, sous le royaume des Pays-Bas, la province n'était qu'une division territoriale établie à l'effet de faciliter, de simplifier et de rendre plus économique l'administration générale du pays, mais qu'elle ne pouvait, à aucun point de vue, être considérée comme une personne civile. Sur le pourvoi en cassation, M. Faider, avocat général, soutint l'opinion contraire, dans un réquisitoire remarquable ; et la cour se rangea de son avis. Qu'importe qu'aucune loi ne donne la personnification aux provinces ? y a-t-il une loi qui la donne aux communes ou à l'Etat ? Mais la loi fondamentale parlait des *intérêts de la province* (art. 137) ; la loi du 12 juillet 1821 parlait de l'*intérêt provincial*, de dépenses d'*intérêt provincial* opposées à celles d'un *intérêt général*. C'était assimiler la province à la commune. Ayant des intérêts distincts de ceux de l'Etat, les provinces de même que les communes formaient par cela seul des corps moraux capables d'acquérir des droits et de contracter des obligations (1). Il est hors

(1) Arrêt de la cour de cassation du 16 janvier 1863 (*Pasicrisie*, 1863, 1, p. 65 96). La cour de Gand s'est rangée à l'avis de la cour de cassation. (Arrêt du 3 mai 1866, dans la *Pasicrisie*, 1866, 2, 211).

de doute que les provinces jouissent de ce qu'on appelle la personnification civile, d'après la législation belge. La loi provinciale du 30 avril 1836 confère, en termes exprès, aux conseils provinciaux tous les droits inhérents à cette personnification, tels que celui d'autoriser les emprunts, les acquisitions, aliénations et échanges des biens de la province, ainsi que les actions en justice relatives à ces biens. La province, c'est l'Etat en petit, ayant les mêmes attributions, mais dans une moindre sphère d'action.

294. Les communes, dit Savigny, ont une existence naturelle ; elles sont, pour la plupart, antérieures à l'Etat, dont elles forment les éléments constitutifs (1). Sans doute, l'existence des communes est nécessaire, et en ce sens on la peut dire naturelle. En faut-il conclure que les communes sont des personnes naturelles, et que par suite elles jouissent de la plénitude des droits qui appartiennent à l'homme ? On l'a soutenu, ce qui prouve le danger de l'expression de personne civile. Elle est ambitieuse, et elle allume facilement l'ambition dans les corps auxquels on la donne. Mais la loi l'ignore, et la nature aussi nous dit que les communes ne naissent pas comme les hommes. Elles sont le premier germe de l'Etat, la première forme sous laquelle il paraît dans l'histoire ; on peut donc dire de ces petits Etats ce que nous avons dit de l'Etat, organe de la nation. Les hommes peuvent vivre et ils ont certes vécu longtemps avant qu'il y eût des communes constituées. Donc les communes ne naissent pas, elles sont créées, comme l'Etat, par la loi, pour une destination spéciale. Partant leurs droits sont des droits spéciaux, droits dont elles ont besoin pour remplir leur destinée. On dit que les communes sont nécessaires. Certes, mais l'Etat aussi l'est, et néanmoins il faut une loi pour l'organiser, et il n'a que les droits que la loi lui donne. Comment la commune aurait-elle la prétention d'être une personne investie de tous les droits de l'homme, alors que l'Etat auquel elle est subordonnée n'a pas une vraie personnalité ?

(1) Savigny, *Traité de droit romain*, t. II, § 86, p. 239.

Viennent les *établissements publics* ou d'*utilité publique*. Le nom même que le code Napoléon leur donne marque le but dans lequel la loi leur reconnaît certains droits; c'est dans un intérêt général que la loi les organise, et leur mission exigeant qu'ils aient certains droits, la loi les leur accorde. Ces droits sont plus limités que ceux de l'Etat, des provinces et des communes. L'Etat a à pourvoir aux intérêts généraux de la société; la province régit les intérêts d'une portion considérable de l'Etat, et la commune règle aussi les intérêts d'un grand nombre d'habitants qui excède parfois celui d'un royaume. Il n'en est pas de même des établissements publics. Leur destination, quoique se rapportant à l'intérêt de la société, est toute spéciale. Dès lors leurs droits aussi doivent être plus limités. On voit de nouveau la différence profonde qui sépare les personnes dites *civiles,* des êtres humains. Ceux-ci jouissent tous de tous les droits, par leur seule qualité d'hommes. Voilà pourquoi on les appelle par excellence des *personnes.* Les corps, au contraire, et les établissements auxquels on donne le nom de *personnes civiles*, ont chacun des droits différents, parce que chacun a une raison d'être différente. Voilà pourquoi la loi ne les appelle pas des *personnes*, et on ne devrait pas leur accorder un nom qui répond si peu à la réalité des choses.

295. Quand le code civil parle d'établissements publics, il place toujours en première ligne les hospices. C'est une institution nécessaire, puisqu'il y aura toujours des misères humaines auxquelles il faut porter remède. Cependant personne ne dira qu'elle forme une personne naturelle. C'est une création du législateur, qui a déjà subi bien des modifications et qui en subira encore, à mesure que les idées et les sentiments sur la charité publique se modifieront. La Révolution, qui supprima toutes les corporations religieuses et la plupart des corporations laïques, respecta les hospices. Une loi du 16 vendémiaire an v les conserva dans la jouissance de leurs biens, et elle posa quelques règles sur leur organisation. Les administrations municipales nomment une commission de cinq membres qui dirige

les divers établissements de charité et gère les biens qui
leur sont affectés. Ces biens proviennent de dons et de
legs. En ce sens, les hospices jouissent de certains droits
privés ; ils sont propriétaires, mais leur propriété n'a rien
de commun avec le droit de propriété des particuliers ;
celui-ci est un droit, celui-là une charge, un service public. C'est la société qui exerce la charité par l'intermédiaire des hospices.

On peut rattacher les bureaux de bienfaisance aux hospices. C'est un seul et même service public, celui de la
charité sociale. Avant la révolution de 89, les biens de
l'Eglise étaient censés le patrimoine des pauvres ; l'Eglise
était donc une immense institution de bienfaisance. L'Assemblée constituante ayant réuni les biens de l'Eglise au
domaine public, il fallut organiser une charité civile. De
là les bureaux de bienfaisance nommés par les autorités
municipales, et ayant pour objet la distribution de secours
à domicile. Nous voyons ici une loi qui crée ce que l'on
appelle une personne civile. La loi du 7 frimaire an v ne
prononce cependant pas ce mot ; elle organise un service
public, et elle appelle les citoyens à y coopérer en faisant
des libéralités aux pauvres. En quel sens les bureaux de
bienfaisance jouissent-ils de la personnification civile? Ils
sont propriétaires, ils contractent pour les besoins de leur
gestion, ils peuvent agir en justice. Quoique institués par
les communes et placés sous leur tutelle, ils ne se confondent pas avec elles ; c'est une fonction particulière qui a
un organe particulier. Cette fonction exige que les bureaux de bienfaisance, de même que les hospices, aient
un patrimoine, lequel doit être géré et réparti en secours,
et au besoin défendu devant les tribunaux. Voilà toute la
personnification civile. Si les hospices et les bureaux sont
des personnes, ce sont des personnes ayant une existence
très-limitée ; on peut à peine dire qu'elles ont des droits,
leur propriété même n'étant qu'une affectation de certains
revenus à un service d'utilité publique.

296. Les fabriques d'église sont également un service
public. Elles furent rétablies, en principe, par la loi du
18 germinal an x, dont l'article 76 porte : « Il sera établi

des fabriques pour veiller à l'entretien et à la conservation
des temples, à l'administration des aumônes. » Par aumônes il faut entendre celles qui sont faites à l'Eglise pour
les besoins du culte, et non celles que l'Eglise ferait, car
elle a cessé d'être une institution de bienfaisance depuis
la sécularisation de ses biens. Le décret du 30 décembre
1809 règle l'organisation et les fonctions des fabriques.
Elles administrent, dit l'article 1er, les biens et les fonds
affectés à l'exercice du culte ; elles assurent cet exercice
et le maintien de sa dignité dans les églises auxquelles
elles sont attachées, soit en réglant les dépenses nécessaires, soit en assurant les moyens d'y pourvoir. L'article 36 énumère les revenus des fabriques. Parmi ces
revenus, figure le produit des biens, rentes et fondations
qu'elles ont été ou pourront être autorisées à accepter.
Puis le décret parle en détail des *charges* des fabriques.
Il n'y est rien dit de leurs droits. C'est une remarque
que l'on peut faire pour toutes les personnes dites *civiles*.
Est-il question de personnes réelles, des hommes, la loi ne
parle que de leurs droits. Est-il question d'établissements
d'utilité publique, le législateur ne s'occupe que des charges qui leur incombent. Rien de plus naturel, puisqu'ils
sont en essence un service public. Voilà pourquoi les lois
leur donnent le nom d'*établissements d'utilité publique* et
non celui de *personnes*.

Les *séminaires* se rattachent au service de la religion
catholique. Rétablis en principe par les articles organiques du concordat, ils furent organisés par la loi du
23 ventôse an XII. Cette loi ne dit pas un mot de la personnification des séminaires, pas un mot de leurs droits.
Elle se borne à définir le service pour lequel ils sont établis : aux termes de l'article 1er, il y a par chaque arrondissement métropolitain, et sous le nom de séminaire, une
maison d'instruction pour ceux qui se destinent à l'état
ecclésiastique. Les séminaires forment donc une branche
de l'instruction publique; à ce titre, ils sont sur la même
ligne que les colléges et les universités, avec lesquels ils
se confondent dans d'autres pays. C'est par considération
pour l'Eglise qu'ils forment des établissements particu-

liers, qui peuvent recevoir des donations et des legs (1).
Les séminaires comme les fabriques ont une destination
toute spéciale, les besoins d'un certain culte. Notons seulement qu'il a fallu une loi pour donner le caractère d'établissements publics à des institutions qui, comme les
séminaires et les fabriques, ne concernent qu'un culte
particulier. L'Eglise a la prétention d'être plus qu'une personne civile; les canonistes disent qu'elle est une *société
parfaite ;* ils entendent par là qu'elle forme un *Etat,* ayant
un vrai *pouvoir,* et ce pouvoir, elle le tient non de la loi,
mais de Dieu qui l'a fondée. Par suite, elle réclame ce que
les légistes appellent la personnification civile pour tous les
établissements qu'elle juge nécessaires (2). Ces prétentions
ne sont fondées sur rien, il est donc inutile de les discuter.
De fait, on n'a jamais osé les soutenir devant les tribunaux, parce qu'on sait d'avance qu'elles seraient repoussées. Sur le terrain juridique, c'est une hérésie de dire
qu'il y a une personne dite *civile,* sans loi ou même malgré
la loi. Il y a un cas qui s'est présenté devant la cour de
Bruxelles et qui met ce principe élémentaire dans tout
son jour.

Les évêques, ou, si l'on veut, les évêchés forment-ils une
personne civile, pour nous servir de l'expression usitée ?
Par arrêt du 4 août 1860 (3), il a été jugé que les évêques
n'ont pas la qualité de personne civile, ni par suite le
droit d'ester en justice, comme tels, pour les intérêts de
leurs diocèses. La cour de Bruxelles part de ce principe
incontestable et que l'on n'a pas essayé de contester « que
la loi ne reconnaît comme personnes civiles, en fait d'établissements, que ceux dont elle a positivement décrété
l'existence. » Toute la question, continue la cour, se réduit donc à savoir si une loi a attribué la personnification
civile aux évêques. L'arrêt décide qu'il n'y en a pas. La
seule disposition législative que l'on puisse alléguer au

(1) Décret du 30 décembre 1809, article 113 ; décret du 6 novembre 1813,
article 67.
(2) Voyez mon *Etude sur l'Eglise et l'Etat depuis la Révolution,* p. 220
et suiv. Parmi les canonistes, nous citerons le plus savant, Phillips, *Kir-
chenrecht,* t. II, p. 585 et suiv.
(3) *Pasicrisie,* 1861, 2, p. 128.

profit des évêques, c'est le décret du 6 novembre 1813;
mais il suffit de lire l'intitulé pour se convaincre que ce
n'est pas une loi générale, mais une loi particulière concernant quelques parties seulement de l'empire. Cela décide
la question.

297. Il y a d'autres établissements religieux qui ont
donné lieu à des débats répétés devant nos tribunaux.
Maintenant que la jurisprudence est constante, on se demande comment la question a pu paraître assez douteuse
pour être portée en justice. Il s'agit des congrégations
hospitalières. Le décret du 18 février 1809 permet de
leur accorder la qualité d'*institution publique* ou, comme
disent les légistes, de personne civile. C'est une dérogation évidente aux lois de la Révolution qui supprimèrent
toutes les congrégations religieuses, les hospitalières
aussi bien que les autres. Citons le fameux décret du
13 février 1790, article 1er : « La loi constitutionnelle du
royaume ne reconnaîtra plus de vœux monastiques solennels de l'un ni de l'autre sexe; en conséquence, *les ordres
et congrégations régulières dans lesquels on fait de pareils
vœux sont et demeurent supprimés en France, sans qu'il
puisse en être établi de semblables dans l'avenir.* » Les
congrégations hospitalières et enseignantes, maintenues
d'abord à titre d'associations, puis à titre individuel, fini-
rent par être dissoutes (1). Lorsque le culte catholique fut
rétabli, il ne restait plus ni religieux ni religieuses, et
l'intention bien arrêtée du premier consul et de l'empereur
était de maintenir l'abolition prononcée par les législateurs révolutionnaires. Mais le service des hôpitaux ayant
été désorganisé pendant l'anarchie révolutionnaire, Napoléon crut devoir rétablir les congrégations hospitalières,
en accordant le caractère d'*institution publique* à celles
dont les statuts auraient été approuvés par lui. Il eut soin
de limiter cette faveur aux congrégations « qui auraient
pour but de desservir les hospices de l'empire, d'y servir
les infirmes, les malades et les enfants abandonnés, ou de

_____

(1) Voyez l'analyse des lois portées pendant la Révolution, dans la *Pasicrisie*, 1858, 2, p. 288 et suiv.

porter aux pauvres des soins, des secours, des remèdes à domicile. » (Art. 1ᵉʳ.) Le texte du décret est on ne peut pas plus clair, et le but de l'empereur est évident. S'il consent à rétablir la mainmorte, c'est uniquement en vue d'un service d'utilité publique : le nom même qui désigne les sœurs *hospitalières*, les identifie pour ainsi dire avec les *hospices* et avec le soulagement des malades.

Voilà encore des personnes dites *civiles;* le décret de 1809 ne leur donne pas ce titre, il les qualifie d'*institutions publiques*, expression plus exacte. Les congrégations hospitalières, quand elles sont autorisées par le gouvernement, concourent à l'œuvre dé la bienfaisance publique, dont les hospices sont particulièrement chargés. On peut donc dire d'elles ce que nous avons dit des hospices : c'est une fonction sociale. La mainmorte n'est rétablie partiellement qu'en faveur de ce service : c'est la bienfaisance qui est la raison d'être de l'institution. Donc en dehors de la bienfaisance, elle n'existe plus. C'est dire que si les congrégations hospitalières ont un autre objet que le soin gratuit des malades, elles ne peuvent recevoir le caractère d'institution publique que le décret de 1809 n'organise qu'en vue d'un service spécial. Si la congrégation était enseignante, alors même qu'elle donnerait l'instruction gratuitement, elle ne pourrait pas recevoir le titre d'institution publique en vertu du décret de 1809. Car n'oublions pas que ce décret est une exception, une dérogation au droit commun, et une dérogation qui, en un certain sens, est contraire à l'intérêt général, puisqu'elle rétablit la mainmorte, qui a été abolie précisément parce qu'elle est contraire à l'intérêt de la société. Il faut dire plus, la congrégation, fût-elle hospitalière, ne pourrait pas être autorisée si, outre le soin des pauvres, elle avait pour objet l'instruction même gratuite. En effet la destination des congrégations hospitalières, comme institution publique, est définie par le décret; elles ne peuvent recevoir ce caractère que dans les limites que le décret détermine; hors de ces limites, elles n'ont plus le droit d'exister (1). Il

(1) Constitution belge, article 107.

est vrai que Napoléon autorisa des congrégations qui, outre le soin des pauvres, se livraient à l'instruction, mais l'empereur avait usurpé un pouvoir qui, dans l'ordre régulier des choses, ne peut appartenir au chef d'un Etat constitutionnel. Le décret même de 1809 était illégal ; dès lors l'exécution du décret pouvait aussi être illégale, sans que ces illégalités pussent servir de précédent ni d'autorité.

C'est en ce sens que les cours de Belgique interprètent le décret. Il est arrivé que des arrêtés royaux, rendus sous le royaume des Pays-Bas ou en Belgique, ont autorisé des congrégations qui se vouaient à l'enseignement. Ces arrêtés sont illégaux; dès lors c'est un devoir pour les tribunaux de ne pas les appliquer (1). La jurisprudence est fondée sur des principes incontestables. Seulement elle ne nous paraît pas assez rigoureuse : nous parlons de la rigueur du droit. Elle semble admettre que l'instruction gratuite donnée par une congrégation, quand du reste celle-ci a pour objet le soin des pauvres, ne serait pas un obstacle à ce qu'elle fût reconnue comme institution publique. Nous croyons que c'est dépasser le décret qui ne mentionne pas l'enseignement; or, une institution publique ne peut avoir d'autres attributions que celles que la loi lui donne. Tout en cette matière est de stricte interprétation. Pas de loi, pas de personne dite *civile*; donc dès que l'on s'écarte de la loi, il ne peut plus y avoir de personnification civile.

298. Il nous faut encore dire un mot d'une question soulevée par les associations religieuses, qui se sont multipliées en Belgique à l'abri de la liberté consacrée par notre constitution. L'article 20 dit que les Belges ont le droit de s'associer, et que ce droit ne peut être soumis à aucune mesure préventive. On demande si les sociétés, religieuses ou autres, établies en vertu de ce droit, jouissent de la personnification civile. Poser la question, c'est la résoudre; il y a de quoi s'étonner qu'elle ait été posée.

---

(1) Arrêt de la cour de Bruxelles du 3 août 1846 (*Jurisprudence*, 1847, 2. 235), confirmé par un arrêt de rejet de la cour de cassation du 11 mars 1848 (*Pasicrisie*, 1849, 1, 7-25). Arrêt du 14 août 1846 (*Jurisprudence*. 1847, 2, 243-263). Arrêt de la cour de Bruxelles du 28 avril 1858 (*Pasicrisie*, 1858, 2, 281-303), confirmé par un arrêt de rejet du 14 mai 1859 (*Pasicrisie*, 1859, 1, 204-222).

Qu'est-ce que le droit d'association a de commun avec la personnification civile? S'associer est un droit constitutionnel; est-ce que former un corps ou un établissement d'utilité publique est aussi un droit garanti par la constitution? Jamais idée pareille n'est venue à un législateur. Depuis qu'il y a des personnes dites *civiles*, il est de principe élémentaire qu'elles ne peuvent exister qu'en vertu de la loi, ce qui veut dire que pour chaque personne civile il faut un acte législatif qui l'appelle à l'existence, qui définisse l'objet de cette institution publique et les limites dans lesquelles elle exerce son action. Qui donc pourrait songer à personnifier en masse toutes les associations présentes et futures? Non-seulement les auteurs de la constitution n'ont pas eu cette idée absurde, mais ils l'ont formellement repoussée quand elle fut proposée par les partisans des congrégations religieuses. Nous n'insistons pas : on peut voir la démonstration longuement développée de ce que nous disons dans les arrêts qui ont consacré notre doctrine, s'il est permis de donner ce nom aux plus simples notions de droit (1).

Les associations religieuses ne pouvant invoquer la constitution pour réclamer la personnification, ont essayé de se constituer en sociétés civiles, et d'obtenir par ce moyen les bénéfices des anciennes corporations, tout en étant dégagées des entraves qui résultaient, sous l'ancien régime, de l'intervention de l'Etat. C'était éluder les lois qui abolissent les corporations et la mainmorte, disons le mot, c'était frauder la loi. Nous reviendrons sur cette matière, qui est d'une importance extrême, en traitant des donations et legs, et quand nous expliquerons le titre de la Société. Pour le moment, il suffit de constater que la fraude réussit, malgré la jurisprudence qui la frappe de nullité : nous avons en Belgique les anciens couvents, avec la fraude en plus, avec la violation de la loi en plus, et sans les garanties que l'ancienne législation donnait à l'Etat et aux individus.

(1) Arrêt du 13 mai 1861 de la cour de Bruxelles (*Pasicrisie*, 1861, 2, 191-218), confirmé par un arrêt de rejet du 17 mai 1862 (*Pasicrisie*, 1862, 1, 288).

§ 2. *Droits des personnes civiles.*

299. Nous disons que les corps et établissements publics sont improprement appelés *personnes civiles.* Cette expression n'est pas sans danger. En donnant le nom de *personne* à l'État, aux provinces, aux communes et à certains établissements d'utilité publique, on paraît les mettre sur la même ligne que les personnes réelles, les hommes. On semble leur reconnaître les mêmes droits. Qu'importe, dira-t-on, et pourquoi n'en serait-il pas ainsi? C'est qu'il y a une énorme différence entre les hommes et les corporations : les uns meurent, les autres ne meurent pas, et cette perpétuité allume chez elles une ambition qui n'a pas de limites, et un esprit d'envahissement qui menace la société et les individus. Que l'on se rappelle les abus de la mainmorte! Les individus sont propriétaires, les corporations le sont. Mais les individus n'ont qu'un droit viager; s'ils acquièrent, ils aliènent aussi, et cette mobilité de la propriété est un élément essentiel de la vie sociale : on l'exprime par cet adage que les biens doivent rester dans le commerce. Tandis que les biens qui appartiennent à des personnes dites *civiles* sortent du commerce, ces personnes, d'une part, ne mourant pas, d'autre part, acquérant toujours et ne vendant jamais.

Si tels sont les inconvénients attachés à tous les établissements de mainmorte, il faut, dira-t-on, les abolir. Que si on les maintient, peu importe qu'on leur donne ou qu'on leur refuse le titre de personne civile, les abus seront toujours les mêmes. Oui, l'expérience des siècles témoigne contre les *gens de mainmorte,* et elle conseille de les abolir comme fit le législateur révolutionnaire; ou si l'on doit les conserver par un motif de nécessité ou d'utilité publique, il faut du moins limiter leur cercle d'action, de manière qu'ils remplissent le but dans lequel ils sont institués sans devenir dangereux pour la société et les individus. Il est donc bon que le langage même de la loi leur apprenne qu'ils ne sont pas des personnes, mais seulement des institutions établies dans un intérêt général, que par conséquent, loin d'avoir leur raison d'être en eux-mêmes, ils n'ont de raison d'exister que dans le service public pour lequel ils sont créés.

Il importe encore, au point de vue juridique, de ne pas donner le nom de *personnes* à des corps ou à des établissements qui en réalité n'ont pas de personnalité. Le droit est une science essentiellement logique. Dès lors, il faut veiller à ce que le langage soit aussi précis que les idées; sinon l'on risque d'aboutir, par voie de déduction et de raisonnement, à des conséquences que la logique admet, mais que la raison et l'intérêt social repoussent. Donnez le nom de *personne* à un établissement : les légistes seront poussés fatalement à revendiquer pour cette corporation tous les droits dont jouissent les personnes naturelles. Si, au contraire, le législateur refuse le titre de personne aux corps et aux établissements qu'il trouve bon de créer, s'il les qualifie, comme il a soin de le faire, d'institution d'utilité publique, les jurisconsultes en déduiront cette conséquence logique qu'ils sont en face, non d'un être réel ayant des droits, mais d'un service public qui a des charges. Dans le premier cas, ils sont portés à étendre les droits des personnes dites *civiles*, jusqu'à les assimiler aux personnes réelles ; dans le second cas, ils ne leur reconnaîtront d'autres droits que ceux qui leur sont absolument nécessaires pour remplir leur mission : c'est dire que les prétendus droits deviennent des charges.

300. Les hommes seuls sont des personnes, et seuls ils ont des droits. Qu'est-ce en effet que les droits naturels ou civils que la loi reconnaît à tout homme ? Ce sont certaines facultés qui se rapportent soit aux relations des individus entre eux, soit aux relations des individus avec les objets du monde matériel. Ces facultés sont nécessaires à l'homme pour son développement matériel, intellectuel et moral, c'est-à-dire pour qu'il puisse remplir la destination pour laquelle Dieu l'a créé. C'est pour cela qu'on les appelle des droits naturels, et c'est aussi la raison pour laquelle tous les droits privés sont des droits naturels. Cette notion des droits naturels reçoit-elle son application aux personnes dites *civiles ?* Est-ce qu'elles sont appelées à se développer, à se perfectionner physiquement, intellectuellement, moralement, comme les individus? La question n'a pas de sens. Donc, dans la signification propre du mot, les corps et les établissements publics n'ont pas de droits.

Si la loi reconnaît certaines facultés aux personnes appelées civiles, c'est parce qu'elle les assimile, par fiction, aux personnes réelles. L'assimilation est fondée sur ce que les corps et les établissements publics ont aussi une certaine mission à accomplir, et pour qu'ils puissent le faire, ils ont besoin de certaines facultés que la loi leur accorde. Mais l'assimilation n'est toujours qu'une fiction, et toute fiction légale est par son essence limitée à l'objet pour lequel elle est établie. De là une différence capitale entre les hommes et les êtres fictifs que l'on appelle personnes civiles. Les premiers ont pour mission de se perfectionner, et ce perfectionnement est infini ; les facultés ou les droits dont ils doivent jouir sont donc aussi infinis. Il n'en est pas de même des corps et des établissements publics. Ils sont institués pour un service public, le législateur leur accorde les moyens nécessaires pour qu'ils puissent remplir la fonction sociale dont il les investit. Voilà ce qu'on appelle leurs droits. Ils sont donc essentiellement limités, et ce serait en donner une très-fausse idée que de les mettre sur la même ligne que les droits des individus.

Les droits des individus sont naturels, et partant infinis : il faut ajouter qu'ils sont absolus, en ce sens que l'homme en use ou n'en use pas, à sa volonté, et comme il est un être libre, il en use bien ou mal ; c'est son droit, mais la responsabilité est attachée à la liberté. Donc l'idée de droit implique celle de liberté. Certes on ne dira pas que les personnes appelées civiles soient des êtres libres; dès lors ce n'est qu'improprement que l'on peut parler de leurs droits. Il serait plus exact de dire que l'idée de droit appliquée aux corps et aux établissements publics change de nature : ce qui pour l'individu est un droit, devient une charge pour la corporation. Nous disons *charge* et non *obligation*, car l'idée d'*obligation* pas plus que celle de *droit* ne se conçoit pour des êtres fictifs, par la raison qu'ils ne jouissent pas de la liberté, et là où il n'y a pas de liberté, peut-il être question d'obligation? Ainsi les personnes appelées civiles n'ont ni droits véritables, ni obligations véritables. Comment dès lors seraient-elles des personnes juridiques? Ce sont des institutions chargées d'un service public. Tel est le langage de la loi; il répond bien mieux à la réalité des choses que l'expression de *personne civile*.

301. Quels sont les droits que les lois accordent aux personnes appelées civiles? Elles peuvent être propriétaires, parce qu'elles ont besoin de certains revenus pour remplir l'objet de leur institution. Elles peuvent donc acquérir et posséder, par suite contracter et ester en justice. Telle est, disent les jurisconsultes romains, l'essence de la personnification fictive (1); elle implique nécessairement que des êtres qui n'ont pas de vie réelle soient représentés par des organes ayant vie : c'est par eux qu'ils acquièrent, qu'ils possèdent, qu'ils agissent. Posséder et se faire représenter, voilà, dit Savigny, ce qui constitue la personne juridique (2). En quel sens les personnes civiles possèdent-elles, contractent-elles, agissent-elles en justice? « Les corps, répond Pothier, sont des êtres intellectuels, différents et distincts de toutes les personnes qui les composent. C'est pourquoi les choses qui appartiennent à un corps n'appartiennent aucunement, pour aucune part, à chacun des particuliers dont le corps est composé; et en cela la chose appartenant à un corps est très-différente d'une chose qui serait commune entre plusieurs particuliers, pour la part que chacun a en la communauté qui est entre eux (3). »

Cette distinction est évidente, et elle est élémentaire. Mais si c'est la personne civile qui possède, possède-t-elle au même titre que la personne naturelle? Est-ce un véri-

---

(1) L. 1, § 1, D. III, 4 : « Quibus autem permissum est corpus habere collegii, sive cujusque alterius eorum nomine, proprium est, ad exemplum reipublicæ, habere res communes, arcam communem, et actorem sive syndicum, per quem tanquam in republica, quod communiter agi fierique oporteat, agatur, fiat. »
(2) Savigny, *Traité de droit romain*, t. II, § 88, p. 259.
(3) Pothier, *Traité des personnes*, 1re partie, tit VII.

table droit de propriété qu'elle exerce? Ouvrons notre code,
et demandons au législateur ce que c'est que la propriété?
L'article 544 répond que c'est le droit de jouir et disposer
des choses de la manière la plus absolue. Est-ce là la propriété des personnes civiles? On l'appelle une propriété
vinculée, parce qu'elle a une affectation spéciale (1). L'Etat
a des biens; les provinces, les communes ont des biens.
Est-ce que ces corps peuvent jouir de leurs biens de la
manière la plus absolue? Les hospices, les bureaux de
bienfaisance, les fabriques peuvent-elles jouir comme elles
l'entendent? Non, certes; les lois mêmes en vertu desquelles elles possèdent affectent leurs biens à un usage
public, et elles veillent à ce que cette destination soit remplie. La propriété des personnes civiles n'est donc plus le
droit de jouir; elles jouissent à charge d'employer les produits des biens au service public qu'elles ont mission de
desservir. Si leur droit de jouir est *vinculé*, à plus forte
raison leur droit de disposer l'est-il. L'Etat est la plus
caractérisée des personnes dites *civiles*. Eh bien, il y a
une partie du domaine public qui ne peut pas être aliénée,
parce qu'elle est destinée à l'usage du public. Quant aux
biens de l'Etat qui restent dans le commerce, il n'en peut
disposer qu'en vertu d'une loi. Il y a des limitations analogues pour les biens des provinces et des communes,
ainsi que pour ceux qui appartiennent aux établissements
d'utilité publique. La propriété, qui est le plus illimité
des droits quand elle est dans les mains des particuliers,
n'est plus qu'une *chaîne* quand des personnes civiles l'exercent. Peut-on appeler *propriété* ce qui n'est qu'une affectation à un service public? Peut-on appeler droit ce qui
n'est qu'une charge?

302. Les individus peuvent acquérir comme ils veulent, autant qu'ils veulent. En est-il de même de ces êtres
fictifs que l'on appelle personnes civiles? Remarquons
d'abord qu'il y a un mode d'acquisition, et c'est le plus
considérable, la succession *ab intestat*, que les personnes

---

(1) Voyez le remarquable réquisitoire de M. Faider, avocat général à la
cour de cassation, dans la *Pasicrisie*, 1863, 1, 91.

dites *civiles* ne peuvent pas avoir, parce que fondé sur les liens du sang, il ne reçoit pas d'application à des êtres qui, étant sans vie réelle, n'ont pas de famille. L'Etat seul succède, mais c'est par suite de déshérence et comme occupant des biens qui n'ont pas de maître. On dira que les personnes fictives se dédommagent par les dons et les legs. Oui, et c'est précisément là un des dangers attachés aux corporations religieuses. Cet envahissement des biens que la nature destine à ceux qui vivent d'une vie véritable, a fini par soulever l'opinion publique contre tout ce qui s'appelle corporation. Ce sentiment qui pendant la Révolution fut poussé jusqu'à la haine, a sa légitimité. Il ne faut pas que des êtres fictifs prennent la place des êtres réels ; il ne faut pas que la vie fictive étouffe la vie véritable. Voilà une différence radicale entre la propriété des individus et celle des personnes appelées civiles. On ne voit pas le législateur intervenir pour limiter le droit qu'ont les particuliers d'acquérir et de posséder, tandis qu'il a été forcé de limiter le droit des corporations et surtout des corporations religieuses. C'est que pour l'individu la propriété est un bien, c'est l'expression et la garantie de sa personnalité. Entre les mains des corporations, au contraire, la propriété devient nécessairement une source d'abus. De là l'espèce de haine qui poursuit la mainmorte. Que l'on ne dise pas que c'est la haine de la religion. La réaction contre la mainmorte est aussi ancienne que la mainmorte même ; elle date d'une époque où l'incrédulité était inconnue, elle se manifeste chez des peuples qui de tout temps ont été sincèrement attachés à l'Eglise.

On lit dans un de nos vieux chroniqueurs (1) : « La comtesse Marguerite, *voyant que les acquêts des gens d'Eglise en Flandre croissaient journellement, de sorte que, si l'on n'y prévoyait, ils étaient taillés d'être dans brief espace seigneurs de tout le pays*, fit, par le conseil des nobles et autres de ses pays, défendre par édit général et perpétuel que nulle personne de religion ni de la sainte Eglise, de quelque condition et qualité qu'elle fût, ne s'avançât de faire ac-

(1) Oudegherst, chap. 117.

quêt de terres, rentes ou seigneuries gisant sous sa juridiction sans avoir préalablement d'elle ou de ses succes-
seurs, comtes ou comtesses de Flandre, octroi ou congé
spécial. » La défense ne fut guère observée. Un prince
célèbre, Charles-Quint, qui certes n'est pas suspect d'hostilité contre la religion, publia un nouvel édit, dès son
avénement au trône. Le 26 avril 1515, cédant aux *suppli-
cations* du peuple, il défendit d'une façon absolue aux gens
de mainmorte d'acquérir par succession ou acte de dernière volonté ; il ne leur permit d'acquérir qu'à titre onéreux, avec consentement du souverain. Ces défenses ne
furent pas mieux observées au XVIᵉ siècle qu'elles ne
l'avaient été à partir du XIIIᵉ. Le commentateur de la
coutume d'Artois dit : « Nonobstant les défenses qui leur
sont faites par les ordonnances, tant de France que des
Pays-Bas, les mainmortes ne laissent pas d'acquérir des
immeubles. » « Il est notoire, écrit Wynants, que les ecclésiastiques possèdent les deux tiers et plus du pays, et
qu'en peu de temps, s'il n'y est pourvu, ils vont s'emparer
du tout. » Vers le milieu du XVIIIᵉ siècle, on entend les
mêmes plaintes : les acquisitions des gens de mainmorte,
disait le conseil privé, étaient « sans nombre et sans fin, »
ainsi que les fraudes qu'ils employaient pour échapper aux
prohibitions des ordonnances (1). Ecoutons une pieuse
princesse ; Marie-Thérèse dit dans le préambule de son
édit de 1753 : « Quelque salutaires que soient ces lois,
fondées sur le bien commun de la société, l'expérience ne
fait que trop voir *qu'on a trouvé des moyens de toute espèce
pour en éluder l'exécution*, tellement que les gens de mainmorte ont su continuer de parvenir à la jouissance de
quantité de biens immeubles... Nous connaissons toute la
faveur que méritent des établissements qui n'ont pour
objet que le service de Dieu, l'instruction des fidèles et le
soulagement des pauvres ; et nous employons toujours volontiers nos soins pour la conservation des possessions
légitimes de ceux qui ont été formés par les motifs de

---

(1) Nous empruntons ces citations à M. Orts, *De l'incapacité civile des
congrégations religieuses*, p. 36-38.

l'utilité publique et conformément aux lois. Mais, en accordant notre protection royale au maintien de ces possessions, l'intérêt et *la voix commune* de nos fidèles sujets nous invitent à veiller aussi à la conservation des familles et à empêcher que, par des acquisitions *contraires aux lois*, une grande partie des fonds ou autres biens immeubles ne soit soustraite au commerce. »

Le placard du 15 septembre 1753 porte, article 1er : « Nous voulons que toutes les ordonnances, défenses et prohibitions des princes nos prédécesseurs, nommément l'édit de l'empereur Charles-Quint du 19 octobre 1520, soient ponctuellement observés. » Marie-Thérèse s'ingénie à frapper la fraude qui avait éludé les édits. Quantité de biens, dit l'article 7, avaient été acquis au profit de gens de mainmorte, sous des noms empruntés ou par des personnes interposées. L'édit veut que les prétendus acquéreurs en fassent la déclaration, à peine de confiscation de la valeur des parties recélées, et de punition arbitraire à charge de ceux qui ne seront pas en état de payer cette valeur. Puis le placard déclare nulles les acquisitions que les gens de mainmorte pourraient tenter de faire à l'avenir, *par quelque moyen ou prétexte que ce puisse être*, et il ajoute que ces acquisitions seront également sujettes à confiscation. La nullité n'effrayait guère les corporations, elles se mettaient au-dessus de la loi. Pour empêcher la fraude, Marie-Thérèse veut que les magistrats et hommes de loi, par le ministère desquels se faisait le transport des immeubles, et ceux qui les acquéraient, fassent le serment que ce n'était au profit d'aucune mainmorte. Ceux qui prêteront leurs noms malgré le serment, dit l'article 16, seront punis comme parjures, suivant toute la rigueur des lois (1).

Il paraît que la crainte du parjure n'arrêta pas les fraudes des gens de mainmorte. En 1787, les biens du clergé s'élevaient dans une seule province, le Brabant, à trois cents millions. Pour toute la Belgique, le patrimoine de l'Eglise montait au chiffre énorme de quatre milliards

_____

(1) Le placard se trouve dans Merlin, *Répertoire*, au mot *Mainmorte*, § 5.

267 millions (1)! La Révolution employa un moyen énergique pour mettre fin à cette fraude séculaire; elle supprima la mainmorte et même les simples associations religieuses. Ce remède héroïque est peu en harmonie avec nos idées de liberté. Notre constitution proclame le droit illimité d'association; à l'abri de cette liberté, la mainmorte s'est reconstituée, quoiqu'elle reste légalement supprimée. Nous reviendrons sur les nouvelles fraudes imaginées pour transformer les associations en personnes civiles. En droit, il n'y a plus de mainmorte, sauf les biens que possèdent l'Etat, les provinces, les communes et les établissements d'utilité publique. En fait, la mainmorte subsiste, plus frauduleuse que jamais.

303. On voit que la propriété, qui est un bienfait quand des individus l'exercent, devient un danger pour la société quand ce sont des personnes dites *civiles* qui envahissent le sol. Laissons là les abus, et revenons sur le terrain du droit. Si l'on reconnaît le droit de propriété aux êtres fictifs appelés personnes civiles, il faut aussi leur accorder le droit de contracter. C'est le corps qui parle au contrat, par l'organe de son représentant légal, ce ne sont pas les particuliers dont le corps est composé; c'est donc le corps seul qui est créancier ou débiteur; ceux qui le composent ne peuvent pas exercer les droits qui résultent du contrat, et ils ne sont pas tenus des obligations que le corps a contractées. De là suit, dit Pothier, que le créancier du corps ne peut point exiger de chacun des particuliers de ce corps ce qui lui est dû par le corps, il ne peut faire condamner au payement que le corps; il ne peut faire commandement qu'au corps, en la personne de son syndic ou procureur, et il ne peut saisir que les effets qui appartiennent au corps (2).

Le droit de contracter qui appartient aux personnes dites *civiles* est *vinculé*, aussi bien que le droit qu'elles ont d'acquérir et de posséder. C'est encore une différence capitale entre les personnes réelles et les personnes fic-

(1) Orts, *De l'incapacité civile des congrégations religieuses,* p. 41 et s.
(2) Pothier, *Traité des personnes,* 1re partie, tit. VII.

tives. L'homme peut s'obliger indéfiniment; les corps et établissements publics ne peuvent faire un pas sans contrôle, sans observer certaines formes, sans être assujettis à certaines conditions. La raison de cette différence est évidente. Les corps ne vivent pas, c'est une institution publique dont le but est limité, dont les moyens d'action, par conséquent, doivent aussi être limités. C'est dire qu'en réalité ces corps ne sont pas des personnes. Ils n'ont pas et ne peuvent pas avoir ce qui constitue l'essence de la personnalité humaine, la liberté. L'homme est libre dans tout ce qu'il fait, tandis que la prétendue personne civile porte toujours des chaînes : elle ne peut acquérir, aliéner, contracter, plaider qu'avec autorisation, ou en remplissant les formalités prescrites par la loi.

Jadis les corporations jouissaient de certaines prérogatives ou priviléges. On les assimilait aux mineurs, et par suite elles pouvaient être restituées, par lettres de rescision, pour cause de lésion considérable, contre des engagements de conséquence qu'elles auraient contractés. A d'autres égards on les assimilait à l'Etat, qui jouissait d'une prescription spéciale. Les choses qui leur appartenaient ne pouvaient être acquises par un tiers détenteur par l'usucapion ordinaire; il n'y avait que la prescription de quarante ans qui pût leur être opposée, soit pour acquérir les choses qui leur appartenaient, soit pour se libérer des droits et actions qu'elles avaient (1). Ces priviléges n'existent plus (code Napoléon, art. 1118, 2227). Il ne leur reste qu'un seul droit, à titre d'incapables; aux termes de notre loi hypothécaire (art. 47), l'Etat, les provinces, les communes et les établissements publics ont une hypothèque légale sur les biens de leurs receveurs et administrateurs comptables. Sous l'ancien régime, les corporations étaient vues avec faveur, en tant qu'il n'y avait pas danger de mainmorte. Le législateur moderne les voit plutôt avec défaveur, et au lieu de leur accorder des priviléges, il leur crée des entraves afin de les maintenir dans le cercle limité de leurs attributions.

(1) Pothier, *Traité des personnes*, 1re partie, tit. VII, article 2.

304. Ceci est une nouvelle différence entre les personnes naturelles et les personnes dites *civiles*. Les premières ont un champ illimité pour l'exercice de leurs facultés. Les autres n'ont pas de facultés; établies pour remplir un service public, elles doivent restreindre leur action dans le cercle que ce service leur trace. Si elles le dépassaient, elles n'auraient plus de raison d'être, et en réalité, elles cesseraient d'exister. Cela est vrai, même pour l'Etat, le plus considérable de ces êtres fictifs, celui qui se rapproche le plus de l'homme, parce qu'il est l'organe de la nation. On a demandé souvent si l'Etat pouvait exercer une industrie ou un commerce. La question a été posée au point de vue économique. Il va sans dire que l'Etat ne peut rien faire qu'en vertu d'une loi. Il en est de même des provinces et des communes, et à plus forte raison des établissements d'utilité publique. Concevrait-on qu'une fabrique d'église se fît fabricant ou commerçant? Nous comprenons que des personnes étrangères à la science du droit soutiennent que les personnes dites *civiles* peuvent faire tout ce que la loi ne leur défend pas; c'est le nom de *personne* qui les égare, et elles s'imaginent que la personne civile doit être placée sur la même ligne que la personne naturelle. Cela est contraire aux plus simples notions de droit. Les personnes dites *civiles* n'existent qu'en vertu de la loi; elles n'existent donc que pour un objet déterminé, d'utilité ou de nécessité publique, partant dans les limites de cette sphère légale. Hors de là, elles n'existent plus; demander si une personne civile peut agir en dehors de l'objet pour lequel elle a été créée, c'est demander si un non-être, si le néant a vie et peut agir. On éviterait cette confusion d'idées si l'on imitait la sage réserve du législateur, qui ne donne jamais le nom de *personne* à des êtres fictifs qui n'ont aucune personnalité.

305. Ce qui est vrai des droits privés, est vrai aussi des droits politiques. Qui a jamais songé à revendiquer le droit de voter pour les personnes civiles? Il peut se faire que certains corps aient le droit d'être représentés dans les assemblées législatives : les universités anglaises élisent un membre au parlement. Mais cela se fait en vertu de la loi ; et dans ce cas ce n'est pas la corporation comme telle qui élit ou qui peut être élue, ce sont les membres du corps qui sont appelés à voter. Il y a des droits politiques qui, à la rigueur, peuvent être exercés par des personnes civiles : tel est l'enseignement. Mais que l'on y prenne garde, c'est moins à titre de droit qu'à titre d'obligation ou de charge. On ne dira pas que si l'Etat enseigne, c'est en vertu de la liberté d'enseignement ; il le fait parce qu'une loi le charge de ce service public. Les communes sont chargées de l'enseignement primaire : est-ce un droit qu'elles exercent ? Un droit est une faculté ; celui à qui il appartient en use ou n'en use pas. Les communes sont-elles aussi libres d'enseigner ou de ne pas enseigner? Ouvrons la loi du 23 septembre 1842 : nous y lisons qu'*il y aura* dans chaque commune au moins une école primaire, et que la commune est *tenue* de procurer l'instruction gratuite à tous les enfants pauvres (1). Ainsi, ce qui pour les individus est un droit, devient une obligation pour les communes. Or, une obligation demande une loi. Il faut donc une loi pour que la commune puisse enseigner, c'est-à-dire fonder un établissement d'instruction. On a soutenu le contraire, on a prétendu que les communes pouvaient établir une université. Nous avons répondu d'avance à ces prétentions. La commune n'a pas plus le droit de créer une université qu'elle n'a le droit de se faire fabricant ou commerçant. Elle n'a pas ce droit, parce que la loi ne le lui donne pas, et comme toute personne dite *civile*, elle n'a de droits que ceux que la loi lui accorde.

Cela est vrai, à plus forte raison, des établissements d'utilité publique. On a prétendu que les fabriques d'église pouvaient établir des écoles pour l'instruction d'enfants pauvres, et il y a des arrêtés royaux qui ont approuvé des dons et legs faits avec cette charge. Si l'on permet aux fabriques d'enseigner gratuitement, on peut aussi leur permettre d'enseigner à prix d'argent, et on doit, à la rigueur, leur permettre d'établir des usines ou

_____

(1) Loi du 23 septembre 1842, articles 1 et 5.

de fonder une maison de banque. Si c'est chose absurde que les fabriques d'église filent le coton et le lin, il est tout aussi absurde qu'elles enseignent, alors qu'elles sont instituées pour les besoins du culte catholique. En dehors de cette sphère légale, elles n'existent plus; et comment, si elles n'existent pas, pourraient-elles exercer un droit quelconque?

306. Les personnes dites *civiles* ont-elles une existence et des droits en dehors des limites de l'Etat dans lequel elles sont reconnues (1)? On sait que les personnes réelles, les hommes, jouissent, à l'étranger, des droits que nous appelons naturels, et en France, ainsi qu'en Belgique, ils jouissent même de la plupart des droits civils. De plus, ils sont régis, partout où ils se trouvent, par leur statut personnel. Il n'en est pas de même des personnes civiles. Il ne peut pas être question pour elles d'exercer des droits quelconques en pays étranger, car pour exercer un droit, il faut exister; or, les personnes dites *civiles* n'existent pas en dehors de l'Etat où elles sont instituées. Cette différence entre les personnes réelles et les personnes fictives résulte de la nature même des choses. L'homme, en recevant la vie, reçoit en même temps de celui qui la lui donne certaines facultés qui lui sont nécessaires pour vivre, et que, pour cette raison, nous appelons droits naturels. Par conséquent, il faut qu'il puisse s'en prévaloir partout, car il a partout le droit de vivre. Dieu l'a créé membre de l'humanité, en même temps qu'il l'a créé membre d'une nation particulière. Comme membre de l'humanité, il peut partout réclamer les droits qui appartiennent à l'homme, il le peut par cela seul qu'il existe, c'est-à-dire par cela seul qu'il vit. Ces notions élémentaires, qui découlent de la personnalité humaine, ne reçoivent pas d'application aux corps et aux établissements créés par la loi dans un but d'utilité publique. Ils ne tiennent pas leur existence de Dieu, ils n'ont pas de vie véritable; c'est

---

(1) Voyez sur cette question, vivement agitée en Belgique, un excellent mémoire de MM. Arntz et Bastiné, professeurs à l'université de Bruxelles, et Bartels, avocat (*la Belgique judiciaire*, t. IV, p. 1388 et suiv.).

donc chose absurde de demander s'ils ont des droits naturels que Dieu leur aurait donnés et qu'ils peuvent exercer partout.

Dira-t-on que la fiction doit imiter la réalité, que les personnes civiles, ayant une existence fictive, sont par cela même considérées comme des êtres ayant vie, et que par suite elles ont certains droits qui leur sont nécessaires pour vivre de cette vie fictive, ou, si l'on veut, pour atteindre le but dans lequel elles ont été instituées ? Oui, la fiction imite la réalité, mais dans les bornes de ce qui est possible et nécessaire. Dans l'intérieur de l'Etat où les personnes dites *civiles* ont reçu cette personnification fictive, elles exercent les droits que la loi leur accorde. Mais à l'étranger, il est impossible qu'elles aient ces mêmes droits, car la première condition requise pour l'exercice d'un droit, c'est d'exister ; or, les personnes qui n'ont qu'une existence fictive n'existent pas à l'étranger. En effet, elles doivent cette existence à la loi et uniquement à la loi. La loi la leur donne dans un but d'utilité publique, c'est-à-dire nationale. Donc par leur institution même, elles n'ont d'existence et ne peuvent avoir de droits que dans les limites du territoire sur lequel s'étend la souveraineté dont la loi est l'organe. Quand le législateur crée une personne civile, c'est en vue d'un service public; comment aurait-il la prétention de conférer à un établissement national une existence universelle ? Cela est contradictoire dans les termes. Il faut dire plus : le législateur le voudrait qu'il ne le pourrait pas, car son action ne s'étend pas à tout le genre humain, elle est restreinte à la nation qu'il représente; son œuvre aussi est donc nécessairement bornée, c'est-à-dire que, par leur essence, les personnes civiles n'ont qu'une existence limitée. Au delà des frontières de l'Etat qui les a établies, elles n'existent plus, c'est le non-être. Dès lors, il ne peut pas être question pour elles d'exercer des droits à l'étranger.

Il faut dire plus. L'objet de leur institution n'exige pas, en général du moins, que les personnes civiles aient une existence et des droits à l'étranger. Etablies pour un service public, national, leur existence fictive est limitée, par cela même, au territoire de la nation. Il suffit, pour l'objet de leur institution, qu'elles aient une vie fictive et par suite certains droits privés dans le sein de l'Etat qui les crée; il n'est pas nécessaire qu'elles vivent ailleurs et qu'elles exercent des droits ailleurs. Or, leur existence toute relative et leurs droits tout particuliers sont circonscrits dans les limites de la nécessité. Par cela seul qu'elles n'ont pas besoin d'exister à l'étranger, elles n'y ont aucune raison d'être, et par suite elles ne sont pas, elles n'existent pas et n'ont aucun droit. C'est une différence radicale entre les hommes et les personnes civiles. Les premiers ont des droits parce qu'ils existent; les autres n'ont d'existence que parce qu'il leur faut certains droits. Voilà pourquoi l'homme exerce partout les droits attachés à la vie; tandis que la personne civile n'existe pas à l'étranger, parce qu'elle n'a pas de droits à y réclamer, et elle n'a pas de droits à l'étranger, parce que cette extension de ses droits lui est inutile. Elle a une vie intérieure, nationale, qui suffit pour sa mission.

Il y a des exceptions, il est vrai. Il se peut qu'une personne civile ait des droits à exercer à l'étranger. Le peut-elle? Elle ne le pourrait que pour autant que son existence fût reconnue là où elle a intérêt d'agir comme personne. La question se réduit donc à ceci : Est-ce que la loi qui l'a créée lui a donné une existence absolue, universelle? Nous avons répondu d'avance à la question, et la nature des choses y répond. Dieu seul crée des êtres ayant une vie réelle, absolue. Le législateur ne peut imiter le Créateur que dans les limites de son pouvoir. Sa puissance expire aux bornes du territoire sur lequel il exerce son empire : là aussi s'arrête l'existence des êtres qui ne doivent leur vie fictive qu'à la loi. Ont-ils intérêt à exister ailleurs? Il faut que les lois ou les traités reconnaissent leur existence. Ce que le droit prescrit, la prudence politique le commande également. Les personnes civiles sont des corps ou des établissements d'utilité nationale. Ce qui est utile à une nation peut ne pas être utile à une autre, peut même lui paraître nuisible. C'est une raison décisive pour que le législateur dans chaque pays décide s'il lui convient de reconnaître l'existence des personnes civiles créées dans un autre Etat (1).

307. A cette doctrine, on oppose le principe du statut personnel. Merlin déjà a assimilé les personnes fictives aux personnes réelles, en ce qui concerne le statut qui leur est applicable. « Les lois relatives à l'établissement des gens de mainmorte, dit-il, sont personnelles, puisqu'elles en déterminent l'état, soit en autorisant leur existence, soit en la détruisant. » Merlin en déduit la conséquence que ces lois portent leur empire jusque sur les biens situés hors de leur territoire. « La raison en est simple, ajoute-t-il. Dès qu'un corps existe légitimement, dès qu'il est capable, par état, de contracter et d'acquérir, son existence et sa capacité doivent influer sur les biens mêmes situés hors de la sphère de la loi qui lui a donné l'une et l'autre. » Merlin prévoit l'objection qu'on lui fera : que l'autorité des lois est bornée par leur territoire. Ce principe, répond-il, n'empêche pas les étrangers d'exercer des droits hors de leur pays ; on ne peut pas davantage l'opposer aux personnes civiles ; il suffit que ces personnes soient autorisées dans le lieu de leur existence, pour qu'elles exercent partout les droits qui leur appartiennent (2).

Nous croyons que le grand jurisconsulte s'est laissé égarer par le nom de *personne* que l'on donne aux corps ou établissements d'utilité publique, pour en induire que les personnes dites *civiles* ont une existence aussi absolue que les personnes réelles. La cour de cassation de Belgique s'y est trompée également dans un premier arrêt sur les sociétés anonymes (3). Il importe de mettre l'erreur

(1) Réquisitoire de M. Leclercq, procureur général près la cour de cassation de Belgique (*Jurisprudence du* XIXᵉ *siècle*, 1847, 1, 594) : « Les personnalités fictives nées dans un pays n'ont d'existence que dans les limites de ce pays ; hors de ces limites, elles ne sont pas, si elles n'ont satisfait aux prescriptions de la loi du pays où elles se produisent. » La doctrine de M. Leclercq a été combattue en France, avec quelque légèreté, par M. Oscar de Vallée, avocat général près la cour de Paris (Dalloz, *Recueil périodique*, 1863, 2, 86). Elle a été consacrée par un arrêt de la cour de cassation de France du 1ᵉʳ août 1860 (Dalloz, 1860, 1, 444).

(2) Merlin, *Répertoire*, au mot *Mainmorte*, § 7, nᵒ 2.

(3) Arrêt du 22 juillet 1847, rendu contre les conclusions de M. Leclercq, procureur général (*Jurisprudence du* XIXᵉ *siècle*, 1847, 1, 602). La cour de cassation de France a décidé par deux arrêts du 19 mai 1863 et du 14 no-

dans tout son jour. Voici en quels termes la cour pose la question : « Les personnes civiles ayant une existence légale dans un pays étranger ont-elles capacité en Belgique pour contracter et pour ester en justice? » Il est un principe, répond l'arrêt, admis par toutes les nations civilisées, que l'état et la capacité des personnes sont régis par les lois du pays auquel elles appartiennent. Ce principe est expressément proclamé par le code civil, qui porte, article 3 : « Les lois concernant l'état et la capacité des personnes régissent les Français, même résidant en pays étranger. » Le même principe doit nécessairement et par réciprocité s'étendre aux étrangers qui se trouvent en France. Reste à savoir si l'on peut l'appliquer aux personnes dites *civiles*. La cour décide que les termes de l'article 3 étant généraux, il faut y comprendre les personnes morales aussi bien que les personnes physiques. Il y a d'ailleurs identité de raison, ajoute-t-elle; il y aurait le même inconvénient à leur égard qu'à l'égard des personnes naturelles de modifier leur capacité d'après les lois des différents pays où elles auraient à acquérir des droits ou à contracter des obligations. Vainement dit-on que les personnes civiles ne sont qu'une fiction de la loi qui doit perdre ses effets là où la loi elle-même perd son empire; il y a analogie parfaite, à cet égard, entre les personnes naturelles et les personnes civiles, en ce sens que l'état des unes et des autres est réglé par la loi, et naturellement par la loi de leur pays; les unes et les autres peuvent donc invoquer le statut personnel.

La cour de cassation a elle-même reconnu son erreur. C'est la prétendue identité des personnes réelles et des personnes fictives qui l'a égarée, ainsi que Merlin. Raison de plus pour répudier cette assimilation. Chose étrange! La cour ni Merlin n'ont réfléchi que nulle part le législa-

vembre 1864 (Dalloz, 1863, 1, 218; 1864, 1, 466), que les sociétés anonymes étrangères peuvent être actionnées devant les tribunaux français, quand même elles ne seraient pas reconnues en France, mais qu'elles ne peuvent pas intenter d'action sans être autorisées. Ce dernier point est décidé par la loi du 30 mai 1857. Voyez, dans le même sens, arrêts de la cour d'Amiens du 2 mars 1865 et de la cour de Paris du 9 mai 1865 (Dalloz, 1865, 2, p. 105 et suiv.).

teur français n'assimile les personnes civiles et les personnes physiques. Que dis-je ? il ne donne pas même le nom de *personnes* aux corps et aux établissements qu'il crée dans un but d'utilité publique. Cette réserve, ce silence du législateur suffisent pour mettre à néant toute la théorie de la personnification civile et les conséquences que Merlin et la cour de cassation en déduisent. Quand le législateur parle des *personnes*, il est impossible qu'il comprenne dans cette expression les personnes civiles, puisque, nulle part il ne reconnaît de personnification civile. Et quand il la reconnaîtrait, il serait encore impossible d'appliquer à ces êtres fictifs le principe du statut personnel, consacré par l'article 3 du code Napoléon.

De quoi s'agit-il dans la matière des statuts ? De décider par quelle loi sont régis les droits qu'un étranger exerce en France, si c'est par la loi française ou par la loi étrangère. Quand les droits sont relatifs à des immeubles situés en France, on applique la loi française ; quand les droits concernent l'état et la capacité de la personne, on suit la loi étrangère. Cette distinction des statuts réels et des statuts personnels peut-elle recevoir son application à des personnes fictives ? Si elles invoquaient l'article 3 du code civil, il y aurait une première fin de non-recevoir à leur opposer, et elle est péremptoire ; on leur dirait : « Avant d'examiner par quelle loi seront régis les droits que vous réclamez, il faut que vous prouviez que vous avez des droits à exercer en pays étranger. Pour avoir des droits, il faut exister ; prouvez donc votre existence. Vous prétendez exister en vertu d'une loi : cette loi, nous ne la connaissons pas, elle n'existe pas pour nous. Vainement dites-vous que nous appliquons la loi étrangère aux personnes physiques, quand il s'agit de leur état et de leur capacité. Oui, mais c'est parce qu'elles existent, et elles existent indépendamment de la loi qui règle leur état ; tandis que vous n'existez pas, ou votre vie fictive procède d'une loi qui pour nous n'a aucune force. Ainsi pour prouver que vous existez, vous invoquez une loi qui pour nous n'existe point. »

Il y a bien d'autres réponses à faire aux personnes

dites *civiles* qui voudraient se prévaloir de l'article 3 du code Napoléon. Il y est question de « Français *résidant* en pays étranger. » Est-ce que par hasard les personnes civiles voyagent et changent de *résidence?* Quittent-elles la France, avec tout leur avoir, pour s'établir ailleurs? Est-ce avec ou sans esprit de retour? Ces questions sont dérisoires. Cela ne prouverait-il pas que c'est chose ridicule de vouloir appliquer à des êtres fictifs une doctrine juridique qui suppose des êtres vivant d'une vie véritable? L'article 3 parle encore de « l'état et de la capacité des Français. » Qu'est-ce que l'état et la capacité ou l'incapacité qui y est attachée? Nous l'avons dit longuement; quelques mots suffiront pour prouver qu'il ne saurait être question d'un *état* des personnes civiles (1). Les êtres réels se classent d'après leur sexe, et le sexe influe grandement sur leur capacité. Y a-t-il des êtres fictifs du sexe féminin, et ces personnes civiles se marient-elles? sont-elles frappées d'incapacité juridique par suite de leur mariage? Les hommes sont majeurs ou mineurs : y a-t-il aussi une différence de capacité entre les personnes morales suivant leur âge? Les majeurs perdent l'exercice des droits civils quand ils sont interdits. Est-ce qu'une personne civile peut être placée sous tutelle pour cause d'imbécillité, de démence ou de fureur? Enfin les hommes sont citoyens ou étrangers; est-ce que la personne civile a une nationalité et peut-elle l'abdiquer en se faisant naturaliser ailleurs, et la perd-elle en portant les armes contre sa patrie?

Ici nous touchons à l'essence du statut personnel : c'est la conséquence légale de la personnalité humaine. Le statut personnel est inhérent à notre individualité morale, comme le sang qui coule dans nos veines. Il est attaché à notre être, à ce point que nous ne pouvons pas nous en séparer; il nous suit partout comme notre ombre. Nous ne pouvons nous en dégager qu'en changeant de nationalité. Est-ce que ces notions peuvent s'appliquer à des êtres

_____

(1) Arrêt de la cour de cassation de Belgique du 8 février 1849 (*Pasicrisie*, 1849, 1, 241) : « Les personnes civiles, êtres fictifs, ne sont ni mineures, majeures ou interdites, ni célibataires, mariées, veuves ou divorcées; elles n'ont ni parenté ni famille; en un mot, *elles n'ont pas d'état.* »

fictifs? Ont-ils une patrie, une nationalité, et, par suite, les mille et une circonstances physiques, intellectuelles, morales, qui constituent la nation, exercent-elles une influence sur les personnes fictives comme sur les personnes véritables? La question n'a pas de sens. Comment veut-on que la condition sociale d'un pays détermine l'état des personnes dites *civiles*, alors que ces personnes n'ont pas d'état? Et n'ayant pas d'état, comment auraient-elles un statut personnel? Vainement dira-t-on qu'il s'agit d'une fiction et qu'il ne faut pas chercher dans la fiction les caractères de la réalité; nous répondrons qu'il doit du moins y avoir une analogie quelconque entre la fiction et la réalité, pour que l'on puisse appliquer à la fiction les principes qui régissent la réalité. Or, comme l'a très-bien dit M. le procureur général Leclercq, quelque effort d'imagination que l'on fasse, on ne peut pas dire qu'un être fictif soit Français ou Allemand, Anglais ou Belge (1). Dès lors il ne peut pas être question de statut personnel pour une personne civile.

308. La question que nous venons d'agiter s'est présentée pour les sociétés anonymes établies en France avec l'autorisation du gouvernement. Elles forment ce qu'on appelle une personne civile; elles ont des agents en Belgique, elles y contractent, elles poursuivent leurs débiteurs devant les tribunaux. Ont-elles le droit d'ester en justice à l'étranger? La cour de cassation décida par un premier arrêt, rendu contre les conclusions du ministère public, que les compagnies françaises, étant reconnues en France, avaient par cela même qualité de personne civile en Belgique. Par un second arrêt du 8 février 1849, elle consacra l'opinion contraire (2). Cette nouvelle jurisprudence ne mit pas fin au débat. Le tribunal de Gand, dans un jugement fortement motivé, maintint l'opinion émise par la cour de cassation en 1847. Ce jugement fut cassé par un nouvel arrêt du 30 janvier 1851 (3). Enfin la loi du

---

(1) Réquisitoire de M. Leclercq, dans la *Jurisprudence du* XIXᵉ *siècle*, 1847, 1, 598.
(2) *Pasicrisie*, 1849, 1, 221-241.
(3) *Pasicrisie*, 1851, 1, 307.

14 mars 1855 décréta que les sociétés anonymes, autorisées par le gouvernement français, pourront exercer tous leurs droits et ester en justice en Belgique, toutes les fois que les sociétés de même nature, légalement établies en Belgique, jouiront des mêmes droits en France. La loi autorise le gouvernement à appliquer le même principe aux sociétés anonymes qui existent dans d'autres pays (1). On voit que le simple fait de la réciprocité suffit; il n'est pas nécessaire, comme le veut l'article 11 du code Napoléon, qu'elle soit stipulée par un traité.

309. Que faut-il dire des autres personnes dites *civiles ?* Au premier abord, on serait tenté de croire que la loi de 1855 peut être invoquée contre elles, en ce sens qu'un acte du pouvoir législatif ayant été nécessaire pour reconnaître l'existence des sociétés anonymes étrangères en Belgique, il faudrait aussi une loi pour les autres personnes morales. Mais cet argument n'aurait pas grande valeur; car dans les longues discussions qui ont eu lieu devant la cour de cassation, on a toujours admis qu'il y avait une différence entre les sociétés anonymes et les autres personnes civiles. L'arrêt même rendu par la cour en 1849 constate que « les communes étrangères et les établissements qui en dépendent, tels que les fabriques d'église, les hospices, les bureaux de bienfaisance, sont reconnus en Belgique comme des personnes civiles, capables d'y posséder et d'y exercer des droits. » A plus forte raison en est-il ainsi des Etats étrangers. Mais il y a d'autres personnes civiles, il y a les séminaires, il y a les congrégations hospitalières autorisées par le gouvernement. La question subsiste donc, et la jurisprudence de la cour de cassation, loin de trancher la difficulté, l'augmente. En effet, on se demande quelle est la raison pour laquelle telles personnes civiles sont reconnues, tandis que les autres ne le sont pas? L'objection a été formulée en termes pressants par le tribunal de Gand. « On oppose, dit-il, aux sociétés anonymes étrangères, qu'elles n'existent que par la volonté de la loi, et que cette fiction légale ne peut

---

(1) On a porté une loi analogue en France (loi du 30 mai 1857).

pas avoir d'effet là où la loi qui l'a créée n'a point de force obligatoire. Ne peut-on pas dire la même chose des communes, des fabriques d'église, des hospices et en général de toute personne civile? »

L'objection est pressante. Qu'y répond-on? Les uns disent que les communes font partie de l'Etat, que par cela même que les Etats étrangers sont reconnus en Belgique, les communes le sont aussi. Cet argument n'est pas décisif, et le tribunal de Gand l'a réfuté d'avance. En supposant, dit-il, que les communes puissent se prévaloir de ce qu'elles sont un élément constitutif de l'Etat, toujours est-il que les autres personnes civiles ne peuvent pas invoquer cette raison spéciale. L'arrêt qui a cassé le jugement du tribunal de Gand ne répond pas à l'objection. A notre avis, la doctrine que la jurisprudence belge a consacrée pour les sociétés anonymes doit recevoir son application à toutes les personnes dites *civiles*, parce qu'il y a identité de raison.

Dans un excellent mémoire publié sur la question des sociétés anonymes, l'ont a essayé d'établir une distinction juridique entre les diverses personnes civiles. Les unes, dit-on, sont nécessaires, les autres sont une création arbitraire de la loi. Parmi les premières, on place l'Etat et les communes; toutes les autres sont des fictions légales. L'Etat et les communes existant nécessairement, peuvent être assimilés aux personnes physiques, et, en réalité, le droit des gens leur reconnaît cette existence. Cela suffit pour qu'elles exercent leurs droits partout. Il n'en est pas de même des autres personnes morales : créées par le législateur, elles ne vivent de la vie factice qu'il leur donne que dans les limites du territoire sur lequel s'étend sa souveraineté (1).

La distinction est empruntée à Savigny; c'est une raison suffisante pour la prendre au sérieux. Il est certain que l'Etat est une personne nécessaire. Il y a plus, on peut dire que comme organe de la nation, c'est une personne naturelle, car les nations sont de Dieu aussi bien que les

(1) *La Belgique judiciaire*, t. IV, p. 1783.

individus. Néanmoins il reste une différence et elle est
considérable. On ne s'est jamais avisé de contester l'existence des êtres humains, tandis que l'existence des nationalités, comme êtres réels, ayant leur principe en Dieu,
n'est encore qu'une théorie. Le droit des gens positif n'admet les Etats comme membres de la famille humaine que
quand ils ont été reconnus par des traités. Il y a donc
toujours quelque chose de factice dans l'Etat ; il n'est pas
nécessaire, au même titre que l'individu. A plus forte
raison en est-il ainsi des communes ; elles peuvent invoquer une tradition séculaire, mais la tradition seule ne
constitue pas une nécessité. Les provinces ont tantôt été
des personnes civiles, tantôt de simples divisions administratives. Aussi le *Mémoire* ne les range-t-il pas parmi les
personnes nécessaires. Si les intérêts provinciaux peuvent
être régis, sans que les provinces soient des personnes civiles, on doit dire la même chose des communes. L'Etat
seul est une nécessité à laquelle aucune société humaine
ne peut se soustraire.

La distinction entre les personnes civiles nécessaires et
celles qui sont une pure création de la loi ne résout pas
encore toutes les difficultés. D'abord qui décidera que telle
personne est nécessaire et que telle autre est arbitraire?
Les auteurs du *Mémoire* ont réduit les personnes nécessaires à deux, et néanmoins il y a encore lieu à controverse. D'autres pourront étendre la notion de la personne
nécessaire à tous les établissements créés directement ou
indirectement par l'Etat. C'est ce que fait M. le procureur
général Leclercq dans son réquisitoire de 1847 ; sans attacher grande importance à l'expression de personne *néces-*
saire, que l'on pourrait contester, dit-il, il admet que les
communes et quelques-uns des services publics qui en dépendent ont une existence assurée, parce que ces corps
et établissements font partie de l'Etat (1). On voit combien cette doctrine est vague et incertaine. Et quand
même on serait d'accord sur les personnes nécessaires,
resterait à déterminer les droits qui leur appartiennent

_____

(1) *Jurisprudence du* XIXe *siècle*, 1847, 1, p. 595.

à l'étranger. Ici la difficulté reparaît dans toute sa force.

310. Il va sans dire que les personnes civiles, quelles qu'elles soient, ne peuvent pas avoir à l'étranger plus de droit qu'elles n'en ont dans le pays où elles sont instituées. L'Etat n'a de droits que ceux que la loi lui donne. A plus forte raison en est-il ainsi des communes. Mais l'Etat et les communes ont-ils à l'étranger tous les droits que la loi leur accorde? L'Etat a des droits politiques, il a des droits privés. Il est évident qu'il ne peut pas exercer à l'étranger des droits politiques, puisque ces droits tiennent à la souveraineté. Il ne peut être question que de droits privés. Nous avons dit que les personnes dites *civiles* jouissent du droit de propriété et des droits qui en résultent. En faut-il conclure que l'Etat peut posséder à l'étranger? Même question pour les communes.

La jurisprudence française est très-favorable aux personnes civiles. Elle reconnaît leur existence par cela seul qu'elles sont légalement établies. Le conseil d'Etat a décidé que « tout établissement d'utilité publique étranger, constituant régulièrement une personne morale, a qualité pour recevoir des dons et legs de biens meubles et immeubles situés en France ; » avec cette réserve que « lesdits dons et legs ne peuvent avoir d'effet qu'autant qu'ils ont été autorisés par le gouvernement français, » en vertu de l'article 910 du code Napoléon. Dans l'affaire qui a donné lieu à cet avis, la cour de Douai a porté une décision identique au fond, par arrêt du 4 février 1852 (1). Le tribunal d'Ypres a jugé dans le même sens au profit d'une commune française (2). Ce jugement a été rendu contre les conclusions du procureur du roi. Nous nous rangeons à l'avis du ministère public.

Il est vrai que le fait est en faveur de la jurisprudence française, suivie par le tribunal d'Ypres. Les hospices belges possèdent en France et dans les Pays-Bas; de même les hospices français et hollandais possèdent en Belgique. Mais ce fait a peu d'importance; il s'explique par

(1) Ces témoignages sont recueillis dans le réquisitoire de M. Tempels, procureur du roi à Ypres (*Belgique judiciaire*, t. IV, p. 163-164).
(2) Jugement du 9 août 1861 (*Belgique judiciaire*, t. IV, p. 173-175).

l'union intime qui a existé jadis entre les provinces belgiques et les Etats qui l'avoisinent. Il s'agit de savoir si le fait est en harmonie avec le droit. Nous avons sur ce point un précédent dans notre ancienne législation. Le placard de Charles-Quint du 26 avril 1515 défend d'une façon absolue (article 13) aux mainmortes étrangères d'acquérir des immeubles dans le Brabant. Cette prohibition, portée en haine de la mainmorte, repose sur les vrais principes. Les personnes civiles n'ont aucune qualité pour posséder à l'étranger. Elles peuvent acquérir, mais leur propriété n'est pas le droit de domaine qui appartient aux individus, c'est un moyen de pourvoir à un service public. Faut-il pour cela que ces corps ou établissements possèdent à l'étranger? Personne ne dira que cela est nécessaire. Où est la nécessité que l'Etat français, ou qu'une commune française possède en Belgique? C'est au législateur de chaque pays à organiser ses services publics de façon qu'ils remplissent leur destination; il ne peut pas, il ne doit pas compter sur l'appui de l'étranger. Les Etats étrangers ont, au contraire, des raisons pour écarter de leur sein les personnes civiles. Même pour celles qu'ils admettent dans leur régime intérieur, ils veillent avec jalousie à ce qu'elles n'étendent pas leur action au delà des bornes légitimes qui leur sont tracées. A plus forte raison doivent-ils redouter la mainmorte dans la main de l'étranger. La mainmorte est toujours un mal; elle peut devenir un péril, si elle appartient à un Etat rival ou ennemi.

311. Notre conclusion est que l'Etat ni les communes ne peuvent posséder à l'étranger. Il faudrait une loi ou un traité qui leur accordât ce droit, et il n'y a ni traité ni loi. Vainement dira-t-on que l'Etat existe et que nous-mêmes lui avons reconnu cette existence. Oui, l'Etat existe, mais en quel sens, et dans quel but? Comme organe de la nation, il traite avec les nations étrangères; voilà sa seule raison d'être en face de l'étranger. Il n'a pas besoin, pour remplir cette mission, d'être propriétaire, de posséder des biens meubles ou immeubles en dehors des limites de son territoire. Sa qualité de personne nécessaire ne lui donne qu'un seul droit, c'est d'ester en justice pour l'exécution des contrats qu'il est dans le cas de faire. Cela est admis par le droit des gens européen et par la jurisprudence. Mais il y a quelque doute sur le point de savoir si un Etat peut être traduit devant une juridiction étrangère, pour l'exécution des obligations qu'il a contractées. La jurisprudence française se prononce pour la négative (1). Il nous semble que la question est très-simple : si l'Etat réclame le bénéfice de la personnification civile, pour agir en justice contre ses débiteurs, il faut aussi qu'il réponde, devant les tribunaux, à ses créanciers. On ne peut pas scinder la personne; si l'Etat est une personne, il l'est comme défendeur aussi bien que comme demandeur. Ce que nous disons de l'Etat s'applique, à plus forte raison, à la commune.

Que faut-il dire des autres personnes civiles, de celles que l'on appelle arbitraires? Dans notre opinion, il n'y a pas de doute. On doit leur appliquer, à la lettre, les principes que la jurisprudence belge a consacrés pour les sociétés anonymes. Elles n'existent pas à l'étranger, dès lors elles ne peuvent y réclamer aucun droit. La nécessité des relations commerciales a fait admettre une exception pour les sociétés anonymes. Ce motif n'existe pas pour les autres personnes civiles. Il pourrait y avoir une raison d'utilité pour les hospices et pour les bureaux de bienfaisance. Mais il faudrait une loi qui déterminât les conditions sous lesquelles ces établissements seraient admis à posséder à l'étranger. Il faudrait même, d'après la rigueur des principes, une loi pour leur donner le droit d'ester en justice; car on ne peut plaider que si l'on existe, et les personnes civiles n'existent pas hors du pays où elles sont instituées.

§ 3. *Suppression des personnes civiles.*

312. « Tous les gens de mainmorte, dit Merlin, ont cela de commun qu'ils ne peuvent exister que par l'autori-

(1) Arrêt de la cour de cassation du 22 janvier 1849 (Dalloz, 1849, 1, 5). Voyez la note insérée dans Dalloz, 1867, 2, 49.

sation de la loi, et que la loi peut, quand il lui plaît, les anéantir, en leur retirant l'autorisation qu'elle leur avait d'abord accordée (1). » Le principe posé par Merlin est un axiome; il est donc inutile d'y insister. Il s'applique à toute espèce de personnes dites *civiles*. Merlin fait une exception pour les *communautés d'habitants*. A vrai dire, il n'y en a pas. Les communes peuvent être détruites par le législateur, comme elles peuvent être créées par lui. En fait, il est vrai, cela arrive rarement, mais la question concerne le droit et non le fait. L'Etat même peut périr. On en voit un exemple dans les lois romaines. Un usufruit est légué à une cité; la cité est détruite, dit le jurisconsulte, comme cela est arrivé à Carthage; la charrue y passe : il n'y a plus de cité, elle est morte. Modestin conclut que l'usufruit est éteint par la mort de la cité (2).

Il y a des corporations qui prétendent tenir leur droit de Dieu : ce sont les établissements créés par l'Eglise. Au point de vue du droit, cette prétention est purement imaginaire; chose remarquable, sous l'ancien régime, le cas s'est présenté plus d'une fois, et on n'a pas même élevé un doute sur le droit de l'Etat. Nous en citerons quelques exemples qui prouveront que l'Etat doit avoir le droit que vainement des passions aveugles lui contestent. Il y avait au moyen âge une maladie terrible et fort commune, la lèpre; la charité s'émut des misères de ceux qui en étaient atteints; elle fonda un grand nombre d'hôpitaux, connus sous les noms de *léproseries*, *maladreries* ou *maladeries*. Vers le XVIᵉ siècle, la maladie disparut. Par suite, un édit du mois d'avril 1664 réunit tous ces hôpitaux à l'ordre de Saint-Lazare. Puis un nouvel édit de 1693 les désunit et appliqua leurs revenus au soulagement des pauvres de chaque lieu, et à d'autres œuvres de piété (3). On le voit: tout, dans ce cas, s'est fait par l'autorité civile. C'est elle qui supprime des fondations devenues inutiles; c'est elle

(1) Merlin, *Répertoire*, au mot *Mainmorte* (t. XIX, p. 39). Comparez Savigny, *Traité de droit romain*, t. II, § 89, p. 278.
(2) L. 21, D. VII, 4.
(3) Fleury, *Institution au droit ecclésiastique*, t. Iᵉʳ, chap. XXX, p. 507, note 1.

qui dispose des revenus ; ils servaient d'abord à des malades, ils ont fini par être employés au soulagement des pauvres. Rien de plus légitime. C'est chose ridicule de demander s'il fallait maintenir des hôpitaux pour une maladie qui n'existait plus. A qui appartenait-il de prononcer la suppression ? Naturellement à la puissance souveraine, donc au prince sous l'ancien régime.

313. Au dernier siècle, un ordre fameux fût supprimé par arrêts des parlements. Rappelons en deux mots que le 12 avril 1761, l'abbé Chauvelin dénonça les constitutions des jésuites au parlement de Paris. On examina aussi leur doctrine, et le parlement fit, en exécution d'un arrêt du 5 mars 1762, un extrait des principaux ouvrages contenant les assertions dangereuses et pernicieuses en tout genre qu'ils renfermaient. Sur l'appel interjeté par les procureurs généraux, les parlements déclarèrent dans divers arrêts rendus en 1762 et en 1763, qu'il y avait *abus* dans l'institut de la société de Jésus. La société fut dissoute, ses membres sécularisés avec défense d'entretenir aucune correspondance avec le général de l'ordre qui siégeait à Rome. Tous ces arrêts sont fondés sur les mêmes motifs : vice de l'institut et de la doctrine des jésuites, comme étant contraires à la liberté naturelle, à la religion, à la paix de l'Eglise et à la sûreté des Etats. Puis intervient un édit du mois de novembre 1764, par lequel le roi ordonne que la société de Jésus n'ait plus lieu dans son royaume (1).

314. *L'abus* que les parlements frappèrent, en supprimant la société des jésuites, existait dans tous les ordres : telle était du moins l'opinion dominante, à la fin du siècle dernier. Aussi un des premiers actes de l'Assemblée nationale fut d'abolir les vœux monastiques et les corporations religieuses. La suppression fut maintenue par la loi organique du concordat. On a attaqué ces décrets avec une violence extrême, on a traité de vol et de brigandage ce qui est l'exercice d'un droit incontestable. Ce n'est pas

(1) Voyez les détails dans Fleury, *Institution au droit ecclésiastique*, t. Ier, chap. XXII, p. 229, note 2.

ici le lieu d'entrer dans ce débat ; nous avons examiné la question ailleurs (1). Au moment où nous écrivons, les corporations religieuses se sont reconstituées ; elles reproduisent tous les *abus* qui les ont fait abolir, avec la fraude en plus. On nous permettra de citer, à l'appui de notre doctrine et pour la justification des lois révolutionnaires, les paroles d'un homme à la sincère piété duquel tous les partis rendent hommage. Portalis dit dans son rapport sur la loi organique du concordat (18 germinal an x) : « Toutes les institutions monastiques ont disparu ; elles avaient été minées par le temps. Il n'est pas nécessaire à la religion qu'il existe des institutions pareilles. » Quant au droit de l'Etat, Portalis dit dans un rapport au premier consul : « La puissance temporelle peut reprendre ce qu'elle a donné, sans que la puissance ecclésiastique ait le droit de se plaindre : c'est un acte de souveraineté qui donne l'établissement légal, c'est un acte de souveraineté qui le révoque. Les établissements religieux sont de la nature de ceux que le souverain peut permettre ou refuser sans blesser ce qui est de nécessité de salut. »

315. Les personnes dites *civiles* ne peuvent en principe être abolies que par la loi à laquelle elles doivent leur existence. Il ne leur est pas permis de se dissoudre elles-mêmes. Les communes, les provinces, les établissements d'utilité publique existent en vertu de la loi ; la loi seule peut les abolir. Quant à l'Etat, organe de la nation, il subsiste aussi longtemps que la nation existe. Une nation peut, à la rigueur, abdiquer son existence, en votant son annexion à un autre Etat. Le droit ne saurait être dénié, et, en théorie, l'annexion est certes plus légitime que la conquête. Ce qui est vrai de l'Etat, l'est aussi des associations qui sont reconnues par la loi comme personnes morales. Telles sont les congrégations hospitalières autorisées par le gouvernement. Un arrêt de la cour de Bruxelles a très-bien jugé que ces congrégations sont des institutions facultatives, que si elles ne peuvent se former sans le concours du gouvernement, rien ne les empêche de se

(1) Voyez mon *Etude sur l'Eglise et l'Etat depuis la Révolution.*

dissoudre sans sa participation et par la seule volonté des membres qui les composent. La cour décida qu'une congrégation instituée par le décret du 15 novembre 1810 s'était réellement dissoute, parce qu'elle avait cessé de se renouveler par des engagements de nouvelles novices; que, par là, la congrégation s'était transformée en association libre, et que par suite elle avait cessé d'être une personne civile. Ce même arrêt a encore décidé que les congrégations hospitalières qui ne remplissent pas les devoirs que leur impose l'arrêté qui les autorise, perdent par cela même le bénéfice de la personnification. Elles n'ont de raison d'être qu'en qualité d'hospitalières soignant gratuitement les malades; si elles quittent l'hôpital auquel elles sont attachées, en n'y laissant que quelques sœurs qui reçoivent une rétribution des hospices, si elles fondent ailleurs un hôpital où elles reçoivent à prix d'argent des malades et des pensionnaires, elles ne sont plus hospitalières, elles ne forment plus de corporation, elles ne peuvent plus recevoir de libéralités (1).

316. Quand l'Etat abolit une personne dite *civile*, que deviennent les biens qu'elle possédait? L'Assemblée constituante a déclaré les biens de l'Eglise biens de l'Etat, quand elle sécularisa l'Eglise et qu'elle supprima ses établissements. Malgré les clameurs soulevées contre ces fameux décrets, il faut dire qu'ils n'ont fait qu'appliquer les principes les plus élémentaires de droit. Vainement crie-t-on à la spoliation, au vol. Il n'y a personne de spolié, là où il n'y a pas de propriétaire. Or, les corps et établissements publics ne possèdent pas comme propriétaires; ils possèdent à titre de service ou de fonction sociale; les biens qu'ils possèdent appartiennent donc en réalité à l'Etat, comme organe de la société. Il peut en disposer comme il l'entend. Doit-il respecter les intentions des fondateurs? Oui, si elles se concilient avec l'intérêt général. Non, si elles le compromettent. Et qui est juge de cette grave question? La puissance souveraine de la nation.

(1) Arrêt du 31 mai 1856 (*Pasicrisie.* 1856, 2, 294).

TITRE PREMIER.

———

317. On entend par *droits* des facultés accordées ou réglées par la loi. L'homme a besoin de certaines facultés pour remplir sa destinée en ce monde. Il est en rapport avec ses semblables et avec les objets du monde physique. Les rapports qu'il a avec ses semblables lui donnent des droits : telle est la faculté de se marier, base de l'ordre social comme de l'ordre moral. Il en est de même des rapports qu'il a avec les objets du monde physique : de là naissent le droit de propriété et ses démembrements, la faculté de les acquérir et de les transmettre, la faculté de contracter, avec ses variétés infinies.

Les droits dont nous venons de parler sont des droits *privés*; il y en a d'autres que l'on appelle *politiques*, parce qu'ils concernent l'exercice de la puissance souveraine. Dans les Etats modernes, ces droits ont acquis une immense importance, puisque nos sociétés reposent sur la souveraineté du peuple. Le code civil ne s'occupe pas des droits politiques; il n'embrasse que les droits privés. Quant aux droits politiques, ils sont réglés par la constitution et par les lois qui s'y rapportent.

L'article 7 du code contient à cet égard une disposition qui n'est plus en harmonie avec notre ordre politique. Il porte : « L'exercice des droits civils est indépendant de la qualité de citoyen, laquelle ne s'acquiert et ne se conserve que conformément à la loi constitutionnelle. » Cet article se réfère à la constitution de l'an VIII, sous l'empire de laquelle le code civil fut publié. Il fallait alors, pour être *citoyen*, la réunion des conditions suivantes : 1° être du sexe masculin et Français ; 2° être inscrit sur le registre civique de son arrondissement communal ; cette inscription ne pouvait se faire qu'à l'âge de vingt et un ans accomplis ; 3° résider pendant un an dans l'arrondissement communal où l'on voulait exercer ses droits politiques.

Notre constitution ne connaît plus ni ces conditions ni ces termes. Pour exercer les droits politiques, il suffit d'être Belge et de réunir les conditions prescrites par la constitution et les lois qui s'y rattachent (article 4). Il n'y a donc plus de qualité légale, constitutionnelle de *citoyen*. Tous les Belges sont habiles à exercer les droits politiques : en ce sens, tous sont citoyens. Mais il ne suffit pas d'être Belge, pour l'exercice des droits politiques ; il faut de plus la réunion des conditions déterminées par la constitution et les lois pour les divers droits politiques. L'article 7 du code est donc abrogé en Belgique.

318. Qu'entend-on par les *droits civils* dont s'occupe notre titre ? Le code ne définit pas les *droits civils*, et il est très-difficile, ou pour mieux dire impossible d'en donner une définition générale ; car cette expression a deux sens très-différents. Quand on oppose les *droits civils* aux droits *politiques*, comme dans l'article 7, on comprend par là les droits *privés*, c'est-à-dire toute espèce de droits qui ont leur source dans le droit privé, et qui concernent les relations d'intérêt privé. Tel n'est pas le sens ordinaire des mots *droits civils*. Le plus souvent on entend par là les droits qui sont accordés par la loi, qui n'existeraient pas sans la loi, par opposition aux droits *naturels* qui appartiennent à l'homme, sans que le législateur ait besoin de les consacrer. C'est dans cette acception spéciale, technique, que le code dit (article 8) : « Tout Français jouira des

droits civils ; » tandis que, aux termes de l'article 11,
l'étranger ne jouit pas, en principe, des droits civils ; il
n'en jouit que sous les conditions déterminées par la loi.
De là la division des personnes en *Français* et *étrangers,*
les premiers ayant, comme tels, la jouissance des droits
civils ; les autres ne jouissant que des droits naturels et
n'acquérant la jouissance des droits civils que sous les
conditions déterminées par la loi.

La distinction des droits privés en droits civils et en
droits naturels est consacrée implicitement par le code
civil (art. 7 et 11). Nous croyons qu'elle est fausse en
théorie, comme nous le dirons en traitant des étrangers.
Quant aux Français, la distinction n'a aucune importance,
car ils jouissent de toute espèce de droits privés, tant
qu'ils conservent leur nationalité ; quand ils la perdent, ils
deviennent étrangers, et ils sont régis alors par les principes qui régissent les étrangers.

319. Notre chapitre premier est intitulé : « De la
jouissance des droits civils ; » et l'article 7 parle de l'*exercice* des droits civils. Les deux mots ne doivent pas être
confondus. Aux termes de l'article 8, tout Français jouit
des droits civils, mais tout Français ne les exerce pas. La
jouissance concerne le droit, c'est la faculté consacrée par
la loi. L'*exercice* concerne le fait, et exige par conséquent
une capacité de fait ; tandis que la jouissance ne demande
qu'une aptitude de droit. Dès sa naissance, il y a plus,
dès sa conception, l'enfant jouit des droits civils, pourvu
qu'il soit Français ; mais comme il est incapable de les
exercer, son père ou son tuteur les exerce pour lui. A sa
majorité, il en acquiert l'exercice. Mais les majeurs eux-
mêmes peuvent perdre l'exercice des droits civils, tout en
en conservant la jouissance. La femme mariée est frappée
d'incapacité juridique. L'interdit a un tuteur ; le prodigue
et le faible d'esprit ont un conseil judiciaire. Les incapables continuent à jouir des droits civils, mais ils ne les
exercent plus.

CHAPITRE PREMIER.

DES FRANÇAIS.

SECTION I. — Qui est Français.

§ 1er. — *Principes généraux.*

320. La question de savoir qui est Français, donne souvent lieu à de sérieuses difficultés. Pour les décider, il faut partir de principes certains. Les principes ont varié, et il arrive parfois que les vieilles maximes continuent à exercer leur empire sur l'esprit des jurisconsultes, sans qu'ils se rendent compte de cette influence. Voilà pourquoi nous commençons par poser quelques règles fondées sur le texte et sur l'esprit du code civil.

On est Français par la naissance, ou on le devient par le bénéfice de la loi. Quant aux droits privés, il n'y a pas de différence entre les Français naturels et ceux qui acquièrent la nationalité française, n'importe par quelle voie. Ecoutons d'Aguesseau : « La grâce du prince a droit de faire des citoyens, comme la nature ; et quand la tache de leur origine est une fois effacée, on ne distingue plus celui qui est né Français de celui qui l'est devenu (1). » Pardonnons à la vanité nationale cette expression avilissante de *tache* ou de *macule*, comme disent les vieux jurisconsultes lorsqu'ils parlent de la *pérégrinité*; on la comprend, quand on se rappelle que jadis les étrangers étaient presque assimilés aux serfs. Le principe posé par d'Aguesseau n'en est pas moins vrai ; ce qu'il dit de la grâce du prince s'applique à plus forte raison à la faveur de la loi. Aussi le code dit-il (art. 8) : « *Tout* Français jouira des droits civils. » Il reste parfois des différences politiques

(1) D'Aguesseau, Plaidoyer XXXIIe (*Œuvres*, t. III, p. 130 de l'édition in-4°).

entre le Français naturel et le Français naturalisé. Mais quant aux droits civils, l'assimilation est complète. Du jour où l'on acquiert la qualité de Français, on cesse d'être étranger, on cesse donc d'être régi, en quoi que ce soit, par la loi étrangère; l'état et la capacité notamment seront régis par la loi française. Bien entendu que l'acquisition de la nationalité française n'a pas d'effet rétroactif. En cela les Français naturels diffèrent de ceux qui le deviennent par la loi; les premiers jouissent des droits civils à partir de leur naissance et même de leur conception; les autres n'en jouissent que du jour où ils deviennent Français. Ceci est l'application d'un principe que nous poserons plus loin : ceux qui acquièrent la qualité de Français par le bénéfice de la loi changent de nationalité, et tout changement de nationalité, comme nous le dirons, n'a d'effet que pour l'avenir.

La diversité des législations peut donner un grand intérêt à cette question. Un Belge acquiert la qualité de Français. D'après sa loi personnelle, il pouvait divorcer; devenu Français, il ne le peut plus, car son état est régi par la loi française, laquelle n'admet point le divorce. Il va sans dire que s'il a divorcé, son divorce sera maintenu; car pour le passé il a été Belge, il a donc eu le droit de divorcer. C'est le cas d'appliquer le principe de la non-rétroactivité. Mais pourrait-il contracter un nouveau mariage? La question est douteuse, et en France on la déciderait contre lui. Il ne peut plus invoquer le statut belge; et le statut français qui le régit ne permet de contracter un second mariage que lorsque le premier est dissous par la mort (1).

321. La nationalité d'origine se détermine-t-elle par le lieu de naissance ou par la nationalité des parents? Sur ce point, il y a une différence radicale entre l'ancien droit et le nouveau. Sous l'ancien droit, tous ceux qui naissaient en France étaient réputés Français. « On ne considérait pas, dit Pothier, s'ils étaient nés de parents français ou de parents étrangers, si les étrangers étaient domiciliés

(1) Comparez Dalloz, *Répertoire*, au mot *Droit civil*, n° 174.

dans le royaume ou s'ils n'y étaient que passagers. La seule naissance dans ce royaume donne les droits de naturalité, indépendamment de l'origine des père et mère et de leur demeure (1). » D'après ce principe, on aurait dû décider que celui qui naissait à l'étranger de parents français, était étranger. Tel était en effet le droit ancien, tel qu'il est attesté par Bacquet. « Tout homme, dit-il, natif hors du royaume de France, est aubain, sans distinction si les père et mère de l'aubain sont Français ou étrangers ; on regarde seulement le lieu de naissance, et non pas d'où l'on est originaire, c'est-à-dire où les parents étaient nés (2). » On finit par s'écarter de la rigueur de cette règle, et on considéra comme Français les enfants nés dans un pays étranger, d'un père français qui n'avait pas établi son domicile dans ce pays, ni perdu l'esprit de retour. Mais c'était une faveur, une espèce de fiction ; les vrais et naturels Français, dit Pothier, étaient ceux qui naissaient dans l'étendue de la domination française. Ainsi, c'est le territoire qui donnait la nationalité.

Ce principe fut maintenu par les lois et les constitutions publiées depuis 1789. Les auteurs du projet de code civil avaient formulé l'ancienne doctrine dans la rédaction primitive de l'article 9. « Tout individu, disaient-ils, né en France est Français. » Boulay, dans le premier exposé des motifs, donnait d'assez mauvaises raisons à l'appui de la théorie traditionnelle (3). « Nous tenions autrefois pour maxime, dit-il, que la France était le pays naturel de la liberté, et que dès qu'un esclave avait le bonheur de mettre le pied sur son territoire, par cela seul il cessait d'être esclave. Pourquoi ne reconnaîtrait-on pas de même, dans cette terre heureuse, la faculté naturelle d'imprimer la qualité de Français à tout individu qui y aurait reçu la naissance? » Nous citons ces paroles pour donner le dégoût des phrases à ceux qui sont appelés à exposer les motifs des lois. Qu'est-ce que la nationalité a de commun avec l'affranchissement de l'esclave? Si la France est la

(1) Pothier, *Traité des personnes*, partie Ire, tit. II, sect. Ire.
(2) Bacquet, *du Droit d'aubaine*, partie V, chap. XL, no 18.
(3) Locré, *Législation civile*, t. Ier, p. 423, no 5.

terre de la liberté, elle doit la donner à l'étranger comme à l'esclave, mais de là ne suit certes pas qu'elle doive donner sa nationalité à l'esclave et à l'étranger. Or, chose singulière et qui donne un démenti aux paroles pompeuses de Boulay, sous l'ancien régime, qui réputait l'esclave libre, l'étranger mourait serf, et cette servitude de l'aubain, abolie par l'Assemblée constituante, le code civil la rétablissait, puisqu'il refusait la jouissance des droits civils à l'étranger : libéral envers l'enfant, il était dur jusqu'à l'injustice pour le père.

Boulay ajoute que c'est le territoire qui rassemble et qui fixe les habitants, que c'est par la distinction des territoires que l'on distingue le plus généralement les nations, que c'est donc se conformer à la nature des choses que de reconnaître la qualité de Français dans celui-là même qui n'a d'autre titre à cette qualité que d'être né sur le sol de la France. Telle était, en effet, l'ancienne doctrine; mais est-il bien vrai qu'elle soit l'expression de la nature des choses? Sans doute, le territoire est un des éléments qui constituent la nationalité, mais est-ce le seul, est-ce l'élément dominant? C'est demander si le corps constitue l'individu, ou si c'est l'âme? Est-ce le sol qui caractérise la nationalité ou est-ce le génie de la race? Et le génie d'une nation se transmet-il avec le sang, ou est-ce le lieu de la naissance qui le donne? L'enfant qui naît en France d'une race anglaise sera-t-il Français de génie, parce que sa mère l'a mis au monde au delà du détroit?

Lors de la discussion du projet au conseil d'Etat, le principe traditionnel fut adopté, sur une observation du premier consul. « Si, dit-il, les individus nés en France d'un père étranger n'étaient pas considérés comme Français de plein droit, alors on ne pourrait soumettre à la conscription ni aux autres charges publiques les fils de ces étrangers qui se sont établis en grand nombre en France (1). » Cette raison n'est pas meilleure que celles que donnait Boulay. Il s'agit précisément de savoir si l'on peut imposer les charges qui par leur nature pèsent sur

_____

(1) Séance du 6 thermidor an IX (Locré, t. Ier, p. 350, no 3).

les naturels d'un pays, à ceux qui y naissent d'une famille étrangère. Quoi ! l'Anglais sera soumis à la conscription en France, et devra porter les armes contre l'Angleterre, sa vraie patrie, parce qu'il est né sur le sol français? Et on lui impose la nationalité française avec ses charges, qu'il la veuille ou qu'il la repousse !

Le conseil d'Etat et le premier consul étaient dominés par la puissance de la tradition. Il y avait un autre corps qui, dans l'esprit de la constitution de l'an VIII, représentait le principe du mouvement, du progrès. Le Tribunat, fidèle à sa mission, attaqua la maxime de l'ancien droit, reproduite par les auteurs du code. Elle conduit à une conséquence bizarre, dit le tribun Siméon (1). Le fils d'un Anglais sera Français par cela seul que sa mère, traversant la France, l'aura mis au monde sur cette terre étrangère à elle, à son mari, à ses parents. Ainsi la patrie dépendra moins de l'affection qui y attache que du hasard de la naissance? Le premier consul voulait qu'on décidât la question dans l'intérêt de la France ; il supposait que les enfants nés d'un étranger en France, y supporteraient les charges publiques; mais le plus souvent ils y échappent; pour mieux dire, ils y seront soumis dans leur vraie patrie, leur patrie d'origine; ils jouiront donc des droits des Français, sans être tenus des obligations qui y sont attachées. Est-ce là l'intérêt de la France (2)?

Le principe d'après lequel le territoire imprime la nationalité à ceux qui y naissent vient du régime féodal, comme le dit très-bien le tribun Gary (3). Voilà pourquoi ce principe était admis jadis dans tous les pays de l'Europe, voilà pourquoi il s'est maintenu en Angleterre, où règnent encore les traditions féodales. Lors de la discussion du titre premier au Tribunat, Boissy d'Anglas caractérisa parfaitement le régime féodal, qui, aboli en 89 dans ce qu'il avait d'odieux, prolongea son empire jusque

(1) Rapport de Siméon, séance du 25 frimaire an x (Locré, t. Ier, p. 435, no 10).
(2) Observations de la section du Tribunat (Locré, t. Ier, p. 450, no 3).
(3) Discours prononcé dans la séance du Corps législatif, le 17 ventôse an XI (Locré, t. Ier, p. 473, no 4).

sous la République, dans le domaine des lois civiles :
« Alors l'homme et la terre étaient une seule et même
chose, et l'un se confondait dans la nature de l'autre (1). »
Les nations n'existaient pas encore, il n'y avait qu'une
classe dominante et des classes asservies ; parmi ces serfs
se trouvait l'étranger. L'homme étant une dépendance du
sol, appartenait naturellement au maître du sol. Quand
la féodalité se transforma et fit place à la monarchie,
le principe changea aussi de forme ; de là la maxime
que tout individu né sur le sol d'un pays est sujet du roi.
Le territoire dominait les personnes. Avec la révolution
de 89, une nouvelle ère s'ouvrit, celle des nationalités.
Dès lors le principe en vertu duquel la nationalité s'acquiert devait aussi changer. La nationalité est une question de race ; or, les facultés dont Dieu a doué les races
diverses se transmettent par le sang et ne dépendent
pas du hasard de la naissance. Il faut donc renverser
l'ancienne maxime : peu importe le lieu où l'enfant voit le
jour, cela dépend du hasard des circonstances, et certes le
génie des races ne tient pas à un cas fortuit. Il faut voir
quelle est la nationalité du père ; il la transmet à ses enfants avec son sang.

C'est le principe du droit romain, comme le dit Cujas
et après lui Pothier ; on ne regardait comme citoyens que
ceux qui étaient nés de citoyens ; peu importait du reste
qu'ils fussent nés à Rome ou ailleurs. Ce principe passa
dans le code, grâce à la persistance que le Tribunat mit à
le défendre contre la doctrine traditionnelle. L'enfant né
d'un étranger en France n'est plus Français de plein droit,
tandis que l'enfant né d'un Français est Français, quel que
soit le lieu de sa naissance : conséquence de la maxime
nationale, dit le Tribunat (2), ou du principe de nationalité, comme nous disons aujourd'hui. Toutefois la rédaction
primitive a laissé des traces dans le texte actuel du
code (3). De là vient que l'article 9, qui posait la règle
d'après laquelle « tout individu né en France est Fran-

(1) Séance du 29 frimaire an x (*Archives parlementaires*, t. III, p. 194).
(2) Rapport de Siméon (Locré, t. Iᵉʳ, p. 431, nᵒ 3).
(3) Valette, *Explication sommaire du livre Iᵉʳ du code Napoléon*, p. 13.

çais, » se trouve, bien que transformé, en tête des dispositions qui déterminent à qui appartient la qualité de Français. De là encore la singulière rédaction de l'article 10, sur laquelle nous reviendrons. De là enfin, chez les auteurs, des réminiscences de l'ancien droit qui influencent leur esprit, alors qu'il s'agit d'appliquer un principe nouveau. C'est pour mettre ce principe dans tout son jour que nous avons insisté sur le profond changement qu'il consacre. Il faut être logique : puisque le code a répudié la doctrine traditionnelle, il faut répudier aussi toutes les conséquences qui en découlaient, et il faut admettre, par contre, toutes les conséquences auxquelles conduit le principe nouveau.

322. La nationalité est imprimée à l'enfant par son origine; mais ce n'est pas une chaîne qu'il ne puisse rompre. Ici encore le droit nouveau se sépare du droit ancien. L'ordonnance de 1669 portait : « Défendons à tous nos sujets de s'établir sans notre permission dans les pays étrangers par mariage, acquisition d'immeubles, transport de leurs familles et biens, pour y prendre établissement stable et sans retour, à peine de confiscation de corps et de biens, et d'être réputés étrangers. » Ce qui était un crime est devenu un droit. La liberté individuelle, proclamée par la Déclaration des droits de l'homme, a pour conséquence évidente que l'homme n'est plus rivé à sa patrie. Sans doute, il ne doit pas rompre à la légère des liens que la nature a formés, mais aussi il ne doit pas être enchaîné à un régime et à des lois que sa conscience réprouve.

Quels sont les principes qui régissent ce changement de nationalité? Il est en général volontaire, et exige par conséquent une manifestation de volonté. En acquérant une nationalité nouvelle, on perd l'ancienne avec tous les droits qui y étaient attachés. Cela suppose pleine capacité de disposer de ses droits; car il n'y en a pas de plus considérables que ceux que donne la patrie. Pourquoi celui qui acquiert une patrie nouvelle ne peut-il pas conserver sa patrie d'origine? La raison en est que nul ne peut avoir deux patries. Il est de principe, dit d'Aguesseau, que l'on ne peut être citoyen de deux villes; on ne peut l'être, à plus forte raison, de deux différents royaumes (1). On ne peut pas avoir deux patries, disait Treilhard dans l'Exposé des motifs du titre Iᵉʳ (2). La raison en est évidente. Par suite de la division du genre humain en nations diverses, il y a nécessairement des conflits d'intérêts entre ces nations ; comment le citoyen de deux patries remplirait-il les devoirs opposés que chacune lui impose? Cependant nous verrons qu'à raison de la diversité des principes qui régissent l'acquisition de la nationalité dans chaque pays, il se peut qu'un homme ait deux patries. C'est une anomalie, mais quelque singulière que soit cette position, on doit reconnaître à celui qui l'a les droits qu'elle lui assure ; il les conservera jusqu'à ce qu'il ait posé un fait qui entraîne la perte d'une de ses nationalités.

Il y a une anomalie plus étrange encore ; si l'on a parfois deux patries, il peut arriver aussi que l'on n'en ait aucune, et cela arrive même plus souvent qu'on ne le croit, comme nous le dirons plus loin. Certes, cela est contraire aux lois de la nature. Dieu a donné à tous les hommes la terre pour habitation ; comment donc seraient-ils partout étrangers? Mais encore une fois l'interprète doit accepter cette anomalie ; il ne lui appartient pas de corriger les défauts des lois. L'anomalie est surtout choquante quand il s'agit de la jouissance des droits privés. On conçoit qu'une personne n'ait nulle part l'exercice des droits politiques ; là où ne règne pas le suffrage universel, c'est la condition de l'immense majorité de ceux-là mêmes qui s'appellent citoyens. Mais on ne conçoit pas que tout homme ne jouisse pas partout des droits privés. Nous reviendrons sur ce point en traitant des étrangers.

323. Du principe que le changement de nationalité implique une manifestation de volonté, il suit que personne ne peut être privé de sa nationalité par l'effet d'une volonté étrangère. Il n'est pas au pouvoir d'un père, dit d'Aguesseau, de priver ses enfants de l'avantage inestimable de leur origine (3). Au premier abord, cela paraît

(1) D'Aguesseau, Plaidoyer xxxiiᵉ (Œuvres, t. III, p. 136, in-4°).
(2) Locré, Législation civile, t. Iᵉʳ, p. 468, n° 12.
(3) D'Aguesseau, Plaidoyer xxxiiᵉ (Œuvres, t. III, p. 134, in-4°).

en contradiction avec la maxime que l'enfant suit la nationalité du père. Mais il ne faut pas entendre cette règle en ce sens que ce soit le père qui donne la nationalité à l'enfant et qui puisse la lui enlever. C'est la race qui imprime la nationalité, et ce n'est certes pas la volonté du père qui crée la race. L'enfant, à sa naissance, appartient à la race à laquelle appartient son père ; dès cet instant il a un droit dont aucune volonté particulière ne peut le dépouiller. Nous disons : aucune volonté particulière ; car des lois politiques, des traités peuvent changer la nationalité de toute une population. Plus loin nous dirons quel est l'effet de ces cas de force majeure. Quant au changement volontaire, il est évident qu'il ne peut résulter que d'une manifestation de volonté de celui qui abdique sa nationalité pour en acquérir une nouvelle. Le père ne peut donc disposer de la nationalité de ses enfants ; à plus forte raison, le mari ne peut-il disposer de la nationalité de sa femme.

324. Il y a des cas où le changement de nationalité est forcé. Cela se fait à la suite de guerres ou de révolutions, quand un territoire est cédé par un traité, ou qu'un Etat est démembré. L'annexion volontaire entraîne aussi un changement forcé à l'égard de la minorité qui n'y a pas consenti. Il ne peut plus être question d'une manifestation de volonté là où la volonté n'est pas consultée. Les traités, il est vrai, se forment par concours de consentement ; mais ces conventions sont le produit de la conquête, le fruit de la victoire pour les uns, de la défaite pour les autres, c'est-à-dire que le consentement est forcé. En tout cas, ceux qui changent de nationalité ne sont pas appelés à consentir, et alors même qu'ils émettraient un vote, comme dans le cas d'annexion, il y a toujours une minorité dissidente qui subit la loi. Il en résulte une conséquence très-importante : le changement de nationalité se faisant malgré ceux qui refuseraient leur consentement, une manifestation contraire serait inopérante ; ceux-là mêmes changent de nationalité qui ne le veulent pas. Telle est la rigueur des principes. D'ordinaire des lois de faveur y dérogent, en permettant à ceux qui devraient

changer de patrie malgré eux, de conserver leur nationalité de prédilection.

325. Il nous reste à voir comment opère le changement de nationalité. Le principe est qu'il n'a d'effet que
pour l'avenir. Nous en trouvons l'application à un cas particulier dans l'article 20 du code civil. La règle est générale; elle résulte de la nature même des choses. Si le
changement de nationalité rétroagissait, celui qui acquiert
une nationalité nouvelle avec effet rétroactif aurait eu
deux patries, ce qui, comme nous venons de le dire, est
impossible. Il faudrait une disposition formelle dans un
traité ou dans une loi pour qu'il en fût autrement; car c'est
une exception à un principe, et les exceptions n'existent
que lorsqu'elles sont écrites dans les textes. Les conséquences qui découlent de ce principe sont évidentes. Pour
le passé, les droits et les obligations de celui qui change
de patrie sont réglés par son ancienne nationalité, et non
par la nationalité nouvelle. On applique par analogie la
règle que les lois ne rétroagissent point. Notons encore
que le principe s'applique à tous les cas où il y a changement de nationalité; il n'y a pas à distinguer s'il est volontaire ou forcé : nous ne pouvons pas plus par notre volonté
nous donner deux patries que l'on ne peut nous en imposer plusieurs.

§ 2. *Application des principes.*

Nº I. DE L'ENFANT LÉGITIME D'UN FRANÇAIS.

326. Sont Français ceux qui naissent d'un père français, peu importe qu'ils naissent en France ou à l'étranger (art. 10, 1ᵉʳ alinéa). L'application du principe souffre
quelque difficulté, quand les père et mère ont une nationalité différente. Cela arrivera rarement lorsque le père
est Français, puisque, aux termes de l'article 12, l'étrangère qui épouse un Français suit la condition de son
mari. Cependant cela peut arriver. D'abord quand le mari,
Français, change de nationalité pendant le mariage, la
femme française conserve, en général, sa nationalité.

Puis quand une Française épouse un étranger, elle n'acquiert pas toujours la nationalité de son mari, bien qu'elle perde la sienne. Le père peut donc être étranger et la mère Française ; le père peut être Français et la mère étrangère. Il se peut même qu'un seul des père et mère ait une patrie, et que l'autre soit partout étranger. Quelle sera, dans ces divers cas, la condition de l'enfant ?

Si un seul des père et mère a une patrie, la solution est facile. Le principe est que la nationalité de l'enfant se détermine par celle de ses parents. Il n'y a, dans l'espèce, qu'une nationalité, celle du père ou celle de la mère : l'enfant n'a donc et ne peut avoir qu'une patrie légale, celle de son père ou celle de sa mère. Un Français s'établit en Belgique sans esprit de retour, il perd sa qualité de Français sans devenir Belge. Sa femme conserve sa nationalité. Les enfants seront Français. Ils ne suivront pas la condition du père, parce que le père n'a plus de patrie ; se rattachant par leur mère à la France, ils doivent être Français.

La question est plus difficile quand les père et mère ont chacun une nationalité différente. Un Français se fait naturaliser en Belgique ; sa femme reste Française. Les enfants seront-ils Français ou Belges ? L'opinion générale est que l'enfant légitime suit toujours la condition de son père. Demante énonce ce principe comme un axiome (1) ; cependant nous ne le trouvons écrit nulle part. On prétend qu'il résulte de l'ensemble des règles qui régissent la famille d'après le droit français. Le père en est le chef, dit-on ; sa volonté l'emporte sur celle de la mère, quand il s'agit du mariage de l'enfant (art. 148) ; c'est lui qui a la puissance paternelle pendant le mariage ; l'enfant porte son nom : comment donc aurait-il une patrie différente de la sienne (2) ? Si la nationalité était une question de puissance, la décision serait très-logique. Mais la puissance paternelle n'a rien de commun avec la nationalité de l'enfant. Il s'agit d'un droit de l'enfant et non d'un

---

(1) Demante, *Cours analytique de code français*, t. Ier, p. 64.
(2) Mourlon, *Répétitions sur le code Napoléon*, t. Ier, p. 88.

droit du père. Et quel est le droit de l'enfant? C'est de réclamer la nationalité que lui donne son origine, la race dont il est issu, le sang qui coule dans ses veines. Or, dans l'espèce, l'enfant appartient à deux races, il a donc deux patries. C'est une anomalie sans doute; il n'en est pas moins vrai que cette anomalie donne des droits à l'enfant; il peut réclamer la nationalité de sa mère, en vertu de son origine française; il peut réclamer la nationalité de son père, en vertu de son origine belge. De quel droit le père lui enlèverait-il une faculté qu'il tient de sa naissance? Celui qui a deux droits peut les exercer l'un et l'autre quand ils sont compatibles; quand ils ne le sont pas, il doit choisir. Ce choix donne lieu à de nouvelles difficultés, nous l'avouons. Quelle sera la condition de l'enfant pendant sa minorité, alors qu'il n'a pas la capacité de choisir? Belge en Belgique, il sera Français en France. Cela est absurde, dira-t-on. Rien de plus vrai. Mais l'absurdité ne regarde pas l'interprète, c'est au législateur à la faire disparaître, soit par une loi, soit par des traités. Quant à l'interprète, il doit rester fidèle à ses principes, sauf à signaler les lacunes, les contradictions et les absurdités qu'il rencontre en les appliquant.

327. Il se présente une autre difficulté dans l'application de notre principe. Le père est Français lors de la conception de l'enfant, il est Belge lors de la naissance. Est-ce l'époque de la conception qu'il faut considérer pour déterminer la nationalité de l'enfant, ou est-ce celle de la naissance? Nos textes disent : « tout individu *né* » (art. 9) ou « tout enfant *né* » (art. 10); ils paraissent donc s'attacher à la naissance et non à la conception. Cela est aussi en harmonie avec les principes. N'oublions pas qu'il s'agit d'un droit de l'enfant. Or, quand un enfant a-t-il des droits? Il n'en a, en général, qu'à partir de sa naissance; encore faut-il qu'il naisse viable. Tant qu'il n'est pas né, il n'a pas d'existence extérieure, il ne fait pas partie de la société humaine; il n'a donc pas de droits à y réclamer. Or, la nationalité est le plus précieux des droits. C'est donc à sa naissance seulement que l'enfant peut avoir une patrie.

Ce principe reçoit cependant une modification. Il y a
un vieil adage qui dit que l'enfant est censé né quand il
s'agit de son intérêt. Peut-il invoquer cette règle, s'il a
intérêt à réclamer la nationalité que son père avait lors
de sa conception? Nous croyons qu'il le pourrait. L'adage
vient du droit romain, et il est formulé par les jurisconsultes dans les termes les plus généraux. Aussi souvent, dit Paul, que son intérêt le demande, l'enfant conçu
exercera ses droits comme s'il était déjà né (1). Le père
était Français lors de sa conception; l'enfant tient à sa
nationalité française; pourquoi ne lui permettrait-on pas
d'invoquer l'adage? Il est vrai qu'il en résultera une incertitude sur l'état de cet enfant : il dépend de lui d'être
Belge ou Français; il a le choix entre deux patries. Cela
n'est pas sans inconvénient, nous venons de le dire. Mais
ces inconvénients ne peuvent pas être invoqués contre
l'enfant. Il faudrait, pour lui enlever son droit, contester
le principe en vertu duquel il invoque l'époque de la conception. On l'a fait. L'adage romain, dit-on, est une fiction; le code l'admet en matière de succession et de donation (art. 725, 906); mais par cela même qu'il l'applique
à deux cas spéciaux, il l'exclut implicitement pour tous
les autres (2). C'est mal raisonner, nous semble-t-il. Oui,
l'adage est une fiction; mais en la consacrant pour les
successions et les donations, le code reconnaît qu'elle
a un fondement rationnel. La loi romaine nous dit quelle
est la raison qui l'a fait admettre. C'est l'intérêt de l'enfant. La raison est générale et non spéciale aux successions et aux donations. Dès lors le principe doit recevoir son application dans tous les cas où l'intérêt de
l'enfant est en cause. Voyez à quelles contradictions
étranges conduit l'opinion contraire! Quoi! la loi permet
à l'enfant d'invoquer l'époque de sa conception quand
il s'agit d'intérêts pécuniaires; et elle ne lui permettrait
pas de l'invoquer quand il s'agit du plus grand de tous
les intérêts, de la nationalité! Chose plus singulière en-

(1) « Quoties de commodis ipsius partus quæritur. » (L. 7, D. I, 5).
(2) Mourlon, *Répétitions sur le code Napoléon*, t. Ier, p. 91, note.

core ! Dans le système du code, l'étranger n'est pas habile à succéder. Un enfant se présente, il était conçu lors
de l'ouverture de l'hérédité, et à cette époque son père
était Français. On le repoussera en lui disant : Vous êtes
censé né depuis votre conception pour succéder ; mais
vous n'êtes pas censé né depuis votre conception pour
être Français, c'est-à-dire pour être habile à succéder.
Ainsi dans une seule et même matière, les qualités requises pour succéder, l'enfant pourra invoquer la conception pour l'une de ces qualités, il ne le pourra pas
pour l'autre ! Soyons plus logiques, et disons que le législateur, en appliquant l'adage romain, l'a par cela même
consacré, et qu'il l'a consacré tel que le droit romain le
formulait, comme une règle générale fondée sur l'intérêt
de l'enfant, et que l'enfant peut toujours invoquer quand il
y est intéressé.

Nous disons que l'enfant a le choix. Ce point est controversé. Ici la doctrine traditionnelle est contre nous. Le
droit romain, suivi par Demante et Marcadé, distingue.
Si c'est la nationalité du père qui détermine celle de l'enfant, il faut se décider d'après le temps de la conception,
parce que c'est uniquement par la conception que l'enfant
se rattache à son père. Mais si l'enfant doit suivre la condition de sa mère, il faut s'attacher au moment de la naissance ; jusque-là l'enfant ne fait qu'un avec sa mère, c'est
seulement après qu'il est né qu'il se distingue d'elle ; ce
n'est donc qu'à ce moment qu'il peut avoir une nationalité
à lui (1). Cette théorie implique que la loi impose une nationalité à l'enfant ; mais pour que l'on puisse dire que la loi
détermine la nationalité, il faut une loi. Or, notre code ne
reproduit pas la distinction romaine. Il ne parle nulle part
de la conception, il parle toujours de la naissance. C'est
donc, en général, la naissance qui imprime la nationalité
à l'enfant. Quant à la conception, c'est une faveur, une fiction que l'enfant peut invoquer, qu'il peut aussi ne pas invoquer. La faveur ne peut pas être transformée en néces-

_____

(1) Demante, t. Ier, p. 65, d'après Gaius, *Instit.*, I, 89 ; Marcadé, t. Ier,
p. 85, no 3.

sité. Cela est contraire à la logique des idées; on tournerait contre l'enfant un principe qui est établi en sa faveur. Si son père était étranger au moment de la conception, et Français lors de la naissance, pourquoi le déclarerait-on étranger? Pourquoi ne lui laisserait-on pas le bénéfice de la règle, qui est la naissance, sauf à lui à invoquer la fiction, s'il y a intérêt?

Nº II. DE L'ENFANT NATUREL.

328. La nationalité de l'enfant naturel est régie par le même principe que celle de l'enfant légitime; sa patrie est celle de ses parents. Mais quels sont ses parents? Ici il y a une différence entre l'enfant naturel et l'enfant légitime; l'état de celui-ci est certain, le mariage l'atteste, et les actes de naissance et de mariage le prouvent. Il n'en est pas de même de l'enfant naturel. Dans notre droit, il n'a de filiation que s'il est reconnu. Supposons qu'il ne le soit ni par son père, ni par sa mère, il n'a pas de filiation, c'est-à-dire qu'aucun lien légal ne l'attache à une famille quelconque; légalement il n'a pas d'origine; partant il ne peut pas avoir de nationalité, il est sans patrie.

Telle est la rigueur des principes. Dans l'opinion générale, l'enfant né de père et mère inconnus est Français par cela seul qu'il naît en France. Merlin énonce cette opinion comme un axiome : l'enfant né de père et mère inconnus, dit-il, appartient à l'Etat dès sa naissance; on ne saurait donc lui disputer le titre de Français, qui est propre à tous les sujets du roi (1). C'est poser comme certain ce qu'il faudrait démontrer. Où est-il dit que l'enfant né en France de père et mère inconnus appartient à l'Etat? qu'il est sujet du roi? Cela était vrai dans l'ancien droit, alors que la nationalité de l'enfant était déterminée par le lieu de naissance. Cela n'est plus vrai d'après le nouveau principe qui détermine la nationalité par celle du père : celui qui légalement n'a pas de père, ne peut pas avoir de patrie. On dit que l'enfant doit être présumé né

(1) Merlin, *Répertoire*, au mot *Français*, § 1, nº 1.

de parents français, puisque telle est la règle générale pour ceux qui naissent en France, la qualité d'étranger n'étant qu'une exception (1). Sans doute, cette présomption est fondée en raison, puisqu'elle a pour elle la probabilité. Mais cela suffit-il pour que l'interprète puisse l'admettre? Il n'y a de présomptions que celles qui sont établies par la loi, car dans l'espèce il ne peut s'agir de celles qui sont abandonnées à la prudence du magistrat (art. 1353). L'interprète ne peut donc pas créer de présomption. Le législateur aurait pu, il aurait dû le faire, mais il ne l'a pas fait. Dès lors la question est décidée; il n'appartient pas à l'interprète de combler les lacunes de la loi.

On invoque le décret du 4 juillet 1793 qui déclare que les enfants trouvés porteront le titre d'*enfants naturels de la patrie*. Ce décret est antérieur au code, et il reproduit l'ancien principe que l'on trouve dans toutes les lois et les constitutions portées depuis 1789. Le code ayant posé un principe nouveau, on ne peut plus se prévaloir de l'ancienne législation pour interpréter la nouvelle. Il y a un décret postérieur au code, celui du 19 janvier 1811, qui est conçu dans le même esprit. L'article 17 dit que les enfants trouvés, élevés à la charge de l'Etat, sont entièrement à sa disposition; aux termes de l'article 19, ils sont appelés à l'armée comme conscrits. C'est supposer qu'ils sont Français; cependant le décret ne le dit pas. On voit ici la puissance de la tradition. Les auteurs du décret ont raisonné comme Merlin : l'enfant trouvé est sujet du roi, par cela seul qu'il est né en France. Cela était vrai autrefois, cela n'est plus vrai aujourd'hui. Le code part du principe que la nationalité dépend de l'origine. Dans cet ordre d'idées, l'enfant qui n'a pas de filiation n'a pas de nationalité. Nous dirons plus loin que l'enfant né en France de père et mère inconnus peut invoquer le bénéfice de l'article 9.

329. D'ordinaire l'enfant naturel né en France est inscrit sur les registres de l'état civil sous le nom de sa mère, sans qu'il y ait une reconnaissance proprement dite.

_____

(1) Marcadé, t. Ier, p. 84, n° 2.

On dit alors que la mère est *connue*; cela suffit-il pour que l'enfant soit Français, si la mère est Française? On le prétend (1); mais cela est contraire aux principes que nous venons de rappeler. Qu'importe que la mère soit *connue* de fait? Et c'est là tout ce qui résulte de la déclaration constatée par l'officier de l'état civil, quand l'enfant naturel n'est pas reconnu. Légalement, cet enfant n'a pas de mère; il n'a donc pas de nationalité d'origine. Dans notre opinion, il est sans patrie comme étant né de père et mère inconnus. Il faudrait une loi pour lui donner la qualité de Français, par voie de présomption; or, de loi, il n'y en a pas. Cela décide la question. Cet enfant, étant né en France, pourra aussi invoquer le bénéfice de l'article 9.

330. Si l'enfant naturel est reconnu par un seul de ses père et mère, nous rentrons dans le principe général; il suivra la condition de son père ou de sa mère qui l'a reconnu. Si c'est la mère, il n'y a pas de doute. On le décidait déjà ainsi dans l'ancien droit. La question ne se présentait que si l'enfant était né à l'étranger, et on décidait que l'enfant naturel suivait la condition de sa mère; né d'une Française, il était Français (2). Il va sans dire qu'il en est de même aujourd'hui. Pourrait-il se prévaloir de l'adage que l'enfant conçu est censé né quand il s'agit de son intérêt? La mère, étrangère au moment de la naissance, était Française lors de la conception. L'enfant pourra, à notre avis, réclamer la qualité de Français. En effet, le code ne limite pas l'adage aux enfants légitimes; la raison sur laquelle il se fonde est générale; dès lors il doit profiter à tous les enfants. Nous appliquons les mêmes principes à l'enfant naturel reconnu par son père. C'est l'époque de la naissance qui déterminera la nationalité de cet enfant, sauf à lui à invoquer le moment de la conception, s'il y a intérêt. Nous l'avons décidé ainsi pour les enfants légitimes; et les mêmes principes doivent recevoir leur application aux enfants naturels, parce qu'il n'y a aucune raison d'établir une différence.

---

(1) Dalloz, *Répertoire*, au mot *Droit civil*, n° 71.
(2) Pothier, *Traité des personnes*, partie Ire, tit. II, sect. Ire.

331. Nous arrivons à l'hypothèse la plus difficile. L'enfant naturel est reconnu par ses père et mère. Si l'un et l'autre sont Français, il n'y a pas de question; mais que faut-il décider si l'un est Français et l'autre étranger? Supposons d'abord que la reconnaissance se fasse simultanément. Nous croyons que cet enfant aura deux nationalités. En effet, par son père, s'il est Français, il est d'origine française; par sa mère, si elle est Allemande, il sera d'origine allemande. Issu de deux races différentes, il aura deux patries; par suite, il aura le choix entre deux nationalités. Nous l'avons décidé ainsi, alors même que les père et mère seraient mariés; à plus forte raison, devons-nous maintenir notre opinion pour le cas où il n'y a pas de mariage, partant aucun lien légal entre le père et la mère. Nous sommes alors en présence de deux nationalités distinctes, sans qu'il y ait une raison déterminante pour nous décider en faveur de l'une plutôt qu'en faveur de l'autre.

Cette opinion, qui est celle de M. Richelot (1), n'a pas trouvé faveur. Les uns se décident pour la nationalité de la mère, les autres pour celle du père. Dans l'ancien droit, l'enfant naturel suivait la condition de la mère. Mais le code ne reproduit pas ce principe; pouvons-nous, dans le silence de la loi, admettre que la nationalité de la mère l'emporte sur celle du père (2)? Ce serait imposer une patrie à l'enfant, ce serait lui enlever un droit qu'il tient de son origine paternelle. Le législateur pourrait le faire; encore ne voyons-nous pas de raison pour qu'il le fasse. En tout cas, l'interprète ne le peut pas; il n'a aucune qualité pour faire le choix en lieu et place de l'enfant. Y a-t-il des motifs pour donner la prééminence à la nationalité du père (3)? On invoque l'analogie du ma-

---

(1) Richelot, *Principes du droit civil français*, t. Ier, p. 111, n° 66.

(2) C'est l'opinion de Duranton, t. Ier, n° 121.

(3) C'est l'opinion de Valette sur Proudhon, t. Ier, p. 123; de Marcadé, de Demolombe, etc. (Voyez les sources dans Dalloz, au mot *Droit civil*, n° 73.) Elle a été consacrée implicitement par la cour de Gand, en matière d'extradition, sur le réquisitoire de M. l'avocat général De Paepe (*Pasicrisie*, 1861, 2, 383). Il y a aussi un arrêt de la cour de Caen (18 février 1852) en ce sens (Dalloz, 1853, 2, 61).

riage : c'est le père naturel qui exerce la puissance paternelle, c'est lui qui donne son nom à l'enfant. Sur ce dernier point, il n'y a pas de texte, et nous ne voyons pas pourquoi l'enfant naturel devrait porter le nom du père, alors qu'il préférerait prendre celui de sa mère. Quant à la puissance paternelle, nous avons déjà dit qu'elle n'a rien de commun avec la question de nationalité, car il ne s'agit pas d'un droit du père, mais d'un droit de l'enfant. Or, l'enfant a deux droits, et c'est à celui qui a deux droits à choisir; l'interprète ne le peut pas pour lui, et le législateur, qui le pourrait, ne l'a pas fait.

Nous avons supposé que la reconnaissance est faite simultanément par le père et par la mère. Quand l'enfant est reconnu successivement, il nous semble qu'il y a un motif de plus en faveur de notre opinion. L'enfant est reconnu par sa mère Française; puis son père Allemand le reconnaît également. La première reconnaissance donne certainement un droit à l'enfant; il est Français. Son père peut-il lui enlever ce droit? Celui qui a la qualité de Français ne la perd que par une cause prévue par la loi. Il faudrait donc une loi pour que la reconnaissance du père fît perdre à l'enfant la nationalité qu'il tient de l'origine maternelle. Et faut-il répéter qu'il n'y a pas de loi? Quand donc l'interprète décide que la reconnaissance du père anéantit celle de la mère, en ce qui concerne la nationalité, il fait réellement la loi, tandis que sa mission se borne à l'interpréter.

Nº III. DE L'ENFANT NÉ D'UN ÉTRANGER EN FRANCE.

332. L'enfant né en France d'un étranger est étranger, d'après le nouveau principe admis par le code civil; mais le législateur lui permet d'acquérir la qualité de Français : il peut la réclamer, dit l'article 9, dans l'année de sa majorité. C'est donc un droit qu'il exerce, ce n'est pas une faveur qu'il sollicite; il devient Français par sa seule volonté. Pourquoi la loi se montre-t-elle si favorable à cet enfant? L'ancien droit lui était bien plus favorable encore, puisque l'enfant né en France d'un étranger était de plein droit Français, à partir de sa naissance. Bien qu'il ait abandonné ce principe, le législateur voit toujours cet enfant avec une prédilection singulière. On peut justifier cette faveur quand l'enfant, né en France, y est aussi élevé; il est attaché alors à la France par ce lien puissant qui nous enchaîne au sol natal. C'est ce que suppose l'orateur du gouvernement, quand il écrit ces paroles un peu fleuries : « Ses premiers regards ont vu le sol français; c'est sur cette terre hospitalière qu'il a souri pour la première fois aux caresses maternelles, qu'il a senti ses premières émotions, que se sont développés ses premiers sentiments. Les impressions de l'enfance ne s'effacent jamais; tout lui retracera, dans le cours de la vie, ses premiers jeux, ses premiers plaisirs : pourquoi lui refuserait-on le droit de réclamer la qualité de Français que tant et de si doux souvenirs pourront lui rendre chère? C'est un enfant adoptif... (1). » Il est évident que ces considérations n'ont aucune valeur, quand l'enfant naît en France pendant un séjour passager que sa mère y fait. Peut-être le législateur aurait-il dû limiter sa disposition à l'enfant né de parents qui y sont établis à demeure.

333. A quels enfants s'applique la disposition de l'article 9? Le texte dit : « Tout individu *né en France* d'un *étranger*. » Il faut donc que l'enfant soit né en France, et né d'un étranger. On demande s'il pourrait invoquer l'adage qui répute l'enfant conçu, né quand il s'agit de son intérêt. Tout le monde est d'accord pour dire que cette fiction ne reçoit pas d'application à l'espèce. Les motifs que nous venons de transcrire nous en donnent la raison. L'adage suppose que le fait seul de la vie suffit pour que l'enfant exerce le droit qu'il réclame. Or, l'article 9 attache le droit qu'il donne à l'enfant, non au fait de la vie, mais au fait de la naissance; il faut qu'il soit né sur le sol français pour que ce sol lui confère un droit. La naissance est donc une condition essentielle, requise par la loi, pour que l'enfant puisse jouir du bénéfice qu'elle lui accorde. Si cette condition fait défaut, le bénéfice n'existe plus.

---

(1) Treilhard, Exposé des motifs (Locré, t. Ier, p. 465, n° 4).

334. L'enfant doit être né d'un étranger pour qu'il y ait lieu à appliquer l'article 9. On demande quelle est la position de l'enfant né de parents qui n'ont plus de patrie. Un Belge s'établit en France sans esprit de retour; il perd la qualité de Belge, sans acquérir la nationalité française. Quelle sera la condition des enfants auxquels il donnera le jour en France? La réponse se trouve dans le texte de l'article 9. « Tout individu, dit la loi, né en France d'un étranger pourra réclamer la qualité de Français. » L'enfant né de parents qui n'ont pas de patrie est certainement issu d'un étranger; dès lors il naît étranger, par application du principe général que l'enfant suit la condition de son père. Il peut devenir Français en remplissant les conditions prescrites par l'article 9; s'il ne les remplit pas, il reste étranger et sans patrie comme son père.

Tel n'est pas l'avis de M. Demante. Il lui semble que cet enfant est naturel français, et qu'il n'a pas besoin de faire une déclaration quelconque. Le principe d'après lequel l'enfant suit la condition de son père, suppose que le père a une nationalité. Mais quand le père n'en a pas, il n'en transmet aucune à son enfant, dès lors celui-ci ne peut plus suivre la condition de son père. Il n'y a pas lieu à appliquer l'article 9, car cet article suppose aussi que l'enfant né en France d'un étranger a une nationalité d'origine; la loi lui donne le choix entre cette nationalité et la nationalité française; voilà pourquoi elle exige une déclaration d'intention, dans l'année de sa majorité. Mais celui qui naît sans patrie n'a point de choix. A quoi bon lui demander une manifestation d'intention, alors qu'il ne peut pas avoir d'autre intention que d'être Français? Il faut donc en revenir alors à l'ancien principe qui donnait de plein droit la nationalité française à l'enfant né en France. La loi ne dit pas que pour naître Français il faille naître d'un Français. Rien n'empêche donc que l'enfant né en France d'un père qui n'a point de patrie n'invoque sa naissance sur le sol français (1).

(1) Demante, *Cours analytique de code civil*, t. Ier, p. 66 et suiv. M. Valette (sur Proudhon, *Traité des personnes*, t. Ier, p. 200) partage cette opinion.

Il y a dans ces raisonnements un mélange de vérité et d'erreur. Sans doute le législateur aurait pu prendre en considération la position spéciale de l'enfant qui naît sans patrie; il aurait pu, par exception à l'article 9, le déclarer Français de plein droit, en présumant que sa volonté est d'être Français. Mais le législateur ne l'a pas fait. Dès lors, nous restons sous l'empire de la règle générale établie par l'article 9, car l'interprète ne peut pas créer d'exceptions ni de présomptions. Il ne peut surtout pas invoquer les anciens principes, alors que la loi a formulé un principe nouveau. Or, c'est précisément notre article 9 qui, dans le projet de code, reproduisait le principe ancien, et c'est ce même article qui, modifié sur les observations du Tribunat, consacre le nouveau principe. Nous sommes donc liés par le texte comme par l'esprit de la loi (1).

335. Nous appliquons le même principe à deux autres hypothèses. L'enfant naît d'un étranger qui a été autorisé à établir son domicile en France : doit-il remplir les conditions prescrites par l'article 9 pour devenir Français? L'affirmative nous paraît évidente. Il est certain que le père reste étranger; il conserve donc sa nationalité; dès lors l'enfant a la patrie de son père; il a donc le choix entre deux nationalités. C'est le cas prévu par l'article 9 (2).

Il en est de même de l'enfant né de père et mère inconnus. Ici il y a un doute. On soutient généralement qu'il naît Français. Dans notre opinion, il naît sans patrie. Mais peut-il invoquer le bénéfice de l'article 9? On pourrait le contester en s'attachant à la lettre de la loi, qui dit : né d'un *étranger*. Il faut donc, dira-t-on, que l'enfant prouve qu'il est né d'un étranger; et s'il ne peut pas faire cette preuve, l'article 9 devient inapplicable. Malgré ce motif de douter, il faut décider que cet enfant peut se prévaloir de l'article 9. De deux choses l'une : ou il est né d'un Français, et alors il est Français; ou il est né d'un étranger, et alors on ne peut lui contester le bénéfice de l'article 9.

---

(1) C'est l'avis de M. Demolombe, t. Ier, p. 172, no 152.
(2) Duranton, *Cours de droit français*, t. Ier, p. 73, no 121; Demolombe, *Cours de code Napoléon*, t. Ier, p. 173, no 153.

Il n'a pas de preuve à faire, car par cela seul qu'on lui dénie la qualité de Français, on lui reconnaît celle d'étranger.

336. La loi veut que l'enfant né d'un étranger en France réclame la qualité de Français, « dans l'année qui suit l'époque de sa majorité. » Quelle est cette majorité? La question est controversée. D'après les principes, il n'y a aucun doute. L'enfant né d'un étranger est étranger; son état est donc régi par la loi étrangère; or, la majorité est certes un statut personnel. L'esprit de la loi est d'accord avec le texte. Pourquoi l'article 9 veut-il que l'enfant réclame la qualité de Français à sa majorité? Parce que le mineur n'a pas l'exercice de ses droits, et qu'il faut avoir une pleine capacité pour changer de nationalité. Or, l'étranger n'est légalement capable que lorsqu'il a atteint la majorité fixée par son statut personnel. Supposons que, d'après ce statut, il ne soit majeur qu'à vingt-cinq ans; comme il n'a pas, avant cet âge, l'exercice de ses droits, il ne peut pas songer à réclamer la qualité de Français à l'âge de vingt et un ans. Lui prescrire de faire sa déclaration à cet âge, ce serait vouloir qu'il exerçât le droit le plus important, alors qu'il est incapable; qu'il abdiquât sa nationalité d'origine, alors qu'il ne peut disposer de ses biens! Tel ne peut être le sens de l'article 9; car le législateur français ne peut pas régler la capacité d'un étranger.

On prétend que la constitution de l'an VIII a dérogé à ces principes, et que le code civil doit être interprété d'après cette constitution, sous l'empire de laquelle il a été publié. En effet, l'article 3 porte : « Un étranger devient citoyen français lorsque, après avoir atteint l'âge de vingt et un ans accomplis, et avoir déclaré l'intention de se fixer en France, il y a résidé pendant dix années consécutives. » Il est certain que cette disposition de la constitution de l'an VIII déroge aux principes qui régissent le statut personnel de l'étranger. Mais il nous paraît tout aussi certain que l'article 9 du code déroge à l'article 3 de la constitution. La différence de texte est évidente. Aux termes de l'article 9, l'étranger doit faire sa déclaration dans l'année de sa majorité; tandis que, d'après l'article 3, il peut la faire à l'âge de vingt et un ans accomplis. Les textes étant clairs et formels, il faut les appliquer d'après leur lettre; l'article 9 est spécial, il ne concerne que l'étranger *né en France;* l'article 3 est général et reçoit son application à tout étranger. Il en résulte que l'étranger né en France, qui ne peut plus profiter du bénéfice de l'article 9 parce qu'il a laissé passer l'année de sa majorité sans faire la déclaration prescrite par le code, peut encore invoquer l'article 3; car s'il *peut* faire sa déclaration quand il a vingt et un ans, il ne *doit* pas la faire à cet âge. Cette différence explique l'anomalie qui existe entre le code et la constitution de l'an VIII. L'article 9 prescrit un délai fatal; il fallait donc le faire courir à partir de l'époque légale de capacité. L'article 3 donne une faculté à l'étranger qui a atteint vingt et un ans; est-il capable, il en profitera; n'est-il pas capable, il en peut profiter plus tard. Toujours est-il qu'il y a anomalie, puisque la constitution admet la validité d'une déclaration à un âge où le code civil la rejette. Mais l'anomalie résulte des textes; il n'appartient pas à l'interprète de la faire disparaître (1). On ne peut pas interpréter l'article 9 par l'article 3, et dire que la *majorité* qu'il exige est celle de *vingt et un ans,* prescrite par l'article 3; ce serait modifier le texte de l'article 9; ce serait tourner contre l'étranger, né en France, une disposition qui a été introduite en sa faveur.

337. En quoi consiste la déclaration que l'enfant né d'un étranger doit faire s'il veut devenir Français? Il doit, dit l'article 9, s'il réside en France, déclarer que son intention est d'y fixer son domicile; s'il réside en pays étranger, il doit faire sa soumission de fixer son domicile en France, et l'y établir dans l'année à compter de sa majorité. Le code ne détermine pas la forme dans laquelle doit se faire la déclaration qu'il prescrit. En Belgique, on suit une circulaire du ministre de l'intérieur du 8 juin 1836 : la déclaration est reçue par l'autorité communale

---

(1) C'est l'opinion de Marcadé et de Demante. Duranton et Zachariæ sont de l'avis contraire.

qui a dressé l'acte de naissance de l'enfant (1). Il eût été plus régulier de prescrire cette formalité par arrêté royal ; car les ministres n'ont pas le droit de prendre des mesures pour l'exécution des lois. La déclaration ne suffit pas ; il faut de plus la fixation du domicile en France.

On demande si la déclaration peut être suppléée par un acte équivalent, par un fait qui manifeste l'intention de l'étranger de devenir Français. Le texte du code décide la question ; il exige une *déclaration*, une *soumission*, donc une manifestation expresse de volonté. Et cela se conçoit. L'étranger qui profite du bénéfice de l'article 9, abdique sa patrie d'origine en même temps qu'il acquiert une patrie nouvelle ; il renonce donc à sa nationalité, c'est-à-dire au plus précieux de tous les droits. La législateur exige souvent que la renonciation à un droit privé soit expresse, afin qu'il ne reste aucun doute sur l'intention de celui qui l'abdique. A plus forte raison devait-il exiger que celui qui renonce à sa patrie d'origine, pour en acquérir une nouvelle, exprime sa volonté d'une manière formelle. La jurisprudence est constante sur ce point (2). Il a été décidé que l'engagement volontaire contracté par l'étranger pour servir dans l'armée française ne pouvait pas tenir lieu de la déclaration prescrite par la loi. Il a été jugé que, quelque évidente que fût l'intention de l'étranger de vouloir être Français, aucun fait ne pouvait suppléer la déclaration expresse : ni le recrutement, ni le service de la garde nationale, ni le mariage avec une Française, ni la résidence continue en France, ni l'exercice des droits électoraux (3).

338. Quelle est la position de l'étranger, s'il laisse écouler l'année de sa majorité sans faire la déclaration prescrite par l'article 9? Il restera étranger, et ne pourra acquérir la qualité de Français que par la naturalisation. Telle est l'opinion générale, enseignée par les auteurs et suivie par la jurisprudence. Elle se fonde sur le texte précis de la loi. L'enfant né en France d'un étranger

(1) *Pasinomie*, IIIᵉ série, t. VI, p. 423.
(2) Arrêts de la cour de cassation du 18 juillet 1846 (Dalloz, 1846, 1, 263), et de la cour de Douai du 27 janvier 1848 (Dalloz, 1848, 2, 164).
(3) Arrêt de la cour de cassation du 18 juillet 1846 (Dalloz, 1846, 1, 263).

naît étranger. Il peut réclamer la qualité de Français, mais il doit le faire dans l'année de sa majorité ; *pourvu que*, dit l'article 9. La déclaration dans l'année de la majorité est donc une condition qui doit être remplie dans un délai fatal. Ce délai passé, l'étranger reste ce qu'il était par sa naissance. Il est dans la position de tout étranger ; il ne peut acquérir la qualité de Français que par la naturalisation (1).

La loi belge sur la naturalisation du 27 septembre 1835 a dérogé, en ce point, au code civil. D'après cette loi, la grande naturalisation confère seule la qualité de Belge dans toute sa plénitude ; or, la grande naturalisation n'est accordée que pour services éminents rendus à l'Etat. C'est dire que très-peu d'étrangers y peuvent aspirer. Par une exception de faveur, la loi (article 2) admet à demander la grande naturalisation les individus habitant le royaume, nés en Belgique, de parents y domiciliés, sans qu'ils aient besoin de prouver qu'ils ont rendu des services éminents à l'Etat. Cette disposition se justifie par la considération que peu d'étrangers profitent du bénéfice de l'article 9, non parce qu'ils ne veulent pas en user, mais parce qu'ils croient qu'il suffit de naître en Belgique pour être Belge ; ils ignorent que, outre le fait de la naissance, le code civil exige une déclaration d'intention. Il résulte de là qu'ils seraient dans l'impossibilité d'acquérir la qualité de Belge, bien peu d'entre eux se trouvant dans le cas de demander la grande naturalisation. La loi de 1835 est venue à leur secours. Mais il est à remarquer qu'elle ne donne pas à l'étranger le même droit que lui reconnaît le code civil. L'étranger qui fait la déclaration prescrite par l'article 9 devient Belge de plein droit ; tandis que celui qui invoque la loi de 1835 doit demander la naturalisation, et le pouvoir législatif peut la lui refuser. De plus, l'article 9 est applicable, alors même que les parents de l'étranger n'auraient pas été domiciliés en Belgique, tandis que la loi de 1835 exige cette condition pour que la

_____

(1) Voyez la doctrine et la jurisprudence dans Dalloz, *Répertoire*, au mot *Droits civils*, n° 138.

grande naturalisation puisse être accordée à l'étranger ; de sorte que ceux qui seraient nés de parents non domiciliés en Belgique ne pourraient pas invoquer le bénéfice de l'article 2.

339. L'enfant qui remplit les conditions prescrites par l'article 9 est-il Français à partir de sa naissance, ou n'acquiert-il la nationalité française que pour l'avenir? D'après les principes que nous avons posés sur le changement de nationalité, il faut décider, et sans hésiter, que l'étranger né en France, qui réclame la qualité de Français, ne l'acquiert qu'à partir de sa déclaration. En effet, il naît étranger ; ce premier point est certain et reconnu par tout le monde. S'il venait à mourir pendant sa minorité, il mourrait étranger. Lors donc qu'à sa majorité il réclame la qualité de Français, il change de nationalité, et tout changement de nationalité n'opère que sur l'avenir (1). Qu'arriverait-il si sa déclaration rétroagissait? Il aurait eu deux patries pendant sa minorité; il aurait été tout ensemble Français et étranger. Cela est contraire aux principes, et il faudrait un texte pour admettre une pareille anomalie (2).

On prétend qu'il y a des textes. Toullier dit que le mot *réclamer*, dont se sert l'article 9, veut dire que l'enfant né en France d'un étranger naît Français, en ce sens que sa *réclamation* a pour objet, non d'acquérir un droit, mais de le constater. Il en conclut que la déclaration exigée par la loi est une condition suspensive qui, si elle se réalise, rétroagit au jour de la naissance. Cette opinion a trouvé faveur. M. Valette l'adopte ainsi que Zachariæ (3). Il faut se défier des conditions suspensives que les auteurs imaginent, trop souvent pour le besoin de leur cause. La condition ne peut dériver que de la volonté de l'homme ou de la loi. Dans l'espèce, elle devrait être écrite dans la loi. Or, la loi n'en dit pas le premier mot et, d'après les

---

(1) Voyez plus haut, n° 325.
(2) C'est l'opinion de Duranton, t. Ier, p. 131, n° 199, et de Demante, t. Ier, p. 70 et suiv.
(3) Toullier, t. Ier, n° 261 ; Valette, *Explication sommaire du livre Ier*, p. 10 et suiv.; Zachariæ, t. Ier, § 69, p. 153, traduction d'Aubry et Rau.

principes, certainement il ne peut pas s'agir d'un droit conditionnel. La doctrine de Toullier est encore un débris de
l'ancien droit, qui réputait l'étranger naturel Français
quand il naissait en France. Il faut laisser là ce principe
traditionnel pour s'en tenir au principe de la nationalité
d'origine proclamé par le Tribunat; et dans ce nouvel
ordre d'idées, la question ne peut être douteuse. Quant à
l'expression *réclamer*, le sens en est très-clair, si l'on réfléchit à la faveur que la loi a attachée à la naissance sur
le sol français. C'est plus qu'une faveur, c'est un droit
qu'elle accorde à l'étranger et que personne ne peut lui
contester : il ne demande rien, cela est très-vrai, il exerce
un droit. Voilà pourquoi le législateur s'est servi du mot
énergique de *réclamation*.

On invoque encore l'article 20. Le législateur s'y occupe
des individus qui recouvrent la qualité de Français en
vertu des articles 10, 18 et 19; et il décide qu'ils ne la
recouvrent que pour l'avenir. Cette disposition ne faisant
pas mention de l'article 9, on conclut que le silence de la
loi indique que sa volonté est de ne pas appliquer le principe de la non-rétroactivité à l'enfant né d'un étranger en
France ; d'où suit, *à contrario*, que la déclaration qu'il fait
rétroagit. Il y a plus d'une réponse à faire à cette argumentation. On est en droit de la rejeter par cela seul
qu'elle se fonde sur le silence de la loi, et qu'elle conduit
à une conséquence qui est en opposition avec les principes. On peut dire que l'article 20, parlant de ceux qui
recouvrent la qualité de Français, ne pouvait mentionner
que ceux qui l'acquièrent après l'avoir perdue; qu'il ne
devait donc pas comprendre l'enfant de l'article 9, qui ne
recouvre pas la nationalité française, mais qui l'*acquiert*.
Il y a une raison plus péremptoire encore qui nous
explique pourquoi l'article 20 ne parle pas de l'article 9,
tandis qu'il parle de l'article 10. Le conseil d'Etat adopta
le principe de la non-rétroactivité, posé par l'article 20,
dans la séance du 14 thermidor an ix. A ce moment, on
ne pouvait pas songer à formuler le même principe pour
l'enfant de l'article 9, puisque d'après la première rédaction, votée par le conseil, cet enfant était Français de

plein droit, par le fait seul de sa naissance en France (1).
Plus tard, sur les observations du Tribunat, le principe
du projet de code fut changé, et on ne songea plus à la
question de la rétroactivité. Il était d'ailleurs inutile de la
décider, les principes généraux suffisant pour cela. En
effet, l'article 20 ne consacre pas une exception, il ne fait
qu'appliquer le principe général d'après lequel le changement de nationalité n'opère que pour l'avenir. Ce principe
doit être appliqué à l'enfant de l'article 9 aussi bien qu'à
tous les cas qui peuvent se présenter. L'article 20 peut
donc être invoqué pour notre opinion (2).

N° IV. DE L'ENFANT NÉ D'UN FRANÇAIS QUI A PERDU LA QUALITÉ DE
FRANÇAIS.

340. Quelle est la nationalité des enfants dont le père
abdique la qualité de Français? Ceux qui étaient nés au
moment où leur père change de patrie conservent la nationalité française; ils tiennent ce droit de leur naissance,
et le père ne peut pas le leur enlever. C'est une conséquence évidente du principe que le père ne peut disposer
de la nationalité de ses enfants. La loi belge sur la naturalisation, du 27 septembre 1835, consacre une application
de ce principe. Aux termes de l'article 4, les enfants
mineurs peuvent profiter de la naturalisation obtenue par
le père, mais ils n'en profitent pas de plein droit; ils
doivent faire une déclaration d'intention dans l'année de
leur majorité.

Les enfants conçus lors de l'abdication que leur père fait
de sa nationalité, peuvent-ils invoquer l'adage qui attribue à la conception le même effet qu'à la naissance? Il
nous semble que l'affirmative ne souffre aucun doute.
L'adage est général, l'enfant peut s'en prévaloir dès qu'il
y a un intérêt; or, il peut tenir à conserver sa nationalité
d'origine. Cela décide la question. Par contre, les enfants

(1) Locré, *Législation civile*, t. Ier, p. 365, n° 24.
(2) Voyez, en ce sens, un arrêt de la cour de Paris du 4 janvier 1847
(Dalloz, *Recueil périodique*, 1847, 2, 34). Il a été cassé par arrêt du 19 juillet 1848 (Dalloz, 1848, 1, 129).

conçus après que le père a perdu sa qualité de Français naissent étrangers. C'est une application logique du principe que la nationalité du père détermine celle de l'enfant. Mais la loi (art. 10) leur permet de recouvrer la qualité de Français, en remplissant les formalités prescrites par l'article 9 (1). Les orateurs du gouvernement nous font connaître les motifs de cette faveur. « Bien que le père ait perdu sa qualité de Français, le fils n'en est pas moins formé de sang français ; la perte de cette qualité dans le père n'est qu'un accident qui lui est personnel, fruit de son inconstance ou de son inconduite. Pourquoi la naissance du fils en souffrirait-elle ? S'il ne partage pas les sentiments de son père, s'il porte les regards vers la patrie que la nature lui destinait, s'il y est ramené par son amour pour elle, pourquoi ne l'y recevrait-elle que comme un étranger ? Elle doit le traiter comme un enfant qui vient retrouver sa famille et qui invoque la faveur de son origine (2). » Comme le dit d'Aguesseau, « la patrie, comme une bonne mère, tend toujours les bras à ses enfants, et les invite à rentrer dans leur devoir (3). »

341. L'article 10 dit que l'enfant né d'un Français qui a perdu la qualité de Français, peut toujours la *recouvrer*. Cette expression de *recouvrer* n'est pas exacte ; l'enfant, étant né d'un étranger, n'a jamais été Français, il n'a jamais perdu cette qualité ; dès lors il l'acquiert, il ne la recouvre pas. Les auteurs du code l'avouent ; mais c'est à dessein qu'ils ont employé le mot *recouvrer*. « L'étranger *acquerra*, dit le tribun Siméon ; l'originaire Français *recouvrera*. Son père a pu perdre sa qualité, mais il n'a pu altérer tout à fait le sang français qui coule dans les veines de son enfant ; il n'a pu lui enlever ses aïeux ; et si cet enfant, meilleur que son père, veut revenir dans sa patrie, elle lui ouvrira ses bras, non comme à un enfant nouveau qu'elle *acquiert*, mais comme à un enfant qu'elle *recouvre* (4). »

---

(1) Voyez plus haut, n° 337, p. 442.
(2) Boulay, Exposé des motifs, fait dans la séance du 11 frimaire an X (Locré, t. Ier, p. 423, n° 6).
(3) D'Aguesseau, Plaidoyer xxxiie (*Œuvres*, t. III, p. 133, in-4°).
(4) Rapport de Siméon (Locré, t. Ier, p. 431, n° 3).

342. Le sang français qui coule dans les veines de cet enfant lui a encore fait accorder une autre faveur. Il pourra *toujours* recouvrer la qualité de Français, dit l'article 10 ; par opposition à l'enfant né d'un étranger en France, qui doit faire sa déclaration dans l'année de sa majorité. « Les motifs de cette différence, dit le tribun Gary, rentrent dans ceux de la disposition elle-même. Ils sont fondés sur la faveur due à l'origine française, sur cette affection naturelle, sur cet amour ineffaçable que conservent à la France tous ceux dans les veines desquels coule le sang français (1). » Si l'enfant issu d'une famille française peut recouvrer sa nationalité, à toute époque de sa vie, comme le dit l'orateur du Tribunat, en faut-il conclure qu'il le peut pendant sa minorité ? La négative nous paraît évidente. Cet enfant, en recouvrant la qualité de Français, abdique en même temps la nationalité de son père. Or, pour renoncer à un droit, il faut être majeur. Vainement dirait-on que le mineur peut toujours améliorer sa condition ; s'il gagne une patrie qui était celle de ses ancêtres, il perd par contre la patrie que son père lui avait donnée. Quelle majorité faudra-t-il ? Demante répond que dans la rigueur des principes, l'on devrait exiger la majorité étrangère. Cela est incontestable ; car l'enfant de l'article 10 naît étranger, il est donc régi par le statut étranger au moment où il fait sa déclaration ; si, d'après ce statut, il n'est majeur qu'à vingt-cinq ans, il ne sera capable qu'à cet âge. Cependant Demante ajoute qu'il admet ici sans difficulté la majorité de vingt et un ans, en vertu de la constitution de l'an VIII (2). Sans doute par la faveur due à l'origine française. Mais les questions de droit se décident-elles par des motifs de sentiment ? Il faut mettre plus de logique dans nos déductions, si nous voulons conserver à la science du droit le titre de science rationnelle. L'argument tiré de la constitution de l'an VIII ne peut pas se scinder : s'il détermine la majorité dans le cas de l'article 10, il la détermine aussi dans le cas de l'article 9 ;

(1) Discours prononcé dans la séance du Corps législatif du 17 ventôse an XI (Locré, t. Ier, p. 474, no 6).
(2) Demante, *Cours analytique de code civil*, t. Ier, p. 71.

que si on le repousse quand il s'agit d'un étranger né en France, il faut le repousser également quand il s'agit de l'enfant né à l'étranger, car il est aussi étranger.

343 L'article 10 dit que tout enfant né, *en pays étranger*, d'un Français qui a perdu la qualité de Français, pourra toujours recouvrer cette qualité. On demande si les mots *en pays étranger* sont une condition prescrite par la loi, en ce sens que, si l'enfant naissait en France, il serait régi par l'article 9. Cette interprétation serait contraire à l'intention du législateur. Il veut favoriser l'enfant issu d'une famille française; voilà pourquoi il lui permet de recouvrer toujours la nationalité de ses aïeux. Pourquoi attacherait-il cette faveur à la condition que l'enfant naisse à l'étranger? pourquoi la refuserait-il à l'enfant qui naît en France? On en chercherait vainement la raison. Le fait que l'enfant naît en France ne lui enlève rien de la faveur due à son origine; donc ce fait ne peut porter aucune atteinte à son droit. Mais, dira-t-on, si ce fait est indifférent, pourquoi le législateur le mentionne-t-il? pourquoi semble-t-il en faire une condition? On a donné toutes sortes d'interprétations des mots : *en pays étranger*, qui se trouvent dans l'article 10. La plus simple et la plus vraie est celle-ci. D'après le projet primitif, tout individu né en France était Français. La disposition de l'article 10 avait donc à régler la condition de ceux qui naissent en pays étranger, soit d'un Français, soit d'un père qui a perdu la qualité de Français. Quand plus tard on changea de principe, on oublia de modifier la rédaction de l'article 10. Les mots *en pays étranger* auraient dû être effacés dans le deuxième alinéa, puisque, d'après le nouveau principe, l'enfant de l'article 10 n'était plus Français, bien que né en France; ils n'ont plus de sens ni de portée dans la théorie qui a prévalu (1).

344. Peu importe le lieu où l'enfant vient au monde; ce n'est pas dans le lieu où il naît qu'il puise son droit, c'est dans le sang que lui ont transmis ses ancêtres. Il n'a donc pas à prouver qu'il est né à l'étranger, il doit prou-

(1) Mourlon, *Répétitions sur le code civil*, t. Ier, p. 95.

ver qu'il est né d'un père Français qui a perdu cette qualité. C'est là le fondement du droit qu'il réclame. Que faut-il décider si le père est étranger et la mère Française d'origine? L'enfant peut-il en ce cas invoquer la nationalité originaire de sa mère, pour profiter du bénéfice de l'article 10? Il y a un motif de douter. La femme française qui épouse un étranger, devient étrangère. Donc l'enfant qui naît de leur union naît de père et mère étrangers. N'est-ce pas le cas d'appliquer le principe traditionnel en vertu duquel l'enfant suit la condition du père? On conçoit qu'il puisse invoquer la nationalité de la mère quand elle diffère de celle du père. Mais ici elle est la même (1). Néanmoins l'opinion générale est que l'enfant peut se prévaloir de l'origine française de sa mère, et cette opinion se justifie par l'esprit de la loi. Il est certain que cet enfant se rattache à la France par la famille de sa mère; on ne peut pas lui opposer le principe traditionnel que l'enfant suit de droit la condition du père, car le code ne consacre pas ce principe. Il contient une disposition de faveur pour l'enfant qui a du sang français dans les veines; qu'importe, au point de vue du droit, que ce sang vienne de la mère ou du père?

345. Les descendants des Français expatriés peuvent-ils profiter du bénéfice de l'article 10, à quelque degré qu'ils se trouvent? D'après le texte et d'après l'esprit de la loi, il faut décider que l'article 10 ne s'applique qu'aux enfants du premier degré. Le texte dit : « *l'enfant* né d'un *Français* qui aurait *perdu cette qualité.* » A la rigueur, le mot *enfant* pourrait s'entendre des descendants; mais on ne peut pas dire des descendants qu'ils naissent d'un *Français* qui a *perdu la qualité de Français;* ils naissent, au contraire, d'un étranger qui n'a jamais été Français. L'esprit de la loi ne laisse aucun doute. Elle suppose que le désir de rentrer dans leur patrie d'origine subsiste chez l'enfant dont le père a perdu sa nationalité. Ce désir se

---

(1) C'est l'opinion de Demante (t. Ier, p. 72) et de Demolombe (t. Ier, p. 203, n° 167). Elle est soutenue dans un réquisitoire de l'avocat général De Paepe, en matière d'extradition, et consacrée implicitement par la cour de Gand (*Pasicrisie*, 1865, 2, 15).

conçoit chez l'enfant du premier degré; quoique né à l'étranger, il est encore élevé dans une famille française; les premiers sons qui frapperont son oreille seront, le plus souvent, des mots français; Français de langue, il le sera aussi de génie. Mais dès la seconde génération, cette influence de race se perd; si le père conserve des traits de sa patrie d'origine, la mère presque toujours sera étrangère. Dès lors l'enfant aussi n'aura plus rien de la race française, et par suite il ne mérite plus la faveur singulière que l'article 10 accorde au sang français (1).

346. L'enfant qui fait la déclaration prescrite par l'article 10 devient-il Français de plein droit, ou doit-il recevoir des lettres de naturalité, lettres que le gouvernement pourrait lui refuser? A s'en tenir aux termes de la loi, la question ne peut pas même être posée. Il n'y est pas dit un mot de lettres de naturalité, ni d'une intervention quelconque du chef de l'Etat. Or, il s'agit de conditions requises pour l'exercice d'un droit. Le législateur seul peut établir ces conditions; l'interprète n'en peut rien retrancher, il n'y peut rien ajouter. Cela décide la question. Le texte donne un droit absolu à l'enfant, tandis que les lettres de naturalité, si on les exigeait, le mettraient dans la dépendance absolue du gouvernement. Ce serait donc altérer tout à fait la disposition de faveur que les auteurs du code ont voulu consacrer. Cependant on a soutenu l'opinion contraire, en se fondant sur quelques paroles prononcées au conseil d'Etat (2). Plusieurs membres du conseil manifestaient la crainte que les enfants d'émigrés ne profitassent de l'article 10 pour rentrer en France. On répondit que le gouvernement pourrait toujours repousser la demande de ceux dont la présence lui paraîtrait dangereuse. On voit ici un exemple de l'abus que l'on fait trop souvent des travaux préparatoires. Il est déjà dangereux de s'en servir pour expliquer le sens de la loi; que sera-ce si on l'invoque pour faire la loi? Car prescrire des conditions que le législateur n'a pas établies, c'est faire la

(1) C'est l'opinion de Dalloz, *Répertoire*, au mot *Droits civils*, n° 141.
(2) Guichard, *Traité des droits civils*, n° 72.

loi, c'est usurper le pouvoir législatif. Vainement se retranche-t-on derrière le conseil d'Etat ; ce n'est pas tel ou tel membre du conseil qui est législateur, c'est le Corps législatif ; et l'œuvre du Corps législatif se trouve dans le texte et non dans la discussion. L'enfant qui profite de l'article 10 ne sollicite rien, on n'a donc rien à lui refuser. Ce n'est pas une naturalisation proprement dite. La naturalisation suppose une demande et une concession ; tandis que l'enfant de l'article 10, comme celui de l'article 9, se borne à faire une déclaration de volonté ; il devient Français par le bénéfice de la loi, et non par la faveur du gouvernement (1). Il y a encore une autre différence entre la condition des étrangers naturalisés et celle des enfants qui invoquent les articles 9 et 10. La naturalisation ne confère pas toujours la plénitude des droits politiques ; c'est ainsi que, d'après la législation belge, il y a des étrangers naturalisés qui ne peuvent être membres des Chambres législatives. Il nous paraît hors de doute que les enfants des articles 9 et 10 ont ce droit ; ils acquièrent la qualité de Français, aux termes de la loi ; ils sont donc assimilés aux Français de naissance.

347. Il y a cependant une différence entre les naturels français et ceux qui le deviennent par le bénéfice de la loi. Les premiers le sont dès leur naissance, et même dès leur conception, s'ils y ont intérêt ; tandis que les autres changent de nationalité ; ils deviennent Français, et ils le deviennent pour l'avenir seulement. La loi le dit (article 20) pour les enfants de l'article 10, par application du principe que le changement de nationalité n'a d'effet que sur l'avenir. Le même principe s'applique à l'enfant de l'article 9 (2).

N° V. DE LA FEMME ÉTRANGÈRE QUI ÉPOUSE UN FRANÇAIS.

348. L'étrangère qui épouse un Français, porte l'article 12, suit la condition de son mari. Cette maxime, a

(1) Jugé en ce sens, pour l'enfant de l'article 9, par arrêt de la cour de cassation du 28 avril 1851 (Dalloz, 1851, 1, 174).
(2) Voyez plus haut, n° 339.

dit l'orateur du gouvernement, est fondée sur la nature même du mariage, qui de deux êtres n'en fait qu'un, en donnant la prééminence à l'époux sur l'épouse (1). » Le motif donné par Boulay est considérable. Il en résulte que c'est le mariage qui imprime la nationalité du mari à la femme ; et comme le mariage produit cet effet par sa *nature,* c'est-à-dire à raison du lien intime qu'il établit entre les époux, il faut dire que la femme étrangère change nécessairement de nationalité en épousant un Français. Aussi la loi n'exige-t-elle aucune déclaration de sa part ; elle n'a pas de volonté à exprimer, parce qu'elle ne peut pas en avoir d'autre que celle que la loi lui suppose. Sans doute elle peut ne pas vouloir changer de nationalité ; mais, en ce cas, elle ne doit pas épouser un Français. Dès qu'elle épouse un Français, il ne dépend plus d'elle de ne pas être Française, car la *nature* du mariage ne dépend pas de sa volonté ; elle ne peut pas vouloir que les deux époux ne fassent point un seul être.

Ce principe est cependant controversé. Un jurisconsulte distingué, Blondeau, soutient que la loi ne fait que présumer la volonté de la femme étrangère, que celle-ci est libre de manifester une volonté contraire, qu'elle peut donc conserver sa nationalité d'origine, si elle le veut (2). En théorie, nous préférerions ce système, ou, mieux encore, la théorie anglaise qui laisse à chacun des époux la nationalité qu'il a en se mariant. La femme, d'après le code, suit la condition de son mari ; elle change donc de nationalité ; or, le changement de nationalité est, de sa nature, un fait volontaire, puisqu'il implique l'abdication d'un droit en même temps que l'acquisition d'un droit nouveau. Mais il nous paraît évident que l'article 12 déroge à ce principe. Quand la loi veut que la volonté intervienne dans le changement de nationalité, elle le dit. La loi le dit dans les cas des articles 9 et 10 ; elle le dit encore de la femme veuve (art. 19, 2ᵉ alinéa) ; elle le dit des Français qui ont

---

(1) Exposé des motifs, fait dans la séance du 11 frimaire an X, par Boulay (Locré, t. Iᵉʳ, p. 425, nº 14).

(2) Blondeau, Dissertation insérée dans la *Revue de droit français et étranger,* 1844, t. Iᵉʳ.

perdu la qualité de Français et qui veulent la recouvrer. Pour la femme qui se marie, la loi ne demande pas de déclaration d'intention ; par la raison que donne l'orateur du gouvernement, c'est qu'elle ne peut pas avoir une intention contraire.

349. Faut-il conclure de là que le principe du code est que toujours et dans toute hypothèse la femme doit avoir la nationalité de son mari ? Le code ne formule pas le principe de cette manière absolue ; il dit seulement que la femme change de nationalité quand elle se marie ; mais le mariage implique le consentement. La volonté de la femme intervient donc dans l'abdication qu'elle fait de sa patrie. En ce sens, le changement de nationalité est volontaire. Il résulte de là une conséquence importante pour le cas où le mari change de nationalité pendant le mariage. Une femme belge épouse un Belge. Pendant le mariage, le mari devient Français ; sa femme deviendra-t-elle aussi Française ? Si le mari change de nationalité par un fait volontaire, nous croyons que sa femme conservera sa nationalité. En principe, il faut le consentement pour acquérir une nouvelle patrie, comme pour perdre son ancienne patrie. Il faudrait un texte de loi pour déroger à une règle qui est fondée sur la nature des choses. Or, tout ce que la loi dit, c'est que la femme, en se mariant, suit la condition de son mari, et il dépend d'elle de ne pas se marier. En se mariant, elle conserve ou elle acquiert une nationalité, c'est un droit pour elle ; et en vertu de quel principe le mari dépouillerait-il la femme d'un droit qui lui appartient ? Supposons que le mari se fasse naturaliser ; la naturalisation ne profite qu'à celui qui l'obtient ; c'est une faveur essentiellement personnelle. Par application de ce principe, la loi belge sur la naturalisation a décidé que la naturalisation du père ne change point la condition des enfants. A plus forte raison en est-il ainsi de la femme.

Par la même raison, il faut décider que la femme étrangère qui épouse un Français reste Française, bien que son mari change de patrie pendant le mariage. Il y a cependant une raison de douter. L'étrangère est devenue Française parce que son mari est Français : si le mari abdique sa nationalité, n'est-ce pas le cas de dire que, la cause cessant, l'effet doit cesser? Non ; car la cause a donné un droit à la femme, ce droit elle l'a acquis en consentant au mariage, donc par sa volonté; il ne peut lui être enlevé par une volonté étrangère. Ce qui prouve que l'adage de la cause et de l'effet ne reçoit pas d'application en cette matière, c'est que la femme étrangère devenue Française par son mariage reste Française, alors qu'elle devient veuve; cependant alors la cause qui l'a fait changer de nationalité cesse d'une manière absolue.

Les auteurs sont divisés sur ces questions (1). Nous croyons inutile d'entrer dans cette controverse, parce que les principes sont certains, et il ne faut point discuter pour le plaisir de discuter. Ajoutons que la femme qui change de nationalité en se mariant ne devient Française qu'à partir de son mariage. La loi ne le dit pas; mais elle n'avait pas besoin de le dire. C'est l'application du principe général que le changement de nationalité n'a pas d'effet rétroactif. Le code applique le principe dans l'article 20, et il doit recevoir son application à tous les cas.

Nº VI. DE LA NATURALISATION.

350. Les étrangers peuvent acquérir la qualité de Français par la naturalisation. Si le code n'en parle pas, c'est que cette matière est régie par des lois spéciales. En Belgique, nous avons une loi du 22 septembre 1835; nous l'analyserons rapidement, les détails n'entrant pas dans notre sujet. Il y a deux espèces de naturalisation, la grande naturalisation et la naturalisation ordinaire. L'une et l'autre sont accordées par le pouvoir législatif. C'est la constitution qui l'a décidé ainsi (art. 5). Le Congrès a pensé que la nation seule pouvait, par l'organe de ses mandataires, s'associer des étrangers; il a voulu que ce bienfait ne fût pas prodigué, et surtout qu'il ne fût pas accordé au gré du caprice d'un prince à des favoris qui en seraient indignes.

(1) Voyez les sources dans Dalloz, *Répertoire*, au mot *Droits civils*, nº 118.

351. La grande naturalisation n'est accordée qu'à celui qui a rendu des services éminents à l'Etat. Quels sont ces services? La loi n'a pas voulu les préciser, afin de laisser une liberté entière d'appréciation au pouvoir législatif. Quant à la naturalisation ordinaire, elle n'est accordée qu'à ceux qui ont accompli leur vingt et unième année et qui ont résidé pendant cinq années en Belgique. En fixant l'âge de vingt et un ans, le législateur s'est écarté du statut personnel de l'étranger. Cela simplifie l'instruction des demandes en naturalisation, mais cela n'est pas juridique. Il en résulte, en effet, qu'un étranger, âgé de vingt et un ans, peut abdiquer sa patrie, alors qu'il n'a pas la capacité légale de disposer de quoi que ce soit.

La grande naturalisation assimile seule l'étranger au Belge; il y a des droits politiques dont ne jouissent pas ceux qui ont obtenu la naturalisation ordinaire : ils ne sont pas éligibles au Sénat et à la Chambre des représentants; ils ne sont pas électeurs, ils ne peuvent pas être ministres. On voit ici la raison de la division de la naturalisation en *grande* et *ordinaire*. C'est un sentiment de dignité nationale, peut-être faudrait-il dire de jalousie qui l'a dictée. Jalousie respectable du reste; il ne faut pas que les nations confient leurs destinées à des mains étrangères; il est donc juste qu'ils excluent les étrangers des plus hautes fonctions politiques. Mais elles ne doivent pas davantage s'isoler en écartant les étrangers de leur sein; il est donc bon qu'il y ait une naturalisation ordinaire qui permette aux étrangers de s'établir en Belgique, en y jouissant des droits civils et de la plupart des droits politiques.

352. La naturalisation est une faveur personnelle. Elle ne profite pas de plein droit aux enfants nés au moment où elle s'accorde au père. C'est l'application du principe que le père ne peut disposer de la nationalité de ses enfants. Mais la loi permet aux enfants mineurs de profiter de la naturalisation de leur père, moyennant une simple déclaration d'intention faite dans l'année de leur majorité. Quant aux enfants majeurs, il faut qu'ils demandent la naturalisation au pouvoir législatif, et ils pourront l'obtenir pour les services éminents rendus à la Belgique par leur

père. Il va sans dire que les enfants qui naissent après la
naturalisation suivent la condition de leur père. Si le père
n'a obtenu que la naturalisation ordinaire, les enfants n'auront que les droits qui y sont attachés (1); mais il leur sera
facile d'acquérir la qualité de Belge, s'ils sont nés en Belgique, en remplissant les formalités prescrites par l'article 9 du code civil.

353. La naturalisation est une loi ; elle exige donc le
concours des deux Chambres et la sanction du roi. Mais la
naturalisation diffère des lois ordinaires, en ce que celles-
ci existent par cela seul qu'elles sont sanctionnées ; tandis
que la naturalisation doit être acceptée par celui à qui elle
a été accordée, et ce n'est qu'après cette acceptation qu'elle
est insérée au Bulletin. La naturalisation impose des obligations à l'étranger, il est soumis aux charges des citoyens
belges ; dès lors le législateur devait exiger une déclaration expresse de volonté.

N° VII. RÉUNION D'UN TERRITOIRE A LA FRANCE.

354. Un territoire peut être réuni à la France par un
traité de paix, suite d'une conquête, ou par une annexion
volontaire. Quel sera l'effet de cette réunion sur la nationalité de ceux qui habitent le territoire réuni ? La même
question se présente quand un territoire appartenant à la
France est cédé par des traités. Pour mieux dire, c'est une
seule et même question, car le fait qui procure l'acquisition d'un territoire à un Etat entraîne une perte pour
l'autre. Il peut arriver aussi que, par suite d'une révolution, un Etat soit démembré et en forme plusieurs, ou que
plusieurs petits Etats se réunissent pour former une grande
nation : c'est ainsi que la Belgique et l'Italie se sont constituées. Quelle est l'influence de cette séparation ou de

---

(1) La cour de cassation de Belgique a décidé, par arrêt du 29 juillet
1861 (*Pasicrisie*, 1862, 1, 100), que les enfants nés d'un étranger qui a obtenu
la naturalisation ordinaire du roi des Pays-Bas, naissent Belges. Elle se
fonde sur ce que ces enfants naissent d'un père belge. Non, le père n'a pas
la plénitude de la qualité de Belge ; dès lors comment les enfants l'auraient-ils ?

cette réunion sur la nationalité des habitants des provinces séparées ou unies?

Ces diverses hypothèses sont régies par un seul et même principe : quand un territoire change de domination, les naturels de ce territoire changent aussi de nationalité. Le code ne pose pas ce principe ; mais nous le trouvons dans Pothier, et ce que Pothier dit est fondé sur la nature des choses. « Il est certain, dit-il, que lorsqu'une province est réunie à la couronne, ses *habitants* doivent être regardés comme Français naturels, qu'ils y soient nés avant ou depuis la réunion. » Par le mot *habitants*, Pothier n'entend pas tous ceux qui *habitent* le territoire réuni, mais ceux qui sont citoyens, ou, comme on disait autrefois, les *naturels* du pays. En effet, Pothier ajoute : « Il y a même lieu de penser que les *étrangers* qui seraient établis dans ces provinces et y auraient obtenu, suivant les lois qui y sont établies, les droits de *citoyen*, devraient, après la réunion, être considérés comme citoyens, ainsi que les *habitants originaires* de ces provinces, ou du moins comme des étrangers naturalisés en France. » Les étrangers qui habitent le territoire réuni ne changent donc pas de nationalité, à moins qu'ils ne soient naturalisés, c'est-à-dire assimilés aux *naturels,* ce qui confirme notre doctrine.

Pothier continue et applique son principe au cas où une province est démembrée de la couronne : « Lorsqu'un pays conquis est rendu par le traité de paix, les *habitants* changent de domination. De *citoyens* qu'ils étaient devenus au moment de la conquête ou depuis la conquête, s'ils sont nés avant la réunion ; de citoyens qu'ils étaient par leur *naissance*, jusqu'au temps du démembrement de la province, ils deviennent étrangers (1). » Le démembrement, de même que la réunion, n'a donc effet que sur les *citoyens*, c'est-à-dire sur ceux qui étaient *naturels* du territoire, soit lors de la réunion, soit depuis leur réunion par leur naissance (2).

355. Les principes sont très-bien posés par Pothier,

(1) Pothier, *Traité des personnes*, partie Ire, tit. II, sect. Ire.
(2) Ainsi décidé par un arrêt de la cour de Bruxelles du 30 mai 1831 (*Jurisprudence du* XIXe *siècle*, 1831, 3, p. 126).

mais l'application n'en est pas sans difficulté. Il faut d'abord distinguer si c'est tout un pays qui est réuni par suite d'un traité de paix ou d'une annexion, ou si un Etat est démembré par suite d'une révolution. Pour donner plus de précision aux questions qui se présentent, prenons un exemple. La Belgique a été réunie à la France sous la République, puis elle a été détachée de la France par les traités de 1814. Quels sont les habitants de la Belgique qui sont devenus Français par la réunion? Il faut répondre avec Pothier : d'abord ceux qui étaient naturels belges, lors de la réunion, puis leurs enfants nés depuis la réunion. Sont assimilés aux naturels les étrangers naturalisés ; mais les étrangers simplement résidents ou domiciliés sont toujours étrangers; ils restent, sous la domination nouvelle, ce qu'ils étaient, en conservant leur nationalité d'origine.

Jusqu'ici il n'y a aucun doute. Quel va être l'effet de la séparation sur la nationalité de ceux qui appartiennent aux provinces cédées? Nous ne disons pas de ceux qui *habitent* les départements jadis réunis et maintenant séparés ; car, la séparation, de même que la réunion, n'agit que sur les *naturels*. Mais quels sont les *naturels?* Ce sont ceux qui avaient acquis la qualité de Français par suite de la réunion; ils la perdent par suite de la séparation. D'après ce principe, il est facile de déterminer quels sont les habitants des provinces belgiques qui ont conservé leur nationalité française, quels sont ceux qui l'ont perdue.

Pendant la réunion, des naturels français se sont établis dans un département faisant partie des anciennes provinces belgiques. Après la séparation, ils ont continué à habiter le nouveau royaume des Pays-Bas. Ont-ils perdu leur nationalité française? Sont-ils devenus Belges? Non, évidemment. Ils étaient Français d'origine lors de la séparation, donc étrangers à la Belgique, aussi bien que les Anglais ou les Allemands qui y résidaient; or, la cession et l'annexion ne frappent pas les étrangers. Peu importe que ces Français aient continué à résider dans les Pays-Bas ; la résidence à l'étranger ne fait pas perdre la nationalité française, et ne fait pas acquérir la qualité de Belge. La cour de Bruxelles l'a décidé ainsi à plusieurs reprises.

Il a été jugé qu'un Français domicilié en Belgique depuis plus de vingt ans, qui s'y est marié avec une Belge, qui est resté domicilié dans les Pays-Bas après la séparation, n'est pas devenu Belge (1), et s'il a conservé l'esprit de retour, il n'a pas perdu la nationalité française.

Il en est de même des enfants nés de parents français en Belgique. L'enfant suit la nationalité du père; si le père est Français, l'enfant l'est aussi. Dès lors la cession n'a pas plus d'influence sur les enfants que sur les parents. Qu'importe que ces enfants soient nés en Belgique? Ce n'est pas la naissance sur le sol belge qui donne la qualité de Belge, c'est la naissance d'un père belge. Or, la cession ne change que la nationalité des naturels belges; elle ne peut donc avoir aucune influence sur les naturels étrangers. La jurisprudence des cours de France est constante sur ce point (2).

356. Ces décisions ne sont pas douteuses au point de vue du droit civil. Des lois politiques y ont apporté des dérogations. Nous devons les mentionner, parce qu'elles ont modifié l'état de beaucoup de Français habitant la Belgique. La loi fondamentale du royaume des Pays-Bas a adopté sur la nationalité le principe qui était jadis universellement admis; elle admet que la naissance sur le sol belge confère la qualité de Belge aux enfants nés d'un étranger aussi bien qu'aux enfants nés d'un indigène. Par application de ce principe, l'article 8 déclare admissibles aux plus hautes fonctions ceux qui sont nés dans le royaume de parents y domiciliés, et qui habitent les Pays-Bas. Dire que ces individus peuvent être membres des états généraux, c'est dire qu'ils ont la qualité de Belge dans toute sa plénitude. La loi fondamentale, conçue en termes absolus, reçoit son application au passé comme à l'avenir. Il en résulte que les enfants nés en Belgique de parents français qui y étaient domiciliés (3), sont devenus

---

(1) Arrêt de la cour de cassation de Bruxelles du 3 janvier 1822 (Dalloz, *Répertoire*, au mot *Droits civils*, n° 123). Voir, *ibid.*, d'autres arrêts dans le même sens.

(2) Voyez les arrêts des cours de Douai (28 mars 1831), de Colmar (26 décembre 1829) et de Paris (4 février 1840), dans Dalloz, *Répertoire*, au mot *Droits civils*, n° 598.

(3) Le *domicile* des parents est une condition requise pour que les en-

Français, peu importe qu'ils fussent nés avant la séparation des provinces belgiques ou depuis. C'est une grave dérogation au code civil. En effet, ces enfants sont devenus Belges de plein droit, sans être tenus de faire aucune déclaration, aucune manifestation de volonté.

Telle est l'interprétation que la cour de cassation de Belgique a donnée à l'article 8 par plusieurs arrêts, et notamment par un arrêt du 22 novembre 1839, rendu sur les conclusions conformes et fortement motivées du procureur général M. Leclercq (1). Nous sommes loin d'approuver le principe de la loi fondamentale ; il est en opposition avec une maxime constante, c'est que le changement de nationalité ne peut s'opérer que par une manifestation de volonté. Voyez les singulières conséquences auxquelles on aboutit dans le système de l'article 8. D'après le code civil, les enfants nés en Belgique de parents français sont Français, et l'article 8 de la loi fondamentale les déclare Belges. Cet article n'a pas pu leur enlever la nationalité française ; ils ont donc deux patries, ils sont Français en France, Belges en Belgique. Il était facile d'éviter cette anomalie en exigeant des Français nés en Belgique une déclaration d'intention.

357. C'est ce qu'a fait la constitution belge pour une autre catégorie d'étrangers. La loi fondamentale ne s'applique qu'aux enfants nés en Belgique de parents qui y sont domiciliés ; les individus nés à l'étranger, bien que domiciliés dans les Pays-Bas, ne pouvaient pas invoquer le bénéfice de l'article 8. Aux termes de l'article 10, le roi avait le droit d'accorder l'indigénat à ces étrangers ; mais la loi ne lui accordait ce pouvoir que pendant une année. Peu d'étrangers profitèrent de cette disposition, quoiqu'il y eût beaucoup de Français qui, pendant la réunion de la Belgique à la France, étaient venus s'établir en Belgique. La plupart avaient perdu l'esprit de retour ; ils n'étaient donc plus Français, et ils n'étaient pas Belges. Cependant cette longue communauté d'existence, d'intérêts, de sentiments

fants puissent invoquer le bénéfice de l'article 8 (arrêt de la cour de cassation de Belgique, du 13 août 1855, dans la *Pasicrisie*, 1855, 1, 371).

(1) *Jurisprudence des cours de Belgique*, 1840, 1re partie, p. 186-209.

les avait en quelque sorte nationalisés de fait. Les auteurs de notre constitution décidèrent en conséquence (art. 133) que les étrangers établis en Belgique avant le 1er janvier 1814, et qui avaient continué à y être domiciliés, seraient considérés comme Belges de naissance, à condition de déclarer que leur intention était de jouir de ce bénéfice. Cette déclaration a dû se faire dans les six mois à partir de la publication de la constitution.

Il y a des étrangers qui ne profitèrent pas du bénéfice de l'article 133; dès lors ils ne pouvaient plus obtenir la qualité de Belge que par la grande naturalisation, c'est-à-dire en rendant des services éminents à l'Etat. La loi belge sur la naturalisation du 27 septembre 1835 (art. 16), considérant que des circonstances indépendantes de leur volonté avaient pu empêcher des étrangers de faire la déclaration prescrite par l'article 133 dans le délai fatal, leur permit de demander la grande naturalisation, en justifiant de ce fait, et sans être soumis aux conditions ordinaires.

358. La révolution de 1830 sépara la Belgique du royaume des Pays-Bas. Quelle allait être l'influence de cette séparation sur la nationalité des habitants? Est-ce que tous ceux qui étaient domiciliés en Belgique, ou qui y étaient nés, doivent être considérés comme Belges? Il faut appliquer le principe de Pothier : Sont Belges tous les naturels de Belgique. Et l'on doit réputer naturels non-seulement ceux qui sont nés de parents belges, mais aussi ceux qui sont nés en Belgique de parents étrangers qui y étaient domiciliés; ces derniers sont Belges en vertu de la loi fondamentale. Il va sans dire que cette loi a perdu sa force obligatoire, par suite de la révolution; l'article 137 de notre constitution l'a formellement abrogée. Dès lors, les étrangers nés en Belgique sont replacés sous l'empire de l'article 9 du code civil; ils ne deviennent Belges qu'en vertu d'une déclaration faite dans l'année de leur majorité.

Sont assimilés aux naturels belges ceux qui avaient obtenu la naturalisation. La loi fondamentale (art. 10) donnait au roi le droit d'accorder l'indigénat aux étrangers domiciliés dans le royaume pendant une année. De fait, le roi accorda des lettres de naturalisation après ce délai qui paraissait fatal. Quelle est la valeur de ces actes? confèrent-ils la qualité de Belge dans toute sa plénitude? ou quels droits donnent-ils aux naturalisés? Le législateur n'avait pas à se préoccuper de cette question, qui est du domaine des tribunaux; nous ne la traiterons pas, parce qu'elle appartient au droit public plutôt qu'au droit civil. En supposant que ces actes de naturalisation soient légaux, quel en est l'effet quant à la nationalité? Les naturalisés sont devenus citoyens du royaume des Pays-Bas. Mais après la dissolution du royaume en 1830, étaient-ils Belges ou Hollandais? En droit, on pouvait soutenir qu'ils avaient le choix. La loi du 22 septembre 1835 (art. 15) a décidé la question, en déclarant Belges ceux qui étaient domiciliés en Belgique au 1er décembre 1830, et qui depuis lors y ont conservé leur domicile. Quels sont les droits de ces étrangers naturalisés? L'article 15 laisse la question indécise, il se borne à dire qu'ils jouiront des droits que l'acte de naturalisation leur a conférés. En cas de contestation, les tribunaux décideront (1).

359. L'application des principes sur le changement de nationalité par suite de cession souffre plus de difficulté, quand ce sont quelques provinces ou quelques communes qui sont cédées. Par le traité du 14 avril 1839, les provinces de Luxembourg et de Limbourg furent démembrées; une partie resta à la Belgique, une autre fut attribuée au roi des Pays-Bas. Quelle allait être l'influence de la cession sur la nationalité des Luxembourgeois et des Limbourgeois cédés? Les territoires étant cédés, les *naturels* de ces territoires perdaient leur qualité de Belge; cela est évident. Mais quels sont les *naturels* luxembourgeois et limbourgeois? Il n'y a pas de doute pour ceux qui sont nés dans le Luxembourg cédé et dans le Limbourg cédé, de

(1) La cour de cassation de Belgique a décidé, par arrêt du 29 juillet 1861, que les lettres de naturalisation conférées par le roi des Pays-Bas ne donnaient pas l'indigénat; que l'étranger naturalisé devenait Belge, mais ne pouvait pas exercer les droits que l'article 8 de la loi fondamentale réservait aux indigènes (*Pasicrisie*, 1862, 1, 100).

parents luxembourgeois ou limbourgeois. Nous disons *nés*. Il suffit en effet qu'ils y soient *nés*, peu importe qu'ils y soient domiciliés ou qu'ils résident en Belgique ; la qualité de Luxembourgeois ou de Limbourgeois se déterminant par la naissance, par l'origine, et non par le domicile.

Jusqu'ici l'analogie entre la qualité de *naturel d'une province* et la qualité de *naturel d'un pays* est complète. Mais faut-il la pousser jusqu'au bout ? Ceux qui sont nés dans le Luxembourg cédé, de parents appartenant à une province belge, sont-ils Luxembourgeois ? De même ceux qui naissent en Belgique de parents luxembourgeois ? Si l'on suivait l'analogie, il faudrait décider que les derniers naissent Luxembourgeois et que les premiers naissent Belges : telle est en effet la qualité de leurs parents ; or, les enfants suivent la condition de leur père. Mais nous ne croyons pas que l'on puisse appliquer le principe de nationalité aux habitants des diverses provinces d'un seul et même pays. Tous sont Belges si les parents sont Belges. Quand sont-ils Luxembourgeois, Namurois, Liégeois, etc. ? Par le fait de leur naissance dans les provinces de Luxembourg, de Namur, de Liége, etc. La nationalité est hors de cause ; dès lors c'est la naissance dans telle province qui donne la qualité d'habitant de cette province, de même que c'est la naissance dans telle commune qui donne la qualité d'habitant de cette commune. Il faut donc décider que ceux qui sont nés dans les provinces cédées, de parents belges, sont Luxembourgeois ou Limbourgeois, partant que par la cession ils ont perdu leur qualité de Belge. Par contre, ceux qui sont nés dans une province belge, de parents luxembourgeois ou limbourgeois, ne sont pas Luxembourgeois ni Limbourgeois ; donc ils ne perdent pas leur qualité de Belge par le traité de 1839. A l'appui de cette opinion, nous citerons les paroles prononcées par le ministre de l'intérieur, lors de la discussion de la loi du 4 juin 1839. Cette loi permet aux Luxembourgeois et aux Limbourgeois cédés de conserver leur qualité de Belges en faisant une déclaration d'intention, dans les quatre ans à partir de la ratification du traité. Qui doit faire cette déclaration ? Le ministre répond : « Tout individu jouissant de la qualité de Belge qui est *né* dans une des parties cédées du Limbourg et du Luxembourg, soit qu'il n'y habite pas, soit qu'il y habite encore (1). » Il va sans dire que ceux qui sont nés dans une province belge et qui habitaient le Luxembourg ou le Limbourg cédés, en 1839, sont restés Belges. Cela résulte à l'évidence des principes que nous avons posés, et cela a été reconnu formellement par le ministre de l'intérieur.

360. Le traité de Paris du 30 novembre 1815 détacha de la France quelques communes pour les réunir au royaume des Pays-Bas. Quels sont les *naturels* de ces communes qui perdirent la qualité de Français et qui devinrent Belges ? Il faut appliquer les principes que nous venons de poser sur la cession d'une province. Le cas est identique. Il en résulte que les Français nés dans ces communes ont perdu leur nationalité, peu importe qu'ils y fussent domiciliés ou non. Par contre, les Français qui habitaient ces communes, mais qui n'y étaient pas nés, ont conservé leur nationalité. De fait, il y eut des Français établis dans ces communes qui continuèrent à y résider sous le royaume des Pays-Bas ; ils restèrent Français, à moins qu'ils n'eussent perdu l'esprit de retour, et même en ce cas ils ne seraient pas devenus Belges. Ils auraient pu profiter du bénéfice de l'article 133 de notre constitution ; mais ne l'ayant pas fait, la plupart n'avaient plus de patrie. La loi du 27 septembre 1835 (art. 14) est venue à leur aide ; elle porte qu'ils seront réputés Belges, à charge de faire dans le délai d'un an la déclaration prescrite par l'article 10 du code civil.

361. La cession d'un territoire prive-t-elle de leur nationalité ceux qui, nés dans ce territoire, restent établis dans l'Etat qui a fait la cession ? Après les traités de 1814, qui cédèrent les provinces belgiques au royaume des Pays-Bas, beaucoup de Belges restèrent en France, où ils étaient établis, où ils s'étaient mariés, où ils occupaient même des fonctions. Perdirent-ils leur qualité de Français ? Dans l'ancien droit, on décidait la question négati-

(1) *Moniteur belge* du 11 mai 1839.

vement. Pothier dit même que les naturels des provinces cédées conserveraient leur qualité de Français en *venant s'établir* dans une province de la domination française. « Comme, dit-il, ils ne perdraient la qualité de citoyens, qui leur était acquise, en continuant de demeurer dans la province démembrée, que parce qu'ils seraient passés sous une domination étrangère et qu'ils reconnaîtraient un autre souverain, il s'ensuit que, s'ils restent toujours sous la même domination, s'ils reconnaissent le même souverain, ils continuent d'être citoyens (1). » Cette opinion a trouvé faveur chez les jurisconsultes français. M. Valette l'adopte en se fondant à peu près sur les motifs donnés par Pothier. Pourquoi, dit-il, les habitants des territoires cédés changent-ils de nationalité? Parce qu'ils sont *attachés à un sol* qui rentre sous une domination étrangère, et qu'ils *reconnaissent un autre souverain* (2).

Nous ne pouvons pas admettre le principe tel que Pothier le formule. Il suppose que le changement de nationalité est une conséquence de la reconnaissance volontaire que les habitants des territoires cédés font du nouveau souverain sous la domination duquel ils passent. Sans doute, cela devrait être ainsi; on devrait laisser aux peuples la faculté de décider de leur sort. Mais est-il besoin de dire que tel n'est point notre droit des gens? Les vaincus subissent la loi du vainqueur ; les pays conquis sont placés par le conquérant sous une domination nouvelle, sans qu'il s'enquière de la volonté des populations. Que les naturels des territoires cédés le veuillent ou non, ils deviennent sujets du souverain que la conquête leur impose. Donc le changement de nationalité se fait par la force ; c'est un cas de force majeure qui frappe les personnes en même temps que le territoire. Dès lors toute volonté contraire est inopérante. Supposons que les habitants cédés puissent conserver par leur seule volonté leur ancienne nationalité ; il en résulterait qu'ils auraient deux patries, car il est certain qu'ils peuvent, s'ils le veulent, être sujets

(1) Pothier, *Traité des personnes*, partie Ire, tit. II, sect. Ire.
(2) Valette sur Proudhon, *Traité des personnes*, t. Ier, p. 129.

de la nouvelle patrie que le sort des armes leur a donnée. Ayant le choix entre deux patries, ne faut-il pas exiger d'eux une déclaration formelle pour mettre fin à cette incertitude qui règne sur leur condition? Les principes le disent, et telle est aussi la décision des lois qui d'ordinaire sont portées dans ces malheureuses circonstances.

Telle est la loi française du 14 octobre 1814, qui donne aux habitants des pays détachés de la France le droit de conserver leur qualité de Français, sous la condition de déclarer leur volonté, et d'obtenir du gouvernement des lettres de déclaration de naturalité. Cette loi témoigne contre le principe posé par Pothier et approuvé par M. Valette; elle confirme, au contraire, le principe tel que nous l'avons formulé. Les Belges ont perdu la qualité de Français qu'ils avaient acquise par la réunion, leur volonté ne suffisait pas pour la leur conserver. Il a fallu une loi pour leur donner ce droit. Vainement accuse-t-on cette loi de sévérité, de dureté (1) : c'est, au contraire, une de ces lois de faveur qui tempèrent la rigueur des principes, et qui diminuent les souffrances, suite inévitable des déchirements politiques, en faisant une part aux intérêts et aux sentiments froissés. Tout aussi vainement se plaint-on que ces changements de nationalité imposés par la force jettent le trouble dans les relations civiles. Il faut adresser ces plaintes aux conquérants. Le jurisconsulte peut protester contre la violence, mais tout en protestant, il doit la subir. Nous ne demanderions pas mieux que de pouvoir opposer des principes de droit à l'œuvre de la force, mais nous cherchons ces principes et nous ne les trouvons pas. Est-ce un principe que la maxime, imaginée par un auteur français, que la cession agit seulement sur le territoire et sur les *masses*, et non sur les individus personnellement (2)? La science du droit ne se paye point de mots. Qu'est-ce que les *masses* ? ne se composent-elles pas des individus (3)?

(1) Valette sur Proudhon, t. Ier, p. 130 et suiv.; Demolombe, *Cours de code Napoléon*, t. Ier, p. 223, n° 178.
(2) Demolombe, t. Ier, p. 224-225.
(3) La question a été décidée dans le sens de notre opinion par la cour de cassation de Belgique (arrêt du 20 octobre 1862, dans la *Pasicrisie*, 1863, 1, 112).

En Belgique, nous avons aussi de ces lois de réparation. La révolution de 1830 a déchiré le royaume des Pays-Bas et en a fait deux Etats distincts. Les naturels des provinces septentrionales établis en Belgique sont-ils devenus Belges par leur volonté, par leur adhésion à la révolution? Non; leur position était cependant plus favorable que celle des populations cédées à la suite d'une guerre. Ils étaient citoyens du royaume des Pays-Bas, pas plus Hollandais que Belges, puisqu'il n'y avait, de 1814 à 1830, ni Belges ni Hollandais. Ne pouvaient-ils pas dire, après la révolution, qu'ils entendaient être Belges? Non, car les révolutions, comme les conquêtes, sont des faits de force majeure qui ne tiennent aucun compte de la volonté humaine. Les Hollandais ne pouvaient pas devenir Belges, ni de plein droit ni par leur volonté, puisqu'ils étaient naturels des provinces septentrionales. Il a fallu une loi pour leur accorder la qualité de Belge. Aux termes de l'article 1er de la loi du 22 septembre 1835, les habitants des provinces septentrionales de l'ancien royaume des Pays-Bas, qui étaient domiciliés ou qui sont venus demeurer en Belgique avant le 7 février 1831 (1), et qui ont depuis lors continué d'y résider, sont considérés comme Belges de naissance. Cette loi est une nouvelle confirmation de nos principes. Seulement il eût été plus juridique d'exiger une déclaration expresse de volonté, au lieu de se contenter de la volonté tacite, toujours douteuse.

362. Que faut-il décider des enfants de ceux qui changent de patrie par suite d'une cession de territoire? Pendant la réunion de la Belgique à la France, des enfants sont nés, dans des départements français, de parents belges. Vient la séparation des provinces réunies : ces enfants ont-ils changé de nationalité avec leurs parents? Cette question a donné lieu à de vives controverses et à des arrêts contradictoires. On suppose que les enfants dont il s'agit restent en France, où ils sont nés; c'est l'hypothèse la plus favorable. Un arrêt de la cour de Douai a décidé qu'ils conservaient la qualité de Français : nés Français, n'ayant

---

(1) Cette date est celle de la publication de la constitution belge.

jamais cessé d'habiter la France, n'ayant fait aucun acte qui, aux termes des lois, aurait pu les priver de leur nationalité, on ne voit pas pourquoi ils la perdraient « Ils ne pourraient la perdre, dit la cour, que par le fait de leur père qui change de patrie; or, il est de principe que le père ne peut pas disposer de la nationalité de ses enfants; son fait ou sa faute n'a aucun |effet à leur égard (1). » C'est très-mal raisonner, nous semble-t-il. La cour suppose qu'il faut le concours de volonté de ceux qui changent de nationalité par suite d'une cession de territoire; or, comme nous venons de le dire, c'est là un de ces faits de force majeure qui excluent tout consentement. Ce n'est pas le père qui, par son fait ou sa faute, prive ses enfants de leur nationalité; c'est la cession du territoire. Il faut donc voir quel est l'effet que la cession doit produire sur les enfants de ceux qui changent forcément de patrie. Telle est la vraie difficulté, et la cour de Douai ne la touche pas.

La cour de cassation s'est prononcée pour l'opinion contraire. Il faut partir de ce principe, dit-elle, que les choses se dissolvent par les mêmes causes qui les ont formées. Les Belges sont devenus Français par la réunion de la Belgique à la France, à la suite d'événements militaires; de même, par la séparation de la Belgique d'avec la France, à la suite d'événements militaires contraires, les Belges, devenus temporairement Français, sont redevenus Belges. Ils ont donc perdu la nationalité française de la même manière qu'ils l'avaient acquise. Il faut dire la même chose des enfants; ils ont suivi la condition de leur père lors de la réunion, ils doivent aussi la suivre lors de la séparation (2).

La jurisprudence de la cour de cassation est fondée sur les vrais principes, quoi qu'en disent les auteurs. Ceux-ci enseignent que même les Belges de naissance, devenus Français par la réunion, conservent la nationalité française, s'ils restent établis en France; à plus forte raison doivent-

---

(1) Arrêt du 28 mars 1831 (Dalloz, *Répertoire*, au mot *Droits civils*, n° 594).
(2) Il y a plusieurs arrêts de la cour de cassation en ce sens (voy. Dalloz, *ibid*, t. XVIII, p. 185-187).

ils décider la même chose, quand il s'agit des enfants (1).
Il y a, en effet, entre les pères et les enfants, cette différence, qui paraît militer en faveur des enfants, c'est que
ceux-ci naissent Français, tandis que les autres le sont devenus par la réunion. Or, pourrait-on dire, la séparation
ne doit faire perdre la qualité de Français qu'à ceux qui
l'avaient acquise par la réunion; donc elle est étrangère
aux enfants. Ici est le vice du raisonnement. Les enfants
aussi ont acquis la nationalité française par la réunion;
en effet, pourquoi sont-ils Français? Parce qu'ils sont nés
d'un père devenu Français par la réunion. Dès lors la séparation doit frapper les enfants aussi bien que les pères.
Il y a un principe évident qui le prouve. La cession frappe
les naturels du territoire cédé. Et qui sont les naturels?
Tous ceux qui auraient été Belges, s'il n'y avait pas eu de
réunion. Les enfants nés de parents belges auraient certes
été Belges; ils sont donc compris parmi les naturels belges
qui changent de patrie par suite de la cession (2).

363. On suppose que le père belge est décédé pendant
la réunion. Le fils, né en France, deviendra-t-il Belge par
la séparation? On est étonné de voir la question controversée, à raison du décès du père. Si le changement de
nationalité du père était la cause pour laquelle l'enfant
change de nationalité, on concevrait que, la cause cessant,
l'effet devrait cesser aussi. Mais il n'en est pas ainsi. La
séparation frappe directement les enfants comme naturels
belges; et ils sont naturels belges, parce qu'ils sont nés
d'un père belge. Qu'importe que le père soit décédé? Est-
ce que le décès du père empêche que le fils ne soit l'enfant de son père? La nationalité se détermine par la naissance. L'enfant dont il s'agit serait né Belge s'il n'y avait
pas eu de réunion, donc il devient Belge par la séparation.
La jurisprudence est divisée (3).

364. Il en serait autrement si un Belge avait acquis la

---

(1) Valette sur Proudhon, *Traité des personnes*, t. Ier, p. 129.
(2) Jugé en ce sens par arrêt du 17 janvier 1848 de la cour de Douai
(Dalloz, *Recueil périodique*, 1848, 2, 164).
(3) Jugé en sens contraire par la cour de cassation (arrêt du 13 janvier
1845, Dalloz, 1845, 1, 88), et par la cour de Paris (arrêt du 11 décembre
1847, Dalloz, 1848, 2, 49). La cour de Lyon (arrêt du 25 février 1857) a jugé

qualité de Français avant la réunion de la Belgique à la France. La séparation ne peut pas le frapper ; car il eût été Français, alors même que la réunion n'aurait jamais été prononcée. Il n'est donc pas naturel belge, et ne peut pas, comme tel, changer de nationalité. Ainsi décidé par la cour de Douai dans une espèce que nous rapporterons, parce qu'elle peut intéresser plus d'un Belge devenu Français avant la réunion. Un Belge, né dans le Hainaut en 1750, s'établit en France où il exerce la profession de boulanger ; il épouse successivement deux Françaises et meurt en 1812. La cour de Douai a décidé qu'il était devenu Français par la loi du 2 mai 1790, aux termes de laquelle sont réputés Français tous ceux qui, nés hors du royaume de parents étrangers, sont, depuis cinq ans, établis et domiciliés en France, s'ils ont épousé une Française. Il est vrai que la loi exigeait aussi la prestation du serment civique ; mais la jurisprudence admet que cette condition ne devait être remplie que par ceux qui voulaient exercer les droits de citoyens actifs (1). La décision de la cour nous paraît incontestable. Par la même raison, les enfants nés en France d'un Belge, avant la publication du code civil, sont restés Belges après la séparation. D'après l'ancien droit, ils sont nés Français ; ils étaient donc Français lors de la réunion de la Belgique à la France ; dès lors ils conservent leur qualité de Français après la séparation (2).

365. Il faut décider, d'après les mêmes principes, la question de savoir si la femme française qui épouse un Belge a changé de nationalité avec son mari, par suite de la réunion ou de la cession des provinces belgiques. Il y a un motif de douter. Le code dit, à la vérité, que la femme suit la condition de son mari (art. 12 et 19), mais ce principe ne s'applique qu'à l'époque du mariage ; il est de jurisprudence que si le mari change de patrie pendant le mariage, ce changement n'a aucun effet sur la nationalité

---

dans le sens de notre opinion ; sur le pourvoi en cassation, il y a eu un arrêt de rejet du 10 mars 1858 (Dalloz, 1858, 1, 313).

(1) Arrêt du 19 mai 1835 (Dalloz, *Répertoire*, au mot *Droits civils*, n° 73).

(2) Ainsi décidé par arrêt de la cour de cassation du 5 mai 1862 (Dalloz, 1862, 1, 229).

de la femme. Faut-il appliquer cette doctrine au changement de nationalité qui se fait par la cession d'un territoire? Telle est la difficulté. La cour de Paris a très-bien jugé, à notre avis, que la femme subit les changements que les circonstances politiques amènent dans la condition de son mari (1). La raison en est que ces changements se font sans sa volonté; ce n'est pas le mari qui prive sa femme de sa nationalité, c'est un cas de force majeure. Sur qui frappe la cession? Sur tous ceux qui sont Belges lors de la réunion, donc sur la femme aussi bien que sur l'homme; et lors de la séparation, sur tous ceux qui auraient été Belges si la réunion n'avait pas eu lieu, donc aussi sur les femmes de ceux qui auraient été Belges.

366. Il nous reste une question à examiner dans cette matière qui donne lieu à tant de difficultés. Ceux qui profitent des lois de faveur portées lors d'une cession de territoire conservent-ils leur nationalité pour le passé comme pour l'avenir? La décision dépend, avant tout, de la rédaction des lois. En France, on décide que les *lettres de naturalité* accordées en vertu de la loi du 14 octobre 1814 constatent que celui qui les obtient n'a pas cessé d'être Français. Elles diffèrent en cela de la naturalisation qui, conférant une nationalité nouvelle, n'a d'effet que pour l'avenir. Les Belges qui ont obtenu des lettres de naturalité après 1814 n'ont donc jamais cessé d'être Français; la jurisprudence est constante sur ce point (2). En principe, il est vrai, le changement de nationalité ne rétroagit pas; or, en réalité, les Belges, devenus Français par la réunion, ont cessé de l'être, de plein droit, en vertu des traités qui séparent la Belgique de la France. Ils sont redevenus Belges; si ensuite ils obtiennent des lettres de naturalité du gouvernement français, ils recouvrent une nationalité qu'ils avaient perdue. D'après la rigueur des principes, il s'opère un nouveau changement de nationalité, lequel ne devrait avoir d'effet que pour l'avenir. Il faut une faveur de

---

(1) Arrêt de la cour de Paris du 24 août 1844 (Dalloz, *Répertoire*, au mot *Droits civils*, n° 599).

(2) Voyez les avis et ordonnances du conseil d'Etat, et les arrêts de la cour de cassation, dans Dalloz, *Répertoire*, au mot *Droits civils*, n°s 104-105.

la loi pour qu'il en soit autrement. Les *lettres de naturalité* impliquent ce bienfait.

La loi belge du 4 juin 1839 est conçue dans le même esprit. Elle porte que ceux qui perdent la qualité de Belge par suite des traités de 1839 peuvent la *conserver*, par une déclaration faite dans les quatre années qui suivent la ratification de ces traités. Le mot *conserver* dont la loi se sert prouve que ceux qui remplissent la formalité prescrite par la loi sont censés n'avoir jamais perdu la qualité de Belge. Ils n'ont pas même besoin de *lettres de naturalité*; la loi ne l'exige pas. Mais quelle a été la condition des Luxembourgeois et des Limbourgeois dans l'intervalle entre la ratification des traités de 1839 et leur déclaration? Lors de la discussion, un membre de la Chambre déclara que, dans la pensée de la section centrale, les habitants des parties cédées restaient Belges pendant le temps qui leur était accordé par la loi pour faire leur déclaration; que c'est dans ce but que la section avait remplacé le mot *recouvrer* qui se trouvait dans le projet par celui de *conserver* (1). Malgré cette explication, la cour de cassation a décidé, contrairement aux conclusions du ministère public, que les Luxembourgeois et les Limbourgeois cédés avaient cessé d'être Belges par suite des traités (2); bien entendu que s'ils font la déclaration, elle rétroagit. La décision est très-juridique. En effet, le texte de la loi subordonne la conservation de la qualité de Belge à une déclaration; cette déclaration est la condition sous laquelle les Belges cédés conservent leur nationalité; tant que la condition n'est pas remplie, ils ne peuvent pas se prévaloir du bénéfice de la loi, ils sont donc frappés par les traités et deviennent étrangers. Il y a un motif de douter, à raison des explications données par un membre de la Chambre; mais ces explications ne sont pas en harmonie avec le texte, et c'est le texte qui fait loi, et non les discours des membres de la Chambre.

Les Luxembourgeois et les Limbourgeois qui n'ont pas

(1) Demonceau, dans le *Moniteur* du 19 mai 1839.
(2) Arrêt de la cour de cassation de Belgique du 29 juillet 1840 (*Jurisprudence des cours de Belgique*, 1840, partie Ire, p. 496.

fait la déclaration prescrite par la loi ont cessé d'être Belges à partir de la ratification des traités. Ils sont donc étrangers et ne peuvent obtenir la qualité de Belge que par la grande naturalisation. Une loi du 20 mai 1845 leur accorde une nouvelle faveur ; elle permet à ceux qui ont transféré leur domicile en Belgique dans le délai de quatre ans, d'obtenir la qualité de Belge moyennant une simple déclaration d'intention, faite dans les trois mois. Toutefois il y a une grande différence entre la condition de ceux qui ont profité de la loi du 4 juin 1839 et ceux qui profitent de la loi de 1845 : les premiers ont *conservé* leur qualité de Belge, même pour le passé ; les autres *recouvrent* la qualité de Belge, mais seulement pour l'avenir. C'est l'application évidente des principes qui régissent le changement de nationalité.

La loi du 22 septembre 1835 dit que les habitants des provinces septentrionales de l'ancien royaume des Pays-Bas qui remplissent les conditions qu'elle prescrit, sont considérés comme *Belges de naissance*. Ils n'ont donc jamais cessé d'être Belges.

Nº VIII. DE CEUX QUI ONT DEUX PATRIES.

367. En principe, on ne peut avoir deux patries. Néanmoins, par suite du conflit des législations diverses, ou d'autres causes, il peut arriver qu'une personne ait deux patries. Cela est même plus fréquent qu'on ne le pense. Le droit français consacre un principe nouveau sur la nationalité, c'est que l'enfant suit la condition de son père, tandis que dans d'autres pays, tels que l'Angleterre, les Pays-Bas, l'on a maintenu l'ancien principe qui détermine la nationalité d'après le lieu de naissance. Ainsi, l'enfant né d'un Français en Angleterre est Anglais, d'après le droit anglais, et il est Français d'après le droit français. Telle a aussi été la condition des Français nés dans les Pays-Bas pendant la réunion de la Belgique à la France : ils étaient Français en 1814, et la loi fondamentale (art. 8) leur a accordé l'indigénat. De même, tous les étrangers nés en Belgique de 1814 à 1830 sont

Belges, aux termes de ladite loi; et ils ont encore une patrie d'origine si, d'après leur statut personnel, la nationalité est déterminée par l'origine.

Nous venons de dire que les Luxembourgeois et les Limbourgeois cédés par les traités de 1839, qui ont fait la déclaration prescrite par la loi du 4 juin 1839, ont conservé la qualité de Belge, même pour le passé ; ils étaient donc Belges tout ensemble et Hollandais dans l'intervalle qui sépara la ratification des traités et leur déclaration. Il en est de même des Belges qui ont obtenu des lettres de naturalité en France après 1814 (1); ils ont été pendant quelque temps Français et Belges.

Dans notre opinion, l'enfant naturel né d'un père français et d'une mère belge, et reconnu par l'un et par l'autre, a deux patries, celle de son père et celle de sa mère. Il en est de même de l'enfant conçu au moment où son père est Français, et qui naît au moment où le père a changé de nationalité, quand il est devenu Belge, par exemple. Il naît Belge, et il peut aussi invoquer le bénéfice de la conception pour être considéré comme Français d'origine.

368. Quelle est la condition des personnes qui ont deux patries? Il est certain que l'enfant qui naît en Angleterre d'un Français y jouira de tous les droits civils et politiques qui sont l'apanage des naturels anglais ; il est tout aussi certain que ce même enfant, s'il vient en France, y jouira des droits civils et politiques des citoyens français. Ce que nous disons des droits s'étend naturellement aux charges et aux obligations qui dérivent de la nationalité. Nous avons déjà signalé une étrange conséquence qui résulte de cette anomalie : c'est qu'une seule et même personne aura deux statuts personnels (2). Jusqu'à quand durera cette anomalie et l'incertitude qui en résulte sur l'état de la personne? Peut-on forcer ceux qui ont deux patries à faire leur choix quand ils auront atteint l'âge de la majorité? En principe, cela devrait être ; mais pour imposer ce choix dans un délai fatal, il faudrait une loi, et d'après le

(1) Voyez plus haut, n° 366.
(2) Voyez plus haut, n° 86, p. 126.

droit français il n'y en a pas. Il n'y·a qu'une solution légale à la difficulté : celui qui a deux patries a le choix ;
a-t-il choisi, alors il ne lui reste qu'une patrie. Mais quand
peut-on dire qu'il a fait son choix ? C'est une question que
les tribunaux décideront d'après les circonstances (1). Il y
a un cas dans lequel il n'y a plus de doute. Les Français
perdent leur nationalité par les causes que le code Napoléon prévoit, et que nous allons bientôt exposer. Il est évident que celui qui est né en Angleterre d'un Français
perdra sa nationalité française, s'il se trouve dans un de
ces cas : la cause la plus fréquente sera son établissement
en Angleterre sans esprit de retour; il cessera d'être
Français, mais il restera Anglais de naissance. Il y aurait un moyen plus simple de vider le conflit des législations contraires, ce serait de décider la question par des
traités. La nécessité de traités se fait sentir dans tous les
cas où le droit civil des diverses nations est différent.

N° IX. DE CEUX QUI N'ONT PAS DE PATRIE.

369. Il y a une anomalie plus singulière et plus injus-
tifiable, c'est qu'il y a des individus qui n'ont aucune patrie,
et le nombre en est grand. Les Français qui s'établissent
en Belgique sans esprit de retour perdent la qualité de
Français (code civil, art. 17), et ils n'acquièrent pas par
ce fait la qualité de Belge; ils sont donc étrangers partout. Il en est de même de la femme française qui épouse
un Anglais; elle ne devient pas Anglaise, d'après le droit
anglais, et elle perd sa qualité de Française, aux termes
de l'article 19 du code Napoléon; elle est partout étrangère. Telle est aussi, dans notre opinion, la condition de
l'enfant naturel né en France qui n'est reconnu ni par son
père ni par sa mère; il n'a aucune patrie, parce que légalement il n'a pas d'origine. Cette anomalie se présente très-
souvent, quand un territoire est cédé par suite d'un traité
de paix. Les Belges qui après 1814 restèrent établis en

---

(1) Voyez, en ce sens, un réquisitoire de M. De Paepe, avocat général
près la cour de Gand, en matière d'extradition (*Pasicrisie*, 1861, 2, p. 383
et suiv.).

France, sans obtenir de lettres de naturalité, perdirent la qualité de Français, et s'ils n'avaient plus l'esprit de retour, ils perdirent aussi la qualité de Belge; ils n'avaient donc plus de patrie. Il en est de même des Français établis en Belgique sans esprit de retour, qui ne profitèrent pas du bénéfice de l'article 133 de la constitution belge : ils ne sont ni Belges ni Français, ils n'ont plus de patrie légale.

370. Quelle est la condition de ces personnes? Il ne peut pas s'agir pour elles d'exercer des droits politiques, cela va sans dire. Jouissent-ils au moins des droits privés? D'après la théorie traditionnelle consacrée par le code Napoléon (art. 11), l'étranger ne jouit pas des droits civils, dans le sens strict du mot, c'est-à-dire des droits qui sont créés par la loi. Mais le code ajoute qu'il aura en France la jouissance des droits civils dont le Français jouit, en vertu de traités, dans le pays auquel cet étranger appartient. Est-ce que ceux qui n'ont pas de patrie légale peuvent se prévaloir de cette loi de réciprocité? Il est évident que non; car légalement ils n'appartiennent à aucun pays. Ils ne jouiront donc en France que des droits naturels dont tout étranger a la jouissance.

371. On demande quel sera leur statut personnel? Nous avons déjà répondu qu'ils n'en ont pas (1). En effet, le statut personnel dérive de la nationalité dont il est l'expression; ceux qui n'ont pas de nationalité ne peuvent pas avoir de statut personnel. Par quelle loi seront donc régis leur état et leur capacité? Par la loi du pays où ils résident. Cela donne lieu à une nouvelle anomalie, qui ressemble à une iniquité. Ils seront en tout soumis à la loi française, sans jouir des droits que cette loi établit au profit des citoyens. C'est une conséquence fatale de leur position.

372. Un jurisconsulte français, frappé de ce que cette position a d'inique, a imaginé, en faveur des étrangers sans patrie légale, un état intermédiaire entre celui de Français et celui d'étranger. C'est ce que Proudhon appelle l'*incolat*. Quand un étranger s'établit en France sans esprit de retour et qu'il y réside pendant de longues années, il

(1) Voy. plus haut, n° 86, p. 125.

perd sa nationalité d'origine; il ne devient pas Français; néanmoins on ne peut l'assimiler aux étrangers passagers ou simplement résidants, qui d'un jour à l'autre peuvent quitter la France. Dès lors il serait injuste de l'assujettir aux mesures de rigueur que la loi autorise contre les étrangers : telles sont l'arrestation provisoire, la contrainte par corps. Est-ce à dire qu'il jouira de tous les droits civils? Non, car il reste étranger; mais ses enfants seront Français (1).

Cette doctrine est inadmissible au point de vue du droit positif. On peut la proposer au législateur, mais l'interprète ne peut l'accepter. Le code civil distingue, sous le rapport de la jouissance des droits civils, deux catégories de personnes, les Français et les étrangers; il ne connaît pas d'état intermédiaire. Donc tous ceux qui ne sont pas Français sont étrangers et régis par les lois qui concernent les étrangers. Or, la résidence en France, quelque longue qu'elle soit, ne confère pas la qualité de Français. Il faut dire plus : les enfants nés des étrangers établis en France sans esprit de retour ne deviennent pas Français de plein droit; il faut qu'ils réclament la qualité de Français dans l'année de leur majorité (art. 9). S'ils ne remplissent pas les conditions prescrites par le code Napoléon, ils restent étrangers. Il en sera de même des enfants auxquels ils donneront le jour. La condition d'étranger pourra ainsi se perpétuer pendant plusieurs générations, jusqu'à ce que, après des siècles, le souvenir de l'origine étrangère se soit effacé par la fusion des races.

373. Tel est le droit strict; il n'est certes pas sans inconvénients. Nous n'en citerons qu'un seul. Si un étranger est appelé comme témoin à un testament, l'acte est nul; de là une perturbation dans les relations civiles, qu'il importe de prévenir, en fixant la condition des étrangers établis hors de leur patrie sans esprit de retour. C'est ce qu'a fait le législateur français par la loi du 7 février 1851. Aux termes de cette loi, les enfants nés en France d'un étranger, qui lui-même y est né, naissent et restent Fran-

(1) Proudhon, *Traité sur l'état des personnes*, t. Iᵉʳ, p. 190-202.

çais, à moins que dans l'année de leur majorité, telle qu'elle est réglée par la loi française, ils ne réclament la qualité d'étranger. On n'a pas exigé d'eux une déclaration, comme le fait le code civil, la plupart des étrangers négligeant toujours de la faire. On est donc revenu au principe de l'ancien droit français, que la naissance sur le sol de la France donne la nationalité française, avec cette modification, que l'étranger peut, s'il le veut, réclamer sa nationalité d'origine ; son silence suffit pour qu'il reste Français. De cette manière, on met fin à l'incertitude qui règne sur son état.

SECTION II. — De la perte de la qualité de Français.

§ 1er. Des causes pour lesquelles la qualité de Français se perd.

374. Le code civil énumère les causes qui font perdre la qualité de Français. Parmi ces causes, ne se trouve pas l'*abdication* qu'un Français ferait de sa nationalité. C'est à dessein que les auteurs du code ne se sont pas servis de l'expression d'*abdication*. Lors de la discussion du titre Ier au conseil d'Etat, Cambacérès remarqua que la loi ne devait pas supposer que des Français abdiqueraient leur qualité, qu'il convenait donc de parler de la *perte* et non de l'*abdication* de la qualité de Français (1). Faut-il en conclure que l'abdication qu'un Français ferait de sa patrie n'aurait aucun effet? Elle n'en aurait aucun en ce sens que la seule abdication ne suffirait point pour faire perdre la nationalité. Il y a un exemple fameux d'une abdication pareille : c'est celle que Rousseau fit de sa qualité de citoyen de Genève. D'après le droit français, elle n'aurait pas suffi pour entraîner la perte de la nationalité française. En effet, sa perte est considérée, d'après le consul Cambacérès, comme une espèce de peine attachée à un fait plus ou moins répréhensible. Or, il n'y a pas de peine sans texte. Ce n'est pas à dire que l'abdication

(1) Séance du 28 brumaire an x (Locré, t. Ier, p. 420, n° 6).

n'aurait aucun effet. Si un Français s'établit à l'étranger, cet établissement ne lui fait pas perdre sa nationalité, s'il conserve l'esprit de retour, et l'esprit de retour se présume. Mais la présomption cède devant la preuve contraire : telle serait, sans doute aucun, une abdication publique qu'un Français ferait de sa patrie.

375. Le législateur français considère la renonciation à la patrie comme un fait répréhensible. Napoléon alla plus loin, il la punit comme un délit. Tel est l'objet des fameux décrets du 6 avril 1809 et du 26 août 1811. Aux termes du dernier (art. 6), les Français dont la naturalisation n'était pas autorisée encouraient la confiscation de leurs biens, ils étaient privés du droit de succéder en France (art. 7, 8, 9) ; s'ils rentraient en France, on les expulsait (art. 11) ; pris les armes à la main, on leur appliquait la peine de mort que le code pénal (art. 75) prononce contre le Français qui porte les armes contre sa patrie, bien qu'ils ne fussent plus Français. On demande si ces décrets sont encore en vigueur. Les auteurs ne sont pas d'accord (1). En Belgique, la question est tranchée par un arrêté-loi du prince souverain des Pays-Bas du 30 septembre 1814. Cet arrêté flétrit les décrets de 1809 et de 1811 en les qualifiant d'injustes. Ils étaient illégaux dans leur principe, puisqu'il n'appartenait pas à l'empereur de créer des délits et d'établir des peines. Ils violaient la liberté individuelle : une conséquence incontestable de cette liberté, c'est le droit pour les citoyens de changer de patrie. Nous croyons inutile de citer le témoignage des auteurs pour prouver une vérité qui est évidente (2). Sans doute l'homme est attaché à la nation dont il fait partie, par le Créateur, et dans l'ordre régulier des choses, ce lien sacré ne doit pas être brisé. Il se présente néanmoins des circonstances où l'émigration se conçoit. Tel était précisément l'état de la France depuis la Révolution. Nous condamnons, nous flétrissons les Français qui soulevèrent l'Europe contre leur

(1) Voyez les sources dans Dalloz, *Répertoire*, au mot *Droits civils*, n° 522.
(2) On les trouve énumérés dans Dalloz, *Répertoire*, au mot *Droits civils*, n° 507.

patrie; mais ceux qui, ne pouvant supporter la liberté, émigrèrent sans porter les armes contre la France, sont à plaindre plutôt qu'à blâmer. En tout cas, c'est un droit, la dernière ressource des minorités qui ne peuvent pas se faire au régime ou aux lois que la majorité établit.

L'arrêté de 1814 a donc bien fait d'abroger les décrets de 1809 et de 1811. Il fait plus que les abolir, il déclare que les jugements qui auraient été rendus en vertu des décrets sont considérés comme non avenus. Abolir des jugements est chose grave, alors même qu'ils sont rendus en vertu de lois iniques. Ces mesures ne s'expliquent et ne se justifient qu'en tenant compte des circonstances exceptionnelles où se trouvaient la Belgique et l'Europe entière après la chute de Napoléon.

Nº I. DE LA NATURALISATION.

376. La qualité de Français se perd, dit l'article 17, par la naturalisation acquise en pays étranger. Rien de plus juste : c'est l'application du principe que l'on ne peut avoir deux patries. Cela suppose que la naturalisation est acquise; tant qu'elle ne l'est pas, il n'y a point de changement de nationalité (1). Il peut même se faire que le Français acquière une nationalité nouvelle sans perdre la nationalité française. La naturalisation à laquelle le code civil attache la perte de la qualité de Français, est celle qui résulte du fait de celui qui demande et obtient la naturalisation. Mais il y a des cas où la naturalisation est accordée par la loi à toute une catégorie de personnes, sans exiger d'elles aucune déclaration de volonté : telle était la position des Français auxquels la loi fondamentale (art. 8) accordait l'indigénat, par cela seul qu'ils étaient nés en Belgique de parents y domiciliés. Ont-ils perdu leur qualité de Français par cette loi? Non, certes; car c'est sans leur volonté et peut-être malgré eux qu'ils ont été déclarés Belges. Le seul effet de la loi a été de leur donner deux patries, entre lesquelles ils ont le choix.

(1) Arrêt de la cour de cassation de Belgique du 25 juin 1857 (*Pasicrisie*, 1857, 1, 416).

La cour de Paris l'a décidé ainsi dans une autre espèce. Un établissement de commerce en Espagne suffit, d'après les lois de ce pays, pour conférer la qualité d'Espagnol. En résulte-t-il que les Français qui y fondent un pareil établissement perdent leur nationalité? Non, car la naturalisation se fait sans leur volonté, et alors même qu'ils auraient une volonté contraire (1).

377. Suffit-il que le Français acquière la jouissance des droits civils à l'étranger pour qu'il perde la nationalité? La question doit être décidée, nous semble-t-il, par les lois du pays où le Français s'établit. S'il ne peut acquérir la jouissance des droits civils qu'en qualité d'indigène, il y aura une véritable naturalisation. Mais s'il peut jouir des droits civils tout en restant étranger, il n'acquiert pas de nationalité nouvelle, et par suite il conservera sa nationalité d'origine. Tel serait le cas où un Français obtiendrait en Belgique l'autorisation du roi d'y établir son domicile; il n'est pas naturalisé, il reste Français. Telle est encore la *dénization* qu'il acquerrait en Angleterre. A s'en tenir aux termes des lettres de *dénization*, on pourrait croire que le *dénizen* est naturalisé; elles portent que « l'impétrant sera désormais réputé et tenu en toutes choses pour naturel anglais, et pour féal et homme lige, comme s'il était natif du pays. » Cependant il est certain que le *dénizen* reste étranger. Pour la naturalisation, il faut un acte du parlement, tandis que la *dénization* s'accorde par lettres royales. Aussi, malgré les termes généraux des lettres de *dénization*, le *dénizen* n'est pas assimilé aux Anglais d'origine, pas même pour la jouissance des droits civils; ainsi il ne peut pas hériter de ses parents étrangers. En définitive, il obtient seulement la jouissance de quelques droits qui sont refusés aux étrangers; il peut acheter des terres et les léguer, ce qui n'est pas permis à l'étranger. Voilà pourquoi il a toujours été décidé que la *dénization* n'étant pas une naturalisation, ne faisait pas perdre la qualité de Français (2).

---

(1) Arrêt du 3 mai 1834 (Dalloz, *Répertoire*, au mot *Droits civils*, n° 284).

(2) Merlin, *Répertoire*, au mot *Dénization*, et au mot *Français*, § 1, n° 3; Dalloz, *Répertoire*, au mot *Droits civils*, n° 534. Un acte du parle-

378. Lors de la discussion du titre Ier au conseil d'Etat, on dit que souvent des motifs d'intérêt ou de commerce obligeaient les Français à se faire naturaliser en pays étranger, par exemple en Angleterre, pour échapper au droit d'aubaine; ces Français conservant l'esprit de retour, ne serait-il pas injuste de les priver de leur qualité de Français et par suite de la jouissance des droits civils? On répondit que le législateur ne pouvait pas scruter les intentions de celui qui se fait naturaliser; qu'il ne pouvait ni supposer, ni encourager cette espèce de fraude; que, malgré l'esprit de retour, le Français était naturalisé; qu'il acquérait une patrie nouvelle, que dès lors il ne pouvait pas conserver sa patrie d'origine (1). La réponse est péremptoire. Dès qu'il y a naturalisation, le Français perd sa nationalité, parce qu'il ne peut pas avoir deux patries. Vainement alléguerait-il qu'il a gardé l'esprit de retour; ce n'est pas parce qu'il a perdu l'esprit de retour qu'il perd la qualité de Français, c'est parce qu'il a demandé et obtenu la naturalisation.

N° II. ACCEPTATION DE FONCTIONS CIVILES OU MILITAIRES.

379. D'après l'article 17, le Français perd la qualité de Français par l'acceptation, non autorisée par l'empereur, de fonctions publiques conférées par un gouvernement étranger, et l'article 21 ajoute que celui qui, sans autorisation, prend du service militaire chez l'étranger, perd sa qualité de Français. Ces deux dispositions sont abrogées, en Belgique, par la loi du 21 juin 1865. Quels sont les motifs de cette abrogation?

On n'a jamais critiqué la disposition de l'article 17. La nationalité ne donne pas seulement des droits, elle impose aussi des devoirs, et le premier devoir du citoyen n'est-il

---

ment du 6 août 1844 a remplacé les lettres de *dénization* par un certificat que délivre un secrétaire d'Etat. L'effet juridique est le même. Il a été jugé par la cour de Paris (arrêt du 27 juillet 1859) que ce certificat ne fait pas perdre la qualité de Français, bien que celui qui l'obtient prête le serment d'allégeance (Dalloz, *Recueil*, 1859, 2, 179).

(1) Maleville, *Analyse raisonnée de la discussion du code civil*, t. 1er, p. 34.

pas de consacrer sa vie, ses talents au service de sa patrie? S'il la quitte pour occuper des fonctions publiques en pays étranger, loin de remplir les devoirs que la patrie lui impose, il se met dans l'impossibilité de les remplir; il fait au profit d'un Etat étranger ce qu'il devrait faire pour l'Etat où il a vu le jour. C'est comme une naturalisation tacite. Il est vrai qu'il peut y avoir des circonstances dans lesquelles l'acceptation de fonctions publiques n'implique pas l'intention de renoncer à sa nationalité; il se peut même que cette acceptation soit utile à sa patrie. Le code civil avait pourvu à cette éventualité, en conservant la qualité de Français à celui qui accepterait des fonctions publiques à l'étranger, avec autorisation de l'empereur. Cela conciliait tous les intérêts.

Si l'article 17 est conforme à la justice, à plus forte raison l'article 21 est-il à l'abri de la critique. Le ministre même qui a présenté la loi de 1865 avoue que « cette disposition se justifie par la gravité de l'acte qu'il s'agit de réprimer. » En effet, le service militaire est un service essentiellement national. « L'engagement dans une armée d'une puissance étrangère, qui expose celui qui l'a contracté à combattre contre son pays, peut être considéré comme incompatible avec les devoirs envers la patrie et comme emportant, par la nature même des choses, l'abdication de la qualité de citoyen (1). »

C'est cependant l'article 21 qui a conduit à l'abrogation prononcée par la loi du 21 juin 1865. Le code civil ne se bornait pas à priver de sa nationalité le Français qui prenait du service militaire à l'étranger; il l'assimilait complétement à l'étranger, de sorte que pour recouvrer la qualité de Français, il devait demander et obtenir la naturalisation; tandis que le Français qui avait accepté des fonctions publiques en pays étranger, perdait la qualité de Français, il est vrai, mais pouvait la recouvrer trèsfacilement, en rentrant en France avec l'autorisation de l'empereur, et en déclarant qu'il voulait s'y fixer. Cette ri-

(1) Exposé des motifs du projet de loi (*Annales parlementaires, Documents*, p. 482 de la session de 1864-1865).

gueur se comprenait à l'époque où le code a été porté. La
France était en guerre presque permanente avec l'Europe.
Prendre du service militaire à l'étranger, c'était donc, de
fait, prendre les armes contre la France. Mais la guerre a
fait place à la paix, et, en temps de paix, le service militaire à l'étranger n'a pas plus de gravité que l'acceptation
de fonctions civiles, sauf le danger résultant de l'éventualité de la guerre, danger toujours menaçant dans l'état de
paix armée où se trouve l'Europe.

Le législateur belge a tenu compte de ces circonstances.
Il commença par permettre aux Belges qui auraient perdu
leur nationalité pour avoir pris du service militaire à l'é-
tranger, de la recouvrer en demandant la grande naturalisation, sans qu'ils fussent tenus de justifier qu'ils avaient
rendu des services éminents à l'Etat (1). Cette disposition,
bien qu'étant une faveur, était onéreuse à cause des droits
élevés d'enregistrement que l'on exige pour les lettres de
grande naturalisation. Ceux qui prennent du service militaire à l'étranger sont rarement en état de payer une
somme de mille francs pour recouvrer leur qualité de
Belge. Cela a paru très-rigoureux, et c'est une des raisons
que l'on a invoquées pour justifier la loi du 21 juin 1865.
Il est évident que cette première raison n'est pas péremptoire; il suffisait, pour remédier à la rigueur de la loi, de
faciliter le recouvrement de la qualité de Belge; mais ce
n'est pas un motif déterminant pour conserver sa nationalité à celui qui prend du service militaire à l'étranger.

D'autres considérations justifient l'abrogation de l'article 21. Les Belges qui prennent du service militaire chez
l'étranger, avec autorisation du roi, conservent leur nationalité. Quand des Belges demandaient cette autorisation, il en résultait de grands embarras pour le gouvernement. La Belgique est neutre par la loi même de son
existence. Ne viole-t-elle pas les devoirs que lui impose sa
neutralité, en autorisant les Belges à prendre les armes
en faveur de telle cause ou de telle autre? Ne vaut-il pas
mieux que le pouvoir royal soit mis hors de cause? Que

_____

(1) Loi du 27 septembre 1835, art. 2.

les citoyens prennent parti pour le pape ou contre lui, on n'en peut faire l'objet d'un reproche pour le gouvernement. Tandis que si, avec l'autorisation du roi, des Belges s'enrôlent pour défendre la papauté contre l'Italie, les Italiens n'auront-ils pas le droit de se plaindre? C'est cette situation difficile qui engagea le ministre de la justice à proposer l'abrogation de l'article 21. Quant à l'article 17, n° 2, il n'avait jamais donné lieu à une critique ni à une réclamation. Mais le fait d'accepter des fonctions publiques à l'étranger est évidemment moins grave que celui d'y prendre du service militaire; si l'on maintient la qualité de Belge à ceux qui s'enrôlent dans une armée étrangère, à plus forte raison doit-on la conserver à ceux qui remplissent un office civil (1).

380. La nécessité où s'est trouvé le législateur d'abroger une disposition du code dont personne ne contestait la justice, ne témoigne-t-elle pas contre la loi de 1865? Mieux eût valu peut-être maintenir le principe du code, sauf à faciliter aux Belges les moyens de recouvrer la nationalité qu'ils perdaient en prenant du service militaire chez l'étranger. Les inconvénients politiques qui résultent de l'autorisation du roi ne sont dus qu'à une cause passagère. C'est donc à un intérêt passager que l'on a sacrifié un principe juste au fond. La loi nouvelle maintenant la qualité de Belge à ceux qui prendront du service civil ou militaire à l'étranger, naissait la question de savoir quelle allait être la position de ceux qui, avant la publication de la loi de 1865, avaient perdu leur nationalité de ce chef. Aux termes de l'article 2, les individus qui ont perdu la qualité de Belge en vertu des articles 17, n° 2, et 21, la recouvrent de plein droit à partir de la publication de la loi nouvelle. Mais ils ne la recouvrent que pour l'exercice des droits ouverts à leur profit depuis cette époque.

381. L'abrogation prononcée par la loi de 1865 n'est pas aussi radicale qu'elle semble l'être, en ce sens que dans les circonstances ordinaires le bénéfice de la loi sera

---

(1) Exposé des motifs présenté par M. Tesch, ministre de la justice (*Documents parlementaires* de 1864 à 1865, p. 482).

rarement appliqué. Cela est vrai surtout de ceux qui acceptent des fonctions civiles à l'étranger. Presque toujours ils s'établissent à demeure, sans esprit de retour, là où ils exercent leurs fonctions. Dès lors ils perdent la qualité de Belge en vertu de l'article 17, n° 3. Cela prouve encore combien la disposition du code abrogée par la loi de 1865 était juste. Il y a réellement abdication de la patrie d'origine de la part de celui qui voue son existence à un Etat étranger. Et le plus souvent l'expatriation sera définitive. Il en est autrement du service militaire, qui est temporaire de sa nature. Mais celui-ci présente un autre danger : c'est que le Belge peut se trouver contraint de porter les armes contre sa patrie. L'article 21 du code ajoutait cette réserve : « sans préjudice des peines prononcées par la loi criminelle contre ceux qui porteront les armes contre leur patrie. » Bien que la loi de 1865 ne reproduise pas cette réserve, elle est de droit, comme le dit l'exposé des motifs.

N° III. ÉTABLISSEMENT FAIT EN PAYS ÉTRANGER SANS ESPRIT DE RETOUR.

382. L'article 17, n° 3, dit que la qualité de Français se perd par tout établissement fait en pays étranger sans esprit de retour. C'est la renonciation tacite à la nationalité française. L'abdication expresse serait inopérante, tandis que l'abdication tacite produit un effet considérable : le Français qui déclarerait publiquement qu'il abdique sa nationalité la conserverait néanmoins, s'il n'y avait pas un autre fait qui en emportât la perte : le Français, au contraire, qui, sans déclaration aucune, va s'établir à l'étranger sans esprit de retour, perd par là sa nationalité. Au premier abord, cela paraît en opposition avec les principes les plus élémentaires de notre droit. Pourquoi celui qui fait un établissement en pays étranger sans esprit de retour, perd-il la qualité de Français ? Parce que cet établissement prouve qu'il veut renoncer à sa patrie. Or, la volonté expresse ne doit-elle pas avoir autant d'effet pour le moins que la volonté tacite ? La contradiction n'est qu'apparente. Si la loi n'admet pas l'abdication expresse de la nationalité, c'est qu'il y aurait dans une déclaration pareille un oubli de tout devoir, un dédain des sentiments les plus sacrés. Le législateur ne veut pas qu'un citoyen témoigne ce mépris pour la patrie. Mais il ne pouvait pas empêcher l'expatriation sans violer la liberté individuelle; il tolère ce qu'il ne peut prévenir. Il y a une autre raison pour laquelle l'abdication tacite a plus de force que l'abdication expresse. Celui qui quitte sa patrie dans l'intention de n'y plus revenir viole le devoir qu'impose la qualité de citoyen, dès lors il ne peut plus réclamer les droits attachés à ce titre. Il n'en est pas de même de celui qui fait une simple déclaration d'intention. Cela ne l'empêche pas de rester soumis à la loi de son pays, s'il ne s'expatrie pas. Que s'il s'expatrie en même temps qu'il fait sa déclaration, il y aura, par le concours du fait et de l'intention, établissement à l'étranger sans esprit de retour, et par suite perte de la nationalité française.

383. Toujours est-il que l'abdication tacite est contraire aux sentiments de la nature aussi bien que l'abdication expresse. Voilà pourquoi la doctrine décide que l'esprit de retour se présume chez celui qui s'établit en pays étranger. « On doit toujours présumer l'esprit de retour, dit Pothier, à moins qu'il n'y ait quelque fait contraire qui détruise une présomption aussi bien fondée, et qui prouve une volonté certaine de s'expatrier (1). » Cela est conforme aux principes de droit aussi bien qu'à l'amour naturel que l'homme a pour sa patrie. Le citoyen n'est plus un serf attaché à la glèbe; il peut voyager, il peut s'établir en pays étranger, soit pour son plaisir, soit pour sa santé, soit pour ses intérêts, sans perdre pour cela sa nationalité d'origine. C'est une conséquence de la liberté individuelle. Dira-t-on que par le fait de son établissement hors de sa patrie, il renonce à sa nationalité? Il répondra que personne n'est censé renoncer à un droit quelconque, quelque modique qu'en soit la valeur : que sera-ce du droit le plus considérable de tous, de celui qui nous donne une patrie ! Il faut donc qu'il y ait des faits

(1) Pothier, *Traité des personnes*, partie Ire, tit. II, sect. **IV**.

qui prouvent une volonté bien certaine de s'expatrier, c'est-à-dire des faits qui ne laissent aucun doute sur l'intention de celui qui abandonne le sol natal. Puisque le Français conserve sa nationalité alors même qu'il s'établit à l'étranger, c'est à celui qui prétend qu'il l'a perdue à prouver qu'il a quitté la France sans esprit de retour. Cela a été dit au conseil d'Etat par Boulay : c'est à celui, dit-il, qui allègue qu'un Français a perdu sa nationalité en s'établissant sans esprit de retour en pays étranger à prouver ce fait. Boulay ajouta que cette preuve serait très-difficile ; le consul Lebrun remarqua qu'elle serait impossible (1). C'est trop dire. Il y a, depuis nombre d'années, un grand mouvement d'émigration vers les Etats-Unis. Il est certain que le Français qui vend tout ce qu'il possède en France, qui transporte tout son avoir en Amérique, qui s'y établit avec toute sa famille, même les vieillards, qui ne cache du reste pas son intention de s'expatrier pour toujours, il est évident que ce Français fait un établissement sans esprit de retour, et que par suite il perd sa nationalité. Mais il faut cette évidence pour que l'on puisse admettre que le Français n'a point l'esprit de retour. Comme le dit la cour de Rennes, il faut un établissement qui soit en quelque sorte incompatible avec l'intention de revoir sa patrie (2).

384. La doctrine et la jurisprudence sont unanimes sur ce point. Il n'en est pas de même du sens qu'il faut attacher au deuxième alinéa de l'article 17 : « Les établissements de commerce ne pourront jamais être considérés comme ayant été faits sans esprit de retour. » Cela veut-il dire que le Français qui fait un établissement commercial en pays étranger ne perd jamais sa nationalité ? On pourrait le croire en lisant l'exposé des motifs fait par Boulay. « Le cas arrivera rarement, dit-il. Il faudra de bien fortes preuves pour accuser un Français de cet abandon, et ce qui doit rassurer, *c'est que nulle preuve ne pourra même être alléguée contre lui, à raison d'un établissement de*

____

(1) Séance du conseil d'Etat du 4 fructidor an IX (Locré, t. Ier, p. 416, no 9).

(2) Arrêt du 1er juin 1832 (Dalloz, *Répertoire*, au mot *Droits civils*, no 553).

commerce (1). » Ce qui semble dire que la perte de la qualité de Français n'est jamais encourue, lorsqu'on s'établit pour affaires de commerce à l'étranger (2). Si tel était le sens de la loi, elle serait en contradiction avec les principes. Le Français commerçant peut avoir la volonté de s'expatrier aussi bien que le Français agriculteur ou rentier. Or, dès que la volonté est clairement manifestée par des faits, la conséquence doit être la perte de la nationalité. Quels sont les faits qui prouvent l'absence de l'esprit de retour? Cette question est abandonnée à l'appréciation du juge, la solution dépend des circonstances de la cause. Supposons que le Français commerçant déclare publiquement que son intention est de quitter la France pour toujours ; il vend tout ce qu'il possède en France et quitte sa patrie avec toute sa famille. Dira-t-on qu'il ne perd pas la qualité de Français, parce qu'il fonde un établissement de commerce à l'étranger? La volonté évidente, manifestée par des faits, de renoncer à sa patrie serait inopérante par la seule raison que celui qui a manifesté cette volonté est commerçant! Cela n'aurait pas de sens, parce que ce serait une dérogation aux principes que rien ne justifierait (3).

Si tel n'est pas le sens de l'article 17, que signifie-t-il? Il signifie qu'un établissement de commerce ne peut jamais être allégué comme preuve que le Français a perdu l'esprit de retour. Quand il s'agit de prouver qu'un Français a quitté sa patrie sans esprit de retour, on se prévaut naturellement de l'établissement qu'il a fait à l'étranger ; s'il y a transporté ses intérêts, il est à croire qu'il s'y est fixé pour toujours. Cette probabilité cesse quand l'établissement est commercial; pourquoi? Parce que l'expérience journalière prouve que des Français commerçants vont faire fortune à l'étranger et reviennent ensuite en France. Il en résulte que l'esprit de retour est en quelque sorte

---

(1) Locré, t. Ier, p. 427, n° 23.
(2) C'est l'opinion de Mourlon, *Répétitions sur le code Napoléon*, t. Ier, p. 102 et suiv.
(3) Décidé ainsi par un arrêt de la cour de cassation de Belgique du 11 août 1862 (*Pasicrisie*, 1862, 1, 372).

inhérent au commerce. Dès lors, on ne peut pas invoquer l'établissement commercial comme prouvant que le Français a perdu l'esprit de retour. On ne le peut *jamais*, dit l'article 17. Donc quand même il y aurait d'autres faits qui marquent l'intention de s'expatrier, on ne peut pas même, à l'appui de ces faits et pour les corroborer, se fonder sur l'établissement de commerce. C'est là la différence entre les établissements commerciaux et les autres établissements. Ceux-ci peuvent témoigner contre le Français, tandis que les autres ne peuvent pas servir de preuve, comme le dit Boulay. C'est l'opinion généralement suivie (1).

Nº IV. DE LA FEMME FRANÇAISE QUI ÉPOUSE UN ÉTRANGER.

385. La femme française qui épouse un étranger suit la condition de son mari, dit l'article 19. C'est la contre-partie de l'article 12, et les deux dispositions sont fondées sur les mêmes motifs. Il y a cependant une grande différence dans les effets. L'étrangère qui épouse un Français perd, il est vrai, sa nationalité d'origine, mais elle acquiert toujours une nationalité nouvelle; elle devient Française par le bénéfice de la loi. Tandis que la femme française qui épouse un étranger, tout en perdant sa patrie d'origine, n'acquiert pas toujours une nouvelle patrie. Cela dépend de la législation du pays auquel appartient son mari. Si la loi étrangère suit le principe du code Napoléon, alors la femme française acquerra une patrie nouvelle par son mariage. Il en est ainsi en Belgique : la femme française qui épouse un Belge devient Belge en vertu de l'article 12 du code civil, qui est aussi le nôtre. Mais en Angleterre on suit un principe différent : le mariage n'y a aucune influence sur la nationalité de la femme. L'Anglaise

(1) Demolombe, *Cours de code Napoléon*, t. Ier, p. 229 et suiv., nº 182. Marcadé (t. Ier, p. 114) va trop loin en disant que, « si, à la circonstance qu'un Français a formé en pays étranger un établissement de commerce, venaient se joindre d'autres circonstances qui, réunies à la première, prouveraient la perte de l'esprit de retour, on pourrait argumenter de cette première circonstance aussi bien que des autres. » Cela est contraire au texte de la loi et à l'interprétation que Boulay en donne dans l'*Exposé des motifs*.

qui épouse un Français reste Anglaise, et l'étrangère qui
épouse un Anglais reste étrangère. Quelle est donc la
nationalité de la femme française qui épouse un Anglais ?
Elle perd la nationalité française, puisque l'article 19 dit
qu'elle suit la condition de son mari ; et elle ne devient pas
Anglaise, puisque les lois d'Angleterre s'y opposent. Vainement invoquerait-elle l'article 19 qui, dirait-elle, étant
conçu dans les mêmes termes que l'article 12, doit aussi
avoir les mêmes effets. Le législateur français peut bien
donner à une étrangère la qualité de Française, mais il ne
peut certes pas donner à une étrangère la qualité d'Anglaise.
Il en résultera que la femme française qui épouse un Anglais ne sera ni Française ni Anglaise ; elle n'aura aucune
patrie. On a dit qu'elle serait, à la vérité, étrangère en Angleterre, mais qu'en France on devrait la considérer comme
Anglaise en vertu de l'article 19 (1). Cela nous paraît inadmissible. Nous ne parlons pas de la singulière conséquence qui résulterait de cette opinion, qu'une même
personne serait étrangère en Angleterre et Française en
France ; nous avons vu que le conflit des législations conduit souvent à ces anomalies. Mais c'est là le moindre inconvénient de la doctrine que nous combattons ; elle est en
opposition avec les principes les plus élémentaires de droit.
Conçoit-on que le législateur français confère la qualité
d'Anglais à une personne? Cela serait une hérésie juridique. Il y a une autre solution de la difficulté, c'est que les
lois ou les traités disposent que la femme qui par son mariage n'acquiert pas la nationalité de son mari, conservera sa patrie d'origine.

386. Les graves conséquences qui résultent du mariage, en ce qui concerne la nationalité de la femme, donnent de l'intérêt à la question de savoir si elles s'appliquent
à la femme mineure. Il y a un motif de douter : est-ce
qu'un incapable, auquel nos lois ne permettent pas de disposer de la moindre partie de ses biens, peut disposer de
sa nationalité, renoncer à sa patrie, en acquérir une nouvelle, ou perdre même toute espèce de patrie? En prin-

(1) Mourlon, *Répétitions sur le code Napoléon*, t. Ier, p. 104 et suiv.

cipe, certainement, cela ne peut être permis qu'au majeur. Mais notre code déroge à ce principe en faveur de la femme mineure qui se marie; dès qu'elle est assistée des personnes dont le consentement lui est nécessaire pour la validité de son mariage, elle peut faire les mêmes conventions matrimoniales que le majeur (art. 1398); elle peut même disposer de ses biens à titre gratuit, ce qui ne lui est jamais permis en dehors du mariage. Il faut donc appliquer à la femme mineure le principe que celui qui est capable de contracter mariage a par cela même capacité pour toutes les conséquences du mariage. Il a été jugé en ce sens par la cour de Paris que la femme mineure qui épouse un Français devient Française (1). La doctrine est d'accord avec la jurisprudence (2).

387. Une question plus difficile est de savoir si la femme suit aussi la condition du mari, quand celui-ci change de nationalité pendant son mariage. Nous l'avons déjà décidée négativement pour la femme étrangère qui épouse un Français (n° 349); la décision doit être la même pour la femme française qui épouse un Français ou un étranger. Il est vrai que l'esprit du code est que la femme ait la nationalité de son mari; cela résulte à l'évidence des articles 12 et 19. Mais il y a un autre principe qui domine la matière, c'est que le mari ne peut pas disposer de la nationalité de sa femme, le changement de nationalité ne pouvant résulter que de la volonté de celui qui change de patrie (3).

Il y a cependant un cas qui présente quelque difficulté. Le mari s'établit à l'étranger sans esprit de retour; la femme le suit : perdra-t-elle sa qualité de Française? En principe, non. Au conseil d'Etat, le premier consul remarqua que si la femme française perdait sa nationalité pour avoir suivi son mari, elle serait punie en quelque sorte parce qu'elle a rempli son devoir. La remarque est juste, et l'on voulait en tenir compte en ajoutant une dis-

(1) Arrêt du 11 décembre 1847 (Dalloz, *Recueil périodique*, 1848, 2, 49).
(2) Duranton, t. Ier, p. 120, n° 188, suivi par Demolombe, t. Ier, n° 184.
(3) Ainsi décidé par la cour de Douai (arrêt du 3 août 1858, dans Dalloz, 1858, 2, 219).

position qui conserverait à la femme sa nationalité française ; mais la proposition ayant été ajournée, il n'y eut pas de décision (1). Nous croyons que le législateur a bien fait de ne pas poser de règle absolue. L'article 214, combiné avec les principes qui régissent le changement de nationalité, suffit pour décider la question. Puisque « la femme est obligée de suivre son mari partout où il juge à propos de résider, » on ne peut pas tourner contre elle l'accomplissement d'un devoir, en ce sens que la femme qui suit son mari à l'étranger ne manifeste pas par là la volonté de s'expatrier, elle ne fait qu'obéir à la loi. Cela est admis par tout le monde (2). Mais faut-il aller plus loin et dire que jamais la femme ne perd sa nationalité en suivant son mari (3)? Cela est trop absolu. La femme peut avoir l'intention de s'expatrier avec son mari ; il est même possible qu'elle ait pris l'initiative du projet d'expatriation ; si les faits ne laissent aucun doute sur son intention, pourquoi la volonté de la femme n'aurait-elle pas le même effet que la volonté de l'homme? Il est vrai que la femme est frappée d'incapacité juridique, elle ne peut pas disposer du moindre droit pécuniaire sans l'autorisation de son mari. Peut-elle abdiquer sa nationalité sans y être autorisée? Non, évidemment, mais dans l'espèce il y a autorisation tacite, puisque le mari et la femme concourent dans le même acte juridique en s'expatriant ensemble (code Napoléon, art. 217).

N° V. CESSION D'UN TERRITOIRE.

388. La cession d'un territoire fait perdre la qualité de Français, comme l'acquisition d'un territoire la fait acquérir à tous ceux qui sont considérés comme naturels des pays cédés ou acquis. Nous avons exposé les principes qui régissent cette matière, en traitant de l'acquisition de la qualité de Français (voyez plus haut, n°s 354-366).

(1) Séance du conseil d'Etat du 6 thermidor an IX (Locré, t. Ier, p. 354, n° 25 ; Maleville, *Analyse*, t. Ier, p. 35 et suiv.
(2) Duranton, t. Ier, p. 121, n° 189 ; Valette sur Proudhon, t. Ier, p. 126, note.
(3) Dalloz, *Répertoire*, au mot *Droits civils*, n° 152.

§ 2. *Conséquence de la perte de la qualité de Français.*

389. Le Français qui perd la qualité de Français perd la jouissance des droits civils qui y est attachée. Nos textes sont formels. Le code Napoléon ne procède pas comme la doctrine ; il ne décide pas qui est Français, comment on perd la qualité de Français, et quelles sont les conséquences de cette perte. Il traite dans deux chapitres de la jouissance des droits civils et de la privation des droits civils. Qui jouit des droits civils ? L'article 8 répond à la question : « Tout Français jouira des droits civils. » Comment les Français perdent-ils la jouissance des droits civils ? Le chapitre II répond : Par la perte de la qualité de Français. Donc le Français qui perd sa nationalité perd par cela même la jouissance des droits civils.

Il y a des auteurs qui admettent une restriction à ces principes. Ils disent que la perte de la qualité de Français n'entraîne pas la perte de *tous* les droits civils, mais seulement de ceux qui sont spécialement attachés à cette qualité (1). Cette opinion tient à la question si vivement controversée des droits dont jouissent les étrangers. Nous la traiterons plus loin. Pour le moment, il suffit de remarquer que les auteurs qui enseignent que l'étranger jouit des droits civils, en principe, sont obligés d'altérer les textes. Le Français qui perd sa nationalité devient étranger ; il ne peut donc jouir que des droits dont jouissent les étrangers. Les droits civils sont-ils compris dans ces droits ? Oui, dit-on. Mais le code dit non. Vainement veut-on introduire une distinction entre tels et tels droits civils. Nos textes ne distinguent pas. Quels sont les droits civils dont le Français devenu étranger perd la jouissance ? Le code ne répond pas à cette question en disant qu'il perd tels droits et qu'il en conserve d'autres. Il dit qu'il est privé *des droits civils* par la perte de la qualité de Français. Quels sont ces *droits civils* qu'il perd ? Naturellement ceux dont il avait la jouissance ; or, l'article 8 nous dit que le Fran-

---

(1) Arntz, *Cours de droit civil français*, t. Ier, n° 125, p. 60.

çais jouit des *droits civils* ; ce sont donc les *droits civils*, *tous*, sans distinction, qu'il perd. Ce qui implique déjà que l'étranger aussi ne jouit, en principe, d'aucun droit civil.

390. La perte des droits civils rejaillit-elle sur la femme et sur les enfants du Français qui a perdu sa nationalité? On répond d'ordinaire que le Français seul perd ses droits civils, que cette perte n'a aucune influence sur l'état et la capacité de la femme (1). Cela est vrai en ce sens que le mari ne peut pas enlever leur nationalité à sa femme ni à ses enfants. Mais il se peut que la femme change de nationalité avec son mari, en suivant, par exemple, son mari à l'étranger sans esprit de retour. Quant aux enfants, s'ils sont mineurs, ils conservent leur patrie d'origine, et par suite la jouissance des droits civils. S'ils sont majeurs et s'ils suivent leur père sans esprit de retour, ils tombent sous l'application de l'article 17 ; ils perdent leur nationalité, indirectement par le fait de leur père qui s'expatrie ; mais il tenait à eux de la conserver en restant en France, ou en s'établissant à l'étranger avec esprit de retour. C'est, en définitive, par leur volonté qu'ils perdent la jouissance des droits civils.

La réponse à notre question est donc celle-ci : La femme et les enfants perdent la jouissance des droits civils quand ils perdent leur qualité de Français, et ils ne perdent cette qualité que par un fait qui leur est personnel. Mais le fait du père peut être commun à la femme et aux enfants ; en ce cas, tous sont privés des droits civils.

391. Les Français qui perdent leur nationalité, devenant étrangers, sont régis par les principes qui régissent les étrangers. Il y a cependant des différences, d'abord en ce qui concerne la jouissance des droits civils. Si le Français, en abdiquant sa patrie, acquiert une nationalité nouvelle, il est en tout assimilé aux naturels du pays auquel il appartiendra. Il aura leur statut personnel en France, et il profitera du bénéfice des traités qui établiraient la réciprocité pour la jouissance des droits civils (article 11). Mais si le Français n'acquiert pas une nouvelle patrie, il

(1) Mourlon, *Répétitions sur le code civil*, t. I, p. 105.

devient étranger partout; il ne peut plus invoquer l'article 11 ni l'article 3. Son statut sera réglé par la loi de son domicile (1).

La législation française traitait, en certains cas, le Français qui abdiquait sa patrie avec une grande rigueur et même avec une sévérité injuste. Toutes ces dispositions exceptionnelles, les décrets de 1809 et de 1811, l'article 21 du code civil, sont abrogées en Belgique. Nous n'avons conservé que les dispositions qui sont favorables au Français expatrié. Ses enfants peuvent toujours recouvrer la qualité de Français (art. 10) ; lui-même peut la recouvrer très-facilement, tandis que l'étranger obtient rarement la grande naturalisation. A cet égard, les ci-devant Français sont des étrangers privilégiés.

§ 3. Comment les Français qui ont perdu leur nationalité la recouvrent.

Nº I. CONDITIONS.

392. La loi permet à ceux qui ont perdu leur nationalité de la recouvrer. Comme la perte de la qualité de Français est attachée à un fait volontaire et plus ou moins répréhensible, on pourrait croire que le législateur aurait dû assimiler entièrement le ci-devant Français à l'étranger, et le forcer par conséquent à demander la naturalisation. Le code civil n'a admis cette assimilation que pour ceux dont la position est la plus défavorable, les Français qui prennent du service militaire en pays étranger sans autorisation du gouvernement. Dans les autres cas, la loi se montre beaucoup plus favorable aux Français qui ont perdu leur nationalité qu'aux étrangers. Quelle est la raison de cette faveur? On lit dans l'exposé des motifs fait par Boulay : « Si l'on peut supposer qu'un Français perde volontairement sa qualité de Français, l'on doit supposer, à plus forte raison, qu'il aura le désir

(1) Voyez plus haut, nº 86.

de la recouvrer après l'avoir perdue ; et alors la patrie ne doit-elle pas être sensible à ses regrets ? ne doit-elle pas lui rouvrir son sein, lorsqu'elle est assurée de leur sincérité ? *Ce ne doit plus être à ses yeux un étranger, mais un enfant qui rentre dans sa famille* (1). »

Est-ce à dire que le ci-devant Français recouvre sa nationalité de plein droit par sa seule volonté ? La loi n'accorde cette faveur qu'à ses enfants, parce qu'il n'y a aucune faute à leur reprocher (art. 10). Quant aux Français mêmes, elle les distingue en plusieurs catégories, selon que leur position est plus ou moins favorable.

393. Ceux qui perdent la qualité de Français par la naturalisation, par l'acceptation de fonctions civiles, ou par un établissement fait en pays étranger sans esprit de retour, peuvent *toujours* la recouvrer, dit l'article 18, en rentrant en France avec l'autorisation de l'empereur, et en déclarant qu'ils veulent s'y fixer et qu'ils renoncent à toute distinction contraire à la loi française. Ils peuvent *toujours* la recouvrer, à quelque époque que ce soit ; le code ne leur fixe aucun délai, et il ne pouvait pas en fixer un, puisque cela dépend des circonstances. Exiger que les Français expatriés rentrassent en France dans un délai fatal, c'eût été le plus souvent les priver de la faveur que la loi a voulu leur accorder. Les ci-devant Français ont des conditions à remplir qui ne dépendent pas toutes de leur volonté.

D'abord ils doivent rentrer en France avec l'autorisation de l'empereur. L'indulgence, dit Treilhard, ne doit pas être aveugle ; il ne faut pas que le retour de ces Français devienne un moyen de trouble dans l'Etat ; le gouvernement appréciera leur conduite et leurs sentiments secrets (2). Comment faut-il entendre cette *autorisation ?* Les ci-devant Français doivent-ils obtenir des lettres de naturalité ? Cela se faisait dans l'ancien droit, mais le code Napoléon ne l'exige plus ; tout ce qu'il veut, c'est que les Français devenus étrangers demandent à l'empereur l'autorisation de

---

(1) Locré, t. Ier, p. 427, no 24.
(2) Treilhard, second *Exposé des motifs* (Locré, t. Ier, p. 469, no 13).

rentrer en France; le gouvernement peut l'accorder ou la refuser. En ce sens, il dépend de lui de rendre leur nationalité à ceux qui l'ont perdue. S'il refuse l'autorisation, cela n'empêchera pas que les ci-devant Français ne rentrent en France, mais ils resteront étrangers; comme tels, le gouvernement peut les expulser, et il va sans dire qu'en leur qualité d'étrangers, ils sont privés de la jouissance des droits civils.

Les autres conditions dépendent de la seule volonté des ci-devant Français. Ils doivent déclarer qu'ils veulent se fixer en France. Le code ne dit pas où cette déclaration doit se faire. Par analogie de ce qui est prescrit pour les enfants de l'article 9 (1), il faut décider que la déclaration se fera à la commune du lieu où les ci-devant Français veulent s'établir. Ils doivent encore déclarer qu'ils renoncent à toute distinction contraire à la loi française. Cette déclaration était prescrite à raison de l'abolition des titres de noblesse décrétée par l'Assemblée constituante. Depuis lors, les titres ont été rétablis, mais notre constitution ajoute (art. 75) qu'il ne peut y être attaché aucun privilége. La déclaration exigée par l'article 18 a donc toujours un objet, c'est que le ci-devant Belge ne peut pas se prévaloir en Belgique des priviléges que les titres étrangers lui auraient conférés.

394. Le code Napoléon traitait avec beaucoup plus de rigueur le Français qui prenait du service militaire chez l'étranger. D'abord, il ne pouvait rentrer en France qu'avec la permission de l'empereur. Cette permission était indépendante des conditions qu'il avait à remplir pour recouvrer la qualité de Français. En effet, l'article 21 ajoute que pour recouvrer leur nationalité, ils doivent remplir les conditions imposées à l'étranger pour devenir citoyen. Nous avons déjà dit que l'article 21 est abrogé en Belgique par la loi du 21 juin 1865.

395. La femme française qui épouse un étranger ne peut recouvrer sa nationalité que lorsque le mariage est dissous. Tant que le mariage subsiste, l'effet que la loi y

---

(1) Voyez plus haut, n° 337.

attache subsiste aussi. La femme ne peut donc pas changer de patrie pendant la durée de son mariage. Aussi l'article 19 dit-il : « Si elle devient veuve, elle recouvrera la qualité de Française. » La dissolution du mariage est la condition sous laquelle la Française, devenue étrangère par son mariage, peut recouvrer sa nationalité. Quand même son mari acquerrait la qualité de Français, elle resterait étrangère. Cela suppose, bien entendu, que le mari a changé de patrie par sa volonté; si c'était par l'effet d'une cession de territoire ou d'une annexion, la femme redeviendrait Française de même que tous les naturels du pays cédé ou annexé. Ainsi les Françaises qui ont épousé des Savoyards ont recouvré leur nationalité d'origine, par l'annexion de la Savoie à la France. C'est la conséquence évidente des principes que nous avons posés.

Nous disons que la femme peut recouvrer la qualité de Française lorsque le mariage sera dissous. L'article 19 dit : « Si elle devient veuve. » Est-ce à dire que la loi n'accorde ce bénéfice qu'à la femme *veuve?* Non, certes. La loi prévoit la cause générale qui dissout le mariage, la mort. Il y a identité de raison pour le divorce. Si la loi permet à la femme veuve de recouvrer sa nationalité, c'est parce que la mort a dissous le mariage et rompu le lien qui lui avait fait perdre la qualité de Française. Il en est de même du divorce. La femme divorcée est libre aussi bien que la femme veuve. Dès lors rien ne l'empêche de changer de nationalité et de profiter du bénéfice de l'article 19 (1). La jurisprudence est d'accord avec la doctrine sur ce point. Voilà donc un cas où les tribunaux français sont obligés de reconnaître les effets d'un divorce prononcé à l'étranger, et quoiqu'il s'agisse d'une femme ci-devant française et qui recouvre sa qualité de Française. C'est une confirmation de la doctrine que nous avons exposée sur l'effet du divorce prononcé entre époux étrangers (2).

396. Comment la femme recouvre-t-elle la qualité de

---

(1) La cour de Lyon l'a décidé ainsi par arrêt du 11 mars 1835 (Dalloz, *Répertoire*, au mot *Droits civils*, n° 167).
(2) Voyez plus haut, p. 138, n° 93.

Française? L'article 19 distingue. Si elle réside en pays étranger, elle doit demander l'autorisation de rentrer en France; c'est le droit commun pour les ci-devant Français qui veulent recouvrer leur nationalité (art. 18); elle doit de plus déclarer qu'elle veut se fixer en France. Dans ce premier cas, la femme ne recouvre pas la qualité de Française de plein droit, puisqu'elle doit faire une déclaration d'intention; elle ne la recouvre pas même par sa volonté, puisqu'elle a besoin d'une autorisation, qui peut lui être refusée. Cela paraît rigoureux, au premier abord. Ne pourrait-on pas dire que la femme n'a perdu sa nationalité que par son mariage, et que, la cause cessant, l'effet doit aussi cesser? Non, car l'effet que le mariage a produit a donné un droit à la femme; elle a acquis la nationalité de son mari, en général du moins. Quand son mariage est dissous, c'est à elle à voir si elle veut rester étrangère ou redevenir Française. Veut-elle redevenir Française, elle change de nationalité, ce qui ne se peut faire que par une manifestation de volonté. La loi est donc en harmonie avec les principes. Quant à l'autorisation de l'empereur, elle est exigée comme condition générale, par un motif d'ordre public.

397. Si la femme réside en France, elle n'a plus besoin de l'autorisation de l'empereur, cela va sans dire, et le texte est formel. Mais doit-elle faire la déclaration qu'elle veut se fixer en France? La question est très-controversée. Nous n'hésitons pas à répondre affirmativement. D'après les principes, il n'y a pas même de raison de douter. Que la femme réside en France ou à l'étranger, qu'importe? Quelle influence ce fait accidentel peut-il exercer sur la nationalité de la femme? Le code ne le prévoit que pour décider dans quel cas cas la femme a besoin d'une autorisation de l'empereur pour rentrer en France. Quant à la déclaration d'intention, elle n'a rien de commun avec la résidence de la femme. Cette déclaration est nécessaire, parce que, à la dissolution de son mariage, la femme est étrangère. En recouvrant la qualité de Française, elle change de nationalité; or, pour changer de patrie, il faut une manifestation de volonté. La femme perd une nationalité en même

temps qu'elle en acquiert une nouvelle. Perdra-t-elle et
acquerra-t-elle un droit, sans le vouloir, malgré elle peut-
être? Voilà certes une anomalie que l'on ne peut pas supposer facilement dans la loi. Il y en aurait encore une
autre, si la femme recouvrait de plein droit la qualité de
Française. Elle est, par exemple, Prussienne par son mariage; devenue veuve, elle reste Prussienne, car la dissolution du mariage n'est pas une cause qui fasse perdre la
nationalité. Elle sera donc tout ensemble Prussienne et
Française, elle aura deux patries. Cette anomalie existe
parfois, mais il ne faut pas l'admettre légèrement, car elle
implique une absurdité. Est-ce que le texte nous oblige à
l'admettre? Du tout; il exige deux conditions pour que la
femme recouvre la qualité de Française. La condition
essentielle, c'est la déclaration qu'elle veut se fixer en
France; la seconde, c'est la résidence ou l'autorisation de
l'empereur. La résidence seule ne suffit pas, elle ne tient
pas lieu d'une déclaration d'intention; la loi veut une manifestation expresse de la volonté, même dans les cas les
plus favorables, ceux des articles 9 et 10; par la même
raison, elle veut une déclaration expresse dans un cas
moins favorable, celui de la femme veuve.

L'opinion contraire est plus généralement suivie et par
les auteurs et par la jurisprudence. On avoue que le texte
exige une déclaration; mais, dit-on, cela est trop sévère :
tout, dans cette matière, doit être interprété en faveur de
la nationalité, dit la cour de Lyon (1). Oui, quand il y a
lieu à interpréter. Mais quand la loi est claire, quand les
principes sont évidents, fera-t-on plier la loi et les principes par faveur pour la nationalité? L'interprète peut-il
modifier la loi, la rendre indulgente quand elle veut être
sévère? N'est-ce pas transformer l'interprète en législateur? Où est, après tout, la sévérité de la loi? Elle permet à la femme de recouvrer la qualité de Française par
une simple déclaration d'intention. Elle ne pouvait pas
aller plus loin, ni déclarer la femme veuve, Française de

---

(1) Arrêt du 11 mars 1835 (Dalloz, *Répertoire*, au mot *Droits civils*,
n° 167). La cour de cassation a décidé dans le même sens, mais sans donner de motif, par arrêt du 19 mai 1830 (*ibid.*, n° 245, t. XVIII, p. 86).

plein droit. Qui nous dit, en effet, que cette femme veut redevenir Française? qui nous dit qu'elle ne préfère pas rester étrangère? Pourquoi donc le législateur lui imposerait-il un bienfait qu'elle dédaigne et qu'elle répudiera à la première occasion, en optant pour la nationalité de son mari, qui est aussi celle de ses enfants?

398. Les enfants majeurs conservent évidemment la nationalité de leur père. Quant aux enfants mineurs, on prétend qu'ils suivent la condition de leur mère, qu'ils deviennent Français si leur mère recouvre la qualité de Française (1). Cela est inadmissible. Il est de principe que le père ne peut pas disposer de la nationalité de ses enfants, que lorsqu'il change de patrie par sa volonté, les enfants conservent leur patrie d'origine. Or, la mère change de patrie par sa volonté quand, à la dissolution du mariage, elle déclare que son intention est de se fixer en France. Cela décide la question. Vainement allègue-t-on les inconvénients qui peuvent résulter de ce que la mère et ses enfants ont une nationalité diverse. Ces considérations sont à l'adresse du législateur; l'interprète n'a pas à s'en préoccuper : il décide d'après les textes et les principes, et non d'après les avantages ou les inconvénients. Nous les signalons, mais c'est au législateur seul à en tenir compte. Il n'a pas oublié, d'ailleurs, de pourvoir au sort des enfants. Sont-ils nés en France, ils deviennent Français par une simple déclaration d'intention faite à leur majorité (art. 9). Que s'ils sont nés en pays étranger, ils peuvent encore, dans l'opinion que nous avons enseignée sur l'article 10, recouvrer la qualité de Français, et ils le peuvent toujours en déclarant qu'ils veulent l'être et en se fixant en France. La loi leur donne donc un moyen facile de devenir Français, mais elle se garde de leur imposer une nationalité dont peut-être ils ne voudraient pas, et qu'ils répudieraient en optant pour la patrie de leur père.

(1) Duvergier, *Collection des lois*, t. III, p. 241, 2e édition.

399. Aux termes de l'article 20, « les individus qui recouvrent la qualité de Français, dans les cas prévus par les articles 10, 18 et 19, ne pourront s'en prévaloir qu'après avoir rempli les conditions imposées par ces articles, et seulement pour l'exercice des droits ouverts à leur profit depuis cette époque. » C'est une application du principe que le changement de nationalité n'a d'effet que pour l'avenir, qu'il ne rétroagit pas. Le principe est général, et reçoit son application à tous les cas qui peuvent se présenter. Pourquoi donc le code mentionne-t-il spécialement les cas prévus par les articles 10, 18 et 19 ? Boulay, l'orateur du gouvernement, nous le dit dans l'Exposé des motifs : « Dans l'ancien droit, on distinguait les lettres de *naturalité* qui donnaient à un étranger la qualité de Français, des lettres de *déclaration* qui rendaient cette qualité, ou à un Français qui l'avait perdue, ou à ses enfants ; ces lettres de déclaration avaient un effet rétroactif, c'est-à-dire que celui qui les obtenait était considéré comme n'ayant jamais quitté le territoire. » Il en résultait un grand trouble dans les relations civiles ; car on revenait sur le partage des successions ouvertes à l'époque où l'un des successibles, devenu étranger, n'avait pas pu succéder. Le but de l'article 20 est de faire cesser cet abus. Voilà pourquoi il ne s'explique que sur les cas qui avaient donné lieu à la distinction qu'il veut proscrire. Il ne dit rien du Français qui a pris du service militaire à l'étranger, parce que, dans le système du code, il ne pouvait pas y avoir de doute sur sa condition : assimilé entièrement aux étrangers, il ne redevient Français que par la naturalisation ; or, jamais la naturalisation ne rétroagit.

Il y a cependant une exception au principe dont l'article 20 consacre une application. Elle concerne ceux qui, lors de la cession d'un territoire, *conservent* leur nationalité par le bénéfice d'une loi de faveur. Nous avons déjà mentionné cette exception. Il en résulte que ceux qui pro-

fitent de ce bénéfice sont considérés comme ayant toujours été Français; d'où suit que leurs enfants sont
Français (1).

400. L'article 20 dit que ceux qui recouvrent la qualité de Français ne peuvent s'en prévaloir que pour l'exercice des droits ouverts à leur profit depuis qu'ils ont rempli
les conditions qui leur sont imposées par la loi. Si donc
ils avaient été exclus d'une succession à raison de leur
qualité d'étrangers, ils ne pourraient pas revenir sur le
partage. Mais, par contre, ils peuvent aussi se prévaloir
de leur qualité d'étranger, pour le passé. Ainsi la femme
française, devenue étrangère par son mariage, a pu légitimement divorcer; et après son divorce, elle peut recouvrer sa nationalité. Son divorce est pour elle un droit
acquis que la loi française doit respecter, bien qu'elle
n'admette pas le divorce. Le principe est donc plus large
qu'il ne paraît l'être d'après les termes de l'article 20. Le
Français devenu étranger, et qui recouvre sa nationalité
d'origine, est régi en tout par la loi étrangère, pendant
l'époque où il était étranger.

SECTION III. — **De la privation des droits civils par suite de
condamnations judiciaires.**

§ 1er. *De la mort civile.*

401. La mort civile vient de l'ancien droit. On lit dans
les conclusions de l'avocat général Gilbert que « c'est
l'état d'un homme retranché de la société civile et qui ne
peut plus contracter avec elle (2). » Les jurisconsultes qui
prirent part aux travaux préparatoires du code étaient
tous imbus de cette doctrine traditionnelle, que le mort

(1) Ainsi décidé par la cour de cassation de Belgique pour les Belges qui
ont conservé leur nationalité en vertu de la loi du 4 juin 1839 (arrêt du
6 juillet 1863, dans la *Pasicrisie*, 1864, 1, 149), et pour les habitants des
provinces septentrionales de l'ancien royaume des Pays-Bas qui ont obtenu l'indigénat par la loi du 22 septembre 1835 (arrêt du 19 juin 1865,
dans la *Pasicrisie*, 1865, 1, 380).
(2) Denizart, au mot *Mort civile*.

civilement était mort aux yeux de la loi civile (1). Cette horrible conception d'un homme plein de vie qui est réputé mort ne les choquait pas, tant est grand l'empire de l'habitude sur l'esprit des légistes. Ecoutons Tronchet : « Aux yeux de la loi civile, le mort civilement n'existe pas plus que celui qui est privé de la vie naturelle; ainsi, vouloir qu'un homme contre lequel a été exécutée par effigie une peine qui entraînait la mort civile, ne soit pas réputé mort par rapport aux droits civils, c'est vouloir qu'un mort soit regardé comme vivant (2). » Cela paraissait souverainement absurde aux logiciens du conseil d'Etat; ils ne s'apercevaient pas que leur affreuse logique était mille fois plus absurde. Un vivant est regardé comme mort! C'est ce que répètent à l'envi tous les orateurs chargés d'exposer les motifs de cette atroce fiction.

Dans son premier discours, Boulay dit : « Quand un individu a commis des crimes d'une gravité telle, qu'il a dissous, autant qu'il a été en lui, le corps social, il doit en être retranché pour jamais. Il ne peut donc plus participer à aucun de ses avantages; il est exclu de la vie civile, il est mort civilement (3). » Nos jurisconsultes maniaient leurs formules comme si elles étaient l'expression de la vérité absolue; aucun ne se demandait si la raison, si la conscience approuvaient la doctrine qu'ils avaient puisée dans la tradition. Treilhard trouve l'idée juste et l'expression exacte. « Celui, dit-il, qui est condamné légalement pour avoir dissous, autant qu'il était en lui, le corps social, ne peut plus en réclamer les droits; la société ne le connaît plus, elle n'existe plus pour lui, il est mort à la société : voilà la mort civile. Pourquoi proscrire une expression usitée qui rend parfaitement ce qu'on veut exprimer, et que ceux mêmes qui l'improuvent n'ont encore pu remplacer par aucune expression équivalente (4)? »

402. Les légistes sont, par excellence, les hommes

---

(1) Maleville, *Analyse raisonnée*, t. Ier, p. 47.
(2) Séance du conseil d'Etat du 6 thermidor an ix (Locré, t. Ier, p. 355, no 28).
(3) Locré, t. Ier, p. 427, no 26.
(4) Treilhard, second *Exposé des motifs* (Locré, t. Ier, p. 469, no 15).

de la tradition. Cela explique leur aveuglement. Si nous y insistons, c'est pour qu'ils apprennent à se défier d'eux-mêmes. En l'an IX, on sortait d'une révolution inaugurée par les plus généreux sentiments. Néanmoins les jurisconsultes, et les plus grands de préférence, fermaient leur cœur à la voix de la nature, qui se révolte contre l'idée qu'un homme vivant soit retranché de la société civile. Hâtons-nous d'ajouter que les sentiments de 89 trouvèrent un écho dans le sein du Tribunat, la seule assemblée qui, sous le régime consulaire, resta fidèle à l'esprit de la Révolution. Thiessé, dans son rapport, expose les conséquences qui découlaient de la mort civile :

« Un homme qui est mort perd la propriété de tous ses biens ; par la mort légale ou civile, il perdra la propriété de tous ses biens.

« Un homme qui est mort ne peut plus recueillir ni transmettre aucune succession ; la mort civile le privera du droit de recueillir et de transmettre aucune succession.

« Un homme qui est mort ne peut disposer de ses biens ni en recevoir ; la mort civile le privera de la disposition de ses biens.

« Un homme qui est mort ne peut ester en jugement ; la mort civile le privera du droit d'ester en jugement.

« Un homme qui est mort ne peut pas se marier ; le mort civilement ne se mariera pas.

« La mort dissout le mariage ; le mariage sera dissous par la mort civile. »

C'est cette dernière conséquence qui surtout révoltait le Tribunat. « Je ne ferai pas, dit Thiessé, l'énumération des maux qui résultent de la dissolution du mariage : l'abandon de l'épouse, la misère des enfants, le désespoir de tous ; ce sont là de ces sacrifices qu'il faut faire à l'arrêt irrévocable de la nature. Mais une dissolution contre nature, une dissolution de deux êtres vivants qui s'étaient unis jusqu'au dernier soupir par le plus sacré de tous les liens, quelle puissance peut l'opérer ? où est son droit ? où en est la nécessité (1) ? »

(1 Rapport fait par Thiessé (Locré, t. Ier, p. 444, nos 10 et 11).

403. Le Tribunat fit parfois une opposition tracassière au premier consul : dans son impatience, Napoléon le brisa. Mieux vaut l'opposition, fût-elle injuste, que le silence ou l'adulation. Entre les logiciens du conseil d'Etat et les âmes généreuses du Tribunat, la postérité a jugé, et c'est aux tribuns qu'elle a donné raison. Notre constitution abolit la mort civile, en ajoutant qu'elle ne peut être rétablie (art. 26). En inscrivant cette disposition dans le chapitre des droits des Belges, le Congrès a marqué que la mort civile viole les droits de l'homme, ces droits éternels, inaliénables et imprescriptibles que l'Assemblée constituante proclama en 89. En France aussi, lors de la révision du code pénal, faite en 1832, tout le monde demanda l'abolition de la mort civile : on la traita d'immorale au sein de la Chambre des députés, et la Chambre des pairs, quoiqu'elle soit l'organe de la tradition, ne lui était pas plus favorable. Toutefois, ce n'est qu'après une nouvelle révolution que la loi du 31 mai 1854 en prononça l'abolition. Nous sommes heureux de n'avoir pas à commenter la loi barbare qui souillait le code Napoléon.

§ 2. *De l'interdiction légale.*

404. Notre nouveau code pénal place parmi les peines criminelles et correctionnelles l'interdiction de certains droits politiques et civils (art. 7 de la loi du 8 juin 1867). L'interdiction est tantôt perpétuelle et absolue, tantôt temporaire et partielle. Tous arrêts de condamnation à la peine de mort ou aux travaux forcés doivent prononcer contre le condamné l'interdiction à perpétuité des droits civils déterminés par la loi; il ne peut plus faire partie d'un conseil de famille, ni être tuteur si ce n'est de ses enfants, ni curateur, ni conseil judiciaire, ni administrateur provisoire; il ne peut être expert, témoin instrumentaire ou certificateur dans les actes; il ne peut déposer en justice autrement que pour y donner de simples renseignements.

Quand les cours d'assises condamnent le prévenu à la reclusion ou à la détention, elles peuvent interdire l'exercice de ces droits, en tout ou en partie, soit à perpétuité, soit pour un terme de dix à vingt ans (art. 31 et 32).

Il peut aussi y avoir interdiction en matière correctionnelle, mais elle est toujours temporaire, elle ne peut être prononcée que pour un terme de cinq à dix ans ; elle peut du reste être totale ou partielle (art. 33).

Nous nous bornons à ces indications sommaires, la matière n'entrant pas dans l'objet de notre traité.

CHAPITRE II.

DES ÉTRANGERS.

---

§ 1er. *Des étrangers non domiciliés.*

N° I. PRINCIPE GÉNÉRAL.

405. L'article 11 porte : « L'étranger jouira en France des mêmes droits civils que ceux qui sont ou seront accordés aux Français par les traités de la nation à laquelle cet étranger appartiendra. » Quel est le sens de cette disposition ? Elle est l'objet d'une vive controverse. Nous croyons devoir nous y arrêter, parce que les principes de l'interprétation des lois sont en cause ; ce qui en fait une question capitale. C'est parce qu'on ne s'entend pas sur ces principes qu'il règne une si grande incertitude dans la doctrine ; si l'on parvenait à les fixer, bien des controverses disparaîtraient. A notre avis, l'article 11 consacre la distinction traditionnelle des droits en droits civils et naturels ; il reconnaît implicitement à l'étranger la jouissance des droits naturels, mais il lui refuse les droits civils, et ne les lui accorde que sous la condition d'une réciprocité établie par des traités. S'il n'y a point de traités, l'étranger ne jouit pas des droits civils ; le principe est donc qu'il n'en a pas la jouissance. Cette opinion, qui est suivie par la plupart des auteurs et par la jurisprudence, s'appuie sur le texte et sur l'esprit de la loi.

Il est vrai, comme le dit Merlin, que le texte n'est pas conçu dans des termes restrictifs : l'article 11 ne dit pas que l'étranger *ne* jouira en France *que* des droits civils accordés aux Français dans son pays par un traité; il dit que les droits civils qui sont accordés aux Français dans un pays étranger par une convention internationale, sont par cela même communiqués aux habitants de ce pays. Et il n'y a pas dans le code d'autre disposition qui exclue formellement les étrangers de la jouissance des droits civils. De là Merlin commença par conclure qu'il ne fallait pas entendre l'article 11 dans un sens restrictif. Mais ce grand jurisconsulte, d'un esprit si logique, ne fut pas lui-même satisfait de cette argumentation. Il se demanda ce que signifiait l'article 11, s'il ne signifie pas que l'étranger ne jouit pas, en principe, des droits civils, et il fut obligé d'avouer qu'il ne trouvait à cette disposition qu'un sens qu'il qualifie de niaiserie. En effet, il faudrait le traduire comme suit : « Les traités qui règlent les droits civils dont les Français et les étrangers doivent jouir respectivement dans les pays les uns des autres, seront exécutés selon leur forme et teneur. » Or, dit Merlin, convenait-il qu'une disposition aussi niaise (qu'on nous permette ce terme) fût insérée dans le code civil (1)? »

Merlin revint sur son opinion. Il trouve dans le code Napoléon d'autres textes qui ne laissent aucun doute sur la pensée du législateur. D'abord l'article 13, qui porte : « L'étranger qui aura été admis, par l'autorisation de l'empereur, à établir son domicile en France, y jouira de tous les droits civils. » Cette disposition suppose nécessairement que l'étranger non domicilié ne jouit pas des droits civils; c'est donc en ce sens qu'il faut entendre l'article 11. Il exclut implicitement les étrangers de la jouissance des droits civils, par cela seul qu'il subordonne cette jouissance à des traités : les traités sont une condition pour que l'étranger jouisse des droits civils; cette condition faisant

(1) Merlin, *Répertoire*, au mot *Etranger*, § 1, n° 8.

défaut, l'étranger n'en jouit pas. L'article 8 conduit à la
même conclusion ; il dit que tout Français jouira des droits
civils. N'est-ce pas dire que l'étranger n'en jouira pas,
qu'il n'en jouira du moins que sous certaines conditions?
Et quelles sont ces conditions? Elles sont déterminées par
les articles 11 et 13. L'étranger jouit des droits civils dans
deux cas : d'abord, en vertu de traités de réciprocité :
ensuite, en vertu de l'autorisation qu'il obtient d'établir
son domicile en France. Donc hors ces deux cas il n'en
jouit pas (1).

Ajoutons à ces textes l'intitulé de la section première
du chapitre II. On y lit que les Français sont privés des
droits civils par la perte de la qualité de Français. Ce qui
résultait déjà de l'article 8 : dire que tout Français jouira
des droits civils, c'est certes dire que si le Français perd
sa nationalité, il perd par cela même la jouissance des
droits qui y est attachée. Et c'est dire aussi que l'étranger
n'a pas la jouissance des droits civils. C'est ainsi que
l'orateur du gouvernement explique la pensée de la loi.
« Si, dit Boulay, la jouissance des droits civils résultant
de la loi française est un attribut inhérent à la qualité de
Français, la privation de ces droits doit être une conséquence naturelle de la perte de cette qualité. Le Français
qui a cessé de l'être ne fait plus partie de la famille française ; il n'est plus, relativement à elle, qu'un étranger(2). »
C'est donc parce qu'il est étranger que le Français qui
perd sa nationalité ne jouit pas des droits civils. Il est
difficile de dire plus clairement que l'étranger n'a pas cette
jouissance.

406. L'article 11 peut-il avoir un autre sens que celui
qui résulte des articles 8 et 13, combinés avec la section
première du chapitre II? M. Valette dit qu'il ne faut pas
entendre les mots *droits civils* dans le sens que lui donnaient les Romains, comme signifiant les droits qui résultent des lois particulières à chaque peuple. C'est là la
signification primitive de l'expression ; mais, ajoute M. Va-

---

(1) Merlin, *Questions de droit*, au mot *Propriété littéraire*, § 2 (t. XII
de l'édition in-8°, p. 191, note 1).
(2) Boulay, *Exposé des motifs* (Locré, t. Ier, p. 426, n° 20).

lette, dans l'usage des peuples modernes, on prend les mots *droits civils* dans le sens de *droits privés*. En ce sens, on oppose les droits *civils* aux droits *politiques.* Tout Français ne jouit pas des droits politiques, mais tout Français jouit des droits privés. Voilà ce que dit l'article 8. Quelle sera la position de l'étranger? Le code ne dit pas formellement qu'il jouit des droits civils, et il ne l'exclut pas non plus de cette jouissance. « Par un vague sentiment du droit des gens européen, dit M. Valette, on a supposé l'étranger en possession de bien des droits civils ou privés, sans les lui attribuer expressément (1). » Quelle est la conclusion de cette interprétation? M. Demangeat l'a nettement formulée : « L'étranger jouit en France des mêmes droits privés que le Français, à l'exception de ceux qui lui sont refusés par des dispositions expresses de la loi (2). » Quant à ces droits dont ils sont exclus par un texte formel, ils n'en obtiennent la jouissance que par un traité de réciprocité ou par l'autorisation de fixer leur domicile en France.

Nous croyons que cette interprétation est une de celles par lesquelles on veut corriger le code, et qui aboutiraient réellement à un nouveau code civil. Les articles 8, 11 et 13 ne disent pas ce qu'on leur fait dire. Ils parlent des droits civils en termes généraux, et non de certains droits civils ; en ne les appliquant qu'aux droits civils dont un texte exprès exclut les étrangers, on altère la loi; de générale qu'elle est, on la fait spéciale. Ce n'est pas tout. Merlin dit que l'article 11, entendu comme on l'interprète dans l'opinion que nous combattons, serait une niaiserie : il faut dire que tout devient niais dans le code ainsi expliqué. Quoi! le législateur prend soin de déclarer que tout Français jouit des droits civils, ce qui est une vérité tellement évidente que le législateur pouvait à la rigueur se dispenser de la formuler. Et il ne dirait rien des étrangers! il se bornerait à *supposer* qu'ils jouissent en principe

(1) Valette sur Proudhon, *Traité des personnes*, t. Ier, p. 5, note *a*; p. 119, note *a*.
(2) Demangeat, *Histoire de la condition civile des étrangers en France*, p. 260.

des droits civils ! Quoi ! le législateur dirait ce qu'il était
inutile de dire, et il ne dirait rien de ce qu'il fallait dire !
Il trouverait nécessaire d'accorder la jouissance des droits
civils aux Français, et il s'en rapporterait, quant aux
étrangers, à un vague sentiment du droit des gens européen ! Cela n'est pas admissible, parce que cela supposerait dans les auteurs du code un défaut de logique que
nous ne pouvons pas leur imputer. La loi veut déclarer
quelles personnes jouissent des droits civils. Elle commence par dire que les Français ont cette jouissance ; dès
lors elle devait forcément dire quelle est la condition des
étrangers, s'ils jouissent des droits civils ou s'ils n'en jouissent pas. Le code consacre en effet deux articles aux
étrangers. Et l'on veut que dans ces deux articles il ait
gardé le silence sur une matière qu'il voulait, qu'il devait
régler !

407. Des textes que l'on est obligé d'altérer témoignent contre ceux qui les altèrent. S'ils laissaient quelque
doute, il faudrait les éclairer par l'intention du législateur,
telle qu'elle résulte des travaux préparatoires. Eh bien,
nous affirmons, pièces en main, que les auteurs du code
ont entendu consacrer la doctrine traditionnelle qui n'accorde la jouissance des droits civils qu'aux citoyens et qui
en exclut les étrangers. On nie ce que nous affirmons. On
prétend que les étrangers ont été admis chez les peuples
chrétiens à jouir de tous les droits privés, à l'exception de
certains droits dont ils ont été privés, soit par l'avarice
des gouvernants, soit par leur défiance ; mais ces dérogations, dit-on, confirment le droit commun. On convient que
la distinction des droits civils et des droits naturels se
trouve chez les jurisconsultes français, et qu'ils en déduisent cette conséquence que les citoyens seuls jouissent des
droits civils, tandis que les étrangers ne jouissent que des
droits naturels ; mais on écarte leur témoignage parce
qu'ils étaient imbus des traditions romaines (1). Il faut, dit-
on, consulter, non les opinions de tel ou tel légiste, mais les

(1) Valette, *Explication sommaire du livre premier du code Napoléon,*
p. 408 et suiv., 412.

faits ; or, dans la réalité des choses, les étrangers n'étaient pas exclus des droits civils ; il n'y avait d'exception que pour le droit d'aubaine, encore cette dérogation au droit commun n'était-elle pas générale (1).

Il nous semble que la question est mal posée. De quoi s'agit-il? De l'intention du législateur. Il faut donc voir quelle est la doctrine qu'il a entendu sanctionner. Or, tout le monde sait que les auteurs du code Napoléon ont puisé les principes qu'ils ont consacrés dans Pothier et dans Domat. Ce sont là les vrais auteurs du code; ils nous diront quelle était, dans la pensée du législateur français, la doctrine dominante sur la condition des étrangers. Nous verrons ensuite si le conseil d'Etat, si le Tribunat, si le Corps législatif ont voulu reproduire cette doctrine traditionnelle.

408. Pothier dit qu'entre les personnes qui sont membres de la société civile, on distingue les Français naturels ou naturalisés, lesquels jouissent des droits de citoyen; et les étrangers qu'on appelle aubains, qui participent seulement aux droits que le *droit des gens* a établis, mais non à ceux que les *lois civiles* n'ont établis que pour les citoyens, tels que sont les droits de succession active et passive, de testament, de retrait lignager, etc. (2). Cela est clair comme le jour : les Français seuls jouissent des droits civils, les étrangers n'en jouissent pas; ils n'ont que la jouissance des droits qui ont leur source dans le *droit des gens*, ou ce que nous appelons le droit naturel. Le droit d'aubaine figure dans les paroles de Pothier : est-ce à titre d'exception? C'est au contraire comme exemple qu'il cite les droits de succession, donc comme application du principe. Pothier le dit formellement ailleurs : « Quoique les étrangers puissent faire toutes sortes de contrats entre vifs, quoiqu'ils puissent disposer, par cette voie, des biens qu'ils ont en France, soit à titre onéreux, soit à titre gratuit, ils ne peuvent cependant disposer des biens qu'ils ont en France, soit par testament, soit par tout autre acte à

_____

(1) Arntz, *Cours de droit civil français*, t. Ier, p. 51 et suiv.
(2) Pothier, *Introduction aux coutumes*, chap. II, § 2, n° 30.

cause de mort, en faveur d'étrangers ou de regnicoles ;
les étrangers ne peuvent aussi rien recevoir, soit par testament, soit par quelque autre acte à cause de mort, quoiqu'ils soient capables de donations entre vifs. » Pothier
demande quelle est la raison de cette différence entre les
actes à cause de mort et les actes entre vifs. Il répond :
« Les actes entre vifs sont du *droit des gens;* les étrangers
jouissent de tout ce qui est du droit des gens ; ils peuvent
donc faire toutes sortes d'actes entre vifs. La faculté de
tester active et passive est, au contraire, du *droit civil;* les
étrangers ne jouissent pas de ce qui est de droit civil ; ils
ne peuvent donc pas avoir cette faculté ou ce droit (1). »

409. Domat est tout aussi explicite ; le jurisconsulte
philosophe enseigne la même doctrine que le légiste de
profession. On peut dire de Pothier qu'il est imbu des principes du droit romain ; mais comment faire ce reproche à
un écrivain qui parle au nom du droit naturel? Domat va
nous dire s'il est vrai que le droit d'aubaine était une dérogation au droit commun. « Il y a une succession qui
appartient au roi ; c'est celle des étrangers... Le droit à
ces successions s'appelle droit d'aubaine ; ce qui est fondé
*non-seulement sur le droit romain, mais sur l'ordre naturel
qui distingue la société des hommes en divers États, royaumes
ou républiques.* Car c'est une suite *naturelle* de cette distinction, que chaque nation, chaque État règle par ses lois
propres ce qu'il peut y avoir dans les successions et
dans le commerce des biens, qui dépendent des lois arbitraires, et qu'on y distingue la condition des étrangers de
celle des originaires. Ainsi ils ne succèdent à personne
et personne ne leur succède, non pas même leurs proches,
afin que les biens du royaume n'en soient pas distraits et
ne passent pas aux sujets d'autres princes (2). » On le voit,
Domat contredit absolument l'opinion que nous combattons. On prétend que, dans l'ancien droit, les étrangers
n'étaient exclus des successions que par dérogation au droit
commun : Domat, de même que Pothier, dit que le droit

---

(1) Pothier, *Traité des personnes*, partie Iʳᵉ, titre II, section II.
(2) Domat, *Des lois civiles dans leur ordre naturel*, livre IV, 2ᵉ partie,
§ 13 (p. 345 de l'édition in-folio de 1777).

d'aubaine est une conséquence de l'exclusion générale de tout droit civil qui frappait les étrangers.

410. Cette exclusion était-elle une opinion isolée, partagée seulement par les jurisconsultes nourris dans l'étude du droit romain, et le révérant comme raison écrite? Il n'y a pas, dans les paroles que nous venons de transcrire, un mot qui puisse faire soupçonner qu'il y eût un doute ou une controverse quelconque sur ce point; ce n'était pas une question, c'était un axiome. Pothier et Domat ne firent que formuler un principe que tout le monde reconnaissait. Nous avons un traité spécial sur le droit d'aubaine, par un savant légiste. S'il y avait eu le moindre doute sur le caractère du droit d'aubaine, Bacquet l'aurait dit; loin de là, il s'énonce avec une certitude absolue, en distinguant, comme le fait Pothier, entre les actes entre vifs qui sont du droit des gens et les actes à cause de mort qui sont du droit civil. Le citoyen seul jouit de ces derniers, l'étranger n'a que la jouissance des droits qui ont leur source dans le droit des gens (1). C'est en ce sens que l'on disait que l'étranger vivait libre en France, et qu'il mourait serf: il vivait libre parce qu'il jouissait du droit des gens : il mourait serf parce qu'il n'avait pas plus la jouissance des droits civils que l'esclave (2). Il est si vrai que c'était là la doctrine universelle, qu'on la trouve dans des ouvrages qui ne font que reproduire les opinions courantes. On lit dans le *Répertoire* de Guyot, devenu si célèbre depuis que Merlin y a attaché son nom : « Tout étranger est capable, dans le royaume, des actes du droit des gens. Il peut librement vendre, échanger, et en général passer toutes sortes de contrats que ce droit autorise, mais il ne peut recevoir ni disposer à cause de mort. Les actes du *droit civil* lui sont interdits, et comme la capacité pour les successions, actives et passives, est du droit civil, il en résulte que tout étranger en est exclu. Cette incapacité est un des principaux fondements du droit d'aubaine (3). »

(1) Bacquet, *du Droit d'aubaine*, 3e partie, chapitre XXVII, n° 4; chapitre XVIII, n° 3; 4e partie, chapitre XXXI, n° 2.
(2) Bacquet, *du Droit d'aubaine*, chapitre XVIII, n° 4.
(3) Merlin, *Répertoire*, au mot *Aubaine*, n° 4.

411. Telle était la doctrine reçue dans l'ancien droit : on y considérait comme un axiome que l'étranger ne jouissait point des droits civils ; d'où l'on tirait la conséquence qu'il ne pouvait avoir le droit de succession. C'était l'application la plus importante, la plus usuelle du principe, mais ce n'était pas la seule. Aussi le principe subsista-t-il, quand l'Assemblée constituante abolit le droit d'aubaine. Voilà pourquoi il fut surtout question du droit d'aubaine lors de la discussion du code civil au conseil d'Etat et au Tribunat. Fallait-il maintenir le décret de l'Assemblée nationale? ou fallait-il revenir à la rigueur des anciens principes, en les modérant par le système de réciprocité? Tel était l'objet du débat. Tous ceux qui y prirent part, les partisans comme les adversaires du décret de 89 étaient imbus du principe que le droit d'aubaine était une conséquence de la doctrine traditionnelle qui excluait l'étranger de toute participation au droit civil : rétablir l'incapacité de succéder, c'était revenir à l'esprit exclusif de l'ancienne jurisprudence : maintenir l'abolition du droit d'aubaine, c'était aboutir à une doctrine nouvelle qui, se fondant sur la fraternité des peuples, demandait l'égalité des citoyens et des étrangers, au moins pour la jouissance des droits privés. On nie que tel soit le sens des travaux préparatoires. Il faut donc y insister.

Citons d'abord la disposition du projet qui servit de base à la discussion : « Toute personne née d'un Français et en France jouit de tous les droits résultant de la loi civile française, à moins qu'elle n'en ait perdu l'exercice par les causes ci-après expliquées. » Quelles étaient ces causes? La perte de la qualité de Français qui assimilait le ci-devant Français à l'étranger. Le projet définissait donc les droits civils : c'étaient ceux qui résultaient de la loi civile française. Il les attachait à la qualité de Français, et ne les accordait à l'étranger que dans deux cas : d'abord en cas de réciprocité, puis quand l'étranger faisait la déclaration de vouloir se fixer en France, ce qui était le préliminaire de l'acquisition de la qualité de Français. Le projet consacrait donc l'ancienne doctrine, avec le tempérament de la réciprocité et la facilité accordée à l'étranger de devenir Français.

Portalis va nous expliquer l'esprit du projet. Il ne répudie pas les principes de fraternité qui avaient inspiré l'Assemblée constituante. « Nous reconnaissons, dit-il, avec tous les philosophes, que le genre humain ne forme qu'une grande famille ; mais la trop grande étendue de cette famille l'a obligée de se séparer en différentes sociétés qui ont pris le nom de peuples, de nations, d'Etats, et dont les membres se rapprochent par des liens particuliers, indépendamment de ceux qui les unissent au système général. De là, dans toute société politique, la distinction des nationaux et des étrangers. » Cette distinction comprend déjà en essence la distinction antique des droits civils et des droits naturels, les premiers, l'apanage des citoyens, les autres, communs à tous les hommes. « Comme citoyen, dit Portalis, on ne peut appartenir qu'à une société particulière ; on appartient, comme homme, à la société générale du genre humain (1). » Reste à savoir s'il y a des droits privés qui tiennent à l'état de citoyen. Portalis répond qu'il y a des droits privés dont l'homme peut jouir partout, tandis qu'il y en a d'autres dont le citoyen seul a, en principe, la jouissance (2). Quelques philosophes, dit-il, avaient pensé que les droits civils ne doivent être refusés à personne, et qu'il fallait ainsi former une seule nation de toutes les nations. Cette idée est généreuse et grande, mais elle n'est pas dans l'ordre des affections humaines. On affaiblit ses affections en les généralisant : « la patrie n'est plus rien pour celui qui n'a que le monde pour patrie. » C'est le langage de Rousseau, ce sont les sentiments des anciens, et ils conduisent logiquement à exclure l'étranger de la jouissance des droits civils ; Portalis le dit : « L'humanité, la justice sont les liens généraux de la société universelle des hommes ; mais il est des avantages particuliers *qui ne sont point réglés par la nature, et qui ne peuvent être rendus communs à d'autres que par la convention.* Nous traiterons les étrangers comme ils nous

(1) Portalis, Exposé général du système de code civil fait dans la séance du Corps législatif du 3 frimaire an x (Locré, t. Iᵉʳ, p. 191, nº 12).
(2) Discours préliminaire du projet de code civil de la commission Locré, t. Iᵉʳ, p. 176, nº 75).

traiteraient eux-mêmes : le principe de la réciprocité sera
envers eux la mesure de notre conduite et de nos égards. »
Voilà l'exclusion des étrangers quant aux droits qui ne
dérivent pas de la nature, c'est-à-dire, quant aux droits
civils. Les étrangers n'ont donc que la jouissance des droits
naturels, sauf à leur concéder les droits civils par voie de
réciprocité. C'est ce que Portalis dit en finissant : « Il est
pourtant des droits qui ne sont point interdits aux étrangers : ces droits sont tous ceux qui appartiennent bien
plus au *droit des gens* qu'au *droit civil*, et dont l'exercice
ne pourrait être interrompu sans porter atteinte aux diverses relations qui existent entre les peuples (1) ».

412. Niera-t-on, en présence de ces paroles si nettes,
que le projet de code civil consacrait la distinction traditionnelle des droits fondés sur la *nature* et des droits qui
ont leur principe dans la *loi civile*, qu'il n'attribuait aux
étrangers que la jouissance des premiers, qu'il leur refusait les autres, à moins qu'il n'y eût réciprocité? Ce serait
nier la lumière du jour. Il nous faut voir maintenant si les
idées de Portalis furent admises par le conseil d'Etat,
approuvées par le Tribunat et sanctionnées par le Corps
législatif. Le conseil d'Etat adopta le projet, en y faisant
quelques changements de rédaction qui ne touchaient pas
aux principes. Rœderer ayant critiqué la disposition qui
ordonnait au juge de prononcer même dans le silence de
la loi, demanda ce que feraient les tribunaux, si le code
civil ne contenait pas de disposition sur la successibilité
de l'étranger; décideront-ils en législateurs une question
politique aussi importante? La difficulté, répondit Tronchet, n'en est pas une : le juge décidera d'après les principes généraux sur l'état de l'étranger; et quels sont ces
principes? L'étranger ne jouissant pas des *droits civils*, est
par cela même incapable de succéder (2). Rappelons-nous
que Tronchet était président de la cour de cassation, et
qu'il avait aussi présidé la commission chargée de présenter un projet de code civil. Il est donc, à plus d'un titre,

_____

(1) Exposé général du système du code civil (Locré, t. Ier, p. 191, nº 13).
(2) Séance du 14 thermidor an ix (Locré, t. Ier, p. 229, nº 20).

l'organe de l'opinion générale. Nous pouvons conclure de ses paroles que la doctrine traditionnelle dominait au conseil d'Etat. Rœderer lui-même le constate dans le rapport qu'il fit sur la situation de la France à l'égard des autres Etats relativement au droit d'aubaine. Après avoir dit qu'au moyen âge les étrangers étaient assimilés aux serfs, il ajoute : « Vers le quatorzième siècle, ces rigueurs s'adoucirent; les étrangers furent déclarés capables en France des actes du *droit des gens*, tels qu'acquérir et posséder, mais non des actes du *droit civil*, tels qu'hériter, tester. On mit en principe que l'étranger vivait libre en France et mourait serf (1). »

413. C'est dans cet esprit que Boulay écrivit le premier exposé des motifs de l'article 11. Il commence par constater que les Romains excluaient les étrangers des droits civils aussi bien que des droits politiques. L'Assemblée constituante admit un système tout à fait opposé. Ce sont les deux extrêmes, dit l'orateur du gouvernement ; aucun des deux ne nous convient. Celui de l'exclusion absolue n'est pas praticable dans nos Etats modernes ; toutefois, s'il fallait choisir, Boulay le préférerait au cosmopolitisme de l'Assemblée constituante, parce qu'il est plus propre à nourrir dans le cœur des citoyens l'amour de la patrie. Il y a un autre système qui est préférable, celui de la réciprocité. « Accorder chez nous aux étrangers les mêmes droits civils que ceux qu'ils nous accorderont chez eux, quoi de plus raisonnable, de plus conforme aux saines idées de la politique, du droit des gens et de la nature? Quoi de plus propre à favoriser le développement des idées philanthropiques et fraternelles qui devraient lier les diverses nations (2)? »

Le principe de réciprocité a été consacré par le code ; on voit quelle en est la portée. Il ne s'applique pas à certains droits civils, comme on le prétend; il s'applique à tous. Là où il n'y a pas de réciprocité, l'étranger est exclu de la jouissance des droits civils. Cela ne l'empêchera pas de

_____

(1) Locré, *Législation civile*, t. Ier, p. 382.
(2) Locré, *Législation civile*, t. Ier, p. 424 et suiv., nos 9-12.

jouir des droits privés que l'on est dans l'usage de rapporter au droit des gens ou au droit naturel. Boulay en fait la remarque. « Nous admettons, dit-il, que l'étranger peut posséder des immeubles en France ; car acheter et vendre sont des contrats qui, d'après l'usage ordinaire, appartiennent plus encore au *droit des gens* qu'au *droit civil* (1). » Voilà bien la doctrine traditionnelle.

414. Nous la retrouvons dans le rapport que Siméon fit au Tribunat. La majorité des tribuns étaient attachés aux principes généraux qui furent proclamés dans les beaux jours de 89. Nous dirons plus loin quelles étaient leurs aspirations ; pour le moment, nous nous bornons à constater ce fait décisif, c'est que tous les tribuns, ceux qui combattaient le projet du conseil d'Etat comme ceux qui s'y ralliaient, l'entendaient dans un sens restrictif, comme excluant les étrangers de la participation aux droits civils. Siméon expose parfaitement cette théorie : « Un Etat n'est autre chose qu'une unité de lois et de patrie, à la faveur de laquelle les *citoyens* unis participent aux effets *civils* du droit de la nation ; ceux qui forment cette unité sont les *seuls* qui puissent réclamer les *avantages* qu'elle produit. Ce qui caractérise essentiellement le *droit civil,* c'est donc d'être propre et particulier à un peuple et de ne point se communiquer aux autres nations ; il ne se communique point, parce que les hommes attachés à une terre étrangère, citoyens ou sujets dans leur patrie, ne peuvent être en même temps citoyens ailleurs. Soumis à une domination étrangère, ils sont affectés par la *loi civile* de leur pays, c'est-à-dire par le *droit propre et particulier de la nation dont ils sont membres ;* ils ne peuvent par conséquent recevoir les impressions d'un autre *droit civil, propre et particulier à une autre nation.* »

Un jurisconsulte romain n'aurait pas tenu un autre langage. On prétend qu'il n'est parlé dans les travaux préparatoires que du droit d'aubaine. Non, ce n'est pas tel ou tel droit civil qui est en cause, ce sont tous les droits civils ; si l'on s'occupe particulièrement du droit d'héré-

---

(1) Boulay, *Exposé des motifs* (Locré, t. Ier, p. 426, n° 17).

dité, c'est que ce droit tient le premier rang parmi les droits civils ; mais c'est toujours par application d'un principe général que l'étranger en est déclaré incapable. « Les successions, dit le rapporteur du Tribunat, étant de droit civil, parce que c'est la loi qui les défère ou qui permet d'en disposer, la *capacité de succéder est un des effets principaux du droit civil proprement dit.* »

Voilà donc l'étranger exclu du droit civil. Mais, continue Siméon, il jouira du droit naturel, parce que les effets du droit naturel se communiquent partout à l'étranger comme au citoyen. Pour en jouir, il n'est pas nécessaire d'être membre d'une certaine nation plutôt que d'une autre ; il suffit d'être homme. C'est du droit naturel que dérivent presque tous les contrats. « Les étrangers peuvent donc, *à moins d'une loi prohibitive expresse,* acquérir ou posséder des biens, les échanger, les vendre, les donner entre vifs. » Ainsi Siméon dit des *droits naturels* ce que certains auteurs disent des *droits civils :* c'est attribuer aux auteurs du code une doctrine toute contraire à celle qu'ils professent. Alors que le Tribunat et le conseil d'Etat déclarent que l'étranger ne jouit pas des droits civils, on leur fait dire que l'étranger en jouit ; alors que le rapporteur du Tribunat pose le principe que l'étranger exclu des droits civils jouit seulement des droits naturels, sauf dérogation expresse écrite dans la loi, on fait dire aux auteurs du code que l'étranger jouit des droits civils, sauf dérogation expresse. N'est-ce pas altérer la discussion après que l'on a altéré le texte du code?

415. L'article 11 donna lieu à de longues discussions au sein du Tribunat. On vient de les livrer à la publicité (1). Nous leur empruntons quelques traits relatifs à notre question. Les adversaires comme les partisans du projet étaient d'accord sur un point, c'est le caractère exclusif du projet qui subordonnait à des traités de réciprocité la jouissance des droits civils au profit des étrangers. « Si le projet passe, dit Saint-Aubin, on ne pourra pas

(1) *Archives parlementaires,* Recueil complet des débats législatifs et politiques des Chambres françaises de 1800 à 1860, publiées par Madival et Laurent. Paris, 1864 et suiv.

admettre à la jouissance des droits un étranger quelconque, si la nation à laquelle il appartient n'accorde pas cette jouissance aux Français résidant chez eux (1). » En effet, les tribuns qui soutenaient le projet du gouvernement poussaient le principe de l'exclusion jusqu'à ses conséquences les plus odieuses; ils revenaient au préjugé des anciens. « Le genre humain n'est qu'une grande famille, dit Carrion-Nisas, je le sais. Tous les peuples sont frères, j'en conviens, mais ce sont des frères dont les querelles seront éternellement soumises à la décision du glaive et à l'arbitrage des batailles. Si la paix éternelle, si la fraternité universelle sont des rêves impossibles à réaliser, pourquoi provoquer une fusion indiscrète, un mélange effréné des peuples pendant ces courts intervalles de paix qui suspendent momentanément l'état de guerre, qui est malheureusement l'état habituel du globe? Gardons plutôt ce caractère particulier, cette attitude nationale, ces traits distinctifs dont l'effacement est toujours un des signes de la décadence des empires (2). »

Ainsi l'étranger est un ennemi, comme disaient les Romains du temps des Douze Tables, et, comme tel, sans droit. C'était dépasser là pensée du projet, mais il est certain que, dans la conviction des tribuns, il excluait les étrangers de tout droit civil. « On vous a beaucoup parlé du droit d'aubaine, dit le tribun Curée; mais il ne s'agit pas de cela, il s'agit de la participation à notre droit civil que l'on voudrait attribuer à tout étranger qui met le pied en France (3). » La question était donc celle-ci : L'étranger jouira-t-il des droits civils en France ou n'en jouira-t-il pas? Les légistes qui étaient membres du Tribunat se prononcèrent contre l'étranger. On leur objectait que si la loi refusait les droits civils aux étrangers, elle devait au moins les définir et les énumérer, pour qu'on pût les distinguer des droits naturels qu'elle leur reconnaissait implicite-

(1) Séance du Tribunat du 9 nivôse an x (*Archives parlementaires*, t. III, p. 336).
(2) Séance du Tribunat du 3 nivôse an x (*Archives parlementaires*, t. III, p. 251).
(3) Séance du Tribunat du 8 nivôse an x (*Archives parlementaires*, t. III, p. 322).

ment. Grenier répondit que le législateur le ferait dans la suite du code ; qu'il leur donnerait les droits qui, quoique réglés par la loi française, dérivaient du droit naturel ou des gens ; que dans le titre premier, il suffisait de poser le principe qui les exclut des droits civils (1). Malheureusement, les auteurs du code ne tinrent pas cette promesse ; ils ne s'expliquent que sur quelques droits et gardent le silence sur les autres. De là d'interminables controverses.

416. On sait que l'opposition des tribuns suspendit pendant quelque temps le travail de codification. Quand le premier consul le reprit, après avoir brisé le Tribunat, l'article 11 fut voté tel qu'il avait été présenté, avec une restriction de plus, c'est que la réciprocité devait résulter de conventions internationales. Il y eut un nouvel exposé des motifs : Treilhard est aussi explicite que Boulay. Esprit logique, il pose nettement la question : « L'étranger jouira-t-il en France de la totalité ou d'une partie des droits civils ? L'admettra-t-on sans restriction, *sans condition ?* Ou plutôt ne doit-on pas, adoptant la règle d'une juste réciprocité, *restreindre les droits de l'étranger* à ceux dont un étranger peut jouir dans le pays de cet étranger ? » Cette dernière solution est celle de l'article 11 ; il est donc restrictif. Treilhard le dit dans les termes les plus formels. « Le projet, dit-il, n'assure en France à l'étranger *que* les mêmes droits civils accordés aux Français par les traités de la nation à laquelle les étrangers appartiennent (2). » L'orateur du Tribunat s'exprime dans le même sens : il reproduit la distinction des droits en civils, naturels et politiques. Il est certain que les droits politiques n'appartiennent pas à l'étranger. Doit-on lui donner les droits civils ? Cette question, répond Gary, ne peut être décidée que par des traités. C'est dire que les traités sont la condition essentielle pour qu'un étranger jouisse des droits civils (3).

---

(1) Séance du Tribunat du 29 frimaire an x (*Archives parlementaires*, t. III, p. 188).
(2) Locré, *Législation civile*, t. Ier, p. 466 et 468, n° 9.
(3) Locré, *Législation civile*, t. Ier, p. 472 et 474, nos 1 et 7.

417. Nous trompons-nous en affirmant que les travaux préparatoires ne laissent aucun doute sur le sens restrictif de l'article 11? M. Valette en fait lui-même l'aveu. « Il est vrai, dit-il, que dans quelques parties des travaux préparatoires, nous trouvons reproduite la doctrine de Pothier et d'autres auteurs qui distinguent entre le droit naturel et des gens et le droit civil. » Au lieu de *quelques* parties, il faut lire *toutes* les parties. A la discussion réelle, M. Valette ne trouve rien à opposer qu'une discussion imaginaire. « Il ne faut pas, ajoute-t-il, donner à ces opinions doctrinales de *certains* membres du conseil d'Etat ou du Tribunat une importance trop grande; car *beaucoup d'autres* qui ont travaillé au code ou qui l'ont voté, ont *pu et dû* entendre que les droits civils refusés aux étrangers seraient uniquement ceux que les textes de la loi présenteraient avec ce caractère (1). »

418. Avec un pareil système d'interprétation, on fait dire au code tout ce que l'on veut; car à des déclarations formelles on peut toujours opposer ce que d'autres ont *pu* et *dû* penser. Mais aussi le droit devient une science de fantaisie. Nous voudrions lui maintenir le caractère qu'il a toujours eu, celui d'une science positive. Voilà pourquoi nous insistons tant sur l'article 11. Presque tous les auteurs partagent l'avis que nous défendons (2); et la jurisprudence se prononce dans le même sens. La question s'est présentée devant la cour de cassation de France pour un de ces droits que le code ne définit pas : Le droit d'adopter ou d'être adopté est-il un droit civil? Le code énumère toutes les conditions requises pour la validité de l'adoption, et il ne mentionne pas la jouissance des droits civils. Néanmoins la cour de cassation a décidé qu'un étranger ne pouvait être adopté. Elle s'est fondée sur l'article 11, qui pose comme principe d'ordre public en France « qu'un étranger ne jouit des droits purement civils des Français, qu'autant qu'une loi expresse ou des traités formels l'y

(1) Valette, *Explication sommaire du livre premier du code Napoléon,* p. 412.
(2) Voyez les témoignages dans Dalloz, *Répertoire,* au mot *Droits civils,* n° 46.

autorisent. » Cet article, dit la cour suprême, ne distingue pas entre les différents droits civils; il est, au contraire, conçu d'une manière générale et absolue qui les comprend tous sans exception. Ainsi hors les cas prévus par les traités, l'étranger n'est pas plus capable de jouir passivement de ces droits que de les exercer d'une manière active. » La cour de Dijon, à laquelle l'affaire fut renvoyée, adopta l'avis de la cour de cassation; elle invoqua les articles 8, 11 et 13, comme nous l'avons fait, et décida que ces dispositions réglaient *de la manière la plus claire* quelles sont les personnes qui jouissent des droits civils; il en résulte que le code donne cette jouissance aux Français et qu'il la refuse aux étrangers. Il y eut un nouveau pourvoi. La cour de cassation maintint sa jurisprudence, et elle la consacra depuis par de nouveaux arrêts (1). C'est aussi l'opinion qui domine dans la jurisprudence des cours de Belgique (2).

419. Il nous faut encore dire quelques mots des raisons que l'on invoque en faveur de l'opinion contraire. Car c'est précisément à cause de ces raisons que nous donnons tant de développements à la question du droit des étrangers. La vraie raison pour laquelle on s'écarte d'un texte très-clair, et d'une discussion plus claire encore, c'est que le système du code est en opposition avec les sentiments et les idées des peuples modernes. Est-il vraisemblable, dit M. Valette, que les rédacteurs du code civil auraient été plus rigoureux à l'égard des étrangers qu'on ne l'était dans l'ancien droit (3)? Peut-on croire, dit M. Demangeat, que le code place les étrangers dans une condition plus dure que ce qui existait au moyen âge (4)? Le reproche

(1) Merlin, *Questions de droit*, au mot *Adoption*, § 2. Arrêt du 30 novembre 1840 (Sirey. 1844, 1, 756), et les arrêts rendus en matière de propriété industrielle. (Arrêts de la cour de cassation du 14 août 1844, Dalloz, 1844, 1, 386-387; du 11 juillet 1848, chambres réunies, Dalloz, 1848, 1, 140; du 12 août 1854, Dalloz, 1854, 1, 206.)
(2) Arrêt de la cour de Gand du 29 janvier 1849 (*Pasicrisie*, 1849, 2. 58); arrêt de la cour de Bruxelles du 13 décembre 1856 (*Pasicrisie*, 1857, 2, 149); arrêt de la cour de Gand du 27 mai 1854, et le réquisitoire de M. Donny, avocat général (*Pasicrisie*, 1855, 2, 330).
(3) Valette sur Proudhon, *des Personnes*, t. 1er, p. 176.
(4) Demangeat, *Histoire de la condition civile des étrangers en France*, p. 252.

que l'on fait au code est exagéré, mais admettons-le. Est-ce une raison pour altérer un texte clair sans avoir pour soi la volonté du législateur? La loi est un retour vers la barbarie ancienne; c'est un écho des Douze Tables, qui repoussent l'étranger comme un ennemi. Soit. Serait-ce une raison pour remplacer une loi barbare par une loi nouvelle que ferait l'interprète? Il y a bien des dispositions dans le code qui ne sont plus en harmonie avec notre état social, ou qui sont contraires aux principes. Est-ce à dire que l'interprète les puisse modifier, en donnant la torture aux textes pour leur imposer une doctrine qui n'est pas celle du législateur? Cette tendance existe chez plus d'un écrivain; si on s'y laisse aller, on aboutira à un nouveau code civil. Que le législateur le fasse, nous le voulons bien, mais nous contestons à l'interprète le droit de le faire. Ce serait un déplorable système, car chaque jurisconsulte se ferait législateur, et si les juges en faisaient autant, nous aurions tous les jours un nouveau code.

420. Le système restrictif, dit-on, ne peut pas être celui du code, parce qu'il conduit à des conséquences absurdes que personne n'admet; preuve que le principe même est faux. En effet, s'il est vrai, comme le dit la cour de cassation, qu'il faut un traité pour que les étrangers jouissent d'un droit civil, il faudra dire qu'ils ne peuvent être ni propriétaires ni créanciers en France, qu'ils ne peuvent pas s'y marier avec des personnes françaises, et que toute action en justice leur est refusée. Vainement invoquerait-on les articles 3, 12, 14, 15 et 19, qui reconnaissent implicitement ces droits aux étrangers. Car la question en litige est précisément de savoir si un étranger peut jouir d'un droit civil en l'absence d'un traité de réciprocité. Si c'est là une condition essentielle, les textes du code ne suffisent pas, et par suite nous sommes en pleine absurdité (1). Merlin a répondu d'avance à cette objection. Il y a des droits qui sont réglés par le code civil, en ce sens on pourrait les appeler des droits civils; mais s'ils ont leur

(1) Mourlon, *Répétitions sur le code Napoléon*, t. Ier, p. 81 et suiv.

source dans la nature, ce ne sont plus des droits purement civils ; comme ils existent partout, on les rapporte au droit des gens. Ces droits ne sont pas compris dans l'article 11 ; cela a été dit et répété dans les travaux préparatoires. Or, tel est évidemment le droit de propriété, et de la propriété découle le droit d'être créancier et de poursuivre son droit en justice. Il en est de même du mariage (1). En d'autres termes, dès que la loi reconnaît un droit à l'étranger, ce droit cesse par cela même d'être un droit civil, car il est de l'essence des droits civils que le législateur ne les accorde qu'aux citoyens.

421. Les articles du code qui refusent certains droits civils aux étrangers prêtent également à des objections. Aux termes de l'article 726, l'étranger ne peut succéder en France que conformément à l'article 11. L'article 912 reproduit cette incapacité pour le droit de disposer à titre gratuit, et l'article 980 dit que les témoins appelés aux testaments doivent jouir des droits civils. A quoi bon toutes ces dispositions, s'il était vrai que l'étranger fût exclu de tout droit civil? Ne faut-il pas en induire plutôt que ce sont des dérogations, et que le droit commun donne aux étrangers la jouissance des droits civils? Merlin avoue que ces dispositions sont surérogatoires. Il y a bien des articles dans le code, qui, ne faisant qu'appliquer un principe général, sont inutiles à la rigueur. Mais de ce qu'ils sont inutiles, conclura-t-on qu'ils établissent un autre principe? La conclusion serait peu logique. Dans l'espèce, elle est tout à fait inadmissible ; car le législateur lui-même a pris soin de déclarer dans le texte de l'article 726 : *Conformément aux dispositions de l'article* 11. Ainsi l'incapacité spéciale établie par l'article 726 est une application de l'incapacité générale prononcée par l'article 11 ; ce qui exclut toute idée d'une dérogation. Il faut entendre l'article 912 dans le même sens, quoiqu'il ne répète pas les mêmes expressions ; car les articles 726 et 912 ne forment qu'une seule et même disposition qui refuse à l'étranger le droit de recevoir et de disposer à titre gratuit.

_____

(1) Merlin, *Questions de droit*, t. XII, p. 191, notes, au mot *Propriété littéraire*, § 2.

422. On dit enfin que le principe du code, tel que la doctrine et la jurisprudence l'interprètent, est plein de vague et d'incertitude. Comment le juge saura-t-il si tel droit est civil ou naturel ? Pour les droits naturels, on les renvoie au droit de la nature ou au droit des gens; mais quel est ce droit naturel ou des gens ? Comment le juge pourra-t-il distinguer ce qui appartient au droit naturel et au droit civil (1)? Rien de plus arbitraire que la réponse de la doctrine et de la jurisprudence à cette question. Zachariæ, un de nos meilleurs auteurs, dit qu'il faut ranger dans la catégorie des *droits civils* « tous ceux qui, d'après les principes du droit philosophique, n'existent pas pour l'homme qui vivrait dans un état extra-social, et ne trouvent leur fondement que dans la législation positive (2). » Qu'est-ce que cet *état extra-social*, où il faut se placer pour comprendre et déterminer ce que c'est qu'un droit civil? Pure hypothèse, qui n'a jamais été réalisée; l'homme, être sociable par essence, a toujours vécu dans l'état de société, et sous l'empire de lois ou de coutumes positives. A ce titre, tous les droits seraient civils. C'est bien ainsi que l'entendaient les anciens. Toujours est-il que la définition de Zachariæ ne nous apprend rien.

Nous ne serons pas plus heureux, si nous nous adressons à la jurisprudence. On lit dans un arrêt de la cour de cassation du 31 janvier 1824 : « Les engagements qui dérivent du droit des gens sont ceux qui existeraient par la nécessité des choses, quand même la loi n'en aurait pas déterminé la forme, et qui d'ailleurs sont admis par toutes les nations civilisées, tels que le droit de vendre, d'acheter, d'échanger, de prêter, etc. Ceux qui dérivent du droit civil sont, au contraire, ceux dont on ne peut concevoir l'existence sans que la loi civile en ait accordé la faculté. » Si l'on s'en tenait à cette définition, on aurait de la peine à trouver un droit civil. Le code Napoléon range parmi les droits civils le droit de recevoir ou de transmettre à titre gratuit. Eh bien, ce droit ne se trouve-t-il pas chez toutes

---

(1) Valette, *Explication sommaire du livre premier du code Napoléon,* p. 415.

(2) Zachariæ, *Cours de droit français,* t. Ier, p. 163, § 76.

les nations civilisées? et si l'on trouve partout les successions et les testaments, n'est-ce pas parce que ces droits sont fondés sur la nécessité des choses? Donc c'est un droit qui a son principe dans la nature ou dans ce qu'on appelle le droit des gens, et non un droit civil!

423. La critique que l'on fait de la distinction traditionnelle en droits naturels et en droits civils est parfaitement juste. Il faut aller plus loin et dire que la distinction est fausse. Portalis la fonde sur la division du genre humain en nations, et il est impossible de lui trouver un autre fondement. Cela suppose que la différence de nationalité a une influence nécessaire sur les droits privés, c'est-à-dire qu'il y en a qui par leur nature n'appartiennent qu'aux membres de la société pour lesquels ils ont été établis. Eh bien, cela est faux en théorie, faux d'après la théorie même du code. On conçoit que la division du genre humain en nations ait pour conséquence que personne ne peut être citoyen de deux patries : impossible de voter à la fois à Paris et à Londres, impossible de siéger à la fois au parlement anglais et au sénat français. Mais l'existence de nationalités diverses influe-t-elle aussi sur les droits privés? Ici est l'erreur de la doctrine traditionnelle.

Qu'est-ce que les droits privés? Des facultés légales qui appartiennent à l'homme, et qui lui sont nécessaires pour qu'il puisse remplir sa destinée en ce monde. Par cela seul que l'on est homme, on doit donc jouir des droits privés. Tout le monde l'admet pour les droits dits naturels. Il faut l'admettre aussi pour les droits dits civils. Le code Napoléon considère le droit de succession comme un droit civil, et néanmoins il existe chez tous les peuples civilisés, preuve qu'il « est fondé sur la nécessité des choses, » ainsi que dit la cour de cassation, ou que, sans ce droit, l'homme serait un être incomplet; en ce sens, il a sa racine dans la nature humaine. Maintenant, nous le demandons, puisque le droit de succession est établi partout, pourquoi les hommes ne pourraient-ils pas l'exercer partout? Serait-ce parce que les lois des divers Etats diffèrent? Mais il en est de même des droits appelés naturels; faut-il rappeler la raillerie de Pascal sur nos lois, qui varient selon que l'on est sur une rive ou sur l'autre d'un fleuve? Peu importe. La seule question est de savoir s'il est impossible d'exercer le droit d'hérédité, à la fois en France et en Angleterre, comme il est impossible d'exercer les droits de citoyen dans les deux pays. Cette impossibilité n'existe pas. C'est dire que la différence de nationalité ne doit avoir aucune influence sur le droit héréditaire.

Nous disons que la théorie même du code prouve que la notion des *droits civils* est fausse. En effet, le même article qui exclut les étrangers des droits civils, les leur accorde sous la condition de réciprocité. Si les étrangers peuvent jouir de tous les droits civils en France, pourvu qu'il y ait un traité de réciprocité, c'est que rien dans la nature de ces droits ne s'oppose à ce qu'ils appartiennent aux étrangers aussi bien qu'aux citoyens. Dès lors la distinction n'a pas de raison d'être. En définitive, la division du genre humain en nations crée des Etats divers, elle entraîne donc la distinction de citoyens des divers Etats. Mais elle ne crée pas des hommes divers; à quelque Etat qu'ils se rattachent par leur naissance, ils restent hommes, ils ont tous une même mission, ils doivent avoir tous les mêmes droits.

424. Ce qui prouve encore avec plus d'évidence que la notion des droits civils est fausse, c'est qu'elle tend à disparaître. Le nombre des droits civils va toujours en diminuant; bientôt il n'en restera pas un seul. Quand on remonte aux sociétés primitives, on trouve que tous les droits privés sont des droits civils, ce qui aboutit à cette conséquence que l'étranger est sans droit. Il en était ainsi chez tous les peuples de l'antiquité, et la raison en est simple. Les anciens ne connaissaient pas les droits que nous appelons naturels, parce qu'ils appartiennent à l'homme en vertu de sa nature : de là leur mépris de la personnalité humaine, de là l'esclavage, de là aussi la misérable condition de l'étranger.

Montesquieu dit, en parlant des droits d'aubaine et de naufrage : « Les hommes pensèrent que les étrangers ne leur étant unis par aucune communication du droit civil, ils ne leur devaient d'un côté aucune espèce de justice, et de l'autre aucune sorte de pitié. » L'auteur de l'*Esprit des lois* calomnie nos ancêtres; l'accusation qu'il lance contre les Germains, il aurait dû l'adresser aux peuples les plus civilisés de l'antiquité. Qui a inventé le nom de barbares pour désigner les étrangers? Les Grecs. Et que pensaient-ils des barbares? comment les traitaient-ils? « Les Barbares, disaient-ils, sont tous esclaves, et faits pour être esclaves. » C'est le mépris que les blancs ont longtemps eu pour les noirs, et les conséquences étaient identiques : les esclaves se recrutaient parmi les Barbares. Les Grecs avaient si peu le sentiment de l'unité humaine, que d'une cité à l'autre ils se traitaient d'étrangers, et les étrangers étaient sans droit; ils ne pouvaient pas posséder ni ester en justice; ils n'avaient donc pas même les droits que nous appelons naturels (1).

Il en était de même à Rome. Les jurisconsultes ne s'occupent pas des Barbares ; c'étaient des êtres sans droit. Dans la loi des Douze Tables, on les qualifie d'ennemis, et l'ennemi est hors la loi. Les étrangers dont il est question dans les lois romaines sont les citoyens des Etats alliés, et avant l'édit de Caracalla, les habitants de presque toutes les provinces; ils ne participaient pas au droit civil de Rome, parce qu'ils n'étaient pas citoyens romains. Cela est logique ; s'il y a une exclusion dérivant de la diversité des lois, elle doit être absolue. Cependant on ne pouvait pas traiter des étrangers alliés ou sujets comme des êtres sans droit; la nécessité des choses amena, en leur faveur, une de ces transactions, si fréquentes à Rome, entre le droit strict et l'équité. On imagina un droit des gens à côté du droit civil, pour faire participer les étrangers aux bienfaits du droit privé. C'est le premier pas fait vers l'égalité des étrangers et des citoyens (2).

425. Les Barbares que Montesquieu accuse d'avoir introduit le *droit insensé d'aubaine*, ont, au contraire, donné

---

(1) Voyez mes *Études sur l'histoire de l'humanité*, t. II, p. 110, 111 et 300.

(2) Voyez le tome III de mes *Études sur l'histoire de l'humanité*, p. 297 et suiv.

à l'humanité l'idée des droits de l'homme; c'est d'eux que nous tenons ce besoin, cette passion de personnalité qui a mis fin à l'esclavage antique, et qui est devenu le fondement de la liberté moderne. Il n'est pas vrai que les étrangers fussent serfs, comme tels, au moyen âge; ceux qui étaient libres, restaient libres (1). Mais la masse de la population était serve, les indigènes aussi bien que les étrangers. Le servage disparut. Pourquoi les étrangers ne profitèrent-ils pas de cette révolution? pourquoi jusqu'à la veille de 89 étaient-ils censés *mourir serfs?* Ils doivent leur asservissement aux jurisconsultes élevés dans le droit romain; ce sont eux qui leur appliquèrent la distinction du droit civil et du droit des gens, sans s'apercevoir que cette doctrine n'avait plus de sens dans nos mœurs et dans notre religion. Les étrangers ne participant pas au droit civil, étaient exclus par là même des droits qui avaient, dans la croyance des légistes, leur source dans les lois positives. De là le droit d'aubaine. Les étrangers étaient frappés d'une double incapacité. D'abord ils ne pouvaient pas transmettre les biens qu'ils laissaient à leur décès, ni par testament, ni par succession *ab intestat;* s'ils n'avaient pas d'enfants nés en France, le fisc s'emparait de leur hérédité : c'est le droit d'aubaine proprement dit. De plus, ils étaient incapables de recevoir par testament ou par succession; si une hérédité s'ouvrait à leur profit en France, ils en étaient exclus par les héritiers français.

426. Telle était la théorie imaginée par les légistes. Elle n'avait plus la rigueur que les jurisconsultes romains lui avaient imprimée. On ne considérait plus le mariage comme une institution de pur droit civil, et on se demande comment on a jamais pu la regarder comme telle : s'il y a un contrat formé par la nature, c'est bien celui-là. On admettait aussi les étrangers à la jouissance de la propriété et par suite à tous les droits qui en dérivent. Le nombre des droits civils allait donc en diminuant. Ce fait seul prouve que la notion des droits civils est fausse. S'il y a

---

(1) *Sur la condition des étrangers au moyen âge,* voyez mes *Études,* t. VII, p. 307 et suiv.

des droits civils et des droits naturels par leur essence, ils doivent l'être partout et toujours. Que si les prétendus droits civils se transforment insensiblement en droits naturels, c'est qu'en réalité ils sont naturels. Si les uns le sont, tous le sont. C'est ce que disent les philosophes au dix-huitième siècle. Montesquieu n'est pas le seul ni le premier qui ait flétri le droit d'aubaine (1). La fraternité, qui était la religion des philosophes, devait les conduire à revendiquer les mêmes droits pour tous les hommes. Nous citerons les paroles de Rousseau : « Les peuples, dit-il, doivent se lier non par des traités de guerre, mais par des bienfaits. Que le législateur les unisse donc, en faisant tomber cette odieuse distinction de regnicoles et d'étrangers! »

L'Assemblée constituante répondit à ce généreux appel; elle abolit, par un premier décret du 6 août 1790, le droit d'aubaine proprement dit, sans discussion et à l'unanimité. C'était l'explosion des sentiments que la philosophie avait répandus dans les âmes. « Considérant, dit l'illustre Assemblée, que le droit d'aubaine est contraire aux principes de fraternité qui doivent lier tous les hommes, quels que soient leur pays et leur gouvernement; que ce droit, établi dans des temps barbares, doit être proscrit chez un peuple qui a fondé sa constitution sur les *droits de l'homme* et du citoyen, et que la France libre doit ouvrir son sein à tous les peuples de la terre, en les invitant à jouir, sous un gouvernement libre, des droits sacrés et inviolables de l'humanité. » Un second décret, du 8 avril 1791, donna aux étrangers le droit de disposer de leurs biens par tous les moyens que la loi autorise, et leur permit de recueillir les successions délaissées en France par leurs parents étrangers ou français.

427. On accusa l'Assemblée constituante d'utopie. Elle trouva des défenseurs au sein du Tribunat, quand le projet

---

(1) On lit dans un traité qui parut en 1645 sur le franc-alleu, par Caseneuve : « Il n'y a pas de doute que le droit d'aubaine ne soit injuste, parce qu'il répugne à l'hospitalité, à laquelle la nature, la raison et la religion même obligent les hommes. Encore que nous ayons divisé le monde en tant de provinces, il n'est, à proprement parler, qu'une ville, puisque tous les hommes n'y respirent qu'un même air, n'y sont éclairés que d'un même soleil... »

de code civil vint rétablir indirectement le droit d'aubaine.
Boissy-d'Anglas dit que ce n'est pas par excès de philan-
thropie que l'Assemblée nationale abolit le droit d'aubaine;
elle le fit parce qu'elle était convaincue que c'était le moyen
d'augmenter la prospérité de la France. Sous l'ancien régime, les rois exemptèrent du droit d'aubaine les étrangers
qui venaient s'établir à Marseille et à Dunkerque; si cela
était avantageux à deux villes, pourquoi ne pas l'étendre
à toutes? C'est ce que remarqua un économiste appelé à
jouer un grand rôle au début de la Révolution. « Si, dit
Necker, cela est utile pour tel ou tel objet, il l'est généralement et en toutes circonstances pour tout le royaume (1). »
Necker prouva que le produit du droit d'aubaine était
très-modique; il s'élevait à peine à 40,000 écus par an;
tandis que le gain qui devait résulter de sa suppression
serait immense. Ce droit odieux écartait les étrangers de
la France; une fois qu'ils seraient sûrs de mourir libres
comme ils vivaient libres, ils viendraient enrichir la
France de leurs capitaux et de leur travail. Le célèbre
banquier raisonnait, non en philanthrope, mais en économiste. « Tout ce qui peut détourner les étrangers, disait-
il, de venir dépenser leurs revenus dans le royaume, et
d'échanger ainsi leur argent contre les productions de
notre industrie, paraît une disposition aussi déraisonnable
que le serait une loi directement opposée à l'exportation
de ces mêmes productions. » Necker en concluait que le
droit d'aubaine était encore plus préjudiciable aux nations
qui l'exerçaient qu'aux étrangers dont on usurpait ainsi la
fortune (2).

428. La pensée qui inspira l'Assemblée était donc
généreuse tout ensemble et profitable à la France. Elle
trouva de l'écho au sein du Tribunat. La réaction commençait contre les idées de 89. Dans les relations internationales, disait-on, il fallait consulter avant tout l'intérêt
de la France. Sans doute, répondit Boissy-d'Anglas,

---

(1) Séance du Tribunat, du 29 frimaire an x (*Archives parlementaires*,
t. III, p. 194 et suiv.).
(2) Necker, *De l'administration des finances*, t. III, chap. XXV, p. 270
et suiv.

mais il ajouta : « Heureusement que cet intérêt est toujours fondé sur ce qui est juste. » Ganilh reproduisit la
démonstration économique de Necker (1); elle est si évidente que l'on ne comprend pas comment elle ne frappa
pas tous les esprits. Il n'y avait qu'un reproche à faire au
législateur de 1790, c'est qu'il s'était arrêté à moitié chemin. Les tribuns ruinèrent le droit d'aubaine dans son
principe, en attaquant la distinction traditionnelle des
droits en naturels et civils ; à cette fausse doctrine, ils oppo-
sèrent la vraie théorie des droits privés. Recueillons ces
témoignages, car ils vont encore à notre adresse. Chazal
proclama qu'il n'était pas permis au législateur de priver
les étrangers de la jouissance des droits naturels et uni-
versels de l'humanité; et tels sont, dit-il, tous ceux que
nous appelons *droits civils;* car que sont les *droits civils,*
que peuvent-ils être au moins chez nous que les droits naturels écrits? Les droits naturels écrits et non écrits
appartiennent partout à tous les hommes; et les étrangers
ne sont-ils pas des hommes à nos yeux (2)? Chose remarquable! Les tribuns, hommes de 89, libres du joug des
traditions juridiques, comprenaient mieux les vrais principes du droit que les légistes du conseil d'Etat. Oui,
l'homme, comme tel, doit jouir partout des mêmes droits,
parce que ces droits ne sont qu'un moyen de développement intellectuel et moral. En ce sens, les tribuns avaient
raison de dire que l'humanité ne devait former qu'une
seule famille pour tout ce qui concerne l'exercice des droits
civils (3). Les tribuns remontèrent à l'origine de la fameuse
théorie des droits civils que les légistes acceptaient comme
l'expression de la vérité, et ils s'aperçurent qu'elle tenait
à l'état d'hostilité qui régnait en permanence entre les peuples. On conçoit que l'étranger fût sans droit alors qu'il
était un ennemi ; quand la guerre était à mort, on ne pouvait plus voir un homme dans celui qui menaçait sans cesse

(1) Séance du 1er nivôse an x (*Archives parlementaires,* t. III, p. 209
et suiv.)
(2) Séance du 3 nivôse an x (*Archives parlementaires,* t. III, p. 247)
(3) Grenier, dans la séance du 29 frimaire an x (*Archives parlementaires,* t. III, p. 187).

l'existence même de la nation. Mais, chez les peuples modernes, l'étranger est-il encore un ennemi? Le travail, le commerce, l'industrie ont pris la place de la guerre. Quand les mœurs, les idées, les sentiments ont changé, il faut que le droit change aussi. Le travail fait de tous les peuples une grande société dont les intérêts sont solidaires; dès lors les hommes de tous les pays doivent aussi être unis par les liens du droit, en tant que les divisions politiques n'y mettent pas obstacle. Nous ne pouvons être citoyens partout, mais partout nous sommes membres de la famille humaine, et comme hommes nous devons jouir partout des droits inhérents à l'homme (1).

429. Le Tribunat allait voter le rejet du titre premier, parce qu'il rétablissait le droit d'aubaine, quand Napoléon retira les projets de code civil, en attendant qu'il brisât l'opposition importune des tribuns. Mieux eût valu faire droit à leurs justes critiques. On a dit qu'il n'est pas vrai que l'article 11 rétablit le droit d'aubaine (2). Il fait pis que cela, en consacrant la fausse doctrine des droits civils, dont après tout le droit d'aubaine n'est qu'une conséquence. Sans doute quand l'étranger a des parents français, ceux-ci lui succèdent; en ce sens, le droit d'aubaine resta aboli. Mais, par contre, si l'étranger ne laisse que des parents étrangers, ceux-ci étant incapables de succéder, la succession est en déshérence et l'Etat s'en empare. C'était rétablir indirectement le droit d'aubaine. La postérité a donné raison aux tribuns contre le premier consul. En France, une loi du 14 juillet 1819 abolit le droit d'aubaine. Les hommes de la Restauration flétrirent ce droit avec l'énergie qu'y avaient mise les tribuns de l'an x. Le duc de Lévis le qualifia de spoliation digne de la barbarie du moyen âge. Certes, dit-il, un particulier se ferait honte de profiter de la dépouille d'un étranger. Eh bien, il n'y a qu'une morale; ce qui est inique pour les individus, l'est aussi pour les nations. A l'appui de sa proposition tendant à l'abolition définitive d'un droit odieux, le duc de Lévis

(1) Ganilh, dans la séance du 1er nivôse an x (*Archives parlementaires*, t. III, p. 210).
(2) Zachariæ, *Cours de droit civil français*, t. Ier, § 77.

invoqua les mêmes considérations d'économie politique que les tribuns avaient opposées au projet de code civil. En Belgique, une loi du 27 avril 1865 déclara, par les mêmes motifs, les étrangers capables de succéder, de disposer et de recevoir (art. 3) (1).

L'utopie de l'Assemblée constituante est donc devenue une réalité. Mais le vœu du Tribunat n'est toujours pas rempli. L'article 11 subsiste, et avec lui la fausse théorie des droits civils. Heureusement que l'application en est peu fréquente. Ce n'est plus qu'un débris d'un autre âge, que les législateurs français et belges ont maintenu, et qu'il eût mieux valu faire disparaître. Il en résulte toujours des difficultés et des controverses sans fin. Il nous faut donc voir quelle est la vraie condition de l'étranger? quels sont les droits appelés naturels dont il jouit? quels sont les droits dits civils dont les lois ou la doctrine lui reconnaissent la jouissance? enfin quels sont les droits qui lui sont refusés?

N° II. DES DROITS NATURELS DONT L'ÉTRANGER A LA JOUISSANCE.

430. Les droits que nous appelons aujourd'hui *naturels* étaient jadis réservés aux citoyens. Tel était le mariage. Il est bien constant, dit Merlin, que le contrat civil que l'on nomme mariage est entièrement du domaine des lois civiles. C'est par cette raison que l'article 25 du code Napoléon déclare le mort civilement incapable de contracter un mariage qui produise des effets civils. Par la même raison, le code déclare dissous, quant à ses effets civils, le mariage que le mort civilement avait contracté avant sa condamnation. Est-ce à dire que l'étranger ne puisse pas contracter un mariage civil? Il est universellement reconnu, répond Merlin, que les étrangers sont habiles à se marier en France, soit entre eux, soit avec des Français (2). Le code même sanctionne le mariage d'une étrangère avec un

---

(1) Exposé des motifs de la loi du 27 avril 1865, et rapport de la section centrale (*Documents parlementaires* de la session de 1864-1865, p. 201 et 245).

(2) Merlin, *Répertoire*, au mot *Etranger*, § 1, n° 8.

Français et d'une Française avec un étranger (art. 12, 19), et il consacre l'état des enfants nés de parents étrangers, en France, en leur permettant de réclamer la qualité de Français (art. 9). Quel tissu de contradictions! Si le mariage est un droit civil pour le mort civilement, pourquoi n'est-il pas un droit civil pour l'étranger? Mais la nature se révolte contre une pareille doctrine; la conscience publique a repoussé la mort civile, précisément parce que la loi déclarait le mariage du mort civilement dissous. Non, ce n'est pas le législateur, c'est la nature qui unit l'homme et la femme; la loi ne fait que donner sa sanction au contrat le plus naturel qui existe.

431. L'étranger peut posséder des immeubles en France; l'article 3 du code Napoléon le dit implicitement. Voilà encore un droit, civil jadis, aujourd'hui naturel. Mais l'application du principe n'est pas sans difficulté. Il y a des propriétés d'une nature toute spéciale. La propriété littéraire n'est-elle pas une création de la loi? On peut le soutenir en se plaçant au point de vue de la doctrine traditionnelle. Le droit même n'est-il pas contesté? et un droit dont l'existence est niée peut-il être un droit naturel? Alors même que le droit est reconnu, il est soumis à des conditions, à des restrictions; sont-ce là les caractères de la propriété? Cependant il en est de la propriété littéraire comme du mariage : les étrangers en jouissent, parce que c'est un droit que la nature même leur donne. Merlin dit avec raison que l'on peut appliquer à la propriété littéraire ce que la loi du 30 décembre dit de toute découverte. « Toute idée nouvelle, dont la manifestation ou le développement peut devenir utile à la société, *appartient* primitivement à celui qui l'a conçue; et ce serait attaquer les *droits de l'homme* dans leur essence que de ne pas regarder une découverte industrielle comme la *propriété de son auteur.* » Invoquer les *droits de l'homme,* c'est certes dire que la propriété d'une *idée* quelconque appartient à l'homme comme tel, et non au citoyen. C'est donc en ce sens qu'il faut entendre la loi du 19 juillet 1793, qui porte, article 1er : « Les auteurs d'écrits en tout genre jouiront, pendant leur vie entière, du droit exclusif de vendre, faire vendre leurs ouvrages dans le territoire de la république. » Les étrangers ne sont pas exclus, puisqu'il s'agit d'un *droit de l'homme* (1). Ils doivent, cela va sans dire, se conformer aux lois du pays où ils veulent exercer leur droit. Telle est, pour la Belgique, la loi du 25 janvier 1817.

La propriété industrielle donne lieu à de nouvelles difficultés, dans lesquelles nous ne pouvons pas entrer. Il suffit à notre but que la loi de 1790 ait rangé toute découverte parmi les droits qui appartiennent à l'homme comme tel ; les conditions auxquelles l'exercice du droit est soumis n'entrent point dans notre sujet. Ajoutons qu'il existe un traité entre la Belgique et la France, pour la garantie réciproque de la propriété littéraire, artistique et industrielle (2).

Enfin les étrangers peuvent, d'après la loi du 21 avril 1810 (art. 13), obtenir une concession de mines. Voilà un droit que les anciens légistes auraient certes déclaré civil, car il n'existe qu'en vertu d'une concession de l'Etat. L'étranger en devrait donc être exclu, sauf en cas de réciprocité, comme le veut l'article 11. Mais la loi de 1810 déroge à la doctrine traditionnelle, consacrée par le code Napoléon ; elle fait de la concession des mines un droit naturel, en l'accordant indistinctement aux Français et aux étrangers, et avec grande raison. Qu'est-ce que la division de l'humanité en nations a de commun avec une concession de mines ?

432. Les étrangers étant capables du droit de propriété, sont par cela même capables de tous les démembrements de la propriété. Cela ne fait aucun doute pour les servitudes réelles. Quant aux servitudes personnelles, les lois romaines décident que l'usufruit et l'usage sont de pur droit civil, d'où suit que l'étranger ne peut être ni usufruitier ni usager. Dans notre droit moderne, cette incapacité

---

(1) Merlin, *Questions de droit*, au mot *Propriété littéraire*, § 2. La cour de cassation a décidé que les étrangers jouissent, comme les Français, du droit de poursuivre les contrefacteurs des ouvrages par eux publiés en France. (Arrêt du 20 août 1852, dans Dalloz, *Recueil périodique*, 1852, 1, 335).

(2) Convention du 1er mai 1861, approuvée par la loi du 27 mai 1861.

n'existe plus. Au point de vue rationnel, elle n'a pas de raison d'être. L'usufruit et l'usage sont des démembrements de la propriété; si l'étranger peut être propriétaire, pourquoi ne pourrait-il pas être usufruitier ou usager? L'hypothèque présente plus de difficulté. Merlin dit que l'hypothèque est une fiction, en vertu de laquelle le créancier acquiert un droit dans un immeuble qu'il ne possède pas; que cette fiction ne peut être l'ouvrage que des lois civiles. Néanmoins, ajoute-t-il, on ne s'est jamais avisé de contester aux étrangers le droit d'acquérir des hypothèques sur des biens situés en France (1). Nouvelle preuve que la notion des droits civils est fausse. Il y a une raison décisive pour accorder à l'étranger le droit d'hypothèque, c'est qu'il a le droit de contracter; il faut donc qu'il ait le droit de stipuler les garanties accessoires des contrats. D'ailleurs l'hypothèque est, d'après notre loi hypothécaire, un démembrement de la propriété; à ce titre, l'étranger en doit jouir aussi bien que des servitudes. Il en est autrement de l'hypothèque légale, c'était une question très-controversée sous l'empire du code civil (2). D'après la doctrine traditionnelle, il fallait décider, nous semble-t-il, et sans hésiter, que l'hypothèque légale est un droit civil (3). En effet, la loi fait plus que régler ce droit, elle le crée; ce qui prouve qu'il procède de la loi civile, c'est que les garanties dont jouissent les mineurs et les femmes mariées varient d'une législation à l'autre. Mais ce droit, civil jadis, a cessé de l'être; notre loi hypothécaire le reconnaît expressément aux étrangers. Voilà encore un droit civil qui est devenu un droit naturel.

433. L'étranger peut être propriétaire. Est-ce à dire qu'il puisse acquérir la propriété par tous les moyens légaux? Non, il y a des modes d'acquisition dont il ne jouit

---

(1) Merlin, *Répertoire*, au mot *Etranger*, § 1, nᵒ 8.
(2) Merlin, *Répertoire*, au mot *Remploi*, § 2; Troplong, *Des hypothèques*, t. II, p. 429, nᵒ 513 *ter*; Dalloz, *Répertoire*, au mot *Hypothèque*, chapitre II, sect. IV, art. 2, nᵒ 15.
(3) C'est l'opinion généralement suivie en France. (Arrêt de la cour de cassation du 20 mai 1862 (Dalloz, *Recueil périodique*, 1862, 1, 201, et la note.) Comparez arrêt de la cour de Grenoble du 23 avril 1863, dans Dalloz, 1863, 2, 187.

pas d'après le droit civil; il ne peut pas recevoir par succession, donation et testament. Ici le code a renchéri sur le droit ancien; la donation n'était pas considérée jadis comme un contrat de pur droit civil, on l'assimilait aux actes entre vifs dont l'étranger était capable, tandis qu'on le déclarait incapable des actes à cause de mort. Distinction tout à fait arbitraire; car s'il est un droit universellement reconnu chez tous les peuples, c'est bien le droit de succéder; ce devrait donc être un droit naturel d'après la définition de la cour de cassation, et toutefois c'était le principal des droits civils avant les lois qui ont aboli le droit d'aubaine en France et en Belgique.

Que faut-il dire de la prescription? Pothier distinguait. Il était disposé à admettre que les étrangers peuvent invoquer toute espèce de prescription, et il en donnait d'excellentes raisons. La prescription acquisitive a été introduite pour empêcher que le domaine des choses ne fût incertain; or, ce but ne serait pas atteint si la prescription n'avait pas lieu en faveur des étrangers comme en faveur des citoyens. D'ailleurs on peut dire que la prescription, soit acquisitive soit extinctive, est établie dans un intérêt général; peu importe donc la qualité de ceux qui prescrivent. Cependant Pothier hésitait quant à l'usucapion, parce que, d'après les lois romaines, ce droit était propre aux seuls citoyens romains; dès lors les étrangers n'en pouvaient jouir (1). A vrai dire, le droit romain ne peut pas avoir d'autorité en cette matière; il admet deux espèces de propriété, et c'est la propriété quiritaire que l'étranger ne pouvait acquérir par l'usucapion. Cette distinction n'existe plus dans notre droit; aussi tout le monde est-il d'accord qu'il faut ranger l'usucapion aussi bien que la prescription parmi les droits naturels dont la jouissance appartient à l'étranger (2).

434. Une question nouvelle s'est présentée devant la cour de cassation. Les cahiers des charges imposés aux compagnies de chemin de fer leur défendent de faire avec des entrepreneurs de transport des arrangements qui ne

---

(1) Pothier, *Traité des personnes*, 1re partie, tit. II, sect. III.
(2) Demangeat, *Histoire de la condition des étrangers en France*, p. 331 et s.

seraient pas consentis en faveur de toutes les entreprises desservant les mêmes voies de communication. On demande si des étrangers peuvent invoquer ces prohibitions? Nous sommes étonné de voir la question controversée. N'est-il pas de principe que les étrangers jouissent de toutes les facultés qui dérivent du droit des gens; et le commerce, avec tout ce qui y tient, n'est-il pas essentiellement du droit des gens? Cependant la cour de Bordeaux a décidé, par arrêt du 28 juillet 1863 (1), que le droit résultant des défenses portées aux cahiers des charges est un droit civil, parce que la prohibition a pour but de protéger l'industrie nationale. La cour de cassation a très-bien jugé que tel n'était pas l'objet de ces clauses prohibitives, qu'elles ont au contraire en vue l'intérêt général du commerce, en assurant l'égalité à tous ceux qui font usage du chemin de fer. Dès lors les étrangers doivent en profiter aussi bien que les Français, car les étrangers doivent trouver en France la protection des lois qui assurent le mouvement des affaires commerciales (2). On voit, par cette controverse, combien la notion des droits civils est vague, puisqu'une cour a pu considérer comme droit civil une faculté qui certes n'a rien de commun avec la nationalité, ni avec la division du genre humain en nations.

Nº III. DU DROIT D'ESTER EN JUSTICE.

435. On lit dans un arrêt de la cour de Bruxelles : « Le droit d'ester en justice n'est pas un de ces droits civils uniquement attachés à la qualité de Belge, mais plutôt un de ces droits qui, comme le droit d'acheter ou de se marier, doit être rangé dans la catégorie des droits appartenant, ainsi que le dit Portalis, bien plus au droit des gens qu'au droit civil, et dont l'exercice ne pourrait être interrompu sans porter atteinte aux diverses relations qui existent entre les peuples (3). » Rien de plus vrai.

(1) Dalloz, *Recueil périodique*, 1865, 2, 4.
(2) Arrêts de cassation du 3 juillet 1865 (Dalloz, 1865, 1, 347) et du 5 juillet 1865 (*ibid.*, p. 349).
(3) Arrêt du 28 mai 1867 (*Pasicrisie*, 1867, 2, 294).

Celui qui est capable d'exercer un droit doit aussi avoir la capacité d'en poursuivre l'exécution forcée; car que seraient les droits s'ils n'avaient pas de sanction? Cependant jadis l'étranger n'avait pas le droit d'ester en justice, et aujourd'hui encore il est soumis à une législation exceptionnelle. Cette matière appartenant à la procédure plutôt qu'au droit civil, nous nous bornerons à exposer les principes élémentaires.

436. Aux termes de l'article 14, l'étranger péut être cité devant les tribunaux français, pour l'exécution des obligations par lui contractées en France. Cette disposition n'est que l'application du droit commun, dans le cas où l'étranger a son domicile ou sa résidence en France. Mais le code ajoute qu'il en est de même si l'étranger ne réside pas en France. Ceci est une dérogation au droit commun; la loi accorde un privilége au Français en lui permettant d'actionner son débiteur en France, tandis qu'il devrait l'actionner devant le tribunal de son domicile. Le législateur a pensé que le Français ne trouverait pas devant les tribunaux étrangers la même équité, la même impartialité qu'il est sûr de rencontrer devant les tribunaux de son pays. Cette crainte ne témoigne pas pour notre état social; espérons qu'un jour ce privilége paraîtra odieux, parce qu'il n'aura plus de raison d'être.

L'application de l'article 14 a donné lieu à une singulière difficulté. On demande devant quel tribunal l'étranger non résidant doit ou peut être traduit. Le législateur a oublié de le dire, et les lois de procédure ne fournissent aucun principe pour décider la question. La loi ne décidant pas devant quel tribunal l'étranger *doit* être actionné, nous croyons, avec la cour de Gand, qu'il *peut* l'être devant tel tribunal que le demandeur choisira; la cour a mis au choix une restriction dictée par l'équité, c'est qu'il ne soit pas vexatoire pour le défendeur, et ne lui occasionne pas des frais frustratoires (1). C'est le cas d'appliquer la maxime professée par les auteurs du code que, dans le silence de la loi, le juge est un ministre d'équité.

(1) Arrêt du 1er février 1849 (*Pasicrisie*, 1849, 2, 61).

437. L'article 14 ajoute que l'étranger peut aussi être traduit devant les tribunaux de France, pour les obligations par lui contractées en pays étranger envers des Français. Cette disposition est tout à fait exorbitante du droit commun. Le projet de code civil décidait la question en faveur de la juridiction étrangère; il fut modifié, dans le cours de la discussion, par cette considération que le Français a des moyens d'action plus efficaces sur la personne et les biens de son débiteur, en vertu d'un jugement français; il peut saisir les biens et emprisonner le débiteur. La vraie raison de ce nouveau privilége, dit un auteur français, c'est la défiance dans l'impartialité des juges étrangers (1).

438. Une loi du 10 septembre 1807 porte (art. 1er) : « Tout jugement de condamnation qui interviendra au profit d'un Français contre un étranger non domicilié en France, emportera la contrainte par corps. » C'est un nouveau privilége, une nouvelle dérogation au droit commun. L'orateur du gouvernement dit que cette disposition, bien que sévère en apparence, est d'une grande justice : « Les étrangers sont accueillis avec faveur sur cette terre hospitalière; le Français, naturellement confiant et sensible, se livre avec une facilité que la prudence n'avoue pas toujours; faut-il qu'il devienne victime de sa bienfaisance? » Treilhard ajoute que le véritable intérêt des étrangers s'accorde avec une mesure sans laquelle ils ne trouveraient peut-être pas aussi facilement les secours dont ils ont besoin dans des circonstances urgentes (2). Nous rapportons les motifs sans les approuver; nous croyons même inutile de les discuter, parce que nous espérons que bientôt l'emprisonnement pour dettes ne souillera plus notre législation.

Cette même loi de 1807 permet au président du tribunal d'ordonner l'arrestation provisoire de l'étranger, avant le jugement de condamnation. L'étranger, dit Treilhard, peut disparaître d'un moment à l'autre sans laisser

---

(1) Dalloz, *Répertoire*, au mot *Droits civils*, n° 257.
(2) Locré, t. Ier, p 490 et suiv.

aucune trace. Il faut que la loi donne une garantie au créancier contre un débiteur de mauvaise foi. L'orateur du gouvernement avoue que cette rigueur n'est pas toujours sans inconvénient; mais, dit-il, elle est accompagnée de toutes les précautions qui peuvent prévenir les abus. Il faut dire que l'arrestation provisoire est arbitraire de sa nature; car, pour qu'elle soit efficace, le législateur a été obligé de la laisser à la discrétion du président; ainsi un homme est privé de sa liberté sans jugement, sur un simple soupçon de mauvaise foi! La loi ne met qu'une seule condition à cet emprisonnement, c'est que la dette soit exigible. Ajoutons que l'arrestation n'a pas lieu ou cesse, si l'étranger justifie qu'il possède sur le territoire français un établissement de commerce ou des immeubles d'une valeur suffisante pour assurer le payement de la dette, ou s'il fournit une caution. L'arrestation provisoire disparaîtra avec la contrainte par corps.

139. L'article 15 dit que l'étranger peut traduire un Français devant un tribunal de France, pour des obligations par lui contractées en pays étranger; à plus forte raison quand l'obligation a été contractée en France. Ceci est l'application de ce droit naturel ou des gens sur lequel repose la faculté d'ester en justice. Toutefois le législateur accorde de nouveau un privilége au Français défendeur : l'étranger demandeur est tenu de donner caution pour le payement des frais et dommages-intérêts résultant du procès. C'est ce qu'on appelle la caution *judicatum solvi.* L'étranger demandeur peut succomber; il sera condamné, en ce cas, aux frais et aux dommages-intérêts; mais s'il est insolvable, le jugement ne servira de rien au Français qui aura obtenu gain de cause. De là la nécessité d'une caution. La loi n'impose pas cette obligation à l'étranger défendeur, par la raison qu'elle n'a pas voulu entraver la défense. Ce motif n'est pas très fondé. Est-ce que la demande n'est pas un droit aussi légitime que la défense? Il fallait donc exiger la caution dans tous les cas, ou ne pas l'exiger du tout. L'exception que la loi fait pour les matières de commerce prouve que la caution n'est pas d'une rigoureuse nécessité; dès lors elle ne devait pas être admise. C'est une disposition traditionnelle qui a sa source dans la défaveur qui pèse sur les étrangers. C'était plus que de la défaveur, c'était de la haine. Le nom d'étranger a été toujours odieux, dit Bacquet : « Au cœur de l'étranger, y a toujours soupçon de quelque poison caché, je n'ose dire trahison. Aussi on tient pour règle générale que la nation étrangère détruit et mine le royaume et la terre où elle vient habiter (1). » Cet esprit de défiance et d'aversion n'est plus le nôtre. Il a fait place à la confiance, qui est l'âme du commerce et qui doit aussi être l'âme des relations civiles.

Le code Napoléon admet une exception à l'obligation de donner caution, c'est quand l'étranger demandeur possède des immeubles en France d'une valeur suffisante pour assurer le payement des frais et dommages-intérêts. Il y en a une seconde dans l'article 167 du code de procédure en faveur de l'étranger qui n'a pas d'immeubles, mais qui consigne la somme déterminée par le tribunal. Marcadé en propose une troisième pour le cas où les jugements français seraient exécutoires dans le pays de l'étranger (2). Cela nous paraît inadmissible, les exceptions étant de stricte interprétation. Vainement dit-on que le motif de la disposition cesse dans ce cas; tout motif ne cesse pas, et quand le motif cesserait, il faudrait encore dire que le législateur seul peut établir des exceptions.

440. Le code civil ne parle pas des procès que les étrangers pourraient avoir entre eux. Doit-on interpréter ce silence en ce sens que les tribunaux français sont incompétents pour décider les contestations entre étrangers? C'est la doctrine consacrée par la jurisprudence française. On avoue que cela aboutit trop souvent à l'absence, c'est-à-dire au déni de toute justice (3). Si telle était la volonté positive du législateur, il faudrait s'incliner, sauf à protester, au nom de la conscience publique, contre une

---

(1) Bacquet, *Du droit d'aubaine*, 1re partie, chap. III, nos 14, 18 et 19.
(2) Marcadé, *Cours élémentaire de droit civil français*, t. Ier, p. 111, no 3.
(3) Demangeat, *Histoire de la condition civile des étrangers en France*, p. 389 et suiv.

loi qui permet au débiteur de mauvaise foi de se jouer de son créancier. Mais nous cherchons vainement dans nos lois une disposition qui défende au juge de connaître des procès entre étrangers. La cour de Bruxelles dit qu'il n'y a point de texte qui prononce cette défense (1). Si aucune loi n'interdit aux tribunaux français de décider les contestations des étrangers, pourquoi se déclarent-ils incompétents? Nous allons exposer les raisons sur lesquelles la jurisprudence s'appuie ; elles nous paraissent d'une faiblesse extrême.

On lit dans un arrêt de la cour de Colmar que « si le *droit* de rendre la justice est un des apanages de la souveraineté, celui de la réclamer et de l'obtenir est un *avantage* que le sujet est fondé à exiger de son souverain; que, sous ce double rapport, chaque monarque ne doit la justice qu'à ses sujets et doit la refuser aux étrangers, à moins qu'il n'ait un *intérêt* bien reconnu à faire juger le procès dans ses Etats (2). » Nous répondrons que la justice n'est ni un *droit*, ni un *avantage*, ni un *intérêt ;* c'est avant tout un *devoir* que la société est tenue de remplir (3). Ne doit-elle la justice qu'aux indigènes ? La justice est universelle de sa nature comme l'idée divine d'où elle émane; elle est donc due à l'*homme* et non au *citoyen.* C'est pour sauvegarder l'ordre public qu'il y a des tribunaux, et l'ordre public demande que tout procès soit vidé; il n'y a pas à s'enquérir si les parties sont françaises ou étrangères ; l'ordre public est troublé dès qu'un litige reste sans solution, peu importe qu'il s'élève entre étrangers ou entre Français, car c'est dire à ceux que l'on renvoie qu'ils se fassent eux-mêmes justice, ce qui conduit à l'anarchie, à la dissolution de la société (4).

Non, dit-on, c'est renvoyer l'étranger devant les tribu-

(1) Arrêts du 2 décembre 1862 (*Pasicrisie*, 1863, 2, 352) et du 13 juin 1840 (*ibid.*, 1840, 2).

(2) Arrêt du 30 décembre 1815 (Dalloz, *Répertoire*, au mot *Droits civils*, n° 324).

(3) « C'est une dette que les nations se doivent mutuellement, » dit la cour de Bruxelles, arrêt du 20 juillet 1835 (*Jurisprudence du* xixe *siècle*, 1836, 2, p. 372).

(4) Voyez le réquisitoire du procureur général près la cour de cassation de Belgique, M. Leclercq (*Bulletin* de 1840, p. 296 et suiv.).

naux de son pays, qui ont seuls compétence et mission pour lui rendre justice. Il est vrai que le demandeur doit traduire le défendeur devant le tribunal de son domicile, et le domicile de l'étranger est dans son pays et non en France. Nous nous étonnons que l'on invoque contre l'étranger qui demande justice à un tribunal de France, une règle qui n'a d'autre objet que de régler quel est, parmi les divers tribunaux français, celui qui doit décider un procès en matière personnelle. L'adage : *Actor sequitur forum rei* détermine quel est le juge compétent entre Français ; tandis que si on l'applique à l'étranger, il en résultera que tous les tribunaux de France seront incompétents. Ainsi une maxime qui a pour but d'assurer la justice aboutirait à un déni de justice! Vainement dit-on que ce n'est pas dénier la justice à l'étranger que de le renvoyer devant les tribunaux de son pays. En théorie, non ; mais en réalité, il en est ainsi dans tous les cas où la décision dépend de faits qui ne peuvent être établis que par la déposition de témoins. Les tribunaux français se déclarent incompétents pour connaître d'une demande en séparation de corps (1). On renvoie la femme maltraitée par son mari à prouver, devant les tribunaux de Moscou ou de New-York, des faits qui se sont passés en France! N'est-ce pas là un vrai déni de justice?

On invoque la discussion qui a eu lieu au conseil d'Etat sur l'article 14. C'est un nouvel exemple de l'abus que l'on fait des travaux préparatoires. Le consul Cambacérès demanda que l'on ajoutât une disposition pour les étrangers qui, ayant procès entre eux, consentent à plaider devant un tribunal français. Defermon dit que ce consentement établissait un arbitrage qui devait avoir son effet. Il demanda si un étranger pouvait traduire devant un tribunal français un autre étranger qui a contracté envers lui une dette payable en France. Tronchet répondit qu'en principe le demandeur devait porter son action devant le tribunal du défendeur ; que cependant le tribunal aurait le

---

(1) Voyez les nombreux arrêts cités par Demolombe, t. Ier, n° 261, p. 423.

droit de juger si sa compétence n'était pas déclinée. Defermon ayant manifesté la crainte que ce serait éloigner les étrangers des foires françaises que de leur refuser le secours des tribunaux, Réal déclara que les tribunaux de commerce prononçaient en ce cas ; et Tronchet ajouta que la nature des obligations contractées en foire ôtait à l'étranger défendeur le droit de décliner la juridiction des tribunaux français. Mais, dit-il, l'article 14 ne préjuge rien contre ce principe ; il est tout positif, on ne peut donc en tirer aucune conséquence négative ; *il ne statue que sur la manière de décider les contestations entre un Français et un étranger, et ne s'occupe pas des procès entre étrangers.*

Après avoir rapporté cette discussion, Merlin dit qu'il en résulte trois choses. La première, que les étrangers peuvent, pour des dettes ordinaires qu'ils sont obligés de payer en France à d'autres étrangers, reconnaître volontairement les tribunaux français, qui alors prennent, à leur égard, le caractère d'arbitres. La seconde, que l'un des deux étrangers qui ont contracté ensemble, soit en France, soit au dehors, venant à décliner les tribunaux français, les principes veulent qu'on le renvoie à son juge domiciliaire. La troisième, que cette règle reçoit une exception relativement aux marchés faits dans les foires (1). On le voit : Merlin formule en autant d'articles de loi les opinions émises au conseil d'Etat par Cambacérès, Defermon, Réal et Tronchet. Et cependant Tronchet a déclaré que l'article 14 ne décide rien, absolument rien, des procès entre étrangers. Qu'importe alors que tel conseiller ait dit ceci, que tel autre ait dit cela? La vraie conclusion à tirer de la discussion aussi bien que de l'article 14, c'est de dire, avec la cour de Bruxelles, qu'aucune loi n'établit la règle que les tribunaux ne peuvent connaître des contestations qui s'élèvent entre étrangers, que les obligations aient été contractées à l'étranger ou en France ; que l'on ne peut pas induire cette règle de l'article 14, qui ne fait qu'établir une exception à l'adage *Actor sequitur forum rei,*

(1) Merlin, *Répertoire*, au mot *Etranger*, § 2.

en faveur des Français envers lesquels un étranger non
résidant en France aurait contracté des obligations (1).

Il n'y a donc pas de loi qui défende aux tribunaux français de connaître des procès entre étrangers. Qu'en faut-il
conclure, la compétence ou l'incompétence? Il nous semble
que les principes admis par le code Napoléon sur les droits
des étrangers doivent avoir pour conséquence que les tribunaux sont compétents pour décider leurs contestations.
On leur reconnaît tous les droits privés qui dérivent du
droit des gens, la propriété, le droit de contracter ; or, les
droits ne sont rien s'ils ne sont sanctionnés. Donc par
cela seul que les étrangers peuvent être propriétaires et
créanciers, il faut qu'ils aient le droit de faire valoir leurs
créances et leur propriété en justice. Il faudrait un texte
bien positif pour leur enlever un droit qui leur appartient
en vertu des principes les plus élémentaires. On conçoit
l'incompétence quand l'étranger est sans droit. On ne la
conçoit plus quand il a presque tous les droits privés dont
jouissent les Français.

Que si l'on ne veut pas que les tribunaux français connaissent des procès entre étrangers, il faut être conséquent
et se prononcer pour l'incompétence absolue. En effet, les
raisons sur lesquelles la jurisprudence s'appuie conduisent logiquement à cette doctrine. La cour de cassation
dit « que les tribunaux français sont institués pour rendre
justice aux Français (2). » Voilà un principe qui exclut
toute idée de juridiction sur les étrangers. Est-ce ainsi
que la jurisprudence l'entend? Les cours ont reculé devant
leurs propres principes; elles ont admis des exceptions à
l'incompétence ; mais ces exceptions témoignent contre la
règle. Que dis-je? si on les pressait, elles aboutiraient à
une règle toute contraire. Les auteurs rivalisent d'incon-
séquence avec les tribunaux. Il en résulte un arbitraire
sans nom et sans fin.

441. Il y a une première exception qui est admise par

(1) Arrêt du 13 juin 1840 (*Jurisprudence du* XIXᵉ *siècle*, 1840, 2, p. 469).
Arrêt du 20 juillet 1835 (*ibid.*, 1836, 2, p. 372).
(2) Arrêt du 2 avril 1833 (Dalloz, *Répertoire*, au mot *Droits civils*,
nº 314).

la doctrine et par la jurisprudence. Les tribunaux français, dit-on, sont compétents pour décider les contestations entre étrangers, quand il s'agit d'un acte de commerce (1). Sur quoi se fonde cette exception? Remarquons d'abord qu'elle n'est pas écrite dans nos textes pas plus que la règle à laquelle elle déroge. Voilà qui est déjà bien singulier. Si, comme le dit la cour de cassation, la justice française n'est faite que pour les Français, si les lois françaises ne concernent que les indigènes, il faudrait un texte formel pour permettre aux tribunaux de décider les contestations commerciales des étrangers. N'est-il pas de principe que l'interprète ne peut pas créer d'exceptions, que le législateur seul le peut? Et voilà que les auteurs et les tribunaux admettent une exception qui n'est écrite nulle part! Il est vrai que l'on invoque l'article 420 du code de procédure ; mais la cour de cassation nous dit « qu'après en avoir mûrement délibéré et avoir examiné la question sous toutes ses faces, elle est demeurée convaincue que l'article 420 n'est fait que pour les nationaux. » Et il n'y a pas d'autre texte (2)!

Ainsi une exception sans texte? Sur quoi se fonde-t-elle? Marcadé répond « qu'à raison de la célérité que demandent les affaires commerciales, les deux adversaires sont *légalement présumés* avoir eu l'intention d'être jugés, le cas échéant, par les tribunaux du pays (3). » *Légalement présumés!* alors que la cour de cassation vient de nous dire qu'il n'y a aucune loi qui consacre une exception. Ainsi nous avons une *présomption légale* sans *loi*, comme fondement d'une exception sans texte ! Dans un arrêt du 24 avril 1827, la cour de cassation dit que les actes de commerce sont des contrats du droit des gens, et, comme tels, soumis, dans leur exécution, aux lois et aux tribunaux du pays où ils ont eu lieu (4). » Voilà un motif gros de

---

(1) Voir les auteurs et les arrêts cités dans Dalloz, *Répertoire*, au mot *Droits civils*, n° 337 et suiv. La jurisprudence est divisée sur l'étendue de l'exception. On y chercherait vainement un principe.

(2) Voir les arrêts cités dans Dalloz, *Répertoire*, au mot *Droits civils*, n° 338.

(3) Marcadé, t. Ier, p. 105, n° 2.

(4) Dalloz, *Répertoire*, au mot *Droits civils*, n° 344.

conséquences. Est-ce que tous les droits dont jouissent les étrangers ne dérivent pas d'actes ou de contrats qui ont leur source dans le droit des gens? La vente cesse-t-elle d'être du droit des gens quand elle se fait entre non-commerçants? Si vendre et acheter sont toujours des actes du droit des gens, les tribunaux civils doivent être compétents aussi bien que les tribunaux de commerce. Ainsi le motif qui fonde l'exception renverse la règle! Le motif est excellent, et il établit la vraie règle, celle qui admet la compétence des tribunaux français comme conséquence du droit de contracter.

M. Demolombe, tout en invoquant l'article 420, ne paraît pas très-sûr que cette disposition s'applique aux étrangers; il cherche un autre appui, et il le trouve dans l'article 3 du code civil. N'est-ce pas une loi de police, dit-il, que celle qui concerne la rapidité et la bonne foi si nécessaires dans les affaires de commerce (1)? La compétence une loi de police! On peut dire, en un certain sens, que la justice est d'ordre public, puisqu'elle maintient la paix et la tranquillité entre les hommes. Mais ce motif, encore une fois, dépasse de beaucoup l'exception; il fonde une règle toute contraire, celle de la compétence générale, universelle des tribunaux français. Ou dira-t-on que la paix publique est moins intéressée à un débat civil qu'à un débat commercial? Quoi! l'ordre public demande que les tribunaux décident une contestation entre étrangers, née d'une vente commerciale! Et l'ordre public permet que ces étrangers se fassent eux-mêmes justice quand il s'agit d'une vente civile!

442. La doctrine et la jurisprudence admettent aussi une exception en matière civile : si les parties se soumettent à la juridiction française, les tribunaux pourront décider leurs contestations (2). Nous ne demanderons plus comment on concilie cette exception avec les motifs sur lesquels on fonde l'incompétence des tribunaux français; la contradiction est évidente. Si la juridiction est essen-

(1) Demolombe, *Cours de code Napoléon*, t. Ier, p. 422, no 261.
(2) La jurisprudence est divisée. Voyez la note dans Dalloz, *Recueil périodique*, 1858, 1, 313.

tiellement nationale, si elle n'est établie que pour les Français, si les lois ne sont faites que pour eux, comment la volonté des étrangers pourrait-elle donner compétence à des tribunaux radicalement incompétents? Une pareille anomalie exigerait certes un texte. Et où est-il? On cite l'article 111 qui attribue compétence au juge du domicile élu. Mais cet article, pas plus que l'article 420 du code de procédure, ne parle des étrangers.

Les applications que l'on fait de cette exception sont encore plus étranges que l'exception même. M. Valette, après avoir dit qu'il y a exception à l'incompétence dans le cas où la convention contiendrait une élection de domicile, ajoute que cette élection sera facilement présumée dans certaines conventions. Il cite comme exemple le cas où un salaire modique est promis à un ouvrier auquel on commande un travail (1). Quoi! une *fiction* se présume facilement, alors que par sa nature la fiction est de stricte interprétation! La fiction n'est-elle pas restreinte dans les limites précises de la loi? peut-elle exister en dehors de ces limites? Et on veut qu'une fiction se présume facilement! Elle se présumera si le salaire est *modique,* elle ne se présumera pas si le salaire est considérable! Ainsi, à mesure que son intérêt grandira, l'ouvrier ne jouira pas de l'exécution forcée de son droit! Il aura une action quand il sera médiocrement intéressé à l'avoir. Il n'aura pas d'action quand il aurait un grand intérêt à agir!

Il y a encore soumission des étrangers à la juridiction française, quand le demandeur assigne la partie adverse devant un tribunal de France, et quand le défendeur n'oppose pas l'exception d'incompétence *in limine litis.* Cela veut-il dire que si les étrangers se soumettent à la juridiction d'un tribunal français, celui-ci doit juger leur contestation? Non, le tribunal peut se déclarer incompétent d'office. Cela veut-il dire que si le défendeur oppose l'incompétence, le tribunal ne peut pas juger le procès? Non, le tribunal peut se déclarer compétent malgré le

_____

(1) **Valette** sur **Proudhon** (*De l'état des personnes,* tome Ier, page 160, note *a).*

défendeur. La cour de Bruxelles s'est déclarée compétente alors que le défendeur répudiait la juridiction belge, alors qu'il s'agissait d'engagements contractés en pays étranger. Admettre l'incompétence absolue, dit l'arrêt déjà cité du 13 juin 1840, ce serait souvent donner à un étranger la faculté de se soustraire, en se retirant en Belgique, à l'accomplissement de ses obligations. Rien de mieux. Mais des considérations de fait peuvent-elles fonder la compétence? S'il est vrai, comme le dit la cour de cassation, que la juridiction est nationale, les tribunaux français sont incompétents, et ils n'ont pas à se préoccuper des inconvénients qui résultent de leur incompétence, cela regarde le législateur. Que si leur incompétence n'est pas radicale, d'après quel principe décidera-t-on s'ils sont compétents ou s'ils ne le sont pas? Tantôt ils se déclarent incompétents, quand le demandeur et le défendeur font appel à leur juridiction; tantôt ils se déclarent compétents malgré les protestations du défendeur. Où est le principe? où est la raison de décider?

443. On cherche vainement des principes et des raisons dans la jurisprudence sur cette matière. Ce n'est pas un reproche que nous adressons aux tribunaux; s'il y a un coupable, c'est le législateur. Il aurait dû poser une règle; dans le silence de la loi, les tribunaux, dominés par une doctrine traditionnelle, se sont prononcés pour l'incompétence; mais cette doctrine aboutissait à des iniquités si révoltantes que les juges ont été entraînés par un invincible sentiment d'équité à se déclarer compétents, même malgré le défendeur. La question de compétence est donc devenue une question de fait. On peut seulement constater une tendance, que l'on remarque surtout dans la jurisprudence des cours de Belgique, la tendance à étendre de plus en plus la compétence. Cela encore témoigne contre le principe d'où l'on part.

L'étranger, disait-on, doit être traduit devant le tribunal de son domicile, et il n'a pas de domicile en France. Soit, dit la cour de Bruxelles, mais il a au moins un domicile de fait, c'est même souvent le seul qu'il ait; il faut donc qu'on puisse l'assigner devant le tribunal de ce domi-

cile, sinon il échappera partout à la justice. En conséquence, la cour a jugé que la femme étrangère peut demander la séparation de corps contre son mari, domicilié de
fait à Bruxelles, quoique depuis plusieurs années il n'y
demeurât plus (1). Rien de plus équitable que cette décision, mais elle conduit loin. S'il suffit d'un domicile de
fait pour donner compétence aux tribunaux français, que
devient le principe de l'incompétence? La question a fait
l'objet d'un savant réquisitoire du procureur général près
la cour de cassation de Belgique (2). M. Leclercq conteste
le prétendu principe sur lequel se fonde la jurisprudence
française; il nie que les tribunaux soient établis uniquement pour veiller aux intérêts des indigènes. La loi qui
les institue a un but plus élevé, c'est le maintien de l'ordre,
disons mieux, le maintien de la justice. Or, l'ordre ne
serait-il pas troublé, la justice ne serait-elle pas violée,
si le juge pouvait refuser de décider une contestation qui
lui est soumise? Vainement dit-on que le tribunal qui se
déclare incompétent renvoie les étrangers devant les tribunaux de leur pays, c'est-à-dire devant leurs juges naturels. Sans doute, le demandeur doit porter son action
devant le tribunal du défendeur. Mais quel est ce tribunal? N'est-ce pas le tribunal du lieu que le défendeur
habite? n'est-ce pas devant ce juge qu'il a intérêt à se présenter? n'est-ce pas devant ce juge qu'on doit avoir le droit
de le citer?

Cette doctrine a été admise par la cour de cassation, et
et elle est suivie par les cours d'appel. On lit dans un
arrêt du 2 décembre 1862, de la cour de Bruxelles (3),
qu'aucun texte n'interdit aux tribunaux de statuer sur les
contestations entre étrangers; la cour ajoute que des considérations d'*équité* et de *convenances* motivent leur intervention; elle n'y met qu'une condition, c'est que le défen-

(1) Arrêt du 28 mai 1867 (*Pasicrisie*, 1867, 2, 294). La jurisprudence française est contraire (Dalloz, *Répertoire*, au mot *Séparation de corps*, n° 92);
arrêts de la cour de cassation du 10 mars 1858 (Dalloz, 1858, 1, 313) et
de la cour de Metz du 26 juillet 1865 (Dalloz, 1865, 2, 160).
(2) *Jurisprudence du XIXᵉ siècle.* Arrêts des cours de Belgique, 1840, 1,
p. 296-330, et 1848, 1, p. 547 et suiv.
(3) *Pasicrisie*, 1863, 2, 352.

deur ait une *certaine résidence* ou domicile de fait en
Belgique. A quels étrangers se réduira donc l'incompétence? D'après la jurisprudence française, l'incompétence
est la règle. Tandis que la cour de Bruxelles dit dans son
arrêt du 13 juin 1840 qu'aucune loi n'établissant l'incompétence des tribunaux belges comme règle générale, il
faut la borner aux étrangers qui se trouvent passagère-
ment dans le pays. M. Leclercq admet aussi cette exception dans le réquisitoire que nous venons de citer. Est-elle
bien fondée? Il nous semble que l'ordre, que la justice
exigent que toute contestation soit décidée là où elle
s'élève. L'ordre demande que tout procès soit vidé dès
qu'il prend naissance. La justice ne connaît pas d'étrangers. M. Leclercq dit que les lois qui établissent les
tribunaux intéressent la police et la sûreté; or, ces
lois, aux termes de l'article 3 du code civil, obligent
sans distinction aucune tous ceux qui habitent le territoire. Si tout étranger, même passager, est soumis à ces
lois, n'est-il pas juste qu'il puisse, de son côté, les invoquer?

Nous lisons dans un arrêt de la cour de Bruxelles (1)
« qu'aucun texte de loi ne contient le principe que les tribunaux belges ne peuvent connaître des contestations qui
s'élèvent entre étrangers, alors même qu'il s'agit d'obligations contractées à l'étranger; que le principe contraire
est consacré par le droit des gens, qui reconnaît aujour-
d'hui en Europe, comme une règle de droit commun, néces-
sitée par le développement de la civilisation et les relations
fréquentes des peuples entre eux que *le pouvoir judiciaire
d'une nation s'étend sur la personne et sur les biens de l'étranger, comme sur la personne et les biens des regnicoles.* »
Telle est, à notre avis, la vraie doctrine. Elle est admise
dans tous les pays civilisés, comme le dit la cour de
Bruxelles (2). La France seule fera-t-elle exception? Comment la jurisprudence peut-elle maintenir une exclusion
qui a son premier principe dans la haine de l'étranger,

---

(1) Arrêt du 28 avril 1858 (*Pasicrisie*, 1858, 2, 217 .
(2) Fœlix, *Traité de droit international privé*, p. 196 et suiv.

dans un pays et au sein d'une nation qui la première a
aboli le droit d'aubaine au nom de la fraternité universelle ?

N° IV. QUELS SONT LES DROITS CIVILS DONT L'ÉTRANGER NE JOUIT PAS.

444. La question a peu d'importance pratique depuis
l'abolition du droit d'aubaine. En théorie, elle est controversée. On demande s'il faut un texte formel d'une loi ou
d'un traité pour que l'étranger jouisse d'un des droits civils,
ou suffit-il que la loi lui reconnaisse un droit, pour que virtuellement il ait aussi les droits qui en dérivent? Les
auteurs se prononcent généralement pour cette dernière
opinion. Ils citent comme exemple les articles 3, 14 et 15
du code Napoléon, aux termes desquels les étrangers
peuvent être propriétaires et créanciers. De là suit, disent-
ils, qu'ils ont tous les droits civils au moyen desquels la
propriété s'acquiert et se transmet, au moyen desquels les
créances se forment et s'éteignent; il n'est pas nécessaire qu'un texte de loi consacre ces concessions, elles
sont virtuelles (1). Il nous semble que la question est mal
posée, et l'exemple que l'on donne le prouve. Quand la
loi accorde un droit à l'étranger, ce droit cesse d'être un
droit civil, car les droits civils sont ceux que la loi n'établit que pour les nationaux. Le droit d'être propriétaire
ou créancier n'est pas un droit civil; il a sa source dans la
nature ou dans ce qu'on appelle le droit des gens. Est-ce
à dire que par cela seul que l'étranger peut être propriétaire, il puisse acquérir et transmettre la propriété par
tous les moyens que la loi consacre? Non, certes. Il faut
voir si ces moyens sont du droit civil ou du droit des
gens ; dans le premier cas, l'étranger ne peut pas les invoquer, il ne le peut que sous les conditions déterminées par
les articles 11 et 13. Reste à savoir quels droits doivent
être réputés civils. Nous avons dit d'avance que la question est insoluble, en ce sens qu'il n'y a pas de principe
certain qui serve à distinguer les droits civils des droits

(1) Demolombe, *Cours de code Napoléon*, t. Ier, p. 383 et suiv., n° 243.

naturels, et il ne peut pas y en avoir puisque la distinction est fausse. Il faut donc examiner chacun des droits pour lesquels il y a doute, et décider la difficulté en se plaçant au point de vue de la doctrine traditionnelle, c'est-à-dire voir si le droit dont il s'agit est créé par le législateur : s'il n'existe que par la loi, il est réputé civil : si la loi ne fait que l'organiser, s'il a son principe dans la nature, il appartient au droit des gens. La décision sera toujours plus ou moins arbitraire ; car l'on ne peut pas dire d'une manière certaine que tel droit dérive de la nature ou n'en dérive pas.

445. Les étrangers peuvent se marier, le mariage est du droit des gens. En faut-il conclure que tous les droits de famille appartiennent à l'étranger? On lui reconnaît la puissance maritale, la puissance paternelle ; il n'y a de doute que pour la tutelle. On la considère généralement comme étant de droit civil, et on décide en conséquence qu'un étranger ne peut être tuteur d'un Français, ni un Français d'un étranger, ni par conséquent être membre d'un conseil de famille. Cette opinion se fonde sur la doctrine traditionnelle qui considère la tutelle comme une sorte de fonction publique qui intéresse la société tout entière (1). Mais cette doctrine est-elle celle de notre code? Une fonction publique confère une partie quelconque de la puissance publique : quel est le pouvoir qu'exerce le tuteur? Il en est de la tutelle comme de la puissance paternelle, ce n'est plus un pouvoir, c'est un devoir de protection. Nos anciennes coutumes disaient : Puissance paternelle n'a lieu, et tel est aussi l'esprit du code civil. A plus forte raison faut-il dire qu'il n'y a pas de puissance tutélaire. Le tuteur a soin de la personne du mineur, il dirige son éducation. Qu'est-ce que cela a de commun avec la puissance publique? Le tuteur administre les biens de son pupille ; en cela il est un mandataire légal, dans l'intérêt d'un inca-

---

(1) Demolombe, *Cours de code Napoléon*, t. Ier, p. 393, no 246 *bis*. La jurisprudence est en ce sens. Un arrêt de la cour de Paris du 21 mars 1861 a décidé que l'étranger ne peut faire partie d'un conseil de famille, alors même qu'il serait parent de mineurs français. Des arrêts de Colmar et de Bastia ont décidé la même chose pour la tutelle (Dalloz, *Recueil périodique*, 1861, 1, 73, et la note, *ibid.*).

pable. Est-ce que le mandat de gérer un patrimoine est un pouvoir? Tout pouvoir implique un droit, et la tutelle ne consiste qu'en devoirs. Ces devoirs sont ceux du père. Si l'étranger peut être père, il peut par cela même être tuteur.

446. L'étranger peut être père. Est-ce à dire qu'il puisse adopter un Français? Et un Français peut-il adopter un étranger? Nous renvoyons la question au titre de l'Adoption. A notre avis, elle n'est pas douteuse : l'étranger ne peut adopter ni être adopté, parce que l'adoption est une création de la loi civile.

447. L'étranger peut être propriétaire ; il jouit de la propriété littéraire et industrielle. Faut-il aussi lui reconnaître le droit de posséder des marques de fabrique? La cour de cassation a décidé que l'étranger n'y avait aucun droit, alors même qu'il possédait un établissement industriel en France (1). Cette décision n'est pas suivie par tous les auteurs. Nous croyons que la cour a bien jugé au point de vue de la doctrine traditionnelle. Les marques de fabrique sont des signes quelconques, le plus souvent arbitraires, qu'un fabricant met sur ses produits pour en indiquer l'origine, la provenance. Il n'y a pas là d'invention, de création qui puisse constituer une propriété industrielle. Une figure géométrique ne devient pas, par droit d'occupation, la propriété de celui qui le premier s'en sert pour marquer ses produits ; elle reste dans le domaine public. Pour qu'elle devienne une propriété, il faut que la loi intervienne et détermine les conditions que le fabricant doit remplir afin d'empêcher que la marque qu'il a adoptée ne soit employée par un autre fabricant ; c'est alors seulement que la propriété naît. Elle est donc une création de la loi, et partant de droit civil (2). Nous croyons inutile d'insister sur la question ; elle n'a guère d'intérêt pratique, des traités l'ayant réglée.

(1) Arrêt du 14 août 1844 (Dalloz, 1844, 1, 386-387, et Dalloz, *Répertoire*, au mot *Industrie*, n°s 271 et suiv.); arrêt du 11 juillet 1848, chambres réunies (Dalloz, 1848, 1, 140).

(2) C'est l'opinion de M. Waelbroeck, *Cours de droit industriel*, t. II, p. 11 et suiv., 40 et suiv.

448. L'étranger peut être débiteur. Aux termes de l'article 1268, le débiteur malheureux et de bonne foi est admis à faire cession de ses biens en justice, pour avoir la liberté de sa personne. L'étranger jouit-il de ce bénéfice? Le code de procédure le lui refuse (art. 907). C'est une disposition traditionnelle qui a sa source dans la défaveur qui pèse sur l'étranger. Il faut entendre Bacquet pour avoir une idée de l'aversion singulière qui jadis poursuivait l'aubain. « On ne le reçoit point, dit-il, à faire cession de biens; et ce par arrêt donné ès plaidoiries d'après dîner, le 12 mai 1565, contre un étranger natif de Lubec près Danemarc; autrement *l'étranger pourrait à son avantage sucer le sang et la moëlle des Français, puis les payer en faillites* (1). » Quelle verdeur de haine! Notre code dit que la cession judiciaire est un bénéfice que la loi accorde au débiteur *malheureux* et *de bonne foi*. Pourquoi la loi ne compatit-elle pas au malheur et à la bonne foi des étrangers? où est le danger de leur accorder un bénéfice que les tribunaux donnent ou refusent, qu'ils ne donneront jamais s'il y a un soupçon de mauvaise foi? Maintenant ils doivent le refuser au malheur et à la bonne foi. Une pareille rigueur fait honte au législateur.

449. L'étranger n'est pas admis à faire l'abandon de ses biens à ses créanciers; il peut toujours être contraint par corps, et même être arrêté pendant le cours du procès. S'il est créancier, pourra-t-il exercer la contrainte par corps contre son débiteur? La cour de Gand a décidé que l'exercice de la contrainte par corps constitue un droit purement civil; d'où suit que l'étranger ne pourrait l'exercer qu'en vertu de traités internationaux, conformément à l'article 11 du code Napoléon (2). Certes la contrainte par corps n'est pas de droit naturel; elle est, au contraire, une violation de la liberté que la nature a donnée à tout être humain. Voilà donc un droit vraiment civil. Espérons qu'il ne souillera plus longtemps notre législation.

(1) Bacquet, *Du droit d'aubaine*, 2e partie, chap. XVII, n° 8.
(2) Arrêt du 29 janvier 1849 (*Pasicrisie*, 1849, 2, 60) Arrêt de la même cour, en sens contraire, du 27 mai 1854 (*Pasicrisie*, 1854, 2, 330). Le réquisitoire de M. Donny, avocat général, est une réfutation de l'arrêt.

450. L'étranger défendeur peut-il exiger la caution *judicatum solvi* de l'étranger demandeur? Il y a peu de questions plus controversées. Les auteurs et la jurisprudence sont divisés. Il y a des arrêts pour et contre émanés de la même cour (1). L'obligation de fournir caution ne dérive pas du droit naturel; on pourrait soutenir plutôt qu'elle viole un droit que nous tenons de la nature, le droit d'agir en justice pour le maintien de nos droits. Ne peut-il pas arriver que l'étranger soit empêché de faire valoir ses justes prétentions, parce qu'il est dans l'impossibilité de fournir caution? Cela est certes en opposition avec le droit naturel. C'est donc un privilége créé par la loi. Ce privilége, l'aurait-elle établi en faveur de l'étranger? Dans la discussion au conseil d'Etat, dans les discours officiels, il n'est parlé que des citoyens, des Français. L'article 16, qui établit l'obligation de donner caution, se lie à l'article 15, lequel traite des actions de l'étranger contre le Français; c'est donc au Français défendeur que la loi a entendu accorder une protection spéciale. Elle n'a pas songé à l'étranger, car elle ne s'occupe pas même des procès entre étrangers. Cela est décisif, nous semble-t-il. Hâtons-nous d'ajouter que si l'on trouve cette garantie nécessaire pour le Français, il n'y a aucune raison pour la refuser à l'étranger. L'ancien droit était bien plus logique; quand le demandeur et le défendeur étaient l'un et l'autre étrangers, ils pouvaient chacun exiger la caution (2). Ce que nous préférerions, c'est qu'on ne l'exigeât de personne, parce qu'elle entrave et peut compromettre l'exercice d'un droit naturel.

451. Les étrangers peuvent-ils être témoins en France? Ils peuvent témoigner en justice, cela va sans dire. Mais, d'après la loi du 25 ventôse an XI (art. 9), ils ne peuvent pas être témoins à un acte notarié; le code civil reproduit cette incapacité pour les testaments (art. 980). Il n'y a que les citoyens français, sujets de l'empereur, qui peuvent être témoins; donc les étrangers ne pourraient l'être, alors

---

(1) Arrêt de la cour de Bruxelles du 10 juillet 1866 pour la négative, et du 8 juin 1865 pour l'affirmative (*Pasicrisie*, 1866, 2, 252; 1865, 2, 281).
(2 Bacquet, *Traité du droit d'aubaine*, 2ᵉ partie, chap. XVII, nᵒ 2.

même qu'ils jouiraient des droits civils. C'est une des rares exclusions qui n'ont pas leur fondement dans un sentiment d'aversion; on conçoit que l'étranger, pouvant quitter d'un jour à l'autre la France, ne soit pas appelé à assister à un acte authentique, qu'il pourrait être dans le cas d'attester en justice. Le code lui-même fait cependant une exception à ce principe; il n'exige pas la qualité de citoyen de ceux qui assistent comme témoins à un acte de l'état civil (art. 37) (1). Cela s'explique. Les étrangers pouvant être parties dans un acte de l'état civil, les seuls témoins qu'ils soient dans le cas de produire seront le plus souvent des étrangers. La loi ne pouvait donc pas les exclure.

§ 2. Comment l'étranger acquiert la jouissance des droits civils.

N° I. TRAITÉS DE RÉCIPROCITÉ.

452. L'article 11 dit que les étrangers jouiront en France des mêmes droits civils qui sont accordés aux Français par les traités de la nation à laquelle ces étrangers appartiendront. Deux conditions sont donc requises pour que l'étranger acquière la jouissance des droits civils en vertu de l'article 11 : d'abord la réciprocité, ensuite un traité qui garantisse cette réciprocité. La dernière condition a été ajoutée sur la proposition du premier consul. Elle se justifie par cette considération que les traités sont des contrats qui lient les parties contractantes; ils offrent donc une garantie que les lois ne donnent point, car les lois peuvent être changées d'un jour à l'autre. Cette instabilité détruirait la sécurité qui est l'âme des relations juridiques. Les conventions internationales sont plus stables, puisqu'elles sont toujours faites dans un esprit de perpétuité, et que les nations ne les rompent pas sans de graves causes.

En Belgique, l'article 11 avait été modifié, quant à ce

---

(1) Dalloz, *Répertoire*, au mot *Actes de l'état civil*, n° 295. C'est l'opinion générale. M. Demolombe (n° 281) fait une distinction inadmissible, en exigeant la jouissance des droits civils, mais non la qualité de citoyen.

point, par une loi du 20 mai 1837. Cette loi admettait l'étranger à disposer et à recevoir à titre gratuit, sous la seule condition de réciprocité, alors même qu'il n'y aurait pas eu de traité. Les traités ont un inconvénient, c'est de rendre l'acquisition des droits civils plus difficile pour l'étranger, puisque des circonstances politiques peuvent empêcher la conclusion d'une convention internationale. Mais la loi de 1837 est abrogée par celle qui abolit le droit d'aubaine (loi du 27 avril 1865). L'article 11 subsiste donc dans son intégralité.

453. La condition de réciprocité exigée par l'article 11 paraît, au premier abord, très-juste. C'est le meilleur moyen, dit Treilhard dans son Exposé des motifs, d'engager les gouvernements étrangers à accorder la jouissance des droits civils aux Français. L'expérience le prouve. Sous l'ancien régime, le droit d'aubaine avait été presque entièrement aboli par une série de traités. Mais qu'arriva-t-il lorsque l'Assemblée constituante, cédant à une générosité irréfléchie, prononça l'abolition du droit d'aubaine, au nom de la fraternité universelle? Elle espérait que les autres Etats suivraient l'exemple que leur donnait la France. Illusion! Depuis 89, il ne se fit plus un seul traité. Et rien de plus naturel. Les peuples, plus encore que les individus, se guident d'après leur intérêt : c'est la base des relations internationales. Ils consentirent à traiter avec la France, sous l'ancienne monarchie, parce qu'ils ne pouvaient obtenir le droit de succéder que par des traités. Quand l'Assemblée nationale leur donna tout ce qu'ils pouvaient désirer pour eux-mêmes, ils ne firent plus de convention pour donner le droit de succéder aux Français, parce qu'ils n'y avaient plus aucun intérêt. Veut-on que les étrangers obtiennent partout la jouissance des droits civils, il faut rétablir le principe de la réciprocité (1).

Le principe fut vivement combattu au sein du Tribunat. Un des plus nobles représentants des idées de 89, Boissy-d'Anglas, soutint qu'il était contraire à l'intérêt bien entendu de la France. Ce qui lui importe, c'est d'attirer

(1) Treilhard, Exposé des motifs (Locré, t. Ier, p. 468, no 9).

dans son sein les étrangers qui lui apporteront leurs capitaux et leur industrie. Pour qu'ils consentent à s'établir chez nous, dit-il, il faut leur accorder la jouissance des droits privés, sans lesquels ils n'auraient pas la liberté civile. La concession des droits civils aux étrangers étant avantageuse à la France, il ne faut pas la subordonner à la condition de réciprocité. Cette condition n'a pas de sens. Elle aboutit à dire que nous devons attendre pour faire ce qui est juste et utile, que les peuples étrangers fassent de leur côté ce qui est utile et juste (1). Si, dit un autre tribun, il nous est avantageux d'accorder aux étrangers la jouissance des droits civils, il faut la leur donner, quand même ils nous la refuseraient chez eux (2). Quant à l'expérience que l'on invoque en faveur du système de réciprocité, elle n'est pas aussi décisive qu'on le prétend. Si depuis 89 il n'y a plus eu de traité pour l'abolition du droit d'aubaine, si les autres nations n'ont pas suivi l'exemple de la France, la raison en est bien simple. Faut-il rappeler la coalition universelle qui se forma contre la France révolutionnaire? Est-ce quand toutes les mauvaises passions étaient déchaînées contre la France que l'on pouvait songer à traiter avec elle? La guerre a été permanente depuis la Révolution, ce n'était certes pas le moment d'entrer en négociation avec un gouvernement que l'on voulait détruire. « Eh! que nous importe, après tout, que les rois refusent de traiter avec nous? Nous faisons ce qui est juste, ce qui est utile. Libre à eux de s'obstiner dans leurs vieux préjugés (3). »

Qui a raison? l'Assemblée constituante et le Tribunat? ou le code Napoléon? Boissy-d'Anglas prononça une belle parole dans la discussion sur la jouissance des droits civils. Ce qui est juste, dit-il, est aussi utile. Qu'il soit juste de donner aux étrangers la jouissance des droits privés, personne ne le contestera. La France et la Belgique l'ont

(1) Séance du Tribunat du 29 frimaire an x (*Archives parlementaires*, t. III, p. 195).
(2) Discours de Curée, dans la séance du 9 nivôse an x (*Archives parlementaires*, t. III, p. 336).
(3) Boissy-d'Anglas et Curée (*Archives parlementaires*, t. III, p. 196 et 340).

fait pour le plus considérable des droits civils, le droit héréditaire. Dès lors la logique demande que l'on admette le même principe pour tous les autres droits civils. Conçoit-on que les étrangers puissent succéder en France, et qu'ils n'y puissent pas former le contrat d'adoption? L'expérience à laquelle le gouvernement consulaire faisait appel en l'an x a prononcé contre lui. On espérait, on prédisait que le principe de réciprocité amènerait l'abolition du droit d'aubaine. La prédiction ne s'est pas réalisée. En France et en Belgique, le législateur a fini par renoncer à ce système; mais il s'est arrêté à moitié chemin. Ce qui est juste et utile pour le droit héréditaire, est utile et juste pour tous les droits civils. Il ne doit plus y avoir de droits privés dont l'étranger soit exclu.

Nº II. DE L'AUTORISATION ACCORDÉE A L'ÉTRANGER D'ÉTABLIR SON DOMICILE EN FRANCE.

454. « L'étranger, dit l'article 13, qui aura été admis par l'autorisation de l'empereur à établir son domicile en France, y jouira de tous les droits civils tant qu'il continuera d'y résider. » Cette disposition se lie à la constitution de l'an VIII, d'après laquelle l'étranger devenait Français après une résidence de dix années (article 3). Les auteurs du code civil ont voulu faciliter à l'étranger l'acquisition de la qualité de Français, en lui permettant de jouir des droits civils, pendant cette espèce de stage, sans autre condition que l'autorisation du chef de l'Etat et la résidence (1). Bien que la constitution de l'an VIII ne régisse plus la Belgique, la disposition de l'article 13 est toujours un bienfait pour l'étranger qui veut acquérir la qualité de Belge; en effet, la loi du 27 septembre 1835 porte (art. 5) que la naturalisation ordinaire ne sera accordée qu'à ceux qui auront résidé pendant cinq ans en Belgique. Pendant ce délai, ils jouiront des droits civils, s'ils ont obtenu l'autorisation prescrite par l'article 13. Il va sans dire que

_____

(1) Valette sur Proudhon, _Traité de l'état des personnes_, t. Iᵉʳ, p. 178, note _a_.

cette disposition profite aussi aux étrangers qui ne veulent pas se faire naturaliser. Toutefois la faveur pour eux n'est pas sans danger. Supposons qu'un Belge s'établisse en France avec l'autorisation de l'empereur; il jouira des droits civils en France, mais ne perdra-t-il pas la qualité de Belge? ne pourra-t-on pas dire qu'il s'est établi en France sans esprit de retour? et que ce qui le prouve, c'est l'autorisation qu'il a demandée d'établir son domicile à l'étranger? L'article 13 n'est donc pas aussi favorable qu'il en a l'air. C'est sans doute pour cette raison que peu d'étrangers en profitent. En réalité, elle n'est avantageuse qu'à ceux qui veulent se faire naturaliser.

455. La première condition que l'étranger doit remplir pour jouir du bénéfice de l'article 13, c'est qu'il obtienne l'autorisation de l'empereur d'établir son domicile en France. Cette autorisation est révocable. La loi ne le dit pas, mais cela va sans dire. C'est une faveur que le chef de l'Etat accorde à l'étranger; il ne doit la lui accorder qu'après s'être assuré que celui qui la sollicite en est digne. Que si par sa conduite il se montre indigne du bienfait dont il jouit, il pourra certes en être privé. Il reste étranger et, comme tel, il peut être expulsé; à plus forte raison le gouvernement peut-il retirer l'autorisation qu'il lui a donnée d'établir son domicile en France. L'étranger n'a donc pas, alors même qu'il est admis à jouir des droits civils, la garantie qu'ont les citoyens. Les Français ne perdent la jouissance des droits civils qu'en perdant leur nationalité ou par l'effet de condamnations judiciaires, donc en vertu de la loi ou d'un jugement; tandis qu'un simple arrêté du chef de l'Etat suffit pour enlever à l'étranger un droit qu'il tient d'un arrêté révocable de sa nature. Il n'est donc pas vrai, comme on l'a dit (1), que l'article 13 corrige ce que l'exclusion prononcée par l'article 11 a de rigoureux. La jouissance des droits civils ne devrait pas être une faveur que l'on donne à l'étranger et qu'on lui retire à volonté; il faut qu'elle devienne un droit dont tout homme jouit, par cela seul qu'il est homme.

---

(1) Discours du tribun Gary (Locré, t. Ier, p. 474 et suiv., nos 6, 7 et 10).

456. La jouissance des droits civils accordée à l'étranger en vertu de l'article 13 est encore précaire sous un autre rapport. Quand un Français quitte la France et réside à l'étranger, il conserve néanmoins sa qualité de Français, alors même qu'il resterait à l'étranger pendant toute sa vie, pourvu qu'il ait l'esprit de retour, et cet esprit se présume toujours. Il n'en est pas de même de l'étranger qui a établi son domicile en France avec l'autorisation de l'empereur. L'article 13 dit qu'il jouira des droits civils, *tant qu'il continuera d'y résider.* La résidence est donc une condition requise pour que l'étranger jouisse des droits civils. Sans doute, il ne faut pas entendre cette condition avec une rigueur qui serait ridicule, et que par conséquent on ne peut pas supposer au législateur. L'étranger fait un voyage d'agrément, de santé, d'affaires; personne ne dira qu'à l'instant où il quitte le sol français, il perd la jouissance des droits civils. Mais faut-il aller plus loin et dire que l'étranger conservera la jouissance des droits civils aussi longtemps qu'il n'aura pas perdu son *domicile* en France? C'est l'opinion de Maleville, qui dit que le mot *résider*, dans l'article 13, s'entend du *domicile* (1). Nous croyons que c'est dépasser le texte et l'esprit de la loi. Le mot *résider* indique une habitation de fait, à la différence du *domicile* qui est de droit; il faut donc que l'étranger habite la France; s'il va habiter ailleurs, quand même il n'acquerrait pas un nouveau domicile, il cessera de jouir des droits civils. Tel est aussi l'esprit de la loi. C'est à raison de la volonté qu'il a manifestée de s'établir à demeure en France, que le législateur lui accorde la jouissance des droits civils; dès lors, il doit la perdre du moment qu'il va s'établir ailleurs (2).

457. A qui profite l'autorisation? La femme et les enfants de l'étranger jouiront-ils des droits civils? En principe, il faut décider, nous semble-t-il, que l'autorisation étant personnelle, les effets qui y sont attachés doivent

(1) Maleville, *Analyse raisonnée*, t. Ier, p. 29. Marcadé est du même avis (t. Ier, p. 100, n° 4).
(2) C'est l'opinion professée par Mourlon, *Répétitions sur le code civil*, t. Ier, p. 85 et suiv.

aussi être limités à la personne de celui qui l'a obtenue.
Nous venons de dire que c'est une faveur qui ne s'accorde
qu'à celui qui la mérite. Celui qui la sollicite peut en être
digne, tandis que les membres de sa famille peuvent ne
pas l'être. S'il veut que sa femme et ses enfants acquièrent
la jouissance des droits civils, il faut qu'il les comprenne
dans sa demande d'autorisation. Le gouvernement décidera. A la rigueur, il faudrait même appliquer ce principe
aux enfants à naître. Ils ne peuvent pas invoquer une autorisation qui a été accordée à leur père à un moment où
ils n'existaient pas. Il y a encore une autre raison de le
décider ainsi. L'autorisation prescrite par l'article 13 peut
faire perdre à l'étranger sa nationalité; or, le mari et le
père ne peut pas disposer de la nationalité de sa femme et
de ses enfants (1). Tout est donc personnel dans cette autorisation, la faveur et la déchéance. Aussi croyons-nous
que le père ne pourrait pas demander l'autorisation au
nom de ses enfants mineurs. Personne ne peut acquérir ni
perdre un droit par le fait d'un tiers.

Il y a cependant une loi belge qui a dérogé à la rigueur
de ces principes; l'article 8 de la loi du 18 février 1845
porte que l'étranger admis à établir son domicile en Belgique acquiert domicile de secours pour lui, pour sa
femme et pour ses enfants mineurs. Cette dérogation se
comprend : il s'agit d'assurer la subsistance de la femme
et des enfants ; le droit à la vie doit l'emporter sur toute
espèce de considérations.

458. Quels sont les effets de l'autorisation? L'article 13
répond que l'étranger jouira de *tous les droits civils*. Il est
donc, en principe, assimilé au Français. Il en faut conclure
qu'il n'est plus soumis aux dispositions exceptionnelles
que les lois établissent contre les étrangers. La cour de
Bruxelles a très-bien jugé que l'étranger domicilié ne doit
plus la caution *judicatum solvi*; car les indigènes ne la
doivent pas, et l'étranger autorisé à établir son domicile
en Belgique est considéré comme un Belge, quant à la

---

(1) Marcadé, *Cours élémentaire de droit civil français*, t. Ier, p. 99, no 2 ;
Mourlon, *Répétitions*, t. Ier, p. 86. Demante est d'un avis contraire (*Cours
analytique de code civil*, t. Ier, p. 83).

jouissance des droits civils (1). Par la même raison, il faut décider que l'étranger n'est plus contraignable par corps, et qu'il ne peut pas être arrêté provisoirement. Cela est fondé sur l'esprit même de ces lois de défaveur. Si elles traitent l'étranger plus rigoureusement que le Français, c'est qu'il n'offre aucune garantie, c'est qu'il peut quitter la France d'un instant à l'autre, rien ne l'attachant au sol français. Telle n'est plus la position de l'étranger domicilié; l'autorisation même qui lui est accordée suppose qu'il a établi le siége de ses affaires en France; le législateur suppose même que son intention est d'acquérir la qualité de Français. On ne peut donc plus le mettre sur la même ligne que l'étranger simplement résidant ou passager : offrant les mêmes garanties que le Français, il a droit à la même protection.

Il a même été jugé que l'étranger domicilié peut faire procéder à l'arrestation provisoire de son débiteur étranger (2). Cette décision est fondée sur les vrais principes. L'article 13 dit que l'étranger jouira de *tous les droits civils;* il est donc, en principe, assimilé à l'indigène et a les mêmes droits. Il n'y a d'exception que pour les droits dont l'exercice exige la qualité de Français; telle n'est pas l'arrestation du débiteur. C'est une garantie que la loi accorde à celui qui a son domicile et ses intérêts en France contre ceux qui n'y ont aucun établissement. Il y a cependant des arrêts en sens contraire, et les auteurs sont également divisés (3).

Est-ce à dire que pour tout ce qui concerne les droits civils, l'étranger soit assimilé au Français? Le texte de l'article 13 semble le dire, mais il est trop absolu; il faut le combiner avec d'autres principes qui le limitent. Quoique jouissant de *tous* les droits civils, l'étranger domicilié reste étranger. Or, la qualité d'étranger a des conséquences en

(1) Arrêt du 1er juillet 1826 (Merlin, *Répertoire,* au mot *Caution judicatum solvi,* § 1, n° 2).
(2) Arrêt de la cour de Bruxelles du 20 avril 1819 (Dalloz, *Répertoire,* au mot *Contrainte par corps,* n° 559); arrêts de la cour de Paris du 28 janvier 1858 (Dalloz, 1858, 2, 28 et la note, *ibid.*) et du 9 mai 1865 (Dalloz, 1866, 2, 176).
(3) Voyez la note de Dalloz, 1858, 2, 28.

droit privé qui subsistent aussi longtemps que la nationalité subsiste. Ainsi l'état et la capacité de l'étranger seront régis par la loi de la nation à laquelle il continue d'appartenir (voir n° 87). C'est par ce principe qu'il faut décider la question de savoir par quelle loi sera régie la succession mobilière de l'étranger domicilié. La cour de Pau a jugé que c'est par la loi française, parce que les meubles sont soumis à la loi du domicile (1). C'est faire une fausse application de cette maxime. Elle signifie que pour les successions mobilières, on suit le statut personnel et non le statut réel. Or, le statut personnel, comme nous l'avons dit, est le statut national, et non le statut du domicile (2). Cela décide la difficulté. L'étranger, quoique domicilié, conserve sa nationalité, donc son statut national. Ce statut règle la succession mobilière aussi bien que son état et sa capacité.

Le principe nous paraît incontestable; mais faut-il aussi l'appliquer, si l'étranger, en s'établissant en France avec l'autorisation de l'empereur, l'a fait sans esprit de retour, et si par suite il a perdu sa nationalité d'origine? Sur ce point il y a controverse. Merlin estime qu'il sera néanmoins régi par la loi de son pays pour tout ce qui concerne son état et sa capacité (3). Nous avons déjà émis l'opinion contraire (n° 55) et nous y persistons. L'étranger qui n'a pas de patrie ne peut pas être régi par la loi de sa patrie; et la nationalité d'origine ne peut plus exercer d'influence quand elle n'existe plus. Il faut donc décider qu'en ce cas l'étranger sera soumis en toutes choses à la loi du pays où il a fixé son domicile.

459. Il y a des droits qui par leur nature ne peuvent jamais appartenir à l'étranger, quand même il serait domicilié en France avec l'autorisation de l'empereur, et quand même il aurait perdu sa nationalité d'origine : ce sont les droits pour l'exercice desquels la loi exige la qualité de Français. L'étranger domicilié ne pourrait pas être témoin à un acte notarié, parce que les témoins doivent

(1) Arrêt du 9 juin 1857 (Dalloz, 1858, 2, 137).
(2) Voyez plus haut, p. 187, n° 120, et p. 127, n° 87.
(3) Merlin, *Répertoire,* au mot *Etranger,* § 2, n° 10.

être citoyens français, sujets de l'empereur. Il n'y a aucun doute sur le principe; mais nous ne pouvons admettre l'application que M. Demolombe en fait. Il dit que l'étranger ne pourrait être tuteur, parce que la tutelle est une dépendance de l'état politique (1). Nous avons d'avance répondu à cet argument traditionnel (n° 445); nous ajouterons qu'il ne dépend pas de l'interprète de créer des conditions pour l'exercice d'un droit. On conçoit, à la rigueur, que l'interprète décide que la tutelle est un droit civil, car aucune loi ne définit les droits civils. Mais pour admettre que les Français seuls peuvent être tuteurs, il faudrait un texte qui établît cette condition ou qui déclarât du moins que la tutelle est une fonction publique; et ce texte nous le cherchons vainement. Cela décide la question en faveur de l'étranger.

(1) Demolombe, *Cours de code Napoléon*, t. Ier, p. 439, n° 267.

FIN DU TOME PREMIER.

TABLE DES MATIÈRES.

———

CHAPITRE IV. — DE L'EFFET DES LOIS QUANT AU TEMPS QU'ELLES RÉGISSENT.

SECTION 1. — *Le principe de la non-rétroactivité.*

§ 1er. *Quand le législateur peut ou ne peut pas régir le passé.*

§ 2. *Quand le juge peut ou ne peut pas appliquer une loi au passé.*

1.

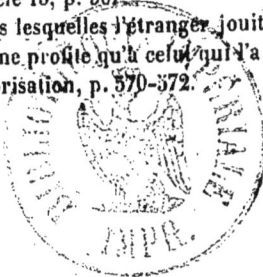